창조론 오픈포럼이 주관한

기독교와 창조론

| 창조론 오픈포럼 공동대표 |
양승훈 · 조덕영 · 박찬호 · 이선일 · 최태연 외 10인 지음

CHRISTIANITY AND CREATIONISM

일용할양식

창조론 오픈포럼이 주관한 기독교와 창조론

초판인쇄 2014년 12월 19일
초판발행 2014년 12월 26일

지은이 양승훈, 조덕영, 박찬호, 이선일, 최태연 외 10인
펴낸이 김승기
편낸곳 일용할 양식 / **주소** 경기도 파주시 광인사길 143
출판사 등록일 2006년 12월 14일 / **신고번호** 제141-90-13506호
대표전화 (031)955-0761 / **팩스** (031)955-0768
홈페이지 www.booksr.co.kr

책임편집 손정희 / **편집** 최일연, 신성민, 김민보 / **디자인** 유준범
마케팅 백승욱, 심수경, 최복락, 최권혁, 백수정, 이재원, 김민수, 최태웅
인쇄·제본 연방인쇄

ISBN 978-89-959092-4-9 03230

정가 25,000원

- 이 도서의 국립중앙도서관 출판예정도서목록(CIP)은 서지정보유통지원시스템 홈페이지(http://seoji.nl.go.kr)와 국가자료공동목록시스템(http://www.nl.go.kr/kolisnet)에서 이용하실 수 있습니다.
  (CIP제어번호: CIP2014036755)
- 이 책의 저작권은 (주)생능출판사와 지은이에게 있습니다. 무단 복제 및 전재를 금합니다.
- 잘못된 책은 구입한 서점에서 교환해 드립니다.

서 문

우주는 언제, 어떻게 시작되었으며, 인간은 어디서 왔을까? 이러한 질문은 철학자나 신학자, 혹은 특별히 생각이 깊은 사람들만의 질문이 아니며, 모든 사람들의 질문이라고 할 수 있다. 이 질문은 단순히 인간과 우주의 과거에 어떤 일이 일어났는가에 대한 궁금증으로 끝나지 않는다. 인간과 우주의 기원에 질문은 인간과 우주가 무엇이며, 이후에 어떻게 될 것인가에 대한 대답으로 이어진다.

이 책은 인간과 우주의 실존에 대한 원초적인 질문을 던지면서 시작된 창조론 오픈포럼의 산물이다. 포럼에서 다룬 우주적인 차원의 거대한 질문과는 달리 2007년, 그 뜨거웠던 여름, 몇몇 사람들이 팔당 호수 곁에 있는, 폐교된 작은 초등학교 분교에서 열린 첫 번째 포럼은 소박하다 못해 초라하였다. 그 때는 어느 누구도 이 작은 포럼이 여러 해 동안, 백 수십 편의 논문 발표로 이어지고, 나아가 한국 교계에 창조론 논의의 지형과 지평을 바꾸게 될 거라고는 상상도 하지 못했다.

이 책은 지난 열 네 차례의 창조론 오픈포럼에서 발표된 140여 편의 논문들 중 창조론의 이해에 도움이 될 만하다고 생각되는 20편의 논문을 선정하여 편집한 것이다. 지난 한 세대 동안 국내에서 한국창조과학회를 중심으로 일어난 창조론 운동은 주로 창조의 과학적 변증에 치우쳐 있었지만 원래 성경의 창조는 과학적 변증 이전에 그 바탕에 신학과 성경해석의 문제가 놓여 있다. 그래서 이 책의 PART 1에서는 창조와 신학 관련 논문들을 배치했다. 건강한 신학이나 성경적 기초가 없는 과학적 논의는 자칫 논의하지 않음만 못한 열매를 맺을 수도 있기 때문이다.

그렇다고 창조가 과학과 무관하다는 말은 아니다. 창조를 논의함에 있어서 분명히 과학은 나름대로의 일정한 지위를 갖고 있음이 분명하다. 그래서 PART 2에서는 창조와 과학의 문제를 다룬 논문들로 이루어져 있다. 여기서는 그 동안 한국 교회에 풍미했던 젊은 지구론(지구와 우주가 6천년 되었다는)과 단일격변론(지구 역사에서 노아 홍수 한 차례의 격변만 있었다는)에 대한 심층적이면서도 비판적인 논의들을 담았다.

서 문

그리고 PART 3에서는 이러한 성경적, 신학적, 과학적 논의들이 역사적으로 어떻게 발전해 왔는지를 다루었다. 역사적 논의는 직접적인 창조의 변증은 아니지만 하나님의 섭리를 믿는 기독교 창조의 중요한 측면임이 분명하다. 여기서는 창조론 운동의 역사적 흐름에 대한 논문은 창조론 운동의 배경과 역사적 맥락은 물론 창조론 운동의 바람직한 진로를 제시할 것이다. 그리고 한국적 상황의 성과물로 성경과 우리 민족 기원을 다루었다.

이 책은 창조론 오픈포럼에서 발표된 논문들에 기초하고 있기 때문에, 그리고 이미 각 장의 제목으로부터 짐작할 수 있듯이 창조론에 대한 진지한 관심을 가진 독자들을 위한 책이다. 하지만 고등학교 물리, 화학, 생물, 지구과학을 배운 사람들이라면 일부 전문적인 내용들을 제외한 대부분의 내용들을 이해할 수 있으리라 생각된다. 하지만 이 책은 대학생들이나 신학생들, 목회자들이나 신학교 교수들에게 특히 도움이 되리라 생각된다. 그런 의미에서 이 책은 한국 창조론 운동 역사에서 처음으로 국내 저자들의 글로 이루어진 본격적인 창조론 연구물이라고 할 수 있다.

하지만 대부분의 편집된 책들이 그러하듯 본서는 여러 저자들의 논문을 모은 것이다. 그래서 불가피하게 부분적으로 중복되는 부분이 있으며, 또한 각 장마다 포맷이 완전히 통일되지 않았다는 점에 대해 미리 독자들의 양해를 구한다. 편집하는 과정에서 가능하면 중복된 부분들을 줄이며, 포맷을 통일하기 위해 노력했지만 각 장들이 처음부터 독립된 논문에서 출발하였기 때문에 단일 저자의 저작물과 같이 만드는 것은 가능하지 않았다.

그럼에도 불구하고 필자들은 이 책이 한국 교계에서 진지한 창조론 논의의 단초를 제공할 수 있기를 기대한다. 아쉽게도 지난 한 세대 동안 한국 교계에서는 미국 안식교에서 시작한 창조과학 운동이 대세를 이루고 있었다. 그리고 그 창조과학은 안식교 교주에 해당하는 엘렌 화이트(Ellen G. White)의 천국 환상에 근거하고 있기 때문에 진지한

서 문

학문적 연구를 위한 태생적 한계를 갖고 있다고 할 수 있다. 창조론 오픈포럼은 그러한 한계를 넘어서자는 소박한 바램으로 시작하였다. 아무쪼록 부족하지만 이 책이 진지한 창조론 연구와 논의가 시작되는 작은 계기를 마련할 수 있기를 기대한다.

모든 책들이 한 사람의 힘으로 만들어지는 것이 아니 듯 본서를 집필, 출판하는 과정에도 여러 분들의 도움을 받았다. 우선 창조신앙의 확산을 위해 고료(稿料)를 지불하는 것도 아니고 대중적 잡지보다 훨씬 더 부담이 되는 창조론 오픈포럼에 기쁨으로 원고를 제출해주신 모든 저자들에게 진심으로 감사드린다. 또한 이 책의 추천사를 써 주신 경희대 생물학과의 유정칠 교수님과 5차원 교육법의 창시자(청룡학원 이사장) 원동연 박사님께 감사드린다. 특히 유 교수님은 이 책을 편집하는 동안 연구실을 편집실로 제공해 주시는 등 여러 가지로 도움을 주셨다.

끝으로 힘든 한국 출판계, 그 중에서도 정말 힘든 기독교 출판계의 현실을 너무나 잘 알고 있는 편저자들로서는 학술적이면서 얇지 않은 이 책의 출판을 흔쾌히 결정해주신 (주) 생능의 김승기 사장님과 이 책의 편집을 담당한 최일연 편집장·손정희님께 감사드린다.

아무쪼록 부족한 책이지만 이 책을 통해 하나님의 창조가 좀 더 밝히 드러나고, 또한 더 많은 학자들이 진지하게 창조 연구에 참여할 수 있기를 기대한다. 이를 통해 창조명령이 효과적으로 드러나고 나아가 오래 전 시인이 노래했던 바가 우리 모두의 고백이 되기를 기대한다. "주의 손가락으로 만드신 주의 하늘과 주께서 베풀어 두신 달과 별들을 내가 보오니 사람이 무엇이기에 주께서 저를 생각하시며 인자가 무엇이기에 주께서 저를 돌보시나이까"

2014년 겨울

저자들을 대신하여
양승훈, 조덕영

추천사 1

우주와 지구 그리고 인간의 기원에 대한 질문은 단순한 과학적인 질문을 넘어 우리의 세계관을 결정한다. 그러기에 창조와 진화 논쟁은 종교인이건 무신론자이건 모두의 관심사일 수밖에 없다.

1860년 여름, 옥스퍼드 박물관에서 토마스 헉슬리(Thomas Huxley)와 옥스퍼드의 주교 윌버포스(Samuel Wilberforce, 1805~1873) 간에 벌어진 역사상 첫 '창조와 진화'에 관한 논쟁이래, 옥스퍼드에서는 매년 '과학과 종교'를 주제로 하는 공개 토론회가 열린다. 나는 옥스퍼드대학 박사 과정 동안 〈창조 대 진화〉 또는 〈과학 대 종교〉란 타이틀로 열리는 공개 토론회에 매년 참석하곤 했는데, 그 광고 전단에는 참석 대상자를 항상 〈Town & Gown〉으로 표기하고 있었다. 이는 학자들뿐만 아니라 일반인들도 참석하여 토론하자는 뜻이었다. 그러나 아직 우리나라에서는 〈창조와 진화에 관한 논쟁〉에 관한 주제는 일반인들의 관심을 끌지 못하고 있을 뿐만 아니라, 심지어 기독교인들에게조차 관심을 받지 못하고 있다. 이러한 상황에서 한국 교계는 그동안 다양한 창조론 논쟁을 듣고 보지도 못한 채 〈젊은지구창조론〉 울타리에만 갇혀 있었다.

진화학과 창조과학이 공통적으로 가지는 한계는 첫째, 과학이 끊임없이 발전하고 있다는 것이다. 이로 인해 예전에는 진리처럼 믿어졌던 것들이 미래에는 더 이상 사실이 아닐 수도 있다는 것이다. 두 번째 한계는, 우리 인간은 아직 너무도 과학에 대해 무지하다는 것이다. 달(Moon)이나 화성(Mars)에 우주선을 보낼 수 있을 정도로 과학이 발달하였지만, 우리는 아직 이 지구상에 얼마나 많은 생물들이 우리와 함께 살고 있는지조차 정확히 모르고 있다. 인간의 유전자 정보가 낱낱이 밝혀지고, 하루가 다르게 발전하는 정보과학 시대에 사는 우리로서는 믿기 어려울 만큼 우리는 아직 너무나 모르는 것이 많다. 기원에 관한 논쟁이 이에 관한 대표적인 예 중의 하나이다.

그렇다면 도대체 우리가 우주나 생명체의 기원에 대해 관심을 갖는 것은 어떤 의미가 있으며, 기원에 대해 자신의 견해를 밝힐 때 가져야 할 마음의 자세는 어떤 것이어야

추천사

할까? 오늘날 창조과학을 입증하기 위해 많은 학자들과 목회자들이 다양한 예를 통해 창조주 하나님을 입증하려고 노력한다. 그러나 진화론이 우주와 생명의 기원에 대해 명확한 대답을 주기 어려운 것처럼, 창조과학도 같은 딜레마에 빠지기는 마찬가지이다. 그러므로 창조와 신학, 그리고 과학을 논하기 위해서는 부단한 노력이 필요하다.

이 책은 창조론에 관심이 있는 목회자와 신학생들뿐만 아니라, 우주와 지구, 그리고 인간의 기원에 관해 좀 더 진지하게 싶어하는 독자들을 위한 책이다. 창조론을 공격하는 무신론자와 진화론자들도 꼭 읽어 보아야 할 책이다. 지금까지 국내에서 출간된 대부분의 창조론 서적들은 대중서적이거나 학술적인 책들은 번역본이었던 것에 비해 이 책은 국내 저자들이 창조론 논쟁의 다양한 분야들을 비교적 객관적 관점에서 다룬 최초의 책이라고 할 수 있기 때문이다. 이 책을 통해 좀 더 건강한 창조론 논의가 이루어지기를 바라면서 창조론에 관심이 있는 진지한 독자들의 일독을 권한다.

2014년 겨울

유 정 칠

(경희대 생물학과 교수, 전 통합연구학회장,
전 한국조류학회 회장, 경희기독인교수회 회장)

추천사 2

이번 기독교와 창조론에 대한 추천사를 부탁 받고 많은 고심을 했다. 공동저자들인 양승훈·조덕영 박사와 더불어 저도 한때 창조과학운동의 최전선에서 열심을 다했던 사람으로서 이 사역을 통해 알게 된 많은 난제들을 대하면서 제 자신이 얼마나 부족한지를 잘 알고 있기 때문이다.

창조론을 다루는 데 있어서의 어려운 점은, 이 논의의 가장 중요한 주제인 하나님의 창조의 섭리 그리고 우주의 법칙들이 현재 우리 인간의 능력 범위 내에서는 확실한 증거들을 찾아 낼 수 있는 것들이 아니라는 것이다. 그래서 많은 사람들이 자신이 가지고 있는 신학적 틀이나 신앙관에 따라 다양한 해석을 해나가는 경향이 있다.

이런 경우 우리는 이 문제의 접근을 좀 더 본질적으로 할 필요가 있다고 생각한다. 나의 어떤 주장도 성경의 근거를 넘어설 수 없다는 것과 한계성을 가진 인간인 내 자신의 학문적 주장이 절대적일 수 없다는 것을 겸손하게 인정하고 가는 것이다.

그래서 창조론을 다루려고 하는 사람은 먼저 성경을 잘 알도록 노력해야만 한다. 이 말은 성경에 대한 해박한 지식을 말하는 것이 아니라 정말 그리스도 안에서 회개하고 중생하였으며 성령의 이끌림에 의해서 성경을 보고 이해하고 있는가를 이야기한다. 우리의 이성적 판단이나 해석이 아니라 말씀 자체에 의해 이끌림을 받은 사람들이 이 창조론을 다루어야 한다. 이럴 경우가 아닌 경우 매우 그럴 듯한 창조론에 관한 이야기들이 나와서 많은 사람들이 공감하는 것처럼 보일지라도, 결국 인간의 생각과 노력을 통해서도 하나님의 영광을 드러나게 할 수 있다는 오류에 빠지게 되며 하나님의 영광을 가로 막게 된다.

다음으로 인간의 한계성을 분명히 하는 것이다. 최근 지식의 반감기라는 글을 보았다. 잘못된 지식의 확산이나 측정의 오류 등으로 인해 지금껏 사실이라고 믿었던 지식들이 퇴출되는 경우들을 소개한 내용이었다. 원자력 분야를 연구한 저로서는 방사성 물질의 반감기라는 용어와 비교할 때 매우 재미있는 표현이었다. 하지만 중요한 것은 현재 사실이라고 확신한 수많은 것들이 바뀔 수도 있다는 것을 인정할 수 있는 개방성과 겸손함을 가진 사람이 창조론 연구를 해야 하는 것이다.

추천사

저는 이 책이 이런 바탕에 의해 써 갔으리라 기대하면서 읽었다. 그리고 많은 저자들이 이런 고민을 함께 하고 계신 것에 대해 기쁨을 가지게 되었다. 비록 현재의 시작이 부족하고 더 많은 노력들을 필요로 하는 것도 사실이지만, 이런 노력에 자신의 시간과 에너지를 쏟는 믿음의 동역자인 저자 분들께 격려 드리고 싶다. 아울러 이 글을 읽어 가시는 독자 분들께서도 저자들의 고민과 분투를 간접 경험하시면서 더 진지하게 하나님의 존재하심을 생각해 볼 수 있는 귀중한 시간이 될 수 있기를 기원한다.

2014년 겨울

원 동 연

(국제교육문화교류기구 이사장, 5차원전면교육법 개발자,
벨 국제학교 헤드마스터, 전 연변과기대 부총장, 전 몽골 국제대 초대 총장)

차 례

PART 1 창조론과 신학

창조론과 신학/철학
1장 창조론의 중요성 (박찬호)   15
2장 기독교와 과학철학 (최태연)   29
3장 창조의 세계관적 의미 (최용준)   47
4장 창조과학의 신학적 배경 (김재섭)   65
5장 칼빈의 창조론 (박해경)   85

창조연대 문제
6장 창조연대 연구와 성경해석학 (김인수)   109
7장 지구 창조연대에 대한 신학적 검토 (조덕영)   129

PART 2 창조론과 과학

우주의 창조
8장 힉스입자, 창조에 말을 걸다 (양승훈)   151
9장 다중격변과 소행성 충돌 (양승훈)   177
10장 생물진화와 우주진화: 그 개념적인 다름에 대한 논의 (박기모)   207

생명과 인류 창조

11장   창조-진화 논쟁의 열역학적 측면 (유승훈)   233
12장   자연발생론과 다윈의 진화론에 대한 비판 (허정윤)   247
13장   진화 중인 인류기원론에 대한 성경적 조망 (김남득)   283
14장   UFO 신드롬, 그 영적인 실체 (양승훈)   299

지적 설계

15장   창조과학과 지적 설계, 양립은 가능한가? (조덕영)   349
16장   생명체의 적응능력, 또 하나의 설계증거 (장혜영)   379
17장   신묘(神妙)막측의 절정, 인체 : 진화인가? 창조인가? (이선일)   393

PART 3   창조론과 역사

창조론과 역사

18장   창조과학의 유사과학적 뿌리 (양승훈)   409
19장   기원 논쟁의 주요 문제 (문준호)   439
20장   성경과 우리 민족 기원 (조덕영)   453

제1부 창조론과 신학

⟨창조론과 신학/철학⟩
1장 창조론의 중요성 (박찬호)
2장 기독교와 과학철학 (최태연)
3장 창조의 세계관적 의미 (최용준)
4장 창조과학의 신학적 배경 (김재섭)
5장 칼빈의 창조론 (박해경)

⟨창조연대 문제⟩
6장 창조연대 연구와 성경해석학 (김인수)
7장 지구 창조연대에 대한 신학적 검토 (조덕영)

박찬호
백석대 신학대학원

서울대학교 인문대학 철학과(B.A.), 총신대학 신학대학원(M.Div.), 미국 칼빈신학교(Th.M.), 풀러신학교(Ph.D.)에서 공부하였고, 2002년 가을학기부터 웨스트민스터신학대학원대학교에서 조직신학을 가르쳤으며, 2004년 12월부터는 3대 총장으로 재직하였다. 지금은 백석대 신학대학원 교수로 있다. 저서로는 〈판넨베르그 신학비판〉(2003), 〈삼위일체 창조주 하나님의 초월성과 공간성 (Transcendence and Spatiality of the Triune Creator)〉(2005), 〈복음주의 신학의 대변자 칼 헨리〉(2006) 등이 있으며, 신학과 자연과학의 관계에 대하여 많은 관심을 기울이고 있다.

창조론과 신학/철학

제1장 창조론의 중요성

I. 창조론을 다루는 이유

창조와 타락 그리고 구속은 개혁주의 세계관 내지는 기독교 세계관의 기본틀을 형성하는 세 가지 기본 주제이다. 하지만 전통적으로 기독교 신학은 창조론을 구원론의 배경으로 취급하는 경향이 있다. 그리고 타락이 현재에도 영향을 미치고 있는 과거적인 사건이요 구속은 이미 이루어진 면도 있지만 미래적이요 종말론적인 사건이라면 거기에 비해 창조는 별반 현재와는 관계없는 과거의 사건으로 치부된다. 그러나 이러한 전통적인 이해는 일면적이라 할 수 있다.

판넨베르그는 전통적인 창조론에서의 "하나님의 행동으로서의 창조(creation)"와 "신적인 활동의 산물로서의 피조물(creatures)" 사이의 구분을 적절하게 지적하고 있다.[1] 여기에서 다루게 될 창조는 전자에 해당한다. 그런데 하나님의 행동은 단지 과거적인 것만은 아니다. 판넨베르그뿐 아니라 몰트만은 창조론을 단지 시작에 있어서의 창조뿐 아니라 역사에 있어서의 창조와 마지막 때의 창조(본래적인 창조(creatio originalis)-계속적인 창조(creatio continua)-새창조(creatio nova))까지도 포함하는 것으로 확대하고 있다. 몰트만에게 있어 "'창조'는 하나님의 처음 창조, 하나님의 역사적 창조, 그리고 하나님의 완성된 창조를 위한 용어다."2) 만일 창조론이 종말론을 포함한다면 "종말론은 그 시선을 미래를 향해 돌리고 있는 창조주에 대한 믿음 이외의 아무것도 아니다3)"라고 몰트만은 주장한다.

이 장에서 필자는 먼저 이러한 창조론의 일식 현상을 지적한 후, 이러한 창조론의 일식 현상이 가장 대표적으로 드러나고 있는 영역인 언약 또는 구속과 창조론의 관계를 살펴본다. 그리고 하나님과 창조 세계로서의 시공간의 관계를 살펴보고 미래적인 창조로서의 새창조에 대한 논의를 전개하고자 한다. 이러한 논의를 통해 필자는 창조란 단지 과거로서의 하나님의 행동을 다루는 것이 아니라 현재적이요 미래적인 국면이 있다는 것을 주장할 것이다. 그러므로 창조론에 대한 토론은 단지 구원론의 배경이 아니라 구원론과 같은 무게를 가지고 다루어져야 한다.

II. 창조의 일식

윌리암 더니스는 "창조의 일식(the eclipse of creation)"이 일어난 이유가 종교개혁 이후 신학을 "내적으로 파악되는 하나의 참된 지식의 체계"라고 보는 방식이나 보다 최근의 신학을 "역사 속에서의 하나님의 행동에 대한 이야기"라고 보는 방식에 있다고 주장한다.4) 더니스는 하나의 실례로 게하르트 폰 라드(Gerhard von Rad)의 경우를 들고 있다. 폰 라드에 의하면 우리는 신명기 26장 5절에서 히브리 성경을 읽기 시작한다. 그 절에서 우리는 구약성경의 첫 여섯권의 주요한 주제인 애굽에서의 하나님의 구원에 대한 이스라엘의 감사를 발견한다. 그러므로 폰 라드는 창조에 대한 기사를 그러한 주제에 대한 사소한 후대의 첨가 즉 후대의 신학적 생각이라고 간주한다. 폰 라드의 해석에서 창조는 구원 역사라고 하는 "중요한 요소"에 대해 일종의 배경으로 그 빛을 잃게 된다. 더니스는 창조에 대한 폰 라드의 견해에 대해 다음과 같이 논평하고 있다. "하나님께서 훼손된 이 놀라운 세계에 대해 어떤 일을 행하시려하는가 라는 질문에 대답하는 것이 신명기의 고백이다. 반면에 창조 기사는 단지 '아브라함과 그리고 시내산에서 언약을 맺으신 이러한 야훼 하나님께서 또한 세계의 창조주가 되신다는 증언을 통해 이러한 신앙을 뒷받침할' 뿐이다."5)

창조를 "시작(beginnings)"에 대한 연구로 환원시킨 또 하나의 원인으로 더니스는 인간 기원에 대한 진화론적인 견해를 지적하고 있다. 이러한 세속적인 토론은 과정의 문제에 제한되어진다. "어떻게 세계가 지금 있는 방식으로 있게 되었는가?" 하지만 더니스는 "창조에 대한 성경의 기사는 분명히 왜 하나님께서 세계를 만드셨으며 창조의 과정보다는 지속되는 창조의 현존을 위한 하나님의 목적은 무엇인가에보다 더 많은 관심이 있다"6)라고 주장하고 있다. 진화론에 대한 과잉반응으로 우리는 성경에 있는 창조 기사의 적실한 논점을 놓치고 있다는 것이다. 여기에 덧붙여 더니스는 "확실한 지식으로서의 신학에 대한 선호"를 지적하고 있다. 이러한 편견이 창조에 대한 관심의 일식을 가져온 또 하나의 현대적 이유이다. 더니스에 의하면 확실한 지식으로서의 신학에 대한 선호는 우리로 하여금 "시각적인 것보다는 구전적인 것에, 형상이나 비유보다는 추상적인 개념에 특전을 부여하게" 한다. 콜린 건톤(Colin Gunton)을 따라 더니스는 "궁극적으로 플라톤에게서 나온 생각인 개념만이 믿을 만하다-왜냐하면 개념은 본래적으로 믿을 수 없는 시각적인 상상으로부터 순화된 것이므로-는 생각을 결정화한 사람은 19세기의 헤겔(Georg Wilhelm Friedrich Hegel)이었다"7)고 주장한다. 이러한 문맥에서 더니스는 성경의 언어가 가지는 비유적인 성격을 지지하고 있다. 더니스는 "문맥이 전환됨으로 해서 비유는 우리가 그 일상적인 문맥에서는 우리에게 보이지 않던 것들을 '보도록' 돕는다"8)라고 쓰고 있다. 미주에서 더니스는 라쿠나(Catherine LaCugna)의 말을 인용하고 있다. "조직신학자들은 그것이 '실체'이든 아니면 '관계'이든지 간에 모든 개념이 근본적으로는 그 자체를 문자적으로 기술하는 것이 아니라 비유적이라는 것을 마음에 두어야할 필요가 있다."9)

Ⅲ. 창조와 언약

　더니스가 보기에 창조는 일종의 신적인 구현, 즉 하나님의 영원한 목적의 구체적인 현시를 위한 장소이다. 자신의 목적을 위해 하나님은 언약 개념을 사용하셨다. 언약은 하나님께서 자신의 선택받은 백성들과 맺기를 원하셨던 관계를 우리가 이해하도록 돕기 위해 사용하는 하나의 비유(metaphor)이다. 창조 기사는 히브리 성경의 시작 부분에 자리하고 있는데 여기에는 "이스라엘이 그 스스로를 물리적인 창조 세계와 함께 세계의 열국과의 관계에서 이해하라는 하나님의 의도"임을 더니스는 강조하고 있다. 브라이언 월시(Brian Walsh)와 리차드 미들턴(Richard Middleton)은 "이러한 정경 상의 배열의 기능은 결정적으로 출애굽-시내산 이야기를 보다 포괄적인 언어적 배경에서 재해석하려는 것"라는 말을 인용하며 더니스는 창조 기사를 하나님의 모든 사역의 서곡으로 배치한 것은 "역사는 반드시 창조를 통해, 시간은 공간을 통해 이해되어야 한다는 사실을 강조한다"[10]고 주장한다.

　몰트만(Jürgen Moltmann)은 "바르트는 창조와 언약을 너무나 배타적으로 하나의 짝으로 연결하였고… 자신이 '현대의 종교'와 함께 공유하고 있는 인간중심주의를 창조와 언약을 짝지음으로 개정하지 않았다"[11]고 비판하고 있다. 바르트는 하나님의 창조를 단지 인간 존재에게만 관계된 것으로 생각한다. 이러한 의미에서 바르트의 창조론은 인간중심주의적인 초점을 가진다. 그러므로 바르트(Karl Barth)는 언약이 "창조의 내적인 기초"로 간주될 수 있으며 창조는 "언약의 외적인 기초"로 간주될 수 있다고 말한다.[12] 바르트에게 있어서 "예수 그리스도는 인류와 맺은 하나님의 언약의 시작이요, 중간이며, 끝이다. 마치 그리스도는 인류를 위해서만 오셨고 단지 인류의 화해자요 주님이시다. 비인간적인 세계의 창조는 '언약의 외적인 기초'로서 설명되고 있다"라고 몰트만은 주장하고 있다.[13] 몰트만은 바르트 자신의 말을 사용하여 바르트의 견해를 개정하고 있다. "'창조 그 자체가 이러한 역사(즉 언약)의 시작이다.' 이것이 그러하다면, 창조 그 자체는 이미 하나님의 언약이다. 만약 하나의 전체로서의 창조가 시작부터 하나님의 언약이라면, 그렇다면 인간 존재만이 아니라 모든 피조물이 이러한 언약 가운데 살고 있으며, '언약의 중심'이다."[14] 몰트만은 "자연의 역사화가 아니라 도리어 종말론적인 "역사의 자연화"가 창조의 목표라고 주장하고 있다. 몰트만은 "창조, 즉 하나님의 내주하심에 의해 변혁되는 창조가 역사의 목표이다"15)라고 쓰고 있다.

잘 알려진 바와 같이 기독교의 전통적인 창조론은 영지주의자들과의 투쟁에서 비롯된 것이었다. "영지주의(Gnosticism)"라는 용어의 정의로 데이빗 포드(David F. Ford)는 "창조를 열등한 신의 작품으로 보고, 영적인 것으로부터 물질적인 것을 날카롭게 구분하며, 세계로부터 도피하여 물질성을 지고의 신적인 존재와 연합하도록 해주는 배타적인 지식을 제공했던 다양하고 널리 퍼진 종교적인 운동에 주어진 (그리스어 지식(gnosis)으로부터 유래한) 이름"16)이라고 제시하고 있다. 초대 교회 이래로 기독교의 복음은 광범위한 영지주의적 이단 사상에 의해 영향을 받았고 위협을 받았다. 이러한 영향의 결과는 물질적인 또는 가견적인 창조 세계를 영적이거나 또는 불가견적인 세계보다 열등한 것을 보고 부정하는 것이었다. 이레니우스(Irenaeus)의 주된 신학적 논적들이 바로 영지주의자들이었다.17) 영지주의자들에 대항하여 이레니우스는 창조로부터의 분리가 아니라 하나님의 창조적인 사역의 총괄구원(recapitulation)으로서의 구원을 주장하였다. 창조에 관한 이레니우스의 견해는 칼빈에 의해 계승이 되었다. 칼빈은 어떤 곳에서 "물론 그것이 경외심 어린 마음에서 나온 것이라면 자연이 하나님이라고 경외심을 가지고 말할 수도 있다고 나는 고백한다"18)라고 말하는 자리까지 나간다.

콜린 건톤(Colin E. Gunton)은 "창조주와 창조 사이의 관계에 대한 유일한 만족스러운 설명은 삼위일체론적인 것"19)이라고 바르게 말하고 있다. "창조론의 삼위일체론적인 측면을 강조함으로써 이레니우스는 우선 물질적인 것과 영적인 것 모두 피조된 질서의 가치에 대한 주목할 만한 긍정적인 견해를 발전시킬 수 있었다"20)고 건톤은 주장한다. 건톤은 하나님의 "두 손"(two hands)으로서의 아들과 성령에 대한 이레니우스의 창조에 대한 견해를 좋아한다. 그러므로 건톤은 "만물의 조성자로서 하나님의 초월성은 자신의 '두 손'을 통해 또한 그 안에 내재할 수 없는 그런 종류의 것이 아니다"21)라고 주장한다.

IV. 창조와 시공간

창조론과 관계하여 하나님과 공간-시간의 관계성에 대하여 토렌스는 비록 공간적이고 시간적인 관계가 하나님의 우주 창조를 통해 생겨나서 하나님께서 만드신 것과의 상호작용을 통해 유지되기는 하나, 창조론은 하나님께서 창조와 공간적이거나 시간적인 관계에 서 계시다는 것을 의미하지는 않는다고 주장한다. "모든 창조가 하나님에 의해 포괄되고 이러한 방식으로 합리성을 부여받기 때문에 공간과 시간은 단지 피조된 존재 안에서 생겨나는 관계로만 간주되어서는 안 되며 그 내재적인 질서의 담지자로 간주되어야 한다"[22]라고 토렌스(Thomas F. Torrance)는 주장한다. 하나님과 공간-시간 사이의 이러한 관계는 성육신에 의해 부정되는 것이 아니다. 토렌스에게 있어 성육신 교리는 하나님 자신이 예수 그리스도 안에서 공간과 시간 안에서 물질적인 몸을 취하심으로써 우리의 세계에 들어오신 것을 의미한다. 그러므로 성육신 교리는 공간과 시간에 대한 하나님의 절대적인 우위를 감소시키는 것이 아니라 "하나님이 가지시는 우리와의 관계에서 공간과 시간이라는 실체를 주장하며 우리가 가지는 하나님과의 모든 관계에서 우리를 공간과 시간에 묶어 준다"[23]고 토렌스는 주장한다. 한걸음 더 나가 토렌스는 이렇게 주장한다.

"그러므로 성육신에서의 하나님의 신기로운 활동은 창조에의 침입이나 그 공간-시간 구조의 부정으로 생각되어서는 안 되며, 자연과 하나님의 상호작용의 선택된 형태로 생각되어야 한다. 하나님께서는 이러한 작용 안에서 피조된 인간 존재와 그 자신 사이에 밀접한 관계를 맺고 계신다. 여기에서 공간과 시간은 하나님께서 그 자신을 우리에게 현존하게 하시고 알리시는 합리적인 매개를 제공한다. 그리고 공간과 시간은 그 안에서 하나님에 대한 우리의 지식이 하나님 자신의 초월적인 합리성에 객관적으로 근거되게 하는 합리적인 매개를 제공해준다.[24]

창조주 하나님께서 자신이 만드신 창조에 들어오셨고 우리는 거기에서 하나님과 만난다.

V. 새창조

창조는 단지 우리의 구원을 위한 배경이 아니다. 이러한 의미에서 창조는 언약의 외적인 기초라는 바르트의 말은 전체적인 면을 다 보여주는 말이 아니다. 창조 그 자체가 몰트만의 "창조의 언약"[25)]이라는 표현에서와 같이 하나의 언약이다. 창조가 완성된 후에 하나님은 자신의 창조를 보시고 "매우 좋다"라고 말씀하셨다. 영지주의의 견해와는 달리 기독교의 창조론은 우리에게 창조는 필연적인 악이 아니며 하나님의 목적의 구현을 위한 장소이며 마침내는 성육신에서 하나님의 구현이 이루어지는 장소이다. 창조는 칼빈이 적절하게 표현하였던 것과 같이 하나님의 영광의 무대(*theatrum gloriae Dei*)를 구성한다. 역사의 목표는 창조의 폐지가 아니라 하나님의 내주하심에 의하여 변혁된 창조, 즉 새창조다.

화란 자유대학의 조직신학자 아브라함 반 드 베크(Abraham van de Beek)는 "부활과 신체성"이라는 논문에서 그리스도인들이 장래의 소망으로 바라보는 새창조에 대한 것을 현재적인 관점에서 구체적으로 표현하고 기술하는 것의 한계를 잘 지적해 주고 있다. 예수 그리스도의 부활뿐 아니라 마지막 날 성도들의 부활도 몸의 부활이고 그 부활체는 우리가 상상할 수 있는 최대한으로 실재적인 몸이라는 것을 우리가 인정해야 하지만 그럼에도 이 몸은 우리의 현실적인 몸과는 다른 종류의 몸이다. 그러므로 반 드 베크는 현재의 몸과 영원한 삶 사이의 그 어떤 연속성도 인정하지 않았던 소위 '초기 고린도 교회의 영지주의자들'을 비판함과 동시에 현대의 영원한 몸을 가진 삶에 대한 생각들이 아주 구체적인 몸의 연속성을 주장하는데 대해서도 반대하고 있다.[26)] 물론 이러한 현대의 주장들도 일종의 비연속성을 인정한다. 하지만 그들이 인정하는 비연속성은 물리적인 악과 도덕적인 악을 포함한 모든 악의 비연속성이다. 이런 주장을 통해 이들이 제시하는 것은 반 드 베크에 의하면 자신들의 이상의 영속화요 그들이 원하는 삶이지 실재하는 삶이 아니다. 여기에서 현대의 주장들은 다분히 영지주의적인 성향을 드러낸다고 반 드 베크는 비판한다. "계속 존재하는 것은 우리의 이상들이고, 지상에서의 구체적인 인간의 존재가 아닌 것이다."[27)] 이 땅의 삶의 부정적인 요소를 제거한 몸의 연속성을 주장하는 견해에 대해 반 드 베크는 몸의 연속성을 인정하지 않는 견해와 마찬가지로 그것이 영지주의적이라고 지적하고 있는 것이다. 현재적인 삶에서 부정적인 요소를 제거한 것으로 미래의 새창조의 상태를 묘사하는 주장에 대해 반 드 베크는 "그리스도의 부활체에는 십자가의 상흔이 보이는 것이다."라고 말하면서 바울이 그리고 있는 것은 "십자가에서 죽으신 분과 그를 따라 고난의 삶을 산 사람들이 부활한 삶"이라고 주장한다.[28]

새창조에 대하여 더니스는 "비록 우리가 이 사건의 세부사항에 대해 거의 아는 것이 없을지 모르지만 우리는 그 사건이 하나의 체현적인 사건(an embodied event)이 될 것이라는 것을 알고 있다"[29]라고 말한다. 계시록 21장 2에서 요한은 새로운 창조를 "신부가 남편을 위하여 단장한 것 같더라"고 묘사하고 있다. 더니스에 의하면 이러한 신부라는 표현은 신약성경 다른 곳에서 그리스도의 몸으로서의 교회에 사용되고 있다(고후11:2을 보라). 그러므로 더니스는 "창조 자체가 그리스도의 몸을 위해 준비되어 있는 어린 양의 혼인잔치에 참여하게 될 것"이라고 주장한다. 요한 계시록의 또 다른 구절인 "보라 하나님의 장막이 사람들과 함께 있으매"(계21:3)를 인용하면서 더니스는 "운동의 방향이 하늘과 하나님의 초월적인 '장소'를 향하여 위로가 아니라 인간 창조를 향하여 아래다. 이것은 마치 성육신 자체가 하나님이 피조물과 함께 거하시는 이러한 최종적인 하나님의 사역의 전조가 되는 것과 같다"[30]라고 지적하고 있다.

초대 교회 그리스도인들이 헬라의 문화권 가운데 선교하면서 몸의 부활을 전한 것 때문에 조롱을 받았음을 성경은 증거하고 있다(행17:18). 사도신경의 한 구절은 "몸이 다시 사는 것"을 우리가 믿는다는 것을 분명히 하고 있다. 새로운 창조가 이루어질 때 우리가 바라는 구속은 몸으로부터의 구속이 아니라 '몸의 구속(redemption of the body)'이다(롬8:23). 안토니 후크마(Anthony Hoekema)는 "육체의 부활은 성경의 종말론적 메시지의 중심을 이루고 있다"[31]고 말하고 있다. 결국 그리스도인들이 가지고 있어야 할 종말의 비전은 비록 지금과는 어떤 의미로든 다른 차원이긴 하지만 몸을 포함한 물질적임 상태임을 우리는 부정할 수 없다. 초림하셔서 십자가와 부활을 통해 이러한 새창조를 시작하신 예수님은 새로운 창조의 사역을 완성하시기 위해 육체적으로 다시 오실 것이다. 벌코프는 예수님의 재림의 방식을 논하면서 그것이 육체적일 것이며 눈으로 볼 수 있는 가견적인 것임을 주장한다.32) 예수의 재림을 통해 이루어지는 새창조의 비전은 완전히 영적인 비물질적인 상태가 아니다. 모종의 정화라고 하는 과정을 통과하겠지만 새창조의 상태는 여전히 물질적일 것이라고 하는 것은 분명하다.

VI. 창조에 대한 정당한 관심이 필요한 시대

창조, 타락, 구속이라는 기독교 세계관의 기본틀 중에 창조는 어떤 면에서 박대를 받아왔다고 할 수 있다. 그 원인은 여러 가지가 있겠지만 구속의 국면을 강조한데서 비롯된 것이 주된 원인일 것이다. 구속의 국면의 중요성은 아무리 강조해도 지나치지 않을 것이다. 이 세상은 지금 구속이 필요한 상태이기에 그 무엇보다도 구속의 필요성은 절실하다고 할 것이다. 우리는 "만물의 피곤함"을 알고 있다. 하나님의 창조 세계는 하나님의 아들들의 나타남을 기다리고 있다(롬 8:19 이하). 하지만 이러한 구속의 국면 못지 않게 창조에 대한 관심 또한 필요하다. 창조는 단지 구속의 배경이 아니다. 창조는 그것자체로 하나의 구원 행동이며, 그러기에 우리는 구속을 새창조라 부르고 있다.

하나님은 태초에 물질 세계를 창조하셨다. 하나님의 이 물질 세계는 지금 창조의 원상태가 아니다. 구속이 필요한 상태다. 하지만 새창조의 상태에서도 여전히 이러한 창조의 세계는 비록 일종의 정화의 단계를 겪을 것이지만 그럼에도 여전히 물질적인 상태이기를 계속할 것이다. 기독교 신학의 창조론은 무로부터의 창조를 주장하였다. 하지만 기독교 신학의 종말론은 이 창조 세계의 무로의 회귀를 주장하지도, 비물질 상태로의 환원을 주장하지도 않는다.

바야흐로 우리는 환경오염이 모두의 관심이 되어버린 시대를 살고 있다. 그리고 그 환경 파괴의 주범으로 기독교가 지목되고 있다. 문화명령에 대한 남용이 바로 자연을 함부로 훼손하는 것을 나타났다는 것이다. 이러한 비난은 일면 타당한 면도 있지만 억울한 측면도 없지 않다. 창조에 대한 정당한 관심이 무엇보다도 필요한 시대라 할 수 있다.

제1부 창조론과 신학

각주

1) Wolfhart Pannenberg, Toward a Theology of Nature: Essays on Science and Faith, ed., Ted Peters (Louisville, KY: Westminster/John Knox Press, 1993), 34.

2) Jürgen Moltmann, God in Creation, trans. M. Kohl (Minneapolis: Fortress Press, 1993), 55.

3) Moltmann, God in Creation, 93.

4) William A. Dyrness, The Earth is God's: A Theology of American Culture (Maryknoll, NY: Orbis Books, 1997), 27.

5) Dyrness, The Earth is God's, 27. 이 인용문은 Gerhard von Rad, Genesis, ed. and trans. John Mark (Philadelphia: Westminster Press, 1961), 43, 44의 것이다. Cf. Bernhard W. Anderson, From Creation to New Creation (Minneapolis: Fortress Press, 1994), vii. 월터 부르그만(Walter Brueggemann)은 이 책의 시리즈 편집자 서문에서 구약 성경의 연구에서 창조의 "일식"을 지적하고 있다. 더니스와 마찬가지로 부르그만 또한 폰 라드의 경우를 이러한 일식에 대한 이유로 생각하고 있다. 하지만 부르그만은 이러한 폰 라드에 대한 비난을 폰 라드의 초기 저작들에 제한하고 있다. 부르그만은 다음과 같이 말하고 있다. "구약 성경의 연구에 있어 창조의 '일식'은 최소한 그의 초기 저작에서 창조를 구원 역사에 종속시켰던 게하르트 폰 라드의 범주에 의해 주로 결정되어지고 있다. 하지만 폰 라드마저도 그의 마지막 저작에서 이 문제에 대한 자신의 생각을 의미심장한 방식으로 바꾸었다."

6) Dyrness, The Earth is God's, 28. "성경은 진화에 대한 신념을 인정하는가 또는 그렇지 않은가"라는 질문에 대하여, 더니스는 "분명히 그것은 본문이 대답하려 의도하지 않고 있는 질문을 본문에 묻고 있는 것이다"라고 주장한다.

7) Dyrness, The Earth is God's, 28f.

8) Dyrness, The Earth is God's, 29. 비록 "비유가 전체적인 진리를 말하지

제1장 창조론의 중요성

않고" "우리가 비유를 전체적인 진리로 간주할 때 문제가 생기기는" 하지만, "비유가 드러내주는 부분이 본질적인 것으로 판명된다"(ibid)라고 더니스는 셀리 맥페그(Sallie McFague)나 엘리자베스 존슨(Elizabeth Johnson)과는 달리 주장하고 있다

9) Catherine M. LaCugna, God for Us: The Trinity and Christian Life (New York: Harper Collins Publishers, 1991), 359. Dyrness, The Earth is God's, 172의 미주 14에 인용되어 있다.

10) Dyrness, The Earth is God's, 33. Brian Walsh and Richard Middleton, "Facing the Postmodern Scalple: Can the Christian Faith Withstand Deconstruction?" in Christian Apologetics in a Postmodern World, eds. Timothy and Dennis L. Okholm (Downers Grove, IL: InterVarsity Press, 1995), 148

11) J. Moltmann, History and the Triune God: Contributions to Trinitarian Theology (New York: Crossroad, 1992), 129.

12) Karl Barth, Church Dogmatics III/1, 42 이하와 338 이하.

13) Moltmann, History and the Triune God, 128.

14) Moltmann, History and the Triune God, 129. 건톤(Colin E. Gunton)은 비록 그 문제점을 인식하고 있지만 몰트만과는 반대로 바르트의 견해를 다음과 같이 해석하고 있다. "창조와 구속 사이의 이러한 연결은 그 문제점에도 불구하고 그 둘을 그것이 종종 그러한 것 보다 훨씬 더 긍정적인 관계로 들어가게 해주었다. 그것은 또한 바르트가 섭리와 인간 인격, 그리고 창조의 윤리에 대한 훌륭한 설명을 발전시킬 수 있게 해주었다." ["The Doctrine of Creation," Gunton, ed., The Cambridge Companion to Christian Doctrine (Cambridge University Press, 1997), 154].

15) Moltmann, History and the Triune God, 129.

16) David F. Ford, ed., The Modern Theologians, 741 이하

17) Cf. Gunton, "The Doctrine of Creation," 148은 "그[이레니우스]는 몇몇

자신의 영지주의 대적들이 가지고 있었던 강력한 이원론적인 철학을 벗어나려고 하는 자신의 필요에 의해 도움을 입었다"라고 쓰고 있다.

18) Dyrness, The Earth is God's, 33. 이 인용은 Calvin, Institutes, 1.5.5에서 온 것이다. 또한 Steven Bouma-Prediger, The Greening of Theology: The Ecological Models of Rosemary Radford Ruether, Joshep Sittler and Jürgen Moltmann (Atlanta: The American Academy of Religion, 1995), 86을 보라. 부마-프레디거에 의하면, 비록 칼빈은 즉각적으로 이 진술을 완화시키고 있지만 그럼에도 이 말은 매우 놀랍다. 더니스는 더 나가 이러한 칼빈의 완화를 명료하게 한다. 더니스는 "칼빈은 계속해서 자신이 강조하고자 했던 것이 하나님의 주권임을 보여줌으로써 이 진술을 완화하고 있다"라고 말하고 있다 (The Earth is God's, 171).

19) Gunton, Christ and Creation (Carlisle, 1992), 75. Thomas F. Torrance, The Christian Doctrine of God: One Being and Three Persons (Edinburgh: T&T Clark, 2001), 212도 이 점에 있어 건톤에게 동의하고 있다.

20) Gunton, "The Doctrine of Creation," 148.

21) Gunton, "The Doctrine of Creation," 142.

22) Thomas F. Torrance, Space, Time and Incarnation (Edinburgh: T&T Clark, 1969), 23이하.

23) Torrance, Space, Time and Incarnation, 24.

24) Ibid.

25) Moltmann, History and the Triune God, 128, 은 "창조는 단지 언약이 가능하게 하는 하나님의 하나의 사역이 아니라 그 자체가 하나님과 언약, 즉 창조의 언약이다"라고 주장하고 있다. 이러한 문맥에서 몰트만은 개혁파 언약 신학자인 코케이우스(Cocceius)의 견해를 소개하고 있다.

26) 아브라함 반 드 베크, "부활과 신체성," 〈조직신학연구 2〉 (2003), 57.

27) 반 드 베크, "부활과 신체성," 58.

28) 반 드 베크, "부활과 신체성," 58.

29) Dyrness, *The Earth is God's*, 56.

30) Dyrness, The Earth is God's, 57.

31) 안토니 후크마(Anthony A. Hoekema), 〈개혁주의 종말론〉, 유호준 역 (서울: 기독교문서선교회, 1986), 322.

32) 루이스 벌코프, 〈벌코프 조직신학〉 (하), 권수경, 이상원 역 (서울: 크리스챤 다이제스트, 2000), 978f.

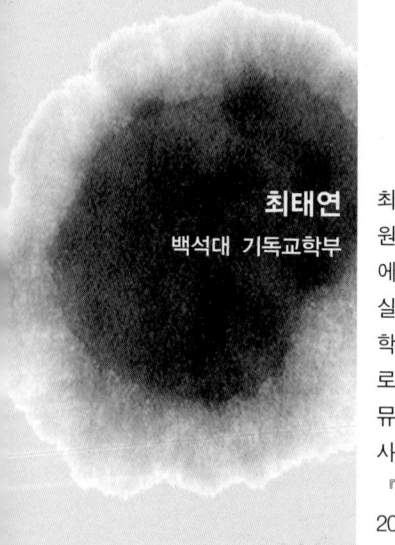

최태연
백석대 기독교학부

최태연은 성균관대(B.A.), 숭실대 철학과(M.A.), 백석대학교 신학대학원(M.Dtv. 및 Th.M.Cand.), 독일 베를린자유대학교(철학박사 Ph.D.)에서 수학하였으며 기독교윤리실천운동 운영위원, 기독교학문연구소 실행위원, 한국해석학회 이사, 한국기독교철학회 이사, 기독교세계관 학술동역회 부실행위원장 등을 지냈고 지금은 백석대 기독철학 교수로 있다. 저서로는 『대중문화, 더 이상 침묵할수 없다』(공저, 예영커뮤니케이션, 1998), 『사이버문화와 기독교문화 전략』(공저, 쿰란출판사, 1999), 『21세기의 생명문화와 기독교』(공저, 쿰란출판사, 2000), 『신앙과 논리』(공저, 살림, 2004), 『개혁주의와 과학철학』(UCN, 2005), 『폴 리쾨르의 변증법적 해석학』(UCN, 2005), 『Dialektik der Interpretation』(UCN, 2005), 『기독교 문화와 상상력』(공저, 예영, 2006), 『한국기독미술의 흐름』(공저, 예서원, 2007), 『기독교 문화 콘텐츠의 현황과 전망』(공저, 북코리아, 2008), 『창조질서의 재발견』(공저, 예서원, 2009), 『공공신학』(공저, 예영, 2009), 『신학적 해석학(하)』(공저, 이컴비즈넷, 2009)등이 있다.

창조론과 신학/철학

제2장 기독교와 과학철학

Ⅰ. 기독교는 과학을 어떻게 보는가?

　기독교는 하나님의 창조(creation)를 믿는 종교이다. 다시 말해 기독교는 구약성경에 기초를 둔 헤브라이즘(Hebraism)의 유신론적 사고에서 출발한 반면에, 과학은 그리스 헬레니즘(Hellenism)의 자연주의적 사고에 그 뿌리를 두고 있다. 그래서 기독교는 초월적인 하나님의 창조로부터 이 세계를 설명하지만, 과학은 스스로 존재하는 물질인 '카오스'의 운동으로부터 설명한다. 그러나 15세기에 형성된 서양 근대과학은 이 두 가지 전통의 결합 속에서 나타났다고 보아야 한다. 그 이유는 근대과학이 기독교 문명인 중세와 르네상스를 배경으로 해서 나타났기 때문이다. 근대적 과학혁명의 계기를 마련한 코페르니쿠스(Copernicus, 1473-1543)의 예를 들어보자. 코페르니쿠스는 아리스토텔레스(Aristoteles)와 프톨레마이오스(Ptolemaios)의 우주론을 모델로 삼았던 중세의 과학이 하나님이 창조한 우주의 실재를 제대로 해명해 주지 못한다고 생각했다. 그래서 그는 우주를 보다 단순하고 명확하게 설명해 주는 르네상스 신플라톤주의의 우주론을 새로운 모델로 삼았다. 피렌체나 볼로냐 같은 이탈리아 북부도시에서 발전된 르네상스 신플라톤주의는 우주를 단일 중심을 가진 원들의 단순한 체계로 보았고 우주공간에 대한 수학적 계산을 가능하게 해주었기 때문이다(Kaiser, 1991: 108). 코페르니쿠스의 예처럼 근대과학은 이미 기독교 창조론의 전제 아래 우주를 설명해 줄 수 있는 우주론의 모델을 아리스토텔레스주의에서 신플라톤주의로 바꾸는 과정에서 탄생했다고 해도 지나친 말이 아니다.

고대의 우주론은 그 당시의 종교와 밀접한 관계 속에서 형성되어 왔다. 바빌로니아의 우주론이 길가메시 신화와 그리고 그리스의 우주론이 올림포스 종교와 긴밀하게 연결되었던 것처럼 1세기의 초기 기독교는 처음에 후기 유대교의 우주론을 받아들였으나 2세기 변증가들은 헬레니즘 시대의 우주론을 비판적으로 채용하여 성경의 창조론을 설명하려 시도했다. 대표적인 예가 2세기의 변증가 유스티누스(Justinus)이다. 그는 중기 플라톤 학파와 스토아 학파의 우주론 개념들을 채용하여 기독교적으로 변화시켰다. 당시의 철학이나 과학에 긍정적인 태도는 유스티누스뿐만 아니라, 3세기의 알렉산드리아의 클레멘트(Clement)와 오리겐(Origen)의 입장이기도 했다. 반면에 초대교회에는 헬레니즘 철학이나 과학에 대해 비판적인 입장도 있었다. 3세기 초의 이레나이오스(Irenaios)와 테르툴리아누스(Tertullianus)는 자연과 인간이 동일한 하나님의 로고스에 의해 창조되었음을 인정하면서도 그리스의 자연철학자들을 날카롭게 비판했다. 4세기의 아우구스티누스(Augustinus)는 하나님의 초월성과 더불어 자연의 자율성을 인정했다. 그는 태초에 하나님이 창조된 자연 속에 씨앗과 같은 원인들을 제공한 결과 자연이 자체적인 법칙에 따라 움직여 나간다고 보았다. 초월적인 하나님과 물질적인 자연의 관계를 조화롭게 설명하려는 태도는 6세기의 보에티우스(Boetius)와 카시오도루스(Cassiodorus)에게서 더욱 힘을 얻었다. 보에티우스는 수학과 과학에 관한 책을 저술하면서 유클리드와 프톨레마이오스의 이론을 중세에 전달했다. 중세의 과학은 이슬람을 통해 다시 발견된 아리스토텔레스의 형이상학과 과학이론을 통해 13세기의 아퀴나스(Aquinas)와 보나벤투라(Bonaventura)에 이르러 새로운 종합에 도달했다(Kaiser, 1991: 57-60).

지금까지 기독교와 과학의 관계에 대한 중세까지의 흐름을 잠시 엿보았다. 이를 통해 기독교가 각 시대마다 창조론의 관점에서 우주와 자연에 대한 설명을 시도해 왔다는 점을 알 수 있다. 비록 특정한 철학이나 철학자를 선호하거나 거부했지만, 적어도 중세까지 기독교의 주류는 하나님에 대한 믿음과 자연에 대한 이해와 전혀 상관없다고 생각하지 않았다. 1517년 종교개혁의 시작과 더불어 개신교는 가톨릭에 비해 코페르니쿠스의 지동설을 따르는 새로운 과학을 더 적극적으로 받아들였고 많은 과학자를 배출했다. 행성의 운동을 설명한 케플러(Johannes Kepler, 1571-1630)나 영국 경험론의 창시자 베이컨(Francis Bacon, 1561-1626)은 자연에 대한 탐구를 통해 하나님의 영광을 드러내려는 개신교 신앙을 가진 인물들이었다. 그들을 이어 보일(Robert Boyle, 1627-91)과 뉴턴(Isaac Newton, 1642-1727)과 같은 신앙인 과학자들이 17세기를 주도했다. 종교개혁 이후 영국을 중심으로 하는 개신교 사회에서 주도적인 과학자가 많이 배출된 이유는 종교개혁의 신학적 입장이 자연과학을 긍정적으로 보았기 때문이다. 특히 칼빈(John Calvin)은 그의 일반계시(은총)론에 근거해서 근대과학을 포함한 모든 학문과 예술을 긍정했다. 칼빈은 그의 『기독교강요』 제2권에서 죄에 노예가 되어있는 인간의 비참함에도 불구하고 인간에게는 '자연적 은사'가 있다는 사실을 인정한다.[1] 이 은사는 사람들이 그것을 인정하든지, 안 하든지 하나님의 은혜에 의해 주어졌다는 것이다. 그에 따르면 이러한 하나님의 자연적 은사에 의해 주어진 모든 학문을 교회 또한 누릴 수 있는 권리가 있다. 그래서 칼빈은 심지어 비기독교인에 의해 만들어진 학문이라고 할지라도 그리스도와 교회를 위해 사용할 수 있다고 힘주어 말한다.

"그러나 만일 우리가 물리학, 변증학, 수학 등의 학문들에서 불경건한 자들의 업적과 활동의 도움을 받기를 원하셨다면, 마땅히 그런 도움을 받아들여 사용해야 할 것이다. 이런 학문들에서 하나님께서 값없이 베푸신 선물을 소홀히 한다면, 우리의 나태함에 대하여 공의의 형벌을 받아야 마땅할 것이다.(칼빈, 2003: 333)"

그러나 칼빈은 동시에 이러한 은사를 바로 사용하려면 '성령의 조명'이 필요하다고 결론내린다. 성령의 조명이 없다면 인간은 하나님의 선물로 주어진 은사조차도 제대로 사용하지 못하고 오류와 비참에 빠지기 때문이다. 따라서 칼빈은 과학자들이 그들의 은사를 사용하되, 항상 하나님의 진리로부터 떠날 수 있다는 사실을 명심하고 성령의 조명과 인도를 받아야 한다고 말한다.

"우리의 이성은 온갖 형태의 속임수에 넘어가며, 그렇게도 많은 오류에 빠지고 무수한 장애에 부딪히며, 온갖 난관에 휩싸이기 때문에, 도저히 우리를 올바로 인도할 수 없는 것이다… 그리하여 우리는 우리 마음의 이성이 어디로 향하든 언제나 허망함에 굴복하는 비참한 상태라는 것을 알 수 있다(칼빈, 2003, 344)."

결론적으로 말해서 칼빈은 과학을 포함하는 모든 학문을 하나님의 선물로 긍정하지만, 실제로 학문을 연구하고 운영해 나갈 때 성령의 인도를 받지 않으면 파괴적인 결과를 얻게 된다고 본다. 이런 면에서 과학과 학문은 양날을 가진 검과 같다. 과학은 하나님에 의해 허락되었지만, 하나님과 인간을 위해 사용될 수도 있고 그 반대로 사용될 수도 있다. 우리는 칼빈이 말한 과학의 이런 측면을 '구속적(redemptive) 관점이라고 부르려고 한다. 구속적 관점이란 과학이 하나님의 창조 때 주어진 자연적 은사지만, 타락의 영향 아래 있음을 인정하면서 인간과 우주의 구원을 위해 사용되어야 한다는 관점이다. 구속적 관점에서 기독교는 과학을 무조건 배타적으로 대하지 않는다. 동시에 과학을 오류 없는 완전한 진리와 구원의 대상으로 대하지 않는다. 과학은 하나님이 이 세상에 주신 소중하면서도 불완전한 선물로 하나님께서 구원을 이루어 가는데 사용되는 '하나의', 그러나 '엄청난' 도구이다.

Ⅱ. 과학의 목적은 무엇인가?

과학에 목적이 있을까? 상식으로 생각할 때, 당연히 과학에는 목적이 있다. 그렇지 않다면 사람들이 그렇게 애써서 과학을 하지 않을 것이다. 과학은 무엇 때문에 하는 것일까? 아주 평범하게 말해서 과학은 이 세계에 대한 바른 지식을 추구하는 학문 가운데 하나이다. 그렇다면 과학은 다른 학문들과 어떻게 다른가?

20세기에 들어와서 과학의 목적에 대해 몇 가지의 극단적 입장이 대립되어 왔다. 한편에서는 과학이 가장 '합리성'과 '객관성'을 가진 학문이라고 보았다. 합리성(rationality)은 2500년이 넘는 역사를 가진 서양철학이 끈질기게 추구해 온 진리의 기준이었다. 합리적이라 함은 우선 '논리적 일관성'을 의미하며 모든 사람이 인정하는 보편타당한 원리(공리)로부터 다른 지식을 연역해낼 수 있는 성질을 의미한다. 객관성(objectivity)은 "모든 사람에게 동일하다는 것을 의미한다. 예를 들어 100이라는 숫자는 모든 사람에게 동일하기 때문에 객관적이다. 수와 달리 감정이나 고통이나 욕망은 주관적이다. 적어도 과학적인 지식이나 과학과 관련된 과학자의 활동에는 주관적인 요소가 개입될 수 없으며, 과학적 지식의 정당화, 과학의 방법, 관찰 언명은 수가 객관적이듯이 객관적일 수 있다고 생각"하는 것이다(신중섭, 1999: 322). 20세기 초반에 오스트리아의 빈을 중심으로 활동했던 '논리실증주의자들(logical positivists)'은 과학의 목적이 이러한 합리성과 객관성을 가진 지식을 산출하는 데 있다고 굳게 믿은 사람들이다. 반면에 과학의 목적을 사회적으로 규정하는 막스주의나 프랑크푸르트 학파의 입장도 있다. 그들은 근대과학도 생산수단을 소유한 근대 부르주아의 지배도구에 불과하다고 보면서 과학지식도 주관적이거나 이데올로기적이라고 비판했다. 최근에는 로티(Richard Rorty)나 파이어아벤트(Paul Feyerabend) 같은 포스트모던 사상가들은 과학이 다른 학문이나 예술에 비해 더 우월하지 않으며 우리가 살아가기 위해 '대화'를 계속하는 능력에 불과하다고 주장했다.

과학이 무엇을 하는 학문이냐는 물음에 대해 서로 대립되는 극단적 대답들 사이에서 중도적이고 실현가능한 목적을 제시하는 입장도 있다. 과학철학자 차머스는 확실한 지식을 얻으려는 과학이 20세기 후반에 이르러 더 이상 "세계의 운행을 지배하는 일반화(차머스, 1994:51)"를 얻기 어렵게 되었기 때문에 과학의 목적을 '지식의 확장과 개선'으로 대체했다고 이야기한다. 과연 인간에게 합리성이라는 선험적인 인식의 원리가 있는지, 아니면 경험적 객관성 근거한 지식만이 존재하는지에 대해 대답하지 못하더라도 과학은 "현재 지식이 있는 곳에서 출발하고 가까이 있는 방법을 이용하고 개선하여 수중에 있는 지식을 확장하고 개선하려는 시도(차머스, 1994:64)"라는 것이다. 즉 "모든 분자는 원자로 구성된다"라든지 "지구에서 모든 무거운 물체는 땅으로 떨어진다"는 지식은 영원히 불변하는 보편적인 지식이 아니라, 이 세계에 대해 점점 더 알아가는 인간의 지식의 현재 상태를 서술해주는 명제들로 본다는 뜻이다.

하나님의 계시에 근거해서 이 세계의 창조와 구속과 종말에 대한 참된 지식을 제시하는 기독교는 과학의 목적을 어떻게 규정할 수 있을까? 먼저 우리는 기독교철학자 모어랜드와 크레익이 구분하는 것처럼 과학의 목적을 두 차원으로 나눌 수 있다(Moreland & Craig, 2003: 324). 첫째는 과학 내부의 고유한(intrinsic) 목적이 있을 수 있고 둘째로는 과학을 외부에서 보는(extrinsic) 목적이 있다. 과학이 객관적 지식을 산출하거나 상대적인 지식을 산출한다고 보는 차원이 내부적이고 고유한 목적이라면 과학이 '하나님의 영광'이라는 종교적 목적을 추구하거나 삶을 편리하게 해주거나 환경을 개선해준다는 실용적인 목적을 추구한다고 보는 차원은 과학의 외부적 목적이라고 할 수 있다.

일반적으로 과학자의 입장에서는 과학의 내부적 목적이 가장 우선적이겠지만, 기독교 신앙으로 과학을 바라보면 외부적 목적이라고 할 수 있는 '하나님의 영광'이라는 목적이 가장 중시된다. 기독교 신앙의 입장에서는 과학의 첫째 목적은 웨스트민스터 신앙고백 소요리 문답 제1항의 대답처럼 '하나님께 영광을 돌리고 그 분을 영원히 즐거워하는 것'이다. 왜냐하면 과학이 하나님이 창조하신 이 세계에 대한 지식을 추구한다면 "창세로부터 그의 보이지 않는 것들 곧 그의 영원하신 능력과 신성이 그 만드신 만물에 분명히 보여 알게 되나니(롬1:20)"라는 로마서의 말씀대로 하나님의 신성을 발견하고 그것을 통해 하나님 주권과 영광을 인정해야 마땅하기 때문이다. 이러한 과학의 근거설정 위에서 과학은 그 내부적 목적인 세계에 대한 '지식의 추구'를 해야 한다. 차머스의 입장처럼 오늘날 우리의 지식이 무시간적으로 보편타당한 지식이 아니라, 인간의 능력을 최대한으로 발휘해서 세계에 대한 지식을 성장시키고 개선시켜 나가는 과정에 있다는 점을 인정하면서 말이다. 과학은 자연을 탐구하고 더 확실한 지식을 확장해 나가되, 근대과학의 창시자들인 코페르니쿠스, 케플러, 갈릴레오, 뉴턴의 태도로 돌아가야 한다.

Ⅲ. 과학은 세계를 어떻게 보는가?

과학은 현재 존재하는 세계를 탐구함으로써 이 세계의 과거와 미래에 대한 지식을 얻어내려 한다. 그러나 상식적으로 이 세계가 당연히 존재한다고 믿는 '소박한 실재론(naive realism)'을 논증하기란 결국 과학의 객관성을 증명하는 것과 같은 문제이며 결코 쉽게 해결될 수 없는 문제이다. 왜냐하면 이 세계가 존재한다는 사실은 대체로 감각적인 경험을 통해 알려지지만, 감각이 모든 실재를 정확하게 전달해 주지는 못하기 때문이다. 예를 들어 현재까지 알려진 물질의 최소단위인 '쿼크(quark)'는 우리의 관찰이나 웬만한 실험을 통해서는 발견되지 않는다. 따라서 세계 전체를 직접 관찰되는 세계로 축소시켜도 안 되고 반대로 직접 관찰되는 세계의 존재를 '비존재'나 '가상'이라고 주장해서도 안 된다. 모든 과학 지식은 "결정적으로 증명될 수도 없고 결정적으로 반증될 수도 없다(라치, 2002, 101)"라는 말 속에 세계에 대한 확실한 지식을 추구하는 과학의 딜레마가 있다.

크리스천 과학철학자 델 라치는 실재에 대한 객관적 지식을 가진다는 '실재론(realism)'과 그렇지 않다는 반실재론(antirealism)을 다음과 같이 세분화한다. 실재론에는 이론에 대한 믿음의 정도에 따라 '엄격한 실재론', '제한된 실재론', '은유적 실재론'이 있다. 또한 반실재론에는 그 철학적 성격에 따라 '존재론적 반실재론', '언어적 반실재론', '인식론적 반실재론'이 포진해 있다. 그러나 실재론과 반실재론의 대립에도 불구하고 내용적으로 살펴보면 제한적 실재론은 존재론적 반실재론과, 은유적 실재론은 언어적 반실재론과 상당히 가까이 접근하는 것을 알 수 있다. 이 점은 현대의 과학적 인식론이 인간의 인식의 능력과 한계를 동시에 인정하는 이론을 제시하려는 노력에서 나왔다고 볼 수 있다.

먼저 실재론 가운데 '엄격한 실재론(hard realism)'은 과학 지식, 즉 "이론이 완전하거나 완전할 수 있고 문자적으로 참일 수 있으며, 올바른 이론들의 진술들은 우리 인간이 그것들을 이해하는 방식대로 정확하게 참이 되고, 그 안에 포함된 실제적인 이론적 용어들은 우리가 그 대상이 가지고 있으리라 생각하는 바로 그 방식대로 이론이 요구하는 특징을 가지고 있는 실재하는 대상을 지시한다는 입장(라치, 2002, 107)"이다. 이 입장은 소박실재론이나 초기의 논리실증주의자들의 입장이다.

두 번째로 '제한된 실재론(limited realism)'은 "실재론이 옳다 하더라도 주어진 이론의 모든 것을 문자 그대로 취하지는 않는다는 입장이다. 예를 들어 어떤 사람들은 이론적인 용어가 하나 이상의 이론에서 중요한 위치를 차지할 경우에만 실제 존재를 지시하는 것으로 여기는 것이 타당하다고 믿는다(라치, 2002, 108)." 즉 이 입장에서는 과학이론의 특정한 부분들만을 실재와 일치하는 것으로 본다.

세 번째로 '은유적 실재론(metaphoric realism)'은 과학 지식이 실재의 '은유적 재진술(metaphoric redescription)'이라고 본다. 이 입장에 서면 모든 실재는 우리에게 친숙한 언어로 환원됨으로써 이해되고 진술될 수밖에 없다. 실재를 그대로 정확하게 재현하는 언어는 존재하지 않는다. 과학의 언어 역시 실재를 대신해서 의미를 전달하는 은유적 표현들의 집합으로 나타난다.

현대의 반실재론은 모든 존재를 부정하는 형이상학적 반실재론이 아니라, 사물의 실재자체(Ding an sich)와 지각된 현상(phenomenon)의 차이를 구별하는 현상론의 입장에서 전개된 것으로 보인다. 이러한 반실재론의 다양한 형태 가운데서도 첫 번째 '존재론적 반실재론'은 우리가 관찰하는 실재들이 실재하는지는 모르지만, 인간의 정신(의식)에 의해 그 존재들이 지각된다는 입장이다. 이러한 입장은 이미 영국 경험론의 버클리(George Berkeley)나 흄(David Hume)에 의해 대변되었다.

두 번째로 '언어적 반실재론'은 모든 과학지식이 사물의 실재를 직접을 지시하는 것이 아니며, 관찰된 현상에 대한 축약적이거나 조작적인 언어표현에 불과하다는 입장이다. 과학의 언어는 현상을 설명하는 도구의 성격을 갖는다.

세 번째로 '인식론적 반실재론'은 가장 부정적이고 회의론적인 인식론적 입장으로서 "우리 인간의 이론은 참이 될 가능성도 낮고, 우리는 이론적인 진리가 실제로 무엇인지를 발견할 방법도 갖고 있지 못하다(라치, 2002, 104)"는 입장이다. 로티나 파이어아벤트의 경우처럼 철저한 상대주의적인 과학개념을 가진 사람들의 입장이라고 할 수 있다.

그렇다면 기독교의 입장은 실재론인가, 반실재론인가? 대부분의 크리스천은 실재론자이다. 그들은 하나님이 창조하신 세계의 실재를 굳게 믿는다. 그러나 인식론적인 문제에 부닥치면 확실한 대답을 주기 어렵다. 그럼에도 불구하고 많은 신실한 신학자들과 철학자들은 실재론의 입장에 서 있다. 하나님에 대한 신앙이 창조된 세계에 대한 긍정으로 이어지기 때문이다. 미국의 대표적인 기독교철학자 가운데 하나인 윌리엄 얼스턴(Alston)은 자신의 입장을 '진리적 실재론(Alethic Realism)'이라고 부르면서 "만일 어떤 진술이 실제로 그 (사실의) 경우를 말할 때만, 참이다(Alston, 1997: 6)"는 명제로 자기의 입장을 표현한다. 영국의 신학자이며 물리학자인 폴킹혼(Polkinghorne)도 자신의 입장을 '비판적 실재론(Critical Realism)'이라고 부르면서 "신학적으로 볼 때, 모든 종류의 실재론은 하나님에 의해 서명되었다(Polkinghorne, 1996, 156)"고 주장한다. 그러나 이들의 실재론은 독단적인 경향이 있는 엄격한 실재론이나 인식론적 반실재론은 아니다. 대체로 크리스천이 선택하는 입장은 온건한 실재론이다. 기독교 신앙은 하나님의 존재와 마찬가지로 창조된 세계의 실재를 확신하면서도 인간의 인식 능력의 한계를 겸손하게 인정하기 때문이다.

Ⅳ. 과학의 방법과 한계는 무엇인가?

현대의 과학철학의 연구와 논의를 통해서 근대과학의 방법이 가지고 있던 방법적 특징이 다양한 방식으로 드러나게 되었다. 논리실증주의로 대표되는 20세기 초반의 과학철학은 귀납주의(Inductionism)를 지지했다. 그러나 포퍼(Popper)는 이미 1930년대에 그의 『연구의 논리(Logik der Forschung)』에서 '반증주의(Falsificationism)'를 제시하여 근대과학을 보는 눈을 새롭게 열어 주었고 1960년대까지 서구의 과학계뿐만 아니라, 정치인들이나 경제인들에게도 광범위한 영향을 끼쳤다. 귀납주의에 대신하여 반증주의가 한창 힘을 얻어가던 1962년에 토마스 쿤(Kuhn)의 『과학혁명의 구조(The Structure of Scientific Revolutions)』는 과학을 보는 눈을 완전히 새롭게 만들었다. '패러다임' 이론으로 알려진 그의 관점은 근대과학을 철저히 역사적으로 바라보는 시각에서 형성되었다. 우리는 이제 과학에 대한 현대적 이해를 가져다 준 이 세 가지 관점을 잠시 살펴본 후, 과연 기독교 신앙의 입장에 선 유신론적 과학의 관점이 가능한지를 논의하려 한다.

1) 귀납주의

귀납주의는 영국의 경험주의 철학자 프랜시스 베이컨(F. Bacon)과 존 스튜어트 밀(J. S. Mill) 이래의 전통을 따라 경험적 사실들에 기초한 귀납논리를 과학의 방법으로 삼는다. 20세기에 들어와서 이러한 입장은 1930년대의 비엔나 학파의 카르납(R. Carnap)과 헴펠(C. Hempel)에 의해 대변되었다. 귀납주의자들은 모든 지식의 확실한 원천을 경험에서 찾는다. 예를 들어 그들은 개별적인 사실이나 일반적인 지식은 모두 경험에 의해 바른 결론을 얻을 수 있다고 생각한다. 사람은 죽는다는 일반적인 지식은 과거의 (거의) 모든 개인들이 죽었다는 경험적 사실들을 종합할 때 얻어진다. 또한 내 물병 속의 물이 언다는 사실은 물이 0도에서 언다는 경험에서 얻어진 일반적 지식과 내 물병에 물이 들어있음을 관찰함으로써 확인된다. 그러나 이 입장의 문제점은 인간의 경험은 유한하기 때문에 우리가 인정하는 일반적인 지식은 모든 사례를 다 경험한 후 얻어진 것이 아니라는 데 있다. 즉 우리는 관찰이나 실험을 통해 100% 확실한 지식을 얻을 수 없고 다만 개연성(probability)이 높은 지식을 얻는 데 불과하다. 또한 소박한 귀납주의자는 관찰이나 실험 역시 연구의 방향을 결정하는 이론에 의해 영향을 받는다는 간과했다.

2) 반증주의

역시 비엔나 학파에 속했던 칼 포퍼(K. Popper)는 1934년 출간된 그의 『연구의 논리』에서 영국 경험론에 결정타를 준 흄의 회의주의에서 출발하여 과학은 시행착오를 통해 지식을 얻는다는 반증이론(theory of falsification)을 제시했다. 그는 과학지식이 추측(conjecture)과 반박(refutation)의 과정에 의해 얻어진다고 주장한다. 그에게 과학이론은 '추측들(conjectures)'에 불과하다. 이러한 추측들이 참된 지식인지 아닌지를 확인하는 방법은 그 추측과는 다른 사례를 경험적으로 발견하는 길이다. 이것이 반증(falsification)이다. 따라서 모든 과학이론은 이론은 경험적으로 반증될 수 있어야 하며 한 가지 사례라도 반증될 때 다시 검토되어야 한다. 즉 어떤 이론이 과학적이려면 반증가능성이 높아야 한다는 말은 이론이 주장하는 바가 경험적으로 일관되게 확인될 수 있도록 명확하게 기술되어야 한다는 것을 의미한다. 예를 들어 까마귀는 항상 까맣다는 주장은 하얀 까마귀가 한 마리라도 나타나면 이론적으로 부정되는 셈이다. 포퍼는 반증을 통해서 과학지식이 계속 성장한다는 낙관론을 가졌다. 그러나 반증이론 역시 반증사례를 가능하게 하는 확실한 관찰언명이 불가능하기 때문에 어려움에 부닥친다. 모든 관찰언명은 오류를 범할 수 있기 때문이다. 더욱이 실제 과학의 역사는 이론들이 단순히 반증에 의해 폐기되지 않는 복잡성을 보여주었다. 반증주의는 귀납주의와 마찬가지로 과학이 '형식적(논리적) 합리성'에 의해 평가되고 발전한다는 이성에 대한 낙관주의를 전제하고 있다. 포퍼의 반증논리는 2차대전 이후 과학계뿐만 아니라 정치권을 비롯한 여러 분야에 영향을 끼쳤다.

3) 역사적 상대주의

1962년 발간된 쿤의 『과학혁명의 구조』는 포퍼의 반증논리에 의해 지배되던 2차대전 이후의 과학계에 새로운 충격을 주었다. 과학사가인 쿤의 이론은 과학사에서 실제로 일어난 사례에 대한 연구에 기반을 두었다. 그의 이론의 핵심은 과학의 역사를 과학지식의 논리적이고 단계적인 축적과 성장의 역사가 아니라, 하나의 지배적인 과학이론 체계가 새롭게 등장한 다른 이론체계와 갈등을 겪다가 마침내 대치되는 역사로 보는 데 있다. 쿤은 이러한 체계를 '패러다임(Paradigm)'이라고 불렀는데 그것은 어느 한 과학자 집단이 채택한 이론적 가정들과 법칙들 그리고 그것들의 적용에 관한 기술들로 이루어진다. 과학사에서 한 패러다임이 전체 과학자 사회를 지배하게 될 때 그 패러다임은 '정상과학(normal science)'의 성격을 갖게 되며 그 시대의 모든 과학자들은 이 패러다임을 전제하고 과학 활동을 하게 된다는 것이다. 한 패러다임의 전성기에는 반증사례들이 나타나더라도 대부분의 과학자들이 기존 패러다임에 따라 사고하기 때문에 그 사례를 패러다임에 맞추려는 노력을 하게 된다. 이러한 일들은 코페르니쿠스 이전의 과학자들이 프톨레마이오스의 천동설에 따라 천체의 운동을 설명하기 위해 주전원의 개념을 만든 것이나 물질의 미시적 운동에 대한 양자역학이 성립할 때 일어났다. 이런 경우에 기존의 정상과학은 위기를 맞이하고 새로운 정상과학에 자리를 내준다. 그러나 역사와 함께 새로운 위기가 발생하고 또다시 새로운 정상과학이 출현한다. 쿤에 따르면 정상과학들은 서로 논리적으로 비교해서 서로 설득가능하지 않기 때문에 '공약불가능(incommensurable)'하다. 과학의 역사에 등장한 모든 이론에 공통적으로 타당한 일반법칙은 없다는 것이다. 어느 하나의 패러다임에 속한 과학자 집단은 그 패러다임에 대한 완벽한 지식이나 명확한 설명 없이 암묵적으로 그 패러다임에 따라 과학 활동을 하게 된다.

쿤의 패러다임 이론은 과학자들의 활동이 항상 합리적인 기준에 의해서만 이루어진다는 생각을 부정하게 만든다. 쿤은 과학이론도 사회와 문화적 가치관의 영향을 받으며 절대적 합리성의 기준이 아닌, 과학자들이 속한 공동체의 합의에 의해 결정되는 상대적 성격을 가짐을 드러냈다.

4) 유신론적 과학(theistic science)은 가능한가?

앞에서 살펴본 세 가지의 이론들은 과학의 방법이 어떤 성격을 가지고 있는지에 집중해서 과학을 설명하려고 했다. 과학의 성격이 귀납으로부터 반증으로, 더 나가서 역사적 패러다임의 변화로 이해되어 왔다는 사실은 크리스천들에게 무엇을 의미할까? 과학이 엄밀한 합리성과 객관성을 추구하지만 현실적으로는 역사적인 조건 아래서 성립되고 변화되어 간다는 사실이다. 이 사실은 현대의 과학이 역사를 직시함으로써 자신의 한계에 더욱 민감해졌다고 해석할 수 있다. 그러나 이 모든 방법이 가진 공통점은 과학의 영역에서 신앙의 영역을 철저하게 배제한다는 점이다. 과학의 영역에서 초자연적인 신앙을 완전히 배제하는 입장을 '방법론적 자연주의'라고 한다. 이에 대립하는 유신론적 과학이란 근대과학이 출발점에서 가졌던 입장으로 되돌아가는 과학을 말한다. 초기의 과학자들은 유신론적 세계관 위에서 세계를 설명하려 했고 관찰과 수학에 의존하면서도 모든 자연현상에 대한 기독교적 전제를 간직했다.

오늘날 유신론의 전제 위에서 세계를 경험적으로 탐구하는 일이 가능할 것인가? 기독교 신앙을 가지고 과학에 접근하려는 여러 운동 가운데 지적설계론자들(Intelligence Designists)은 이 문제에 대해 가장 적극적인 노력을 하고 있다. 지적설계운동의 주도적 인물 중에 한사람인 필립 존슨(Philip Johnson)은 그의 책, 『위기에 처한 신앙(Reason in the Balance, 1995)』에서 방법론적 자연주의에 대하여 '유신론적 실재론(theistic realism)'을 대안으로 제시한다.

"유신론적 실재론자는 우주와 그 안의 모든 피조물이 하나님이 정한 어떤 목적을 위해 존재하게 되었다고 가정한다. 유신론적 실재론자는 이 창조의 '사실'이 경험론적이 관찰가능한 결과를 갖고 있다고 기대하는데, 이는 만일 우주가 비합리적인 요인[우연]에 의한 산물일 경우 관찰하게 될 결과와는 다른 것이다. 하나님은 합리적이시며 자신의 형상을 따라 우리의 지성을 창조하셨으므로, 우리는 우주 전체가 질서정연하리라고 예상한다. 따라서 많은 규칙적 과정들과 메커니즘을 밝힌 과학적 성공은 유신론적 실재론과 전적으로 부합한다. 하나님은 항상 규칙적인 2차 메커니즘을 통해 일하기로 선택할 수 있으므로 우리는 그런 메커니즘을 자주 관찰하게 된다 (존슨, 2000, 221)"

존슨에게서 이러한 유신론적 실재론의 요청을 충분히 고려한 과학은 '설계(design)'의 개념을 다시 과학이론에서 부활시켜야 한다. 그래서 지적설계론자들은 중세의 우주론적 논증(cosmological argument)을 현대의 과학이론이나 정보이론을 통해 과학적 설명에 통합시키려고 노력하고 있다. 또한 미국의 기독교철학자 앨빈 플랜팅거(Alvin Plantinga)도 유신론적 과학의 가능성을 긍정적으로 평가한다.[2] 그러나 유신론적 과학은 과학철학의 문제이기 이전에, 과학연구의 실제에서 성립될 수 있는 과학이다. 따라서 과학자들과 과학철학자, 신학자들의 학제 간 연구를 통해서 유신론적 과학의 이념을 실제의 과학에서 적용할 수 있을 것이다.

V. 기독교와 과학의 갈등을 어떻게 풀 것인가?

오늘날 기독교와 과학의 관계에 대한 입장 세 가지를 우리 주위에서 볼 수 있다. 기독교와 과학의 관계의 유형을 정리하면서 서로의 입장을 충분히 검토하고 의사소통하는 것이 중요하다.

1) 분리주의

첫 번째는 신앙과 과학을 전적으로 철저히 '분리(separation)'시키는 입장이다. 즉 신앙은 과학과 전혀 상관이 없는 영역이기 때문에 과학에 관심을 가질 필요가 없을 뿐만 아니라, 과학 역시 과거의 미신이나 신화에 불과한 신앙을 배척해야 한다고 생각한다. 이렇게 볼 때 성경과 과학을 일치시키거나 조화시키려는 노력은 무의미해진다. 성경에 근거한 기독교 신앙이든지, 아니면 철저한 무신론과 자연주의에 입각한 과학이든지 양자택일을 할 수밖에 없다. 그러나 이 입장의 문제점은 과학기술이 가장 발달한 시대를 살아가면서 신앙이 과학과 전혀 상관이 없다고 주장하기가 쉽지 않다는 데 있다. 그럴 경우 신앙은 생활과 동떨어진 초현실적이고 초자연적인 활동으로만 이해된다. 이러한 어려움을 피하기 위해 과학은 참이 아니지만, 기술이 주는 결과는 이용할 수 있다는 기술편의주의나 종교는 비록 허구지만 마음의 안정이나 대인관계를 넓히기 위해 신앙을 갖는다는 종교 실용주의도 나타나게 된다.

2) 일치주의

두 번째는 신앙을 과학과 '일치(identification)'시키려는 입장이다. 이 입장에서는 성경은 모든 사실에 대한 진리이므로 성경의 모든 내용을 과학적으로 설명하거나 증명할 수 있다고 생각한다. 이 입장에 접근하는 이론이 과정신학의 과학이해라고 할 수 있다. 그래서 이 입장에 선 사람은 성경 창세기나 가능하면 모든 성경 내용을 오늘날의 과학으로 설명하려고 한다. 신앙과 과학은 원칙적으로 전혀 모순이 없다고 보기 때문이다. 언뜻 보면 맞는 생각인 것 같지만, 이 생각은 심각한 결함을 가지고 있다. 먼저 성경의 의도와 언어표현들은 현대 과학의 태도나 개념들과 아주 다르다. 성경에 표현된 개념들을 모두 과학적으로 번역하고 해석하는 일은 한계를 가지고 있다. 뿐만 아니라 오늘날의 과학은 최종적으로 확정된 것이 아니라 끊임없이 변화해 갈 여지가 있다. 따라서 신앙의 내용을 오늘날의 과학으로 전부 설명했다고 해도, 그것이 미래에는 터무니없는 오류로 나타날 수 있다. 17세기의 갈릴레오 사건도 엄밀하게 따지면 교회가 아리스토텔레스나 프톨레마이오스의 천문학에 따라 성경을 해석했기 때문에 일어났던 것이다.

3) 조화주의

세 번째는 신앙과 과학이 반드시 일치하지는 않지만, 어느 정도 '조화(harmony)'를 이룰 수 있다는 입장이다. 창조주 하나님의 존재를 과학으로 완전히 밝혀낼 수는 없지만, 세계의 창조에서 종말에 이르는 성경의 내용은 상당부분 과학적으로 설명될 수 있다는 생각이다. 예를 들어 성경의 기적이나 예수님의 십자가 사건과 부활이 실제 일어난 사건이며 많은 증인을 가지고 있기 때문에 경험과학으로 설명할 수 있다고 본다. 실제로 많은 신학자들이 이러한 가능성을 인정하고 과학을 배척하지 않으며, 반대로 상당수의 과학자들이 과학연구에 종사하면서도 성경적 신앙을 가지고 있다. 그러나 오늘날 신앙과 과학을 조화시키려는 입장에는 상당히 다양한 주장들이 전개되고 있으며 그 가운데 다음의 세 가지가 대표적이다. 그러나 이 세 입장이 항상 과학이론에 대해 비슷한 입장을 취하는 것은 아니다. 가장 첨예하게 대립하는 문제는 진화론(evolutionism)이다. 창조과학은 현대과학의 성과를 이용하지만, 진화론을 철저하게 거부한다. 상당수의 지적설계론자들은 진화론과 기독교 신앙을 연결할 수 없다고 본다. 반면에 유신진화론자들은 진화론을 유신론적으로 해석할 수 있다고 본다.

① 창조과학(Creation Science or Scientific Creationism)은 1930년대의 창조론 운동을 계승하여 1960년대 초반 존 위트컴(John Whitcomb), 헨리 모리스(Henry Morris), 월터 램머츠(Walter Lammerts) 등의 기독교인 과학기술자들에 의해 시작된 운동으로 진화론에 정면도전하여 우주의 갑작스러운 창조, 지구의 대격변과 노아의 홍수에 대한 화석과 지층의 증거를 바탕으로 1만 년 이하의 짧은 지구역사의 가능성을 주장했다. 미국에서는 '창조연구협회(The Creation Research Society)'가 이 운동을 주도하고 있고 한국에서는 '한국창조과학회(Korea Association of Creation Research)'가 대표하고 있다.

② 지적 설계운동(Intelligent Design Movement)은 1990년대 UC버클리 법대교수 필립 존슨(Philip Johnson)과 마이클 베히(Michael Behe), 윌리엄 뎀스키(William A.Dembski), 조나단 웰즈(Jonatham Wells) 등의 젊은 과학자들에 의해 주도된 운동으로서 생명의 역사를 자연선택과 돌연변이에 의한 진화과정으로 보는 신다윈주의의 진화론이 자연주의 철학에 근거해 있음에도 불구하고 유일한 과학적 대안이라는 현대 과학계의 주장을 반박하면서 우주의 모든 과정이 지적 설계자를 전제한다는 '유신론적 실재론'에 기초한 설명을 동등한 과학적 가설로서 인정하도록 요구하고 있다.

③ 유신진화론(Theistic Evolutionism): 이 입장은 창조주를 믿는 신앙과 진화론이 조화될 수 있으며 진화개념이 기독교 세계관 안에 통합될 수 있다는 입장이다. 이 입장을 지지하는 이들은 두 가지 종류의 물음을 구분하는데, 우주의 창조와 생명 현상에 대해 성경은 '누가', '왜'라는 물음에 대답을 주지만 '무엇을', '언제', '어떻게'라는 문제는 가능한 한 과학적으로 대답해야 한다는 것이다. 그들은 많은 진화론자들의 무신론적 자연주의를 거부하지만 신앙의 이름으로 진화론을 무조건 배제하는 입장에도 반대한다. 이 입장에 선 기독교인 과학자로는 하워드 밴틸(Howard Van Till), 리처드 라이트(Richard Wright)와 과학철 학자 윌리엄 해스커(William Hasker) 등이 있다.

4) 갈등과 화해의 역설 가운데 있는 신앙인의 추구

과학이 하나님의 선물이라는 칼빈의 신학에 서서 과학을 긍정적으로 보더라도 과학과 신앙의 관계는 항상 갈등과 화해의 역설관계에 있다고 할 수 밖에 없다. 가장 근본적인 문제는 현대과학자들의 마음 속에 창조주에 개한 신앙의 상실과 그것을 정당화해주는 형이상학적 자연주의(Atheistic Naturalism), 즉 무신론(Atheism)과 과학에서 모든 초자연적 존재의 가능성을 배제하는 방법론적 자연주의의 문제이다. 그렇기 때문에 오늘날 기독교 신앙은 과학과의 조화와 화해를 추구하지만, 갈등을 피할 수 없다고 생각된다. 그럼에도 불구하고 기독교 신앙과 과학과의 대화는 계속되어야 한다. 그만큼 현대사회에서 과학의 위상과 역할이 중요하기 때문이고 우리 삶에 주어진 하나님의 은혜를 충분히 누리기 위해서이다. 과학과 더불어 과학을 넘어가는 일, 그것이 종말을 향하는 크리스천의 사명 가운데 하나이다.

참고문헌

멜 라치, 『과학철학』, IVP, 2002.
리차드 칼슨, 『현대과학과 기독교의 논쟁』, 살림, 2003.
신중섭 외, 『현대과학철학의 문제들』, 아르케, 1999.
앨런 차머스, 『현대의 과학철학2』, 서광사, 1994.
제임스 래디머, 『과학철학의 이해』, 이학사, 2003.
필립 존슨, 『위기에 처한 이성』, IVP, 2000.
최태연, 『개혁주의와 과학철학』, UCN, 2005.
하레, 과학철학, 서광사, 1997.
Christopher Kaiser, Creation and the History of Science, Eerdmans, 1991.
John Polkinghorne, The Faith of A Physicist, Fortress, 1996.
J. P. Moreland/ W. L. Craig, Philosophical Foundations for a Christian Worldview, IVP, 2003.
William Alston, Realist Conception of Truth, Cornell Univ. Press, 1996.

각주

1) 칼빈의 이러한 생각은 후에 네덜란드의 신칼빈주의(Neo-Calvinism)에서 '일반계시(general revelation)'와 '일반은총(common grace)'으로 이론화되었다.
2) 최태연, 『개혁주의와 과학철학』 (UCN, 2005), 149-161. 참조.

최용준
한동대학교

최용준은 서울대 사회복지학과(B.A.), 미국 Westminster 신학교 (M.Div.), 네덜란드 Amsterdam 자유대학교 철학과(석사), 남아공 Potchefstroom 대학교(철학박사)를 졸업하였다. 쾰른 한빛교회, 브뤼셀한인교회를 담임하였으며, 밴쿠버기독교세계관대학원(VIEW) 및 한반도국제대학원 교수를 거쳐 현재 한동대 교수로 재직하고 있다.

창조론과 신학/철학

제3장 창조의 세계관적 의미

Ⅰ. 창조의 10가지 중요한 의미

만물의 기원에 관한 주제는 모든 사람들에게 매우 중요하다. 본 고에서는 하나님께서 천지를 창조하셨다는 관점에서 세계를 보는 것과 모든 생물은 적자생존과 자연도태의 법칙에 의해 진화되었다고 생각하는 두 세계관을 비교해 보고자 한다. 이 둘 중 어떤 세계관을 가지고 세상을 사는가 하는 것은 실로 하늘과 땅의 큰 차이가 있다. 창조주께서 나를 지었다고 말하는 경우 삶에 관해 그 분이 제정하신 절대적 기준이 있지만 내가 원숭이로부터 진화했다고 할 경우 상대적인 도덕기준만 남을 것이며 이 둘은 결국 전혀 다른 삶을 낳을 수밖에 없다. 그렇다면 성경이 세상의 기원에 대해 어떻게 말하고 있으며 그 세계관적 의미는 무엇인지 열 가지 중요한 점들을 설명해 보겠다. 이와 동시에 진화론적 세계관과도 비교하여 그 차이점들을 지적해 보고자 한다.

1) 창조주 하나님의 전능하심과 절대주권

먼저 창 1:1은 태초에 하나님께서 천지를 창조하셨다고 말씀한다. 즉 만물의 궁극적인 기원은 하나님께 있다는 말이다. 이 세상에 있는 모든 것들은 그것을 만든 사람이 있다. 마찬가지로 이 우주 만물도 설계하시고 만드신 분이 있다는 것이다.[1] 그래서 히 3:4에도 "어떠한 집이든지 어떤 사람이 짓습니다. 그러나 모든 것을 지으신 분은 하나님이십니다."[2]라고 말씀하고 있는 것이다. 여기서 우리는 무엇보다 하나님의 전능하심과 절대 주권을 보게 된다. 전능하심이 없이 이렇게 신비롭고 광대하며 오묘한 세계를 만들 수 없을 것이다. 우리가 조금만 유의해 보면 이 우주가 단지 우연의 산물이라고 하기에는 너무나 복잡하면서도 질서정연함을 관찰하게 되기 때문이다. 성경은 이 모든 것이 창조주의 디자인이요 작품이라고 선언한다. 하지만 동시에 창조주와 피조물 간에는 넘을 수 없는 본질적인 경계가 있다고 성경은 말한다. 그 경계는 다름 아닌 피조물에게 적용되는 모든 창조의 법 또는 질서라고 할 수 있다. 하지만 창조주는 피조물을 만드신 분이므로 그 모든 법을 초월한다. 피조물은 창조주의 뜻에 따라 지음 받은 존재들이다. 그러므로 성경은 하나님이야말로 가장 진정한 의미에서 만유의 주재가 되신다고 강조한다. 즉 만유를 창조하셨고(창 1, 시 33:6, 잠 16:4, 히 11:3, 계 4:11) 지금도 그 능력과 섭리 가운데 다스리신다는 것이다.(시 103:19, 104:24, 145:16, 사 28:2, 63:14, 마 10:29-31, 롬 11:36, 히 1:3)

나아가 인간도 그 형상을 따라 창조되었다고 성경은 말한다. 사람의 얼굴이나 몸이 하나님을 닮았다는 것이 아니라 그 영혼과 인격성이 닮았기에 양자 간에는 친밀한 사랑의 교제가 가능하다. 이러한 사귐을 통해 하나님께서는 인간으로부터 하나님 되심을 인정받기 원한다. 그러므로 오직 창조주 하나님만이 영광을 받으셔야 한다. 우리의 삶의 모든 영역에서 그 분의 주되심(Lordship)과 왕되심(Kingship)을 인정해야 한다는 것이다.(잠 3:6) 우리의 사업, 가정, 교회, 학업 그리고 개인의 모든 삶의 궁극적인 주인은 하나님이다. 다른 모든 우상들은 피조물을 인위적으로 절대화한 허상에 불과하다. 따라서 하나님께서는 십계명 첫 계명에서 다른 신을 두지 말라고 분명히 말씀하셨다.

반면에 진화론은 궁극적인 만물의 기원에 대해 우연(chance, contingency)이라고 밖에 말할 수 없고 최초의 물질이 어떻게 존재했는가에 대해 설명할 수 없다. 이는 다시 말해 불가지론(agnosticism)이다. 이 답변은 궁극적으로 우리에게 참된 만족을 주지 못한다.

2) '말씀'으로 창조하심

그렇다면 창조주께서 천지를 어떻게 지으셨는가에 대해 성경은 '말씀'으로 창조하셨다고 말한다(시 33:6-9; 벧후 3:5-6). 여기서 말씀이란 하나님의 명령, 즉 창조적 진술로 그 자체가 능력이 있고 주권적임을 창 1장은 보여준다. '빛이 있으라' 말씀하시니 빛이 생겨났다. 따라서 하나님의 창조는 'creatio ex nihilo(무에서 유를 창조함)'이다. 또한 시편 147편 18절 및 148편 8절에 보면 하나님께서 지금도 말씀으로 이 만물을 다스리신다. 이러한 세계관은 다른 종교나 사상에서 찾아볼 수 없다. 그리스 철학에서 나오는 조물주(Demiurge)도 사실은 이미 존재하는 원물질(原物質)로 세상을 만들었으므로 엄격히 말하면 무에서의 창조는 아니다.[3]

또한 진화론은 태초부터 지금까지 진화 과정을 자연도태와 적자생존으로 설명한다. 환경에 맞지 않은 생물은 점차 사라지고 적응하는 것들만 살아남는다는 것이다. 여기에는 인격적인 조물주의 개입이 전혀 있을 수 없다. 우연에 의해 시작된 생명체가 다양한 상황 속에서 살아남은 결과가 현재 세상이라는 것이다. 그렇다면 인간이 앞으로 어떻게 변화될지 아무도 예측할 수 없다. 모든 것은 잠정적이고 불확실하다. 이것은 궁극적으로 우리에게 불안을 가져다 줄 수밖에 없다.

반면에 크리스천들은 창조주의 전능하신 말씀과 그 분의 신실하신 언약을 신뢰할 수 있다. 그들은 이 세상이 하나님의 말씀(Wort)에 대한 응답(Antwort)으로 존재하는 것으로 이해한다. 바다가 있으라고 하시니 그 응답으로 바다가 생겨난 것이다. 이같이 그 분의 말씀은 일점일획도 떨어지지 않고 그대로 이루어지므로 우리는 하나님의 성실하심을 찬양하며 더욱 그 분을 의지할 수 있다.

3) 지혜로 창조하심

또한 하나님께서는 놀라운 지혜로 만물을 지으셨다고 성경은 말한다(시 104:24). 기묘하게 생긴 동물들과 식물들 그리고 사람과 우주 등 말로 다 표현할 수 없는 걸작품들을 잠시 생각해보라. 그러기에 그리스도인들은 주 하나님의 지으신 세계가 너무나 아름답다고 찬양한다(시 139:14). 한 사람의 탄생과 성장 그리고 하루하루 살아가는 모든 것이 하나님의 지혜로 말미암은 것을 깊이 묵상해보면 너무나 신비롭지 않은가? 이렇게 아름답고 놀라운 창조의 세계를 이해할수록 그리스도인들은 '주님의 높고 위대하심'을 찬양하지 않을 수 없다.

하지만 진화론자들에게는 '찬양'이 있을 수 없다. 그들의 가슴에는 우주에 대한 벅찬 감동이 없다. 우연은 찬양의 대상이 아니며 현재 세계는 치열한 적자생존과 경쟁의 결과이기 때문이다. 만물은 그냥 그렇게 되어진 것이므로 아무런 느낌을 우리에게 주지 못한다. 사실 이 세상 만물이 우연의 산물이라는 것을 증명하는 것은 거의 불가능하다. 그것 또한 하나의 믿음일 뿐이다.

나아가 천지만물은 하나님의 능력과 신성을 드러낸다고 성경은 말한다(롬 1:20). 이것을 성경이라는 특별 계시와 구분하여 '자연 계시' 또는 '일반 계시'라고 한다. 즉 창조 세계는 너무나 정교하기 때문에 그것을 설계하신 하나님의 지혜가 얼마나 놀라운지를 드러낸다는 것이다(시 19:1; 행 14:17). 또한 잠언을 보면 하나님께서 만물을 그분의 지혜와 법칙을 따라 지으셨다고 말한다(잠 3:19-20). 따라서 잠언의 결론은 바로 이 하나님의 지혜를 잘 배우고 그 지혜를 따라 하나님을 경외하는 것이 지혜의 근본이요 명철한 삶이라는 것이다(잠 1:7). 그러므로 전도서 12:1에도 젊을 때 창조주를 기억하라고 충고한다. 청년의 때에 지혜의 창조주를 바로 알고 그 분을 온전히 섬기면 헛되지 않은 삶을 살 수 있다는 것이다.

4) 삼위일체 하나님의 창조 사역

우리는 보통 창조를 성부 하나님의 사역이라고 생각하는데 성경은 그렇게 말하지 않는다. 잠언 8장 22-31절을 보면 그리스도께서도 성부께서 세상을 창조하실 때 중보자로 함께 그 사역에 동참하며 기뻐하였다고 기록하고 있다. 요한복음 1장 1-3절은 만물이 그로 말미암아 지은 바 되었다고 증거하며 골로새서 1장 16절도 하늘과 땅에서 보이는 것들과 보이지 않는 것들과 혹은 보좌들이나 주관들이나 정사들이나 권세들이나 만물이 다 그로 말미암고 그를 위하여 창조되었다고 하면서 17-18절에는 예수 그리스도 안에 만물이 서 있고 또한 예수님이 만물의 으뜸이라고 말한다. 히브리서 1장 2-3절에도 하나님께서 그 아들로 말미암아 모든 세계를 지으셨고 예수님은 성부와 동일하게 그 능력의 말씀으로 만물을 붙드신다고 말한다. 그러므로 성자 하나님 또한 창조 사역에 전적으로 참여하셨음을 분명히 알 수 있다.

또한 성령께서도 창조사역에 매우 적극적으로 관여하심을 볼 수 있다. 창세기 1장 2절에 보면 하나님의 영이 물 위에 움직이고 계셨다고 말씀한다. 이는 마치 독수리가 고공을 비행하다가 먹이를 발견한 후 그 먹이를 발톱으로 움켜쥐어 꼼짝하지 못하게 만든 모습과 같다. 바다의 수면과 같이 혼돈하고 공허한 세상(chaos)으로부터 질서 정연한 창조의 세계(cosmos)가 조성될 수 있도록 성령께서 역사하셨다는 것이다. 컴퓨터에 디스켓을 사용하려면 먼저 포맷을 하듯 성령께서 그러한 질서를 만드시고 나서 성부께서 구체적인 창조 사역을 집행하신 것이다.

나아가 성령의 생기로 인간을 창조하여 인간이 생령이 되었다(창 2:7). 인간이 영적 존재가 된 근본적인 근거는 하나님의 영임을 알 수 있다(욥 26:13; 33:4). 시편 104편 30절에도 "주님께서 주님의 영을 불어넣으시면, 그들이 다시 창조됩니다. 주님께서는 땅의 모습을 다시 새롭게 하십니다."라고 하면서 성령 하나님께서도 창조 사역에 깊이 동참하셨음을 증거한다.

나아가 창세기 1장 26절에 보면 하나님께서 인간을 창조하실 때 "우리"의 형상을 따라 "우리"의 모양대로 "우리"가 사람을 만들자고 하시면서 "우리"라는 일인칭 복수 대명사를 세 번이나 반복해서 강조하여 사용하심을 볼 수 있다. 또한 창세기 1장에 나오는 하나님이라고 하는 히브리어 "엘로힘"도 문법적으로 따지면 단수 "엘"의 남성 복수형이다. 따라서 이 모든 것을 종합해 볼 때, 창조사역은 성부, 성자, 성령 삼위일체 하나님께서 각자 영역에서 역사하셨음을 알 수 있다.

5) 인간: 하나님의 형상

또 하나 중요한 점은 인간이 원숭이에서 진화한 것이 아니라 전혀 다른 차원에서 하나님의 형상대로 창조함을 받았다는 것이다. 둘 중 어느 것이 더 존귀할까? 어느 입장이 인권의 궁극적인 기원 및 인간의 존엄성을 더 잘 설명할 수 있을까? 우리의 조상이 원숭이라고 한 번 생각해 보자. 그 다음에 우리를 지으신 분이 전능하시고 지혜로우신 창조주 하나님 아버지라고 한 번 생각해 보자. 이것은 진정 전혀 차원이 다른 세계관이요 삶이 아닐 수 없다.

하나님께서 삼위일체로 존재하듯, 인간도 남자와 여자로 지음 받았으나 한 몸이 된다. 하나님의 존재 자체가 다양성(삼위) 안에서의 일치성(일체)을 계시하듯, 사람도 남자와 여자라는 복수성과 동시에 남편과 아내로 하나가 된다. 이 또한 사람이 하나님을 닮은 형상의 한 면이다.

나아가 하나님의 형상이란 인간이 하나님의 성품을 어느 정도 닮았음을 뜻한다. 하나님의 속성 중 전지전능하심이나 영원하심 등과 같이 인간이 공유할 수 없는 부분이 있는가 하면 거룩하심이나 의로우심, 자비하심 등과 같이 인간이 어느 정도 공유할 수 있는 속성도 있다. 이런 의미에서 사도 바울은 엡 4:24에서 우리가 하나님의 형상을 따라 "참 의로움과 참 거룩함으로 지으심을 받은 새 사람"을 입어야 한다고 권면한다.

하나님께서 왜 인간을 자기 형상대로 창조하셨는지는 창세기 1장 26-28절에 나온다. 즉 하나님의 축복을 받아 땅에 충만하고 하나님의 대리자로서 모든 피조물을 다스리면서 땅을 정복하기 위함인 것이다. 이것을 소위 "문화명령(cultural mandate)"이라고 부른다.[4] 즉, 피조계에 담겨 있는 무진장한 가능성들과 잠재성을 개발하여 하나님의 영광을 드러내어야 할 사명이 우리에게 있다는 것이다.

여기에 또한 역사의 의미가 있다. 즉 역사란 하나님의 말씀(Wort)에 대해 인간이 어떻게 응답(Antwort)했는가를 보여주는 것이다. 인간은 하나님의 문화 명령에 순종할 수도 있고 불순종할 수도 있다. 순종할 경우 그 문화는 발전하며 하나님께 영광을 돌리게 되지만 그렇지 않을 경우 그 문화는 잘못된 방향으로 나아가 결국 자체 모순에 빠지게 된다. 따라서 우리가 역사를 통한 인간의 모든 활동을 문화라고 넓게 정의한다면 인간의 총체적인 문화 활동이 다름 아닌 역사이며 하나님의 이 문화명령에 대한 응답이라고 할 수 있는 것이다.

그렇기에 인간은 우연히 단세포 생물에서 수많은 과정을 거쳐 진화한 것이 아니라 하나님을 닮아 온 피조물들을 다스리는 역사와 문화의 주체로 이해해야 한다. 이런 의미에서 암스텔담 자유대학교에서 은퇴한 헤르쯔마(Henk G. Geertsema) 교수는 인간의 존재 자체가 응답성을 가지고 있다고 하면서 인간을 *Homo Respondens*, 즉 "응답적 인간"이라고 말했다.5) 지금까지 많은 학자들이 인간을 생각하는 존재(*Homo Sapiens*), 노동하는 존재(*Homo Faber*) 또는 유희하는 존재(*Homo Ludens*) 등 여러 가지로 정의했지만 인간의 존재 및 그 모든 활동을 창조주와의 관계에서 볼 때 그 분이 제정하신 문화 명령에 대한 응답이라고 볼 수 있다는 것이다.

나아가 인간의 세계관 및 모든 활동 또한 하나님의 말씀에 대한 응답이다. 즉 우리는 응답하지 않을 수 없는 존재이다(We cannot *not* respond). 그리고 그 응답에 대해 책임져야(Verantworten) 한다. 따라서 인간은 책임(Verantwortlichkeit)적 존재라고도 말할 수 있다. 책임이라고 하는 단어의 영어는 'Responsibility'이다. 즉 책임이란 '응답할 수 있는 능력(Response +ability)'인 것이다. 인간은 하나님의 형상으로 지음 받은 인격체이기 때문에 자신의 모든 삶에 대해 순종 또는 불순종으로 응답할 수 있고 그것에 대해 궁극적인 책임을 져야 하는데 이것이 바로 성경이 말하는 '심판'이다.

하지만 진화적 세계관에서 인간의 책임을 묻기는 어렵다. 환경에 적응하기 위해 부단히 자신을 변화시켜야만 하므로 자신의 모든 행동에 대해 궁극적 책임을 물을 수 없다. 사실상 이런 세계관이 지배하는 사회는 누구도 책임

지지 않으려 하므로 결국 혼돈을 낳을 수밖에 없지 않겠는가?

6) 동적인 창조 세계

인간의 다양한 응답적 문화 활동을 이해하면 우리는 창조 세계가 정적(static)이 아니라 매우 동적(dynamic)이라는 사실도 알게 된다. 가령 창 1장에서 아담과 하와가 에덴동산에서 살고 있었지만 계시록 21장에서는 새 예루살렘이 하늘에서 예비된 신부처럼 아름답고 화려하게 단장되어 내려오는 것을 보게 된다. 동산(Garden)에서 도성(City)으로 변화된 것이다. 하나님께서는 인간에게 허락하신 동산을 잘 '개발'하는 동시에 '보존'하라고 말씀한다(창 2:15). 이 말씀은 환경에 대한 책임 의식을 뜻한다고 볼 수 있다. 이것은 피조계를 인간이 여러 문화 활동을 통해 올바른 방향으로 발전시켜 나아가야 함을 뜻한다. 다시 말해 창조는 완성을 지향한다(Creation points to consummation).

이런 뜻에서 사이어는 창조란 하나의 '오픈 시스템(Open System)'이라고 지적한다.6) 즉, 결정적으로 프로그램화된 과정이 아니라 자유의지를 가진 인간에 의해 다양하게 펼쳐질 수 있는 여러 가능성들이 잠재되어 있다는 말이다. 이는 마치 다양한 지하자원들이 인간에 의해 개발되어 다양한 용도로 사용되는 것과 같다. 이러한 과정을 네덜란드의 기독교 철학자 도여베르트(Herman Dooyeweerd)는 '개현 과정(Unfolding/Opening process)'이라고 말한다. 폴더형 핸드폰이 펼쳐지면서 다양한 기능을 발휘하듯, 튤립 꽃봉오리가 아름답게 열려 지면서 그 아름다움을 더욱 나타내듯 창조 세계는 무한한 가능성을 향해 열려져 간다는 의미이다.

이 모든 과정이 인류의 역사요, 문화사이며 영적으로 보면 구속사라고 말할 수 있다. 이런 의미에서 네덜란드의 다른 기독교 철학자 반퍼슨(Cornelius Van Peursen)교수는 문화를 "복수형 동사"라고 설명했다. 동사란 그 동적인 면을 말하고 복수형이란 그 다양함을 뜻하는 것이다.

하지만 진화론의 영향을 받은 사회진화론(Social Darwinism)은 '힘'과 '경쟁'이 사회의 진화를 이끄는 원동력이 된다는 사상으로 역사의 과정을 단지 생존경재의 논리로만 이해한다. 따라서 장애인과 같은 사람들은 제거해도 아무 문제가 없는 것처럼 생각한다. 역사의 발전 과정은 단지 급변하는 환경에 대한 적응 여하에 좌우되고 따라서 개인주의적 자본주의가 발달하게 되며 빈익빈 부익부의 현상이 가속화되어 빈부 격차가 증가하는 것이다.

그러나 성경적 관점에서 보면 문화와 역사의 발전 방향은 결국 하나님의 문화 명령에 대해 인간이 어떻게 응답하는가에 따라 결정된다. 하나님의 영광을 위해 그 규범을 따르는 인간의 모든 활동은 결국 조화로운 발전을 이루어 모든 사람들에게 유익하지만 그렇지 않을 경우, 인간은 자신을 위해 혹은 우상을 숭배하는 문화를 낳게 되어 결국 파멸에 이르고 말 것이다.

7) 창조의 선함

또한 기억할 것은 모든 피조물이 하나님 보시기에 좋았다는 점이다. 창 1:31에는 더 나아가 모든 피조 세계는 아름답게 조화를 이루어 '매우' 좋았다고 말씀한다. 사도 바울도 딤전 4:4-5에서 하나님의 지으신 모든 것이 선하므로 감사함으로 받으면 버릴 것이 없다고 말씀하면서 혼인도 귀하고 식물도 폐하는 금욕주의자들의 오류를 비판한다. 물론 여기서 '좋다'고 말하는 것은 윤리적이나 도덕적인 선함을 말하는 것이 아니라 존재 그 자체가 좋음을 뜻한다.

이러한 세계관은 모든 종류의 이원론적 세계관을 배격한다. 즉, 영혼은 선하고 육체는 악하다고 생각하여 지나친 금욕주의를 강조하거나 반대로 모든 육체의 정욕을 정당화하여 쾌락주의에 치우치는 것 모두 잘못된 생각이다. 또한 정신은 고귀하고 물질은 천하다는 생각, 남자는 존귀하지만 여자는 비천하다고 간주했던 남존여비 사상, 성직은 고귀한 직업이지만 다른 직업은 세속적인 직업이라고 천시하는 것 또한 잘못임을 알 수 있다.

이와 동시에 현재 우리가 경험하는 세계는 죄로 말미암아 오염되고 변형되었다고 성경은 말한다. 하지만 예수 그리스도의 구속사역으로 죄에서 해방된 우리들이 궁극적으로 들어갈 하나님의 나라는 매우 좋은 정도가 아니라 가장 좋은(best) 세계라고 성경은 증거한다.

그러나 진화론은 지금 이 세상에 존재하는 것이 단지 생존경쟁과 환경에 적응한 생물들이므로 이에 대해 어떠한 가치 평가를 내릴 수도 없을 뿐만 아니라 앞으로 올 세계가 과연 지금보다 더 나을 지에 대해서도 전혀 답할 수 없다. 단지 환경변화에 더 잘 적응하는 생물들만이 생존할 것이다. 유물론자들이 쉽게 진화론의 영향을 받는 이유도 바로 여기에 있다. 정신적인 요소까지도 물질적인 것으로 설명하려고 하기 때문에 결국 모든 인간의 가치나 환경 보전, 윤리적인 삶에 대해 무관심할 수밖에 없는 것이다.

8) 창조주의 초월성과 내재성

창조에 관해 중요한 또 한 가지는 하나님의 초월적인 주권과 동시에 그분의 내재성, 즉 우리와 함께 하심이다. 창조주는 모든 피조물을 초월하셔서 존재하시는 분이지만 동시에 사랑의 관심을 가지고 만드신 피조물들을 계속 다스리시고 특별히 자기 형상으로 창조하신 인간과 인격적인 교제를 나누며 동행하기를 원하시는 분이라고 성경은 말한다. 사 57:15은 이 사실을 잘 보여 준다. 즉 하나님께서는 만물을 창조하셨기에 그 모든 것 위에 초월하시는 분이시만 동시에 겸손히 회개하는 사람과 함께 하셔서 그들을 치유하시는 분이라는 것이다.

이것을 망각할 때 오류에 빠지기 쉽다. 하나님의 초월성만 인정하게 되면 이신론(Deism)이 된다. 이신론이란 초월적인 조물주께서 이 세상을 만드셨지만 그 후 스스로 운행하도록 내버려 두었다고 본다. 마치 정교하게 만들어진 후 태엽이 감긴 시계와 같이 세상은 더 이상 조물주의 간섭 없이도 저절로 돌아간다고 생각하는 것이다. 즉 창조주의 내재성이 부인된다. 이러한 세계관은 세상을 하나의 '닫힌 시스템'으로 보게 되며 따라서 '기적'은 불가능하다. 하나님은 거기에 내재하시지도 않고, 완전한 인격으로 우리에게 다가오지도 않으며, 인간사의 주재자도 아니다. 따라서 자연에 대해 결정론적 사고를 갖고 있으며 인간은 비록 인격체이지만 우주라는 기계의 한 부품과 같이 단지 우주의 한 구성원이라고 생각한다.

자연주의적 세계관은 이보다 한 걸음 더 나아간다. 물질만 원래부터 존재해 왔으며 영원히 존재할 것이고 그 존재하는 것의 전부라고 생각한다.

따라서 초월적 신이라는 것조차도 존재하지 않는다고 본다. 자연은 이미 존재하는 법칙에 의해 움직이며 인간도 하나의 고도의 복잡한 물질일 뿐이라는 것이다. 따라서 인간을 둘러싼 육체적이고 정신적인 신비는 어느 것을 막론하고 순수한 신비가 아니라, 우리가 아직 이해하지 못하는 기계의 복잡성에서 유래한다고 주장한다. 창조주의 초월성과 내재성 모두를 배척하는 세계관이다.

이보다 더 극단적인 세계관은 무신론적 실존주의이다. 이 세계관은 우주가 단지 물질만으로 구성되었지만 인간에게는 실재가 주관과 객관이라는 두 가지 형태로 나타난다고 생각한다. 단지 인간에게만 그 존재가 본질을 선행하기 때문에, 인간은 자신을 스스로 새롭게 만들어 갈 수 있으며 따라서 인간은 자신의 본성과 운명에 대해 완전히 자유롭다고 주장한다. 그러나 이러한 결국은 허무주의와 염세주의로 귀결되는 것을 볼 수 있다.

반면에 하나님의 내재성만 강조하면 범신론(Pantheism)의 오류에 빠지게 된다. 이것은 만물 속에 신적 존재가 있다고 생각하면서 그 신적 존재의 초월성은 부인하는 것이다. 샤머니즘이나 정령 숭배 또는 애니미즘에도 이와 유사한 오류가 있다. 수많은 귀신들을 섬겨야 하므로 미신적 주술 행위를 통해 현세적 축복과 성공만 추구하는 왜곡된 세계관을 낳는 것이다.

그러나 성경은 하나님의 초월성과 내재성을 동시에 분명히 보여준다. 하나님은 천지만물을 지으신 창조주이실 뿐만 아니라 그 만물을 다스리시며 섭리하시는 주님이시다. 가령 시 104편에 보면 하나님께서 이 우주의 질서를 홀로 주장하시고(7-9절), 각종 짐승과 곡식과 식물들을 친히 기르시며(10-18절), 또 해와 달의 순환과 밤낮의 교체와 같은 우주의 순환을 주관하시고(19-24절), 바다와 그 밑의 동물들을 다스리시는 분임을(25-29절) 찬양한다. 시인의 눈에 비친 하나님은 단순히 이 우주 공간을 여시고 거기에 온갖 피조물들을 만들어 두신 분으로서가 아니라, 그 만드신 모든 생물과 무생물을 주관하시는 분인 것이다. 다시 말해, 하나님께서는 만물을 창조하시고 거기에서 손을 떼신 것이 아니다. 사실 피조된 만물들이 온전히 보존되고 질서 있고 조화롭게 운행되는 것은 그 모든 것을 만드신 하나님

절대적이고 초월적인 권능이 그 배후에서 섭리하시기 때문이다. 만물은 하나님의 뜻과 섭리에 온전히 순복함으로써 비로소 정상적이고 자유로운 모습을 지닐 수 있다.

또한 엡 4:6을 보면 하나님은 모든 것을 초월하시지만 동시에 모든 것을 통일하시며 다스리시고 모든 피조물 안에 내재하시는 분이라고 말한다. 마치 조각가가 자신의 아이디어로 창조적인 조각품을 만들었을 때 조각가는 그 작품을 초월한다. 따라서 다른 작품도 얼마든지 만들 수 있는 자유가 있다. 하지만 뛰어난 조각가일수록 자신이 창작한 작품 속에 자신의 혼을 담으려고 노력할 것이다. 다시 말해 그 작품 속에 조각가가 내재하고 있다는 말이다. 이같이 창조적 세계관은 하나님의 초월성과 내재성을 동시에 균형 있게 이해하게 해 준다.

9) 창조의 언약성

나아가 창조주 하나님은 피조물과 '언약'을 맺으셨고 그 약속을 신실히 지키시는 분이심을 성경은 말한다. 모든 피조물은 하나님의 말씀에 대한 응답으로 존재하며 따라서 그 신실한 말씀에 의해 법칙성이 보장되는 것이다. 예레미야 33장 20-21절, 25-26절을 읽어 보면 하나님께서는 낮과 밤에 대해 약정, 즉 언약을 맺으시고 그것을 충실히 이행하시기에 주야가 일정하게 반복되듯이 아브라함, 이삭, 야곱, 그리고 다윗과 세운 언약 즉 메시아를 보내심으로 자기 백성을 구원하실 새 언약도 신실하게 지키실 것임을 강조하고 있다. 오늘 밤에 자면 내일 다시 태양이 동쪽에서 솟아오를 것을 아는 것은 궁극적으로 하나님의 신실하심에 근거한 것이다.

그러나 하나님을 믿지 않는다면 과연 이러한 자연법칙의 궁극적인 확실성에 대해서도 자신이 없다. 그래서 영국의 철학자 흄은 지금까지 매일 아침 동쪽에서 태양이 떠올랐다고 해서 내일 반드시 해가 동쪽에서 뜬다는 보장이 어디에 있느냐고 말했던 것이다. 우리가 만일 이러한 회의론에 빠지게 되면 사실 아무 것도 할 수 없고 매일 걱정과 불안 속에 살게 될 것이다. 하지만 하나님의 신실하심을 알게 될 때 우리 마음은 평안을 회복하며 더욱 감사하게 된다.

10) 창조의 법칙성

마지막으로 하나님께서 만물과 인간을 창조하신 것은 나름대로의 '법칙'을 따라 하셨음을 알게 된다. 고대 그리스 철학에서 나중에 여러 학문이 발전한 이유도 바로 이러한 우주 내의 법칙성을 발견했기 때문이라고 할 수 있다. 이러한 의미에서 도여베르트는 이러한 질서 내지는 법칙이야말로 창조주와 피조물을 구분 짓는 경계가 된다고 말했다. 즉 창조주는 법의 제정자(Law Giver)이시므로 그 법을 초월하지만 피조물은 그 법에 종속된다는 것이다. 나아가 창조를 이야기할 때 창조주-법-피조물 이 세 가지가 모두 포함되어야 함을 강조했다. 이것은 보통 우리가 창조라고 할 때 생각하는 창조주와 피조물의 도식보다 한 단계 더 깊이 나아간 통찰이라고 볼 수 있다.

또한 창조의 법에 두 종류가 있음을 알게 된다. 첫째는 자연법이다. 이것은 중력의 법칙, 운동의 법칙, 열역학의 법칙, 광합성의 법칙 그리고 유전의 법칙 등과 같이 전 우주에 미치는 직접적인 창조 법칙을 뜻한다. 그러므로 자연과학자들의 연구(research)는 사실상 세계에 숨겨져 있는 하나님의 법칙을 다시(re) 발견하는(search) 것이라고 말할 수 있다. 나아가 모든 학문 활동은 창조의 각 분야와 영역에 담겨 있는 법칙들을 발견하여 논리적, 체계적으로 정리하는 것이라고 말할 수 있다.

이런 의미에서 도여베르트는 피조계에 존재하는 법칙 구조에는 구체적인 사물과 같은 개체 구조와 이러한 사물을 여러 관점에서 볼 수 있는 양상 구조가 있는데 이 양상을 15가지로 구분하면서 학문적 지식 또는 이론적 사고가 가능한 것은 피조계의 각 양상이 논리적 양상과 종합되어질 때 가능하다고 설명한다.[7] 가령 생물학(biology)이란 이 세계의 생물적(bio-) 양상들만을 논리적(-logy)으로 연구하고 조직적으로 이론화시킨 학문이라는 뜻이다. 따라서 모든 학문이 가능한 근거는 이 창조 세계에 법칙이 있기 때문이라고 말할 수 있으며 이 법칙은 우연히 주어진 것이 아니라 그 법칙을 제정한 분이 있음을 암시한다고 볼 수 있다는 것이다.

창조 사역도 창 1장을 자세히 보면 매우 질서 있게 진행되었음을 알 수 있다. 즉, 6일 동안의 창조기사가 첫 3일에는 배경적인 창조기사로 되어 있고 나머지 3일은 그 각각에 대해 보충해주는 방식으로 되어 있다. 첫째 날 하나님께서 빛을 창조하신 후 넷째 날보다 구체적으로 해와 달과 별들을 지으심으로 주야와 춘하추동 사시 및 연한을 나누게 한다. 그 다음 둘째 날에는 물 가운데 궁창 즉 하늘을 만드시고 다섯째 날에는 물속의 생물들과 하늘에는 모든 새들을 그 종류대로 창조하셨다고 말씀한다. 셋째 날에는 땅과 바다를 만드신 후 이어서 땅에 풀과 채소, 그리고 과목들을 종류대로 창조하신 후 다섯째 날에는 그 식물을 먹고 사는 모든 육축과 땅에 기는 생물들을 종류대로 만드신 후 마지막으로 만물의 영장인 인간을 자기 형상대로 창조한다.

놀라운 것은 하나님께서 모든 생물을 "그 종류대로" 창조하셨다고 말하는데 이는 진화론을 배격하는 결정적 단서가 된다. 모든 생물들 중, 종과 종간에는 넘을 수 없는 차이가 있으며 이 모든 것을 하나님께서 창조 질서로 그렇게 하셨다는 것이다. 따라서 같은 종안에서는 다양한 변이가 일어날 수 있지만 한 종이 다른 종으로 바뀌는 것은 창조 질서에 어긋나는 것임을 알 수 있다.

이를 바꾸어 말한다면 만일 진화론이 맞을 경우에는 지금도 원숭이가 사람이 되는 경우가 나타나야 하지 않겠는가? 어류에서 양서류로, 양서류에서 파충류로, 파충류에서 다시 조류로, 그리고 조류에서 포유류로 진화되는 케이스들이 지금도 계속 일어나야 할 텐데 인류 역사상 그러한 경우는 없었다. 이것을 소위 연결고리(missing link)가 발견되지 않는다고 주장하는 것이다.

나아가 진화론은 사실 현 자연계를 지배하는 소위 열역학 제 2법칙에도 맞지 않는다. 이 법칙은 다른 말로 무질서도(엔트로피) 증가의 법칙이라고 하는데 모든 만물은 시간이 흐를수록 그 질서도가 감소하고 무질서도가 증가한다는 것이다. 아무리 새 자동차도 10년이 지나면 녹슬고 성능이 떨어진다. 반면에 진화론은 우연히 여러 물질들이 이리저리 조합되어 새 자동차가 생겨났다고 주장하는 것과 같다. 하등동물에서 고등동물로 진화되려면 엄청난 에너지가 필요하며 질서도가 증가하는 과정인데 현재 우리가 경험하는 세계에 그런 법칙은 존재하지 않기 때문에 진화론은 사실상 허구일 수밖에 없는 것이다.

창조의 두 번째 법은 규범(Norm)이다. 이것은 십계명과 같이 인간의 사회와 문화에 적용되는 당위의 법칙으로 준수할 수도 있지만 어길 가능성도 있는 도덕법 또는 문화법이다. 여기에 인간의 책임성이 강조된다. 따라서 규범은 오직 인간에게만 주어진 창조의 법인 것이다. 성경이 말하는 진정한 지혜란 바로 이러한 규범적 법칙도 바로 분별하여 이 법을 따라 사는 것을 뜻한다.

하지만 진화론은 우리에게 삶의 의미를 주지 못한다. 원숭이로부터 우연히 진화되었고 또한 앞으로 다른 생물로 바뀔지 모르며, 이 모든 법칙은 그저 우연의 지배를 받기 때문에 이 속에는 어떠한 윤리도 없고 그저 적자생존, 약육강식이라는 잔인한 정글의 법칙만이 유일한 법칙이며 따라서 인간의 존엄성도 파괴될 수밖에 없고 신체적으로나 정신적으로 약한 사람들에게 사랑을 베풀 필요도 없는 무자비한 사회를 낳을 수밖에 없지 않겠는가? 실제로 세계 2차 대전 당시 히틀러는 진화론적 세계관에 사로 잡혀 독일 내 모든 장애인들을 몰살시키려고 계획했었다.

그러나 이와는 반면에 인격적인 하나님께서는 오묘하고 측량할 수 없는 지혜와 무한한 사랑으로 이 세상을 창조하셨고 계속해서 신실하게 그 질서를 유지하시며 또한 인생들에게 자연 법칙들을 잘 연구하여 자연 세계를 다스릴 뿐 아니라 선한 청지기로서 잘 보존할 것도 말씀하셨으며 이 모든 활동을 통해 하나님의 영광을 드러내고 이웃을 섬기라는 최고의 법인 사랑의 계명을 우리에게 주셨다. 따라서 우리는 이 사랑의 법을 따라 하나님을 온전히 경외하며 우리 이웃을 우리 자신과 같이 사랑하면서 창조세계를 더욱 개발하고 문화를 발전시켜나가야 한다.

결론적으로 창조는 성경적 세계관의 출발점이다. 이것은 우리의 심령 깊은 곳에 경이감을 갖게 하며 조물주에 대해 찬양 드리고자 하는 마음을 우러나게 한다. 이 우주는 우연히 생겼거나, 진화된 것이 아니라 전지전능하신 창조주 하나님에 의하여 설계되었고 그대로 이루어진 것이다. 나아가 이 우주는 동일하신 하나님의 섭리를 통하여 다스려지고 있다. 그리고 마지막 날에 그 분은 이 세상을 심판하시고 새롭게 하실 것이다. 그러므로 우리는 만물과 모든 사건에 존재하는 하나님의 주권을 인정해야 한다. 오직 하나님만이 찬양을 받으실 유일한 분이시며 다른 아무 사람이나 피조물도 그 분을 대신할 수 없다. 따라서 피조물을 경배하는 것은 합당하지 않다.

동시에 창조의 법칙이나 원리를 절대화하는 것도 어리석은 것이다. 왜냐하면 그 법칙은 우연히 존재하는 것이 아니라 그것을 제정하신 분이 계심을 드러내기 때문이다. 그 분을 바로 알 때 우리는 그 법칙을 새롭게 발견할 때 마다 그 분을 더욱 경외하게 될 것이다.

각주

1) 이러한 의미에서 최근에는 'Intelligent Design'(지적 설계)라는 용어가 많이 사용되고 있다. William A. Dembski, Intelligent Design: The Bridge Between Science & Theology (Downers Grove: InterVarsity Press, 1999), 한글판은 서울대 창조과학연구회 역, 지적 설계 (서울: IVP, 2002) 참조.

2) 본장에서 인용한 모든 성경은 표준새번역을 사용하였다.

3) Platon이 Timaeus에서 처음 언급하고 있음. http://en.wikipedia.org/wiki/Demiurge 참조.

4) 이러한 개념을 처음 언급한 사람은 네덜란드의 개혁주의 신학자인 아브라함 카이퍼(Abraham Kuyper)이다.

5) Geertsema, Henk G. 'Homo respondens. On the historical nature of human reason.' *Philosophia Reformata* 58, (1993), pp. 120-152. 보다 자세한 연구는 Govert Buijs, Peter Blokhuis, Sander Griffioen, Roel Kuiper (red.) Homo Respondens: Verkenningen rond het mens-zijn. *Christelijk Wijsgerige Reeks* 22, (Amsterdam: Buijten & Schipperheijn Motief, 2005)

6) Sire, *The Universe Next Door*, p. 29.

7) 보다 자세한 내용은 최용준, "헤르만 도여베르트: 변혁적 철학으로서의 기독교 철학의 성격을 확립한 철학자" 하나님을 사랑한 철학자 9인 손봉호 외, (서울: IVP, 2005), pp. 37-66.

김재섭
밴쿠버목자교회

김재섭 목사는 부산대 공대(B.S.)와 고신대 신학대학원(M.Div.) 캐나다 밴쿠버기독교세계관대학원(VIEW)에서 수학하였고, 현재 밴쿠버목자교회를 섬기고 있는 중이다.

창조론과 신학/철학

제4장 창조과학의 신학적 배경

I. 창조에 관한 진정한 성경적 견해를 위해

오늘날 과학은 인간의 삶의 모습을 결정짓는 가장 강력한 동력이라고 할 수 있을 것이다. 날이 갈수록 과학의 권위가 더 높아져 가는 과학문명시대에 기독교 신앙은 인간의 삶에 있어서 어떤 자리를 차지하며, 어떤 역할을 할 수 있을까? 이러한 질문은 과학혁명 이후 줄곧 이어져 내려져 온 진부한 질문이기도 하지만, 과학과 신앙에 대한 수많은 오해와 편견 가운데, 현명한 대답을 찾지 못한 질문이기도 하다.

이 장에서는 21세기 과학문명시대를 살아가는 오늘날 많은 한국 그리스도인들이 정설로 받아들이는 창조과학의 신학적 배경을 살펴보고, 창조에 관한 보다 성경적인 견해가 무엇인지를 함께 고민하고자 하는 목적으로 썼다. 이 장은 특정한 단체나 개인을 비방하기 위함이 아니라 창조와 관련된 과학적 논의의 다양성과 성경 해석에 대한 신학적 다양성을 인정하고, 상호간의 교류와 협력을 증진시키기 위해 작성되었다.

II. 창조과학이란 무엇인가?

논의를 진행하기에 앞서 먼저 과학적 창조론(Scientific Creationism)이라고도 불리는 창조과학(Creation Science)의 개념을 정의하는 것이 필요하다. 이는 한국 교회에서 창조과학이라는 용어는 일반적으로 사용되는 창조론(Creationism)이라는 말과 같이, 광범위한 의미를 가지고 있는 것처럼 사용되기 때문이다.[1] 실제로 많은 사람들은 창조론과 창조과학을 거의 구별하지 않고 사용하고 있다[2]. 이는 창조과학이 창조론 논의에서 그만큼 위상이 높다는 것을 의미하는 바이기도 하고, 또한 한국교회에서 창조과학 주장 외에는 다른 창조론을 찾아보기 힘들다는 것을 의미한다.

창조과학이라는 말은 미국 캘리포니아주에 소재하고 있다가 지금은 텍사스주 달라스로 이주한 창조과학연구소(Institute for Creation Science)를 비롯하여 근본주의 신학을 표방하는 일부 개신교도들과 안식교가 주장하는 특정한 창조론을 가리킨다. 그렇다면 이들이 주장하는 창조과학이란 무엇인가? 다른 여타의 창조론과 달리, 창조과학만의 독특한 주장은 무엇인가?

조지 마스덴(George M. Marsden)은 창조과학이란 "창세기 1장에 대한 문자적 해석에 기초한 창조론"이라고 정의한다.[3] 즉 창조과학에서는 창세기 1장에 기록된 천지창조에 대한 기록을 문자 그대로 받아들여서, 우주와 만물이 지금과 같은 태양일 6일(144시간) 만에 만들어졌다고 주장한다. 창세기 1장에 대한 이런 해석은 자연스럽게 지구나 우주의 나이를 1만년 이내로 보도록 하기 때문에 창조과학은 젊은 지구 창조론(Young Earth Creationism, YEC)이라 불리기도 한다.[4]

창조과학은 창세기 1장에 대한 철저한 문자적 해석만을 고집하기 때문에, 어떠한 진화적 요소도 용납하지 않는다. 즉, 창조론이 아니면 진화론이

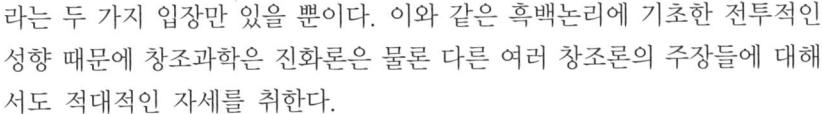

라는 두 가지 입장만 있을 뿐이다. 이와 같은 흑백논리에 기초한 전투적인 성향 때문에 창조과학은 진화론은 물론 다른 여러 창조론의 주장들에 대해서도 적대적인 자세를 취한다.

III. 창조과학의 역사적 발전과정

1. 다윈주의 이전의 창조론

창조과학의 신학적 특징을 살펴봄에 있어서, 먼저 그 발단의 역사적 배경부터 살펴보는 것이 필요하다. 창조과학은 다윈의 진화론 혹은 다윈주의에 대한 강력한 반발에서 시작되었음은 잘 알려진 사실이다. 그러나 다윈의 진화론을 바로 살펴보기에 앞서, 다윈주의가 등장하기 전부터 어떤 창조론이 있었는지를 살펴보는 것이 다윈주의를 이해하고, 이에 대항하고자 하는 창조과학을 더 정확하게 이해하는 데 도움이 될 것이다.

이미 많은 사람들에게 알려진 바와 같이, 다윈이 〈종의 기원〉을 통해 자연선택이라는 자신만의 독특한 진화 메커니즘을 주장하기에 앞서, 이미 서구사회에서는 라마르크의 용불용설을 비롯한 다양한 진화론이 제기되었다. 본격적인 진화 사상의 등장과 더불어 18세기 후반에 시작된 현대 지질학에서는 종래의 6000년 지구/우주 연대가 아닌 오래된 지구/우주에 관한 연구결과들도 속속 등장하였다. 진화론 때문에 오래된 지구/우주연대가 등장한 것은 아니지만 진화론의 등장과 오래된 지구/우주연대는 비슷한 시기에 등장하여 서로를 지지하게 된 것은 부인할 수 없는 일이다.

오래된 지구에 관한 지질학적 증거들이 축적되어감에 따라 당연히 젊은 지구/우주연대에 익숙했던 사람들은 창세기 1장에 기록된 연대를 어떻게 해석해야 할 것인가를 심각하게 다루지 않을 수 없었다. 창세기의 문자적 해석에만 기초한 젊은 지구/우주연대는 천문학이나 지질학, 생물학 등 과학의 연구가 등장하기 전에는 큰 문제가 되지 않았다. 하지만 과학적 연구를 통해 오래된 지구/우주연대의 증거가 쏟아지기 시작하면서 창세기 1장을 새롭게 해석해야 한다는 주장들이 등장하게 되었다. 이 때 등장한 이론들의 예를 든다면 간격 이론(Gap Theory)과 날-시대 이론(Day-Age Theory)이 있다.

간격 이론은 창세기 1장 1절과 3절 이하의 창조기록 사이에 큰 간격이 있다는 주장이다. 이 주장에 의하면 1절의 첫 번째 창조가 있었고, 이후 타락한 천사의 반란으로 혼돈하고 공허한 상태에서 3절 이하에 기록된 새로운 창조, 즉 재창조가 시작되었다는 것이다. 그래서 이 이론을 재창조설이라고 부르기도 한다. 성경을 이렇게 해석하면 1절과 3절 사이에는 상당한 큰 시간적 간격이 생기게 되므로, 지구의 연대는 훨씬 더 오래되었다는 것을 확보할 수 있게 된다.5) 간격 이론은 한 때 인기가 있기도 했지만 오늘날 대부분의 복음주의자들은 이 이론이 과학적 연구와 잘 맞지 않을 뿐 아니라 2절에 대한 자의적 해석이 들어갔다고 보고 받아들이지는 않는다.

반면에 날-시대 이론은 창세기 1장에 기록된 창조주간의 날(하루)이 24시간을 의미하는 것이 아니라 하나의 일정한 시대를 의미한다고 주장하는 이론이다. 이 이론을 주장하는 사람들은 창조주간의 하루하루를 지질학적 시대와 대응시키려고 시도한다. 이렇게 해석하게 되면 지구의 연대는 상당히 길어질 수 있으며, 더불어 지질학적 주장과도 어느 정도의 일치와 조화를 추구할 수 있게 된다. 그래서 이 이론은 오늘날 많은 복음주의 과학자들이 상당한 애정과 열정을 가지고 받아들이고 있다. 날-시대 이론에서는 과학적 연구 성과들을 적용하여 창세기 1장과의 조화로운 해석을 시도하기 때문에 일치 과학(Concordantist Science)이라 부르기도 한다.6)

2. 다윈주의의 등장

날-시대 이론을 통해 과학적(지질학적) 발견과 이와 연관된 주장이 성경 본문과 어느 정도 조화를 이룰 수 있다는 일종의 지적 낙관론에 찬물을 끼얹은 사건이 1859년에 발생하였으니 곧 다윈(Charles R. Darwin, 1809-1882)의 〈종의 기원(On the Origin of Species)〉 출간이었다. 이 책의 원제는 〈자연선택에 의한 종의 기원에 대하여(On the Origin of Species by Means of Natural Selection)〉이며, 제목에서 볼 수 있는 바와 같이 다윈은 자연선택

혹은 자연도태라는 방법을 통하여 종간의 진화를 설명하였다.

물론 〈종의 기원〉의 출판이 어느 날 갑자기 서구사회와 교회를 뒤흔든 것은 아니었다. 과학사가 넘버스(Ronald L. Numbers) 교수가 자세히 소개하고 있듯이, 진화에 대한 다윈의 주장이 처음부터 유럽사회와 교회에 큰 파장을 불러일으키지는 않았다.[7] 잘 알려진 바와 같이 다윈 이전에도 여러 진화론이 제기되었기 때문에, 〈종의 기원〉의 출판이 서구의 기독교에 큰 반향을 불러일으키지는 못하였다.

다윈의 주장이 과학과 기독교간의 심각한 갈등을 불러일으키게 된 것은 그것이 대서양을 건너 미국에 소개되기 시작하면서부터였다고 할 수 있다. 물론 대서양을 건너온 다윈주의도 처음부터 심각한 논쟁을 촉발시킨 것은 아니었다. 유럽에서와 같이 몇몇 자유주의적 경향을 가진 신학자들과 목회자들에 의해서 다윈주의는 성경의 주장과 양립할 수 있는 이론으로 해석되거나 수정되기도 하였다. 즉, 유신론적 진화론이라고 할 수 있는 신학적 변경이 일어나기도 하였는데, 이 이론에서는 진화를 하나님께서 태초에 설계하신 하나의 물리세계의 법칙으로 받아들였다.

이렇듯 유럽이나 북미에서 다윈의 진화론은 처음부터 과학과 신학 간의 큰 논쟁의 화두가 되지는 못하였다. 그것은 때로는 나쁜 과학으로, 혹은 아직 증명되지 않은 이론으로, 때로는 기독교의 교리와 양립이 가능한 것으로 여겨지기도 하였다.

이렇게 다윈주의에 대한 다양한 반응들이 나타나는 가운데, 진화에 대한 다윈의 주장이 가지고 있는 신학적 혹은 형이상학적 함의의 위험성을 정확하게 인식하고, 신랄하게 비판한 사람이 있었는데, 그가 바로 프린스턴 신학교(Princeton Theological Seminary)의 찰스 핫지(Charles Hodge, 1797-1878)였다. 그는 다윈의 진화론이 주장하는 바의 핵심에는 바로 신적 간섭이 철저하게 배제된 무신론적 자연주의(Atheistic Naturalism)가 자리잡고 있음을 지적하였다. 그러므로 다윈주의는 기독교와는 결코 양립할 수 없는, 양자택일의 문제임을 핫지는 주장하였다. 그리고 이러한 핫지의 주장은 이후에 미국에서 있게 될 반진화론 운동의 사상적 토대를 제공하게 되었다.[8]

이상에서 살펴본 바와 같이 다윈주의가 그 등장에서부터 기독교계에 큰 파장을 불러일으키며, 과학과 신학의 논쟁의 중심이 된 것은 아니었다. 핫지와 같이 다윈의 주장에 대해서 강력하게 반대한 사람도 있었으나 대체로 1920년대에 이르기까지 다윈의 진화론은 미국 사회에서 그다지 큰 화두가 되지 못했다.[9]

3. 북미에서의 반진화론 운동

그러나 1920년대에 이르러 사태는 변하기 시작했다. 진화론에 대한 적대적인 태도가 복음주의적 그리스도인들 사이에 만연하게 되었고, 진화론을 거부하는 것이 일종의 참된 신앙의 징표가 된 것이다. 그리고 이러한 사태의 반전은 과학적 원인 혹은 신학적 이유에서라기보다는, 사회적 그리고 정치적 작인(作因)에 의해서 이루어진 것으로 보는 것이 더 타당하다고 할 수 있다.[10]

정치적 상황의 중심에는 제1차 세계대전(1914-1918)이라는 거대한 사건이 자리를 잡고 있다. 이 엄청난 전쟁은 전후 미국 내에서 사회의 여러 방면에서 걸쳐서 '진보 대 보수'라는 일종의 대결구조를 형성하게 만들었으며, 이러한 대결구조의 형성을 위해서 근본주의적 그리스도인들은 '진화는 결코 성경과 양립할 수 없다'는 반진화론 운동을 적절하게 사용하였다.[11]

이와 같은 국가적 차원의 대규모 운동에는 이를 이끌 만한 지도자가 필요한데, 그 중심인물이 바로 보수적인 장로교인이자, 1922년 미 대통령 선거에서 민주당 후보로 출마하였던 윌리엄 제닝스 브라이언(William Jennings Bryan, 1860-1925)이었다. 그는 자신이 읽은 두 권의 책을 통해 진화론이 가진 이념적 폐단에 대해서 크게 놀랐다. 그 이유는 제1차 세계대전의 사상적 배후에 인간에 대한 진화론적 이해가 있었다는 저자들의 주장을 받아들였기 때문이었다.[12] 이후 그는 반진화론 운동의 열렬한 지도자가 되어서 이 운동을 주도하게 되었다.

더불어 미국 복음주의 진영의 대표적인 교회사가인 마크 놀 교수(Mark A. Noll)는 제2차 세계대전 이후에 급속도로 커진 미(美)연방정부의 권력이 이후 반진화론 운동이라고 할 수 있는 창조과학이 대중적 운동으로 성장하는 데 일조를 하였다고 지적한다. 그는 1957년 소비에트 연방이 최초의 우주선 스푸트니크를 개발하자, 이에 자극을 받은 미연방정부의 과도한 과학 장려 정책에 의해서, 생물학 교과서에 지나치게 많은 진화론 내용이 실리게 되었고, 이로 인해서 많은 그리스도인들을 위기의식을 느끼게 되었다고 지적한다.[13]

4. 창조과학연구소(Institute for Creation Research)

앞서 살펴본 상황들이 전개되면서 1920년대를 지날 즈음, 반진화론 운동을 주도한 브라이언을 비롯한 많은 그리스도인들은 '진화론은 비과학적이다'라는 확신을 가지고 있었다. 그래서 그들은 뛰어난 많은 과학자들이 자신들의 반진화론 운동에 동참할 것을 기대하였다. 하지만 정작 뚜껑을 열고 보니 자신들을 대변해줄 만한 일련의 과학자들을 찾기란 거의 불가능하다는 것이 알게 되었다.[14]

그나마 위안을 삼을 수 있었던 것은, 비록 아마추어에 불과하지만, 그들을 이끌 만한 열정적인 지도자들을 발견하였다는 것이었다. 그들은 해리 림머(Harry Rimmer, 1890-1952)와 조지 맥크리디 프라이스(George McCready Price, 1870-1963)였다. 장로교 목사였던 림머는 한 두 학기 정도 의과대학을 다닌 것이 전부였지만, 독학으로 생물학, 고생물학 그리고 인류학을 공부하면서 사설 연구소를 설립하기도 하였다.[15] 안식교(Seventh-Day Adventist) 신자였던 프라이스 역시 대학에서 지질학과 관련된 학위를 받은 적은 없지만, 홀로 연구하여 책을 출판하기도 하였다. 그 중에서 주목할 만한 책으로는 〈신지질학(The New Geology)〉을 들 수 있다.[16] 이 책은 주류 지질학계에서는 일고의 가치도 없는 책으로 평가를 받았으나, 근본주의 그리스도인들 가운데서는 최고의 권위서로 인정받는 책이 되기도 했다.[17]

림머와 프라이스 이후 반진화론 운동을 이끌 만한 지도자로 등장한 인물을 주목하자면, 단연 헨리 모리스(Henry Madison Morris, 1918-2006)를 손꼽을 수 있다. 림머와 프라이스가 전문분야에서 박사학위가 없는 아마추어 연구자였다면, 모리스는 좋은 대학에서 박사학위를 받은 사람이었다. 비록 생물학이나 천문학, 지질학 등 창조-진화 논쟁과 직접 관련된 분야가 아니라 수력공학을 전공했지만 그는 박사학위를 받은, 제대로 된 연구 훈련을 받은 사람이었다.

모리스의 업적을 꼽으라고 한다면 무엇보다도 그레이스 신학교(Grace Theological Seminary) 구약학 교수였던 존 휘트콤 2세(John C. Witcomb, Jr.)와 〈창세기 대홍수(The Genesis Flood)〉라는 책을 저술한 것이다. 이 책은 프라이스의 〈신지질학〉의 개정판 정도에 불과한 내용이었으나 〈신지질학〉보다 훨씬 더 대중들이 읽기에 편한 책이었다. 게다가 〈창세기의 대홍수〉가 많은 그리스도인들, 특별히 근본주의 기독교인들에게 큰 호소력을 가질 수 있었던 또 다른 이유는 이전의 근본주의자들의 저술과는 달리, 각주를 비롯한 학술적인 도구들을 적절히 갖춘 학문적인 저서로서 형태를 유지하였기 때문이었다.18)

〈창세기 대홍수〉의 성공과 더불어 모리스의 또 다른 업적은 미국 창조과학연구소(Institute for Creation Science)를 설립한 일이었다. 1970년에 설립된 이래 ICR은 노아의 방주 탐사, 진화론적 예측에서 벗어난 인간 발자국 화석 발견, 꽃가루에 대한 연구, 방사능 연대 측정 비판 연구, 젊은 지구를 보여주는 물리학적 연구 등 앞서간 아마추어 선구자들에 비해서 상당히 주목할 만한 학술 활동을 진행했다.19) ICR은 지금까지도 계속해서 활동 영역을 넓히면서, 전 세계에 창조과학을 확산하는 데 주도적인 역할을 해오고 있다.20) ICR은 근래 텍사스 달라스로 본부를 옮겨 새로운 시대를 열고 있다. 비록 모리스의 별세 이후 그의 아들들이 운영하면서 많이 위축되고 있기는 하지만 오늘날의 ICR의 성공은 모리스의 공헌이 절대적이었다고 할 수 있다.

5. 창조박물관(Creation Museum)

ICR과 더불어 미국에서 창조과학 운동의 또 다른 전기를 연 단체가 있다면, 단연 Answers in Genesis(AiG)를 생각하지 않을 수 없다. 이 단체의 설립을 주도한 사람은 호주의 과학교사 출신의 켄햄(Ken Ham)이다. 그는 먼저 호주에서 창조과학재단(Creation Science Foundation: CSF)을 설립하는 일에 주도적인 역할을 하다가, 이후 미국으로 건너가 ICR에서 활동하기도 하였다. ICR에서 스태프로, 그리고 세미나 강사로 7년간의 왕성한 활동을 마친 후, 호주 CSF의 해외지부인 AiG를 설립하기 위해서 ICR을 떠났다.21)

대중을 상대로 한 세미나에서 켄햄의 탁월한 언변은 AiG가 짧은 기간 동안 폭발적인 성장을 하는 데 중요한 역할을 하였다. 2006년 초, 캘리포니아의 어느 한 가정이 기부한 50,000달러의 기부금은 약 1년 만에 20,000,000달러가 될 정도로 AiG의 대중적 캠페인은 성공했다.22) 켄햄은 이러한 막대한 기금을 가지고서 평생에 꿈꾸어 왔던 창조박물관을 착공하게 되었고, 마침내 2007년 5월 켄터키주 피터스버그(Petersburg)에 창조박물관(Creation Museum)을 개관하였다.

70,000평방 미터에 이르는 면적에 세워진 이 박물관은 창조과학의 주장하는 모든 주장들을 시각적으로 보여주고 있다. 예를 들면, 에덴동산을 모형으로 꾸며놓은 섹션에서 어린 아이와 공룡이 함께 공존하는 것을 보여준다.23) 이것은 앞서 살펴보았듯이, 지구의 역사를 약 6,000년으로 해석하는 그들의 주장을 가장 선명하게 보여주는 예라고 할 수 있다.

창조박물관의 대중적인 성공은 개관 1주년 기념식에서도 잘 나타나는데, 박물관의 공식보고에 의하면 개관 1년 동안 약 400,000명이 이 박물관을 찾았으며, 2주년에는 누적방문자가 719,206명이 되었고, 2009년 말에는 거의 100만 명에 육박하였다.24) 이와 같은 대중적 인기를 등에 입고, 창조박물관은 또 다른 거대한 사업을 준비하고 있는데, 그것이 바로 실제 크기의 '노아의 방주'를 제작하는 것이다. 이 방주는 크기뿐만 아니라, 제작에 사용할 재료 또한 주로 모형물에 사용되는 시멘트나 플라스틱이 아닌 실제 나무를 사용할 것이라고 한다.25)

마지막으로 이 단체의 창조와 관련된 신학적 주장을 살펴보면, 자신들의 홈페이지에 분명히 명시하고 있다. 첫째, 성경은 인간과 온 세상의 기원이 최근에 일어난 일임을 가르치며, 창조로부터 그리스도까지는 대략 4,000년이다. 둘째, 창세기의 날들(days)은 지질학적인 시대와는 관련이 없으며,

연속적인 6일이며 24시간이다. 셋째, 노아의 홍수는 거대한 지질학적인 사건이었으며, 이 시기에 거의 대부분의 화석이 생성되었다. 넷째, 간격이론은 성경의 근거가 없다.26)

IV. 창조과학의 신학과 과학 이해

겉으로 보기에 창조과학 운동은 창세기 초반부에 대한 문자적 해석과 과학을 접목시키는 운동이라고 할 수 있다. 하지만 그 이면에는 세대주의적 전천년설이라는 독특한 종말론적 사상이 있음을 알 수 있다.

1. 창조과학의 성경해석과 천년왕국(Millenarianism)

창조과학의 신학적 배경을 살펴보는 일에 있어서, 진화론과의 관계 외에 또 다른 중요한 요소를 생각한다면, 바로 천년왕국에 대한 그들의 이해를 지적할 수 있다. 앞서 살펴보았듯이 창조에 관한 창조과학만의 독특한 주장은 창세기 1장에 대한 철저한 문자적 해석에 있다. 즉, 성경 본문에 대한 엄격한 여자적(如字的) 해석이다. 이러한 자세는 한편으로는 성경의 권위에 대한 높은 경외심과 충실함을 보여주는 모습으로 존경을 받을 만하며, 또한 이러한 모습이 독실한 신자들에게 큰 매력으로 다가왔다.

그러나 그렇게 철저한 문자적 해석은 또 다른 신학적 문제를 동반하게 되었는데, 그것은 천년왕국에 대한 편협한 해석이라고 할 수 있다. 그들이 요한계시록 20장에 기록된 천년왕국에 대해서는 문자적 해석에 충실한 결과, 자연스럽게 천년왕국에 대한 그들의 입장은 전천년설로 이어지게 되었다.

이미 잘 알려진 바와 같이, 전천년설은 요한계시록 20장에 기록된 천년왕국을 최대한 문자 그대로 받아들이는 해석으로, 주로 안식교와 여호와의 증인, 그리고 미국 남침례교 중심의 세대주의자들이 주장하는 성경해석이라고 할 수 있다. 종말론 분야에서 성경 본문의 문자적 해석에 충실했던 이들은 자연스럽게 창세기 1장 해석에서도 문자적 해석을 시도하였다. 그래서 창세기 1장의 문자적 해석에 기초한 창조과학의 주장을 기꺼이 받아들였으며, 창조과학의 열정적인 지지자들이 되었다. ICR 설립자인 헨리 모리스는 1983년에 요한계시록 주석을 출간하기도 하였는데 그는 그 책에서 전형적인 세대주의적 종말론을 제시하였다.27)

뿐만 아니라 마크 놀은 단순히 성경본문에 대한 문자적 해석에 더하여 사상적 유사성도 지적한다. 그는 세대주의자인 존 월보르드(John F. Walvoord)가 1975년에 발표한 글을 인용하여 전천년설과 진화론간의 관계를 보여준다. 이것은 한편으로 철저한 반진화론 운동이라고 할 수 있는 창조과학과 전천년설간의 관계를 보여주는 예라고 할 수 있다.28)

19세기 후반에 이르러 다윈주의 진화론이 후천년주의자들 사이에 크게 유행하기 시작하였다. 자유주의자들은 낙관적으로 진화론을 환영하며, 진화야말로 예언된 황금시대를 도래하게 할 참된 하나님의 방법이라고 추켜세웠다. 이것이 신앙으로부터의 이탈임을 깨달은 보수적인 후천년주의자들과 무천년주의자들은 새로운 진화론의 개념을 반박하려고 하였다. 그 방법 중 하나가 19세기 말에 시작되어 20세기까지 지속된 대규모 예언 사경회의 소집이었다. 무천년설과 후천년설로는 진화론적 발전 개념을 논박할 방법이 거의 없었으므로, 얼마 지나지 않아 전천년주의적 해석을 채택한 이들이 예언 사경회를 주도하게 되었다.'29)

2. 창조과학의 '과학'에 대한 이해

창조과학의 신학적 배경을 살펴보는 일에 있어서 고려해야 할 또 다른 요소는 과학에 대한 그들의 이해라고 할 수 있다. 창조과학을 주장하는 사람들은 특별히 '과학'이라는 단어에 집착하는 것을 쉽게 볼 수 있다. 창조과학이라는 합성명사 자체가 이미 과학이라는 단어를 포함하고 있는 것이며, 그들의 또 다른 이름이라고 할 수 있는 과학적 창조론에서도 '과학적'이라는 형용사를 사용하고 있다.

그렇다면 창조과학자들은 왜 그토록 과학이라는 용어에 집착하는가? 그 이유는 그들이 과학에 상당한 권위를 부여하기 때문이라고 할 수 있다. 진리를 발견하는 일에 있어서 과학은 중요한 도구이자, 상당한 역할을 감당한다는 믿음을 가지고 있는 것이다. 이러한 믿음은 과학이 기독교와 성경의 진리성을 밝히는 일에 있어서도 역시 중요하다는 믿음으로 이어진다.

과학에 대한 이러한 입장과 견해는 비단 창조과학만의 독특한 주장은 아니다. 이러한 전통은 다윈의 〈종의 기원〉이 등장하기 전부터, 오랜 기독교회의 역사 가운데 내려져오는 전통이었다. 특별히 17세기 과학혁명이 시작된 이후로, 과학에 대해 우호적인 입장을 취해온 복음주의의 전통이 있어왔다. 그 전통의 중심에는 영국의 철학자 프란시스 베이컨 경(Sir Francis Bacon)이 있었으며, 그 역시 '하나님의 두 권의 책(God's Two Books)'이라는 오래된 명제를 받아들였다.30) 19세기에는 이러한 확신이 매우 강하게 형성되었던 시기였으며, 그래서 마크 놀은 이러한 전통을 일컬어서, 19세기 복음주의의 유산이라고 불렀다.31)

창조과학은 진화론으로 깨어진 이러한 전통, 즉 과학적 발견이 성경의 주장과 대치되는 것이 아니라, 오히려 서로 조화를 이룰 수 있다는 믿음을 회복하기를 원하였다. 헨리 모리스의 첫 번째 책, 〈당신이 믿어야 하는 것(That You Might Believe)〉도 그런 신념을 나타낸 저술이었다. 그는 그 책에서 말하기를, "기독교의 진리는 궁극적으로 믿음 위에 기초해야 하며, 심지어 경우에 따라 성경이 이성에 대립되더라도 성경을 받아 들여야 하는 것이 옳지만, 그러나 성경은 결코 상식(Common Sense)과 지성(Intelligence)에 위배되지 않음"을 강조하였다.32)

이와 같은 과학의 권위에 대한 강력한 집착은 "성경은 과학의 교과서(The Bible is a Textbook of Science)"라는 소논문(article)의 제목에서 분명히 드러난다.33) 그 글에서 모리스는 다음과 같이 주장하였다.

"만일 어떤 사람이 창조의 시간, 창조의 기간, 창조의 순서, 창조의 방법, 혹은 그 외의 창조의 모든 것을 알기를 원한다면, 그의 유일한 참된 정보의 원천은 신적 계시뿐이다. 창조가 있었을 때, 하나님께서는 그곳에 계셨다. 우리는 그곳에 없었으며, 그리고 창조에 관해서 말해 줄 수 있는 현재의 물리적 과정도 전혀 없다. 그러므로 우리는 하나님이 우리에게 적절하게 말씀하신 것에 의해서 완전히 제한을 받으며, 이 정보는 그의 기록된 말씀에만 있다. 이것(성경)이 과학에 관한 우리의 교과서이다."[34]

V. 창조과학의 신학적 문제

이상에서 창조과학의 정의, 그 역사적 배경과 시작, 전천년설과 관계, 과학에 대한 인식 등을 살펴보았다. 이러한 과정을 통해서, 창조과학이 창조론의 전부가 아니며, 다양한 창조에 관한 이론들 가운데 창세기 1장부터 3장까지의 본문에 대한 문자적 해석에 기초한 하나의 창조론에 불과함을 알 수 있었다. 이와 같은 문자주의적 해석방법은 이미 주지된 바와 같이, 반문화적이고 반지성적인 근본주의 신학과 밀접한 관계가 있으며, 종말론적으로는 세대주의적 전천년설과 밀접한 관련이 있다고 할 수 있다.

여기서 반문화적이고 반지성적이라 함은, 비록 그 명칭에서부터 과학이라는 용어를 사용하지만, 진화론을 비롯한 오늘날의 천문학이나 지질학과 같은 주류과학에 대해서 지나치게 방어적이고 적대적인 자세를 취함을 지적하는 말이다. 물론 이 장에서는 현대의 천문학과 지질학에 대한 창조과학의 입장을 충분히 개진하지는 못하였으나, 교회를 상대로 하는 그들의 강연이나 홈페이지의 주장을 살펴보면, 현대과학에 대한 그들의 입장은 상당히 과격하고 적대적이다.

뿐만 아니라, 아이러니하게도 창조과학은 과학을 지나치게 절대시함으로, 또 다른 신학적 문제점을 노정시킨다. 이것은 "성경으로 성경을 해석해야 한다"는 종교개혁자들의 성경해석 원칙을 저버린 것이다. 창세기 1장에서 3장까지의 그들의 해석을 살펴보면, 그것은 마치 자기들이 내세우는 과학적 주장만이 성경 본문에 대한 참다운 해석인 것인 양 이야기하는 것을 본다. 이것은 성경을 성경으로서, 혹은 성경을 신학의 자료로서 신학적으로 해석하지 않고, 오직 과학의 자료로서만 해석해야 한다고 주장하는 것과 같다. 이것은 한편으로 과학을 지나치게 절대시하며, 어떤 면에서 과학

을 우상시하는 것과 같다고 할 수 있다.35)

앞서 살펴보았듯이, 그들은 베이컨이나 갈릴레오가 말한 바, '하나님의 두 권의 책'을 회복하기 위해서 최선을 다해 노력하는 것 같다. 그러한 노력은 ICR 설립자인 헨리 모리스의 유명한 명제인 "성경은 과학의 교과서"라는 말에서도 잘 나타난다. 그러나 하나님의 두 권의 책이라는 주장은 위험한 주장이 될 수 있다. 그것은 일반계시의 역할을 너무 지나치게 높이 평가하는 행위가 될 수 있기 때문이다. 그러므로 "성경은 과학의 교과서"라는 주장은 예수 그리스도 안에서의 구속이라는 성경의 본래 목적을 잃어버리고, 성경이라는 특별계시를 자연이라는 일반계시의 영역에서 과학의 도구로 사용하게 될 위험을 내포한다.

죄로 타락하고, 오염된 세상에서는 일반계시가 가지고 있는 명백한 한계가 있으므로, "성경을 과학의 교과서"라고 보는 관점은 올바른 주장이라고 할 수 없다. 오히려 베이컨의 견해를 현대적 상황에 적용한다면 성경은 과학의 교과서라기보다는 "성경은 과학의 참고서이다(The Bible is a Reference of Science)"라는 주장이 더 설득력이 있어 보인다. 자연은 자연 그 자체가 교과서(Text)로 사용되는 것이 더 마땅하다. 그리고 우리 주위에 일어나는 다양한 자연현상을 보다 올바르게 이해하려면, 성경은 다만 참고서(Reference)로 사용되는 것이 성경의 본래 기록목적에 부합하는 올바른 성경이해라고 생각한다.

VI. 성숙한 창조신앙을 향해

지금까지 우리는 많은 그리스도인들 사이에 널리 퍼져있는 창조과학의 주장이 어떤 역사적 배경과 신학적 기초 위에서 형성되었는지를 살펴보았다. 그 과정 가운데 가장 먼저 알 수 있었던 사실은 창조과학의 주장만이 창조론에 관한 가장 권위가 있는 유일한 해석이 아니라는 사실이다.

초대교회 이후로부터 창세기 1장에 관한 다양한 해석들이 있어왔다. 간격 이론이나 날-시대 이론과 같이 오래 전부터 서구유럽이나 미국에서 널리 받아들여진 창조론도 있으며, 좀 더 진보적인 해석이라고 할 수 있는 유신론적 진화론(theistic evolution)도 분명히 존재한다. 하지만 이러한 다양한 창조론은 오늘날 한국교회 안에서는 거의 듣기가 힘들다. 창조과학이라고 하는 반지성적이며 공격적인 주장이 교회를 선점했기 때문이다. 그래서 창조과학이 아닌 주장을 하는 사람들은 심지어 이단적이라는 평가를 받기도 한다. 이런 암울한 상황을 형성하는 데는 창조과학의 역할과 책임이 크다고 할 수 있다.

앞서 보았듯이 창조과학은 미국의 정치적인 상황과 연관되어 흑백논리적 주장과 타 의견에 대해서 전투적인 자세를 견지해왔다. 이로 인해서 진화론에 대한 극단적이고 혐오적인 자세를 가질 뿐만 아니라, 심지어 같은 복음주의 안에 존재하는 다양한 창조론에 대해서도 일고의 가치도 없는 이론으로 매도해 왔다. 주장의 진위에 관계없이 지적 활동에 대한 그러한 자세나 태도는 성경적이지 않다고 할 수 있다.

이러한 모습은 마치 중세의 로마 가톨릭교회의 어리석음을 다시 재연하는 것과 같다. 아리스토텔레스의 자연관을 그대로 답습하여, 그 세계관에 기초한 성경해석만이 마치 유일한 성경해석인 것처럼 생각하여, 교회의 독단적인 권위로서 갈릴레이(Galileo Galilei, 1564-1642)와 같은 무죄한 사람을 범죄자로 만들었던 동일한 실수를 범하고, 코페르니쿠스(Nicolaus Copernicus, 1473-1543)의 천동설과 같은 위대한 발견을 억압했던 실수를 오늘날에도 동일하게 범할 수 있는 것이다.

그렇다면 왜 창조과학의 주장이 많은 그리스도인에게 호소력을 가지는가? 그것은 그 주장이 성경적이기보다는 그 주장의 단순함과 선명성에 있다고 할 수 있다. 그 단순함이 주는 확실함, 그리고 확실함이 주는 편안함이 사람들에게 매력적으로 다가오는 것이다.

하지만 우리가 성경을 읽고 해석할 때, 분명히 숙지하고 인정해야 하는 것은 성경이 말하는 진리는 어느 정도 긴장(tension)을 가지고 있다는 사실이다. 하나님의 주권과 인간의 책임, 칭의와 성화, 이미 실현된 종말과 아직 완성되지 않은 종말 등과 같은 성경의 가르침은 인간의 이성으로 분명하게 이해하기에는 한계가 있으며, 그로 인한 긴장이 있는 것이다.

더불어 진리는 간결하고 명료해야 한다는 생각은 어떤 면에서 근대과학의 영향을 받은 주장이라고 할 수 있다. 분명히 진리가 가지고 있는 단순함과 명료함은 존재한다. 그러나 그것이 진리됨의 필요충분조건이라고는 할 수 없다. 오랫동안 한국교회의 강단은 근본주의적 성향이 강하였다. 그래서 진리가 가지는 단순함과 명료함, 그리고 확실함에 대해서만 이야기하였던 것이 사실이다. 그러나 이제 한국교회의 강단은 성경적 진리가 내포하고 있는 긴장감에 대해서 충분히 말할 수 있어야 한다.

21세기 과학기술 시대에 한국교회가 보다 성숙한 모습으로 자리매김을 하기 위해서는 성경의 진리가 가지고 있는 긴장감에 대해 인정할 뿐만 아니라, 익숙해져야 한다. 이런 긴장감을 인정할 때 단순한 흑백논리에 기초한 공격적이고 과격한 자세를 버리고, 신학적 주장의 다양성을 인정하고, 진리를 향해 나아가면서 서로의 주장에 귀를 기울이고, 노력하는 겸손한 자세를 가지게 될 것이라고 생각한다.

각주

1) 마크 놀(Mark A. Noll)은 '창조론'을 정의하기를, '자연 세계 안에서, 그와 더불어, 그 아래서 작동하는 하나님의 지성을 분별하는 모든 활동'이라고 소개한다. Mark A. Noll, The Scandal of the Evangelical Mind (Grand Rapids, Mich.: W.B. Eerdmans, 1994), 188.

2) 로널드 넘버스(Ronald L. Numbers)는 그의 책, 24장에서 '창조론'이라는 용어를 '창조과학'과 거의 동일한 의미로 사용하고 있다. Ronald L. Numbers, Galileo Goes to Jail : And Other Myths about Science and Religion (Cambridge, Mass.: Harvard University Press, 2009), 215-223.

3) George M. Marsden, *Understanding Fundamentalism and Evangelicalism* (Grand Rapids, Mich.: W.B. Eerdmans, 1991), 153.

4) Numbers, *Galileo Goes to Jail*, 216.

5) Andrew J. Petto and Laurie R. Godfrey, *Scientists Confront Creationism : Intelligent Design and Beyond* (New York: W.W. Norton, 2007), 32.

6) David Snoke, *A Biblical Case for Old Earth* (Grand Rapids, Mich: Bakerbooks, 2006). 114.

7) David C. Lindberg and Ronald L. Numbers, "God and Nature : Historical Essays on the Encounter between Christianity and Science" University of California Press, 1986), 392.

8) Charles Hodge, *What is Darwinism?* (New York: Scribners, Armstrong, and Company, 1874)

9) Lindberg and Numbers, *God and Nature*, 393.

10) Marsden, *Understanding and Fundamentalism and Evangelicalism*, 173.

11) Ibid, 178.

제1부 창조론과 신학

12) Lindberg and Numbers, *God and Nature*, 395.

13) Noll, *The Scandal of the Evangelical Mind*, 193.

14) Lindberg and Numbers, *God and Nature*, 399.

15) Ronald L. Numbers, *The Creationists : From Scientific Creationism to Intelligent Design* (Cambridge, Mass.: Harvard University Press, 2006), 91.

16) George McCready Price, *The New Geology* (Mountain View, CA: Pacific Press, 1923).

17) Numbers, *Creationists*, 98.

18) Lindberg and Numbers, *God and Nature*, 408.

19) Ibid, 409.

20) Numbers, *Galileo Goes to Jail*, 215-223.

21) Numbers, *Creationists*, 400.

22) http://www.answersingenesis.org/about/history

23) http://creationmuseum.org/about/

24) http://www.answersingenesis.org/about/history

25) http://www.answersingenesis.org/about/history

26) http://www.answersingenesis.org/about/faith 원문을 소개하면, 다음과 같다. 1. Scripture teaches a recent origin for man and the whole creation, spanning approximately 4,000 years from creation to Christ. 2. The days in Genesis do not correspond to geologic ages, but are six [6] consecutive twenty-four [24] hour days of creation. 3. The Noachian Flood was a significant geological event and much (but not all) fossiliferous sediment originated at that time. 4. The gap theory has no basis in Scripture.

제4장 창조과학의 신학적 배경

27) Henry Morris, *The Revelation Record: A Devotional Commentary on the Prophetic Book on the End Times* (Wheaton, IL: Tyndale House, 1983)

28) Noll, *The Scandal of the Evangelical Mind*, 158.

29) John F. Walvoord, "Post-tribulationism Today," Bibliotheca Sacra 132(1975):19-20.

30) Lindberg and Numbers, *God and Nature*, 322-323.

31) Noll, *The Scandal of the Evangelical Mind*, 178.

32) Marsden, *Understanding Fundamentalism and Evangelicalism*, 159.

33) http://www.icr.org/home/resources/resources_tracts_tbiatos/

34) 원문은 다음과 같다. 'if man wishes to know anything at all about creation time of creation, the duration of creation, the order of creation, the methods of creation, or anything else his sole source of true information is that divine revelation. God was there when it happened. We were not there, and there is nothing in present physical processes which can tell us about it. Therefore, we are completely limited to what God has seen fit to tess us, and this information is His written Word. This is our textbook on th science of creation.

35) Christopher P. Toumey, "Modern Creationism and Scientific Authority," *Social Studies of Science* 21, no. 4 (Nov., 1991), 681.

박해경
백석대학교교수,
문형교회담임목사

박해경은 성결대, 안양대, 서울신대 신학대학원을 거쳐 ACTS에서 조직신학으로 박사학위를 받았다. ACTS 조직신학교수를 거쳐 지금은 백석대 조직신학교수이며 문형교회를 담임하고 있다.
칼빈신학에 정통한 학자이다.

창조론과 신학 / 철학

제5장 칼빈의 창조론

I. 창조에 대한 칼빈의 관심

칼빈의 신학은 하나님 중심적이고, 구원 중심적이다. 그의 신학적 관심은 사람들의 흥밋거리에 맞추어 귀를 즐겁게 하는 교리논설이 아니고, 성경은 하나님의 말씀이라는 것과 말씀사역으로 신앙을 일으켜서 구원을 얻게 하고, 회개와 죄 사함의 복음 진리를 전파하여 하나님의 나라를 세우시는 그리스도의 왕권에 우리가 쓰임 받게 하자는 목회적 신학을 주장한다. 창조론에서도 예외가 아니다. 칼빈은 하나님의 천지 창조의 목적이 원래는 영생복락을 주시려는 것이며, 하나님을 경외하게 하려는 것이고, 그리하여 하나님께 영광돌리는 것이라고 말한다.

또한 칼빈은 창조 자체의 실체적 사실성을 믿으며, 피조물과 하나님과의 관계가 본래적으로 인간의 하나님에 대한 순종과 신앙의 관계여야함을 강조하고, 인간 외의 피조물은 모두가 인간을 위한 것임을 말한다. 모든 피

85

조물은 하나님의 것이고, 하나님이 창조하셨고, 다스리신다. 그리하여 칼빈은 범신론(Pantheism)과 이신론(Deism)을 극히 경계하며, 또한 바르트(Barth)적 사고, 즉 창조자체에는 관심없이 창조자와 그의 계약동반자 인간과의 언약관계에만 집착하는 식의 창조론이 아닌 "실체론적"이고 "신앙론적" 창조론을 전개하고 있다. 칼빈의 창조론은 철학자나 이교적, 세속적 세계관을 거부하고 성경 자체의 증거에 철저히 의존하면서 창조의 의미와 목적을 기독교 복음의 본질적 이해에 입각하여 서술한다.

II. 철학자들의 창조론 비판

칼빈의 창조론에서 강조된 점은 일반적으로 어거스틴 이래로 교의학에서 말하는 "무에서의 창조(creatio ex nihilo)," "시간과 함께 창조(with time, not in time)," "하나님의 영광과 인류의 행복과 교육" 등을[1] 다 포함하면서도 창조자 하나님에 대한 감사와 경외를 말함으로써 신앙적 유익을 도모하고 있다는 것이다.[2] 수전 슈라이너(S. E. Schreiner)는 그녀의 칼빈 연구서에서 칼빈의 창조론에 나타난 몇 가지 특징을 열거하였다. 그것들은 삼위일체의 창조, 하늘에서 무활동 중에 갑작스런 창조가 아님, 순간이 아니라 6일 창조, 하나님의 창조 사역에 나타난 하나님의 영광에 대한 묵상 등이다.[3] 존 머레이(J. Murray)는 칼빈의 창조론에 대한 논문에서 간접창조와 직접창조의 문제를 가지고 워필드와 더불어 씨름하고 있다.[4] 한편 존 레이스(John H. Leith)는 도위(Dowey)를 인용하면서 창조자와 구속자로서의 하나님에 대한 지식을 가지고 창조를 구속과 관련해서 설명한다.[5]

칼빈의 창조론에서 우리가 구속과의 관련성을 생각해야 하는 것은 당연하다. 왜냐하면 하나님은 우리로 하여금 "영생"을 깊이 명상하도록 하기 위하여 자신의 형상대로 지으셨고, 우리에게 이성과 분별력을 주셔서 거룩하고 올바른 삶을 영위함으로 말미암아 영생복락(blessed immortality)이라는 궁극적 목적에 도달하기를 원하셨기 때문이다.[6] 칼빈은 우리가 처음 지음 받은 목적이 영생불멸을 깊이 생각하고 하나님 나라를 갈망하는 것이라고 한다.[7] 그러므로 파커(T.H.L.Parker)나 도위(Edward A. Dowey.Jr.)가 창조와 구속을 연결시키려는 것은 타당한 발상이다. 그러나 여기서 주의할 것은 창조는 창조 나름대로의 중요성과 교리적으로 독립된 위치를 가져야 하며, 구속의 교리를 위한 종속적 역할만 해서는 안 된다는 것이다. 이미 앞에서 우리가 고찰한 바와 같이 칼 바르트의 영향을 받은 파커는 구속자에 대한 지식 속에 창조자에 대한 지식을 넣어서 통일하려고 했다.8) 바르트는 창조 자체에 대해 아무 중요성을 부여하지 않고, 하늘에 상응하는 하나님과 땅에 상응하는 인간, 그리고 하늘과 땅의 연결고리가 되는 은혜계약을 이루신 그리스도만을 강조할 뿐이다. 즉 하나님과 사람과의 관계만 알면 되지 그 이상의 창조론은 알 필요가 없다고 한다. 다시 말해서 독자적인 우주론을 몰라도 된다는 식이다.9) 바르트는 하늘은 하나님의 존재와 행위에 상응하는 것이고, 땅은 인간의 존재와 행위에 상응하는 것이라고 한다. 그리고 하늘과 땅의 연결(conjunction)은 하나님과 인간의 존재 및 행위가 만나는 "계약"에 상응하는 것이다. 창조론은 바로 이 한계 내에 제한되어야 한다는 것이 그의 주장이다.10)

그러나 칼빈은 창조 자체의 중요성을 인정한다. 성경의 매 페이지에서 하나님 아버지의 자비와 선하심과 그가 악한 자에게 내리시는 공의와 심판을 볼 수 있듯이11) 우리는 하나님이 창조하신 피조세계 속에서 하나님의 영원성과 선하심, 권능, 지혜, 우리를 향하신 자비, 공의와 심판, 그리고 기도에 응답하시는 섭리적 돌보심도 깨닫게 된다.12) 칼빈의 창조론은 섭리론에 연결되며, 하나님께 대한 경외와 감사, 찬양을 우리 신앙의 유익으로 삼기 위한 창조론을 전개하는 것이다. 따라서 범신론과 이신론이 배격되며, 운명론과 여러 가지 철학에서 논하는 창조론은 이교도들의 우둔한 사상으로 비난한다. 칼빈은 먼저 이교도들과 철학자들이 말하는 창조와 창조자에 대한 어설픈 주장들을 비판하고, 쓸데없는 호기심에서 나오는 질문에 대해서도 성경의 한계를 넘지 말라고 충고함으로써 경건한 교리를 논할 것을 촉구하고 있다.13)

철학자들이 말하는 "우주정신으로서의 하나님(Deum mentem esse mundi)"14)이 단명한(ephemeral) 것이었으므로 우리가 회의(懷疑) 가운에 방랑하지 않으려면 철학자들의 관점보다 더 깊이 하나님을 아는 것이 필요하다고 칼빈은 말한다. 창조의 역사(사실)에 의존하고 있는 교회의 신앙이 참되고 올바른 하나님 외에 어떤 다른 신도 찾지 않도록 우주의 창조자요 설립자이신 하나님을 바로 알려주기 위해서 모세가 기록한 유일하신 하나님의 창조사를 분명히 보여주는 것이 하나님의 뜻이었다.15)

이 창조사(創造史) 속에는 신자들이 끊임없는 세월의 연속에 의거하여 인류와 만물의 최초의 기원에까지 거슬러 올라갈 수 있도록 "시간(tempus)"이 명시되었다. 우주의 시작이 일단 알려짐으로써 하나님의 영원성이 보다 분명하게 드러나며, 우리도 하나님의 영원성에 대한 경이감에 사로잡히게 된다.16) 칼빈은 무익한 호기심에 빠지지 말고 어거스틴의 충고를 들으라고 한다. 즉 우리가 하나님의 뜻보다 더 고상한 사물의 원인을 요구한다면 그것은 하나님께 잘못을 범하는 일이라는 것이다. 우리의 모든 사고는 하나님의 뜻(성경) 안에 한계를 두는 것이 옳은 일이라고 한다.17)

과연 창조에 있어서 중요한 것은 철학자들이나 여러 이방종교들의 신화에서 말하는 물질영원설(唯物論)이나, 이원론(Dualism), 유출설(Emanation Theory), 진화론(Evolutionary Hypothesis) 등이 아니고18) 성경이 증거하는 창조의 이야기(歷史)에 의존하는 것이다. 철학에서는 창조에 관하여 물질과 영은 나란히 병행한다고 주장하는 이원론(二元論)을 말하거나 기껏해야 이신론(理神論)에 떨어지고, 혹은 범신론(汎神論)에 빠질 뿐이다. 헬라의 이원론은 기존의 재료가 있어야 하고(無에서의 창조가 아니다—무엇이든 재료가 필요하다—그것이 창조신 자신이든지 다른 신의 몸이든지 간에), 또 창조행위나 그것을 보존하는 관여(關與)가 없는 것이 문제이다. 한편 이신론(Deism)의 경우에는 신의 창조가 있으나(關與 有), 보존(즉 攝理)이 없다.19) 신학자 하비 콕스(H. Cox)가 기독교와 타종교의 차이를 세 가지로 말하면서 "자연의 비마법화(非魔法化)로서의 창조(Creation as disenchantment of nature)"를 잘 말했으나20) 창조가 "하나님"의 창조라는 사실을 덜 강조함으로써 칼빈의 우려를 다시 한 번 드러내고 있다.

우리는 하나님 한 분만이 참된 창조자이시며, 그 분의 지혜와 권능과 선하신 의지의 결과로서 가장 좋은 창조역사가 발생하였음을 믿고 경탄하며 하나님을 경외하는 것이 창조론을 연구하는 데 있어서 칼빈에게 배워야할 바른 태도이다. 이방 신화나 철학이나 여러 종교에서 말하는 창조와 우주의 기원에 대한 주장들은 그것들의 근원이 하나님이 아니라 사람이기 때문에 결과적으로 거짓된 것이다. 바벨론의 창조설화는 성경의 창조 기록과 유사하지만 엄밀히 비교하면 성경의 증거에 비해 매우 유치하고 권위가 떨어지는 것을 보게 된다. 철학자들의 주장도 마찬가지이다. 그것들은 오래 가지 못하고 단명한다고 칼빈은 잘 지적하였고, 가장 오랜 뿌리를 가지고 있는 헬라 철학에서 나온 로고스 이론도 덧없는 것이라고 일축하였다.[21] 그러므로 우리는 성경이 증거하는 창조기록과 창조를 통해서 주시는 하나님의 교훈을 배우는 데에 집중하여야 한다.

III. 6일 사역에서 나타난 하나님의 선하심

칼빈은 일반적으로 조직신학자들이 관심을 가지고 있는 6일창조, 소위 Hexahemeron에 대해서 자세히 논하지 않는다. 칼빈은 오히려 6일창조를 통해서 하나님 아버지의 사랑과 자비하심을 깨닫고 감사할 것을 강조한다. 모세는 하나님의 창조 역사가 한 순간에 이루어진 것이 아니라 6일 동안에 이루어졌다고 말했는데, 이러한 사실에 의해 우리는 일체의 허구를 물리치고 우리의 온 생애를 한 분 하나님의 역사를 묵상하는 일에 드리도록 하는 일에 있어서 싫증나지 않도록 그의 사역을 6일로 하신 하나님의 은혜를 생각하라고 한다. 왜냐하면 우리의 눈을 어디로 향하든지 하나님의 사역을 보지 않을 수 없는 까닭이다.[22] 하나님의 창조는 최고로 완벽해서 더 이상 더할 것이 없으므로 그것은 하나님의 보시기에도 심히 좋았다고 하였다.[23] 그런데 우리는 우리의 주의력(attention)이 자주 변하고, 경건한 생각은 빨리 사라지기 쉬운가를 본다. 그래서 우리의 이성은 신앙에 순종하여 제 7일의 성별이 우리를 초대하여 침묵을 배우게 되기 전까지는 마치 이러한 6일 창조의 과정이 하나님의 능력에 맞지 않는 것처럼 불평하는 것이다.[24]

그러나 하나님이 우주에 모든 선한 것을 풍족하게 주시기 전까지는 아담을 창조하지 않으셨다는 점, 바로 만물을 창조하신 그 순서에 있어서 하나님의 인류를 향하신 아버지로서의 사랑을 부지런히 묵상하는 것이 마땅한 일이다. 만일 하나님이 아직 아무 것도 없는 황량한 땅에 두셨다면, 그리고 빛이 없는데 그에게 생명을 주셨다면 그것은 아담에게 그의 복지를 위해서는 불충분하게 행하신 처사로 보일 것이다. 그런데 하나님은 인류를 위하여 해와 별들이 운행하도록 하셨고, 땅과 물과 공중에 각양 생물들로 가득 채우셨고, 풍성한 과실들을 나게 하사 식물로 삼기에 충분하게 하심으로써 우리를 향한 놀라운 선하심을 보여주신 것이다. 즉 모세는 창조의 기록을 통해서 하나님의 본질에 대해서만이 아니라 그의 영원하신 지혜와 성령에 대해서도 증거하므로 우리는 그 하나님 외에 다른 신을 꿈꾸는 일이 있어서는 안 된다는 것이다.[25]

칼빈은 창세기 주석에서 하나님이 6일 동안에 천지를 창조하신 것은 우리를 위한 것이었다고 말하고 있다. 즉 우리가 하나님의 창조 사역을 보다 쉽게 묵상하도록 하기 위해서 그렇게 하셨다고 한다. 또 인간이 무언가 위대하고 놀라운 일을 할 것이라는 점을 증거하시고, 우리 인간이 본래 존엄했었다는 점을 알도록 하신 것도 첨부한다. 그래서 인간은 "소우주(microcosmos)"라고 고대인들이 불렀던 것은 다른 피조물에 비해 인간이 신적인 지혜와 공의, 선 등을 가졌기 때문이라고 한다.[26] 그러나 여기서도 중요한 것은 인간의 본성 속에서 빛나고 있는 신적인 질서를 나타내는 지성과 의지와 모든 감각들이 사실은 하나님의 영광을 나타낸다는 점이라고 한다.[27]

하나님은 사람을 만물의 영장으로 만드셨고, 특히 그들에게 후손에 이르도록 복을 주셨다.[28] 이 창조 기사에서 우리는 모든 것이 창조되어진 목적을 알게 된다. 사람에게 필요하고 편리한 모든 것들이 하나도 빠짐없이 주어진 것이다. 창조의 순서에 있어서 인간을 위한 하나님 아버지의 돌보심(배려, solicitude)이 두드러지고 있음을 본다. 왜냐하면 하나님은 인간을 창조하시기 전에 인간이 필요로 할 것을 모두 다 세상에 채우셨을 뿐 아니라 엄청나게 풍요하도록 주셨기 때문이다. 그러므로 인간은 그가 태어나기 전에 이미 부요하였다. 만약 하나님이 우리가 존재하기 이전에 그토록 돌보아 주셨다면 이제 우리가 살고 있는 이 세상에서 생활에 필요한 음식과 다

른 것들이 결핍되도록 절대로 내버려두시지 않을 것이다.[29]

칼빈은 6일 창조의 기록에서 먼저는 우리가 하나님의 아버지로서의 자비와 사랑을 배우고 경건한 마음으로 감사할 것을 강조하였고, 다음으로는 우리가 창조자 하나님 외에 어떤 다른 우상 신이나 잡신들을 생각하지 말라는 점에 대해 주의시켰다. 이와 관련해서 우리는 바실(Basil)의 글에서 매우 유익한 교훈을 발견할 수 있다. 바실은 그의 설교집(Homily) 6에서 6일 창조 중 "하늘의 빛들의 창조(Creation of the Lights of the Heavens: on the Hexaemeron)"에 관하여 설명하는 중에 매우 중요한 가르침을 남기고 있다—하나님께서 말씀하시기를 "낮과 밤을 구별하고, 땅을 비추기 위하여 하늘의 궁창에는 빛들이 있을지어다(바실은 70인역을 사용하였다)"라고 하셨다. 하늘들과 땅(지구)이 먼저 나왔고, 다음에는 빛이 창조되었으며, 낮과 밤이 구분되었고, 그 다음에는 궁창과 마른 땅이 드러났다. 물이 고정된 곳으로 한정되어 모이게 되었다. 땅에는 그에 알맞은 과실들이 충만하게 되었다. 셀 수 없을 정도의 채소와 다양한 종류의 식물들이 땅을 장식하였다. 그러나 태양은 아직 존재하지 않았고 달도 그러했다. 그 이유는 사람들이 태양을 제일 원인(the first cause, 즉 神)이나 빛의 아버지로 부르지 못하게 하려는 것이었고, 하나님에 대해 무지한 사람들이 태양이 땅으로부터 자라나는 것들의 산출자라고 생각하지 못하도록 하기 위해서인 것이다. 이런 이유로 네 번째 날에 하나님이 말씀하시기를, "빛이 있으라"하시고, 이어 하나님은 두 광명을 만드신 것이다[30]—이러한 바실의 견해는 매우 사려 깊은 것 같다. 간단히 말해서 바실은 태양과 달이 있기 전에 식물들이 나타난 것은 우상숭배를 막기 위한 것으로 해석하는 것이다. 왜냐하면 천체들을 신들로 믿고 식물은 이런 천체들로부터 나온다고 생각하는 사람들이 있었기 때문이라고 한다.[31] 칼빈이 앞에서 말한 대로 우리는 6일 창조의 교리에서 두 가지를 배울 수 있다. 하나는 하나님의 돌보심이며, 다른 하나는 창조자라야 참 하나님이시라는 것이다.

IV. 창조사역에 나타난 하나님의 위대하심

칼빈에 의하면 하나님의 창조물 그 자체가 가장 "아름다운 극장(pulcherrimum theatrum)"이다.32) 우리가 눈을 어디로 향하든지 보게되는 만물이 하나님의 사역이라는 것을 생각하고, 하나님이 그것들을 창조하신 목적을 경건하게 명상한다는 것은 신앙을 위한 최고의 증거는 아니더라도 자연의 질서 가운데 첫째가는 증거가 되는 까닭이다. 그래서 우리는 하나님에 대한 지식이 우리에게 어떤 유익을 주는지 참된 믿음으로 알기 위하여 우주 창조의 역사를 파악하는 일은 중요한 것이다.33)

여기서 칼빈은 창조에 대한 교리적 요약을 하면서 하나님을 찬양한다. 하나님은 말씀과 성령의 능력으로 천지를 무(無)로부터 창조하셨고, 이어 모든 종류의 생물과 무생물을 만드셨으며, 놀라운 계통으로 무수하게 다양한 것들로 구분하셨고, 각 종(種)들에게 고유한 특성과 할당된 기능, 지정된 위치와 지위를 부여하셨으며, 만물이 부패하게 되어 있기는 하나 그래도 마지막 날까지 보존하도록 대비까지 하셨던 것이다. 또 어떤 종류는 비밀스런 방식으로 기르시고, 번식 능력도 주셨다. 이리하여 우주라고 하는 하늘과 땅은 넓고 화려한 집과 한없이 풍부하고 다양하게 아름다운 만물로 장식된 것이다. 마지막으로 하나님은 사람을 만드시고 아름다움과 위대함과 많은 재능들로 단장하여 하나님의 가장 뛰어난 걸작품의 표본으로 창조하신 것을 알게 되는 것이다.34)

실로 우주를 만드시는 데 나타난 하나님의 측량할 수 없는 지혜, 권능, 공의, 선하심을 적절하게 설명하려고 한다 할지라도 그 어떤 미사여구를 가지고 이 광대한 일을 충분하게 설명할 수는 없을 것이다. 그래서 주님은 우리가 거룩한 명상으로서 계속적으로 몰두하기를 바라실 것이 틀림없다. 그러므로 우리는 하나님이 그 피조물들 안에서 보여주신 분명한 능력들을 감사하고, 잊지 말아야 하며, 이 창조의 사역을 자신에게 적용해서 생각하고 마음 속에서 깊이 감동하며 하나님이 창조자라는 사실이 신앙적으로 무슨 의미인지를 알아야 할 것이다. 하나님은 위대한 예술가이시며, 권능자이시고, 지혜자이심을 깨닫고, 우주 안에 드러나고 있는 이적들과 선하신

표징들, 지혜의 증거들을 살펴야 한다.[35]

그런데 칼빈은 천지창조의 사실에서 신앙적으로 보다 더 유익한 진리를 가르치려고 한다. 그것은 하나님이 모든 일을 우리의 유익과 구원을 위해서 정해놓으셨다는 사실을 아는 것이고, 우리 자신에게서는 물론 그가 우리에게 베푸신 큰 자비하신 일들에게서 하나님의 권능과 은혜를 느끼고 스스로 각성하여 하나님을 신뢰하고 그에게 간구하며 그를 찬송하고 사랑하는 일이다. 하나님이 인간을 위하여 만물을 창조하셨다는 것을 창조의 순서에 의하여 분명히 보여주신 것이다. 하나님은 만물을 찬 순간에 창조하실 수 있으나 그렇게 하시지 않고, 또 점진적인 과정을 통해서 각 종류를 만들 수도 있으나 그리하시기보다 6일 창조로 이루신 것은 의미 없는 일이 아니었다. 이미 우리가 앞에서 논한 바와 같이 인간을 창조하시기 전에 인간에게 이롭고 필요한 것은 다 준비해 놓으셨다는 사실이 하나님의 아버지로서의 배려인 것이다. 태어나기도 전에 그렇게 배려하셨다면 지금 우리를 보호하시고 돌보실 것은 의심할 필요가 없는 일이다. 우리가 세상에 태어나기도 전에 염려하신 하나님의 은혜를 생각한다면 우리가 곤경에 처했을 때에 버림받을 것을 두려워하여 떤다는 것은 불경한 일이다. 그래서 우리가 하나님을 창조자라고 부를 때마다 우리는 그의 창조에 대한 섭리는 하나님의 손과 권능 안에 놓여있고, 우리는 하나님의 보호에 맡겨져 양육되는 자녀임을 기억하여야 한다. 우리는 항상 모든 선한 것 자체를 하나님께로부터만 기대하고 우리의 구원에 필요한 것이 결핍된 채 우리를 내버려두지 않는 사실을 완전히 믿고 하나님께만 소망을 두어야 한다. 무엇이든지 그에게만 간청하고, 무엇이든지 받은 것은 다 하나님께로부터 온 것임을 알고 감사를 돌려야 한다. 따라서 우리는 하나님의 크신 은총과 선하심에 이끌리어 전심으로 그를 사랑하고 섬기기 위하여 힘써야 하는 것이다.[36] 여기서 우리는 칼빈의 신학이 하나님께 감사하고 찬양드리는 신학임을 알 수 있다. 칼빈은 그의 창조론에서 결국 하나님의 아버지로서의 사랑과 자비를 깨닫자고 하였으며, 하나님의 창조사역 가운데서 그를 찬양하고 그에게만 영광을 돌리고, 그에게만 무엇을 구하자고 하였다. 우리는 흔히 무엇을 구할 때에 간구는 하나님께 하였으나 은근히 사람으로부터 오는 응답을 기다리게 되고, 사람과 환경의 변화에 민감하게 되는 것을 본다. 그러나 칼빈의 창조론에서 우리는 신앙이란 근본적으로 하나님의 지혜와 능력과 자비를 바라보는 것이라는 사실을 배울 수 있다. 또한 신학이란 하나님께 영광과 감사와 찬송을 드리는 것이 목적임도 알게 된다. 해방신학이나 정치신학은 환경에서 일어난 일종의 원망과 불평에서 기원한 신학이므로 신학이라기 보다는 윤리학이나 사회학에 가깝지만 칼빈의 신학은 진정한 의미에서의 신학이라고 할 수 있다.

V. 창조론과 섭리론

칼빈은 그의 신론이라 할 수 있는 기독교강요 1권에서 별도의 신적작정론(Doctrine of Divine Decrees)이나 예정론(Predestination)을 다루지 않는다. 예정론은 오히려 구원론인 3권에서 후반부(III. 21-24)에서 논하였고, 작정론은 독립적인 부분으로 논하지 않은 채 여기저기서 하나님의 절대적 의지와 주권을 믿는 신앙적 배경을 통해서 각 논술 속에 스며들어 있는 것을 볼 수 있다. 에른스트 트뢸취(E. Troeltsch)는 칼빈이 하나님의 특성을 절대적 주권적 의지로 표현하려고 노력했다고 보았고[37] 이것은 하나님의 주권적 섭리에 대한 전형적인 하나님 중심적 해석이다.

헌터(Carrie Hunter) 역시 칼빈에게 있어서는 모든 교리가 신론 위에 건설되었으며, 칼빈의 사상은 모든 것이 하나님에 대한 생각으로 지배된다고 주장하였다.[38] 하나님의 선하심과 지혜와 전능하심은 그의 신학의 선결조건이었다. 칼빈의 중심 사상은 하나님의 주권에 대한 신학이라고 헌터는 단정한다.[39] 하나님의 절대적인 의지와 하나님의 기쁘신 뜻이 칼빈이 그의 모든 신학 영역에 적용시키는 원리라는 것이다.[40] 여기에 기초하여 헌터는 칼빈이 예정론과 섭리론을 처음에는 묶어서 취급했으며(강요의 초판과 2판에서) 나중에 별도로 다루었으나 양자가 하나님의 주권교리에 속한다는 것을 말하고 있다. 예정론은 개개인 인간의 궁극적 운명에 대한 하나님과의 관련성을 다루는 것이며, 섭리론은 지금 여기서 인간에 대한 하나님의 처분에 관하여 다루는 교리라고 한다. 그것은 신적작정(Divine Decrees)의 경험적 차원이다.[41]

섭리는 하나님과 세계의 관계를 더 상세하게 취급하며, 예정이 영원한 운명에 초점을 두나 섭리는 영원한 작정과 최후의 심판까지의 모든 사건들의 연관 속에서 크고 작은 일들과 그것들의 연계성까지도 살핀다. 하나님은 일어날 모든 일을 다 아시며, 그의 목적에 부합하도록 이런 일들이 발생하도록 하시며 그의 목적대로 되어지도록 인도하신다. 단지 미리 보시기만 하는 것이 아니라 그렇게 되어지도록 결정하신 것이다. 그런 일들이 일어나도록 그가 정하셨기 때문에 그는 미리 아시는 것이다. 모든 사건, 사고(생각), 감정, 감동까지도 직접적으로 하나님의 의지에 귀착되는 것이다.[42] 이와 같이 하나님의 섭리는 절대적인 하나님의 주권과 그의 작정의 교리에서 나오는 파생적 교리라고 할 수 있으므로 하나님 중심적 해석은 합당한 것이며, 대다수의 정통신학자들도 그렇게 이해하고 있다.[43]

그런데 현대신학에 와서 하나님의 주권이나 예정과 신적작정을 무시하고 인간의 의지와 자율성을 강조하여 정통 칼빈주의 신학을 경원하면서 이로부터 떠나는 사례가 많아지고 있다.[44] 칼빈을 비판하는 많은 학자들은 에리히 프롬(Erich Fromm)의 견해에 동조하여 칼빈의 하나님은 비록 사랑과 공의에 대한 관념을 보존하려고 하는 시도는 하고 있으나 사실은 사랑이나 공의가 전혀 없는 폭군의 모습만이 나타나고 있다고 비난한다.[45] 그래서 섭리론에 대해서도 하나님 중심적이 아닌 새로운 해석들이 많이 나타났다. 니젤은 그리스도 및 교회 중심적으로 해석하여 하나님은 그리스도 자신에 의해 만물을 통치하시고,[46] 이 세상에서 교회를 지도하고 유지하기 원하여서 자연과 역사의 운행을 인도하신다는 것이다.[47] 그에 의하면 칼빈의 섭리론에서 교회는 참으로 하나님의 섭리의 실제적 대상이다. 이 논제 속에서 창조와 섭리에 대한 칼빈의 가르침은 예수 그리스도 안에 나타난 하나님의 계시에 집중되어 있음이 분명히 인식된다. 교회는 그리스도의 몸이기 때문이다.[48] 니젤은 바르트의 영향을 받아서 섭리론도 기독론적으로 또한 계시론적으로 이해하려고 하였다.

바빙크(Herman Bavinck)는 철저한 칼빈주의자이면서도 특별섭리보다는 일반섭리를 많이 강조하였고,[49] 찰스 파티(C. Partee)는 칼빈의 주된 관심이 특별섭리라고 하였으며,50) 부스마(W. Bousma)는 칼빈이 스콜라적 미로와 인문주의적 심연을 동시에 두려워하여 하나님의 섭리를 주장했다고 한다.51) 한편 도위(Dowey)는 칼빈의 섭리론을 다루는 책은 아니었으나 그의 신지식론에서 칼빈이 신앙으로부터 예정을 보고 예정으로부터 섭리를 보았다고 주장하였다.52) 파커(Parker)는 칼빈의 섭리 개념에서 신적 원인과 지상적 결과 사이의 관계에 대한 형이상학적 문제들에 관심을 두지 않았다고 한다.53)

최근에 슈라이너(S.Schreiner)는 섭리론을 보다 상세하게 연구하였는데, 거기서 그녀는 보하텍(J. Bohatec) 이전의 학자들은 칼빈의 섭리론을 칼빈의 전체 체계 속에서만 다루었지 다른 교리들과 별도로 취급하지 못했다고 하였다. 슈라이너는 보하텍이 예정론은 칼빈의 중심 교리이지만 교리의 출발점은 아니라고 했다는 사실에 착안한다. 보하텍에 의하면 섭리 교리는 "뿌리와 같은 교리(Stammlehre)"이다. 왜냐하면 그 안에서 우리가 예정, 율법, 그리스도의 사역, 은혜의 수단에 대한 전제들을 발견하기 때문이라는 것이다.54) 여기서 슈라이너는 섭리론을 예정이나 그리스도의 사역이라는 관점이 아니라 창조의 관점에서 볼 때 그것을 근본 교리로서 생각할 수 있다고 주장한다.55) 그녀의 책에서 칼빈의 신학을 지나치게 창조에 집착하여 논하는 경향을 많이 볼 수 있다. 파커가 구속자로서의 지식에 편중하였다면 슈라이너는 창조자체의 중요성에 대한 지식에로 기울어지고 있음을 알 수 있다.

그러나 섭리론을 칼빈 자신이 중요하게 논한 것은 그의 교리 서술 방식의 하나인 교리의 신앙적 유익 때문으로 보는 것이 더 타당한 견해가 아닌가 생각한다. 예정론과 마찬가지로 칼빈은 교리가 가지고 있는 내용적인 중요성과 더불어 그 교리가 부여하는 영적, 신앙적 유익과 교회의 교화를 위한 목회적 배려에 더 많은 관심을 두었다고 보는 것이 이상에서 논한 여러 학자들의 주장에서 제시되지 못한 중요한 요소라고 보아야 할 것이다. 그러므로 하나님 중심적 해석과 그러한 신본주의 "신앙"을 일으키기 위한 교리로서 해석하는 섭리론이라야 칼빈 신학에 대한 올바른 견해라고 생각된다.56)

그리고 창조와 섭리를 하나의 교리로서 묶어서 생각하는 것이 필요하다. 두 교리는 구별은 되나 분리되어서는 안 된다. 칼빈은 그의 섭리론을 전개할 때에 과거의 신학자들과 마찬가지로 하나님은 "무에서(ex nihilo)" 창조하셨으며, 창조한 세상을 그의 능력으로 보존하시고, 개개의 피조물을 다스린다고 한다. 하나님은 순간적으로 창조 사역을 마쳐버리시고 쉬는 분이 아니다. 칼빈에 의하면 하나님의 창조와 섭리는 불가분리적으로 묶여 있다.[57] 칼빈은 그의 섭리론을 말하기 시작하는 그 첫 페이지 제목 부분부터 창조와 섭리를 하나로 묶어서 논하고 있다. "하나님은 자신이 창조하신 세상을 그의 섭리로서 돌보시고, 보호하시며 각 부분들을 다스리신다(Deum sua virtute mundum a se conditum fovere ac tueri, et singulas eius partes sua providentia regere)."[58] 그리고 본문의 처음부분에서도 다시 강조한다. 만약 하나님이 창조 사역을 단번에 완성하신 순간적인 창조자(mometaneum creatorem)라면 그런 생각은 차갑고 황량한 생각일 것이며, 우리는 특히 우주의 시작에 있어서와 마찬가지로 그것의 계속적인 상태에 있어서도 하나님의 권능의 현현이 빛나고 있음을 보고 있다는 점에서 속된 사람들과는 달라야 할 것이라는 것이다.[59]

칼빈은 섭리론을 말하면서 이성과 신앙의 명백한 차이를 지적한다. 이성은 기껏해야 창조 자체에서 머물고 만다는 것이다. 불경한 자들도 땅과 하늘을 바라봄으로써 그들의 마음(지성)을 창조자께로 들어 올릴 수밖에 없으나 신앙은 이보다 더 깊이 나아간다. 육체적 감각은 하나님의 창조에 나타난 그의 권능에 부딪히면 거기에 멈출 뿐이다. 기껏해야 창조자의 지혜와 능력과 선하심을 숙고하고 명상할 뿐이다. 그것은 운동력의 근원이 되는 어떤 일반적인 보존과 지배의 활동력만을 생각한다. 하나님과 그의 손길이 아니라 그 에너지만을 생각한다는 것이다.[60]

그러나 신앙은 이보다 더 나아가서 하나님을 창조자로서뿐만 아니라 영원한 통치자이며, 보존자라는 데까지 이르러야 한다. 즉 하나님은 창조자이면서 동시에 섭리자로서 "하늘의 체계(혹은 구체, Orbis machinam, 세계의 구조=mundi machina)"뿐 아니라 그것의 여러 부분들을 우주적인 운동에 따라서 움직이게 하시고, 그가 만드신 모든 것은 가장 보잘 것 없는 참새

한 마리까지도 보존하시고, 양육하시며, 돌보신다는 점에서 그러하다.[61]

그래서 칼빈은 시편 33편 6절과 13절을 연결해서 창조와 섭리의 하나되는 연결고리를 다윗의 입을 통하여 주시는 하나님의 진리로 이해했다. "여호와의 말씀으로 하늘이 지음이 되었으며 그 만상이 그 입 기운으로 이루었도다. 여호와께서 하늘에서 감찰하사 모든 인생을 보심이여." 이 두 구절을 묶어서 생각하여 본다면 하나님이 세계의 창조자이시므로 세상 만사를 돌보신다는 것이 가능하고, 하나님이 그의 피조물을 돌보시기 때문에 세계가 하나님에 의하여 창조되었다는 사실에 수긍이 갈 수 있다는 것이다.[62] 요컨대 섭리론에서 우리가 반드시 유의해서 알아두어야 할 사항은 창조에서 멈추는 자들은 하나님의 아버지로서의 은총을 알려주는 그 특별하신 돌보심을 전혀 맛보지 못한 자들이라는 것이다. 그러므로 이신론(理神論)은 하나님의 창조에서 멈추는 사상이기에 배척되어야 하고, 웨슬레가 말한 바와 같이 종교적 상태에 있어서 가장 나쁠 수도 있다.[63] 우리의 신앙에 있어서 성경적인 바른 관점을 확립하기 위해서 창조자와 섭리자를 한 분 하나님으로 믿는 것이 필요하다. 창조자와 구속자 하나님이 한 분 하나님이시듯 창조자와 섭리자도 한 분이시다. 그런 의미에서 우리의 믿음은 "하나"라고 하는 뜻이 더 확실하게 되는데, 하나님이 한 분이시며, 그의 창조사역, 섭리사역, 구속사역, 심판사역이 모두 하나의 작정에서 나오고, 하나의 의지에서 나왔으며, 한 분 하나님의 지혜와 능력에서 이루어지는 것임을 믿는 "하나의 신앙"이 우리에게 요구되는 것이라고 할 수 있다.

VI. 결론

칼빈의 창조론에서 우리는 창조 자체의 중요성과 아울러 창조사역을 통한 하나님의 영광과 그분의 선하심과 위대하심을 볼 수 있다. 기독교의 창조 교리는 만물의 근원이 어디서 유래하는가를 보여주고, 인간이 다른 피조물과 달리 어떻게 존귀한 존재가 되었는지를 분명히 알려준다. 지면관계로 하나님의 형상(Imago Dei)을 다루지 못했으나 하나님의 피조물로서의 인간은 자연인 그대로가 아니라 그리스도 안에서 하나님과 새로운 관계로 회복될 때 참 인간이 된다. 따라서 칼빈의 창조론에서 인간 창조가 중요한 교리를 구성하는데, 그는 인간 영혼의 실재성과 천사와 마귀의 실재성도 주장한다. 이러한 칼빈의 견해에 의하면 하나님의 피조세계는 물질세계뿐 아니라 영적세계까지도 언급하여야 하나 여기서는 창조론의 기본적 구성 요소만을 다루었다.

칼빈은 바르트와 달리 우주 만물과 인간의 피조성에 있어서 그 자체적 존재의 중요성을 인정하면서, 동시에 하나님과의 관계를 설명하고 있다. 하나님의 창조 목적은 인간에게 그 중심성이 있고, 인간으로 하여금 하나님을 경외하고 영생복락을 명상하며, 하나님의 다스리심에 순종하면서 그 분에게만 영광을 돌리는 데 있다. 따라서 이교도의 철학이나 세속적 이론들이 인간의 자율적 사고에 입각하여 주장하는 바 우주 자체 내의 진화적 능력이나 발전 진보를 주장하는 것과는 거리가 멀다고 하겠다.

각주

1) 박해경,『챠트로 본 조직신학』(서울: 아가페문화사, 1993), 47.

2) Inst., I. 14. 1 & 20-22.

3) Susan E. Schreiner, *The Theater of His Glory: Nature and the Natural Order in the Thought of John Calvin* (Grand Rapids: Baker, 1995), 15-6.

4) John Murray, "Calvin's Doctrine of Creation," *ACC* 12, *Calvin and Science*: 95-118.

5) John H. Leith, "Creation and Redemption: Law and Gospel in the Theology of John Calvin," *ACC* 8, *An Elaboration of the Theology of John Calvin*: 11-22.

6) Inst., II. 1. 1: "In the beginning God fashioned us after his image that he might arouse our minds both to zeal for virtue and to meditation upon eternal life. …it behooves us to recognize that we have been endowed with reason and understanding so that, by leading a holy and upright life, we may press on to the appointed goal of blessed immortality."

7) Inst., II. 1. 3: "For we cannot think upon either our first condition or to what purpose we were formed without being prompted to meditate upon immortality, and to yearn after the Kingdom of God."

8) Dowey는 Brunner의 사상을 이어받아 자연계시의 효용성을 인정하고 창조와 구속의 병행적 입장을 취하나 Parker는 Barth의 영향하에 더 적극적으로 구속자에 대한 지식 속에 창조자와 창조에 관한 교리를 포함시킨다. Barth는 그의 "교회교의학"(Church Dogmatics, III/1에서 이미 "은혜계약의 외적 기초로서의 창조"(Creation as the External Basis of the Covenant)라는 제하로 장황하게 그의 논지, 곧 창조 자체보다는 화해사건의 중심인 그리스도 사건 속에 넣어버린다. CD III/1, 42-228; esp. 42: "Creation comes first in the series of works of the triune God, …in the

biblical creation narratives only in the form of pure saga. But according to this witness the purpose and therefore the meaning of creation is to make possible the history of God's covenant with man which has its beginning, its centre and its culmination in Jesus Christ. The history of this covenant is as much the goal of creation as creation itself is the beginning of this history."'"

9) Barth, *Church Dogmatics,* III/2, 17.

10) Ibid., 12.

11) http://www.smartlink.net/_douglas/calvin/bk1ch10.html, "The Scriptural Doctrine of God the Creator."

12) Inst., I. 10. 1-2; I. 14. 1-2, 20-22.

13) Inst., I. 14. 1.

14) 이것은 스토아 철학자들이 흔히 말했던 "세계이성(World Reason)"으로서의 로고스(Logos)를 의미하는 것 같다. 우주를 다스리는 하나의 원리로서 그들은 로고스를 하나님의 자리에 대치하였다. 즉 로고스는 신적 이성(Divine Reason)이며, 신적 원리(Principle)로서 우주와 세계를 운행하는 어떤 신성한 힘이었다.

15) Inst., I. 14. 1.

16) Ibid. 칼빈은 창조에서 시간과 관련하여 다음과 같은 쓸데없는 질문(또는 불경스런 조롱)을 하지 말 것을 경고한다. 예를 들면, 창조할 마음이 왜 더 빨리 하나님의 마음 속에 들어오지 않았는가? 많은 시간을 왜 헛되이 보내셨는가? 창조의 시기를 왜 연기하셨는가? 창조 전에는 무엇을 하고 계셨는가? 등이다.

17) Ibid. Leith, 11: "A study of Calvin's doctrine of creation immediately confronts one with the positivistic character of his theology. Here Calvin insists, even more emphatically than elsewhere, that theology is a modest enterprise that must be content with the givenness of creation and revelation. No higher cause should be sought than the will of God; ..." 레이

스는 칼빈의 창조론의 특징으로 1. creatio ex nihilo, 2. the power of the will of God, 3. Creation, as the work of God is good, and the created world is good, 4. Sin and evil are accidental qualities, 5. a very positive attitude toward creation as God's work를 든다(13).

18) 박해경, 『챠트로 본 조직신학』, 48.

19) Ibid., 47.

20) Ibid. 콕스는 그의 "세속도시"(The Secular City)에서 기독교의 독특성을 세 가지로 말했는데, 창조, 출애굽, 시내산의 계명으로 각각 자연과 정치, 가치관에 대한 태도의 변화를 의미한다. 그러나 기독교의 핵심진리인 칭의와 성화의 교리를 언급하지 않음으로서 또 하나의 주관적 해석을 내놓았고, 근본적으로 기독교가 무엇이냐를 설명하는 데는 실패했다.

21) 철학자들의 창조론이 칼빈의 창조론에 비하여 미숙하고 어설픈 점에 대해서 Schreiner, 22-28을 참조바람.

22) Inst., I. 14. 2.

23) Comm. on Gen. 1:31-"But Moses expresses more than before, for he adds *meod* that is, very. …he pronounces it perfectly good; that we may know that there is in the symmetry of God's works the highest perfection, to which nothing can be added."

24) Inst., I. 14. 2.

25) Ibid.

26) Comm. on Gen. 1:26 - "the creation of the world was distributed over six days, for our sake, to the end that our minds might the more easily be retained in the meditation of God's works: so now, for the purpose of commending to our attention the dignity of our nature, he in taking counsel concerning the creation of man, testifies that he is about to undertake something great and wonderful. …but if you rightly weigh all circumstances, man is, among other creatures, a

certain pre-eminent specimen of Divine wisdom, justice, and goodness, so that he is deservedly called by the ancients microcosmos, 'a world in miniature.'"

27) Ibid. "But here the question is respecting that glory of God which peculiarly shines forth in human nature, where the mind, the will, and all the senses, represent the Divine order."

28) Ibid. 칼빈은 dominetur라는 라틴어, 즉 복수형으로 된 것을 강조하고 "그들이" 다스리도록 하자라고 하신 것에서 만물을 지배하는 능력(지배력, dominion)을 아담에게만이 아니라 후손에게도 주셨다는 점을 감사하도록 촉구한다.

29) Ibid. "And hence we infer what was the end for which all things were created; namely, that none of the conveniences and necessaries of life might be wanting to men. In the very order of the creation the paternal solicitude of God for man is conspicuous, because he furnished the world with all things needful, and even with an immense profusion of wealth, before he formed man. Thus man was rich before he was born. But if God had such care for us before we existed, he will by no means leave us destitute of food and of other necessaries of life, now that we are placed in the world."

30) Basil, *Saint Basil: Exegetic Homilies*, tr. Sister Agnes Clare Way, C.D.P., *The Fathers of The Church*, A New Translation, vol. 46 (Washington, D. C.: The Catholic University of America Press, 1963), 85: 'And God said, "Let there be lights in the firmament of the heavens for the illumination of the earth, to separate day from night." The heavens and the earth had come first; after them, light had been created, day and night separated, and in turn, the firmament and dry land revealed. Water had been collected into a fixed and definite gathering. The earth had been filled with its proper fruits; for, it had brought forth countless kinds of herbs, and had

been adorned with varied species of plants. However, the sun did not yet exist, nor the moon, lest men might call the sum the first cause and father of light, and lest they who are ignorant of God might deem it the producer of what grows from the earth. For this reason, there was a fourth day, and at that time 'God said, "Let there be light," ...and God made the two lights.'

31) "In the words of Basil (Homily in Hexaemeron) plants (day 3) are represent as produced before the sun and moon (day 4) to prevent idolatry, since those who believe the heavenly bodies to be gods, hold that plants originate primarily from these bodies." Quoted from the Unpublished Class Paper of Prof. John Jefferson Davies (Gordon-Conwell Theological Seminary).

32) Inst., I. 14. 20; OS III, 170: "Interea ne pigeat in hoc pulcherrimo theatro piam oblectationem capere ex manifestis et obviis Dei operibus."

33) Ibid. 칼빈은 모세의 증거와 Basil (Hexaemeron, holimies on the six days of Creation), Ambrose (Hexameron) 등을 아는 것이 중요하다고 한다. Battles은 웨스트민스터 신조 4:1을 추천하고, Brunner, *The Christian Doctrine of Creation,* II, 9ff (tr. O. Wyon)와 Gilkey, *Maker of Heaven and Earth,* 46ff, 88, 그리고 Wolfson, "The Meaning of ex nihilo in the Church Fathers, Arabic and Hebrew Philosophy, and St. Thomas," *Medieval Studies in Honor of J. D. M. Ford,* 355-367을 제시한다.

34) Ibid.

35) Inst., I. 14. 21.

36) Inst., I. 14. 22.

37) 이양호, 100; E. Troeltsch, *The Social Teaching of the Christian Churches,* tr. O. Wyon (London: George Allen & Unwin Ltd., 1931), 582.

38) A. M. Hunter, *The Teaching of Calvin.* (Glasgow: William Collins

Sons & Co. Ltd.., 1950.), 49.

39) Ibid., 50.

40) Ibid., 55.

41) Ibid., 93.

42) Ibid., 136. 칼빈의 신학에 있어서 "경험적 차원"은 매우 중요하다. 바르트의 경우처럼 하나님의 예정 안에서 모든 것이 이미 완료된 것으로 처리되면 우리의 구속이나 섭리에서 경험적 요소는 무의미해진다.

43) Berkhof, 165-7. 벌콥의 정의는 다음과 같다. "Providence may be defined as that continued exercise of the divine energy whereby the Creator preserves all His creatures, is operative in all that comes to pass in the world, and directs all things to their appointed end." E. Doumergue, B. B. Warfield도 하나님의 주권과 전능이 칼빈의 신론에서 주도적이라고 말한다.

44) Boettner, "The Sovereignty of God," *A Reformed Theology Resource*, http://www.mbrem.com/shorttakes/bchapt4.htm.

45) Garret A. Wilterdink, "The Fatherhood of God in Calvin's Thought," ACC 9, 175.

46) Niesel, 71.

47) Ibid., 74: "… He wills to be the Lord of His church. He guides the movement of nature and history because He wills to guide and maintain His church in this world."

48) Ibid.

49) 이양호, 102; H. Bavinck, "Calvin and Common Grace," *Calvin and the Reformation* (Grand Rapids: Baker, 1980), 126. 바빙크의 섭리론에 대해서는 Herman Bavinck, *In the Beginning: Foundations of Creation Theology*, ed. J. Bolt, tr. J. Vriend (Grand Rapids: Baker, 1999), 229-260을 참조바람.

50) Ibid.; C. Partee, *Calvin and Classical Philosophy* (Leiden: E. J. Brill, 1977), 126.

51) Ibid., 103; W. Bousma, *John Calvin: A Sixteenth Century Portrait* (New York: Oxford University Press, 1988), 162ff.

52) Ibid.; Dowey (1994), 273.

53) Ibid.; T. H. L. Parker, *Calvin: An Introduction to His Thought* (Louisville: Westminster/John Knox Press, 1995), 43: "He is not interested in metaphysical problems of the relationship between Divine cause and earthly effect."

54) Schreiner, 7; Josef Bohatec, "Calvins Vorsehungslehre," in *Calvinstudien. Festschrift zum 400. Geburtstage Johann Calvins* (Leipzig: Rudolf Haupt, 1909), 414. Bohatec here agrees with Albrecht Ritschl, "Geschichtliche Studien zur christlichen Lehre von Gott," 108, who also saw Calvin's foundational doctrine as providence."

55) Ibid.

56) 슈라이너도 이 점에 대해서는 인식하고 있다. 섭리론이 하나님의 주권과 속성의 교리에 기초하여 나오고 또 그것이 신자들의 신뢰와 위로와 확신의 근거가 된다는 것을 언급하고 있다. S. Schreiner, 34-5: "In Calvin's view, trust in God is that assurance which arises from 'a recognition of his attributes. ... God's providence cannot be disassociated from his wisdom, goodness, or justice. ... For Calvin, divine immutability and power made the doctrine of providence a source of comfort for the believer."

57) Ibid., 36.

58) OS III, 187.

59) Ibid. (Inst., I. 16. 1): "Porro Deum facere momentaneum creatorem, qui semel duntaxat opus absolverit, frigidum esset

ac ieiunum; atque in hoc praecipue nos a profanis hominibus differe convenit, ut non minus in perpetuo mundi statu quam prima eius origine praesentia divinae virtutis nobis illuceat."

60) Ibid. 칼빈의 설명은 신앙이 없는 감각이나 이성으로서는 창조 자체의 질서, 아름다움, 조화, 효능, 에너지만을 생각하고 그것을 다스리며 보존케하시는 하나님과 그의 돌보심에 대해서는 전혀 알지 못한다는 뜻으로 보인다.

61) Ibid. "But faith ought to penetrate more deeply, namely, having found him Creator of all, forthwith to conclude he is also everlasting Governor and Preserver-not only in that he derives the celestial frame as well as its several parts by a universal motion, but also in that he sustains, nourishes, and cares for, everything he has made, even to the least sparrow."

62) Ibid.

63) J. Wesley, *The Works of John Wesley*, Zondervan Edition, vol. 1, 50. 원래 이신론은 영국에서 출발하여 기독교를 과학적으로 믿어보려는 운동인데, 초자연주의를 거부하며, 합리적 기독교를 세워 모든 사람이 인정할 수 있는 종교로 만들고자 하였고, 창조, 자연계시, 신의 초월성을 인정하나 섭리, 특별계시, 신의 내재성을 부인하였다. 이들의 관심은 주로 도덕적 종교로서의 기독교를 주장한 것이다.

김인수
밴쿠버기독교세계관대학원

김인수는 고신대 신학대학원에서 목회학 석사(M.Div.) 과정을 마치고, 에스라성경대학원대학교에서 신학 석사(M.Phil.) 과정을 수료하였다. 대학선교단체인 S.F.C.에서 신학 간사로 2년 간 사역하였으며, 예장 고신측에서 목사안수를 받았다. 현재 밴쿠버기독교세계관대학원에 재학하면서 밴쿠버한사랑교회를 섬기고 있다.

창조연대 문제

제6장 창조연대 연구와 성경해석학

I. 창조연대 연구의 두 이슈

창조연대 연구에 있어서 가장 논란이 되는 이슈는 두 가지라 할 수 있다. 하나는 '젊은 지구'이냐 '오랜 지구'이냐 하는 이슈[1]이고, 다른 하나는 노아 홍수(격변)와 관련하여 '단일격변'이냐 '다중격변'이냐 하는 이슈[2]이다. 특별히 창조연대 연구에 있어서는 성경해석의 문제가 대두된다. 이는 창세기 1장의 창조기사의 동일한 성경 본문을 두고 제각기 상반된 해석을 하고 있기 때문이다.

그래서 연구자는 동일한 성경 본문으로부터 창조연대를 상반되게 해석하는, '성경해석'의 문제가 무엇인지 살펴보고자 한다. 과연 동일한 본문에서 이렇게 상반된 해석을 하게 되는 이유가 어디에 있는가? 상식적으로 동일한 본문에 상반된 해석을 한다는 것은 어느 한 쪽의 해석이 타당하지 않거나, 아니면 두 해석 모두에 문제가 있을 가능성이 있다. 따라서 이 연구의 목적은 창조론 연구의 과학적인 탐구가 아니라 해석학적 문제와 그 타당성에 있다.

Ⅱ. 창세기 1장에 대한 해석학적 선행 연구

그러면 본격적인 논의에 앞서, 지금까지 창조연대 연구에 있어서 창세기 1장을 중심으로 한 해석학적 문제에 대한 연구가 어디까지 진행되었는지를 확인할 필요가 있다.[3]

이 선행연구는 2007년에 창립된 "창조론오픈포럼"[4]의 논문들을 중심으로, 해석학적인 문제들에 제한하여 살펴보았다.[5] 이것을 통해, 창조연대 연구에 어떤 해석학적 문제들이 대두되는지를 확인할 수 있을 것이며, 본 논문의 연구과제와 질문을 분명히 할 수 있을 것이다.

먼저 2007년 '오픈포럼'을 처음 개최하면서부터 해석학적 문제를 다루었다. 양승훈의 "해석학적 단상"[6]이라는 논문이 있으며, 그 다음으로 김진섭의 "고대근동학의 배경에서 본 '날(욤, יום)' 이해"라는 논문과, 마지막으로 김경민의 "다중격변 창조론에 의한 창세기1-2장 해석의 문제"라는 논문이 있다.

이상에서 소개한 논문들을 통해 다음과 같은 점들을 확인할 수 있다. 첫째, 창조연대 연구의 두 상반된 견해는 '문자주의적 해석'의 문제와 관련되어 있다. 둘째, 이슈가 되는 해석의 배경에는 '성경의 무오성', '성경과 과학'에 대한 입장과 관련이 있어 보인다.[7] 셋째, 상반된 견해를 가져오는 성경 해석에 대한 해석학적 타당성은 아직 충분히 검토되지 않았으며 해석학적 합의에 이르지 못하고 있다. 따라서 본 장에서는 다음과 같은 질문을 던지고자 한다.

"젊은 지구론과 오랜 지구론의 차이를 가져오는 성경 해석과 이슈들은 성경 해석학적 관점에서 얼마나 타당한가?" 이 질문에 답하기 위해, 먼저 창세기 1장의 '날'에 대한 젊은 지구론과 오랜 지구론의 주장들을 비교하면서 해석학적 타당성을 살펴보고, 그 차이를 가져오는 성경 해석학적 이슈들의 배경들을 검토하고자 한다. 마지막으로 이러한 연구를 통해 창조연대 연구의 성경 해석학적 대안을 제안하고자 한다.

Ⅲ. 창조연대와 성경 해석학

그러면 이제 창조연대 연구의 상반된 두 주장, 젊은 지구론과 오랜 지구론의 주장들을 구체적으로 살펴보자.

1. 젊은 지구론과 오랜 지구론의 주장들

두 주장 사이의 논쟁은 주로 창세기 1장에 나오는 '날'에 대한 해석과 관련된다.[8] 젊은 지구론은 1장의 '날'이 문자적인 일상의 하루를 의미하기에 지구 연대가 짧게는 6,000년 길게는 2만년 이내라는 견해[9]이고, '오랜 지구론'[10]은 일상적인 하루를 뜻하지 않고 수백 만 년, 수 억 년도 될 수 있다는 견해이다.[11]

본 장에서는 해석을 달리하는 양측의 주장들을 비교하며 논의를 진행할 것이다. 그러나 주의할 것은 어느 입장의 해석이 타당한가 하는 문제이다. 우리는 Hirsh가 제시하는 네 가지 기준, (1) 본문이 원래 쓰였던 언어 규범들에 비추어 볼 때 가능한 해석, (2) 본문에 있는 개개의 언어상의 요소들을 설명할 수 있는 해석, (3) 본문의 문학 양식에 따른 관례들을 따르는 해석, (4) 일관성 있는 해석 즉 논리적으로 말이 되는 해석[12]등의 기준으로 해석학적 타당성을 확인하고자 한다.[13]

1) '날(욤)'의 일반적인 의미에 대한 해석

젊은 지구론은 '날'의 일반적인 용법을 생각할 때 문자적인 하루로 해석해야 한다고 주장한다. 즉 일반적으로 단어의 뜻을 고려할 때 문맥적인 사항을 고려하여 특별한 예외가 없다면, 가장 일반적인 뜻으로 해석하는 것이 올바른 해석이라는 주장이다.[14] 이것은 주석의 원칙에도 정당하다고 본다.[15]

그러나 오랜 지구론은 반대의 의견을 제시한다. 구약에서 '날'은 일상적 하루의 뜻으로만 사용되지 않는다는 것이다. 구약에 2,225회 사용된 히브리어 욤(Yom)은 다양한 용법이 있는데,[16] 그 용법을 고려할 때 기간이 명시되지 않는 '미확정된 기간'을 의미한다고 분석한다.[17] '날'의 일반적인 의미와 관련한 해석은 오랜 지구론의 주장이 더 설득력이 있어 보인다. 이처럼 '날'의 해석에 논란이 있을 때에는 일반적인 의미보다 '날'의 의미를 하나하나 되짚어 보는 것이 더 타당하다.

2) "저녁이 되며 아침이 되니"에 대한 해석

젊은 지구론은 "저녁이 되며 아침이 되니"(1:5,8,13,19,23,31)라는 구절의 명백한 반복을 보여주는 패턴은 일상적인 하루의 마감으로 해석하는 것이 자연스럽다고 주장한다.[18] 이 두 단어는 구약성경 모든 곳에서 함께 또는 각각, 그리고 '날'이라는 단어와 함께 또는 없이 사용되는데, 항상 하루 중에서 문자 그대로의 저녁과 아침을 의미한다는 것이다.[19]

이에 대해 오랜 지구론은 이 반복 구절이 문자적 하루만을 뜻하는 것이 아니라고 반박한다.[20] 김진섭은 이 주장의 근거로 '낮과 밤', '저녁과 아침'이란 용법을 통해 설명한다.[21] 즉 "전치사가 없이 사용된 '저녁과 아침'이란 쌍의 독특한 용법은 미결정된 길이의 날"을 의미한다는 것이다.[22] 위의 '저녁과 아침'의 용법이 옳다는 것을 전제한다면, 오랜 지구론의 주장이 더 타당해 보인다.

3) 창조기간 첫 사흘에 대한 해석

오랜 지구론은 창세기 1장의 '저녁과 아침'의 의미가 전후 문맥을 통해 볼 때 일상적 하루를 의미하지 않는다고 해석한다. 즉 젊은 지구론의 주장처럼 태양이 4일째 창조되었다면 처음 3일은 태양과 지구자전에 의한 저녁과 아침이 아니었을 것이고, 따라서 첫 3일은 현재 기준의 하루가 아닐 수 있음을 보여준다.[23]

젊은 지구론은 여기에 대해서도 반박한다. 태양이 4일째 창조되었다면,

오히려 처음 3일은 오랜 지구론이 말하는 긴 기간일 수 없다는 것이다. 왜냐하면 이 기간 중에 창조된 식물들이 태양 빛 없이 그렇게 오랜 기간 동안 살 수 없기 때문이다. 따라서 첫 3일은 긴 기간일 수 없다고 본다.24) 이 주장의 경우 양쪽의 견해 모두가 비슷한 문제를 갖고 있기에 한쪽을 더 타당하다고 말할 수 없다.

4) 서수와 '날(욤)'의 사용과 정관사의 유무에 대한 해석

젊은 지구론은 서수와 연결된 '날'은 하루를 뜻한다고 주장한다. 즉 '날'이 서수(첫째 등)와 연결될 경우25) 문자적인 하루를 의미한다고 본다.26) 또한 정관사의 생략에 의해 '하루'라고 읽혀져야 한다고 해석한다. 둘째 날부터 다섯째 날까지 정관사가 없고, 여섯째 날에, 마침내 정관사가 나타난다. 그러나 욤(יוֹם)에 관사가 없는 것은 여섯째 날이 통상적인 한 태양일이라는 것을 가리키며, 또한 일곱째 날에도 욤(יוֹם)에 관사가 없는 채로, 욤 하쉬브이(그 일곱째 날)로 된 것은 또한 통상적인 한 태양일을 의미한다고 본다.27)

그러나 오랜 지구론은 다른 설명을 한다. 6일과 7일만이 서수와 함께 정관사를 사용한 것은 일상적인 하루가 아님을 의미한다. "정상적인 히브리어 숙어는 명사(날)를 수식하는 형용사에 정관사를 요구한다. 그러나 제1일에서 5일까지의 날들의 히브리어 본문은 정관사가 없지만, 제 6일과 7일의 종결부에 정관사를 도입함은 단순히 문체적인 특성만이 아니라는 것"이며 결국 6일과 7일은 일상적인 하루가 아닐 수 있다는 것이다. 즉, 이와 같은 문법적 현상은 6일과 7일이 다른 다섯 날들과 구별됨을 보여주는 것이지, 젊은 지구론의 주장처럼 서수의 있고 없음이 일상적인 날을 의미하는 것이 아님을 알 수 있다. 오히려 신학적인 의미로 보여진다.28)

이상에서 '날'과 함께 등장하는 서수, 정관사의 유무에 대한 오랜 지구론의 문법적 해석이 옳다는 것을 전제한다면, 오랜 지구론의 주장이 결정적으로 타당해 보인다.

5) '날(욤)'의 복수형 '날들(야밈)'에 대한 해석

'날(욤)'의 복수형 '야밈(Yamim)'에 대한 해석도 다르다. 젊은 지구론은 구약에 608번 등장하는 욤의 복수형인 '야밈'은 항상 통상적인 날을 뜻한다고 본다.29) 그러나 오랜 지구론자들은 '욤'을 문자적 하루로 해석하지 않는다면 복수형 '야밈'도 당연히 24시간의 날들이 아닐 것이라고 본다.30) 왜냐하면 '야밈'이 사용된 출애굽기 20장 12절의 '날들'은 일상적 하루를 뜻하지 않기 때문이다.31) 이상의 '야밈'에 대한 해석 또한 오랜 지구론의 설명이 좀 더 설득력이 있어 보인다.

6) 창조 6일째의 전체 일정을 고려한 해석

창조의 여섯째 날에 대한 해석도 차이가 있다. 오랜 지구론은 창세기 1장 24-31절의 창조 육일째 되는 날에 기록된 내용들을 보면, 통상 하루에 이룰 수 있는 일의 양보다 훨씬 많아 보인다는 것이다. 따라서 이것을 고려할 때, 보통의 하루보다 긴 기간으로 보는 것이 타당하다는 것이다.32) 6일 째 있었던 일들은 하루에 할 수 있는 일의 양을 넘어선다.33) 이것이 처음 독자들의 평범한 이해였을 것이기에 '날'을 통상 하루가 아닌 일정한 기간으로 이해하는 것이 문맥상 자연스럽다고 주장한다.34) 그러나 젊은 지구론은 아담이 제한된 종류의 동물들에게만 이름을 지어 주었다면, 창조의 여섯째 날이 꼭 24시간보다 길어야 할 이유는 없다고 반박한다.35) 이 문제에 대한 설명은 오랜 지구론의 설명이 조금 더 적절해 보이지만, 결정적이지는 않아 보인다.

7) 출애굽기 20장 11절의 안식일에 기초한 해석

젊은 지구론은 안식일 제정 때에 창조 기간을 언급하며 안식일을 명령했기에 창세기 1장의 '날'은 일상적 하루를 의미한다고 해석한다.36) 즉 하나님의 창조 기간에 기초하여 우리도 엿새 동안 일하고 일곱째 날에 안식해야 한다고 명령하셨기 때문에, '안식일의 날'과 '창조기간의 날'을 동일하게 보아야 한다는 것이다.37) 그러나 오랜 지구론의 입장은 이것이 결정적인 증거가 될 수 없다고 지적한다. 왜냐하면 그 다음 12절에 등장하는 동일한 단어인 '날'은 명백하게 '일정한 기간'을 뜻하기 때문이다.38) 따라서 안식일의 기준은 창조 시의 하루 개념이 아니라, 6+1이라는 창조기간의 패턴[39])에 기초한 계명으로 이해할 수 있다고 한다.[40]) 이상과 같은 안식일과 관련한 해석은 오랜 지구론의 해석이 좀 더 타당해 보인다.

8) 각 주장에 대한 전체적인 평가

지금까지 7개의 해석의 문제에 대한 각 주장들을 비교하였다. 대체적으로 '오랜 지구설'의 주장이 보다 해석학적으로 타당해 보인다. 그러나 이것이 결정적이지는 않다. 왜냐하면 '날'이 하루를 가리키는지, 아니면 다른 의미인지 정확히 알 수 없고, 창조기사에서조차 항상 같은 의미로 사용되지 않았다는 것을 인정하는 것이 필요하기 때문이다.[41]) 그래서 세밀한 해석학적 작업은 아직 이후의 과제로 남아 있다.[42])

2. 각 주장들에 나타난 해석학적 이슈들

그러나 젊은 지구론과 오랜 지구론의 입장 차이를 좁히지 못하는 데에는 해석학적 이유만이 아닌 또 다른 이유가 있어 보인다. 왜냐하면, 해석자는 나름대로의 선이해[43])를 전제하지 않을 수가 없기 때문이다.[44]) 따라서 두 입장에 나타난 해석학적 이슈들을 분석하기 위해, 해석자들에게 작용하고 있는 '선이해 또는 전제'들이 무엇인지 살펴보는 것이 필요하다고 본다.

젊은 지구론은 오랜 지구론을 비판하며 '성경의 역사적 기록들은 사실이든지, 거짓이든지 둘 중에 하나이다.',[45]) '그들은 (중략) 하나님의 증언인 창세기1장을 사실대로 받아들이지 않는다.',[46]) '어떻게 창세기 1장의 기간이 (오랜 기간이라고) 알았을까? 그러한 견해를 성경에서 찾을 수 없다. 과학적 데이터에 대한 세속 과학자들의 해석을 보고 그렇게 해석하는 것이다. (중략) 분명한 의미를 주는 하나님의 말씀보다 과학자들의 견해를 우선한다.'[47]) 또 오래된 지구를 지지하는 것은 복음을 부정하는 것, 파괴하는 것으로 보기도 한다.[48]) 즉 해석의 문제를 믿음과 신앙고백의 문제로 평가하고 있는 것이다. 이러한 태도에는 '성경과 과학'에 대한 선이해가 깔려있고, 오랜 지구론을 주장하는 것은 '성경의 역사성'을 부정하고 '성경의 무오성'을 해치는 것으로 판단하는 듯하다. 이와 같은 문제의식을 바탕으로 창조연대의 각 주장의 배경에 나타나는 해석학적 전제에 대한 이슈들을 정리하면 다음과 같다.

〈표 6-1〉 젊은 지구론과 오랜 지구론의 요약

1) 젊은 지구론	2) 오랜 지구론
연대를 계산하는 본문에 대한 문자적 해석은 오류가 아니다. 문자적 해석을 지지하는 이유는 성경의 "축자 영감"을 믿기 때문이다. 따라서 문자적 해석을 거부하면, 축자 영감과 무오성을 부정하게 된다.	지구 연대를 계산하는 데에 문자적 해석만을 고집하는 것은 해석학적 오류다. 성경의 "유기적 영감"에 대한 이해를 인정한다면 과학적 설명은 가능하며, 결코 성경의 영감을 부정하는 것이 아니다.
결국 진화론을 거부하고 성경의 영감을 인정한다면, 문자적 해석과 젊은 연대를 받아들여야 한다.	결국 오랜 연대를 주장한다고 해서 성경의 영감을 부정하거나 진화론을 인정한다고 볼 수 없다.

따라서 다음 세 가지 해석학적인 이슈들을 찾을 수 있다. 첫째, 문자적인 해석에 대한 이슈,[49] 둘째, 해석과 영감의 관계에 대한 이슈,[50] 셋째, 성경과 과학의 관계에 대한 이슈.[51] 이 세 해석학적 이슈들에 대한 견해가 좁혀지지 않는 이상, 창조연대 문제를 해결하는 것은 요원할 수 있기에 이 이슈들에 대한 해석학적 타당성을 짧게 검토해 보자.

IV. 창조연대 연구에 나타난 해석학적 이슈들

모든 해석자들은 자신의 전제를 가지고 있을 수밖에 없다. 그러나 이것이 해석자들이 이끌어내는 결론뿐 아니라 본문을 이해하는 방식에 영향을 미친다고 한다면,[52] 그 전제들을 검토해볼 필요가 있다.

1. 문자적 해석에 대한 이슈

문자적 해석이 전적으로 부당한 것일까? 양승훈은 고대와 현대 사이에 건너기 힘든 문화적, 언어적 간격과 세계관의 차이가 있다고 지적하면서 바로 이것이 성경의 문자적 해석을 주장하는 사람들이 간과한 점이라고 지적한다.53) 그러나 이것은 문자적 해석이 전적으로 부당하다는 것을 지적한 것이 아니라, 문자주의적 해석의 오류를 지적한 것이다. 왜냐하면 또 다른 곳에서 그는 기계적 영감성에 근거한 문자적 해석만이 유일한 해석이라고 보는 주장(즉 문자주의)의 위험성을 지적하고 있기 때문이다.54)

램은 이 문제에 대하여, '성경을 문자적으로 해석한다는 것은 "고지식한 문자주의"나 말 그대로 "축자주의"를 따르는 것'은 아니라고 지적하고 축자주의의 근본주의적 특징을 밝힌다.55) 또 이들이 다른 모든 해석 방식들을 '하나님의 말씀을 짓밟는 행위'로 간주하려는 그들의 의도는 참된 것인지 모르지만, 그들의 생각은 순진한 동시에 잘못되었다고 문자주의의 위험성을 지적한다.56) 따라서 우리는 문자주의와 문자적 해석을 구분하여 이해할 필요가 있다. 창조연대 연구에서도 문자주의는 극복해야 하지만, 건전한 문자적 해석까지 정죄할 필요는 없다.

2. 성경해석과 영감의 관계에 대한 이슈

이 문제의 이슈는 영감을 인정한다면 창조연대를 연구할 때 문자 그대로 해석해야 하느냐의 문제, 즉 본문 해석과 '기계적 영감', '축자 영감', '유기적 영감'에 대한 이해의 문제와 직결된다. 문자주의적 해석의 문제는 성경의 영감과 무오를 믿느냐의 문제가 아니다.57) 이들은 축자적 영감과 유기적 영감을 인정한다고 하면서 사실상 기계적 영감을 주장한다는 데 있다.58) 이것은 영감의 범위59)와 영감의 방법60)을 오해하는 데에서 비롯된다.

이들의 주장처럼 성경의 "부분적 영감"을 인정하게 되면 문제가 발생할 수 있다. "성경을 교리적인 부분과 역사적인 부분들로 나누어, 기록자들이 계시를 통해 접한 본질적인 진리를 담고 있는 교리적인 부분들은 전반적으로 영감된 것으로 보고, 기록자들이 계시와는 무관하게 알고 있던 비본질적인 진리들을 담고 있는 역사적인 부분들은 부분적으로 영감되었고 부정확성과 잘못들로 손상되어 있다"고 보는 것이다.61) 그래서 이 견해에 반대하여 "축자 영감(verbal)"을 주장한다. 즉 범위에 있어서 부분적이지 않고 성경의 한 단어 한 단어까지도 영감하셨다는 것이다.

그러나 이 용어가 기계적인(mechanical) 개념을 암시하는 듯 느껴져 축자 영감이라는 말 대신 '완전(plenary) 영감'이라는 말로 바꾸어 주장하기도 한다.[62] 즉 축자적 영감(범위)을 기계적 영감(방법)으로 오해할 수도 있다는 것이다. 그러나 이것은 옳지 않다.[63] 이 두 용어는 동의어가 아니며 영감의 서로 다른 두 측면, 하나는 영감의 범위를, 다른 하나는 영감의 성격(방법)을 가리킨다고 지적한다.[64]

그러면 성경해석과 영감에 대한 올바른 이해는 무엇인가? 우리는 영감의 범위에 있어서 부분적 영감을 거부하고 축자적 영감을 받아들이지만, 영감의 성격(방법)에 있어서 기계적 영감은 거부하고 유기적 영감을 받아들인다는 것이다. "유기적(organic) 영감"이란 말은 하나님께서 성경의 기록자들을, 그들 자신의 내적 존재법칙에 조화되게 유기적인 방법으로, 그들의 성격과 기질, 은사와 재능, 그들의 교육과 문화, 문체 등과 함께 사용하셨는데, 글 쓰는 일에 있어서 죄의 영향을 억누르시고, 언어와 생각을 표현하는 일을 유기적인 방법으로 인도하셨다는 것이다.[65] 따라서 기계적 영감을 받아들인다면 문자적 해석만이 유일한 해석이 되겠지만, 유기적 영감을 인정한다면 문자적 해석만을 고집하지 않는 것이기에, 오랜 지구론이 결코 성경의 영감을 부정하는 것이 아님을 알 수 있다.

3. 성경과 과학의 관계에 대한 이슈

창조 연대에 대한 해석은 성경과 과학의 관계에 대한 전이해로부터 영향을 받고, 성경과 과학의 관계는 성경의 영감과 무오성에 대한 이해로부터 출발한다. 그래서 양승훈은 창조연대의 문자주의적 해석에 있어서 '성경은 최고의 과학 교과서'[66]라는 견해는 주로 기계적 영감설을 믿는 근본주의자들에 의한 오해라고 주장한다.[67] 성경 무오에 있어서도 예를 들어 '문법이나 철자의 불규칙 변화들, 자연 관찰에 근거한 묘사, 과장법과 대략적 숫자의 사용, 의역을 통한 인용'과 같은 기록의 현상으로 무효가 된다는 주장은 오해라고 지적한다.[68]

그러면 우리는 성경 무오에 대해 어떤 입장을 가져야 하는가? 에릭슨은 성경 무오에 대한 '절대적 무오(Absolute Inerrancy)와 완전 무오(Full Inerrancy), 그리고 제한적 무오(Limited Inerrancy)'라는 개념으로 설명한다. "절대적 무오"란, 과학적/역사적인 문제들을 취급하고 있는 내용들까지 포함하여 전 성경의 내용을 완전히 사실인 것으로 보는 개념인데, 성경은 과학적이고 역사적인 교과서로 제공될 수 있다는 주장의 배경이 된다. 이는 또한 기계적 영감, 문자주의적 해석의 배경이 된다. "완전 무오"란 성경이 온전히 사실이라고 보는 견해인데, 성경은 일차적으로 과학적이고 역사적인 자료를 주려는 목적은 아니지만, 그 안에 담겨있는 과학적이고 역사적인 내용들은 온전히 사실이라는 것이다. 즉 성경의 과학적인 언급들을 현상적인 차원에서 이해하는 입장이다. 기록 당시의 저자들의 눈에 나타난 대로 기록된 것이기에 반드시 정확하지는 않을 수 있지만, 그럼에도 불구하고 '온전히 올바른 서술'이라는 것이다. "제한적 무오"도 성경을 무오한 책으로, 구원의 교리적 언급들에 있어서 오류가 없는 것으로 보는 개념이다. 그러나 과학적/역사적인 언급들은 성경이 기록되었던 당시의 이해 정도를 반영하기에, 그들이 속한 시대의 한계를 포함한다는 것이다. 따라서 성경은 우리가 오류라고 부를 만한 것들을 포함할 수도 있다고 본다. 이것은 부분적 영감설의 배경이 된다.[69] 이상의 세 가지 무오에 대한 개념 중에 중간의 '완전 무오'의 개념이 성경의 무오성을 인정하면서로 과학의 설명과 조화를 이루는 것으로 보인다.

그러면 성경과 과학의 올바른 태도는 무엇인가? 램은 성경 무오와 성경 해석과 과학의 관계에 대해 여섯 가지 원리들을 제안한다.[70] 정리하면, 첫째, 성경의 무오성을 주장할 때, 성경이 과학적 언어를 사용하고 있다고 주장하는 것은 아니다. 둘째, 성경의 언어가 눈에 보이는 대로 기록한 현상적이라는 이유로 성경의 무오성을 부인해서는 안 된다.[71] 셋째, 성경이 그 시대의 문화적 조건 속에서 계시되었다는 이유로 성경의 무오성을 부인하는 것은 아니다.[72] 넷째, 성경에 과학적인 설명이 담겨있지만 성경으로부터 현대 과학의 이론들을 끄집어내려는 시도는 적절치 않다. 다섯째, 창세기 1장은 대강의 윤곽을 보여 주는 것임을 기억해야 한다. 그래서 창세기

1장의 34구절(창1:1-2:3)로부터 너무 자세하고 완벽한 설명을 읽어내려는 시도는 적절하지 않다고 평가한다.

V. 창조연대 연구를 위한 성경 해석학적 제안

지금까지 우리는 창조연대의 연구에 있어서 창세기 1장의 '날'에 관한 성경해석학적 타당성과 그 배경적 이슈들에 대해 검토하였다. '날'에 대한 해석학적 타당성은 젊은 지구론보다 '오랜 지구론'이 더 타당해 보이지만, 아직까지 해석의 가능성은 모두에게 열려 있음을 확인하였다. 그럼에도 불구하고 아직 해석학적 연구 과제는 남아 있다. 또한 창조연대 연구에 나타나는 해석학적 이슈로는 '문자적 해석의 문제', '성경의 영감과 무오성에 대한 이해의 문제', '성경과 과학의 관계에 대한 문제' 등이 전제되어 있음을 지적하고 그 타당성을 검토하였다.

이제 논의를 마무리하며, 창조연대 연구를 위한 몇 가지 성경해석학적 제안을 하고자 한다. 첫째, 축자적 영감과 함께 유기적 영감을 인정한다면, 문자적 해석만을 주장하지 말고 해석학적으로 타당한 방법론을 추구하는 것이 필요하다. 물론 방법론적으로 타당한 문자적 해석을 인정할 수 있지만, 문자주의적 해석만을 절대시하는 환원주의와 전투적 태도는 극복되어야 할 과제이다.

둘째, 성경의 영감과 해석에 대한 바른 이해가 필요하다. 축자적 영감을 인정한다는 것은 결코 기계적 영감에 기초한 문자적 해석만을 주장하는 것이 아니다. 또한 유기적 영감에 대한 바른 이해를 통해 창조연대 연구와 관련한 두 상반된 주장의 차이를 좁혀가는 출발점을 삼기를 바란다.

셋째, 성경의 무오성에 대한 바른 이해가 필요하다. 현대 과학적 주장을 인정하는 것이 반드시 성경의 무오성을 부정하는 것이 아님을 이해하고, 이것을 통해 성경과 과학의 바른 관계를 정립하자.

넷째, 창세기 1장의 '날'과 관련한 두 주장을 함께 인정하자. 과학적 관찰에서 얻은 사실들은 오랜 지구론으로 기우는 반면 성경은 젊은 지구론을 지지하는 듯하며, 이 두 입장이 이론적으로 모두 가능하지만 그 어느 것도 결정적으로 확실한 것은 아님을 인정하자.[73] 따라서 창세기 1장에 나오는 '날'의 길이에 관해서는 그 가능성을 열어 두는 것이 올바른 태도이다.[74]

다섯째, 그럼에도 불구하고 창조연대와 관련하여 성경 해석학적으로 논란이 되는 구절에 대해 치밀한 연구를 진행하되, 성경을 믿는 모든 사람들에게는 젊은 지구론과 오랜 지구론 모두 유효한 이론들임을 인정하고,[75] 해석에 있어서도 작업가설로서 자신의 견해를 겸손히 주장하자.

각주

1) 지구 연대에 대한 두 상반된 견해는 다음 논문을 참고하라. 조덕영, "지구연대에 대한 신학적 검토", 〈창조론오픈포럼〉 3(1), (2009. 1), 18-28.

2) 국부홍수론, 단일격변론과 다중격변론 등의 상반된 견해는 다음을 참고하라. 양승훈 원저, 장슬기 외3 편저, 〈창조론 탐구학습〉(서울: 좋은씨앗, 2010), 86-97.

3) '창조론오픈포럼'의 논문들을 살펴보면 연구 내용들이 많이 중첩되어 있음을 발견한다. 포럼 자체가 창조론 연구에 제한되었기 때문이기도 하지만, 기존 논문의 연구결과를 기초하지 않았기 때문이기도 하다. 따라서 이러한 현상을 개선하기 위해 선행연구의 필요성이 대두된다.

4) '창조론오픈포럼(이하 오픈포럼)'은 1980년대 초에 시작된 '한국창조과학회'의 창조론 운동에 대한 반성으로부터 시작되었다. 창조과학회의 핵심 주장인 '젊은 지구론'(6천 년 지구연대설)과 '단일 격변설'(노아 홍수)의 문제점을 깨닫고, 양승훈 박사(밴쿠버기독교세계관대학원 원장)와 조덕영 박사(창조신학연구소 소장)가 주축이 되어 박찬호(당시 웨스트민스터신학대학원대학교 총장, 현 백석대 교수), 손영규(의사), 이선일(의사), 이용국(단국대학교 교수), 최태연(백석대 교수), 박해경(당시 ACTS 교수), 안명준(평택대 피어선신학전문대학원 교수), 박희주(명지대 교수) 등이 2007년

'창조론오픈포럼'(Open Forum for Creationists)을 시작하게 된다. 현재 14회까지 포럼을 개최하는 등 새로운 창조론 연구를 활발히 펼치고 있다 (http://www.kictnet.net/bbs/board.php?bo_table=sub3_1 참조). 이렇게 '오픈포럼'의 자료로 제한하는 것은 이 단체가 한국 창조연대 논쟁(젊은 지구론과 오랜 지구론)의 중심에서 있다고 판단하기 때문이다.

5) 특히 지면 관계상 '오픈포럼' 자료에서 각 신학자들의 창조론(예를 들어 칼빈의 창조론)과 노아 홍수 연대와 관련된 자료들은 제외하고, 창세기1장과 이와 관련된 해석학적 문제들을 다룬 논문들로 제한하여 대표적인 논문 3편만을 선별하였다. 논문의 분량으로 인해 각주를 통해 간단히 정리하였음을 밝힌다.

6) 양승훈, "해석학적 단상"〈창조론 오픈 포럼〉1(1), (2007. 8), 24-31; 이 논문은 창조론 연구의 과학과 성경에 대한 네 가지 입장을 소개하고, 젊은 지구론을 주장하는 근본주의적 입장은 성경을 문자적으로만 해석하려는 오류를 범하고 있다고 분석한다. 개괄적이지만 창조론 연구와 관련한 해석학적 문제를 전반적으로 잘 소개하고 있다.

7) 성경의 무오성, 성경과 과학에 대한 태도에 대한 이슈는 양승훈의 "두 근본주의의 충돌-성경 문자주의와 자연주의적 진화론의 문제",〈창조론오픈포럼〉3(1), (2009.1), 11-17; "성경은 과학교과서인가-시카고선언에 비춰본 성경무오",〈창조론오픈포럼〉2(2), (2008.7),9-17을 참고하라.

8) W. Grudem, 〈Systemativ Theology〉 (England: InterVarsity Press, 1994)-노진준 역, 〈조직신학 (상)〉 (서울: 도서출판 은성, 1997), 427.

9) 그루뎀, 〈조직신학 (상)〉, 422.

10) 오랜 지구론을 설명하는 이론으로는 '제목설, 간격설(재창조설), 날-날-시대이론, 점진적 창조론(진행적 창조론), 골격가설(비유설) 등이 있다(임번삼, "점진적 창조론에 대한 성경적 비판", 한국창조과학회, http://www.kacr.or.kr/library/itemview.asp?no=3709 (접속, 2013. 11. 28); 박찬호, "밀라드 에릭슨의 점진적 창조론",〈창조론오픈포럼〉5(2), (2011.8), 44-45).

11) 그루뎀, 〈조직신학 (상)〉, 427.

12) W. W. Klein, C. L. Blomberg, and R. L. Hubbard, Jr. 〈Introduction to

Biblical Interpretation〉(Dallas: Word Publishing, 1993) – 한국어판: 류호영 역, 〈성경 해석학 총론〉(서울: 생명의말씀사, 1997), 299에서 재인용.

13) 본 논문 또한 성경 언어를 전공하지 않은 연구자로서 연구에 제한이 있음을 밝힌다.

14) 조덕영, "지구 연대에 대한 신학적 검토", 19-20; 임번삼, "점진적 창조론에 대한 성경적 비판", 한국창조과학회.

15) 벌코프, 〈조직신학-상〉, 권수경 이상원 공역 (서울: 크리스챤다이제스트, 1996), 361.

16) (1)어느 순간(삼상26:10; 시37:13), (2)태양이 지평선 위에 머무는 '낮' 시간(창1:5, 8:22, 31:39-40; 호4:5; 느4:21-22; 참조. 요11:9, "12시간으로 구성된 낮"), (3)일상적 24시간의 하루(욘1:17; 레23:32), (4)예언적 일년(겔4:6; 단8:14, 26; 12:11-12; 계9:15; 11:3; 12:6), (5)6일 창조의 전 기간(창1:5,8,13,19,23,31; 2:4).

17) 김진섭, "고대근동학의 배경에서 본 '날' 이해", 19-24; 조덕영도 거의 비슷한 견해를 소개한다. "단순한 하루 개념(레23:32)뿐 아니라 낮 시간(창1:5,16,18)이나 6일을 합한 날(2:4), 시간의 어떤 정점(미2:12), 1년을 나타내는 경우(레 25:29), 삿17:10), 기나긴 기간(요8:56), 해(창5:4), 종말적 날(사 13:9), 환난의 날(시20:1), 진노의 날(욥20:28), 형통의 날(전7:14), 구원의 날(고후 6:2) 등(조덕영, "지구 연대에 대한 신학적 검토", 20-21).

18) 그루뎀,〈조직신학 (상)〉, 428; 벌코프,〈조직신학-상〉, 361; 조덕영, "지구 연대에 대한 신학적 검토", 20; 임번삼, "점진적 창조론에 대한 성경적 비판", 한국창조과학회; John D. Morris, "젊은 지구2장, 성경이 말하는 지구의 연대", 한국창조과학회, http://www.kacr.or.kr/library/itemview.asp?no=416&category=L05&orderby_1=editdate%20desc&page=3 (접속, 2013. 11. 28).

19) Terry Mortenson, "수십억 년의 연대를 받아들여서는 안 되는 7가지 이유", 한국창조과학회. http://www.kacr.or.kr/library/itemview.asp?no=3640&category=L05&orderby_1=editdate%20desc&page=2

(접속, 2013. 11. 28).

20) 조덕영, "지구 연대에 대한 신학적 검토", 20-21.

21) 구약에 47회 사용된 또 다른 한 쌍인 '낮(욤)과 밤(라엘라)'이란 숙어는 태양일 하루를 지칭하는 일상어이다. 이 쌍은 전치사나 정관사의 유무에 관계없이 일상적인 태양일의 하루에 사용된다. (그런데) '낮'과 '밤'이란 단어가 각각 사용되고 있는 첫째 날과 넷째 날의 반복구에 (단어만 등장할 뿐) '낮과 밤'이란 한 쌍의 표현이 나타나지 않는다는 것(이다.) (중략) (오히려) 일상적인 하루를 가리키는 정상적인 숙어인 '낮과 밤'이란 문구 대신에 창조의 날들 외에는 일상적인 길이의 날에는 결코 사용된 적이 없는 '저녁과 아침'이란 숙어를 사용하고 있다는 것이다(김진섭, "고대근동학의 배경에서 본 '날'(욤, יום) 이해", 19-24).

22) 김진섭, "고대근동학의 배경에서 본 '날'(욤, יום) 이해", 19-24.

23) 그루뎀, 〈조직신학 (상)〉, 430.

24) 그루뎀, 〈조직신학 (상)〉, 430-31; 이에 대한 반론도 있다. 오랜 지구론은 태양이 첫날 '천지'를 창조할 때에 지구만이 아니라 태양도 함께 창조되었는데 어떤 이유인지는 알 수는 없으나 가려져 있다가, 4일째 되는 날에 가시적으로 보여졌다고 반박한다(박은식, "아담 이전의 큰 격변, 지구진동사건",〈창조론오픈포럼〉3(1), (2009.1), 44).

25) 출12:5; 24:16; 레12:3.

26) 조덕영, "지구 연대에 대한 신학적 검토", 20; 임번삼, "점진적 창조론에 대한 성경적 비판", 한국창조과학회; Terry Mortenson, "수십억 년의 연대를 받아들여서는 안 되는 7가지 이유", 한국창조과학회; John D. Morris, "젊은 지구2장, 성경이 말하는 지구의 연대", 한국창조과학회.

27) 문법적으로 잘못된 설명이다. 6일과 7일에만 정관사의 수식이 등장한다. Jonathan Sarfati, "창세기 1장의 수 패턴", 한국창조과학회; http://www.kacr.or.kr/library/itemview.asp?no=4540 (접속, 2013. 11. 28).

28) 김진섭, "고대근동학의 배경에서 본 '날'(욤, יום) 이해", 21-22.

29) 조덕영, "지구 연대에 대한 신학적 검토", 19-20; John D. Morris,

"젊은 지구2장, 성경이 말하는 지구의 연대", 한국창조과학회.

30) 조덕영, "지구 연대에 대한 신학적 검토", 20-21.

31) 그루뎀, 〈조직신학 (상)〉, 432.

32) 그루뎀, 〈조직신학 (상)〉, 428.

33) 즉 인간 창조, 동물들 창조, 동물들의 이름을 짓게 하심(창2:18-20), 하와를 만드심(창2:21-25), 아담과 하와에게 축복하심(창1:27) 등의 일들.

34) 그루뎀, 〈조직신학 (상)〉, 428.

35) 그루뎀, 〈조직신학 (상)〉, 432.

36) Terry Mortenson, "수십억 년의 연대를 받아들여서는 안 되는 7가지 이유", 한국창조과학회.

37) John D. Morris, "성경이 말하는 지구의 연대", 한국창조과학회; 그루뎀, 〈조직신학 (상)〉, 431; 벌코프, 〈조직신학-상〉, 361.

38) 출20:12, 네 부모를 공경하라 그리하면 네 하나님 여호와가 네게 준 땅에서 네 생명이 길리라 네 부모를 공경하라 그리하면 네 하나님 여호와가 네게 준 땅에서 네 생명(날들, 야밈)이 길리라

39) 6+1날 패턴으로서의 '안식일', 6+1년 패턴으로서의 '안식년', 6+1안식년 패턴으로서의 '희년'.

40) 그루뎀, 〈조직신학 (상)〉, 431

41) 그루뎀, 〈조직신학 (상)〉, 429; 벌코프, 〈조직신학-상〉, 359.

42) 윌리엄 클라인 외3, 〈성경 해석학 총론〉, 305; 한 본문에 대한 해석이 의견 일치를 보이지 않을 때 다음과 같은 해석학적 과제가 주어진다. (1)해석의 차이점의 성격을 분명히 해야 한다. 그 견해들이 어디에서 차이점을 보이고 있는지 알아야 한다. (2)각각 다른 견해에 이르게 한 연구 과정 중의 요소들을 조목 별로 항목화해야 한다. 해석 과정에 나타난 각 항목들에 곡해가 없는지, 억지 추론이 없는지, 과정에 나타난 결점들이 있는지 점검해야 한다. (3)어느 해석이 보다 창조적인 부연이나 수정을 하지 않고 본문의 역사적 의미에 충실한지 측정해야 한다. (4)그럼에도

불구하고 창조적인 해석도 가능하다는 점을 인정할 필요는 있다. 이러한 연구는 성경언어를 전공한 전문학자에 의해 이루어지는 것이 필요하다.

43) 정보적 범주, 태도에 관한 범주, 이데올로기적 범주, 방법론적 범주 등으로 구분된다.

44) 윌리엄 클라인 외3,〈성경 해석학 총론〉, 177-243.

45) 최우성, "양승훈 교수의 '두 근본주의의 충돌'을 읽고", 한국창조과학회. http://www.kacr.or.kr/library/itemview.asp?no=4516&keyword=%BE%E7%BD%C2%C8%C6&isSearch=1 (접속, 2013. 11. 28).

46) 최우성, "양승훈 교수의 '두 근본주의의 충돌'을 읽고", 한국창조과학회.

47) John D. Morris, "젊은 지구2장, 성경이 말하는 지구의 연대", 한국창조과학회.

48) Ken Ham, "오래된 지구의 신: 점진적 창조론, 간격이론, 날시대이론, 다중격별설" 한국창조과학회, http://www.kacr.or.kr/library/itemview.asp?no=2016&keyword=%B4%D9%C1%DF%B0%DD%BA%AF&isSearch=1 (접속, 2013. 11. 28).

49) 문자적인 해석을 어디까지 인정할 것인가?

50) 오랜 지구론은 영감을 손상시키는가?

51) 성경은 과학 교과서인가?

52) 윌리엄 클라인 외3,〈성경 해석학 총론〉, 41-2.

53) 양승훈,〈프라이드를 탄 돈키호테〉, 137.

54) 양승훈,〈프라이드를 탄 돈키호테〉, 183-84.

55) 버나드 램,〈성경 해석학〉, 169.

56) 버나드 램,〈성경 해석학〉, 175-76.

57) 성경의 영감과 무오성을 지나치게 주장하기 때문에 생겨나는 문제이다.

58) 양승훈,〈프라이드를 탄 돈키호테〉(서울: SFC, 2009), 127.

59) 부분 영감과 축자(완전) 영감을 구분하는 기준은 영감의 '범위'이다 (벌코프,〈조직신학-상〉, 162).

60) 기계적 영감과 유기적 영감을 구분하는 기준은 영감의 '방법'이다(벌코프,〈조직신학-상〉, 162).

61) 벌코프,〈조직신학-상〉, 165.

62) 벌코프,〈조직신학-상〉, 165-67.

63) 벌코프,〈조직신학-상〉, 162; 존 스토트,〈성경연구입문〉, 최낙재 역 (서울: 성서유니온, 2005), 166.

64) 벌코프,〈조직신학-상〉, 162.

65) 벌코프,〈조직신학-상〉, 164.

66) 성경을 과학 교과서로 받아들인다는 것은 어떤 학문 분야의 안내서(가이드) 또는 표준적인 책을 뜻하는 것이며, 이것은 결국 성경의 문장이나 표현으로부터 직접적인 과학 데이터(또는 주장)를 끄집어낼 수 있음을 의미한다(양승훈,〈프라이드를 탄 돈키호테〉, 178).

67) 양승훈,〈프라이드를 탄 돈키호테〉, 176.

68) 양승훈,〈프라이드를 탄 돈키호테〉, 184.

69) 박찬호, "프란시스 쉐퍼의 성경관과 창조론",〈창조론 오픈 포럼〉6(2), (2012. 2), 22에서 재인용(밀라드 에릭슨,〈복음주의 조직신학 (상): 서론, 신론〉(서울: 크리스챤 다이제스트, 2000), 436).

70) 버나드 램,〈성경 해석학〉, 277-280.

71) 그래서 성경은 천문학이나 지질학, 화학 등에 대한 이론을 주장하는 것이 아니며, 과학교재에 포함되어야 할 지식을 추구하지도 않는다.

72) 성경은 성경 저자가 살았던 시대의 용어와 표현을 사용했지만 진실하다.

73) 그루뎀,〈조직신학 (상)〉, 448.

74) 그루뎀,〈조직신학 (상)〉, 433.

75) 그루뎀,〈조직신학 (상)〉, 434.

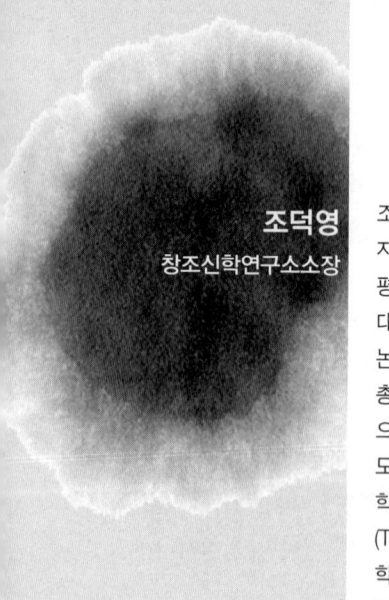

조덕영
창조신학연구소소장

조덕영은 사단법인 한국창조과학회 대표간사(1984-1998)와 「창조」지 편집인을 역임하였고 지금은 참기쁜교회 담임과 김천대 신대원·평택대 신학과 겸임교수로 있으면서 백석대, 안양대, 한세대 영산신대원 등에서도 강의하고 있다. 역·저서로는 〈과학과 신학의 새로운 논쟁〉(2006), 〈과학으로 푸는 창조의 비밀〉(1994, 김영길 전 한동대 총장과 공저), 〈외계 생명체 논쟁과 기독교〉(2001) 등 20여 권이 있으며 2003~2004년에는 국내 최초로 한국기독교출판문화상 어린이 도서부문 최우수상을 2년 연속 수상하였다. 충북대와 숭실대(환경공학, 석사), 성결교신학대학원(M. div., 역사신학), 평택대 신학대학원 (Th. M., 조직신학), 피어선신학전문대학원(Th. D., 조직신학)에서 수학했고 창조신학연구소를 설립하여 소장으로 있으면서 창조론오픈포럼의 공동대표로 사역하고 있다.

창조연대 문제

제7장 지구 창조연대에 대한 신학적 검토

"시간을 초월해 계시는 주님!
당신은 사람들이 시간과 다투고 있는 것을 보시고 웃음이 나실 겁니다."

Michel Quoist의 "시간이 없습니다" 중에서

본 장은 지구의 나이에 대한 신학적 관심을 추적하는 데 있다. 복음주의 신학자들과 과학자들은 창조에 대해 다음의 몇 가지 사실에는 대체적으로 서로 간에 견해가 일치한다. 즉 성경의 창조주 하나님은 무에서 유를 창조(*Creatio ex nihilo*)하셨다는 것과 창조 세계는 본래 선한 창조였다는 점이다. 그러므로 우주는 하나님의 영광을 나타내고 그의 영광을 위해 창조되었으며 세상은 여전히 하나님께 의존적이라는 것이 신학의 판단이다.[1]

이것이 사실이라면 성경과 피조 세계의 질서를 다루는 자연 과학(이하

과학) 사이에는 궁극적인 마찰이란 있을 수 없어야 한다. 하지만 왜 신앙과 과학 사이에는 여전히 보이지 않는 벽이 존재하고 때로는 날카로운 대립 아닌 대립 관계가 형성되고 있는가? 신학은 그 이유로 인간의 타락으로 인한 인류 조상 아담과 하와의 에덴동산으로부터의 추방과 창세기 홍수, 바벨탑 언어 혼란 등을 겪으며 생겨난 하나님과 인간, 사람과 피조 세계 사이의 소통 부족에서 그 원인을 찾는다.

이 소통의 단절로 인해 날카로운 의견 대립 상태에 있는 대표적 주제 가운데 하나가 바로 지구와 우주의 연대 문제이다. 본 장에서는 이 문제에 대한 바람직한 신학적 입장이 무엇인지를 추적, 검토하고자 한다.

I. 날카로운 두 대립

1) 젊은 지구론의 논증

젊은 지구론을 주장하는 사람들은 성경이 젊은 지구를 논증한다고 주장하며, 그 증거로 다음과 같은 성경의 증거를 제시한다.

첫째, 젊은 지구론자들은 창세기 1장의 6일 창조는 문자적 6일을 말한다고 한다. 그리고 이의 증거로서 첫째, 날('욤', יוֹם *yom*)은 하루를 증거한다고 주장한다.

'욤'은 구약 성경 39권 중 3권(에스라와 요나와 하박국서)을 제외하고는 모든 구약 성경에서 사용되고 있다. '야밈'(יָמִים *Yamim*)이라는 '욤'의 복수형까지 포함한다면 요나서와 하박국서를 제외한 모든 구약 성경에 아주 빈번히 사용된 단어이다. 이 단어는 구약 성경에서 단수로 약 1,480회 나타나고 단수와 쌍수와 복수 모두를 포함하면 약 2,225번 등장한다. 이 단어는 여러 가지 뜻을 가진다. 우리 성경에는 약 50여 가지 단어로 '욤'이 번역되어 있다.

하지만 젊은 지구론의 논증에 따르면 이 단어의 일반적 쓰임새는 우리가 쓰는 24시간 하루를 나타낸다. 일반적으로 한 단어의 뜻을 고려할 때

문맥적인 고려 사항을 전제하지 않는다면 가장 자주 사용하는 뜻을 원래 의미로 유지하여야 한다고 주장한다.[2] 또한 창세기 1장의 내러티브는 상징적인 것이 아니라 역사적인 의미를 담고 있다. 그렇다면 '욤'은 분명 우리들이 오늘날 사용하는 하루를 증거한다는 것이다.[3]

둘째, 젊은 지구론자들은 "저녁이 되며 아침이 되니(1: 5, 8, 13, 19, 23, 31),"의 반복 구절도 문자적 하루를 증거한다고 주장한다. 이 주장에 의하면 성경 창세기 1장에 나타난 이 표현은 각 날의 경계를 표시한다. 이것은 문자 그대로의 날들을 의미한다. 그렇지 않다면 구약 성경에는 날에 대한 아무런 기준이 없는 셈이 된다.[4] '저녁과 아침'이라는 구절은 창세기 밖에서 37번 사용되고 있는데(출 18:13; 27:21 등) 이들 구절들은 일반적인 하루를 묘사하고 있다.[5]

셋째, 젊은 지구론자들은 서수와 연결된 욤은 하루를 증거한다고 주장한다. 이들은 욤이 첫째, 둘째, 셋째와 같은 서수와 연결될 경우(출 12:5; 24:16; 레 12:3) 문자적인 하루 이외의 날들을 의미하지 않는다고 본다.

넷째, 젊은 지구론자들은 욤의 복수형 야밈(יָמִים Yamim)이 통상적인 날들을 나타낸다고 주장한다. 구약 성경에 608번 등장하는 욤의 복수형을 나타내는 '야밈'은 항상 통상적인 날들을 나타낸다는 것이다.

다섯째, 젊은 지구론자들은 태양과 달의 넷째 날 창조 문제를 제기한다. 즉 태양과 달이 넷째 날 창조(창 1:16-18)되었으나 하루는 태양이 중심이 아니라 지구 자전이 중심이 되어 계산되므로 태양과 달의 넷째 날 창조는 젊은 지구론적 관점에서 볼 때에 시간을 계산하는 데 아무런 문제가 되지 않는다는 것이다.

앞과 같은 창세기의 증거 외에도 젊은 지구론자들은 지구와 우주 창조연대도 짧다고 주장한다. 이들의 주장에 의하면 문자적 6일 창조설을 받아들일 때 당연히 지구와 우주 나이는 짧은 것이 성경적이다. 젊은 지구론자들은 제임스 어셔(James Ussher, 1581-1656) 감독이 주장하는 B.C. 4004년의 우주 창조 연대가 반드시 맞다고 동조하지는 않으나 단순하고 문자적인 성경 연대기를 받아들이지 못할 하등의 이유는 없다고 본다.

2) 오랜 지구론의 논증

젊은 지구론에 반하는 오랜 지구론의 논증은 다음과 같다. 이 이론은 현대 과학의 성과와 주장을 성경과 조화시키려는 관점이다. 그러므로 젊은 지구론의 성서 문자적 해석에 의문을 제기한다. 이들은 창세기 1장의 6일 창조는 문자적으로 해석하면 안 된다고 본다. 그 이유로 다음 몇 가지를 제시한다.

첫째, 오랜 지구론자들은 날('욤', םוי yom)은 단순한 하루만을 나타내지 않는다고 본다.6) 이들에 의하면 욤이라는 단어는 단순한 하루 개념(레 23:32)뿐 아니라 낮 시간(창 1:5,16,18)이나 6일을 합한 날(창2:4), 시간의 어떤 정점(미 2:12), 1년을 나타내는 경우(레 25:29; 삿 17:10), 기나긴 기간(요 8:56), 해(창5:4), 종말적 날(사 13:9), 환난의 날(시20:1), 진노의 날(욥 20:28), 형통의 날(전7:14), 구원의 날(고후 6:2), 심판의 날, 주의 날, 재난의 날처럼 무한한 의미의 날 등 다양하게 사용된다.

둘째, 오랜 지구론자들은 "저녁이 되며 아침이 되니(1: 5, 8, 13, 19, 23, 31)'의 반복 구절도 문자적 하루를 증거하는 것이 아니라고 본다. 이들에 의하면 성경은 하나님이 피조물인 인간에게 주신 언어이기 때문에 하나님은 유비(analogy)와 은유(metaphor)와 적응(accommodation)의 방법으로 말씀하신다. 저녁과 아침의 표현도 24시간이나 긴 기간을 알려주시려는 의도가 아니라 모든 창조물을 만드셨고 안식하셨음을 알려주시려는 문학적 구성(Literary Frame work View)이다.7) 오랜 지구론자들이 볼 때에 그것을 문자적으로 해석하려는 것은 성경의 의도를 오해한 것이다.

셋째, 오랜 지구론자들은 서수와 연결된 '욤'도 하루를 증거함이 아니라 성경적 언어의 특이성 차원에서 이해해야 한다고 본다. 이 주장에 의하면 '저녁이 되며 아침이 되니'를 문학적 구성으로 보면 서수와 연결된 '욤'을 해석하는 데 있어서도 24시간을 나타내는 단어가 아닌 문학적 구성으로 보게 된다. 어떤 작가가 소설을 쓸 때에 '저녁이 되며 아침이 되니 이는 첫째 날이니라'를 과학적 24시간을 염두에 두고 말하지 않는 것과 같다. 성경은 과학적 관점이 아닌 모든 역사와 인종과 인류 문화와 남녀노소에게 적응된 책인 것이다.

넷째, 오랜 지구론자들은 '욤'을 문자적 하루로 받아들이지 않는다면 '욤'의 복수형 '야밈(יָמִים Yamim)'도 당연히 24시간의 날들이 아닐 것이라고 본다.

마지막으로 오랜 지구론자들은 태양과 달이 넷째 날 창조된 문제도 문학적 구성론을 받아들이는 오랜 지구론 입장에서는 '욤'을 24시간이라고 볼 수 없는 증거 가운데 하나라고 본다.

II. 주요 신학적 견해

1) 어거스틴

어거스틴(Augustine of Hippo, 354-430)은 시간의 문제에 본격적 관심을 가진 최초의 신학자라 할 수 있다.[8] 그는 세상이 단번에 만들어진 것이지 엿새 동안의 연속적 과정으로 보지 않았다.[9] 어거스틴이 볼 때에 엿새는 자연적 날들이 아닌 천사들에게 있어 신비적 날들로 본다. 어거스틴은 고백록에서 창조의 첫 번째로부터 세 번째 날들과 넷째 날부터 후반부의 나머지 날들에 관한 개념은 서로 다르다고 본다.[10] 포이티에의 주교 힐라리우스(Hillarius of Poitiers)도 어거스틴의 견해와 동일하다.

시간은 일반 사람들이 생각하듯이 고정된 절대적 개념이 아니다. 이미 시간이 관측자의 속도나 중력에 따라 얼마든지 달라질 수 있음은 100여 년 전 아인슈타인이 이론적 토대를 마련하고 실험과 관측으로 증명된 사실이다. 만일 내가 빛의 속도로 시리우스 별을 여행하고 돌아올 수 있다면 나는 여전히 지금 그대로의 나이를 유지하고 있을 것이다. 지구의 시간 흐름과 나 개인의 시간 흐름이 어긋나 버린 것이다. 보통 사람들은 이 사실이 이상하게 느껴지거나 믿기지 않을 테지만 물리학도들은 모두 당연한 것으로 여긴다.

신앙적으로 보면 6천년이든 200억년이든 하나님 보시기에는 아무런 차이가 없다는 의미이다. 하나님은 천년을 하루같이 하루를 천년같이 여기시는 분이다. 하나님을 인간의 시간 안에 가두어 판단하려는 것은 오히려 하나님을 모독하는 일이 될 수 있음을 심각하게 고민해야 한다(벧후 3: 8, 16-17). 영원한 것은 지나가지 않는다. 모든 것이 현재일 뿐이다. 요컨대 하나님은 시간 속에서 사물을 보지도 않으시고 모든 것을 현재로 보고 계신다.[11]

어거스틴은 이미 이 같은 놀라운 사실을 알고 있었다.[12] 어떻게 시간에 대한 이런 지식을 얻은 것일까? 근대과학이 발달하기 전에 어거스틴이 현대인 못지않은 과학적 사실들을 직시하였다는 것은 개인적으로 볼 때 성령의 인도하심이라고 밖에는 달리 말할 수 없다.

2) 루터

종교개혁자 루터(Martin Luther, 1483-1546)는 창세기 부분에 대해 모세의 표현은 비유나 은유가 아닌 단순한 표현이라고 그대로 받아들인다. 성경의 역사성을 인정한 것이다. 하지만 루터는 인간의 무지를 인정하고 성경 창세기 1장에 나타난 모든 가르침의 지도권을 성령에게 양보한다. 루터는 탁월한 학자였다. 창조의 연대 문제에 관심이 없을 리 없다. 하지만 하나님의 어리석음이 인간의 지혜보다 낫다는 루터의 십자가 신학의 관점에서 보면 이해가 충분히 간다. 이에 따라 후기(後期) 루터는 창조 자체의 진행 과정보다 창조주 하나님 그 분에게 관심을 집중한다.[13]

3) 칼빈

칼빈(John Calvin, 1509-1564)은 물론 창조 세계는 출발점이 있다는 것을 믿었다. 그리고 창조 과정에 대한 성경 내용을 단순하게 수용하였다. 하지만 단순하게 수용한다는 것이 반드시 문자적 해석이라는 의미는 아니다. 칼빈은 궁창 위의 '물'을 '물(מים Maim)'이 아니라 '구름(ענן anan)'으로 해석하였다. 창세기의 저자로 알려진 모세는 물도 알고 구름이라는 단어도 잘 아는 사람이었다. 모세가 물이라고 썼다면 그것은 물이어야 한다. 칼빈이 그 사실을 모를 리 없었다. 칼빈은 우둔한 학자가 아니었다. 성경과 히브리어와 헬라어와 라틴어 그리고 당시 수사학에 모두 능통한 학자였다. 그럼에도 불구하고 칼빈이 궁창 위의 '물'은 '마임(물)'이 아닌 '아난(구름)'이라고 주석한 것은 무슨 이유였을까? 칼빈은 궁창 위의 '물'이라는 단어를 몰라서가 아니라 당시 보통 사람들의 이해 수준에 적응하여 '물(מים Maim)'이 아니라 '구름(ענן anan)'으로 해석한 것이다.

칼빈이 볼 때에 성경은 과학 서적이 아니라 위대하신 창조주 하나님께서 글을 읽지 못하거나 지식이 부족한 지극히 작은 자 중에 작은 자에게도 적응하신 수사학적 책이었다.14) 칼빈의 해석 방법은 성경의 종교 메시지가 누구에게든지 이해할 수 있게 묘사되었다는 종교 개혁 이론에 기초한다. 성령은 모든 사람을 위한 공통된 학교를 개설한 것이다. 그러므로 모든 사람들이 이해할 수 있는 수준의 주제를 선정하였을 것이다. 즉 모세는 교육받은 자의 교사만은 아니었다. 교육받지 못한 사람들의 교사였다. 그러므로 모세는 "성경을 기록함에 있어 평범한 언어를 채택했다. 그렇다면 성경은 보통 사람들을 위한 책이므로 천문학 및 다른 어려운 학문을 배우려는 사람들은 다른 곳으로 가야 할 것이다."15)

칼빈에게 하나님의 피조 세계를 이해하는 학문으로서의 모든 자연과학의 진지한 활동이나 진실된 결과를 수용하는 것은 전혀 문제가 되지 않았다. 칼빈의 그런 신학적 인식과 방법론 때문이었는지는 몰라도 프린스턴 신학교의 개혁주의 신학자 벤자민 워필드(B. B. Warfield)는 한걸음 더 나아간다. 그는 칼빈을 무로부터의 창조와 물질로부터의 창조인 진화론적 사고를 모두 수용한 인물로 본 것이다.

칼빈은 창조에 대해서는 관심이 많으나 창조의 시기에 대해서는 별 관심이 없는 듯하다. 그의 창세기 주석을 살펴보면 창조의 연대 문제에 대한 별다른 관심이 나타나지 않는다. 그것은 그가 연대 문제가 궁금하지 않아서가 아니라 감추어진 일에 대해서는 하나님의 말씀 안에서 우리에게 전해

제1부 창조론과 신학

내려온 것 이상의 다른 것을 말하거나 생각하고 알고자 욕망하지 않으려는 "절도와 적정의 원리(modestiae et sobritatis regulam)"를 따르는 칼빈의 신학 방법론에 기인한다고 보여진다.16) 이렇게 칼빈이 창세기 주석에서 묘사한 우주관이 근대 과학의 우주관과 여러 부분에서 조금씩 다른 것은 사실이나 수사학적 적응 개념의 의미를 알고 있던 칼빈에게 그 문제는 전혀 중요한 것이 아니었다.

4) 찰스 핫지

구 프린스턴을 대표하는 개혁주의 전통의 찰스 핫지(Charles Hodge, 1797-1878)는 당연히 우주의 시작이나 무로부터의 창조를 믿었다. 핫지는 당시 이슈가 되던 진화론에도 관심이 많은 학자였다.17) 찰스 핫지는 '하나님은 자신의 의지나 선하신 기쁨에 따라 어떤 사물들의 질서나 체계를 창조하실 수 있으므로 창조는 필연적 결과는 아니다'라고 주장한다.18) 비록 하나님의 형상을 닮은 피조물이기는 하나 창조주 하나님의 자유로우신 창조 사역 앞에 타락과 저주로 참 진실과 진리로부터 멀어진 우리 인간이 인류 타락 이전의 영광된 창조에 대해 얼마나 진실에 접근이 가능하겠는가!

아이는 자신의 탄생 진실에 대해 나이가 들면 유치한 지식으로부터 어느 정도 벗어날 수는 있다. 그럼에도 불구하고 출산에 대한 아이와 어른 사이의 진실의 갭은 대단히 크다. 하지만 창조주 하나님과 타락한 피조물에 불과한 인간 사이의 벽은 그리 간단한 문제가 아니다. 과학이 아무리 발달한다 하드라도 영광된 창조를 타락된 피조물인 인간의 눈으로 어디까지 접근이 가능할까 회의가 든다. 그러므로 핫지는 6일 창조에 문제는 믿음의 문제인 동시에 미해결의 문제로 본다. 피조물인 인간에게 있어 아직은 이 문제가 충분히 확증된 주제가 아니다. 그래서 핫지는 '신자(信者)는 그 결과를 조용히 기다려야 한다'고 보았다.19)

5) 벤자민 워필드

같은 프린스턴 신학자 워필드(B.B.Warfield, 1851-1921)는 근대 과학을 적극적으로 수용하려 한 인물이다. 핫지가 진화론에 대해 부정적 입장이었던 데 반해 워필드는 작업가설(作業假說, working hypothesis)로서의 진화론을 조심스럽게 수용한다. 워필드는 칼빈의 신조도 올바로 이해한다면 인간 영혼을 제외하고 모두 진화론적 창조라고 주장한다.[20]

6) 아더 피어선

아더 피어선(Arthur Pierson, 1837-1911)은 신학자요 목회자요 선교사인 동시에 한국 평택대의 전신인 피어선 신학교의 설립자이기도 하다. 피어선은 탁월한 학자였다. 그는 어릴 적 청교도 가정에서 자라 일찍감치 헬라어와 라틴어 수사학적 교육을 받고 성경 자증의 원리를 받아들인 보수적 근본주의적 신학자였다. 그의 주요 서적은 칠십 여권에 이르고 아직까지 수많은 논문과 팜플렛들이 남아있다. 그는 13,000여 편에 이르는 설교와 강의를 하였으며 당시 대설교자 찰스 스펄전 목사의 후계자인 동시에 당대 유명 복음주의자들인 무디(Dwight L. Moody)와 토리(Reuben A. Torrey), 딕슨(A. C. Dixon), 허드슨 테일러(H. Taylor), 고든(Gorden), 조지 윌리엄스(G. Williams), 조지 뮬러, 당시 기독 재벌 워너메이커가 모두 그와 밀접히 교제한 인물들이었다.

이 주제와는 조금 다른 문제이기는 하나 필자의 개인적 생각으로는 한국에 대한 피어선의 지극한 사랑으로 볼 때 종로에 YMCA 건물을 건축할 때 워너메이커가 기꺼이 건립비를 보내온 것도 친구인 피어선의 조언이 작용하였을 것으로 보인다.[21] 안명준 박사는 이런 피어선의 성경관을 종교개혁주의자들의 신학에 선 루터와 칼빈의 전통을 굳게 따르는 학자였다고 본다.[22]

사실 피어선은 과학에도 대단히 해박한 학자였다. 피어선이 활동하던 시기는 진화론과 자연 과학에 대한 관심과 연구가 폭발적으로 분출하며 세상을 변화시키던 시기였다. 그러므로 과학에 대한 관심은 당대 탁월한 신학자 가운데 한 사람이었으며, 근본주의 운동의 중심인물이었던 피어선의 관심 영역이었을 것이다. 따라서 피어선이 과학적 변증서를 남긴 것은 당연한 일이었다.

피어선은 자신의 책에서 자연과 성경 사이에는 어떤 모순도 없다는 주장뿐 아니라 오늘날 설계론자들이 주장하는 것과 유사한 주장을 편다.23) 피어선은 또한 창세기의 날(yom)이 문자적 하루가 아니었다고 논증한다.24) 피어선이 볼 때 창세기 2장 4절에서 욤은 창조의 전 시기를 가리키는 말로 사용되었으며, 시편 95편 8절에 보면 "시험하는 때에"란 말씀에서 그 날('욤)은 40년을 의미했다.25) 오리겐과 어거스틴을 인용하여 피어선은 이 "날"은 하나의 시기를 의미했을 것이며 히브리어가 정해지지 않은 것을 의미한다고 하였다.26)

피어선이 볼 때에 성서의 목적은 과학을 가르치려는 게 아니다. 도덕적이며 영적 진리를 가르치려는 것이다. 만일 성경의 언어가 과학적이었다면 그 언어는 관심을 끌었을지 모르나 오히려 약점과 방해를 받았을 것이라고 피어선은 역설한다.27)

7) 창조과학운동

주로 미국 ICR의 전통을 따르는 미국과 한국의 창조과학 운동은 창조 연대에 있어 6천년(한국) 또는 젊은 연대(1만년 내외)를 고수한다.28) 이 견해는 엇셔(James Ussher) 주교로부터 시작하여 안식교의 프라이스(George McCready Price)와 그에게서 영향 받은 헨리 모리스(Henry Madison Morris)의 견해와 대부분 일치한다.

8) 프란시스 쉐퍼(Francis A. Schaeffer)

복음주의 기독교 세계관 운동을 대표하는 인물 가운데 한 사람인 쉐퍼도 지구와 우주의 기원문제에 대해 호기심이 지극히 많은 사람이었다. 특히 창세기 연구는 쉐퍼의 관심 분야였다. 쉐퍼는 성경이 말하는 7가지 가능성에 대해 이렇게 말한다. (1) 성숙한(grown-up) 우주 창조, (2) 무질서한 창조계가 재창조된 것(쉐퍼는 이 해석에 대해서는 약점이 존재함을 인정한다), (3) 창세기 1장 해석에 있어 긴 하루가 있을 수 있을 가능성, (4) 창세기 대홍수가 지질학적 자료에 영향을 주었을 가능성, (6) 타락 이전 동물 죽음에 대한 가능성, (7) 히브리어 '바라(창조, bara)'라는 말이 완전히 새로

운 시작을 의미할 가능성 등이다.29)

쉐퍼는 성경 자체를 연구해 볼 때 창세기 1장의 날들에 대해 24시간으로 보아야 하는지 아니면 일정한 기간으로 보아야 하는지에 대한 확신이 없었다.30) 쉐퍼가 볼 때 성경은 두 입장 모두에게 열려 있다. 또한 쉐퍼는 신앙을 떠나서라도 인간 진화론을 믿지 않는다는 것과 우주 창조론에 영역에 있어서는 자유롭게 논의할 수 있는 영역이 있다는 것을 겸손하게 인정한다. 쉐퍼는 생물진화론에 대해서는 부정적이었으며, 우주 창조론은 진화론과 달리 우주 기원론 입장에서 차원이 조금은 다름을 열어놓고 있다.31)

9) 지적 설계(Intelligent Design)와 창조론 오픈 포럼(Open Forum for Creationists)의 입장

지적설계와 창조론 오픈 포럼은 신앙적 지향점이 다르나 연대 문제에 있어 열려 있다는 점에서는 유사하다. 지적설계 운동의 선구자 중에 한 사람인 뎀스키(W. Dembski)는 지적 설계는 수십 억 년 동안 발달해 온 생물, 물리학적 우주와 양립할 수 있다고 주장한다.32)

창조론 오픈 포럼은 칼빈이 말한 것처럼 하나님이 말씀하시는 곳에서 더 나아가지 않는다. 성경이 구체적으로 언급하지 않는 부분에 대해 인간이 랍비나 교사가 되기를 원치 않는다. 그것은 탁월한 결론이 도출될 때까지 미래를 위해 오픈한다.

지적 설계와 창조론 오픈 포럼은 연대 문제에 있어 각 개인의 신앙적 견해는 있을 수 있으나 아직 상대방을 설득할 만한 탁월한 이론은 성경해석에서 나온 적이 없다고 본다. 그러므로 모든 설명 가능한 성경적, 과학적 이론에 대해 수용적이다.

III. 창조 연대 문제 토론의 신학적 문제점은 무엇인가?

1) 성경 원본 상실의 문제

히브리 성경 원전이 없는 상황에서 우리는 섣불리 과학에서도 결론이 나있지 않은 부분에 대해 성급하게 단정하거나 결론을 내려서는 안 된다. 루터가 어거스틴의 말을 인용하여 "성경의 앞 부분은 성령의 것으로 돌려야 하며 그러므로 기록상 어떤 오류도 있을 수 없다"고 했어도 그것은 원본에 국한된다.

수많은 서로 다른 사본의 존재는 BC 4004년 경 창조라는 결론을 배격한다. 설령 문자적 해석을 하더라도 사본들 사이의 창조 연대는 1천년 이상의 차이가 생긴다. 원본 상실의 문제는 필연적으로 연대 문제에 있어 갭이 발생하게 만든다. 사본들 사이의 차이는 엇셔 주교가 BC 4004년을 주장한 데 반해 유대인은 3760년, 70인 역(Septuagint)은 5270년, 요세푸스 5655년, 케플러 3993년, 루터 3961년, 라이트 푸트(Lightfoot) 3960년, 헤일즈(Hales) 5042년, 플레이페어(Playpair) 4008년, 리프만(Lipman) 3916년 등 일치된 견해가 나오지 못하게 만든다.[33]

성경 원본이 소실되었다 해도 성경을 창조-타락-구속으로 이어지는 기독교 세계관으로 해석하기에는 아무런 무리가 없다. 그러나 연대 문제는 다르다. 연대는 기독론적, 구속론적 문제가 아니다. 성경 원본 상실은 이 문제가 구속론과는 달리 섣불리 결론을 내리기 힘든 부분이 존재함을 의미한다.

2) 성경 족보의 빠진 인물의 고리들 문제

성경 사본의 차이뿐 아니라 '성경은 성경으로 해석한다'는 성서 원리(Scriptura sacra sui ipsius interpres)를 따르더라도 성경 족보의 빠진 인물의 고리에 대한 난제는 여전히 남는다.

마태복음 1장 8-9절에 보면 요담의 아버지는 웃시야이다. 하지만 역대상 3장 1-12절에 보면 요담과 웃시야 사이에는 요담의 조상 아사랴와 아마샤와 요아스 3 세대가 추가되어 있다. 족보 상의 공백이 보이는 것이다. 출애굽기 6장 20절은 아므람이 요게벳에게서 모세와 아론을 낳았다고 하나 아므람은 모세의 친아버지가 아니다. 아므람은 모세와 아론과는 300여년 시간적 간격을 가진 조상이다. 모세 시대 아므람의 가족들은 아므람의 세 형제들(이스할, 헤브론, 웃시엘)의 후손들을 포함하여 남자만 8600명에 달하였다. 그 중 30-50세 사이의 숫자만 2630명이었다(민 4:35-36 참조).

창세기 5장과 11장 족보의 족장들 수명의 총합이나 마태복음 1장과 누가복음 3장에 기록된 예수님의 족보에서도 상이점이 발견된다. 누가복음 3장 36절에 나오는 가이난은 창세기 11장 족보 명단에서 셀라와 아박삿(아르박삿) 사이에 위치해야 하는 인물이지만 빠져있다. 이것은 성경 족보가 완전한 연대적 족보가 아니라 저자의 의도가 담긴 선택적으로 편집된 족보임을 알려준다.[34]

3) 천사 창조의 미스터리 문제

연대 문제를 다룰 때 결정적 난관은 천사 창조의 미스터리이다. 천사는 과연 언제 창조되었는가? 만일 6일 창조를 문자적으로 받아들일 때 천사 창조 문제는 심각한 딜레마에 빠져 버린다. 성경적으로 보면 천사도 분명한 피조물이다.[35] 그러할 때 6일 창조에 천사 창조를 적용하면 하나님은 전능하신 분이 아니라 애시 당초 타락한 천사인 미숙한 사단과 귀신들을 인류와 거의 동시에 창조하여 아담과 하와를 타락시킨 장본인이 된다. 불완전한 천사를 창조 주간(6천 년 전)에 창조하였다면 하나님의 전지전능 교리에 아주 심각한 손상을 주게 된다. 또한 하나님을 마치 우주라는 그럴듯한 창조 연극의 대본을 만든 장본인을 만드는 격이다. 요컨대 하나님은 전지전능하시다는 역사적 창조 교리가 어긋나게 되면 타락의 책임과 원인도 창조주 하나님에게 돌려버리는 누(累)를 범하게 된다. 천사 창조 시기는 신비로 남겨두어야 한다. 천사 교리에 있어 일치되는 안전한 개혁적 교리는 천사도 피조된 존재라는 것과 그것들이 구체적으로 언제인지는 모르나 일곱째 날 이전에 창조되었다는 것뿐이다.[36]

4) 창조 시기에 대한 신학과 과학의 잠정성

앞에서 우리는 신학이 연대 문제에 대해 일치된 목소리를 내지 못함을 알았다(표 1 참조).

〈표 7-1〉 창조와 창조 연대에 대한 입장 비교

입장	Creatio ex nihilo (무로부터의)	Creatio continua (창조 섭리로서의)	창조 연대에 대한 입장
어거스틴과 힐라리우스	수용	수용	창조 1-3일째 날의 오랜 연대
루터와 칼빈, 찰스 핫지, 프란시스 쉐퍼, 아더 피어선, 복음주의	수용	수용	주요 이슈 아님 (중요치 않음)
벤자민 워필드(진화론 긍정), 제임스 오르(진화론 긍정), 윌리엄 제닝스 브라이언(진화론 반대)	수용	수용	오랜 연대
엇서, 안식교의 조지 프라이스, 창조과학(모리스, ICR, KACR)	수용	?	아주 중요 (기원전 약 4004년 경)
지적설계	침묵	?	침묵(중요치 않음)
진화론(무신론적 진화론)	반대 (빅뱅 지지)	반대	오랜 연대
현대 과학 주류(무신론적) 〃 (유신론적)	모름 (빅뱅 지지) 수용 (빅뱅 지지)	반대 수용	지구 = 약 45억년, 우주 = 약 200억년 내외
버나드 램, 알리스터 맥그라스, 슈뢰더, 하워드 반틸, 로버트 뉴먼, 데이비스 영, 존 호트	수용	수용	오랜 연대
창조론 오픈 포럼	수용	수용	신학과 과학계에서 창조 연대에 대한 결정적 증거가 나오기 이전까지는 모든 견해에 대해 존중하고 오픈해야 함

과학도 마찬가지이다. 과학은 지구와 우주의 연대에 대해 과거로부터 지금까지 늘 잠정적 결론만을 내려왔다. 신학과 과학은 결코 영원히 지구나 우주 연대에 대해 정밀한 결론을 내릴 수는 없다. 특별히 방사성 연대 측정 방법이 시작된 이래 지구 연대 측정값은 예상치가 급격히 변화(증가)하여 온 특징이 있다(표 2 참조). 앞으로도 새로운 결론이 나오지 않는다는 보장은 전혀 없다. 이것은 앞으로도 과학적 결과들은 지구와 우주 연대에 대해 근사치만을 제공할 뿐임을 나타낸다.

〈표 7-2〉 지구 나이에 대한 과학적 예상치의 증가표[37]

과학자	측정 연도	예상치(백만 년)
1850년 이전	1850년	25
캘빈(L. kelvin)	1862/1897	20/40
졸리(J. Joly)	1899	90
레이레이(Rayleigh)	1921	1000
호치키스(W. O. Hotchkiss)	1932	1600
홈즈(A. Holmes)	1947	3350
아렌스(L. Ahrens)	1949	2500
홈즈	1956	4500
현대 과학의 입장(추정치)	1984년 이래	4500

IV. 창조연대 이슈는 아디아포라(adiaphora) 문제이다

필자는 성경과 과학이 지구나 우주 연대 문제에 대해 항상 잠정적 결론만 내릴 뿐임을 살펴보았다. 성경은 연대 문제에 대해 분명 침묵한다. 신학자들 간의 명료한 해석적 일치성도 없었다. 양식 있는 믿음의 신학자들은 이 문제를 성경의 아디아포라(adiaphora)의 문제로 돌리고 있었다. 과학은 오랜 연대의 증거가 지배적이지만 젊은 연대의 증거가 아주 없는 것은 아니다. 그러므로 연대 문제에 관한한 결정적 해답은 아직 없다. 그것은 성경이 미숙한 책이기 때문도 아니요 그와 반대로 과학이 발달하지 않아서가 아니다. 성경과 과학 측정값 모두 이 문제에 관한한 절대적이지 못하고 잠정적 결과만을 제공하기 때문이다.

과학철학자 칼 포퍼(K. Popper)는 기대와 추측이 이론 구성에 본질적 역할을 함을 간파하였다. 포퍼의 이론에 따른다면 과학은 진리를 말하는 것이 아니라 단지 개연적 진리만을 말할 뿐이다. 토마스 쿤(T. Kuhn)도 과학적 활동이 진리보다는[38] 패러다임이라는 일종의 선택적 동기에 의해 수행됨을 간파하고 있다. 따라서 이제 필자는 이 문제에 대한 개인적인 과학적 성경적 추정을 유보한다.

성경과 과학은 분명 이 논쟁에 있어 아직까지는 누구의 손도 들어주지 않고 있다. 승자도 없고 결론 없는 팽팽한 양론이 있을 뿐이다. 이것이 이 문제가 과학과 신학 사이에 소통의 도구가 되지 못하는 이유 중 하나가 되고 있다. 하지만 역으로 보면 오히려 성경과 과학이 이 문제에 대해 결정적 단서를 제공하지 않고 침묵하므로 대화와 소통의 길은 열려 있다고 보아야 한다. 어느 쪽 입장을 택하든 전혀 성경의 진실성은 위협 받지 않는다. 인간의 해석이 확실하지 않음은 오히려 우리 인류를 겸손하게 머리 숙이게 만들 뿐이다. 연대 문제는 남에게 판단과 총을 겨누는 도구가 아니라 교만을 버리고 하나님과 자연 앞에 겸손한 자세를 갖게 만드는 도구임을 웅변적으로 알려준다. 분열은 어두운 세력만 기쁘게 할 뿐이다. 자녀들이 '내가 어떻게 태어났는가'하는 문제를 가지고 피 터지게 싸운다면 부모의 근심만 늘어날 뿐이다.

하나님은 구원의 하나님이실 뿐 아니라 창조의 하나님이시다. 구원의 샬롬은 자연에도 적용되어야 한다고 본다. 샬롬의 과학, 과학의 샬롬이 피조 세계에서도 이루어져야 한다.[39] 연대 문제로 인한 믿는 이들끼리의 충돌은 분명 샬롬이 아니다. 이제 분열과 내 주장만 옳다는 독단적 사고는 버려야 한다. 화평을 심어 의의 열매를 거둠(약 3:17-18)이 곧 성령으로 난 지혜이다. 신앙의 극단적 근본주의와 현대 무신론 과학자들이 서로 충돌하는 사이에 복음 전파에 불필요한 애꿎은 생채기가 생겨서는 안 된다. 우리는 작가 김훈의 말처럼 사실과 견해를 구분해야 한다. 아직까지 연대 문제는 누구나 단지 잠정적 결론만을 말할 수 있는 견해에 불과하다. 따라서 견해에 불과한 것을 마치 사실이라고 선포하면서 다른 사람의 견해를 힘으로 누르려하는 판단자나 심판자가 되어서는 안 된다고 본다.

그렇다면 결론은 명확해진다. 전투와 샬롬을 구분해야 한다. 신앙이 어떤 면에서 전투이기는 하나[40] 연대 문제는 전투 거리가 아니다. 연대 문제에 대해 조급함과 두려움을 버리고 자유함을 가질 필요가 있다. 오히려 그 자유함이 복음 전파와 신앙에 좋은 시야를 열어준다. 자유함을 가지고 추적하고 연구하고 도전해볼 만한 주제이다. 그럴 때 복음주의는 좌우 양편의 많은 동역자를 얻게 되는 것이다.

제1부 창조론과 신학

각주

1) 시 19: 1-4.

2) Robert L. Reymond,, 안명준 외 3인 〈최신조직신학〉 (서울: CLC, 2004), 505.

3) Ibid.

4) H. M. Morris, *The Genesis Record* (California: Master Books, 1976), 56.

5) Ibid.

6) Wayne Grudem, *Systematic Theology* (Michigan: IVP, 1994), 193-4.

7) Ibid., 300.

8) Whitney J. Oates, Basic Writings of Saint Augustine, (Michigan: Baker Book House, 1992), 190-201)

9) Ibid.

10) Saint Augustine, *The Confessions*, Trans. by J. G. Pilkington Chapter XI

11) Ibid.

12) Ibid.

13) Charles P. Arand, "Luther's thougon Creatuion," 「2004 Luther 강좌」 (루터중앙교회, 2004. 10.26)

14) John Calvin, *Commentary on Genesis 1.15* (Grand Rapids : Wm. B. Eerdmans, 1981)

15) Ibid.

16) John Calvin, *Institutes of the Christian Religion*. trans. by F. L. Battles (Philadelphia: Westminster Press, 1977), I.xiv. 4.

17) Mark A. Noll & David N. Livingstone이 편집한 Charles Hodge 의 *What is Darwinism* (Michigan: Baker Books, 1994)을 볼 것.

18) Charles Hodge, 김귀탁 역, 「조직신학」(서울: 크리스천다이제스트, 2002), 686.

19) Ibid.

20) B. B. Warfield, "Calvin's doctrine of Creation," in *Calvin and Calvinism* (New York: Oxford University, 1931), 204-5.

21) 조덕영 「하나님을 믿은 세계의 부자들」 (서울: 겨자씨, 2007) 워너메이커 편 참조.

22) 안명준, 「피어선의 신학적 해석학」 (평택: 피어선 기념연구원, 2002). Introduction.

23) Arther T. Pierson, *Many Infallible Proofs* (New York: Fleming H. Revell, 1886), 11-13, 14

24) Ibid. 122.

25) Ibid.

26) Ibid.

27) Ibid.113-4.

28) "창조과학회 우주 연대 6천년" 공식 지지 선언에 대한 국민일보 남병곤 편집위원의 2008년 7. 15일 기사를 참조할 것.

29) Francis A. Schaeffer, *No Final Conflict*, (Illinois: IVP, 1975), Chapter 3.

30) Ibid.

31) Ibid.

32) William A. Demski, *Intelligent Design*, (IL.: IVP, 1999), 251-2.

33) H. M. Morris, *The Genesis Record*, 45.

34) 양승훈, "성경의 영웅족보와 창조론 연구," 〈창조론 오픈 포럼〉 2(1): 19-28 (2008.1.)

35) 시 148:2, 5; 골 1:16.

36) 창 2:1; 출20:11; 욥 38:7; 느9:6 참조.

37) Ian T. Taylor, *In the Minds of Men* (Toronto: TFE Publishing, 1984), 432.

38) 조덕영, 〈과학과 신학의 새로운 논쟁〉(서울: 예영, 2006), 15.

39) Ibid., 74.

40) 엡 6:10-13; 딤후 4:7.

제2부 창조론과 과학

〈우주의 창조〉
8장 힉스입자, 창조에 말을 걸다 (양승훈)
9장 다중격변과 소행성 충동 (양승훈)
10장 생물 진화와 우주진화: 그 개념적인 다름에 대한 논의 (박기모)

〈생명과 인류창조〉
11장 창조-진화 논쟁의 열역학적 측면에 (유승훈)
12장 자연발생론과 다윈의 진화론에 대한 비판 (허정윤)
13장 진화 중인 인류기원론에 대한 성경적 조망 (김남득)
14장 UFO 신드롬, 그 영적인 실체 (양승훈)

〈지적 설계〉
15장 창조과학과 지적 설계, 양립은 가능한가? (조덕영)
16장 생명체의 적응능력, 또 하나의 설계증거 (장혜영)
17장 신묘(神妙)막측의 절정, 인체: 진화인가? 창조인가? (이선일)

양승훈
밴쿠버기독교세계관대학원

양승훈은 경북대 사대(B.S.), KAIST 물리학과(M.S., Ph.D.), 위스콘신대학 과학사학과(M.A.), 위튼대학 신학과(M.A.)에서 공부했으며, 국제이론물리학센터 파견학자(이탈리아), 한국과학재단 포스트닥(Univ. of Chicago)과 경북대 사대 물리교육과 교수를 거쳐(1983-1997) 현재는 밴쿠버기독교세계관대학원(VIEW) 교수 및 원장으로(1997-) 재임하고 있다. 〈진화는 과학적 사실인가?〉(공저, 1981), 〈예수님이 주인 되시는 새로운 대학〉(1993), 〈창조론 대강좌〉(1996), 〈그리스도인으로 공부를 한다는 것은〉(2010), 〈창조론 탐구학습〉(2010) 등 30여권의 저서를 출간했으며, 근래에는 지난 24년간 집중해 오던 〈창조론 대강좌〉 시리즈(7권) 탈고에 집중하고 있는데 현재까지 〈다중격변창조론〉, 〈생명의 기원과 외계생명체〉, 〈창조와 진화〉 등 1, 2, 3권을 출간하였고, 나머지 책들도 준비 중이다. 2007년 8월, 조덕영 박사와 더불어 "창조론 오픈포럼"을 창설하여 공동대표 및 〈창조론 오픈포럼〉 공동 편집장을 맡고 있으며, 2010년 8월부터는 Trinity Western 대학에서 모이는 쥬빌리 채플의 설교자로도 봉사하고 있다.

우주의 창조

제8장 힉스입자, 창조에 말을 걸다[1)]
- 새로운 과학적 발견에 대한 그리스도인의 자세

    2012년 7월 4일, 스위스 제네바에 위치한 유럽입자물리연구소(Conseil européen pour la recherche nucléaire, CERN)는 거대강입자가속기(Large Hadron Collider: LHC)에 설치된 두 검출기(ATLAS, CMS)의 분석 결과를 토대로 "힉스와 같은 입자(Higgs-like particle)"를 발견했다고 발표했다. 힉스입자는 우주를 구성하는 입자들 중 마지막으로 발견된 기본입자이다. 이 입자는 같은 장소, 같은 양자상태에 (한 개의 입자만 존재할 수 있는 fermion과는 달리) 여러 개의 동일한 입자들이 동시에 존재할 수 있기 때문에 보존(boson) 입자군에 속한다. 그래서 힉스입자는 힉스보존(Higgs boson)이라 불리기도 한다.
    힉스입자는 오래 전에 여러 사람들에 의해 거의 동시에 예언되었다. 브라우트(Robert Brout), 엥글러트(François Englert), 힉스(Peter Higgs), 구랄닉(Gerald Guralnik), 헤이건(C. R. Hagen), 키블(Tom Kibble) 등은 1964년에 물리학 최고의 학술잡지인 〈Physical Review Letters〉를 통해 이 입자의 존재를 예언했던 것이다.[2)] 여러 사람들이 거의 동시에 힉스입자의 존재를 예언했지만 흥미롭게도 한국계 미국 물리학자 이휘소(Ben Lee) 박사는 이 입자를 힉스입자라 명명했고, 그 후 이 말은 국제적으로 통용되게 되었다.3)

[그림 8-1] 2012년 7월 4일, 힉스입자 발견을 발표하는 CERN 대변인 (로이터 뉴시스)

I. 현대 우주론의 표준모형

힉스입자는 만물을 구성하는 17개의 기본입자들 중 마지막으로 발견된 입자로서 힉스입자와 그와 관련된 힉스장(Higgs Field)의 존재는 왜 현대 우주론(혹은 입자물리학)의 표준모형(Standard Model)에 등장하는 다른 기본입자들이 질량을 갖는지를 설명한다. 표준모형이란 1960년대부터 시작하여 1973년에 개발된 이론이다. 이 모델에서는 기본입자로 쿼크(quark) 6개, 경입자(lepton) 6개 등 12개와 이들 사이의 상호작용을 매개하는 4개의 매개입자(gauge particle, force), 그리고 이들 입자들에게 질량을 부여하는 힉스입자 등 총 17개의 입자로 자연계의 현상을 설명한다. 즉 이 17개 입자가 우주의 모든 물질과 세상을 움직이는 힘을 만든다는 것이 표준모형의 핵심 개념이다.

그 동안 입자물리학의 여러 실험결과들을 설명하는데 대부분 성공했기 때문에 표준모형은 "Theory of almost Everything"이라고도 불린다. 실제로 그림 8-2에서 e로 표시된 전자, γ로 표시된 광자는 이미 오래 전부터 알려져 있었다. μ로 표시된 뮤온(muon)은 1936년 앤더슨(Carl D. Anderson)이, τ

로 표시된 타우온(tauon)은 1975년 펄(Martin Lewis Perl) 등이 발견하였다. b로 표기한 보텀 쿼크(bottom quark)는 표준모형이 예측한 대로 1977에 발견되었고, t로 표기한 톱 쿼크(top quark)는 1995년에, vτ로 표기한 타우 중성미자(tau neutrino)는 2000년에 발견되었다. 게이지 보존(gauge boson)에 해당하며 g로 표시된 글루온(gluon)은 1962년에 겔만(Murray Gell-Mann)이 예측하였고, 1978년에 처음 발견되었다. 역시 게이지 보존에 해당하는 W-보존과 Z-보존은 1981년에 발견되었다.

이 입자들은 모두 표준모형에서 예측한 질량(에너지)과 스핀 등을 가졌는데, 대부분 먼저 이론적인 예측이 있은 후 실험을 통해 존재가 확인되었다. 예를 들면 W-보존의 에너지는 표준모형에서 80.390 ± 0.018 GeV로 예측되었는데 실험적으로 80.387 ± 0.019 GeV로 확인되었고, Z-보존의 에너지는 표준모형에서 91.1874 ± 0.0021 GeV로 예측되었는데 실험적으로 91.1876 ± 0.0021 GeV로 확인되었다. Z-보존의 붕괴에 대한 표준모형의 예측들은 CERN의 대형 전자-양전자 가속기(Large Electron-Positron Collider)에 의해 증명되었다.[4]

 혹은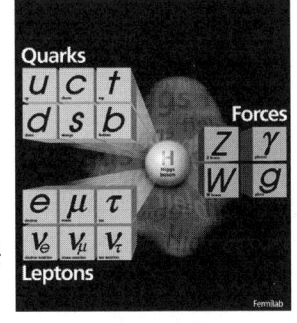

[그림 8-2] 표준모형에서 제시하는 6개의 쿼크(Quark)와 6개의 경입자(Lepton), 4개의 매개입자(게이지 보존)와 힉스입자[5]

지금까지 표준모형을 구성하는 총 17개의 입자들 중 힉스입자를 제외한 나머지 16개 기본입자들은 모두 실험적으로 발견되었다. 하지만 기본입자에 질량을 부여하는 17번째의 힉스입자가 없이는 현대물리학의 뼈대로 불리는 표준모형이 완성되었다고 할 수 없었다. 우주를 구성하는 기본 요소를 설명하는 표준모델에서 실험적으로 발견되지 않은 마지막 입자인 힉스입자는 어떻게 기본입자들이 질량을 얻게 되었는지, 나아가 별들과 행성들이 어떻게 중력을 갖게 되었는지를 설명한다.

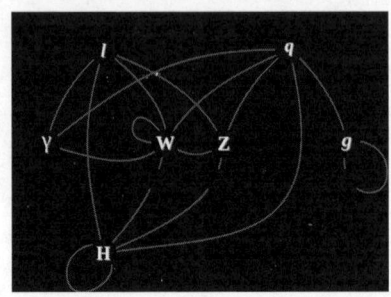

[그림 8-3] 표준모형에서 묘사하는 입자들 간의 상호작용 요약

그림 8-3에서 보듯이 경입자(l로 표시)에 해당하는 광자(γ)와 게이지 보존 중 하나인 글루온(g)은 힉스입자와 직접적인 상호작용을 하지 않으며, 따라서 이들은 질량을 갖지 않는다. 반면 힉스입자와 강하게 상호작용하는 W-보존이나 Z-보존은 질량이 매우 크다.

이처럼 기본입자들이 힉스입자와 상호작용하는 정도에 따라 질량이 결정된다는 게 표준모형의 전제인데, 힉스입자가 없으면 입자들이 질량을 가질 방법이 없어지고, 따라서 표준모형이 성립할 수 없다. 역으로 말하면 표준모형이 옳다면 힉스입자는 있어야 하며, 힉스입자가 없거나 예측과 다르다면 표준모형을 수정하거나 폐기하고 새로운 이론을 만들어야 한다. 물리학자들이 반세기 가까이 끈질기게 힉스입자를 찾아 헤맨 이유도 바로 여기에 있다.

그러면 표준모형이 모든 것을 설명하는가? 그렇지 않다. 여전히 표준모형으로도 설명할 수 없는 부분이 있다. 예를 들면 암흑에너지(dark energy) 문제나 일반상대론에서 다루는 중력 문제, 중성미자 진동(neutrino oscillation) 문제, CP-Violation 문제 등은 표준모형으로 완전하게 설명하지 못한다. 그럼에도 불구하고 표준모형은 지금까지 제기된 어떤 우주 모형보다 현재의 우주와 실험결과들을 가장 잘 설명한다.

II. 힉스입자와 대폭발 이론

그렇다면 이렇게 중요한 힉스입자가 왜 이제야 발견되었을까?

우주의 기본입자들에 질량을 부여하는 역할을 했던 17번째 기본입자 힉스는 지금까지 관측할 수 없었고, 태초의 대폭발 때에만 잠깐 존재했던 것으로 추정하고 있다. 힉스입자는 처음 우주가 창조되는 순간에만 존재하다가 기본입자들에 질량을 부여하고 사라진 가상적인 입자다. 그러므로 137억 년 전, 우주가 처음 창조될 때를 인위적으로 만들지 않고는 힉스입자의 존재를 확인할 방법이 없다. 그런데 CERN에서는 LHC를 이용하여 광속에 가깝도록 가속시킨 양성자들을 서로 충돌시킴으로써 극히 작은 스케일이지만 대폭발이 일어나는 순간, 즉 현재의 태양보다 10만 배 정도 더 뜨거운, 극히 높은 밀도의 상태를 순간적으로 만들 수 있었고, 양성자들이 "부서질 때" 그 부서진 조각들 속에서 힉스입자가 존재한다는 것을 증명한 것이다!

힉스입자를 발견하는 것이 극히 어려웠던 이유는 태초의 대폭발 순간에 해당하는 초고온, 초고압의 조건을 인위적으로 만들어야 하는데 그러기 위해서는 엄청나게 큰 가속기가 필요했기 때문이다. 그러므로 그림 8-4에서 보여주는 것처럼 CERN의 LHC와 같은 어마어마한 가속기가 없었다면, 그리고 그림 8-5와 같이 극히 작은 영역에서 일어나는 양성자 충돌 결과를 측정할 수 있는 예민한 대형 검출기(detector)가 없었다면 힉스입자의 발견은 원천적으로 불가능했을 것이다. 피터 힉스가 자기 생전에 힉스입자가 발견될 것을 상상조차 하지 못했다고 한 말도 다르게 표현하면 자기 생전에 힉스입자를 생성시킬 수 있는 강력한 초대형 입자 가속기가 만들어질 수 있으리라고는 상상하지도 못했다는 말과 같다.

 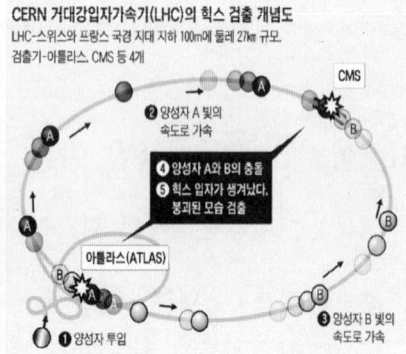

[그림 8-4] 둘레가 무려 27km에 이르는 제네바 인근 CERN의 LHC 구조

[그림 8-5] CERN의 거대한 LHC detector ATLAS(좌)와 CMS. 사람의 크기와 비교6)

한 때 전 세계에서 가장 큰 입자가속기를 보유했던(지금은 CERN에 이어 두 번째) 시카고 인근의 페르미국립가속기연구소(Fermi National Accelerator Laboratory, 페르미랩)에서도 그렇게 오랫동안 힉스입자를 찾기 위해 노력했지만 성공하지 못했다. 그 이유의 하나는 그림 8-6과 같이 가속링(accelerating ring) 길이만 6.28km에 이르는 페르미랩의 가속기 테바트론(Tevatron)조차 충분히 강하지(크지) 않았기 때문이라고 할 수 있다.7)

제8장 힉스입자, 창조에 말을 걸다

[그림 8-6] 시카고 교외에 위치한 페르미국립가속기연구소와 가속기가 설치된 터널 (왼쪽 그림 상단 좌측에 보이는 본부 건물과 우측 그림을 비교하면 가속기의 규모를 짐작할 수 있다.)

오랫동안 페르미랩 소장을 역임하고 중성미자 연구로 노벨 물리학상을 수상했던 레더만(Leon Lederman, 1922-)이 아무리 힉스입자를 찾아도 발견되지 않자 역정을 내는 의미로 자기 책 제목을 '제기랄 입자(The Goddamn Particle)'라 붙인 것도(책 제목이 너무 자극적이어서 후에 출판사에서 'The God Particle,' 즉 '신의 입자'라고 수정해서 출간했지만) 그만큼 힉스입자를 찾기가 어렵다는 것을 말해준다. 이외에도 전 세계적으로 대형 입자가속기를 가진 연구소에서 힉스입자를 찾기(만들기) 위해 그렇게 오랜 시간 노력을 했지만 실패한 이유 중 하나는 바로 대폭발 순간을 모의할 수 있을 정도로 입자 에너지를 높일 수 없었기 때문이다.[8]

[그림 8-7] 오랫동안 페르미랩의 소장을 했던 Leon Lederman(러시아에서 이민 온 유대인)

III. 기독교 세계관적으로는…

이번 CERN의 발표는 대폭발 이론과 직접적으로 관련되어 있다. 힉스입자는 대폭발 이론을 포함하는 표준모형의 결과이기 때문이다. 그러면 CERN의 힉스입자 연구결과 발표가 그리스도인들에게 갖는 의미는 무엇일까?

1. 대폭발 이론의 역사

먼저 우리는 대폭발 이론에 대한 평가에 대해 매우 신중해야 한다. 아쉽게도 한국 교회에는 몇몇 미국 근본주의 단체들의 영향을 받아서 대폭발 이론은 무신론이고 유물론이기 때문에 반기독교적이라는 오해가 팽배해 있다. 그래서 대폭발 이론에 대해 긍정적인 그리스도인 과학자들에 대해 색안경을 끼고 보기도 한다. 물론 그 동안 대폭발 이론 속에 무신론이나 유물론을 끼워 "마케팅"하는 사람들이 많이 있었던 게 사실이다. 하지만 대폭발 이론 자체가 마치 무신론이나 유물론인 듯이, 혹은 대폭발 이론은 반드시 무신론이나 유물론으로 귀결되는 것처럼 주장하는 것은 바르지 않다.9)

[그림 8-8] 대폭발 이론에서는 극히 높은 온도와 밀도를 가진 물질이 팽창(폭발)하여 현재와 같은 우주가 되었다고 본다.10)

20세기 초에 기본적인 개념이 제시된 대폭발 이론은 100여년의 역사를 지나면서 수정, 보완된 이론이다. 처음 제시된 원시적인 대폭발 이론은

제8장 힉스입자, 창조에 말을 걸다

1950년대를 지나면서 가모브(George Gamow) 등에 의해 지금과 같은 정교한 형태로 다듬어졌고, 우주개발이 본격화된 1960년대부터 대폭발의 구체적인 증거들이 속속 쌓이기 시작했다.

[그림 8-9] 대폭발 이론을 체계화하는 데 공헌한 러시아 태생의
미국 물리학자 조지 가모브

1965년, 윌슨(Robert Woodrow Wilson)과 펜지아스(Arno Penzias)는 우주배경복사(Cosmic Microwave Background Radiation)를 발견하였다. 이들은 그림 8-10에서 보여주는 것과 같은 뿔 모양의 이 안테나로 당시에 막 시작되고 있었던 위성통신을 연구하고 있었다. 길이만도 15미터에 이르는 이 안테나는 1959년에 제작되었는데, 이들은 우연히 우주배경복사를 발견하게 되었고, 이로 인해 윌슨과 펜지아스는 1978년 노벨 물리학상을 공동으로 받았다.

[그림 8-10] 윌슨과 펜지아스와 우주배경복사를 발견했던 뉴저지주 홈델에 위치한 벨랩(Bell Telephone Laboratories)의 뿔모양의 안테나
(Holmdel horn antenna at in Holmdel).[11]

1990년대에는 NASA가 쏘아올린 코비(COBE: Cosmic Background Explorer) 위성 연구 결과를 들 수 있다.[12] 코비 위성에 탑재된 FIRAS(Far-InfraRed Absolute Spectrophotometer) 장치로 측정한 우주배경복사 스펙트럼은 그때까지 측정된 흑체복사 스펙트럼 중 가장 정밀하게 측정된 것으로 평가 받고 있다. 그런데 대폭발 이론에 근거한 스펙트럼의 이론적인 예측과 실측값은 그림 8-11에서 보여주는 것처럼 완벽하게 일치해서 구별되지 않을 정도였다!

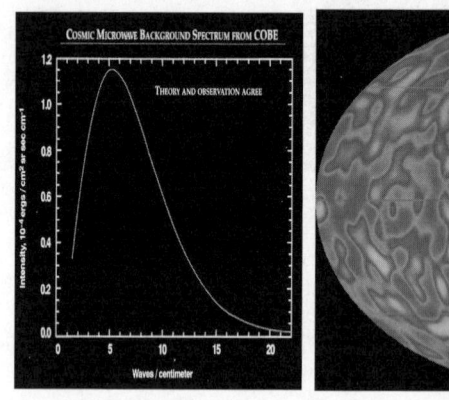 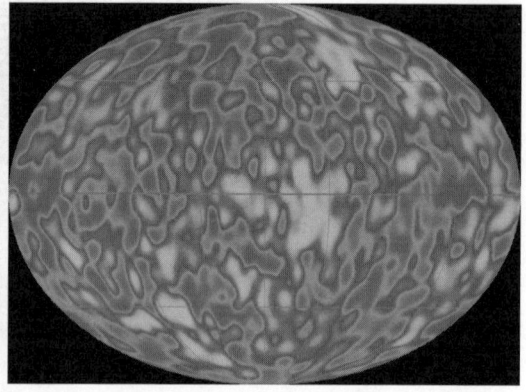

[그림 8-11] 코비 위성에 탑재된 FIRAS 장치로 측정한 우주배경복사 스펙트럼과 분포.[13]

대폭발 이론을 지지하는 증거는 21세기 들어와서도 속속 발견되고 있다. 2001년 6월 30일, 코비에 이어 NASA에서 쏘아올린 WMAP(Wilkinson Microwave Anisotropy Probe) 인공위성의 데이터는 우주가 대폭발에 의해 시작되었다고 가정했을 때의 우주배경복사 분포를 더욱 정확하게 보여주고 있다. 7년간에 걸쳐 WMAP이 작성한 우주배경복사의 온도 분포에 의하면 우주의 평균 온도는 절대온도 2.725도(섭씨 -270.425도)이며, 지역마다 온도 차이는 0.0002도에 불과하다. 이것은 대폭발 이론에서 예측하고 있는 바와 정확히 일치한다. 2010년에 발표된 그림 8-12의 지도는 내부선형조합법(Internal Linear Combination: ILC)으로 작성된 것이며, 은하계나 다른 근원으로부터 온 노이즈를 제거한 결과이다.

제8장 힉스입자, 창조에 말을 걸다

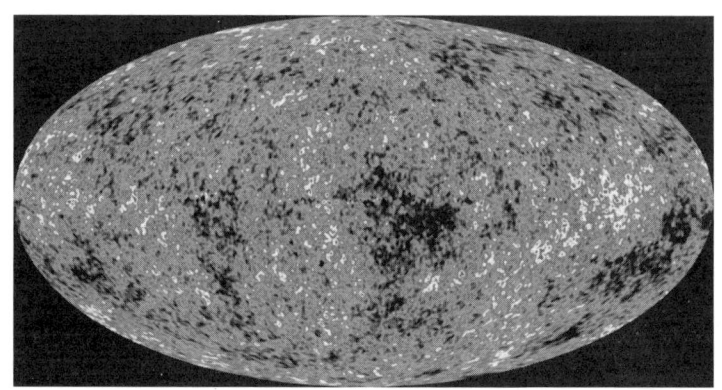

[그림 8-12] WMAP이 작성한 우주배경복사의 온도 분포. 붉은색 지점과 푸른색 지점의 온도차는 0.0002도에 불과하다. 이것은 대폭발 이론에서 예측하고 있는 바와 정확히 일치한다.14)

이 외에도 WMAP은 우주론에 대한 매우 중요한 사실들을 많이 밝혀냈다. 즉 WMAP은 우주의 표준모형인 람다 CDM 모델(Lambda CDM Model)을 확립하는 데 핵심적인 역할을 했으며, 몇 가지 중요한 우주 상수들을 정밀하게 측정하였다. 우선 우주에 대한 람다 CDM 모델에서는 우주의 나이를 137.5억년 ± 1.1억년으로 계산하였는데 이는 오차가 1% 미만인 극히 정밀한 값이며, 기네스북(Guinness Book of World Records)에 등재되었다! 기네스북에 이런 수치까지 등재되는 것이 좀 우습기는 하지만 말이다.

WMAP이 측정한 허블 상수(Hubble Constant), 즉 우주의 팽창속도는 70.5 ± 1.3 km/sec-Mpc였다. 여기서 Mpc는 메가파세크(megaparsec)의 준말로서 1 Mpc는 325.8만 광년(3.0857×10^{22}m)의 거리를 말한다. 이는 어떤 은하가 우리 지구로부터 1 Mpc 거리만큼 멀어질 때마다 70.5 km/sec 속도만큼 점점 더 빨리 멀어짐을 의미한다. 예를 들면 지구로부터 1 Mpc 떨어진 은하는 지구로부터 70.5 km/sec의 속도로 멀어지고 있고, 10 Mpc 떨어진 은하는 705 km/sec의 속도로 멀어지며, 200 Mpc 떨어진 은하는 14,100 km/sec의 속도로 멀어지는 것이다. 사실 필자가 대학생 시절이었던 1970년대 초반까지만 해도 허블 상수는 대충 50-500 km/sec-Mpc 정도라고 알려졌지만 그 동안 엄청나게 정밀한 측정이 이루어진 것이다!

뿐만 아니라 WMAP은 우주를 구성하는 물질의 비율도 측정하였다. 지금까지 알려진 우주의 구성물질은 우리가 관측할 수 있는 원자물질(baryonic matter) 4.56% ± 0.15%, 빛을 방출도, 흡수도 하지 않는 차가운 암흑물질(cold dark matter, CDM)이 22.8% ± 1.3%, 우주의 팽창을 가속화하는 우주상수의 형태로 존재하는 암흑에너지(dark energy)가 72.6% ± 1.5%, 마지막으로 1% 미만의 중성미자(neutrino)였다. 하지만 2008년 WMAP이 측정한 결과는 처음으로 중성미자 우주배경복사(cosmic neutrino background)가 존재하며,[15] 그 비율은 4.4 ± 1.5%에 이르는 것으로 나타났다. 이는 예측치였던 3.06%에 근접한 값이다.

앞의 연구 결과를 요약하면 그림 8-13과 같이 나타낼 수 있다. 1965년 윌슨과 펜지아스가 처음 대폭발의 흔적인 CMBR(cosmic microwave background radiation)의 존재를 확인한 이후, 1992년 코비 위성은 CMBR의 정밀한 스펙트럼을 발견했으며, 2003년 WMAP은 코비의 측정결과를 한층 더 정밀하게 측정하였다. CMBR에 대한 측정이 정밀해질수록 그 결과는 대폭발 이론에서 예측한 바와 점점 더 정확하게 일치해가고 있다. 우주의 역사와 운명에 대한 정보가 점점 더 정확하고 풍성해지고 있는 것이다!

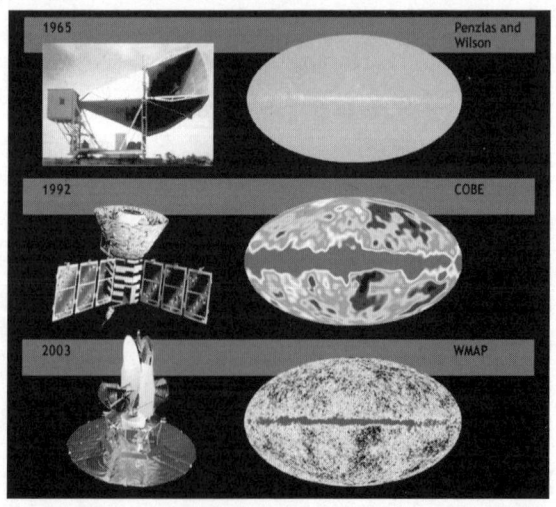

[그림 8-13] 위에서부터 윌슨-펜지아스(1965), 코비(1992), WMAP(2001)가 본 CMBR을 기초로 초기 우주를 컴퓨터로 모의한 그림[16]

이런 여러 연구 결과들에 더하여 이번 CERN의 발표는 초기 우주 연구 중에서 대폭발 이론을 지지하는 가장 분명한 연구결과라고 할 수 있다. 물론 대폭발 이론에 대해 적대적인 사람들은 힉스입자가 존재한다는 증거는 간접적이지 않느냐고 항변할 수 있다. 하지만 우리가 바람을 보지 못하지만 나뭇잎이나 깃발, 다른 움직이는 것들을 보고 바람의 존재와 방향, 강도를 유추하는 것처럼 물리학이나 천문학 등에서는 직접적인 관찰이 불가능하더라도 간접적인 증거가 믿을 만한 경우가 얼마든지 있다. 사실 우리가 직접 눈으로 본 것만을 믿는다면 현대 과학 전체를 송두리째 부인해야 한다. 현대를 가리켜 전자시대라고 하지만 아무도 전자를 직접 본 사람은 없다. 전자의 집합적 행동조차 직접적인 관찰은 불가능하다. 마찬가지로 천문학에서 말하는 암흑물질이나 블랙홀 등도 아무도 직접 관측한 적이 없지만 이제는 전문가들이라면 아무도 이들의 존재를 부인하지 않는다. 부인할 수 없는 간접적인 증거들이 많이 있기 때문이다.

2. 대폭발 이론의 기독교적 함의

그러면 기독교 세계관적 관점에서 대폭발 이론은 어떤 의미가 있을까? 대폭발 이론은 근래 일부 근본주의자들이 유물론적이고 무신론적이라고 비판하기 전까지는 도리어 여러 사람들에 의해 지나치게 기독교적 혹은 종교적이라는 비판을 받았다.17)

[그림 8-14] 초기 대폭발 이론을 제안했던 벨기에 신부 르매트르

사실 지난 1927년에 제시되어 현재의 대폭발 이론의 전신이 된 원시원자가설(hypothesis of the primeval atom)은 벨기에의 신부 르매트르(Abbé Georges Lemaître, 1894-1966)가 제창한 것이다. 이 가설에 의하면 우주는 원시수퍼원자(primeval super atom)가 폭발하여 시작되었으며 지금까지 계속 팽창하고 있다. 르우뱅 대학(Catholic University of Louvain) 물리학과 교수이기도 했던 그는 우주가 팽창하고 있다는(당시에는 희미한 증거였지만) 관측결과를

기초로 허블보다 먼저 허블 법칙을 제시하기도 했다.[18]

[그림 8-15] 교황 비오 12세

르매트르의 영향인지는 확실하지 않지만 가톨릭은 이미 오래 전에 대폭발 이론이 성경의 창조개념과 충돌하지 않는다는 점을 공표했다. 1951년 11월 22일, 당시 교황 비오 12세(Pope Pius XII, 1876-1958)는 교황청과학원(Pontifical Academy of Science) 개회연설에서 대폭발이론은 창조에 대한 가톨릭 개념과 충돌하지 않는다고 선언했다.[19] 여러 복음주의 개신교단들도 대폭발 이론이 창조교리의 역사적 해석을 지지하는 것으로 환영했다.[20]

르매트르의 신앙적 배경과는 무관하게 실제로 많은 학자들은 우주가 대폭발로 시작되었다는 대폭발 이론의 종교적 함의를 지적하고 있다. 윌리엄 앤드 메리 대학(College of William and Mary in Virginia)의 해리스(James F. Harris)는 "유신론자와 물리학자들은 모두 대폭발 이론을 유신론적 설명을 위한 기회를 열어두는 것으로 보았다."고 했다.[21] 또한 대폭발 이론을 반대하는 사람들도 이 이론이 기독교적 함의를 갖는다고 이의를 제기한다. 대폭발 이론에 반대하는 러너(Eric J. Lerner)는 "신학자로부터 물리학자, 소설가에 이르기까지 많은 사람들은 대폭발 이론이 창조주라는 기독교적 개념을 지지한다고 믿는다."고 했다.[22]

그림 8-16에서 보여주는 것과 같이 대폭발 이론에 의하면 우주는 극히 높은 온도와 밀도를 가진 상태에서 팽창하여 지금과 같은 우주가 되었고, 그 우주는 지금도 팽창하고 있다고 본다. 이는 마치 풍선을 불면 풍선 표면에 그려진 그림이 커지듯이 우주의 공간이 팽창하면서 그 속에 있는 은하들도 동시에 팽창하고 있다. 이는 시간과 공간과 물질이라는 우주를 구성하는 3대 요소를 창조주가 "무에서 창조(creatio ex nihilo)"했다는 것으로 해석할 수도 있음을 의미한다.[23] 맨선(N.A. Manson)에 의하면 "대폭발 이론은 많은 사람들에게 이 이론의 신학적 함의를 환영하지 않는 사람들이 보여준 것과 같은 신학적 함의를 갖는다."[24]

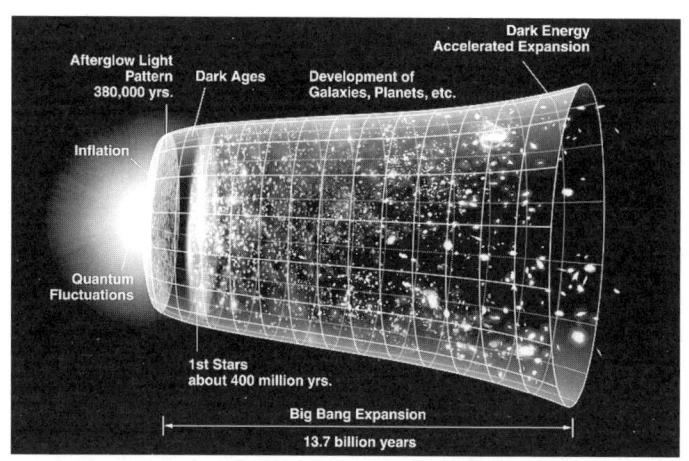

[그림 8-16] WMAP의 우주배경복사 측정 결과를 기초로 재구성한 137억년의 우주 역사. 대폭발 직후의 급격한 팽창과 "암흑시대", 원자, 별, 은하 등의 탄생이 시간 축으로 그려져 있다.25)

1920년대와 1930년대까지만 해도 대부분의 주요한 우주론자들은 우주는 무시무종(無始無終)하며 팽창하는 우주의 밀도를 유지하기 위해 지금도 계속적으로 물질이 생겨나고 있다고 주장하는 정상상태이론(Steady State Theory)을 지지하였다.26) 그러면서 대폭발 이론에서 시간의 시작이 있다는 주장을 제기하자 이는 종교를 물리학에 끌어들이는 일이라고 반발했다!27) 옥스퍼드대학에서 과학과 종교의 관계를 연구하는 해리슨(Peter Harrison)은 "대폭발 이론에 대한 초기 반발의 이유는 이 이론이 경쟁이론인 정상상태이론과는 달리 우주가 시작을 갖고 있다고 제안하는 것이었는데, 이는 어떤 사람들에게는 받아들일 수 없는 종교적인 함의이다"라고 했다.28)

대폭발 이론은 우주가 공간적으로나 시간적으로 유한함을 의미한다. 그래서 우주가 시간적으로 무시무종할 뿐 아니라 공간적으로 무한하다고 생각한 정상상태 이론가들은 이 이론을 받아들일 수가 없었다. 크라그(H. Kragh)가 언급한 것처럼 "문제가 되고 있는 이 [대폭발] '이론'이 실패한 또 다른 점은 이 이론이 우리를 세상을 유한한 것으로 가정하는 이상적인 태도로 이끈다는 점이다."29) 흥미롭게도 이는 창조주 하나님 외에 무시무종하거나 무한한 존재는 존재하지 않는다고 보는 기독교 세계관적 관점과 일치한다. 만일 하나님 외에 무시무종하고 무한한 존재가 있다면 그것이 곧 창조주가 될 것이기 때문이다.

지금까지 수많은 과학자들의 연구결과를 종합할 때 하나님께서 적어도 우리가 연구할 수 있는 어떤 방법으로 우주를 창조하셨다면 대폭발의 방법을 사용하셨을 가능성이 가장 높다고 할 수 있다. 일부 기독교인들 중에는 "하나님께서 대폭발이 아니고 말씀으로 창조하셨다"라고 주장하는 사람들이 있는데 이것은 뭔가를 크게 오해한 것이다. 이 말은 마치 "철수는 공부를 하기 위해 서울에 갔지 기차를 타고 서울에 간 것이 아니다"라는 주장처럼 문법적으로 맞지 않는 말이다. 하나님께서 "말씀으로" 세상을 창조했다는 말은 대폭발을 통해 우주가 창조되었다는 개념과 배치되지 않는다. "말씀으로"라는 말은 우주 창조의 과학적 메커니즘을 말하려는 것이 아니라 창조주 하나님을 강조하는 말이다. 하나님은 "말씀으로" 세상을 창조하셨지만 "말씀으로" 우주를 만든 구체적인 메커니즘은 얼마든지 대폭발일 수 있기 때문이다! 하나님이 "말씀으로" 천지를 창조하셨다는 말이 반드시 과학적으로 연구할 수 없는 방법으로 창조되었음을 의미하지 않는다는 말이다.

3. 과학적 언어와 신앙적 언어의 구별

셋째, 우리는 과학적인 사실과 신앙적인 내용은 기술하는 언어가 다르다는 것을 기억해야 한다. 2012년 7월, CERN에서 발표한 내용을 조심스럽게 살펴보면 힉스입자의 질량(에너지)이 이론적으로 약 125~126GeV(1GeV=10억 eV)일 것으로 예상했는데, 이번에 CERN에서 실험으로 이 질량영역에 속한 입자를 발견한 것이다. 물론 실험적 오류의 가능성도 배제할 수 없다. 힉스입자가 존재할 확률은 99.99994%로 300만 번의 실험에서 한 번 정도 오류가 발생하는 수준이라고 한다. 그럼에도 불구하고 힉스입자 연구를 진행한 CERN에서는 '힉스 발견'이라고 단정하지 않고 '힉스에 일치하는 새 입자 발견'이라고 표현했다.

이번에 CERN에서 발견한 입자는 기존 표준모형에 들어맞는 힉스입자일 가능성이 확실시되지만, 만의 하나 완전히 새로운 이론으로 설명해야 할

입자일 수도 있다. 거의 힉스입자가 맞을 거라고 보지만 그래도 혹이라도 아닐 수 있는 가능성을 열어두고 있는 것이다. CERN에서는 사안의 중요성을 고려하여 2012년도 하반기 추가 실험을 진행한 뒤 연말에 힉스의 존재를 최종 발표하였다. 이것이 의미하는 바가 무엇일까?

아무리 주의 깊게 연구를 해도 인간이 하는 연구는 오류의 가능성이 있음을 인정하는 것이 정상적인 과학 활동의 모습이다. 오류의 가능성에 대해 열려 있지 않는, 다시 말해 잠정성(tentativeness)이 없는 주장은 더 이상 과학의 영역에 속하지 않는다. 철학자 포퍼(Karl Popper, 1902-1994)의 용어를 빌리자면 반증이 가능하지(falsifiable) 않은 주장은 과학이 아니라고 할 수 있다.30)

[그림 8-17] 칼 포퍼-과학과 비과학을 구분하는 잣대로 반증 가능성을 제시한 유대계 철학자31)

만일 누군가가 어떤 증거를 제시하더라도 자기 이론은 절대로 틀릴 수 없다고 주장한다면 그것은 아무리 자연에 대한 설명이라 해도 더 이상 과학적인 언급이 아니라 신앙고백이라고 할 수 있다. 하나님이 천지를 창조하셨다는 것은 신앙고백이다. 그렇기 때문에 성경을 하나님의 말씀으로 믿는 그리스도인이라면 아무도 하나님이 천지를 창조하셨을 확률을 99.99994%라고 말하지 않는다!

4. 열린 지성의 중요성

마지막으로 우리는 지성을 자연과 초자연 모두에 대해 열어두어야 한다. CERN에서 발표한 것처럼 힉스입자의 존재가 완전히 증명되었다고 해도 여전히 우리는 우주 창조의 방법으로 현대 물리학이나 우주론에서 제시하는, 대폭발이 아닌 제3의 메커니즘이 있을 수 있음을 염두에 두어야 한다. 그런 의미에서 대폭발 이론은 영원한 "작업가설(working hypothesis)"이라고 할 수 있다. 현재까지 쌓인 증거로 봐서는 대폭발이 하나님이 우주를 창조하신 방법일 가능성이 가장 높지만 여전히 대폭발 이론보다 더 그럴 듯 하고 이론적, 실험적 증거가 많은 과학적 모델이 있을 가능성도 열어두어야 한다는 말이다. 아마 그런 과학적 모델을 제시하는 사람이 있다면 틀림없이 노벨물리학상을 받을 것이다!

다음에는 말할 필요도 없이 우리는 성경에 나타난 많은 기적들처럼 사람들이 과학적으로 설명할 수 없는 초자연적 메커니즘에 의해 우주가 창조되었을 가능성도 열어두어야 한다. 하지만 그런 경우는 과학의 영역에 속하지 않는다. 과학은 과학적 방법으로 연구하고 설명할 수 있는 경우에 국한된다.

[그림 8-18] 도킨스-극단적인 유물론, 무신론을 주장

하나님의 역사를 초자연적 영역에만 묶어 두는 것이나 자연적 영역에만 묶어 두는 것은 둘 다 하나님을 제한하는 것이다. 창조의 방법을 오로지 자연적인 방법, 즉 과학적으로 연구가능한 방법에만 국한시키는 이신론자(理神論者, deist)의 태도도 문제지만 창조의 방법을 초자연적인 과정에만 제한하는 성경문자주의자들의 태도도 문제이다.

기독교나 모든 신앙에 대해 극히 적대적인 태도를 취하고 있는 영국의 도킨스(Richard Dawkins, 1941-) 같은 사람의 문제도 바로 여기에 있다. 도킨스는 눈에 보이지 않는 세계, 초자연적인 세계의 존재를 모두 부정한다. 극단적인 무신론, 유물론을 주장하고 있는 그의 태도는 신앙적인 측면은 차치하고 지적인 측면에서도 매우 바람직하지 않다.

초자연적인 존재를 모두 부정하는 것은 스스로 지적인 지평을 엄청나게 제한하는 것이다. 그리고 초자연에 대해 열려 있지 않은 지성은 금방 교조화(敎條化)되고 이데올로기화되어서 사람들의 눈을 가리고 생각을 막아버리는 해악을 드러내게 된다. 자연에 대해 열려있지 않은 성경문자주의자들의 반지성적 태도에 못지않게 초자연에 대해 열려있지 않은 도킨스의 태도 역시 폐쇄적인 지적 제국주의 혹은 지적 자폐증에 빠질 수밖에 없게 된다.

어떤 의미에서 자연과 초자연으로 나누는 것은 우리 인간의 유한성 때문이라고 할 수 있다. 전능하신 하나님은 초자연과 자연으로 나누는 우리 인간의 기준과는 무관하게 역사하실 수 있는 분이다. 하나님은 무지개가 생기는 것이나 일식이 일어나는 것처럼 과학적으로 완벽하게 설명할 수 있는 현상에도 관여하시지만 죽은 나사로를 살리고 물로 포도주를 만드는 기적의 현장에도 관여하시는 분이다.

IV. 새로운 연구 결과를 대할 때는…

끝으로 그리스도인들은 과학자들의 연구결과를 기뻐하는 법을 배워야 한다. 그 동안 몰랐던 우주의 신비를 발견한다는 것은 발견자들만의 기쁨이 아니라 우리 모두의 기쁨이다. 또한 새로운 과학적 발견은 그것의 실용적 가치만이 우리가 기뻐해야 할 이유가 아니다. 새로운 발견을 통해 이전에 우리가 몰랐던 것을 앎으로 기뻐하는 것은 인간의 타락에도 불구하고 우리에게 남아 있는 하나님의 형상의 일부분이라고 할 수 있다. 그리고 그것은 피조세계의 청지기적 소명을 가진 모든 사람들의 마땅한 바라고 할 수 있다.

이번 CERN의 힉스입자 연구발표는 그동안 표준모델에 근거한 대폭발 이론에서 예측하고 있는 가장 중요한 한 가지 결과를 증명한 것이라 할 수 있다. 힉스입자의 존재에 전 세계가 흥분하는 이유는 현대 물리학자들이 대폭발 이론을 비롯하여 물질의 궁극적인 기원과 구성에 대해 지금까지 이론적으로, 실험적으로 쌓아 온 체계가 옳다는 점을 재확인하는 사건이기 때문이다.

힉스입자 발견을 발표하는 자리에서 힉스는 "저는 이러한 결과가 이렇게 빨리 나오게 된 것에 놀랄 뿐입니다. 이는 연구자들의 전문성과 정교한 기술이 함께 만났다는 증거입니다. 저는 제가 살아있는 동안 이러한 일이 일어날 줄은 전혀 예상하지 못했습니다…"라고 말했다. 사실 힉스입자의 발견은 LHC와 같은 100억불(약 11조원) 이상의 입자가속기와 전 세계 수천

명의 전문 과학자들의 공동 연구가 없었다면 불가능한 일이다. 이는 힉스가 처음 이 입자의 존재를 예언했던 1964년에는 상상도 하지 못했던 연구 환경이다. 그래서 발표장에서 힉스는 거듭 언론과의 인터뷰나 코멘트를 사양하면서 스포트라이트는 자기 이론이 옳음을 증명한 과학자들에게 주어져야 한다고 한 것이다.

[그림 8-19] 7월 4일, CERN 공개 세미나 현장에 초빙된 영국의 피터 힉스. 그와 몇몇 동료들은 1964년 힉스입자를 처음 예측했다. 왼쪽은 롤프 호이어 CERN 소장 (제네바=AFP 연합뉴스)

힉스입자의 발견을 기뻐하는 힉스와 같이 그리스도인들은 과학자들의 새로운 연구결과가 나올 때마다 함께 기뻐하는 자세를 갖는 것이 필요하다. 정상적인 과학자들의 연구를 의혹의 눈초리로 바라보면서 성경을 부정하는 결과가 나오면 어쩌나 하면서 노심초사하는 것은 바람직한 태도가 아니다. 과학자가 그리스도인인지 여부를 떠나 저들을 통해 드러날 하나님의 창조의 신비를 기대하는 마음을 갖는 것이 필요하다. 오랜 시간 동안 그들의 관측, 실험, 계산을 통해 드러나는 하나님의 설계의 증거들은 아무리 기뻐해도 모자랄 것이다. 과학자들이 발견하는 자연의 대칭성, 통일성, 조화 등은 부인할 수 없는 창조주의 사역을 증거하기 때문이다. 다만 이 때 과학이라는 옷을 입고 슬그머니 비집고 들어오는 인간의 자랑과 교만, 과학주의나 물질주의 등 이데올로기들만 주의한다면 누가, 어느 곳에서 발견하든지 "모든 진리는 하나님의 진리(All truth is God's truth)"임이 분명하다![32]

각주

1) 이 장의 축약판이자 일반인들을 위한 칼럼은 〈미주 뉴스앤조이〉 2012년 7월 11일자에 게재되었다. cf. http://www.newsnjoy.us/news/articleView.html?idxno=2901 "힉스 입자, 창조에 말을 걸다"란 본 논문의 멋진 제목은 재치 있는 〈미주 뉴스앤조이〉 전현진 기자가 필자의 칼럼에 붙여준 제목이다.

2) F. Englert, R. Brout, "Broken Symmetry and the Mass of gauge Vector Mesons," 〈Physical Review Letters〉 13 (9): 321-323(1964); P.W. Higgs, "Broken Symmetries and the Masses of gauge Bosons," 〈Physical Review Letters〉 13 (16): 508-509(1964); G.S. Guralnik, C.R. Hagen, T.W.B. Kibble, "Global Conservation Laws and Massless Particles," 〈Physical Review Letters〉 13 (20): 585-587(1964); G.S. Guralnik, "The History of the Guralnik, Hagen and Kibble development of the Theory of Spontaneous Symmetry Breaking and gauge Particles,"〈International Journal of Modern Physics〉 A 24 (14): 2601-2627(2009).

3) Benjamin W. Lee, C. Quigg, H.B. Thacker, "Weak interactions at very high energies: The role of the Higgs-boson mass," 〈Physical Review〉 D 16 (5): 1519-1531(1977). 힉스보존이라 명명한 것은 한국계 미국 이론물리학자 이휘소 박사(Benjamin Whisoh Lee, 1935-1977)로 알려져 있다. 경기고, 서울대를 거쳐 University of Pennsylvania에서 박사학위를 받은 이휘소는 젊은 나이에 교통사고로 요절하기까지 20세기 후반 표준모형이 개발되는 데 중요한 이론적 기여를 했다 - http://en.wikipedia.org/wiki/Benjamin_W._Lee

4) eV(electron volt)란 물리학에서 사용하는 에너지의 가장 작은 단위로서 1.602×10^{-19} 줄(joule)에 해당한다. 1 eV란 하나의 전자가 1볼트의 전위차가 있는 곳에서 얻게 되는 에너지의 양으로 정의한다.

5) http://misbehaver.files.wordpress.com/2012/04/particle.jpg 혹은 http://ncc.phinf.naver.net/ncc02/2010/7/30/249/222222222222222222.jpg

6) Photos from the Wikimedia Commons
7) F. Englert, R. Brout, "Broken Symmetry and the Mass of gauge Vector Mesons," ⟨Physical Review Letters⟩ 13 (9): 321-323(1964); P.W. Higgs, "Broken Symmetries and the Masses of gauge Bosons," ⟨Physical Review Letters⟩ 13 (16): 508-509(1964); G.S. Guralnik, C.R. Hagen, T.W.B. Kibble, "Global Conservation Laws and Massless Particles," ⟨Physical Review Letters⟩ 13 (20): 585-587(1964); G.S. Guralnik, "The History of the Guralnik, Hagen and Kibble development of the Theory of Spontaneous Symmetry Breaking and gauge Particles,"⟨International Journal of Modern Physics⟩ A 24 (14): 2601-2627(2009).
8) Leon M. Lederman, ⟨The God Particle: If the Universe Is the Answer, What Is the Question?⟩ (Dell Publishing, 1993)
9) "Religious interpretations of the Big Bang theory" from Wikipedia
10) http://en.wikipedia.org/wiki/File:Universe_expansion2.png의 Public Domain에서 인용
11) Photo from the Public Domain. NASA 제공.
12) 코비는 1989년 11월 18일, NASA가 우주론 연구, 특히 우주의 Cosmic Microwave Background Radiation을 조사하기 위한 목적으로 발사하였다.
13) M. White, "Anisotropies in the CMB,"⟨Proceedings of the Los Angeles Meeting⟩(DPF 99. UCLA. 1999). http://en.wikipedia.org/wiki/File:Firas_pectrum.jpg의 Wikipedia Commons(NASA 제공)
14) http://wmap.gsfc.nasa.gov/media/101080/ 인용
15) 코비는 1989년 11월 18일, NASA가 우주론 연구, 특히 우주의 Cosmic Microwave Background Radiation을 조사하기 위한 목적으로 발사하였다.
16) Wikipedia Commons에서 NASA 자료 인용.
17) en.wikipedia.org/wiki/Religious_interpretations_of_the_Big_Bang_

제8장 힉스입자, 창조에 말을 걸다

theory#cite_ref-Manson_-_Theological_Implications_4-0

18) G. Lemaître, "Un univers homogène de masse constante et de rayon croissant rendant compte de la vitesse radiale des nébuleuses extragalactiques," 〈Annals of the Scientific Society of Brussels〉 47A: 41(1927). 원 논문은 불어로 발표되었으며, 1931년에 영어로 번역되었다: G. Lemaître, "A Homogeneous Universe of Constant Mass and Growing Radius Accounting for the Radial Velocity of Extragalactic Nebulae," 〈Monthly Notices of the Royal Astronomical Society〉 91: 483–490(1931). 르메트르의 다른 논문은 G. Lemaître, "The Evolution of the Universe: Discussion," 〈Nature〉 128 (3234): 699–701(1931); G. Lemaître, "The Beginning of the World from the Point of View of Quantum Theory," 〈Nature〉 127 (3210): 706(1931).

19) T. Ferris, 〈Coming of age in the Milky Way〉 (Morrow, 1988), pp. 274, 438. ISBN 978-0-688-05889-0. It cites A. Berger, 〈The Big bang and Georges Lemaître: proceedings of a symposium in honour of G. Lemaître fifty years after his initiation of big-bang cosmology〉 (Louvainla-Neuve, Belgium, 1984) 10-13 October 1983. D. Reidel. p. 387. ISBN 978-90-277-1848-8.

20) R.J. Russell, 〈Cosmology: From Alpha to Omega〉 (Fortress Press, 2008). ISBN 978-0-8006-6273-8. "Conservative Protestant circles have also welcomed Big Bang cosmology as supporting a historical interpretation of the doctrine of creation."

21) James F. Harris, 〈Analytic Philosophy of Religion〉 (Dordrecht, Netherlands: Kluwer Academic Publishers, 2002), p.129. ISBN 978-1-4020-0530-5. "Both theists and physicists have seen the big bang theory as leaving open such an opportunity for a theistic explanation."

22) Eric J. Lerner, 〈The Big Bang Never Happened: A Startling Refutation of the Dominant Theory of the Origin of the

Universe⟩ (Vintage Books). Retrieved 16 March 2012. "From theologians to physicists to novelists, it is widely believed that the Big Bang theory supports Christian concepts of a creator. In February of 1989, for example, the front-page article of the New York Times Book Review argued that scientists argued that scientists and novelists were returning to God, in large part through the influence of the Big Bang."

23) George F.R. Ellis (2007-08-08). "Issues in the philosophy of cosmology". ⟨Philosophy of Physics⟩, pp. 1183-1285. DOI:10.1016/B978-044451560-5/50014-2; Vilenkin Alexander (1982-11-04). "Creation of universes from nothing". ⟨Physics Letters⟩ B 117 (1-2): 25-28. DOI:10.1016/0370-2693(82)90866-8. ISSN 0370-2693. Retrieved 2012-02-28.

24) N.A. Manson, ⟨God and Design: The Teleological Argument and Modern Science⟩ (Routledge, 1993). ISBN 978-0-415-26344-3. "The Big Bang theory strikes many people as having theological implications, as shown by those who do not welcome those implications."

25) Peter Harrison, ⟨The Cambridge Companion to Science and Religion⟩ (Cambridge University Press, 2010), p.9. ISBN 978-0-521-71251-4. "One reason for initial resistance to the Big Bang theory was that, unlike the rival Steady-State hypothesis, it proposed that the universe has a beginning - a proposition that for some had unwelcome religious implications."

26) H. Kragh, ⟨Cosmology and Controversy⟩ (Princeton, NJ: Princeton University Press, 1996). ISBN 0-691-02623-8.

27) 정상상태이론은 영국 캠브리지대학의 천문학자 Fred Hoyle(1915-2001)이 지지했던 이론이다. 흥미롭게도 "대폭발"(Big Bang)이란 말은 이 이론을 강력하게 반대했던 Hoyle이 대폭발 이론을 경멸하기 위해 만든 말이다.

28) H. Kragh, ⟨Cosmology and Controversy⟩ (Princeton, NJ: Princeton University Press, 1996). ISBN 0-691-02623-8.
29) H. Kragh, ⟨Entropic Creation⟩ (Ashgate Publishing, 2008), p.226. ISBN 978-0-7546-6414-7. "Another failure of the 'theory' in question consists in the fact that it brings us to the idealistic attitute of assuming the world to be finite."
30) Karl Popper, ⟨The Logic of Scientific Discovery⟩ (1934) (as ⟨Logik der Forschung⟩, English translation 1959), ISBN 0-415-27844-9
31) Photo for the Wikipedia Commons
32) "All Truth is God's Truth"라는 말은 Wheaton 대학 철학과 명예교수인 Arthur Holmes의 책 제목이면서 어거스틴의 말을 인용한 것으로 보인다. "선하고 진실한 그리스도인이라면 진리가 어디에서 발견되든지, 심지어 이방 문헌에서 발견된다 할지라도, 미신적인 무익함을 배격하고 하나님을 알되 그 분을 하나님으로 영화롭게 하지 않는 사람들을 개탄하며 피하기만 한다면 진리는 하나님께 속해 있음을 깨달아야 한다."-Augustine, ⟨On Christian Teaching⟩, II.75 "A person who is a good and true Christian should realize that truth belongs to his Lord, wherever it is found, gathering and acknowledging it even in pagan literature, but rejecting superstitious vanities and deploring and avoiding those who 'though they knew God did not glorify him as God..."

양승훈
밴쿠버기독교세계관대학원

양승훈은 경북대 사대(B.S.), KAIST 물리학과(M.S., Ph.D.), 위스콘신 대학 과학사학과(M.A.), 위튼대학 신학과(M.A.)에서 공부했으며, 국제 이론물리학센터 파견학자(이탈리아), 한국과학재단 포스트닥(Univ. of Chicago)과 경북대 사대 물리교육과 교수를 거쳐(1983-1997) 현재는 밴쿠버기독교세계관대학원(VIEW) 교수 및 원장으로(1997-) 재임하고 있다. 〈진화는 과학적 사실인가?〉(공저, 1981), 〈예수님이 주인 되시는 새로운 대학〉(1993), 〈창조론 대강좌〉(1996), 〈그리스도인으로 공부를 한다는 것은〉(2010), 〈창조론 탐구학습〉(2010) 등 30여권의 저서를 출간했으며, 근래에는 지난 24년간 집중해 오던 〈창조론 대강좌〉 시리즈(7권) 탈고에 집중하고 있는데 현재까지 〈다중격변창조론〉, 〈생명의 기원과 외계생명체〉, 〈창조와 진화〉 등 1, 2, 3권을 출간하였고, 나머지 책들도 준비 중이다. 2007년 8월, 조덕영 박사와 더불어 "창조론 오픈포럼"을 창설하여 공동대표 및 〈창조론 오픈포럼〉 공동 편집장을 맡고 있으며, 2010년 8월부터는 Trinity Western 대학에서 모이는 쥬빌리 채플의 설교자로도 봉사하고 있다.

우주의 창조

제9장 다중격변과 소행성 충돌

지구가 대형 운석, 즉 소행성과 충돌한 흔적은 다중격변의 가장 중요한 증거라고 할 수 있다. 지구가 소행성과 충돌하는 데 대한 본격적인 관심은 비교적 근래의 일이다. 1994년 7월 16-24일 사이에 슈메이커-레비 9 혜성(Comet Shoemaker-Levy 9)이 목성에 충돌하는 것을 보고 사람들은 이런 일이 지구에서도 얼마든지 일어날 수 있음을 깨닫게 된 때문이었다.

슈메이커-레비 혜성은 목성의 중력으로 인해 목성의 대기권에 진입하면서 21개로 부서졌는데 그 조각들 중의 몇몇은 직경이 2Km 정도 되는 것들도 있었다. 만일 이런 크기의 소행성이 음속의 1.5배 정도로 자전하는 지구와 부딪쳤다면 엄청난 전 지구적 재난이 일어났을 것임이 분명하다.

슈메이커-레비 혜성 소동과 비슷한 때에 지구물리학자 펜필드(Glen Penfield)는 멕시코 유카탄 반도 끝자락에 있는 칙술룹이란 곳에서 대형 원 구조물을 발견하였다. 그리고 이 구조물이 바로 중생대를 마감하게 한 대형 운석의 충돌흔적임이 확인되면서 지구가 대형 운석과 충돌하는 것에 대한 경각심이 더욱 높아졌다.

I. 근래의 운석공들

운석 충돌에 대한 관심과 더불어 실제로 대형 운석이 지구에 충돌하는 것은 지금도 일어날 수 있음이 알려졌다. 근래에 지구에 근접한 소행성은 지난 2004년의 '2004 FU162'라는 이름의 소행성이었다. 당시 이 소행성은 지구에 6400km까지 접근했었다. 2008년에는 '2008 TC3'라는 소행성이 발견된 지 불과 19시간 만에 아프리카 상공에서 소멸했다. 하지만 오는 2029년에는 270m 크기의 소행성이 32,000km까지 다가올 것으로 추정되기 때문에 감시가 필요하다.[1]

지난 2009년 2월 2일에도 10층 건물 크기의 소행성이 지구를 아슬아슬하게 비켜 지나갔다. 미국항공우주국(NASA) 제트추진연구소(JPL)는 소행성 '2009 DD45'가 2009년 2월 2일 오후 1시쯤(그리니치 표준시) 지구를 78,500km 거리에서 스쳐 지나갔다고 발표했다. 이 거리는 지구에서 달까지 거리의 5분의 1 정도로 우주에서 이 정도의 거리는 거의 스치는 정도의 가까운 거리라고 할 수 있다. 이 소행성은 지름은 21-47m로, 지난 1908년 시베리아 퉁구스카 지역의 삼림 2천여 제곱 km를 잿더미로 만든 소행성과 비슷한 크기로 추정되고 있다.

슈메이커-레비 9 혜성이 목성에 충돌한 후 꼭 15년 후인 2009년 7월 19일에도 목성에 거대한 운석이 충돌한 것으로 보인다. 슈메이커-레비 혜성의 충돌은 충분히 예측된 사건이었지만 이번의 경우는 전혀 예상치 못한 충돌로서 우연히 관찰된 것이었다. 이 충돌 현상을 처음 발견한 사람은 호주 머럼바티만(Murrumbateman)에 사는 아마추어 천문가 웨슬리(Anthony Wesley)였다. 그는 7월 17일 이른 새벽에 하늘을 관찰하다가 갑자기 목성의 남극 근처(서경 305도 남위 57도) 표면에 검은 반점(scar)이 생겼음을 발견했다.

제9장 다중격변과 소행성 충돌

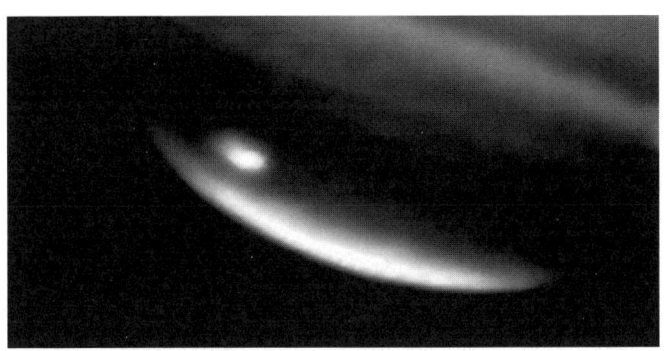

[그림 9-1] 슈메이커-레비 9 혜성 충돌 이후 정확히 15년 뒤 소행 추정 물체가 목성에 충돌(미국 동부시간으로 2009년 7월 20일 오전 6-12시에 적외선 사진기로 촬영)

그는 처음에는 일상적으로 목성의 극지방에서 볼 수 있는 폭풍 정도로 생각했다. 하지만 좀 더 자세히 관찰하면서 극지방의 폭풍과는 달리 완전히 검은 반점임을 알았다. 그렇다고 검은 반점이 목성의 위성이라고 보기에는 움직이는 속도가 너무 느렸다. 그래서 그는 이 사실을 미항공우주국(NASA)에 연락하였고, NASA에서는 적외선 망원경으로 그 사실을 확인했다. 아직 충돌한 것이 구체적으로 어떤 것인지를 확실하지 않지만 웨슬리가 목성의 남극 지방에서 확인한 검은 반점은 그 크기로 봐서 엄청난 격변임이 분명하다.[2]

캘리포니아 대학 버클리 분교의 천문학자 마이크 웡(Mike Wong)은 촬영한 이 반점의 영상을 근거로 계산한 결과 충격 범위가 1억9천만 제곱km에 달할 것이라는 결론을 얻었다고 밝혔다. 이는 태평양 면적과 같은 것이다. 그리고 반점의 크기나 밝기, 숫자로 보아서 이번 충돌은 슈메이커-레비 9처럼 산산조각 난 파편이 떨어진 것이 아니라 단 한 개의 소행성이 떨어진 것으로 보인다고 했다.

이처럼 지금도 대형 운석들이 지구 가까이 접근한다면 과거 오랜 지구 역사에서는 무수히 많은 운석들이 지구와 충돌했을 것임이 분명하다. 이러한 운석들은 충돌 각도나 크기에 따라 지구에 미치는 충격이 다르지만 속

179

도가 음속의 수십 배에 이르기 때문에 파괴력은 상상을 초월한다. 격변의 지구 역사를 말없이 증언하는 것이 바로 지구 곳곳에 남아있는 운석공들이다.

Ⅱ. 지구의 운석공들

지구 역사에서 다중격변을 가장 분명하게 보여주는 증거는 지구 곳곳에서 발견되는 크고 작은 운석공들(隕石孔, meteor craters), 혹은 좀 더 일반적인 용어로 충돌구조들(impact structures)이라고 할 수 있다. 달이나 수성, 금성과는 달리 지구표면은 기상 현상으로 인해 운석 충돌 자국들이 쉽게 풍화, 침식될 수 있음에도 불구하고 현재까지 지구상에서 확인된 운석공은 본장 끝 부분에 첨부한 것과 같이 176개에 이른다(2009년 3월 20일 기준).[3] 운석공(隕石孔)들은 캐나다, 미국, 호주, 시베리아 등 전 세계적으로 발견되고 있으며 어떤 것들은 수십 킬로미터 이상 되는 운석공도 있다.

지금까지 지구에서 발견된 운석공들 중에서 가장 큰 것은 남아프리카에서 발견된 브레데포르트(Vredefort) 운석공(22억 2천 3백만년)인데, 직경이 무려 300km에 이른다. 가장 오래된 것으로는 러시아에 있는 수아브자르비(Suavjarvi) 운석공(직경 16km)으로 무려 24억 년 전에 떨어진 알려져 있다.

현재 전 세계적으로 가장 탁월한 운석공 데이터베이스, Earth Impact Database(EID)는 1955년 캐나다 오타와에 있는 도미니언 천문대(Dominion Observatory)의 빌스(Carlyle S. Beals) 박사에 의해 시작되었다. 빌스는 캐나다 전 국토의 근 절반에 해당하는 캐나다 순상지(Canadian Shield)를 찍은 20,000여 장의 공중사진을 면밀히 분석하여 충돌구조들을 확인했다.[4] 1980년대 후반에 도미니언 천문대 충돌구조 탐사팀이 캐나다 지질조사국(Geological Survey of Canada)으로 이동하면서 좀 더 조직적인 충돌구조 탐사가 이루어졌다. 그러다가 2001년에는 캐나다 지질조사국이 충돌구조 연구를 종료함에 따라 그 때까지 작성된 충돌구조 데이터베이스는 현재의 캐나다 뉴브룬스윅대학(University of New Brunswick)의 행성 및 우주과학센터(Planetary and Space Science Centre)로 이관되어 관리하고 있다.[5]

1. 충돌구조 판별

그러면 특별한 지표상의 구조가 운석이나 소행성, 혹은 혜성들의 충돌로 인해 형성된 것인지, 자연적으로 형성된 것인지 어떻게 판별할 수 있는가? 소행성들의 충돌을 통해 만들어진 구조들은 대체로 항공사진이나 인공위성 사진 등으로 확인할 수 있는 거대 특성(megascopic features), 맨눈으로 확인할 수 있는 거시 특성(macroscopic feature), 현미경 등으로 확인할 수 있는 미시 특성(microscopic feature) 등을 통해 충돌구조 여부를 판별한다.[6]

(1) 정점에서 방사상으로 줄무늬가 있는 충격 분쇄 원뿔암(shatter cone)과 같은 거시 특성이 있는지를 살펴본다.

(2) 형태학적으로 충돌구조일 가능성이 큰 경우는 시추를 해서 확인한다. 시추로 얻은 시료들에 대하여 X-선 회절 실험 등을 통해 원지암석(原地巖石, in situ lithology)의 광물질에 다중평면변형구조(multiple planar deformation feature)가 있는지를 확인한다.

(3) 원지암석의 광물질에 초고압이 가해져서 광물질이 동질이상형태(polymorph)로 변형되었는지 X-선 회절 실험을 살펴본다.

(4) 맨눈으로 봐서는 확인하기 어려운 1km 이상 되는 거대 구조들의 경우에는 형태학적(morphometric) 연구를 통해 확인한다. 일단 육안으로 반구형 지형이라면 운석공일 가능성을 염두에 두고 원격 탐사나 항공사진 등을 합성하여 충돌구조 여부를 결정한다. 그러나 지구상에서 형태학적 판별은 대기가 없는 달이나 다른 작은 행성들과는 달리 풍화, 침식, 매몰, 지각판의 이동 등에 의해 충돌구조가 사라지거나 그대로 보존되지 못하는 경우가 많아서 쉽지 않다. 또한 화산폭발이나 암염 돌출구조(salt diapir), 빙하가 물러간 자국 등도 충돌구조와 비슷한 반구 형태의 구조를 만들어 혼돈을 일으킬 수 있다. 어떤 충돌구조들은 아예 땅 속에 완전히 묻혀버린 경우도 있다. 그러므로 원형구조라고 해서 반드시 충돌구조라고는 할 수 없으며, 최종적으로는 시추를 통해 확증되어야 한다.

(5) 거시 증거로는 초고속으로 움직이는 물체와 충돌할 때 형성되는 용

융층(impact melt sheet)이나 암맥(dike), 충돌로 인해 만들어진 충돌 용융 각력암(impact melt breccias) 등의 존재도 충돌구조를 확인하는 기준이 된다. 이렇게 용융된 암석들은 대부분 지각 성분으로 이루어져있으며, 외계로부터 날아든 충돌체도 일부 섞인다. 하지만 마그마가 응고된 것과 같은 지하 깊은 곳의 맨틀으로부터 기여는 없다. 충돌체가 거대한 경우에는 충돌로 인한 파편이 넓게, 때로는 전 지구적으로 분포되기 때문에 파편들이 발견되는 곳의 지도를 그리거나 채취한 암석 시료들을 현미경 분석이나 지구화학적 분석을 통해 확인할 수 있다.

(6) 의사화산유리(pseudotachylite)나 각력암의 존재를 확인한다. 의사화산유리는 미시적, 혹은 거시적 규모의 단층(斷層)에 의해 생성된 암석이다. 그러나 의사화산유리는 또한 내인성 과정(endogenic process)(지각평형 반동(isostatic rebound)과 판구조(plate tectonics)에 의해 발생하는 지진 등)에 의해 생성된 단층에서도 발견되기 때문에 반드시 충돌에 의해서만 생겼다고 단정 지을 수 없다. 그러나 앞의 몇 가지 증거들과 결합하여 충돌구조를 확인하는 것을 도와주는 증거가 될 수 있다. 일반적으로 충돌과 관련된 의사화산유리는 방사상형과 동심원형 단층계에서 발견된다.

의사단층유리는 각력암으로 분류된다. 충돌구조 속에는 매우 다양한 형태의 각력암이 만들어진다. (5)에서 언급한 충돌 용융 각력암도 한 예이다. 그러나 각력암 역시 내인성 과정에 의해서도 생성될 수 있으므로 각력암의 기원을 설명하려고 할 때는 많은 경험과 주의가 필요하다. 각력암은 충돌구조를 예단하는 증거가 아니라 부가적인 증거로 사용되어야 한다.

앞에서 (1)-(3)의 증거는 암석을 통해 충격파가 지나감으로 변형된 증거들이므로 결정적인 증거라고 할 수 있지만 (4)-(6)의 증거는 원형 구조물이 중력에 의해 변형된, 말하자면 2차적 효과에 의해 만들어진 증거들이므로 보조적인 증거로 사용하는 것이 바람직하다. 땅 속에 묻혀 있어서 직접 접근할 수는 없지만 큰 손상 없이 보존된 구조의 경우에는 지진 데이터와 같은 지구물리학적 방법으로 확인할 수 있다. 어떤 학자들은 충돌구조의 기원을 연구하는 좋은 증거로서 선호하기도 한다. 일반적으로 매몰되어 있는 구조의 경우에는 시추를 통해 시료를 채취하고, 앞 (1)-(3)의 기준을 사용하여 확증한다. 이런 기준을 두고 확인된 몇몇 운석공들의 예를 살펴보자.

Ⅲ. 수많은 운석공들

많은 운석공들 중에서 전 세계적으로 가장 널리 알려진, 그리고 가장 분명하게 남아있는 운석공은 미국 애리조나주 윈슬로 인근의 배링거 운석공(Barringer Meteor Crater)이라고 할 수 있다. 처음에 이 지역을 탐사했던 사람들은 이것을 얕은 물 속에서 분출한 화산의 분화구라고 생각했다. 그리고 주변에서 운석 조각들이 발견되는 것은 우연의 일치라고 생각하고 무시했다.

그러다가 1900년대 초, 광산 기술자 배링거(Daniel Barringer)는 인근에서 용융되었다가 식은 많은 쇠 조각들에 대한 보고를 듣고, 이것이 운석공이라는 확신을 가졌다. 그리고 그는 지하에 묻혔을지도 모르는 거대한 운석을 발굴하기 위해 그곳에 갔다. 그러나 그는 운석이 떨어지면서 용융, 증발하여 산산조각이 났기 때문에 운석 본체를 찾는 데는 실패했지만 이것이 화산 분화구가 아니라 운석공이었음을 밝히는 데 결정적인 역할을 하였다.

배링거 운석공은 지금부터 약 5만 년 전, 직경 50-100m 크기의 운석이 초속 20km(시속 7만km) 정도의 속도로 충돌하여 만들어진 것으로 추정된다.[7] 이로 인해 3억 톤의 암석과 침전물들이 튀어나왔으며, 운석 조각들은 10km 밖에까지 흩어졌다. 당시 이 지역은 많은 동식물이 서식하던 넓은 평야였을 것으로 추정되며, 운석의 충돌로 반경 150km 이내에 있는 모든 동식물들을 멸종시켰다. 이로 인해 만들어진 운석공은 깊이 175m, 지름 1250m에 이르는 반구형 구조이며, 대략 메가톤급 수소폭탄 50개가 일시에 폭발한 위력이 있었을 것으로 본다.

배링거 운석공 외에도 지구 역사에는 여러 차례의 거대 운석이 떨어졌다는 증거들을 잘 볼 수 있는 곳 중의 하나는 캐나다 순상지(Canadian Shield)라고 알려진 북미주 북동부(퀘벡주 북서부) 지역이다. 이 지역은 총

15개의 운석공들이 존재하며, 과학자들은 이들이 지구 생성과 역사의 단서를 제공해줄 것으로 기대하고 있다. 침엽수 지대가 끝나고 툰드라가 시작되는 이곳은 지난 수백만 년 동안 지질학적으로 안정되어 있었기 때문에 떨어진 운석들의 흔적을 비교적 잘 보존하고 있다.

이곳에 남아있는 거대 운석공의 예로는 직경 100km에 이르는 마니쿠아간 구조(Manicouagan Impact Structure)를 들 수 있다. 이 운석공의 중앙에는 대규모 운석공에서 흔히 보이는 작은 봉우리가 선명하게 남아있다. 지구에 남아있는 운석공들 중에서 가장 큰 운석공의 하나인 마니쿠아간 운석공의 중심에는 높이 500m에 이르는 바위산이 형성되어 있다. 이 바위산의 암석은 부분적으로 붉은 색을 띠고 있으며, 이는 이들 암석이 용융되었다가 굳었다는 증거이다. 이 산의 기슭에 있는 암석들은 화산이 분출할 때 마그마가 굳어서 된 용암과 흡사하다. 하지만 이곳은 화산활동이 전무한 곳이며 또한 암석의 구성 성분도 용암과는 거리가 멀다.[8] 그러므로 이 암석들은 소행성이 충돌할 때 녹았다가 굳은 것으로 해석하는 것이 타당하다. 순식간에 500m 높이의 바위산이 형성될 정도라면 대형 운석의 충돌 위력을 짐작할 수 있다.[9]

또 뉴펀들랜드의 미스타스틴 호수 운석공(Mistastin Lake Crater)은 빙하가 운석공의 흔적을 많이 침식시켰음에도 불구하고 여전히 직경 28km에 이르는 운석공 흔적이 남아 있다. 하지만 미스타스틴 호수 운석과 마니쿠아간 운석공은 운석들이 떨어진지 오래되어 주변에서 운석 조각들이 발견되지 않는다.[10] 또한 클리어워터 호수(Clearwater Lakes)는 직경이 각각 32km, 22km인 두개의 인접한 운석공으로 이루어진 것인데 이것은 쌍소행성(binary asteroid)이 떨어져서 형성된 것으로 알려져 있다. 이 호수 가운데는 일련의 섬들이 이어져 있어서 언뜻 보기에는 운석공처럼 보이지 않는다. 그러나 인공위성 사진을 보면 영락없는 운석공임을 알 수 있다. 이 외에도 캐나다 순상지에는 직경 3.44km의 뉴퀘벡 운석공(New Quebec Crater)을 비롯한 여러 개의 운석공들이 있으며, 사스카체완주의 딥베이(Deep Bay)에서도 직경이 13km에 이르는 운석공이 발견되었다.[11]

제9장 다중격변과 소행성 충돌

이 외에도 서부 호주에 있는 울프 크릭 운석공(Wolf Creek Crater)은 직경은 약 900m, 주변 언덕의 높이는 25m의 운석공인데, 철질운석이 떨어진 흔적으로 아직까지 주변에서 운석 조각들이 발견되고 있다. 근래에는 미국 동부의 체사피크만(Chesapeake Bay) 해저에서도 직경이 90km에 이르는 운석공이 발견되었고, 타지키스탄의 카라쿨 운석공(Kara-kul Crater)은 직경이 52km에 이른다. 또한 남아프리카에서 발견된 브레데포르트 구조(Vredefort Structure)는 칙술룹보다도 훨씬 더 큰 운석공으로 알려져 있다.

요약하면 지금까지 알려진 모든 운석공들의 숫자는 176개에 이른다(2009년 3월 20일 기준). 이의 가장 최근 목록은 화이트헤드(James Whitehead)가 관리하는 웹사이트에 실려 있으며 이 장 끝 부분에 첨부하였다. 다음 표 9-1은 화이트헤드의 목록에서 직경이 30km를 넘는 27개의 운석공들을 정리한 것이다.[12]

CRATER	LOCATION	DIAMETER (KM)	Ago(Ma)*	EXPO-SED	Dnil-led
Keurusselkä	Finland	30	<1800	Y	N
Shoemaker (formerly Teague)	Western Australia, Australia	30	1630±5	Y	N
Slate Islands	Ontario, Canada	30	~450	Y	N
Yarrabubba	Western Australia	30	~2000	Y	N
Manson	Iowa, U.S.A.	35	73.8±0.3	N	Y
Clearwater West	Quebes, Canada	36	290±20	Y	Y
Carswell	Saskatchewan, Canada	39	115±10	Y	Y
Saint Martin	Manitpba, Canada	40	220±32	N	Y
Mjø Inir	Norway	40	142.0±2.6	N	Y
Woodleigh	Australia	40	364±8	N	Y
Araguainha	Brazil	40	244.40±3.25	Y	N
Montagnais	Nova Scotia, Canada	45	50.50±0.76	N	Y
Kara-Kul	Tajikistan	52	<5	Y	Y
Siljan	Sweden	52	361.0±1.1	Y	Y
Charlevoix	Quebec, Canada	54	342±15	Y	Y
Tookoonooka	Queensland, Australia	55	128±5	N	Y

〈표 9-1〉 확인된 직경 30km 이상 되는 운석공들

CRATER	LOCATION	DIAMETER (KM)	Ago(Ma)*	EXPOSED	Drilled
Beaverhead	Montana, U.S.A	60	~600	Y	N
Kara	Russia	65	70.3±2.2	N	Y
Morokweng	South Africa	70	145.0±0.8	N	Y
Puchezh-Katunki	Russia	80	167±3	N	Y
Chesapeake Bay	Virginia, U.S.A.	90	35.5±0.3	N	Y
Acraman	South Australia, Australia	90	~590	Y	N
Manicouagan	Quebec, Canada	100	214±1	Y	Y
Popigai	Russia	100	35.7±0.2	Y	Y
Chicxulub	Yucatan, Mexico	170	64.98±0.05	N	Y
Sudbury	Ontario, Canada	250	1850±3	Y	Y
Vredefort	South Africa	300	2023±4	Y	Y

〈표 9-1〉 확인된 직경 30km 이상 되는 운석공들

앞 표 9-1에서 제시한 것들 외에도 (이 장의 마지막 부분에 제시한 것처럼) 현재 지구상에서 확인된 총 176개의 운석공들 중에 지구에 엄청난 재앙을 가져다줄 수 있는 직경 2km 이상인 것들은 140여 개에 이른다. 이 숫자는 거의 대부분 육지에 남아있는 운석공들만을 헤아린 것이므로 바다에 떨어진 것들과 풍화나 침식, 그 외 숲이 우거짐 등으로 인해 발견하지 못하는 것들까지 합친다면 이보다 4배 이상 많아질 수 있다. 이런 운석공 숫자는 지구연대에 대해서도 시사하는 바가 크다.

지난 4000년의 인류 역사를 돌아볼 때도 화산폭발이나 지진 등의 자연재해, 일식이나 월식, 행성들의 합(合, conjunction), 초신성 탄생 등의 천문현상 등의 기록은 많이 남아있지만 운석이 지구에 충돌하여 한 문명이나 지역이 황폐되었다는 기록은 찾아보기 어렵다. 결국 이 말은 현재 남아있는 수많은 운석공들은 현재의 인류 역사보다 훨씬 이전에 일어났다는 말이다. 이는 개별 운석공의 연대를 받아들이지 않더라도 운석공들의 숫자만으로도 지구 역사가 6000년이라고 운운하는 것은 말이 되질 않음을 의미한다.

Ⅳ. 최근의 운석 충돌

지난 6천년 동안 거대 운석의 충돌로 인해 전 지구적 재앙이 일어난 기록은 없다. 하지만 크고 작은 국지적 재앙은 많이 일어났다. 그 중에서도 운석 충돌로 인한 재앙은 100여 년 전에도 일어났다. 시베리아 퉁구스카의 타이가(Taiga, 침엽수 대삼림) 한 가운데 있는 바나바라(Vanavara)에 떨어진 퉁구스카 운석이 그것이다. 윈슬로에 있는 배링거 운석은 떨어진 연대가 정확하게 알려져 있지 않지만(약 5만년 정도로 추정) 퉁구스카 운석의 경우는 그렇지 않다.[13]

퉁구스카 운석은 1908년 6월 30일 오전 7시 17분, 동시베리아 퉁구스카(Tunguska) 지방에 떨어졌다. 지구 표면에 낮은 각도로 진입한 이 소천체는 초속 25-40km/초의 속도로 바이칼호 북안 상공에서 포드카멘나야퉁구스카 강의 북쪽을 향해 약 640km를 비행한 후 퉁구스카 상공 6-8km 지점에서 폭발하였다.[14]

다행스러웠던 것은 이 운석이 석철질운석(石鐵質隕石)이었고, 고공에서 폭발했기 때문에 산산조각이 나서 땅 위에 떨어졌다는 점이다. 철질운석(鐵質隕石)에 비해 석철질운석은 대기권에 진입할 때 가열되면 쉽게 부서질(폭발할) 수 있다. 즉 석철질운석은 열전도율이 낮기 때문에 대기권 진입 시 표면이 공기와의 마찰로 백열상태가 되더라도 내부는 우주공간의 온도와 같이 극저온을 유지하기 때문에 표면과 내부의 열팽창의 차이로 인해 부서질 수 있다. 퉁구스카 운석은 산산조각이 나서 떨어졌기 때문에 운석공이 만들어지지 않았으며, 다만 거대한 폭풍으로 수십km 반경의 나무들만이 쓰러졌을 뿐이다. 만일 이 운석이 공중에서 폭발하지 않고 그대로 떨어졌다는 훨씬 더 큰 재앙이 지구에 닥쳤을 것이다.

퉁구스카 운석이 공중에서 폭발하여 산산조각으로 떨어졌다고 해도 그 충격은 상상 외로 엄청났다. 이 운석의 충격이 얼마나 굉장했는가는 몇몇 기록들로부터 짐작할 수 있다. 운석 낙하지점으로부터 남동쪽으로 320km 떨어진 니주네 카렐린스크 마을에서는 운석의 충격 진동으로 천장의 물건들이 떨어졌고 사람들은 굉장한 굉음과 진동으로 인해 지구 최후의 심판의 날이 왔다고 생각하여 무릎을 꿇고 기도를 했다. 먼 곳에 있는 건물들의 유리창이 깨어지고, 사람들이 넘어졌으며, 인근에 있는 커다란 나무들이 마치 성냥개비처럼 방사상형으로 쓰러졌다. 낙하지점으로부터 1,300km 떨어진 곳을 지나던 시베리아 횡단열차 기관사는 탈선을 염려하여 급정거를 했다. 당시의 신문 기사에 따르면 대지가 입을 벌리고 연기와 거대한 불기둥을 뿜어 올렸으며, 태양보다 더 밝게 탔다고 한다. 멀리 떨어진 통나무집이 무너졌고 밭에서 일하고 있던 농부는 셔츠가 타는 듯한 느낌을 받았으며 많은 사람들이 폭발음으로 인해 한 때 귀머거리가 되었다고 하였다.[15]

한밤중이었던 런던에서는 뉴욕 타임지의 작은 활자까지 완전히 읽을 수 있을 만큼 밝았으며, 스톡홀름에서는 새벽 한 시에 그 때의 대낮 같은 빛으로 찍은 사진이 남아 있다. 이 때의 충격파는 가라앉을 때까지 지구를 두 바퀴나 돌았다. 그러나 천만다행으로 이 엄청난 재난은 사람들이 살지 않는 시베리아 삼림지대에서 일어났다. 그래서 사람들의 기억에서 쉽게 잊혀져 갔으며 운석에 대한 본격적인 조사는 그 후 13년이 지난 1921년 9월에야 이루어지게 되었다.

볼셰비키 혁명으로 탄생한 신생 소련을 세계 과학의 제1선으로 끌어올린 레닌(Nikolai Lenin)의 종합과학정책의 일환으로 소련 과학아카데미는 이 운석 낙하의 조사를 레오니드 크리크(Leonid Crick)에게 맡겼다. 그 후 크리크는 여러 해에 걸쳐 이 지역을 네 차례나 자세히 조사하였으며, 이 조사에 의하면 이때 쓰러진 삼림의 면적은 2600km^{2}에 달하였다.

이 퉁구스카 운석의 폭발이 일어난 1908년 6월 30일은 베타 토리드(Beta Taurid)라는 유성우(流星雨)의 궤도와 지구의 궤도가 교차하는 날로 유성 소나기가 쏟아졌다. "황소자리 유성군 복합체(Taurid Complex)"라고도 불리는 이 소천체들의 모임은 태양을 초점으로 타원 궤도를 돌고 있으며, 매년 6-8월, 10-11월에 절정을 이루는데, 특히 매년 6월 말부터 7월 초에 걸쳐서 지구 궤도와 만나는 것으로 알려져 있다. 이 유성들 중 하나가 유달리 커서 대기권을 통과하면서 다 연소하지 못하고 남은 부분이 지구 표면에 낙하하여 일어난 것이 바로 퉁구스카에 떨어진 것으로 생각된다.

모의실험에 의하면 이 때 낙하한 운석은 질량 10만 톤 정도의 석철질 운석으로 지름 40-100m 정도(밀도 3g/cm^{3}으로 가정했을 때)의 것으로 추정된다. 폭발 당시의 에너지를 TNT 화약으로 환산하면 15-20메가톤으로 히로시마에 투하된 원자폭탄의 0.02메가톤에 비해 750-1000배에 이른다.[16)]

아마 가장 최근에 떨어진 큰 운석이라면 동시베리아에 있는 식호테-알린 운석공(Sikhote-Alin Crater)을 만든 운석이라고 할 수 있다. 1947년 가을에 떨어진 이 운석은 무게 23톤의 철질운석으로 직경 28m의 운석공 흔적을 남겼다. 그러나 이 운석은 지구의 생태계 변화를 일으킬 정도로 큰 것은 아니었다.[17)]

V. 운석 충돌의 충격

그러면 거대 운석이 지구에 충돌하면 어떤 결과가 초래되는가? 1960년대 후반, NASA는 아폴로 11호가 달 착륙에 성공한 이래 달 표면에 있는 운석공들에 대한 연구를 시작으로 지구 표면에 널려 있는 운석공 연구를 본격적으로 시작하였다. 물론 운석이나 소행성이 지구에 충돌할 때의 충격과 피해는 실제 상황을 통해 연구할 수가 없기 때문에 이들은 운석이 지구에 충돌하는 것을 모의하는(simulate) 실험을 하였다. 우선 알루미늄 탄환을 초속 8km(음속의 25배)의 초고속으로 발사할 수 있는 특수한 "총"을 제작하였다. 그리고 알루미늄 탄환을 미세한 모래 더미 위에 발사하고 이를 초고속 카메라로 찍어서 운석공 형성 과정과 충격의 크기를 연구했다.

흥미로운 것은 알루미늄 탄환을 발사해서 생긴 흔적이 운석공들과 크기는 달라도 모양은 완전히 일치한다는 사실이었다. 그리고 탄환을 진공 중에서 발사했을 때와 공기 중에서 발사했을 때는 전혀 다른 결과가 생긴다는 사실이었다. 진공 중에서 발사할 때는 모래 먼지가 부채꼴 모양으로 퍼지면서 운석공과 같이 가운데가 솟아오르는 웅덩이가 만들어졌다. 그러나 공기 중에서 탄환을 발사했을 때는 알루미늄 탄환이 공기와의 마찰로 태양보다 밝은 불덩어리가 되어 날아갔다. 그리고 탄환의 충돌에너지가 열에너

지로 바뀌면서 운석과 피격당하는 암석이 동시에 기화되는 엄청난 폭발이 일어났다.[18]

아래 표 9-2는 이러한 연구를 바탕으로 지표면에 떨어지는 운석의 크기에 따른 피해를 예측한 것이다. 지구에 충돌한 운석의 실제 크기는 운석공 직경의 대략 10-30분의 1정도임을 감안한다면 운석공 데이터베이스(Earth Impact Database, EID)가 제시하는 총 176개의 운석공들 중에 "국부적 문명 파괴"를 가져올 수 있는, 즉 직경 20km를 넘는 운석공들은 41개, "일부 생명체가 생존하는 전 지구적 피해"를 가져올 수 있는, 즉 직경 50km를 넘는 운석공들이 15개, "생명체가 완전히 멸종하는 전 지구적 피해"를 가져올 수 있는, 즉 직경 100km를 넘는 운석공들이 5개에 이른다.[19]

운석직경 (운석곡 추정직경)	충돌에너지 (메가톤)	충돌 확률 (년/회)	충돌 예상 피해
10km(150km)이상	1억 이상	1억~10억	생명체가 대부분 멸종하는 전 지구적 피해
2-10km(30-150km)이상	100,000~1억	100만~100만	일부 생명체가 생존하는 전 지구적 피해
0.2-2km(3-30km)이상	1,000~100,000	10,000~100만	국부적인 문명 파괴
30-200km(0.5-3km)이상	1,000~100,000	100~10,000	지역의 대규모 피해
10-30km(0.2-0.5km)이상	3~1,000	1~100	지역의 소규모 피해

〈표 9-2〉 지표면에 떨어지는 운석의 크기에 따른 피해 예측[20]

아마 어떤 사람은 위에서 제시한 소행성들의 크기에 비해 이들의 충돌 예상 피해가 너무 과장된 것이 아닌가 생각할지 모른다. 그러나 소행성들의 충돌 피해는 이들의 크기에 더하여 이들이 지구와 충돌하는 속도를 감안해야 한다. 일반적으로 소행들의 충돌 속도는 초속 20km, 즉 음속의 60여배, 총알 속도의 20배에 이른다는 점을 생각한다면 왜 소행성의 충돌이 그처럼 큰 피해를 내는지 이해할 수 있다.

실제로 소행성들의 충돌 에너지가 얼마나 엄청난지는 미국 창조과학연구소(ICR) 지질학자 오스틴(Steve Austin)이 계산한 결과로부터 짐작할 수 있다. 그는 지구상에서 관측된 가장 큰 규모의 지진(리히터 지진계로 8.9)의 에너지가 6×10^{17} Joule인데 비해 직경 100km인 포피가이(Popigai) 운석의 충돌에너지(6.7×10^{22} Joule)는 이보다 10만 배나 크다고 발표했다.

이름(위치)	운석공직경 (km)	충격에너지 (Joule)	운석의 추정 직경(km)
Ishim(Kazakh)	350	4.7×10^{24}	20.8
Vredefort(South Africa)	140	2.1×10^{23}	7.4
Sudbury(Ontario, Canada)	140	2.1×10^{23}	7.4
Popigai(Taymyr, Russia)	100	6.7×10^{22}	5.0
Puchezh-Katunki(Russian SFSR)	80	3.1×10^{22}	3.9
Manicouagan(Quebec, Canada)	70	2.0×10^{22}	3.4
Siljan(Sweden)	52	7.2×10^{21}	2.4
Kara(Yamai-Nets, Russia)	50	6.3×10^{21}	2.3
Charievotix(Quebec, Canada)	46	4.7×10^{21}	2.1
Araguainha Dome(Brazil)	40	3.0×10^{21}	1.8

〈표 9-3〉 오스틴(Steve Austin)이 계산한 지구와 충돌한 몇몇 거대 운석들의 충격 에너지[21]

VI. 운석 충돌과 화산 폭발

그러면 많은 운석들이 충돌했다고 해서 운석의 충돌만으로 지구의 모든 대격변을 모두 설명할 수 있을까? 과연 중생대와 신생대 경계, 즉 K-T 경계 지층에 존재하는, 이리듐을 함유하는 얇은 지층이 운석의 충돌에 의해서만 형성된 것일까? 이리듐은 운석이나 혜성에만 풍부하게 들어있을까?

이리듐은 운석과 더불어 지구 중심부에도 많이 포함되어 있으며, 화산폭발이 일어날 때 화산재 등에도 많이 포함되어 분출되는 것으로 알려져 있다. 운석의 충돌로 인해 일어난 전 지구적인 화산폭발, 그리고 이어 일어난 전 지구적인 대홍수에 의해 지구 생물의 대멸종이 일어난 것으로 보는 것이 자연스럽다. 그러면 구체적으로 운석의 충돌, 화산의 폭발, 전 지구적인 대홍수 등이 어떻게 지구의 대격변을 일으켰을까?

1. 화산 폭발과 이리듐

이리듐을 풍부하게 포함하고 있는 K-T 경계면의 존재는 단순한 운석 충돌 이상을 시사하고 있다. 운석이 충돌함으로 인해 지구상의 수많은 화산들이 동시에 폭발했을 것이다. 운석의 낙하 속도는 초속 20km 이상에 이르므로 지표면을 향하여 돌진하는 운석의 크기가 어느 정도 크기 이상이 되면 지표면에 엄청난 충격을 줄 수 있다. 운석 충돌로 인한 엄청난 지진의 예는 앞에서 언급한 시베리아 퉁구스카에 충돌한 운석을 통해(비록 산산조각으로 부서진 채 떨어졌다고는 하지만) 잘 알려져 있다.

거대한 운석이 지구에 떨어지게 되면 오늘날 지진계로는 측정할 수조차 없는 강한 지진이 전 지구적으로 일어난다. 그리고 그 지진의 여파로 전 지구적으로 화산 폭발과 지하수 분출을 일으킬 수 있다. 지표면에 도달하는 운석이 얼마나 큰 충격을 줄 수 있는지에 대해서는 많은 컴퓨터 모의실험들을 통해 비교적 자세히 알려져 있다. 컴퓨터 모의실험에 의하면 직경 수 km의 소천체 하나가 지구에 충돌하면 지구에는 소위 핵겨울(nuclear winter)과 같은 대격변이 일어난다. 실제로 환태평양 조산대에 속한 수많은 해저화산들이 비슷한 시기에 동시에 폭발했다는 증거가 있는데 이것은 바로 동시다발적인 화산 폭발을 일으킨 어떤 요인이 있었을 것을 시사한다. 이의 가장 유력한 후보가 바로 운석 충돌이다.

거대한 운석 충돌로 인해 수많은 화산들이 동시다발적으로 폭발했다면 이리듐을 포함하고 있는 엄청난 양의 화산 먼지가 뜨거운 상승기류를 타고 대기권 상층으로 올라갔을 것이다. 그리고 이들은 대기권 상층에 있으면서 지구를 아열대성 기후로 유지시켜주고 있었던(온실효과를 통해) 수증기층들을 응결시켜 엄청난 강우와 대규모 홍수를 일으켰을 것이다. 대규모 강우를 통해, 혹은 화산에서 분출된 뜨거운 상승기류가 식으면서 지구의 중력에 의해 화산 먼지들은 지표면에 떨어져서 K-T 경계면을 형성했을 것이다. 이렇게 한다면 세계 도처에 흩어져 있는 많은 거대 운석공들과 K-T 경계면, 그 외 전 지구적인 격변 흔적을 자연스럽게 설명할 수 있다.

중생대 말기의 생물의 대규모 멸종도 운석이 떨어지는 충격과 더불어 이에 의해 전 지구적으로 일어난 엄청난 규모의 지진과 화산 폭발 등 2차, 3차 재앙 등이 합쳐진 결과로 보는 것이 더 설득력이 있는 것으로 보인다. 특히 운석에만 있는 것으로 알려졌던 이리듐이 화산재 속에도 다량 함유되어 있음이 확인되면서 그 신빙성이 더욱 커졌다. 지구 역사에는 운석 충돌로 인한 격변과 이로 인한 지진이나 화산폭발, 해일 등 2차 격변들, 혹은 운석과는 무관한 많은 격변들이 일어났을 수도 있을 것이다. 이 모든 것들은 "현재의 과거의 열쇠"라는 현대 지질학의 동일과정설 가정과는 상반된다.

2. 노아의 홍수와 소행성 충돌

그러면 노아의 홍수가 소행성의 충돌로 인해 일어났다는 증거가 있는가? 여기에 대해서는 본장 마지막에 첨부한 운석공 표로부터 노아가 살았다고 생각되는 유프라테스강 하류 지역을 중심으로, 혹은 노아의 홍수가 일어났다고 생각되는 연대와 가장 가까운 운석공들을 후보로 생각해 볼 수 있다.

우선 지리적으로는 카자크스탄 비각(Bigach), 슈낙(Shunak), 자만신(Zhamanshin), 칠리(Chiyli), 사우디아라비아에 있는 와바르(Wabar), 인도에 있는 로나(Lonar), 타지키스탄에 떨어진 카라쿨 운석공(Kara-Kul Crater)을 생각할 수 있고, 연대기적으로는 아르헨티나의 캄포델치엘로(Campo del Cielo), 호주의 헨베리(Henbury), 에스토니아의 칼리재르프(Kaalijarv), 러시아의 마차(Macha) 등을 들 수 있다.

여기서 비각은 크기와 연대가(직경 8km, 연대 500만 년), 슈낙도 크기와 연대가(직경 2.8km, 4500만 년), 자만신도 크기와 연대가(직경 14km, 90만 년), 칠리는 직경은 55km로 충분하지만 연대(4600만 년)가 맞지 않는다. 와바르 역시 크기와 연도(직경 116m, 1400년)가 맞지 않고, 로나도 크기와 연대가(직경 1.83km, 52000년) 맞지 않는다. 연대기적으로 노아의 홍수와 비슷한 캄포델치엘로(50m), 헨베리(157m), 칼리재르프(110m), 마차(300m) 등은 모두 전 지구적인 홍수를 일으키기에는 규모가 너무 작다. 이들 중 가능성이 있는 것은 카라쿨 운석공이다. 비록 이 운석공은 시추 조사를 하지 않았고, 연대도 500만 년 미만이라는 정도만 알려져 있지만 운석공의 크기(직경 52km)나 위치(북위 39도 1분, 동경 73도 27분)는 전 지구적인 멸망을 가져올 수 있는 크기이다.

결론적으로 현재 발견된 운석공들 중에는 카라쿨이 그나마 가능성이 있지만 확실하게 노아의 홍수가 소행성과 충돌과 직접적인 관련이 있다는 결정적인 증거는 없다. 하지만 소행성이 바다에 떨어졌다거나 육지에 떨어졌지만 운석공이 아직 발견되지 않은 운석공들 중 하나가 노아의 홍수와 관련이 있을 가능성이 있다. 아마 노아가 살았던 곳에서 멀지 않은 곳에 소행성이 떨어졌다면, 그리고 그 지역이 홍수로 인한 퇴적과 침식이 가장 강하게 일어났다면 노아의 홍수를 일으켰던 운석공의 흔적은 지상에서 완전히 사라졌을 가능성도 있다.

VII. 쓰나미, 운석 충돌의 2차 충격?

운석이나 혜성이 지구와 충돌하게 되면 많은 2차 충격들이 발생하게 된다. 엄청난 먼지가 피어올라서 태양광을 차단하게 됨으로 인해 지표면의 기온이 급강하하게 되어 단기적이나마 빙하기가 도래하는 것이나 충격으로 인한 엄청난 지진, 그리고 그 지진으로 인한 산사태나 화산폭발 등은 대표적인 2차 충돌의 충격이라고 할 수 있다.

그러나 이러한 충격들은 육지에서 일어나는 것들이고, 거대한 운석이 바다에 떨어졌을 때는 쓰나미(tsnami)라는 새로운 2차 충격이 생길 수 있다. 흔히 쓰나미가 발생하는 대표적인 원인 몇 가지를 든다면 해저 지진, 해저 화산폭발, 해저 산사태(submarine landslide), 그리고 마지막으로 대규모 운석이 해양에 떨어지는 경우 등이다. 이 중에서 화산폭발로 인한 예는 인도네시아 순다 해협에 위치한 크라카타우 화산의 폭발로 생긴 쓰나미가 유일하고 대부분의 쓰나미는 해저 지진으로 인해 발생하는 것으로 알려져 있다.

그런데 호주의 브라이언트(Ted Bryant)는 쓰나미의 규모와 위치를 고려할 때 해저 지진, 화산 폭발, 해저 산사태 등으로 설명할 수 없는 경우도 많이 있는데 이것을 설명할 수 있는 유일한 가능성은 바로 운석 충돌로 인한 쓰나미라고 주장하고 있다. 그는 호주 해안에 있는 증거들을 제시하면서 운석 충돌로 인한 흔적이라고 설명하는 것이 가장 타당하다고 주장한다.[22]

대규모 운석충돌로 인한 쓰나미의 흔적을 가장 선명하게 볼 수 있는 곳 중의 하나는 바로 카리브 해안이다. 중생대 공룡 시대를 끝내게 한 칙술룹 운석은 직경이 근 10km에 이르는 초대형 운석이었는데 이 운석의 절반은 육지에, 절반은 바다에 떨어졌다. 그래서 이로 인해 180km에 이르는 대규모 운석공이 만들어졌고, 또한 엄청난 쓰나미가 카리브해 일대를 강타했다. 칙술룹 운석으로 인한 대규모 쓰나미의 흔적은 카리브 연안 일대 곳곳에서 발견되고 있다.[23]

Ⅷ. 소천체의 충돌 빈도

비록 우리가 일상생활에서 느낄 수 있을 정도는 아니지만 지구의 역사를 생각한다면 소천체가 지구와 충돌하는 것은 우리가 생각하는 것보다 빈도가 높다. 미군의 조기경보 위성이 1977년부터 1994년 12월까지 관측한 바에 의하면 연평균 11.5개의 폭발이 확인되었다. 슈메이커-레비 혜성의 공동 발견자인 슈메이커에 의하면 TNT 2만톤 크기의 공중 폭발이 매년 한 차례씩 일어난다고 한다. 또한 애리조나 대학의 망원경으로 실시하고 있는 「스페이스 워치(Space Watch)」에 의하면 같은 크기의 공중 폭발이 매달 한 차례씩 일어난다.[24]

이런 점들을 고려한다면 우리는 쉽게 지구 역사상 크고 작은 수많은 운석들이 지구에 떨어졌을 것을 생각할 수 있다. 다만 풍화와 침식 등으로 인해 알아볼 수 없을 정도로 희미해졌을 뿐이다. 그러므로 운석에 의한 중생대 말기의 대격변은 상당한 설득력을 가진다.[25]

IX. 운석 충돌의 증거와 지질시대

과거에 많은 운석이나 혜성이 지표면에 떨어졌다는 점과 이들로 인한 충격이 얼마나 큰지는 달은 물론 지구 이외의 행성들에 남아있는 운석공 흔적으로도 알 수 있다. 사실 운석이 지구만이 아니라 다른 행성들에도 동일하게 충돌했다는 사실은 우주선을 통해 표면을 정밀 촬영한 후에야 비로소 알려지게 되었다.

수성, 금성, 화성, 목성 및 이의 위성들(대표적으로는 Ganymede, Europa 등), 토성 및 이의 위성들(예를 들면 Titan, Phoebe, Enceladus, Tethys, Mimas, Rhea, Iapetus 등), 천왕성 및 이의 위성인 아리엘(Ariel) 등 표면이 단단하고 관측할 수 있는 태양계 내 행성들이나 위성들은 하나 같이 표면에 수많은 크고 작은 운석공들을 갖고 있다.26)

1. 다른 천체들의 증거

먼저 가장 가까이 있는 달을 생각해 보자. 1975년 6월 말, 아폴로 달 표면 지진계에서 관측한 바에 의하면 달 표면에 1톤 정도의 몇몇 소천체들이 충돌했다. 이들은 황소자리 유성군 복합체에서 나온 것으로 생각된다. 달은 지구보다 중력이 1/6에 지나지 않지만 바람에 의한 풍화작용이나 물에 의한 침식작용이 없다. 달에는 공기가 없기 때문에 충돌 흔적이 잘 사라지지 않으며 따라서 달 표면은 운석공들로 가득 차 있다고 해도 과언이 아니다. 그렇다면 당연히 지구에도 비슷한 밀도의 운석들이 충돌했을 것임을 짐작할 수 있다.27)

다음에는 수성을 생각해 보자. 인공위성을 이용한 행성에 대한 최초의 근접 촬영은 1974년 3월, 미국의 수성 탐사선 마리나 10호(Marina 10)에 의해 이루어졌다. 마리나 10호는 1억 km의 먼 거리를 날아가서 수성 표면 사진 촬영에 성공했다. 당시까지 과학자들이 볼 수 있었던 희미한 망원경 사진에 비해 8000여 장에 이르는 고해상도 근접 촬영 사진은 온통 운석공으로 뒤덮인 수성의 표면을 생생하게 보여주었다. 특히 수성은 달과 같이 대기가 없기 때문에 한 번 운석공이 형성되면 풍화나 침식에 의해 사라지지 않기 때문에 더욱 뚜렷하게 볼 수 있었다.

근래에는 토성과 그 주변의 위성들을 조사하기 위해 유럽우주국(European Space Agency)에서 발사한 카시니(Cassini) 우주선이 보내온 자료들도 이를 잘 보여주고 있다. 카시니는 2004년 6월 30일 토성에 도착한 이후 토성에 대한 자료는 물론 그 주변 위성들에 대한 귀중한 자료들을 계속 보내오고 있다. 이 자료들을 보면 직경 960km의 위성 테티스(Tethys)에는 직경 140km에 이르는 운석공을 위시하여 수많은 운석공들이 선명하게 보이고 있으며 때로는 운석공 위에 다시 운석이 떨어져서 운석공이 형성된 경우도 있다. 미마스(Mimas)는 직경이 396km에 불과한 위성인데 직경이 무려 130km에 이르는 허셀 운석공(The Crater Herschel)을 비롯하여 역시 많은 운석공들이 관찰되고 있다. 그 외에 레아(Rhea)와 이아페투스(Iapetus)에도 크고 작은 많은 운석공들이 표면을 뒤덮고 있다.[28]

태양계 내 행성에서 거대 운석이 충돌한 가장 최근의 예로는 1994년 7월, 여러 개의 조각으로 분해된 후 목성 표면에 떨어진 슈메이커-레비 9(Shoemake-Levy 9) 혜성을 들 수 있다. SL9의 목성 충돌은 비슷한 충돌이 지구에도 일어날 가능성이 있으므로 전 세계적으로 비상한 관심을 모았으며, 충분히 예측된 사건이었기 때문에 매우 생생한 사진 촬영이 이루어졌다. 또한 SL9의 목성충돌은 새로운 운석 충돌의 예를 제시하기도 했다. 실제로 1979년, 보이저 우주선은 목성 위성인 칼리스토(Callisto)의 표면에 연쇄적인 충돌 흔적들을 발견했으나 과학자들은 어떻게 그런 형태의 운석공이 만들어질 수 있는지를 이해하지 못했다. 그러다가 SL9가 목성에 충돌하는 것을 보고 비로소 그 생성 메커니즘을 이해하게 되었다.[29]

2. 지질시대의 구분과 운석공의 연대

천문학자들은 지구에 떨어진 거대 운석의 숫자와 이들의 운석공의 풍화(weathering) 정도를 계산한다. 그리고 이것을 태양계 내의 수성, 금성, 달, 화성, 그리고 목성 위성들이나 토성 위성 위에 떨어진 운석공들과 비교한 연구 결과에 의하면 거대 운석들은 특정한 시기에 한꺼번에 낙하한 것이 아니고 전 지구 역사에 걸쳐서 낙하한 것이라는 결론을 내렸다. 호주 중부 헨베리(Henbury)에 있는 일련의 운석공들과 같이 불과 4천 년 전에 만들어진 것이 있는가 하면 남아프리카의 브레데포르트(Vredefort) 운석공처럼 20억 년 전에 형성된 것들도 있다. 이것은 결국 지구 역사에서 반복적으로 대규모 격변이 일어났음을 보여주는 것이라고 할 수 있다.[30] 표 9-4는 각 지질 시대가 시작될 즈음에 낙하한 운석공들을 보여준다.

지질시대	기	세	연대 (Ma)	운석공 이름	운석공 직경	운석공 형성 시기(Ma)
고생대	캄브리아기		570	Beaverhead	60km	~600
				Acraman	90km	~590
	실루리아기		438	Slate Islands	30km	450
				Woodleigh	40km	364±8
	미시시피기		360	Siljan	52km	361.0±1.1
	펜실베니아기		326	Charievoix	54km	342±15
	페름기		286	Clearwater East	26km	290±20
				Clearwater West	36km	
중생대	삼첩기		245	Araguainha	40km	244.40±3.25
	주라기		208	Manicouagan	100km	214±1
	백악기		144	Morokweng	70km	145.0±0.8
				Tookoonooka	55km	128±5
				Mj∅lnir	40km	142.0±2.6
				Chicxulub	170km	64.98±0.05
신생대	제3기	시신세	54	Montagnais	45km	50.50±0.76
		점신세	38	Popigai	100km	35.7

〈표 9-4〉 각 지질 시대의 시작과 비슷한 시기에 형성된 운석공들. 전 지구적 재앙을 불러올 수 있는 직경 30km 이상 되는 운석공들만 모은 것이다.[31]

실제로 근래에 몇몇 사람들은 지질 시대의 구분과 운석의 충돌을 관련짓기 위한 시도들을 하고 있다.[32] 그러나 위 표 9-4에서 볼 수 있는 바와 같이 지질학적으로 모든 멸종을 운석과 결부시키기는 곤란하다. 즉 지층이나 화석의 연대와 운석 낙하의 연대가 항상 정확하게 일치하지는 않는다.[33] 맥클레오드는 이 데이터와 판구조론적 요인을 고려하여 지난 6억 년 동안 대격변과 대규모 생물 멸종의 관계를 요약하면서 14차례의 해수면 변화들 중 7차례가, 지난 2억 5천만 년 동안 10차례의 대륙의 대규모 현무암 분출(continental flood basalt eruptions) 모두가, 17차례의 소행성 충돌 중 1차례가 대규모 멸종과 관련되어 있음을 제시했다. 그러면서 대규모 현무암 화산활동(flood-basalt volcanism)과 해수면의 변화는 생물의 대규모 멸종과 크게 관련되어 있지만 운석 충돌은 대규모 멸종과 크게 관련되어 있지 않다고 주장했다.[34]

3. 해수면의 변화와 전 지구적 멸절

그러면 맥클레오드의 주장은 어떻게 설명할 수 있을까? 즉 왜 운석 충돌보다 화산 폭발이나 해수면의 변화가 생물 멸종과 더 관련성이 많은가?

먼저 생각해 볼 수 있는 것은 지구 역사에는 운석과 무관한 격변들도 일어났을 것이다. 운석과 무관한 빙하기의 도래도 해수면의 심한 변화를 설명하는 한 가지 이론이 될 수 있다.

둘째, 운석 충돌보다 화산 폭발이나 해수면 변화가 훨씬 더 광범위하고 쉽게, 그리고 분명하게 검출될 수 있음을 들 수도 있다. 운석 충돌은(아주 크지 않다면) 대부분 국부적 흔적만을 남기지만 이로 인한 2차적 격변들, 즉 대규모 지진이나 화산 폭발, 그리고 이어지는 해수면 강하 등은 쉽게 전 지구적 흔적을 남길 수 있다. 운석이 충돌하게 되면 대규모 지진과 더불어 많은 화산들이 동시에 폭발할 것이며, 이 때 분출된 화산재로 인해 태양광이 차단되고, 지표면의 온도가 급강 한다. 지표면의 온도가 급강하 하면 남북극의 빙산이 급격히 두꺼워지고 일부 저위도 지방을 제외한 대부분의 지역이 빙하로 뒤덮일 것이다. 그리고 이것은 급격한 해수면의 강하로 이어지게 될 것이다.

셋째, 바다에 떨어진 대규모 운석으로 인한 직접적인 해수면의 변화를 생각해 볼 수 있다. 앞에서 지적한 바와 같이 바다에 떨어져서 발견되지 않은 운석공들까지 다 고려한다면 지구 역사에서 훨씬 더 많은 운석들이 지구에 떨어졌을 것이다. 거대한 운석이 떨어지게 되면 상상할 수 없는 쓰나미가 일어나서 육지 생물들을 멸종시켰을 것으로 생각된다. 과학자들은 유카탄 반도의 칙술룹에 떨어져서 중생대를 종결시킨 직경 10km 정도의 운석은 6-700m 높이의 파도를 만들어서 주변 지역을 휩쓸었을 것으로 생각한다. 공상과학 영화이기는 하지만 〈Deep Impact〉에 등장하는 대규모 해일이 뉴욕의 마천루들을 성냥개비 부수듯 허물어버리는 것을 생각해 본다면 대형 운석이 바다에 떨어졌을 때의 피해를 어느 정도 상상할 수 있을 것이다.

K-T 경계면과 대규모 생물 멸종은 직접 운석 충돌과 연관지을 수 있지만 대부분의 멸종들은 정확하게 연대가 일치하지 않는다. 하지만 앞에서 언급한 것처럼 지구 전체에서 바다는 육지에 비해 두 배 이상 넓고, 따라서 육지에 비해 운석이 바다에 떨어질 가능성이 두 배 이상 높다는 점을 감안한다면 현재 알려진 육지 운석공들은 실제로 지구에 떨어진 운석들의 일부만을 나타낸다고 할 수 있다. 게다가 육지에 분포된 운석공이라도 운석 충돌 후 오랜 시간이 지나면서 침식, 풍화와 더불어 숲의 형성 등에 의해 발견되지 못한 것들이 많음을 고려한다면 운석 충돌과 지질학적 시대를 관련짓는 연구는 꾸준히 이루어져야 할 것이다.[35]

X. 요약과 결론

지금까지 논의를 종합한다면 지구 역사에는 수많은 거대 운석들이 충돌했으며 이들의 크기에 따라 전 지구적인 규모로부터 국부적인 규모에 이르기까지 다양한 격변들이 지구에서 일어났다고 할 수 있다.

지구 역사에서 지구는 수많은 겪었다. 그 중 주요 격변들은 바로 지구와 충돌한 크고 작은 운석들의 충돌로 인한, 혹은 운석 충돌로 인해 발생한 이차적인 격변으로 인한 것임을 살펴보았다. 운석 충돌이 과거에 일어난 대표적인 격변들이었다는 점은 지구에 남아있는 수많은 운석공들은 물론 태양계 내에 있는 많은 행성들과 위성들에 남아있는 운석공들로부터 유추

할 수도 있다.

　이러한 수많은 운석 충돌 중에서 가장 대표적인, 그리고 근래에 와서 가장 많은 연구가 이루어진 운석은 바로 중생대를 마감하고 신생대의 시대를 열었던 칙술룹 운석이라고 할 수 있다. 이 운석으로 인해 K-T 경계멸종이라 부르는 대규모 멸종이 일어나고 지구는 파충류가 지배하던 중생대를 마감하고 포유류가 지배하는 새로운 생명의 시대, 즉 신생대를 맞게 되었다.

각주

1) http://news.chosun.com (2009.3.5.)
2) Tariq Malik, "Jupiter Apparently Smacked by Rogue Object, New Images Reveal," from http://www.space.com/scienceastronomy/090720-jupiter-new-impact.html (posted: 20 July 2009 11:07 pm ET)
3) "Earth Impacts at a Glance," 〈Astronomy〉 pp. 60-61 (January 2008)에서 발표한 운석공의 숫자는 179개이다. 하지만 2009년 3월 20일까지 Earth Impact Database(EID)에 수록된 운석공 숫자는 176개이다. 〈Astronomy〉와 EID가 발표하고 있는 운석공 숫자가 약간 다른 것은 운석공 판별 기준이 다소 다르기 때문이다.
4) 캐나다 순상지(楯狀地)(Canadian Shield): 캐나다 사스카체원주, 매니토바주, 온타리오주, 퀘벡주, 래브라도 북부, 래브라도주와 뉴펀들랜드주의 중앙 부분을 가리키며, 거대한 암상 위에 위치해 있어서 오랜 세월 동안 지각 변동이 거의 없어서 충돌구조가 가장 잘 보존될 수 있었다.
5) www.unb.ca/passc/ImpactDatabase/index.html
6) 충돌구조임을 확인하는 기준에 대해서는 www.unb.ca/passc/ImpacrDatebase/index.html을 참고하라.
7) 어떤 사람들은 이 때 운석의 크기를 직경 25-30m 정도로 추정하기도 한다. cf. Ascania Baldasseroni and Laura Falavolti 제작, Gabriele Cipollitti 감독, 〈Il Pianeta Del Dinosauri〉(공룡의 세계: 공룡은 살아있다)에서 "Ipotesi Sul L'estinzione"(공룡멸종설) 참고.
8) 로렌시아 순상지(Lorentian Shield), 로렌시아 고지(Lorentian Plateau), 선캄브리아 순상지(Precambrian Shield) 등 여러 이름으로 불리는 캐나다 순상지는 지구 탄생 초기부터 고생대 초기까지의 암석으로 구성되어 있으며 전 세계적으로 지질학적으로 가장 안정된 지역이며, 화산 활동이 없는 곳이다.
9) NHK 제작, "지구 대기행" 제 1편 "기적의 행성 지구"(The Miracle

Planet) 비디오 참고. 한국어로는 1992년 신한 프로덕션이 번역, 제작하여 KBS에서 방영하였다.
10) 떨어진 운석이 철질운석인지, 석질운석인지는 주변에 떨어진 운석 조각들로부터 알 수 있다. 그러나 떨어진지 오래된 운석의 경우에는 주변 지형이 침식, 혹은 퇴적됨으로 인해, 혹은 대홍수 등으로 인해 운석 조각들을 찾기 어려운 경우가 많다.
11) Duncan Steel, 〈Target Earth: The Search for Rogue Asteroids and Doomsday Comets That Threaten Our Planet〉 (Pleasantville, NY: Reader's Digest Association, 2000), pp.54-55.
12) http://www.unb.ca/passc/ImpactDatabase/CIDiameterSort.html를 보라.
13) 어떤 사람들은 퉁구스카 운석 충돌이 혜성도, 석질 운석의 낙하도 아닌, tectonic activity와 meteorological activity가 결합된 지구 물리학적 기원을 갖는다고 주장하기도 한다. http://atlas-conferences.com/c/a/i/q/07.htm.
14) "퉁구스카 미스터리", 〈월간 Newton 과학〉 (1996.1.), 78-85면.
15) Colin and Damon Wilson, "The Great Tunguska Explosion", 〈The Encyclopedia of Unsolved Mysteries〉 (London, 1987) - 한국어판, 황종호 역, "시베리아 대폭발의 진상," 〈세계 불가사이 백과 I〉 (서울 : 하서, 1990) 57-63면.
16) 〈Newton 과학〉, 1996년 1월호, 82, 84면. 어떤 사람들은 이 때 운석의 크기를 직경 100-200m 정도로 추정하기도 한다. 하지만 충격의 크기는 히로시마 원자탄 크기의 1000배 정도라고 추정한다. cf. Ascania Baldasseroni and Laura Falavolti 제작, Gabriele Cipollitti 감독, 〈Il Pianeta Del Dinosauri〉(공룡의 세계: 공룡은 살아있다)에서 "Ipotesi Sul L'estinzione"(공룡멸종설) 참고.
17) 미국 스미스소니안 박물관(National Museum of Natural History)에는 실제 식호테-알린 운석 조각이 전시되어 있다.
18) 운석공 형성과 관련된 모의실험 과정과 알루미늄 탄환이 모래 더미와 충돌하는 과정에 대한 동영상은 NHK에서 12억엔의 제작비를 들여 만든 "지구 대기행" 제 1편 "기적의 행성 지구"(The Miracle

Planet)라는 비디오를 참고하라. 한국어로는 1992년 신한 프로덕션이 번역, 제작하여 KBS에서 방영하였다.
19) http://www.unb.ca/passc/ImpactDatabase/CINameSort2.htm를 보라.
20) http://sundu.co.kr/5-information/5-3/5f3-3-5-12asteroid-4.htm
21) John D. Morris, "Geologic Evidence for Noah's Flood," 〈창조과학 국제 심포지움 논문집〉(한국창조과학회, 1991) p.129에서 재인용. Austin은 에너지의 단위를 erg로 표시했으나 여기서는 우리들에게 더 익숙한 Joule로 환산하여 표기하였다. 표 9-3에서 제시한 운석공들의 직경은 이 책의 다른 곳에서 제시한 동일한 운석공들의 직경과 다소 차이가 난다. 이는 대형 운석공들, 특히 연대가 오랜 운석공들은 정확한 경계를 알기가 어려워 측정하는 사람들마다 다소의 차이가 나기 때문이다.
22) Ted Bryant, "Evidence for Cosmogenic Tsunami," from http://atlas-conferences.com/c/a/i/q/42.htm.
23) cf. Ascania Baldasseroni & Laura Falavolti가 제작하고 Gabriele Cipollitti가 감독한 다큐 DVD "공룡의 세계"(II. Planeta del Dinosauri)-공룡멸종설(Ipotesi sul l'Estinzione)
24) 슈메이커(Eugene M. Shoemaker, 1928-1997) : 미국 지질학자이자 행성천문학자. 아내 캐롤린(Carolyn Shoemaker), 레비(David Levy)와 함께 1994년에 목성에 충돌한 슈메이커-레비 혜성을 발견하였다.
25) 〈월간 Newton 과학〉, (1996년 1월호), 84면.
26) 얼음으로 뒤덮인 아리엘의 표면은 그렇게 단단하지 않음에도 불구하고 많은 운석공들이 존재한다.
27) 달의 수많은 운석공들은 괜찮은 쌍안경으로 보더라도 선명하게 보인다. cf. Steel, 〈Target Earth〉, pp.30-35.
28) John Shibley, "Cassini's 4-Year Oddyssey: Saturn's Beauty is more than Ring Deep," 〈Explore the Universe〉〈Astronomy〉 Special Issue (2006) pp.8-15.
29) Steel, 〈Target Earth〉 p.45.

30) Ross, 〈Creation and Time〉, p.111.
31) http://www.unb.ca/passc/ImpactDatabase/CINameSort2.htm에 있는 표를 근거로 재작성한 것임.
32) http://www.student.oulu.fi/~jkorteni/space/boundary/timeline.jpg에서는 중생대 백악기로부터 신생대 제3기에 이르는 기간의 운석공과 멸종한 생물종의 관련성을, http://www1.tpgi.com.au/tps-seti/crater.html에서는 고생대로부터 현대에 이르기까지의 운석공과 멸종한 생물종의 관련성을 그래프로 그렸다.
33) Charles Officer and Jake Page, 〈The Great Dinosaur Extinction Controversy〉 (Perseus Books, 1996)
34) Normal MacLeod, www.firstscience.com/SITE/articles/mac_f2.asp(1999). cf. J.J. Sepkoski, Jr., Extinction and the Fossil Record," 〈Geotimes〉 pp.15-17 (1994.3.). See also V. Courtillot, J-J. Jaeger, Z. Yang, G. Feraud and C. Hofmann, "The Influence of Continental Flood Basalts on Mass Extinctions: Where Do We Sand?" in G. Ryder, D. Fastovsky and G. Gartner, editors, 〈The Cretaceous-Tertiary Event and Other Catastrophesin Earth History: The Geological Society of America〉, Special Paper 307: 513-525(1996) ; R. Grieve, J. Rupert, J. Smith and A. Therriault, "The Record of Terrestrial Impact Cratering," 〈The Geological Society of America Today〉 5: 193-195(1996) ; A. Hallam, 〈Phanerozoic Sea-Level Changes〉 (New York: Columbia University Press, 1992).
35) 운석공이 얼마나 빨리 사라질 수 있는가를 보여주는 좋은 예로는 1908년 6월 30일 오전 7시 40분 경, 시베리아의 퉁구스카 강 근처 (북위 60° 55´, 동경 101° 57´)에 떨어진 운석을 들 수 있다. 비록 60m 내외의 크지 않은 운석(소행성 급에 들지 못하는)의 낙하지만 1927년, 1938년, 1990년에 찍은 사진들을 보면 운석공의 흔적이 현저히 사라지는 것을 볼 수 있다. cf. http://colony.gundamshop.co.kr/gallery/gallery.html?uid=4294953892&pn=gallery&fn=gallery3&mode=view 참고.

박기모
밴쿠버기독교세계관대학원
/조이선교회

인하대 화학공학과에서 학사와 석사를 마치고 안양대 신대원에서 목회학 석사과정을 마쳤다. 졸업 후 조이 선교회에서 15년을 섬겼으며, 현재는 조이선교회의 국제사역을 담당하고 있으며, VIEW에서 공부하고 있다.

우주의 창조

제10장 생물진화와 우주진화 : 그 개념적인 다름에 대한 논의

　생물학과 천문학에서 동일하게 진화라는 단어를 사용하지만 그 개념 자체가 본질적으로 다르다. 생물학의 진화론의 핵심인 자연 선택에 의한 종간의 진화는 여전히 증명되지 않은 하나의 이론에 불과하고 재연되거나 관측되지 않지만, 천문학에서의 우주의 기원에 대한 많은 자료들은 과학적으로 재연가능하고 관측 가능하다. 해석의 과정에서 생물진화는 객관적인 학문이라기보다는 신념, 신앙을 요구하는 데 반하여, 우주진화는 반증가능한 과학이다. 또한 연구 대상에 있어서 천문학이 무생물의 영역이라면 생물학은 생명체의 영역이다. 창조론과 진화론의 첨예한 논쟁 속에서 생물진화와 우주진화의 본질적인 다름을 알게 될 때 우리는 우주진화를 생물진화로부터 구원할 수 있다.

I. 창조와 진화에 대한 고민

 필자는 어려서부터 과학자가 되는 것이 꿈이었다. 에디슨이나 퀴리부인과 같은 과학자들의 전기를 읽으면서 그 꿈을 키워갔다. 중, 고등학교 때 과학 과목을 좋아했고 그래서 그런지 그 과목이 가장 성적이 좋았다. 그런데 고등학교 때 교회에 다니면서 문제가 생겼다. 생물시간에 배우는 진화론과 교회에서 배우는 성경의 내용이 서로 충돌되는 것이었다. 물론 처음에는 충돌이 일어나는 부분에 대해서 전혀 개념이 없었는데 시간이 지나가면서 그것이 내게 불편해지기 시작했다. 특히 생물시간에 배우는 진화의 내용은 성경과 너무 다르기에 시험을 보면서도 내내 찜찜했다. 이후에 이러한 불편함을 신앙적으로 해결하기 위해서 창조과학에 관심을 가지게 되었고 몇 번의 강의와 책들을 통해서 그 내용을 접하게 되었다.

 당시 진화론이 주장하는 과학적 오류들을 지적하고 비판하는 창조과학의 내용이 너무나도 선명하고 통쾌했으며, 그래서 나도 교회와 선교단체에서 몇 번에 걸쳐서 그 강의의 내용을 복기하면서 특강을 진행하기도 했다. 하지만 더 시간이 지나면서 너무나 선명해 보였던 창조과학(젊은 지구론)의 주장이 현재 여러 과학의 분야에서 발견한 사실들을 인정하지 않고 또한 전혀 대화가 통하지 않음을 보고 큰 실망을 느꼈다. 그러던 중에 〈창조와 격변〉, 〈창조론 대강좌〉(1-3권)를 읽으면서 창조가 비과학적이지 않음을 확인하고 과학과 신앙이 서로 대화할 수 있다는 것을 알게 되었다.

 Science Citation Index Expanded(1996-현재)를 가지고 "evolution"을 검색하면 580,303건의 자료가 검색된다. 이 중에 가장 많은 연구 자료들이 바로 생물학과 천문학 관련 자료이다.[1] 생명과 우주의 기원을 알아내기 위한 과학적인 연구 분야가 바로 생물학과 천문학의 영역인데 이 분야에서 진화(evolution)라는 단어가 서로 다른 전제를 가지고 사용되는 것을 보게 된다.

 이 연구는 특별히 생명의 진화와 우주의 진화를 다루는 생물학과 천문학의 영역에서의 진화가 의미하는 것의 같음과 본질적인 다름을 알아보는 것을 목적으로 한다. 그에 앞서 진화와 관련된 몇 가지 단어들의 의미를 정리해보자.

Ⅱ. 진화, 진화이론 그리고 진화주의

Daum 국어사전을 통해서 진화(進化, evolution)의 정의를 찾아보면 "생물의 종 및 상위의 각 종류가 과거로부터 현재에 걸쳐 점차 변화해 온 과정" 혹은 "사물이 더 나은 상태로 변하여 바뀜"이라고 정의한다. 이 정의처럼 진화라는 단어는 일차적으로 생물학의 영역에서 사용되었지만, 이제는 생물학의 영역에 국한되지 않고 모든 영역에서 일반적으로 사용되는 단어가 되었다. 그런데 위의 정의에서 보는 것처럼 이 단어의 사용이 생물에서 사물로 사용되어질 때 혼란과 문제가 발생한다. 말 그대로 다윈이 주장했던 생물학에서의 진화론이 모든 분야로 진화한 것이다.

이처럼 다양한 분야에서 진화라는 동일한 단어를 사용하면서도 서로 다른 정의를 가지고 자신의 논지를 펼치고 있기 때문에 이것을 좀 더 세분화해서 정의하는 것이 필요하다. 진화와 관련된 논의들이 어느 선까지가 사실의 영역이고 어느 지점에서 가치판단의 영역이 되는지를 분별하는 것이 중요하기 때문이다. 그러기 위해서 여러 분야에서 자주 사용하는 진화, 진화이론, 진화주의에 대한 단어의 정의를 내려 보자. 이에 대해 우종학은 이렇게 말한다.[2]

넓은 의미에서 진화는 시간에 따른 변화를 의미한다. 우주진화는 복잡한 우주로 변해가는 과정을, 생물진화는 시간에 따라 더 복잡한 종이 출현하는 과정을 의미한다. 진화는 자연현상이며 큰 틀에서 보면 진화는 경험적인 데이터에 가깝다.

반면, 진화이론은 진화를 설명하는 과학이론이다. 현상 간의 인과관계나 혹은 진화가 일어나는 기작(機作, mechanism)을 다루는 것이 바로 진화이론이다. 가령 빅뱅우주론은 우주 팽창이 왜 일어나는지를 설명하는 과학이론이고, 생물진화이론은 종이 발생하는 생물진화 현상을 자연선택과 유전자 변이라는 기작을 통해 설명하는 과학이론이다.

진화주의는 진화이론에 대한 무신론적 세계관이다. 가령 진화가 진화이론으로 잘 설명된다면 더 이상 신은 필요 없다는 도킨스의 주장이 대표적이다. 그러나 진화주의는 진화를 무신론적 세계관으로 해석한 철학적 입장에 불과하다. 반면, 진화는 하나님이 다양한 생물 종을 창조한 방식이고 진화이론은 그 창조의 방법을 밝힌 것이라는 프랜시스 콜린스의 견해처럼 유신론적 해석도 가능하다.

그렇다면 그리스도인들은 어떤 입장을 취해야 할까? 진화주의는 거부해야 하지만, 자연현상인 진화, 그리고 진화에 대한 과학적 설명인 진화이론은 비판적으로 수용할 필요가 있다.

앞의 입장에서 보자면 진화나 진화이론은 사실(fact)에 가깝고 진화주의는 가치(value)에 가까운 것을 알 수 있다. 그런데 문제는 이 진화라는 단어가 생물학이나 천문학과 같은 자연과학의 영역만이 아니라 사회과학, 인문과학에 걸쳐서 두루 다양하게 사용되고 있다는 사실이다. 최재천은 "누구나 진화론을 얘기하지만 상당수가 잘못된 진화론을 얘기하고 있다."라고 말했다.3) 이것은 진화론 혹은 진화를 이야기하는 사람이 언제, 어디에 사용된 개념의 진화를 이야기하느냐 하는 것이다. 21세기를 사는 지금의 시점에서 1859년 다윈이 〈종의 기원〉을 통해서 발표한 진화의 개념을 그대로 사용하는 것은 도리어 문제가 있다. 뿐만 아니라 진화를 사실로 받아들이는 부분에서도 종 내에서의 진화를 인정하는 것과 원시대기 상태에서 화학진화를 통해서 우연히 생명체로 진화했다는 것을 인정하는 것은 차원이 다른 문제이다. 그러므로 진화라는 단어를 사용하는 사람이 어느 입장을 가지고 이 개념을 사용하는지를 아는 것이 중요하다.

III. 생물학에서의 진화론

1859년 11월 24일 영국에서 책 한 권이 출판되었다. 녹색 양장본으로 총 14장, 502쪽에 달하는 이 책의 당시 가격은 14실링이었다. 당시 노동자들의 보름치에 해당하는 비싼 가격이었지만 이 초판 1,250부는 판매 당일 매진되었고, 그 후 1860년 1월 7일 제2판 3,000부가 출판되었다.4) 이 책이 바

제10장 생물진화와 우주진화 : 그 개념적인 다름에 대한 논의

로 〈종의 기원〉으로 찰스 다윈(Charles Robert Darwin, 1809-1882)을 일약 유명하게 만든 진화론의 고전이다.

오늘날 진화론 하면 다윈을 떠올리지만 다윈이 생물진화를 처음 주장한 것은 아니다. 기원전 5, 6세기 그리스의 자연철학자들은 이미 생물이 변천해 간다는 생각을 했다. 이후 18세기 프랑스의 뷔퐁(Georges-Louis Leclerc Buffon, 1707-1788)은 환경의 영향이 진화의 원인이 된다고 주장했다.5) 뷔퐁의 수제자였던 라마르크(Chevalier de Lamarck, 1744-1829)는 진화의 메커니즘으로 용불용설(Use and Disuse Theory)을 제시했다. 다윈의 할아버지 에라스무스 다윈(Erasmus Darwin, 1731-1802)은 1794년에 〈동물학〉이라는 저서에서 진화의 생각을 발표했고 월레스(Alfred Russel Wallace, 1823-1913)도 다윈과는 별도로 자연선택설에 기초한 진화이론을 제시하였다.6)

다윈의 이론의 독특성은 그가 생물진화에 대해서 처음 제안한 것이 아니라 진화의 메커니즘으로 적자생존(the survival of the fittest)과 자연선택(natural selection) 이론을 주장했다는 것이다. 다윈의 이론에 결정적인 영향을 준 이론은 다름 아닌 맬더스(Thomas Robert Malthus, 1766-1834)의 〈인구론〉이었다. 그는 자신의 책에서 인구와 식량증가 속도를 비교하면서 기하급수적인 인구증가가 산술급수적인 식량증가를 앞서게 되면 빈곤과 죄악이 필연적으로 일어나게 된다고 주장하였다. 이 과정에서 부족한 식량으로 인해 생존경쟁이 일어날 것이고 이 경쟁에서 이기는 개체가 살아남고, 지는 개체는 도태될 것이라고 했다. 맬더스가 인간들에게 적용했던 이 원리를 다윈은 생물 세계에 적용한 것이다.7)

이러한 다윈의 자연선택의 개념은 이후 현대 생물학의 기초를 마련하게 된다. 다윈과 동시대의 인물이었던 멘델(Gregor Johann Mendel, 1822-1884)은 완두콩을 가지고 일련의 교배 실험을 통해서 각각의 우성과 열성의 형질이 후대에 어떤 형태로 나타나는지를 발견하였다. 이 법칙은 부모의 형질이 정량적으로 자손들에게 어떻게 유전되는지를 밝힌 것으로 한 생물의 종류로부터 다른 생물로 진화된다는 다윈의 진화론과는 정면으로 충돌되는 내용이다.8)

이후 1930년대 유전학과 자연선택의 관계의 종합으로 신다윈주의 (Neodarwinism)가 주장된다. 이후 도브잔스키(Theodosius Dobzhansky), 메이어(Ernst Mayr), 심프슨(George Gaylord Simpson) 등은 집단 유전학, 계통학, 고생물학 등에서의 연구 결과들과 신다윈주의의 원리들을 통합하여 현대 종합설(The Modern Synthesis)9)을 주장한다. 이후 스티븐 굴드(Stephen Jay Gould)와 닐스 엘드리지(Niles Eldredge)는 중간형태의 화석이 없다는 사실로부터 평형파괴이론(Punctuated Equilibria Theory)10)을 제안했다.

최근 들어 도킨스(Richard Dawkins), 윌리암스(George Williams), 스미스(Maynard Smith) 등은 진화의 메커니즘은 생식을 위한 개체들 사이의 경쟁이 아니라, 다음 세대에 가능한 한 더 많은 유전정보를 남기려는 유전자들의 투쟁으로 정의한다.11)

다윈의 〈종의 기원〉 이후 진화론은 각계 각 곳에서 맹위를 떨치고 있다. 그런데 문제는 아직도 여전히 명확한 진화의 메커니즘을 제시하지 못한 상태인데도 불구하고 생물학의 영역만이 아니라 다양한 영역으로 퍼져나가면서 사람들의 근본적인 세계관에 영향을 주고 있다는 것이다. 교육학자였던 듀이(John Dewey, 1859-1952)는 "〈종의 기원〉은 하나의 사고방식을 도입했는데 결국 그것은 지식의 논리, 나아가 도덕과 정치, 그리고 종교를 변화시키게 되어 있었다."라고 했고, 철학자 포퍼(Karl Popper, 1902-1994)는 "다윈주의는 검증할 수 있는 과학적 이론이 아니라 형이상학적 연구 프로그램이다"라고 말했다.12) 또한 메이어(Mayr) "이 가장 위대한 과학혁명의 영향은 과학의 영역에 제한되지 않고 서구 사상가들로 하여금 자연 세계와 인간 역사의 관계를 새로운 눈으로 볼 것을 요구하는데 이것은 혁명적인 세계관의 출현이다."라고 말했다.13)

생물학의 영역에서 멘델의 유전 법칙처럼 확고하게 정량화되고 실험, 예측 가능한 영역이 있는가 하면, 전혀 검증되지 않았음에도 불구하고 거의 우상처럼 여겨지는 영역이 있다. 이런 현상에 대해서 프린스턴 대학의 생물학 교수인 콩글린(Edwin Conklin, 1863-1952)는 "다른 생물학 분야에서 채택되는 혹독한 방법론적 비판이 진화론적 사변에는 왜 아직까지 영향을

미치도록 하지 않았는가는 아마도 종교적 헌신이⋯ 그 이유일 것이다."라고 말했다.14)

예를 들어 토마스 헉슬리(Thomas Henry Huxley, 1825-1895)는 불가지론자로 유명한데, 생물의 진화가 선택을 통해 이루어졌다는 다윈의 이론을 받아들여 그의 이론을 전파하기 위해서 "다윈의 불독"을 자처했다. 헉슬리는 진보주의자로 귀족과 성직자들을 사회구조의 상층에 두고 온갖 사회적, 경제적 활동이 이뤄지는 위계사회보다는 능력과 노력에 따라 역동적으로 변할 수 있는 새로운 사회를 꿈꿨는데 이를 위해 다윈의 진화론이 필요했기 때문이다.15) 실제로 다윈의 진화론은 칼 마르크스(Karl Heinrich Marx, 1818-1883)의 자본론에도 큰 영향을 끼쳤다.16) 다윈의 이론이 역사상 계급투쟁의 자연과학적 근거를 제공해준 것이다. 이는 경쟁에서 도태되는 개체는 짧은 순간의 고통 이후에 죽음을 맞게 된다는 것이다. 이후 계급 갈등, 인종, 성별의 문제, 국가경제론 등에서 진화론을 사회현상에 적용하는 것은 일상화가 되었고 특히 자본주의 사회에 만연한 자유경쟁 상태를 정당화하는 근거로 사용되고 있다.17) 이처럼 다윈의 진화론은 전방위적으로 영향을 끼치며 과학이론이 아니라 신앙, 이데올로기로 행세하고 있기에 제기되는 주장을 잘 파악할 필요가 있다.

Ⅳ. 천문학에서의 진화론

앞서 이야기한 대로 생물학의 진화론을 이야기하면서 천문학의 진화론을 다루는 이유는 생명의 기원을 다루는 것과 우주의 기원을 다루는 것이 밀접하게 연관되어 있기 때문이다. 이는 생물진화가 우주진화 - 태양계 진화 - 지구 진화 - 생물진화 - 인류진화로 연결되기 때문이다.

인간이 가지고 있는 과학 기술과 관련된 기록 중에 가장 오래된 기록은 천문 관측에 관한 것으로 현대의 천문학(Astronomy)의 전신이었던 점성술(Astrology)은 고대인들이 가장 관심을 많이 가졌던 분야이다.18)

이처럼 인류는 우주에 대해 유사 이래 지속적인 관심을 가져온 것이 사실이다. 하지만 신앙의 형태가 아니라 과학적인 연구는 근대 과학의 출현으로부터 시작되었다. 코페르니쿠스의 지동설이 나오기 전까지 서구 사회는 아리스토텔레스와 프톨레미가 주장했던 천동설을 받아들이고 있었다. 이것은 지구가 우주의 중심이라는 세계관에 기초하고 있다. 이것에 대한 도전이 바로 1543년 코페르니쿠스(1473-1543)가 〈천구 회전에 관한 6권의 책〉에서 주장한 지동설이다.[19] 이후 이 내용은 갈릴레이(1564-1642)에 의해서 이슈화되었으며, 케플러(1571-1630)의 행성운동의 법칙을 통해서 더욱 정교하게 이론적으로 정립되었다.[20]

뉴턴(1642-1727)은 〈프린키피아〉를 통해서 모든 물질을 끌어당기는 우주적 중력을 설명하면서 근대 역학 체계를 완성했다.[21] 라플라스(1749-1827)는 성운 가설(Nebular Hypothesis)을 통해서 신의 존재를 가정하지 않고 태양계의 형성을 설명했다.[22]

더 큰 우주관의 변화는 20세기 초반에 등장한다. 20세기 초까지만 해도 대부분의 천문학자들은 우주는 절대적으로 정적이고 별, 행성, 그리고 모든 천체들은 각각 자기의 궤도를 돌고 있다고 생각했다. 그런데 1920년대에 이르러 프리드만(A. A. Friedmann, 1888-1925)과 르매트르(Georges Lemaître, 1894-1966)가 팽창우주론을 전개했다. 그러나 이들의 노력은 큰 주목을 받지 못하다가 미국의 천문학자 슬리퍼(Vesto Melvin Slipher, 1875-1969)와 허블(Edwin Powell Hubble, 1889-1953)에 의해서 별까지의 거리에 비례해서 나타나는 적색편이[23]를 발견하고 이를 통해서 우주가 팽창하고 있다는 허블의 법칙(Hubble's Law)를 발표했다.[24]

이후 허블은 윌슨산 천문대(Mount Wilson Observatory)와 팔로마산 천문대(Mount Palomar Observatory)의 반사망원경을 통해 세페이드 변광성(Cepheid variable)을 발견했다. 허블의 법칙에 따르면 우주 전체가 팽창하고 있으며, 우주 전체가 과거 어느 한 점에 매우 작은 고밀도의 물질로 존재하다가 대폭발을 통해 방사형으로 흩어져갔음을 암시한다.

제10장 생물진화와 우주진화: 그 개념적인 다름에 대한 논의

팽창우주론에서 대폭발이론을 제시하는 데 가장 결정적인 역할을 한 사람은 러시아 태생 미국 물리학자 가모브(George Gamow, 1904-1968)와 그의 동료들이었다. 그들은 원초물질 아일렘(Ylem)의 폭발을 통해서 우주가 형성되었는데 이 폭발 이후 100-200억 년이 경과하면 5K 내외로 식게 될 것이고 그에 해당하는 복사파장이 존재할 것이라고 예언하였다. 바로 이 우주배경복사(Cosmic Microwave Background Radiation, CMBR)가 벨 연구소의 펜지아스(Arno A. Penzias, 1933-)와 윌슨(Robert W. Wilson, 1936-)에 의해서 우연히 발견되었다.[25] 이 대폭발 이론을 빅뱅(Big Bang) 이론이라고 부르는데 빅뱅 이론을 통해서 추정된 우주의 나이는 137억 년이다.[26]

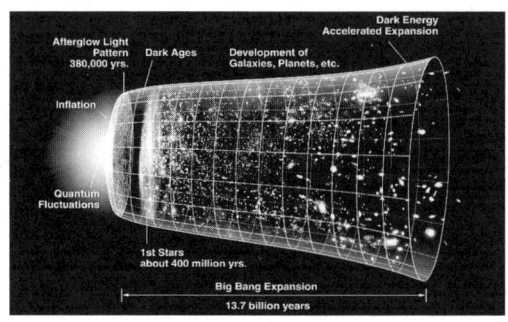

[그림 10-1] 우주의 연대표

이때의 대폭발을 통해서 우주가 팽창하면서 물질들이 생겨났고 이것들이 모여서 우주가 만들어지게 되었다. 이런 범우주적인 진화 역사를 탐구하는 연구는 다양한 영역에서 진행된다. 우주의 탄생과 진화를 연구하는 영역은 우주론(Cosmology)이고, 별들의 역사와 태양계의 근원에 대한 연구는 천문학(Astronomy)의 영역이다. 그런가 하면 지구의 탄생과 진화 과정을 밝히는 연구는 지구과학(Earth Science)과 지질학(Geology)에서, 과거 생물들의 발자취에 대한 연구는 고생물학(Paleontology), 인류의 탄생과 진화의 문제는 고인류학(Paleoanthropology)과 고고학(Archeology)의 영역이다.[27] 이처럼 다양한 학문의 분야에서 진화의 문제들을 다루고 있는데 각각의 영역에서 데이터를 수집하는 방법을 주의해서 볼 필요가 있다.

[그림 10-1][28]에서 보는 것과 같이 빅뱅이 일어난 후에 처음 별이 만들어

지기까지 4억 년이 걸렸고, 태양계가 만들어지는 데 40억 년, 지구가 만들어지는 데 100억 년의 시간이 흘렀다. 지금도 우주에서는 초신성 폭발 등을 통해서 수많은 별들이 태어나고 없어지고를 반복하고 있다. 이런 의미에서 지금도 우주는 진화하고 있다고 말할 수 있다.

현재 태양이 속해 있는 우리 은하는 Milky Way Galaxy라고 불리는데 이는 막대 나선 은하에 속하며 전체 지름은 약 9만 8천 광 년이며 약 2천억 개의 태양과 같은 별을 가지고 있고 전체 질량은 블랙홀과 암흑물질을 포함하여 태양의 약 6천억 배 정도이다. 우주에는 이러한 우리 은하와 같은 은하계가 천억 개 이상 된다고 하니 그 크기는 상상을 초월할 정도이다.[29]

위에서 제시되는 데이터들은 첨단 광학 망원경이나 전파 망원경, 인공위성 등을 통해서 직접 얻은 자료들을 분석하고 계산하여 얻어낸 것들이다.[30] 뿐만 아니라 2012년 7월 4일 CERN에서 공식적으로 힉스 입자의 발견을 발표하였다.[31] 힉스 입자는 빅뱅 당시에 존재했던 물질로 기본입자들에게 질량을 부여하고 사라진 입자 가상적인 입자로 그 존재가 예견되었었다. 그런데 이것이 실험에 의해서 재연되고 발견된 것이다. 이처럼 천문학에서의 진화는 객관적인 과학적인 사실을 통해서 우주의 생성을 탐구하는 것을 의미하는 것으로 생물학에서 사용하는 의미와 그 의미가 많이 다르다.

V. 과학 연구의 한계

1. 시간과 공간의 한계

그림 10-2[32])는 시간과 공간의 log값을 통해서 그 크기를 표시한 것이다. 그림에서 세로줄 무늬 부분이 관측자가 맨눈으로 식별할 수 있는 영역이고, 가로줄 무늬 부분은 역사적 기록을 통해서 연구가 가능한 영역이다. 그 둘레에 있는 십자 무늬 부분은 현재까지 개발된 현미경, 망원경, 초고속 사진 촬영, 분광기, 베타트론, 방사성 연대 측정법 등의 특별한 장비와 관측 수단을 통해서면 연구가 가능한 영역이다. 그 외의 부분은 추론 또는 추측만을 할 수 있을 뿐이다.

제10장 생물진화와 우주진화 : 그 개념적인 다름에 대한 논의

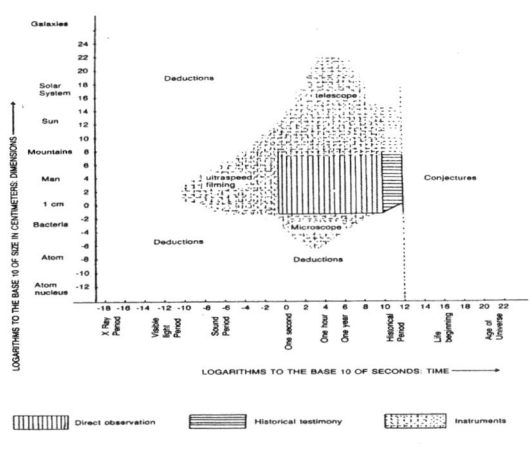

[그림 10-2] 과학적 연구의 범위

우리의 눈은 아주 미세한 원자의 세계도, 너무나 광대한 우주의 세계도 인지할 수 없다. 또한 기껏해야 100년의 인생을 사는 인간이 직접 연구할 수 있는 시간간격이란 초로 나타낼 때 10^{10}초 정도에 지나지 않는다. 가장 오래된 문헌이라 해도 10,000년을 넘지 못하는 현실을 고려할 때 10^{12}초가 넘는 과거의 역사는 직접 연구가 불가능하다. 그렇다면 우리의 관심사인 인간을 포함한 생물이나 우주의 기원에 관한 연구는 과연 어느 정도의 시간일까? 우리가 인정해야 할 사실은 적어도 우주와 생명의 기원에 대한 연구는 인간이 직접 연구할 수 있는 0-10^{12}초의 한계를 훨씬 뛰어 넘고 있어서 첨단의 측정 장비를 의존하지 않고는 불가능한 것이 사실이다.

현대 우주론에서 추측하는 우주의 나이 140억 년(약 10^{18}초)에 비해 인간이 연구할 수 있는 시간의 범위가 너무나 제한되어 있음을 볼 때 기원에 관한 연구에서는 불가피하게 추측과 상상에 의존할 수 밖에 없음을 인정해야 한다. 우리는 이 과정에서 과학이 일차적으로 관측 가능하고 재현 가능한 현상을 대상으로 연구하면서, 관측이나 재현이 불가능한 현상이나 사건을 연구할 때는 간접적인 증거들로부터 유추하여 잠정적인 결론을 내리는 것을 인정해야 한다. 이 과정에서 학문의 객관성이 요구되어지는데 이것이 쉬운 일이 아니다.

2. 방법론적 자연주의의 한계

방법론적 자연주의(methodological naturalism)란 "과학은 과학적 기술과 설명과 이론에서 초자연적인 설계나 원인 작용이나 활동에 의존하지 않으면서 마치 철학적 자연주의가 사실인 것처럼(사실이든 아니든 간에) 진행되어야만 한다는 것이다."[33]

코페르니쿠스의 지동설로 시작된 과학혁명을 거치고 근대를 지나면서 사람들은 과학에 대한 맹목적인 신뢰를 보내기 시작했다.[34] 이 시대를 지나면서 과학 실증주의[35]는 힘을 얻기 시작했는데 이는 말 그대로 과학을 통해서 모든 것이 증명가능하다는 의미로 과학은 객관적, 경험적, 합리적으로 입증가능하기에 신뢰할 만하다는 것이다. 이런 잘못된 생각은 종교(신앙)가 과학연구의 객관성과 보편성을 위협하여 학문연구를 방해한다고 여기게 되었고 과학의 위상이 올라갈수록 신앙의 위치는 격하되게 되었다. 또한 과학적 실증주의는 사실(fact)과 가치(value)를 내세우면서 학문이 가치중립적임을 내세운다. 하지만 사실 또한 연구자의 세계관에 기초해 해석해낸 것이기에 이 해석의 틀을 통과하는 과정에서 개인의 사상, 생각, 믿음에 영향을 받을 수밖에 없다.

그런데 이런 전통적인 과학의 개념이 도전을 받기 시작했다. 이 과학의 객관성, 경험성, 합리성에 대해서 델 라치(Del Ratzsch)는 이에 대해 이렇게 말했다.

> 첫째, 만일 자료를 접하는 과학자가 아무런 선택의 원리도 없이 자료를 수집한다면, 그 결과물은 대부분 서로 관계가 없으며 아마도 그 자신의 연구와도 무관한 정보의 집합체가 될 것이다.

> 둘째, 자료는 저절로 조직되지 않는다. 하나의 자료가 어떤 범주에 포함되는지가 분명해지는 것은 그 자료를 설명하는 이론이 나타날 때뿐이다.

> 셋째, 단계(귀납적인 그림이라는 이름이 유래한 귀납적 단계)는 셋 중에서 가장 잘못된 것이다. 과학 안에서 생겨난 이론과 설명 원리는 인

간의 발명과 통찰의 산물이지, 자료로부터 논리적으로 도출된 결과가 아니기 때문이다. 전체 자료로부터 그 자료에 대한 이론적인 설명으로 이동하기 위해서는 상상력에 의한 도약이 필요하다.36)

이처럼 과학자들은 자신의 연구를 수행하면서 의도하던 의도하지 않던 간에 자신의 연구에 도움이 되는 것과 그렇지 않은 것을 선택하게 된다는 것이다. 어떤 범주와 의도, 세계관을 통해서 나온 결과이기에 절대적으로 논리적이고 합리적인 결과는 불가능하다.

이러한 실증주의를 가장 강력하게 비판한 사람은 칼 포퍼(Karl Raimund Popper, 1902-1994)이다. 포퍼는 "형이상학적 원리, 철학적 원리, 다른 비경험적인 원리를 단순히 의미 없는 것으로 보지 않았고, 그래서 실증주의의 핵심인 의미의 증명 가능 기준을 거부했다."37) 포퍼의 주장에 의하면 과학과 비과학을 구분하는 기준은 어떤 주장이나 이론이 반증 가능할 때만이 과학적이라는 것이다.38) 포퍼의 주장에 따르면 극단적인 진화론이나 창조론을 주장하는 이들의 이론은 거의 반증이 불가능한 이데올로기나 신앙에 가까운 것을 볼 수 있다.

스티븐 호킹은 그의 책 〈A Brief History of Time〉에서 뉴턴과 아인슈타인과 같은 과학자들의 연구를 통해서 우주가 대폭발에서 시작했다는 빅뱅이론, 블랙홀과 특이점에 관한 내용을 설명하면서 우주의 시작과 미래와 종말을 다루는데 이 과정에서 여전히 어떻게 그리고 왜 우주의 초기 상태와 그 법칙이 선택되었는가에 대해서는 여전히 의문을 제기하고 있다.39) 이처럼 천문학의 첨단의 영역에서조차도 인간의 인지 능력으로는 이해가 불가능한 영역이 있음을 인정해야 한다.

인간은 제한된 시간과 공간의 한계를 다양한 도구와 기술을 통해서 극복해보려고 하지만 그것에도 한계가 있음을 인정해야 한다. 뿐만 아니라 과학 자체가 세계관의 영향을 받는다는 사실을 인정하고 어떤 문제나 이론을 바라볼 때 그것은 어떤 전제에서 출발했는지, 나는 어떤 패러다임을 통해서 그것을 바라보고 평가하고 있는지를 돌아보아야 한다.

VI. 둘 사이의 본질적인 다름에 대한 이해

1. 해석에 있어서의 차이

생물학과 천문학은 모두 생물과 우주의 기원을 연구하는 과학의 한 영역임에 틀림없다. 중세 이전의 과학의 영역은 신학의 시녀로 그 역할을 수행하다가 과학 혁명 이후 그 전세가 역전되어 신학은 학문의 변두리로 밀려나 버렸고 과학이 학문의 중심을 차지해 버렸다. 중세이전 학문의 영역은 세분화되어 있지 않았고 통합되었기에 문제가 되지 않았지만, 학문이 발달되고 그 정보의 양이 상상할 수 없을 정도로 많아진 상황에서 학문의 파편화(세속화)는 당연한 귀결이라고 생각된다. 이러한 상황 속에서 전문 영역으로 갈수록 해당 분야에서의 전문성을 요구하고 일반인들이 접근하기 어려운 배타성을 띠기 때문에 해당 분야의 전문가들이 어떤 전제와 세계관을 기초로 해서 그 분야를 연구하고 해석하느냐가 중요하다.

다윈의 진화론은 중세 이후 서구사회에 자리 잡고 있던 하나님의 자리를 위협하고, 나아가 신의 존재를 부정하는 포스트모던 시대로의 진입에 큰 영향력을 행사하게 되었다. 이처럼 생물학에서의 진화론 논쟁은 기원에 대한 논쟁이라기보다는 이미 세계관 논쟁이 되어버렸다. 다윈의 진화론은 세속적 인본주의와 결합하여 인간의 이성과 과학의 발전을 우상시하면서 계몽주의적 과학주의 이데올로기로 진화하여 갔다. 또한 진화론은 다양한 이데올로기와 결합하면서 인종 차별, 제국 침략주의, 공산주의를 세우는 배경이 되기도 하였다. 결국 진화론은 자연주의적, 유물론적 세계관이며 인본주의적 신념이라고 할 수 있다.[40]

생물학의 모든 영역이 그러한 것은 아니지만 진화론과 관련되어서는 그것은 학문의 영역이라기보다는 신앙의 영역으로 들어가 버렸다.[41] 앞서 말한 대로 생물학의 진화론이 과학이라면 과학으로서 마땅히 반증 가능해야 함에도 불구하고 반증 자체를 거부하는 지경에 이른 것이다. 이 부분에서 극단적인 창조론자들과 극단적인 진화론자들의 충돌이 있다.[42]

천문학의 경우도 중세 이전에는 점성술의 형태로 발전하다가 과학혁명

제10장 생물진화와 우주진화 : 그 개념적인 다름에 대한 논의

이후에 본격적인 연구가 계속되었다. 이 발전의 과정을 연구해보면 그 연구 과정 속에서 확인되지 않은 논리의 비약이나 추정이 있었던 것이 사실이지만 데이터가 축적되고 기술력이 발전하면서 그 빈 고리들이 계속 채워져 나갔다.[43] 빅뱅 이론의 경우도 처음에는 허블 상수의 값이 50-500 km/sec/Mpc로 그 값의 편차가 심했지만 지금은 계속 그 값이 수렴하여 71 km/sec/Mpc로 측정되고 있다. 이 허블 상수의 역수가 우주의 팽창 나이인데 현재 추정되는 우주의 나이는 137.2억 년이다.

현재까지는 이 빅뱅 이론이 우주의 기원과 형성 과정을 설명하는 가장 신빙성 있는 작업가설이다. 문제는 이 이론의 무신론적, 자연주의적 특성이다. 여러 학자들이 빅뱅을 다루면서 초월적 존재를 가정하지 않고, 우주 자체가 초월이자 내재이며 우주 자체가 그 자신의 창조자라고 가정한다. 그런데 만일 이러한 무신론적 해석 대신에 창조주가 대폭발이라는 방법으로 우주를 만들었다라고 해석하면 어떨까? 현재 제시된 다양한 우주론 중에서 빅뱅 이론이 창세기의 기록에 가장 가깝다고 할 수 있다. 보슬로(John Boslough)는 이렇게 말했다.

"요즘 대폭발 이론은 하나의 과학적 패러다임이 되어 있는데 그 안에는 성경의 창세기 내용이 암암리에 담겨져 있다. 이 단순하면서도 설득력 있는 사이비 과학적 창조 신화는 유대-기독교적 역사 전승을 구체화시킨 것이다. 그 역사적 전승 안에서 서양의 문화 및 과학 사상들이 발전해 왔는데 그 전승의 특징은 절대적 시작을 전제로 한다는 점이다."[44]

이처럼 어떻게 해석하느냐에 따라서 빅뱅 이론은 무신론적일 수도 있고 창조론을 설명하는 이론이 될 수도 있다.[45]

하나님께서 온 우주 만물을 말씀으로 창조하셨다는 것은 문자적인 6일 창조를 주장하는 것이 아니다. 말씀으로 창조하셨다는 것은 하나님의 창조에 있어서 전능하심을 나타내는 표현이기에 그 방식에 있어서는 자유롭다고 하겠다. 그런 의미에서 하나님께서 우주 창조에 있어서 빅뱅을 사용하실 수도 있다는 것이다. 우리는 우주가 우연히 존재하든지 창조주에 의해

서 창조되었든지 선택을 해야 한다. 그러나 우리가 그것을 지금 규명하는 것은 불가능하고 우리에게는 현재 존재하고 있는 우주가 있을 뿐이다. 이미 존재하는 우주에 대해 유신론적인 창조가 더 맞는지 무신론적인 우주 기원론이 더 맞는지를 알아보려면 열역학적인 측면에서 평가해 볼 수 있다.

우리가 어떤 이론이나 주장을 해석할 때 어떤 도구를 가지고 이것을 해석하느냐가 중요하다. 일반적으로 자연 현상이 가역적인가 비가역적인가는 열역학의 법칙을 통해서 추론할 수 있다. 그런데 생물학에서의 진화는 에너지 보존 법칙(열역학 제1 법칙)[46]이나 엔트로피 증가의 법칙(열역학 제2 법칙)[47]을 모두 정면으로 거부한다. 빅뱅 이론의 경우도 초기 무한한 밀도와 높은 온도의 원초물질 아일렘의 존재는 신비의 영역으로 남아있지만 이 아일렘을 창조주의 섭리로 해석할 때 그 이후의 과정은 열역학의 법칙에 배치되지 않는다.

생물학의 진화론의 핵심인 자연 선택에 의한 종간의 진화는 여전히 증명되지 않은 하나의 이론에 불과하지만, 천문학의 우주의 기원에 대한 많은 결과들은 관측가능한 과학적인 사실들이기에 이것을 신앙적으로 어떻게 수용하느냐가 신앙인들에게 숙제로 남아 있다. 앞서 말한 대로 우주의 기원에 대한 과학적인 해석이 하나님의 존재와 하나님의 창조를 부정하는 것이 아니며, 하나님께서 창세 이전에 자연계에 부여하신 그 분의 창조법칙에 따라 자연적인 방식으로 창조되었다는 것을 받아들여야 한다. 인간이 창조주를 억지로 부정하지 않는다면 우주의 법칙과 질서, 그 경이로움 앞에서 창조주의 존재는 부정할 수 없다.

2. 연구 대상의 본질적인 차이

폴라니(Michael Polanyi, 1891-1976)는 "생명 현상은 물리학과 화학을 넘어선다"는 논문을 통해서 생명의 생물학적 구조에 필수적인 화학 결합이 어떻게 기계적이고 반복적일 수 있는지를 설명했다. 예를 들어 수정(crystal)을 형성하는 원자의 패턴은 별다른 정보를 가지지 않으면서 복잡한 질서를 보이지만, DNA 분자의 경우는 복잡한 형태 속에 독특한 정보를 포함하고 있다고 주장하였다. 그의 이론은 이후 지적설계운동에 차용되어 "물리학과 화학 법칙 위에 더해진 환원 불가능한 고차원적 고리"를 검출하는 기반을 제공했다.[48] 이처럼 그는 다양한 복잡한 구조와 질서 속에서 생명현상에 특별한 섭리가 숨겨져 있음을 암시했다.

천문학과 생물학 모두 기원의 문제를 다루고 있지만 천문학이 무생물의 영역이라면 생물학은 생명체의 영역으로 신비의 영역에 속한다고 할 수 있다. 그 차이는 연구 대상의 영혼의 유무라고 할 수 있다. 성경은 네페쉬, 프슈케라는 단어를 사용하는데 숨 쉬는 존재, 영혼, 생명 등으로 해석된다. 벌코프(Louis Berkhof, 1873-1957)는 영혼의 존재에 대해서 이렇게 말했다.

이처럼 영혼에 대한 정의도 인간 구성에 대한 견해도 유동적인 상태에 있으나 우리의 논의를 전진시키기 위하여 잠정적으로라도 인간은 영혼과 육체로 구성되어 있으며, 인간의 영혼은 인간에게 있어서 육체를 제외한 영적 정신적 요소라고 정의하고 지나가지 않을 수 없다. 영과 혼이라는 이 두 말은 사람에게 두 가지 다른 요소가 있음을 의미하는 것이 아니라 다만 인간의 한 영적 실체를 나타내기 위해서 사용되고 있을 뿐이며 영이란 말은 육체를 관리하는 생명의 원리 또는 행동 원리를 뜻하며 혼이란 말은 생각하고 느끼며 결정하는 인격적 실체를 뜻한다.[49]

영혼을 과학적으로 규명하기 위해서 수많은 시도들이 진행되었지만 만족할 만한 결과들은 없다. 하지만 증명되지 않는다고 성급하게 영혼이 없다고 단정하기에는 그것은 너무 위험하다. 앞서 말한 것처럼 다윈의 진화론이 진화하여 물질로부터 생명체와 인간이 발생한다고 할 때 인간의 존엄성은 그 자리를 잃게 되기 때문이다. 우리는 직관적으로 영혼의 존재를 인지하고 있기에 연구 대상에 있어서 무생물을 대상으로 반복적인 실험을 하는 데 있어서는 거리낌이 없지만 생명체를 다루는 실험에 있어서는 윤리적인 어려움이 있음을 알고 있다.

예를 들어 우리는 직관적으로 암석 속에 귀금속을 채취하여 보석을 만드는 것에 대해서는 아무런 양심의 가책을 느끼지 않지만, 동물의 가죽을 벗겨서 모피를 만들거나 체세포 복제를 위해서 여인에게서 난자를 채취하여 이를 실험에 무분별하게 사용하는 것에 대해서는 양심의 가책을 느낀다.

이처럼 천문학에서의 진화, 우주의 기원과 관련된 분야는 그 연구의 대상으로서 무생물을 다룬다면, 생물학에서의 진화는 직접적으로 생명체를 다루는, 생명과 관련된 학문이기에 그것을 다루고 이해하는 데 있어서 본질적인 다름이 존재한다.

우주의 기원을 다루는 천문학의 여러 분야에 있어서는 빅뱅 이후 현재의 우주를 설명하기 위해 지금도 다양한 이론들이 제기되고 있다. 이 이론들은 모두 확정적인 법칙들은 아니지만 시간이 지나면서 점점 그 이론들 사이의 연결 고리들이 채워지면서 예측치에 수렴해 가고 있다. 반면에 생물학의 분야에 있어서는 많은 영역에서 발전이 있어왔지만 생명의 진화와 관련해서는 다윈의 진화론 때부터 종을 뛰어넘는 대진화와 관련된 자연 선택의 증거는 제시되지 않고 있다. 20세기 들어 수많은 화석이 발견되었고, 분자생물학이나 유전학의 분야에서 엄청난 학문적인 발전이 일어났음에도 불구하고 진화론에서 반드시 해결해야 하는 무생명체에서 생물체로의 진화의 연결고리, 어류-양서류-파충류-포유류로 이어지는 종을 뛰어넘는 진화의 증거는 여전히 해결되지 않은 잃어버린 고리(missing link)로 남아 있다. 이처럼 생명을 다루는 이 분야는 창조주의 신비에 속한 영역으로 그룹들과 화염검으로 하여금 인간들이 접근하지 못하도록 하나님께서 금지시키신 영역이 아닐까?[50]

정리하자면 생물학과 천문학에서 동일하게 진화라는 단어를 사용하지만 그 개념 자체가 차이가 난다. 천문학에서의 우주의 진화는 우리가 일반적으로 생각하는 생물학에서의 진화의 개념이 아니라 물리학과 관련되어 우주의 기원을 밝히는 학문으로서 〈우주의 기원에 대한 학문〉으로 표현을 달리 하는 것이 유익하리라 본다. 앞서 말한 대로 진화, 진화론, 진화주의라는 단어의 의미를 명확하게 규정하고 인지하지 않은 상태에서 진화라는 의미 자체가 이미 다윈의 진화론에 오염되어 버렸기 때문이다. 앞서 지적한 대로 방법론적인 자연주의의 한계로 과학이 절대적인 객관성을 유지하는 것이 불가능함에도 불구하고 자연에 나타난 일반 법칙(자연 계시)을 발견하기 위한 성실한 노력을 통해서 감추어진 신비들이 우리 앞에 모습을 드러낼 것이다. 이 해석의 과정에 우리는 성경의 진리와 과학에서 밝혀낸 사실(fact)에 입각해서 그 진리가 보여주는 곳까지 나아가고, 보여주지 않는 부분에 대해서는 억지로 나아가기보다 인내하며 기다리는 지혜가 필요하다고 생각된다. 또한 생명의 영역을 다루는 부분에 있어서는 이것이 우리가 취할 수 있는 열매인지 금단의 열매인지를 분별하는 지혜가 요구된다고 하겠다.

"과학이 책임 있게 되기 위해서 최고의 신앙이 필요하다. 신앙이 신뢰할 만하기 위해서는 최고의 과학이 필요하다."[51]

각주

1) 2013년 11월 26일 기준, http://apps.webofknowledge.com/, 이 검색 결과 중에 상위 5개의 항목을 보면 다음과 같다. ASTRONOMY ASTROPHYSICS(58,009), GENETICS HEREDITY(40,600), MATERIALS SCIENCE MULTIDISCIPLINARY(38,833), BIOCHEMISTRY MOLECULAR BIOLOGY(38,579), EVOLUTIONARY BIOLOGY(35,307), GEOSCIENCES MULTIDISCIPLINARY(34,999)
2) 우종학, "우주의 진화와 진화적 유신론 이해하기," 복음과 상황 *Vol. 276*, Nov., 2013, 36-37.
3) 박건형, "[People & talk_지식의 길을 묻다] 진화론은 정말 '최종 이론'일까," 과학동아, 2010/7, 2010, 120
4) 〈종의 기원〉의 초판이 당일에 매진 된 것은 사람들이 책의 내용이 훌륭함을 알아서가 아니라 중요한 책의 초판이 후에 경매에서 높은 값에 팔리는 것을 아는 서점업자들의 매점매석 때문이었다. 이는 영국인들의 얄팍한 상술이 그들의 역사의식과 결합한 전형적인 사건이다.
5) 양승훈, 창조와 격변 (서울: 예영커뮤니케이션, 2010), 112-113.
6) 홍욱희, "[논단] 현대 진화생물학의 현황과 발전 전망," *과학사상*, 2005/6, 2005, 186-187 . 다윈은 1831년부터 1836년의 비글호 항해의 기록을 〈종의 기원〉으로 출판하기까지 오랜 시간이 걸린 것에 대해서는 여러 추측들이 있지만 우선은 자신의 연구 결과에 따른 주장을 뒷받침할만한 이론적 근거를 준비하는 데 오랜 시간이 걸렸고, 또한 자신의 주장이 그 당시의 과학계와 종교계에 던질 파장을 추측했기에 발표를 미뤄왔는데 웰레스의 논문을 보고 그가 자신과 똑같은 이론을 전개한 것에 놀라서 서둘러 자신의 연구를 마무리하여 출판하게 된다. 이 과정에서 그는 웰레스의 논문과 자신의 연구 기록과 논문을 함께 1858년 7월 린네학회에 보냈고 학회는 다윈의 기록과 메모 그리고 그의 실증적인 증거를 보고 다윈의 손을 들어주게 되어 다윈이 진화론, 자연 선택이론의 선구자로 인정받게 된다.
7) 양승훈, 창조와 격변, 117

8) Ibid., 122
9) 이 이론에서 진화의 단위는 집단(population)이며, 진화 과정의 기본 메커니즘은 한 집단의 개체들 중에 나타나는 유전적인 변이(variation)라고 본다.
10) 이는 단속평형설 혹은 괴물 이론(Monster Theory)이라고도 불리는데, 이는 생물진화가 장기간에 걸친 점진적인 변이가 축적되어 일어나는 것이 아니라 갑작스럽게 도약하여 새로운 종류의 생물이 생긴다는 이론이다.
11) 신재식, *예수와 다윈의 동행* (서울: 사이언스 북스, 2013), 302 ., 리차드 도킨스는 〈이기적 유전자〉에서 "개체 수준에서 엄연히 이타적으로 보이는 행동도 유전자 수준에서 보면 사실상 이기적인 행동에 지나지 않는다."라고 이야기했다.
12) 양승훈, 창조와 진화 (서울: SFC, 2012), 79.
13) Carl S. Keener, "Aristotle, Darwin, and Gilson : Can Darwinism and Cosmic Teleology be Reconciled," Conrad Grebel Review 3, no. 3 (09/01, 1985), 267 ., 다윈의 주장은 그 당시를 지배하던 목적론(teleology)적인 세계관에 큰 영향을 미치게 되었다. 창조주의 지위가 격하된 것이다.
14) Conklin, Edwin Grant,, *Man, Real and Ideal : Observations and Reflections on Man's Nature, Development, and Destiny,* (New York: C. Scribner's sons, 1943), 52 ., 양승훈, *창조와 격변*, 135 재인용
15) 김기윤 et al., "[특집_다윈 탄생 200주년] 세상을 움직이는 진화론," 과학동아, 2009/1, 2009, 99.
16) 한때 마르크스가 그의 자본론을 다윈에게 헌정하려 했으나 다윈이 고사했다는 이야기가 널리 퍼졌다. 사실은 자본론을 다윈에게 헌정해도 좋겠느냐는 편지를 보낸 사람은 마르크스가 아니라 그의 사위인 아벨링이었다. 아벨링은 자연현상을 비종교적인 눈으로 다루는 다윈으로부터 많은 통찰을 구하면서 그의 정치철학을 개진했다. 하지만 다윈은 무신론자로 알려진 아벨링과 접촉하기를 원하지 않았

제2부 창조론과 과학

고 그의 제의도 고사했다.

17) Ibid. 101
18) 양승훈, *우주의 창조(창조론 대강좌 5권) 미간행 자료*, 1.
19) David C. Lindberg and Ronald L. Numbers, *신과 자연(기독교와 과학, 그 만남의 역사) 상권* [God and Nature(Historical Essays on the Encounter between Christianity and Science)], trans. 이정배 and 박우석 (서울: 이화여자대학교 출판부, 2002), 112-113.
20) Ibid., 302-309. 과학사 내에서 케플러가 갖는 중요성은 그가 현상의 인과율적 분석과 수학 법칙 개념에 주었던 충격 때문인데 특별히 이전까지 천문학은 신비의 영역이었는데, 케플러의 행성운동법칙을 통해서 지구에 적용되는 물리 법칙이 천체에도 동일하게 적용된다는 사실을 주장하여 천문학에서 신비주의를 벗겨냈다.
21) Ibid., 322-323
22) David C. Lindberg and Ronald L. Numbers, *신과 자연(기독교와 과학, 그 만남의 역사) 하권* [God and Nature(Historical Essays on the Encounter between Christianity and Science)], trans. 이정배 and 박우석 (서울: 이화여자대학교 출판부, 2002), 375-378., 뉴턴은 무작위적 우연이 혹성들과 위성들의 배치에 신의 섭리의 여지를 남겨놓은 반면, 라플라스는 태양계의 특징의 합당한 메커니즘을 수학적으로 제안함으로 신의 입지를 축소시켰다.
23) 적색편이(redshift)는 광원이 관측자로부터 멀어져 갈 때 광원의 빛의 진동수가 감소하고 따라서 관측되는 빛은 원래의 파장보다 긴 파장(붉은 색) 쪽으로 치우쳐 나타나는 현상을 말한다. 이렇게 적색편이를 통해서 발견된 최초의 은하는 솜브레로 은하(Sombrero Galaxy, M104)로 589nm보다 긴 591nm가 관찰되었다.
24) 양승훈, *우주의 창조(창조론 대강좌 5권) 미간행 자료*, 9-10
25) 그들은 벨 연구소에서 반사위성을 추적하기 위해서 매우 민감한 마이크로파 안테나를 운용하면서 근원을 알 수 없는 전파의 잡음을 발견했다. 이 전파 잡음은 우주의 모든 방향에서 밤낮과 계절에 관계없이 탐지되었다.

26) 김희준, "특집 II (3) 우주의 진화와 종의 진화 – 종의 진화도 우주 진화의 틀 안에서 이해 가능," *과학과 기술 = the Science & Technology* 42, no. 3 (2009), 57 .

27) 홍욱희, *[논단] 현대 진화생물학의 현황과 발전 전망*, 171-172

28) http://en.wikipedia.org/wiki/File:CMB_Timeline300_no_WMAP.jpg

29) 임성빈, "사이언스 환타지아(7)-진화하는 우주," *과학과 기술 = the Science & Technology* 41, no. 8 (2008), 98 .

30) 1989년 NASA에서는 COBE(COsmic Background Explorer) 위성을 쏘아 올려서 평균 2.725K의 CMBR temperature fluctuations를 측정했고 이어서 2001년 WMAP(Wilkinson Microwave Anisotropy Probe)를 쏘아 올려서 빅뱅을 이해하기 위한 데이터를 수집하고 있다.

31) Higgs particle은 God's particle로도 불리는데 1964년 Peter Higgs에 의해서 예견되었고 2012년 7월 4일 CERN에서 발견을 공식 발표하였다. 힉스 입자는 입자 물리학의 표준 모형이 제시하는 기본입자 가운데 하나로 Big bang의 중요한 증거이다. 질량이 매우 크고 아주 짧은 시간에 붕괴되면서 쿼크나 전자와 같은 기본 입자에 질량을 부여한다고 알려져 있다.

32) Moore, John N., *How to Teach Origins : Without ACLU Interference* (Milford, Mich.: Mott Media, 1983), 61 ., 양승훈, *우주의 창조 (창조론 대강좌 5권) 미간행 자료*, 2-3에서 재인용

33) Del Ratzsch, *과학철학* [Science & Its Limits], trans. 김영식 and 최경학 (서울: IVP, 2002), 159-160 ., 철학적인 자연주의는 기본적으로 자연적인 영역이 유일하게 존재하는 실재이고 과학은 그러한 실재를 한정하고 지배하는 근본적인 구조와 원리에 대한 유일한 접근방법이라는 관점이다. 이런 관점에서 방법론적 자연주의는 "마치 철학적인 자연주의가 사실인 것처럼 과학을 하는 것"이다.

34) Ronald L. Numbers, *과학과 종교는 적인가 동지인가* [Other Myths about Science and Religion], trans. 김정은 (서울: 뜨인돌, 2010), 83-93. 많은 사람들이 코페르니쿠스적 세계관이 인간의 지위를 우주의 중심에서 내몰았다라고 생각하지만 도리어 그 당시

지구가 "불결하고 천한 하위의 세계"로 여겨졌었는데 코페르니쿠스에 의해서 태양의 자리가 우주의 중심의 왕좌로 격상됨에 따라서 그 주위를 도는 지구의 지위도 동시에 격상되었다.

35) 조용훈, "기독교학교에 대한 성경적 조망: 특집 논문; 신앙과 학문의 관계에 대한 한 연구," 통합연구 17, no. 1 (2004), 13-16 .
36) Del Ratzsch, 과학철학, 24-26
37) Ibid., 43
38) Ibid., 46
39) Hawking, Stephen,, *A Brief History of Time* (New York: Bantam Books, 1998), 189-191 .
40) 양승훈, 창조와 격변, 492-503
41) 굴드의 평형파괴이론이나 신다윈주의의 경우에 이미 과학이라기보다는 신앙의 영역으로, 진화의 개념을 포기할 수 없어서 억지로 이론을 끼워 맞추는 경우라고 할 수 있다.
42) 젊은 지구론을 주장하는 극단적 창조론자들이나 극단적인 진화론자들은 서로 적대적인 공생관계에 있다고 할 수 있다. 과학과 신앙 간의 대화가 가능해질 때 해묵은 창조론과 진화론 사이의 논쟁도 줄어들게 될 것이다.
43) 예를 들어 힉스 입자의 발견에 대한 예언은 1964년에 있었지만 이것의 발견은 2012년에 이루어졌다. 이 발견을 두고 힉스는 이렇게 말했다. "저는 이러한 결과가 이렇게 빨리 나오게 된 것에 놀랄 뿐입니다. 이는 연구자들의 전문성과 정교한 기술이 함께 만났다는 증거입니다. ... 저는 제가 살아있는 동안 이러한 일이 일어날 줄은 전혀 예상하지 못했습니다...", 마찬가지로 가모브에 의해서 예언된 우주배경복사(CMBR)도 윌슨과 펜지아스에 의해서 우연히 발견되었고 후에 COBE와 WMAP 위성에 의해서 정확하게 관측되었다.
44) John Boslough, *Masters of Time : Cosmology at the End of Innocence* (Reading, Mass.: Addison-Wesley Pub. Co., 1992), 223 ., 양승훈, 우주의 창조(창조론 대강좌 5권) 미간행 자료, 29에서 재인용

45) 하지만 여전히 젊은 지구론(Young Earth Creationism)에서는 빅뱅을 받아들이지 않는다. 오래된 지구론(Old Earth Creationism)이나 진화론적 유신론에서는 빅뱅을 인정한다.
46) 에너지 보존 법칙에 의하면 현재 우주 내에서는 아무것도 저절로 생겨날 수 없다. 우주가 우주 자체의 시초가 될 수 없기에 무신론적인 우주 기원론은 인과율에 위배된다.
47) 생물의 진화에 있어서 고등생물로의 진화는 점점 질서도가 증가하는 방향이다. 폐쇄계 내에서 외부의 에너지의 출입이 없는 상태에서 질서도가 증가하는 것은 비가역적인 반응이다.
48) Larry Witham, 생명과 우주에 대한 과학과 종교 논쟁, 최근 50년, trans. 박희주 (서울: 혜문서관, 2008), 58-59.
49) Louis Berkhof, 기독교 신학개론, trans. 신복윤 (서울: 성광문화사, 2001), 113., 개혁주의 성경연구소, 영혼문제와 인간복제 (서울: 도서출판 하나, 1997), 29-30. 재인용
50) (창 3:24, 개정) 〈이같이 하나님이 그 사람을 쫓아내시고 에덴동산 동쪽에 그룹들과 두루 도는 불 칼을 두어 생명나무의 길을 지키게 하시니라〉
51) Klaus Nürnberger, "Becoming a Scientist to the Scientists: Theses on the Relation between Natural Science and Christian Faith," *Journal of Theology for Southern Africa*, no. 136 (03/01, 2010), 92. "Science needs best faith to become responsible; faith needs best science to become credible."

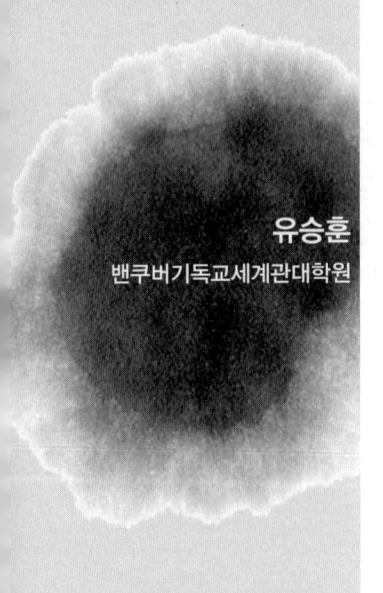

유승훈
밴쿠버기독교세계관대학원

한양대학교 재료공학과(B.S., M.S.), 서울대학교 재료공학과(Ph.D.)에서 공부했으며, 현재는 밴쿠버기독교세계관대학원(VIEW)에서 IT 팀장으로, Worldview Media 대표로 사역하고 있다.

생명과 인류 창조

제11장 창조 - 진화 논쟁의 열역학적 측면

I. 창조 - 진화 논쟁, 그리고 열역학

　창조-진화 논쟁에 있어서 열역학 법칙이 진화론을 설명할 수 있는지 없는지의 여부도 주요 쟁점이 되어 왔다. 창조론자의 입장에서는 학계에서 보편적 법칙이라고 인정되고 있는 열역학 법칙에 위배되는 가설이라면 설명이 얼마나 정교한지에 상관없이 그 가설을 폐기할 수 있으므로 확률론적 반증과 함께 주요한 진화론의 근본적인 부분에 대한 반증 수단의 하나로 이를 사용하고 있다.

　창조론을 지지하는 측에서는 하나님의 특수 창조가 열역학 법칙들에 맞으며, 진화론은 열역학 법칙에 위배되므로 타당성이 없음을 지적한다. 그 한 가지는 에너지 보존 법칙이라고 알려진 열역학 제1법칙이다.[1] 열역학 제1법칙은 우주 내에 있는 물질을 포함한 에너지의 총량은 불변하며 새롭게 만들어지거나 소멸될 수 없으므로, 어느 한 시점에 하나님의 특수 창조가 있었음을 나타내는 증거라고 제시한다.2) 생물의 발생과 종의 형성에 관해서 다루는 진화론에서는 우주의 존재 원인에 대해서는 다루지 않기 때문에 별다른 이견을 내놓을 수 없으며, 현대 천체 물리학에서도 원시물질 아일렘(ylem)으로부터 시작된 우주의 초기 상태와 발전에 대한 연구를 하고 있을 뿐, 아일렘의 존재 원인과 빅뱅을 일으킨 원인에 대해서는 여전히 의문인 채로 남겨두고 있다. 실제로 이것은 물리학이 다룰 수 있는 범주를 벗어나며, 오히려 철학적, 신학적인 영역에 속한다고 할 수 있다.

그러나 열역학 제2법칙의 적용에 관해서는 첨예하게 대립하고 있다. 흔히 열역학 제2법칙은 엔트로피 증가의 법칙으로 알려져 있으며, 존재하는 에너지의 질적인 쇠퇴현상을 다룬다. 일반적인 열역학 교재에서는 이를 다음과 같이 설명하고 있다. "고립계(isolated system)의 엔트로피가 감소하는 반응은 일어날 수 없다. 혹은 고립계에서 일어나는 모든 반응은 엔트로피는 증가하거나 일정하다"3)

창조론자들은 진화론에서 주장하는 바와 같이 화학진화에 의하여 무질서하게 혼합된 물질로부터 질서와 정보를 가진 생명체가 생겨나는 것은 계의 엔트로피를 감소시키는 과정이며 이는 열역학 제2법칙에 위배되므로 화학진화는 일어날 수 없다고 주장한다.4) 반면에 진화론자들은 창조론자들이 열역학 법칙을 잘못 이해하여 그것을 잘못 적용하고 있으며, 국부적으로 엔트로피는 감소할 수 있는 가능성이 있으므로, 열역학 법칙이 전적으로 진화를 부정하지 않는다고 주장한다.5)

이러한 논쟁을 들여다보면, 짚고 넘어가야할 점이 몇 가지가 있다. 첫 번째로 해당분야의 훈련을 받은 전문가들임에도 열역학적 상태를 설명하는 용어를 제대로 혼동해서 사용하고 있는 문제이다. 진화론자인 이재일의 주장을 보면, '고립계'와 '닫힌계'를 구분하지 않은 채 혼동하고 쓰고 있으며, '닫힌계'와 '열린계'의 개념을 구분하지 않은 채 사용하고 있는 것을 볼 수 있다. 뿐만 아니라, 열역학에 관한 일반적인 창조-진화 논쟁에 대한 심도 있는 분석을 제시하고 있는 파울러(Thomas B. Fowler)조차도 자신의 저서에서 이러한 용어를 혼용하고 쓰고 있다.[6] 두 번째로 우리가 살고 있는 지구를 열역학적인 관점에서 어떤 계로 보아야 하는지 여부이다. 세 번째로 대부분의 열역학에 관한 논쟁이 화학진화에서 주장하는 반응들이 실제로 가능한지의 여부보다는 계의 상태와 그에 따른 엔트로피 감소 가능성 여부에 초점이 맞추어져 있으며 열역학 법칙으로부터 유도되는 중요한 상태 함수인 자유에너지(free energy)의 관점으로의 접근은 일반적으로 다루어지지 않고 있다. 자유에너지는 열역학 제1법칙과 제2법칙으로부터 유도되는 함수로, 물질계에서 반응이 실제로 일어나는지의 여부를 판정하는 데 매우 유용함에도 창조-진화 논쟁에서는 다루어지지 않고 있다.

따라서 이 장에서는 기존의 창조-진화 논쟁에서 다루었던 열역학 제2법칙에 관한 용어의 부적절한 사용에서 기인하는 문제점들을 고찰하고, 논란의 주 대상인 지구가 어떤 계인지에 대하여 다루고자 한다. 또한 열역학적 논쟁에 있어서 자유에너지의 적용의 필요성에 대하여 논하고자 하며, 이를 라세미 혼합물의 분리 문제에 적용하여 그 유용성 여부에 대해서 고찰하고자 한다.

II. 고립계, 닫힌계 그리고 열린계

전문분야에서도 한 가지 대상에 대응하는 한 가지의 표준화된 용어로 사용되는 경우는 드물며, 오히려 유사한 의미의 용어가 사용되는 경우가 많다. 대부분의 경우 그 분야에서 종사하는 사람의 경우에 큰 문제가 없지만, 간혹 혼동을 일으키는 경우가 있다. 또한 유사한 용어지만, 전혀 다른 것을 지칭하는 경우도 있다. 창조-진화 논쟁에서 가장 대표적인 것이 '고립계'와 '닫힌계'이다. 저자에 따라서 '고립계'를 '고립된 계'라고 부르기도 하지만, 여기서는 '고립계'로 통일하기로 한다.[7]

'고립계'는 주변과 에너지 교환과 물질 교환이 일어나지 않는 계이며, '닫힌계'는 주변과 에너지는 교환되나 물질 교환은 일어나지 않는 계이다. 앞서 언급한 이재일의 경우, "피서철에 이용하는 벽이 두꺼운 얼음통 뚜껑을 꼭 닫아두면 열에너지나 다른 물체들이 거의 출입할 수 없다. 따라서 이 얼음 통은 닫힌계에 가깝다"라고 하면서 닫힌계를 고립계와 동일한 의미로 사용하였다.8)또한 파울러(Fowler)도 창조론자들이 '닫힌계(closed system)'에서 엔트로피는 시간에 따라 증가한다고 하는 주장에 대한 반론으로 지구는 태양에너지의 형태로 에너지가 지속적으로 들어오기 때문에 닫힌계(closed system)가 아니라는 내용을 언급한다. 여기서 파울러(Fowler)는 닫힌계(closed system)라는 용어를 고립계(isolated system)의 의미로 사용하였다.9)두 저자 모두 전문 분야에서 훈련 받은 사람임에도 불구하고 잘못된 용어를 사용하는 실수를 하였고, 이러한 점은 일반인들에게 잘못된 정보를 제공한다고 할 수 있다. 비록 의미에 있어서는 맞을지 몰라도, 용어의 부적절한 사용은 결국 나중에 혼란을 가져올 것이며, 자신의 주장의 기반을 약화시킬 수 있다.

용어에 대한 설명에 더하여 고려해야 할 사항은 대부분의 초점이 고립계에서의 엔트로피의 증가에 대한 논쟁이다. 그에 대하여 지구를 고립계로 볼 수 있는지에 대한 부분을 고찰할 필요가 있다. 실제로 열역학에서 말하는 것과 같은 이상적인 고립계는 만들 수가 없다. 우선 에너지 교환을 완전히 차단할 수 있느냐 하는 문제인데, 대류, 복사, 전도의 3가지 방법으로 전달되는 에너지 교환을 완전히 차단할 수 있는 방법은 현실적으로 존재하지 않는다. 고립계는 사고실험을 위하여 고안된 것으로 대부분의 열역학 교과서에서 열역학 법칙을 유도할 때, 이상적인 시스템으로서 고립계를 사용하는 것을 보면 알 수 있다. 전체 우주를 고립계로 볼 수 있다는 주장을 하는 이들도 일부 있으나, 현재로서는 우주의 경계에서 일어나고 있는 일들을 알 수 없으며, 현대 우주론에서는 우주는 끊임 없이 팽창하고 있는 것으로 보고 있으므로 또 다른 문제를 야기할 수도 있을 것이라고 보지만 이 책의 범주를 넘어가는 것이기에 더 이상 논하지 않을 것이다. 그렇다면 제기되는 문제는 두 가지인데, 지구를 어떤 계로 봐야 하는지의 문제와 고립계에서의 엔트로피가 증가한다는 열역학 제2법칙을 다른 계에 대해서는 어떻게 적용하여야 하는가의 문제이다.

III. 지구 – 고립된 계인가?

지구는 끊임없이 에너지교환과 물질교환을 하며 태양 주위를 공전하고 있다. 사람마다 다르지만 연간 약 10^8kg의 물질이 지구 중력에 이끌려 대기권으로 떨어지며,[10] 매초 1.74×10^{17}J의 태양에너지가 복사의 형태로 지구에 도달하고 있다.[11] 또한 이와 평형을 이루어 지구는 태양 에너지의 일부를 구름, 바다, 지표면의 반사로, 그리고 흑체 복사의 형태로 내보내고 있다.[12] 그런 면에서, 지구는 열린계로 보아야 한다.

하지만 알려진 지구의 질량 5.97×10^{24}kg과 비교해 볼 때, 매년 유입되는 물질의 질량비는 1.67×10^{-17}에 불과하므로 이들이 지구에서 일어나는 반응에 미치는 영향은 거의 없다고 볼 수 있다.[13] 대부분의 물질이 대기권에 들어오면서 대기와의 마찰로 타버리므로 지상에 도달하는 물질은 이보다 더욱 낮을 것이다. 오히려 단속적으로 지상에까지 도달할 정도로 큰 운석, 혜성과 같은 물체가 지표면에 충돌하면서 발산하는 에너지에 의한 영향이 더욱 클 것이다. 그러므로 지구는 엄밀하게는 외부와 에너지교환과 물질교환이 있는 열린계라고 볼 수 있으나, 물질교환 자체의 비율이 지구 전체 질량에 비하여 무시할 수 있는 수준이므로, 열역학적으로 닫힌계로 볼 수 있다.

그리고 입사되는 태양 에너지와 지구가 방출하는 에너지 사이의 관계에 대해서도 조금 더 고찰해보자. 지역적으로 차이가 있고, 매년 차이가 있을 수 있지만, 지구에 입사되는 태양에너지 E_{sun}은 지구가 반사하는 에너지 E_{ref}과 지구가 적외선 형태로 방출하는 에너지 E_{rad}와 평형을 이룰 것이다. 그것은 다음과 같이 표현할 수 있다.

$$E_{sun} = E_{ref} + E_{rad}$$

지구는 유입되는 에너지와 같은 양만큼 방출함으로써 온도를 일정하게 유지할 수 있다. 오히려 방사능 동위원소 붕괴에 의하여 발생하는 열, 지각활동, 조수간만에 의해 발생하는 마찰에너지도 포함한다면 지구가 온도평형을 이루기 위해서는 지구가 방출하는 에너지가 입사되는 태양에너지 E_{sun}보다 조금 더 클 것이다. 이러한 사실은 지구에 지속적으로 입사되는 태양에너지가 엔트로피를 감소시킬 수 있으며, 화학진화를 일으킬 수 있는 에너지원이라는 화학진화론자들의 주장에 문제가 있음을 보여준다. 입사되는 에너지보다 많은 에너지를 방출하고 있는데, 그리고 실제로는 에너지평형을 이루고 있는 상태인데 엔트로피 감소가 일어날 수 있는지 단순히 이야기할 수 없다. 물론 이러한 주장도 너무 단순화시킨 것이기에 문제가 있다고 본다. 실제로 지구는 열역학 교과서에서 나오는 것과 같은 단순한 시스템이 아니라, 우리의 이해를 넘어서는 아주 복잡하고 정교한 메커니즘에 의하여 유지되는 시스템이기 때문에 지나치게 단순화하여 접근하는 설명은 문제가 있다고 본다. 따라서 창조론자든지 진화론자든지 단순히 지구와 외부와의 에너지교환, 물질교환의 관점으로 계를 정의하고 엔트로피 증감여부를 논하는 것은 과도한 외삽이라고 본다.

IV. 엔트로피만으로 화학진화 가능여부 판단이 가능한가?

엔트로피는 물리적으로 측정 가능한 상태함수이며, 세 가지 다른 방법으로 정의가 가능하다고 한다. 이에 대해선 파울러(Fowler)와 허시(Scott M. Hush)가 조금 다른 방식이지만, 고전열역학적, 통계역학적, 정보학적 관점에서 잘 정리해 놓고 있다.[14],[15] 고전열역학적 개념에서의 엔트로피는 일을 할 수 있는 유용한 에너지에 대한 척도이며, 통계역학적 관점에서의 엔트로피는 계의 질서도와 관련된 존재 가능한 상태의 수이며, 정보학적 관점에서의 엔트로피는 메시지 내의 정보의 정도와 관련된다. 보는 바와 같은 엔트로피는 접근하는 방법에 따라서 상당히 다른 개념처럼 보이게 되며 이해하기 어려운 함수이다. 그렇다면 이 엔트로피만으로 화학진화의 가능여부를 논하는 것이 가능한가?

창조론자들이 주장하는 것처럼 전체 우주를 고립계로 생각하고 본다면 우주 전체의 엔트로피의 총합은 증가하게 되고, 고전열역학적 관점으로는 유용한 에너지가 감소하게 되고, 통계역학적 관점에서 무질서도가 증가하게 되고, 정보학적 관점에서 의미 있는 정보가 퇴화된다. 이러한 관점은 옳은 관점이라 생각되나, 국부적인 영역에서 일어나는 반응까지 확대하여 적용하는 것은 무리가 있다고 본다. 그러기에 진화론자들은 국부적으로 엔트로피가 감소할 수 있는 가능성만으로 창조론자들의 주장을 반박하게 되는 것이라 본다.

따라서 열역학적 관점의 논쟁에 엔트로피만이 아니라, 반응에 참여하는 계의 내부 에너지와 엔트로피를 결합한, 계의 상태를 서술하는 자유에너지(free energy)라는 상태함수의 관점에서 설명하는 것이 필요하다고 본다.[16] 깁스 자유에너지(Gibbs free energy)는 내부에너지와 엔트로피를 포함하여 다음과 같이 표현된다.

$$G = H - TS$$

G는 깁스 자유에너지, H는 엔탈피(enthalpy), T는 온도, S는 엔트로피이다.[17] 깁스 자유에너지의 유용성은 어떤 반응이 실제로 일어날지, 일어나지 않을지를 예측할 수 있다는 점이다. 반응 전후의 계의 자유에너지 값의 변화 ΔG는 이에 대한 지표이며, 자연계에 일어나는 모든 자발적인 반응은 자유에너지가 감소하는 방향으로 일어난다. 즉, 어떤 반응이든 자유에너지가 증가하는 방향으로는 반응이 일어나지 않는다는 것이다.

예를 들어, 온도가 오르면 얼음이 녹고, 반대로 온도가 내려가면 물이 얼게 된다. 이러한 현상을 가지고, 얼음이 물이 되었으니까 무질서도가 증가한, 즉 엔트로피가 증가했다고, 반대로 물이 얼음이 되었으니까 질서도가 증가한, 즉 엔트로피가 감소했다고 말하는 것이 무슨 의미가 있을까? 이미 지구상에서 물이 얼었다 녹았다 하는 반응은 수 없이 이루어지고 있다. 실제로 물이 얼지, 얼음이 녹을지 결정하는 것은 물과 얼음의 온도에 따른 자유에너지 변화 때문이다. 물이 상태변화를 하는 이유는 물과 얼음의 Gibbs 자유에너지가 0℃에서 같아지기 때문이다. 0℃ 이하에서는 얼음의 자유에너지가 낮고, 0℃ 이상에서는 물의 자유에너지가 낮기 때문이다.[18]

이처럼 자유에너지는 특정조건 하에서 어떠한 반응이 일어날 수 있는지 여부를 평가하는 좋은 지표이며, 실제로 물질 간의 반응을 다루는 모든 분야에서 사용되고 있다. 무기화학, 유기화학, 재료공학, 물리학뿐만 아니라, 생명체 내에서의 반응을 다루는 생화학, 원자 내의 반응을 다루는 핵물리학에 이르기까지 자유에너지의 개념을 광범위하게 사용하고 있다. 물론 자유에너지는 반응이 일어날지 여부를 판단하는 기준이 될 뿐, 얼마나 빠르게 일어나는지에 대해서는 아무것도 말해주지 않기는 하지만, 자유에너지가 증가하는 반응은 자연계에서는 자발적으로 일어날 가능성이 거의 없다. 그러므로 엔트로피 단독으로만이 아니라, 내부에너지와 엔트로피가 결합된 자유에너지를 사용하여 진화의 가능여부에 대하여 논하는 것이 더욱 적절한 것으로 판단된다.

V. 라세미 혼합물의 분리 문제

지금 현재 우리가 관찰할 수 있는 우주에서 일어날 수 있는 사건의 수는 얼마나 될 것인지 아는 것은 진화론자들이 주장하는 오랜 시간이 있으면 아무리 낮은 확률이 낮더라도 일어날지도 모른다고 하는 주장을 반박하는 데 있어서 필수적인 것이라고 생각한다. 이를 위하여 윌리엄 뎀스키(William A. Dembski)는 관측 가능한 우주 내에 기본입자의 수 10^{80}, 대략적인 우주의 나이 10^{25}초, 물리적 사건이 일어나기 위해서 필요한 최소한의 시간인 플랑크시간(Planck time)의 역수인 10^{45}Hz를 고려하고 있으며, 이 모두를 곱한 수 10^{150}을 우리에게 알려진 우주의 탄생 이래로 우주에서 일어날 가능성이 있는 사건의 최대 숫자로 제시하고 있다.[19] 뎀스키는 우주의 나이를 계산함에 있어서 현재 관측 가능한 우주의 나이 137억년, 4.32×10^{17}초보다 천만 배나 큰 수를 사용하고 있지만, 오히려 그것은 진화론자들에게 유리할 것이다.[20] 뎀스키가 제시한 수의 역수인 1/10150보다 어떤 사건이 일어날 가장 낮은 확률이며, 이보다 낮은 확률의 사건은 일어날 가능성이 없다는 것이다.

그렇다면 라세미 혼합물(racemic mixture 또는 racemate)의 분리하는 문제를 생각해 보도록 하자. 일반적으로 자연계에서 합성되는 아미노산은 광학적 활성이 상이한 L형 아미노산과 D형 아미노산이 동시에 생성되며 이

제11장 창조-진화 논쟁의 열역학적 측면

를 라세미 혼합물이라 부른다.[21] 생명체 내의 단백질은 L형 아미노산만이 사용되는데, 그러기 위해서는 라세미 혼합물로부터 이들 광학적 이성질체를 분리하는 것이 필요하다. 가상의 실험을 위하여 A와 B 두 공간으로 나누어져 있고, 아미노산이 자유롭게 이동할 수 있는 격벽이 그 사이에 있는 아래 그림과 같은 상자를 생각하자.

A	B

1,000개씩의 L형과 D형 아미노산이 완전히 혼합된 상태에서 A에는 L형 아미노산이, B에는 D형 아미노산만이 위치하는 상태에 대한 자유에너지 변화를 계산해 보도록 하자. 동일 아미노산의 광학이성질체는 광학적 활성을 제외한 물리적, 화학적 특성이 동일하므로, 두 상태 사이에서 아미노산 분자의 내부에너지 변화는 없을 것이고, 또 이들 사이에 반응이 없을 것이므로, 엔탈피 변화 ΔH와 열적 엔트로피의 변화 ΔS_{th}는 없고, 배열에 따른 엔트로피 변화 ΔS_{conf}만 있다고 볼 수 있다. 그에 따른 자유에너지 변화는 다음과 같이 나타낼 수 있고,

$$\Delta G = \Delta H - T(\Delta S_{th} + \Delta S_{conf}) = -T\Delta S_{conf}$$

배열에 따른 엔트로피 S_{conf}는 다음과 같이 나타낼 수 있다.

$$S_{conf} = k \ln \Omega$$

k는 볼츠만 상수이며($1.3806503 \times 10^{-23} \mathrm{J \cdot K^{-1}}$), Ω는 주어진 거시적 상태에 대응하는 미시적 상태의 수, 즉 배열 가능한 경우의 수이다. 분리에 따른 엔트로피 변화 ΔS_{conf}는 아래와 같이 쓸 수 있고,

$$\Delta S_{conf} = k(\ln \Omega_{after} - \ln \Omega_{before}) = k \ln(\Omega_{after}/\Omega_{before})$$

이를 앞의 자유에너지를 계산하는 식에 대입하면, 아미노산 분리에 따른 자유에너지 변화에 대한 다음의 식을 얻을 수 있다.

$$\Delta G = -kT\ln(\Omega_{after}/\Omega_{before})$$

분리 전에 완전히 혼합되어 있는 경우에 각각의 아미노산은 방A와 방B에 있을 수 있는 두 가지 가능성이 있으므로, 배열 가능한 경우의 수는 Ω_{before}는 이를 모두 곱한 $2^{2,000}$이다. 반면에 완전히 분리가 되어 있는 상태에서는 L형 아미노산은 방A, D형 아미노산은 방B에만 있어야 한다. 그러므로 이 경우에 Ω_{after}는 1이다. 만일 아미노산의 분리가 상온인 27°C (300K)에서 일어난다고 하면,

$$\Delta G = -1.381 \times 10^{-23} \times 300 \times \ln(1/2^{2,000}) = 5.743 \times 10^{-18} \text{J}$$

이다. 이 수치는 상당히 작은 수치라고도 생각할 수도 있다. 일반적인 화학반응에서 다루는 것과 같은 1mole씩의 L형, D형 아미노산 분자가 섞여 있는 경우를 가정하고 계산하면, 3.457kJ이라는 무시 못 할 수치가 된다. 이 결과는 자발적인 분리가 일어날 경우, 계의 자유에너지가 증가하기 때문에 일어날 가능성이 없음을 나타내고 있다. 또한 우연히 어느 순간에 A방에는 L형 아미노산만이 B방에 D형 아무노산만이 있게 되는 경우를 생각할 수 있을 것이다. 아주 오랜 시간이 있으면 어느 순간에 이렇게 될 수도 있을 것이다. 하지만 그렇게 되더라도 완전히 혼합되어 있는 상태에 비하여 자유에너지가 높다는 사실은 변함이 없다. 자유에너지는 반응을 일으키는 원인에 관계없이 처음과 나중의 상태만 가지고 정의되는 상태함수이므로 결과는 동일하다. 하지만 이 수치가 다른 주요한 화학반응에 비하여 자유에너지 변화가 낮다는 이유로 반론을 제기하는 진화론자들을 위하여 다른 계산을 해보도록 하자.

지금까지의 계산은 배열 가능한 방법을 가지고 계의 엔트로피와 자유에너지의 계산을 했다. 하지만 이제부터 임의로 아미노산 분자가 각 방에 들어갈 때, 아미노산이 정확히 있어야 할 방에 들어갈 확률이 $1/10^{150}$보다 작아지기 위한 아미노산 분자의 최대 개수를 구하도록 하자. 이는 상당히 간단한 수학인데, 배열 가능한 수를 우주 역사에서 일어날 수 있는 사건의 최대 숫자인 10^{150}과 같이 놓고 계산하면 된다.

$$2^x = 10^{150}$$

위 방정식을 풀면 x는 498.3, 즉 아미노산 분자의 최대 개수는 약 500개이다. L형 아미노산, D형 아미노산이 각각 250개 이상이 있다면, 아미노산이 자발적으로 분리가 될 가능성은 전혀 없다는 말이 된다. 이러한 계산이 보여주는 것은 우연한 과정과 오랜 시간이라는 말을 이용하여 조금만 생각하고 계산해보면 전혀 가능성이 없는 것을 가능성이 있는 것처럼 포장하는 진화론자들의 주장이 전혀 가능성이 없다는 사실이다. 창조-진화 논쟁의 일부는 과학의 이름으로 포장되는데, 전혀 과학적으로 가능성이 없는 사실을 막연한 가능성과 인간의 상상력으로 만들어낸 시나리오를 바탕으로 주장하는 진화론의 주장에 대해서 막연함이 아닌 지금까지 알려진 과학이론을 바탕으로 그들의 주장이 과학적 근거가 없음을 밝히는 것은 창조-진화 논쟁에서 중요한 점이라고 생각한다.

VI. 창조-진화 논쟁과 적합한 분석

여기서는 창조-진화 논쟁에 있어서 열역학적 측면에 대하여 고찰하였다. 창조론자는 고립계에서의 엔트로피가 증가한다는 열역학 제2법칙과 함께 진화가 열역학 법칙을 위배한다는 주장을 했지만, 단순화한 접근을 통하여 진화론자들에게 반박할 기회를 주었다. 그러나 이런 논쟁에 참여하는 당사자들은 전문분야에서 훈련을 받았음에도 정작 자신이 사용하는 용어의 개념에 대해서 잘못 사용하고 있으며, 지구를 지나치게 단순화시켜 생각함으로써 실제로 화학진화에서 일어난다고 주장하는 현상들이 일어날 수 있을지에 대한 열역학적 관점에서 심도 있게 분석한 문헌들은 발견하기 어려웠다. 따라서 여기에서는 단순한 엔트로피만이 아니라, 열역학에서 반응의 가능성 여부를 판단하는 데 사용하는 자유에너지를 사용하는 것이 창조-진화 논쟁에서 더 나은 관점을 제시할 수 있다는 점을 보여 주었고 이러한 자유에너지를 사용한 접근이 어떻게 확률의 계산과 연결되는지에 대해서도 살펴보았다.

앞으로 열역학적 관점에서 창조-진화 논쟁에 있어서 지나친 단순화에 의한 접근이 아닌 각각의 주장에 맞는 환경에서의 구체적인 열역학적 함수들을 분석하고 결과를 제시함으로써 진지하게 접근하는 결과들이 있기를 바라고, 기원 논쟁이 막연한 말과 상상력에만 기초한 이야기를 하는 것이 아니라, 현재까지 알려진 법칙들과 결과와 정합성이 있는지에 대해서도 고찰하여 좀 더 진지한 방향으로 나아가게 되기를 기대한다.

각주

1) 열역학 교재에서는 열역학 제1법칙을 '동일한 역학적 에너지와 위치에너지를 가지는 임의의 두 평형상태 사이의 모든 단열과정들의 총 일의 양은 같다(The total work is the same in all adiabatic processes between any two equilibrium states having the same kinetic and potential energy)라고 정의한다. 이로부터 고립계(isolated system)의 전체 에너지는 일정하다라는 원리가 나온다. Francis Weston Sears and Gerhard L. Salinger, *Thermodynamics, Kinetic Theory, and Statistical Thermodynamics* (Reading, Mass.: Addison-Wesley Pub. Co., 1975), 73, 86-87.
2) 양승훈, *창조와 격변* (서울: 예영커뮤니케이션, 2006), 80-81.
3) Sears and Salinger, *Thermodynamics, Kinetic Theory, and Statistical Thermodynamics*, 123
4) 양승훈, *창조와 격변*, 81-93.
5) 양승영 et al., "생명의 본질을 추적하는 영원한 테마-진화론 VS 창조론," *과학동아*, -10, 1995, 72-85.
6) Thomas B. Fowler and Daniel Kuebler, *The Evolution Controversy : A Survey of Competing Theories* (Grand Rapids, Mich.: Baker Academic, 2007), 225-226.
7) 영어로는 고립계는 isolated system, 닫힌계는 closed system, 열린계는 open system이다.
8) 양승영 et al., 생명의 본질을 추적하는 영원한 테마-진화론 VS 창조론, 80.

9) Fowler and Kuebler, *The Evolution Controversy : A Survey of Competing Theories*, 225-226.

10) A. A. Snelling and D. E. Rush, "Moon Dust and the Age of the Solar System," Creation Ex Nihilo Technical Journal 7, no. 1 (1993), 2.

11) "Sunlight,", http://en.wikipedia.org/wiki/Sunlight (accessed March 26, 2010).

12) Michael Pidwirny, "Energy Balance of Earth,", http://www.eoearth.org/article/Energy_balance_of_Earth (accessed March 26, 2010).

13) David R. Williams, "Earth Fact Sheet,", http://nssdc.gsfc.nasa.gov/planetary/factsheet/earthfact.html (accessed 26 March, 2010).

14) Scott M. Huse, *The Collapse of Evolution* (Grand Rapids, Mich.: Baker Books, 1997), 112.

15) Thomas B. Fowler, "Supplemental Material for Chapter 6, "Creationist School", Thermodynamics and Evolution," , http://www.evolutioncontroversy.net/texts/evolution_and_thermodynamics.pdf(accessed March 26, 2010).

16) 자유에너지는 헬름홀쯔 자유에너지(Helmholtz free energy)와 깁스 자유에너지(Gibbs free energy) 두 가지가 있으며, 부피변화에 따른 일을 고려한 깁스 자유에너지를 일반적으로 많이 사용함.

17) 엔탈피(enthalpy)는 계의 내부에너지와 부피변화에 따른 일을 고려한 상태함수이며, 내부에너지와 거의 같은 개념으로 이해하면 됨.

18) David A. Porter and Kenneth E. Easterling, Phase Transformations in Metals and Alloys (London [u.a.]: Chapman & Hall, 1996).

19) William A. Dembski , *The Design Inference : Eliminating Chance through Small Probabilities* (Cambridge; New York: Cambridge University Press, 1998), 209.

20) radley W. Carroll and Dale A. Ostlie, *An Introduction to Modern Galactic Astrophysics and Cosmology* (San Francisco: Pearson Addison Education, 2006), 548-549.

21) 양승훈, 창조와 격변, 93.

허정윤
평택대학교 피어선 신학대학원

외환은행 등의 금융기관과 상장기업에서 직장 생활을 했고, 필리핀과 중국에서 전자부품 제조업체를 경영했다. 서경(국제)대학교 영문과를 졸업하고 고려대 경영대학원에서 증권분석사 과정을 이수했다. 또 총신대에서 학점제 신학사(Th.B.)와 숭실대 기독교학대학원에서 신학석사(Th.M.)를 취득했으며 평택대 피어선 신학전문대학원에서 박사과정에 있다. 그동안에 창조 스토리를 소재로 한 팩션 [흑암전설]과 창조주의적 소논문들을 발표했다. 창조 사건을 역사적 사실로 파악하려는 연구에 힘을 쏟고 있다.

생명과 인류 창조

제12장 자연발생론과 다윈의 진화론에 대한 비판

I. 과학적 유신론과 과학적 무신론

　인간이 가지고 있는 세계관은 크게 두 가지로 나누어진다. 관념론과 유물론, 또는 유신론과 무신론이다. 관념론은 물질과 정신의 이원론으로 정신에서 사물이 생겨난다고 하면서 유신론으로 연결된다. 유물론은 물질 일원론으로 물질에서 정신이 생겨난다고 하면서 무신론으로 나아간다. 이 두 가지 관점은 우주의 기원과 신의 존재에 관련하여 어떤 믿음을 가지느냐를 결정하는 가장 중요한 요소이다. 유신론은 신이 우주의 물질과 생명을 창조했다고 주장하는 입장으로서 원칙적으로 모든 종교적 교리에 근본이 되는 것이다. 반면에 무신론은 신의 존재는 물론 그의 창조를 부정하고, 영원불멸의 우주 물질이 어떤 기회에 스스로 조합하면서 생명을 비롯한 만물이 생성되었다고 주장하는 자연주의적 입장이다. 어쨌든 모든 무신론의 특징을 살펴보면, 신의 존재와 창조를 부정하는 근거로 생명의 기원이 오직

제2부 창조론과 과학

물질로부터 자연적으로 발생되었다고 주장하는 것이다. 이와는 달리 유신론은 생명의 기원에 어떤 형태로든지 신의 섭리가 개입되어 있다고 믿는 것이다. 말하자면 무신론과 유신론을 구분하는 기준은 생명의 기원에 대해 신의 개입여부를 어떻게 인식하고 있느냐에 달려 있는 것이다.

그러나 이제까지의 역사적 기록에서 보면, 신의 존재와 창조를 서술하는 신화(혹은 계시)가 먼저 있었고 이것이 종교로 발전했다. 다음에 신의 존재와 창조에 대해 얼마간 회의했던 자연발생론자들이 종교와 유신론을 비판하면서 철학적으로 무신론을 제기했었다. 그동안 종교와 철학적 유신론 진영에서 철학적 무신론 진영을 공격하는 주장도 없지 않았으나, 이들은 새롭게 등장한 과학적 무신론자들에 의하여 함께 공격을 받고 동시에 위축되었다. 왜냐하면 이들은 모두 과학적 준비를 미처 하지 못하였기 때문이다. 그러나 과학적 이론으로 무신론을 주장하는 "과학적 무신론"이 등장한 시기는 그렇게 오래된 것은 아니다. 그것은 찰스 다윈(Charles Darwin, 1809-1882)의 생물학적 진화론, 칼 마르크스(Karl Heinrich Marx, 1818-1883)와 프리드리히 엥겔스(Friedrich Engels, 1820-1895)의 유물론, 알렉산더 이바노비치 오파린(Alexander Ivanovich Oparin, 1894-1980)의 화학적 진화론과 이후 이들의 추종자들에 의하여 성립되었다.

여기서는 "과학적 무신론"을 반박하고 "과학적 유신론"을 주장하려고 한다. 따라서 이 논제에서 유신론과 무신론의 쟁점이 되는 생명의 자연발생론 사상의 발전사를 먼저 살펴보는 것은 필요한 일이 아닐 수 없다. 그리고 이어서 이 논문에서 비판하고자 하는 "과학적 무신론"의 발생 개요를 살펴보고 각각의 이론에 대하여 비판하게 될 것이다. 그러나 이 논문에서는 지면의 제한으로 우선 "과학적 무신론"의 비판적 토대를 마련하려는 목적에서 다윈의 '생물학적 진화론'에 한해서 검토와 비판을 하는 것으로 마치겠다.

II. 자연발생론의 발전

1. 고대 신화시대

유신론의 역사를 살펴보면 그것은 인류 사회에서 각 민족들이 가지고 있는 고대신화에까지 거슬러 올라가는 오래된 것이다. 각 민족의 고대신화는 예외 없이 신이 인간을 비롯한 만물을 만들었고 또 인간의 생사화복(生死禍福)을 주관하고 있는 것으로 서술되고 있다. 그러므로 유신론은 고대 각 민족의 조상들로부터 전승된 것이라는 사실이 입증된다. 그러므로 무신론은 신의 존재와 창조를 의심하지 않았던 고대 시대에는 없었던 것이며, 훨씬 뒤에 나온 근대사상에서 발전한 것이다. 그래서 세계 각 민족의 고대신화를 널리 연구했던 신화학자이며 비교종교학자로서 저명한 미르치아 엘리아데(Mircea Eliade, 1907-89)는 유신론적 입장을 강력하게 지지하면서, "창세 신화가 진실인 이유는 세계의 존재가 그것을 증명해주기 때문이고, 죽음의 기원 신화가 진실인 것은 인간이 필멸하기 때문이다"고 주장했다.[1]

2. 그리스 철학의 자연발생론

그렇지만 고대 그리스의 식민지 밀레투스에서 자연철학이 생겨나면서 고대신화에서처럼 인간사에 전적으로 간섭하는 인격적 신에 대한 회의가 일어나기 시작했다. 신이 이 세상사에 어디까지 개입하는지에 대한 회의를 가장 먼저 시작한 것은 철학의 비조(鼻祖) 탈레스(Thales of Miletus, c-624-c-545 B.C.)로 알려져 있다. 그는 만물의 변화의 근원을 물이라고 하여 처음으로 자연이 변화하는 현상을 신의 개입 없이 설명하였다. 그의 주장은 이집트를 여행하는 기회에 나일강의 진흙에서 작은 생물들이 많이 생겨나는 것을 관찰하고 나서 나온 것이라고 한다. 그의 생각에는 액체에서 기체로 또는 고체로 끊임없이 변화하는 물에는 보이지 않는 생명력이 이미 함유되어 있다는 것이었다. 그의 친구이자 제자인 아낙시만드로스(Anaximander, 610-546 B.C.)는 만물이 어떤 근원적인 실체로부터 유래했지만, 다시 그곳으로 돌아간다고 주장했다. 또 한 사람의 밀레투스 철학자 아낙시메네스(Anaximenes, 585-528 B.C.)는 공기(Pneuma)가 만물의 근원이라고 주장했다. 그는 영혼도 공기이며, 공기가 탁해지면 물질이 되는 것으로 보았다.

이오니아학파(Ionian School)로 불리는 이 세 사람의 주장에는 관념론적인 요소가 포함되어 있지만, 관찰의 방법에 의해 자연발생론을 처음 주장한 것이므로 과학적이라고 평가할 수 있다. 그러나 이들의 사상은 유신론적 입장에서 벗어나지는 않은 것으로 보아야 한다. 왜냐하면 이들의 사고는 물질 자체에 이미 생명력이 주입되어 있다고 하는 물활론(物活論)에 바탕을 둔 것이었고, 이런 사고는 범신론의 범주에 속하는 것으로 보아야 하기 때문이다. 신의 존재와 창조를 좀 더 회의하는 입장에서 사색한 철학자들은 원자론자들로 불리는 데모크리토스(Democritus, 460-370 B.C.)와 에피쿠로스(Epicurus, 342-271 B.C.)가 있었다. 데모크리토스는 생명은 태고의 진흙으로부터 생겨났다고 믿었다. 그래서 뒤에 나온 에피쿠로스는 인간에게 최고의 선은 쾌락일 뿐이라고 주장할 수 있었다. 이들의 주장은 세상사에 신의 개입을 부정하는 쪽으로 더 나아가긴 했지만, 역시 물활론적인 입장을 완전히 벗어나지는 못한 것이었으므로, 이들의 견해는 이신론적인 것이라고 보아야 할 것이다. 그렇지만 이들은 일부 유물론자에 의해 유물론의 창시자로 여겨진다.[2]

소크라테스(Socrates, c-469-c-399 B.C.)의 제자 플라톤(Platon, 427-347 B.C.)은 그리스 철학의 문헌적 기초를 만들어놓은 철학자였다. 플라톤은 그의 스승과 그의 철학사상을 기록으로 남겼다, 그들에게는 영혼이 만물의 기초였으며, 불멸하는 것이었으며, 죽음은 육체로부터 영혼의 분리에 불과했다. 소크라테스는 이러한 그의 사상을 "너 자신을 알라"는 말로 전파했다. 그는 악법조차 거부하지 않고 스스로 죽음의 독배를 마셨다. 이들은 앞서 엠페도클라스(Empedoklcles, 493-433 B.C.)가 주장한 4원소설을 받아들였으나, 거기에다 이데아설을 추가적으로 제안했다. 아리스토텔레스(Aristoteles, 384-322 B.C.)는 그의 스승 플라톤의 이데아설을 비판함으로써 더욱 유명해졌다. 그는 사물을 질료와 형상으로 나누어 보았다. 여기서 질료는 물질이며, 형상은 유명론적인 실재이다. 그는 보이지 않는 형상이 있고 이것에 따라 만물은 4원소의 질료가 조합하여 만들어진다고 주장했다. 그가 〈윤리학〉에서 목적론적인 주장을 하는 것으로 보아서는 유신론자라고 할 수 있다. 그러나 그에게 신은 '부동의 동자'로서 제1원인일 뿐이었다.

제12장 자연발생론과 다윈의 진화론에 대한 비판

아리스토텔레스는 그들보다 앞서 나온 이오니아학파를 소개하기도 했으나, 그때까지 나온 그리스의 철학사상을 종합한 것도 그였다. 그래서 서양의 학문은 아리스토텔레스의 철학사상에 기초되지 않은 것이 없으며, 특히 아리스토텔레스는 논리학에서 삼단논법을 제시함으로써 이성적인 자연철학으로의 길을 열었다고 말해진다. 그렇다고 해도 그리스 자연철학자들의 사고는 애당초 아르케(Arche), 엔텔레키(Entelechy) 프시케(Psyche) 등으로 불리는 신적 생명력이 물질에 이미 주입되어 있다고 하는 물활론에 머물러 있는 것들이었다. 말하자면 고대 그리스 자연철학의 자연발생론은 자연을 육안으로 관찰하면서 얻은 경험을 이론화한 것이었다. 다시 말하자면 아리스토텔레스는 그의 눈으로 '썩은 고기에서 자연적으로 구더기가 나오는' 현상을 보았고, 그것을 주장했을 뿐이다. 그렇지만 그것은 결론적으로는 물활론적인 범주를 벗어나지 않는 것이었다. 그러나 신은 이제 신화시대의 인격적인 활동을 멈추고, 물질세계를 법칙에다 맡긴 채로 초월해 있으면서 더 이상 세상사에 개입하지 않는 것으로 되었다.

3. 동양의 자연철학

유신론에서 이러한 사고의 변화는 동양에서도 마찬가지였다. 주(周)나라의 시조 문왕(文王: 1152-1056 B.C.)에 의해 저술된 것으로 알려진 주역(周易)이 동양에서의 신화시대를 마감하는 작품으로 꼽힌다. 이것은 명백하게 음양(陰陽) 이원론적 법칙으로서 64개의 괘를 설정하고 그것에 의해 길흉화복을 점치는 자연철학적 점서(占書)였다. 이것은 점차 오행론(五行論)과 결합하여 동양사상의 핵심이 되었다. 이러한 이신론적인 사상은 노자(老子)와 장자(莊子)의 무위자연(無爲自然)의 도교사상, 공자의 천명(天命)에 따르는 수신제가치국평천하(修身齊家治國平天下)의 윤리학적 유교로 이어졌다. 석가모니(釋迦牟尼)의 불교 또한 사후 신의 세계인 극락에 가기 위해서는 업(業)의 법칙에 의한 윤회(輪回)라는 굴레에서 해탈해야 한다는 자연철학적 교리에 기초하는 것이었다. 그러나 인도의 힌두교는 여전히 고대신화적인 전통을 이어갔다.

4. 기독교 창조론에서의 자연발생론

1세기에 로마제국에서 발생한 기독교는 예수 그리스도가 십자가 처형을 받은 이후 4세기 초에 이르러서는 콘스탄틴 대제(Constantine the Great, 재위 306-337)의 밀라노 칙령(313년)에 의해 로마제국에서 종교로 공인되었고, 392년에는 데오도시우스(Theodosius I, 재위 379-395) 황제에 의해서 국교가 되었으며, 유스티아누스(Justinianus I, 재위 527-565) 황제는 이교도적인 그리스 철학 서적 등은 아예 읽는 것조차 금지하고 콘스탄티노플의 소피아 성당을 건축했다. 이렇게 해서 로마제국이 멸망한 이후에도 중세기까지는 기독교의 성부, 성자, 성령의 삼위론(聖三位論)과 창조론이 서양사상을 지배하는 시대였다. 바실리우스(Basilius, 315-379)와 아우구스티누스(Augustinus, 354-439)에 의한 기독교적 창조론은 신의 창조 명령이 태초에 일회적으로 시행되고 끝난 것이 아니라, 자연 속에 영원히 반영되어 있기 때문에 자연에서의 생명 발생은 언제든지 가능하다는 것이었다. 또한 토마스 아퀴나스(Thomas Aquinas, 1225-1274)는 인간을 괴롭히는 해충들이 부패물과 인간의 죄로부터 발생하는 것으로 서술하고 있다. 이렇게 기독교가 전성기를 누리는 동안에 자연철학은 오직 '신학의 시녀'로서 기능할 뿐이었다.

5. 종교개혁과 과학혁명 이후부터~17세기 전기

그러나 16세기 유럽에서 발흥한 르네상스 인문주의는 루터(Martin Luther, 1483-1546)에 의한 종교개혁을 촉발하였으며, 한편으로는 코페르니쿠스(Nicolaus Copernicus, 1473-1543)에서 갈릴레오(Galileo Galilei, 1564-1642)로 이어지는 과학 혁명을 촉진하는 것이었다. 이 과학 혁명가들이 주장하는 지동설은 이때까지 프톨레마이오스(Claudius Ptolemaios, c-83-c-168) 체계의 천동설을 믿고 있던 기독교에 대해 회의를 불러일으키는 기폭제가 되었다. 그것은 그리스 고전을 다시 읽고 그리스 철학자들의 사상을 재발견하면서 더욱 증폭되었다. 이 시대의 복고주의적 사조는 계몽주의 시대를 거치는 기간까지 그리스 자연철학자들의 자연발생론(spontaneous generation)이 다시 생명력을 얻고 소생하는 계기를 마련해주었다. 그러나 '지식이 힘'이라고 믿었던 프란시스 베이컨(Francis Bacon,1561-1626)이 귀납적 실증주의를 강조하면서부터, 각종 논제에 대해서는 관찰이나 실험으로 증명해야 한다는 과학적 사조가 17세기부터 확립되기 시작했다. 그래서 이후에는 신의 존재와 창조에 대한 지지 또는 회의적인 주장에 결정적 증거가 될 수 있는 생명의 자연발생론을 검증하기 위하여 관찰이나 실험이 갖가지 방식으로 진행되었다. 이러한 자연발생론이 한 걸음 더 나아갈 수 있게 만든 것은 '나는 생각하므로 존재한다'는 명제로 유명한 르네 데카르트(Rene Descartes, 1596-1650)의 기계철학이었다. 그는 생각할 수는 있지만 알지는 못하는 어떤 자연적인 조건이 충족되면, 생물의 자연발생은 어김없이 기계적으로 일어난다고 생각했다. 이 시기에 내과의사였던 반 헬몬트(Jan Baptist Van Helmont, 1577-1644)는 어미가 낳은 것과 똑같은 쥐를 인공적으로 만들어 낼 수 있다는 제조법을 발표하였다. 알곡과 땀으로 더러워진 셔츠를 유유와 기름이 담긴 항아리에 담아두면, 이것들이 어떤 발효를 일으켜 21일 만에 쥐가 나온다는 것이다. 또한 혈액순환의 원리를 주창한 것으로 유명한 의사 윌리엄 하비(William Harvey, 1578-1657)조차 '생물은 알에서 나온다'는 생물학적 사실을 발견하고서도 그리스적 자연발생설을 완전히 부인하지 못했다. 그는 어떤 힘이 자연적 부패와 같은 과정에 작용하면 미생물들이 자연발생할 수 있는 가능성이 있다고 보았기 때문이다.

6. 과학적 실험의 시대: 17세기 후기~18세기

1) 17세기 후기

17세기에 에피쿠로스의 원자론을 되살린 것은 프랑스의 가생디(1592-1655)에 의해서였다. 그는 원자의 필연적이며 기계적(역학적)인 운동이 자연의 기본원리라고 인식했다. 그러나 그는 원자의 창조자와 운동의 궁극 원인자를 동일시하면서 신적 존재를 부정하지는 아니하였다. 프란체스코 레디(Francesco Redi, 1626-1697)는 1665년에 '썩은 고기에서 구더기가 자연발생한다'는 아리스토텔레스의 명제를 반박하는 실험을 했다. 그는 두 가지 실험을 실시하고 그 결과를 비교하여 결론을 내렸다. 그는 두 개의 병에 죽은 물고기를 넣고, 한쪽 병은 뚜껑을 덮지 않고, 다른 한쪽 병은 머슬린으로 덮었다. 그리고 그것들을 그대로 며칠 방치해두었다. 그 결과 뚜껑을 덮지 않은 병 쪽에는 구더기가 발생했으나, 머슬린을 덮은 병에는 파리가 알을 까지 못했으므로 구더기가 발생하지 않았다. 이 실험으로 레디는 아리스토텔레스의 썩은 고기에서의 자연발생론은 부정할 수 있었으나, 살아 있는 생명체에 기생하는 기생충에 대해서는 '자연발생한다'는 것을 부인하지 못했다. 그러나 레디의 고전적 자연발생론에 대한 반증은 곧 다시 반증되었다. 레벤후크((Antonie van Leeuwenhoek, 1632-1723)에 의해 발명된 현미경에 의해 많은 미생물이 관찰되었음에도 그 발생 원인을 알아내지 못했기 때문이다. 레벤후크가 발견한 미생물은 자연발생론에 의해 설명될 수밖에 없었던 것이다. 이후부터 자연발생론은 육안에 의한 관찰보다는 더욱 정교해진 현미경 관찰 자료를 근거로 새롭게 과학적으로 논의되어야 했다. 그러나 아직까지는 그리스 자연철학자들의 물활론적인 범주를 벗어나지 못하고 있었다. 왜냐하면 이제 막 발명된 현미경의 성능이 그다지 좋은 것이 아니었기 때문이다.

뉴턴(I.Newton, 1643-1727)이 우주는 자연법칙에 의해 운행하는 기계와 같다고 설명함으로써 기계철학이 강화되었고, 따라서 일상사에 개입하는 인격적 신의 역할은 축소되었다. 이러한 뉴턴의 견해는 낙관적 인본주의에 길을 열어주었다. 그러나 라이프니츠(Gottfried Wilhelm Leibniz, 1646-1716)는 아리스토텔레스적인 자연발생설을 되살리는 듯한 단자론을 제안하였다. 그러나 그의 단자(monad) 개념은 이제까지의 물활론적인 원자 또는 생명력의 개념을 넘어 오히려 눈에 보이지 않게 우주에 충만한 극미(極微)의 원형체(原形体) 같은 것이다. 이러한 단자가 자연적 조건에 따라 우주의 변화를 만들어낸다는 생각은 〈역경(易經)〉에 나오는 동양사상과 같은 것이다. 실제로 그는 이러한 이신론적 동양사상에 심취해서 연구하기도 했다.

2) 18세기

18세기에 들어 라이프니츠의 단자론적 자연발생론은 프랑스에서 뷔퐁(G. L. Buffon, 1707-1788)과 영국에서 로마가톨릭 사제 니덤(Joseph Needham, 1718-1781)에 의하여 약간씩 수정되어서 계승되었다. 그러나 레디 이후에 나타난 이러한 미생물의 자연발생설을 부정하는 실험이 100년 뒤 1765년에 이탈리아의 동물학자 라자로 스팔란차니(Lazzaro Spallanzani, 1729-1799)에 의해 시행되었다. 그는 유기물 용액을 가열한 뒤에 공기에 접촉시키지 않고 밀폐된 용기에 보관하면, 그 용액에서는 미생물의 자연발생하지 않는다는 것을 실험으로 증명했다. 그는 공기에 있던 미생물이 유기물 용액에 접촉하는 순간에 침투하는 것을 알고 있었다. 그러나 이 실험에 대해 자연발생론 지지자들은, 밀폐된 용기 안으로 산소가 공급되지 않기 때문에 그 안에서 미생물이 자연발생했다가 사멸했다는 반론을 제기했다. 니덤이 그런 사람이었다. 그는 스팔란차니가 유기물 용액을 너무 강하게 가열해서 '생명력'을 사라지게 했다고 주장했다. 독일의 철학자 칸트(Immanuel Kant, 1724-1804)도 생명 발생의 원인은 형이상학적인 것만은 아니라고 주장하여 이 논쟁에 거들었다. 박물학으로 불렸던 과학에서는 이미 라마르크적 진화론에 유사한 〈동물체계, Zoonomia〉3)(1794-96)가 찰스 다윈의 할아버지 에라스무스 다윈(Erasmus Darwin, 1731-1802)에 의해 출판되었다. 이렇게 양 진영에서 실험과 논쟁이 계속되면서 자연발생론은 19세기로 넘어가서도 생명력을 계속 유지할 수 있었다. 그러나 그것은 이제 철학적인 것이 아니라, 과학적인 것으로 변하게 되었다.

Ⅲ. '과학적 무신론'의 생성과 발전의 개요

1. 19세기 자연발생론 사상으로서의 다윈의 '생물학적 진화론'

1) 다윈 이전의 자연발생 논쟁

그렇지만 19세기에 새로운 실증주의 과학사상이 등장하면서부터 철학적 논제에 대해서조차 철저한 실험적 논증이 필요하게 되었다. 프랑스에서 라마르크(Jean-Baptiste de Monet, chevalier de Lamarck, 1744-1829)는 〈동물철학〉(1809) 등에서 '용불용설'로 알려진 후천적 획득 형질의 유전에 의한 변이를 주장하였다. 그러나 라마르크의 제자로서 창조주의자이며 고생물학자로서 유명한 퀴비에(Georges Cuvier, 1769-1832)는 반창조론자인 스승에게 모욕적인 반박을 제기하여 치욕을 안겨주었다. 그의 행동은 프로테스탄트로서는 무례한 것이었고 과학적인 방법도 아니었으나, 당시 프랑스에서는 환영할만한 일이었다. 이렇게 기독교에서는 종교적 도그마에 묶여 반창조주의적인 이론들이 나오고 있음에도 과학적 반증을 하지 않았다. 그리고 새로운 과학적 발전에 대해 전혀 대응하지 않고 있었다. 익명으로 〈창조의 자연사의 흔적〉이 나온 것은 1844년이었다. 이 책은 다윈의 이론과 거의 비슷한 것이었으나, 논리의 구성이 치밀하지 못하고 더구나 익명으로 발표되어 신뢰를 얻지 못하였다. 나중에 이 책은 로버트 챔버스(Robert Chambers, 1802-1883)의 것으로 밝혀졌으나, 그는 당시 사회에서 논란을 두려워하여 이름을 숨겼던 것이다. 이런 것이 원인이 되어 1859년 런던에서 다윈의 〈종의 기원〉이 출판된 이후부터 자연발생론에 대한 사상적 조류의 주도권이 다윈에게로 넘어가게 되었다.

2) 다윈의 〈종의 기원〉

다윈은 〈종의 기원〉을 비글호의 승선에서 얻은 관찰 자료에 근거하여 직설적인 귀납법적 논리로 서술하고 있다. 이것은 당시 과학에서는 새로 등장한 방법론이었다. 그래서 그의 〈종의 기원〉에 나타난 다윈의 주장은 그 당시의 생물학적 수준에서는 반론할 수 없는 것이었다. 왜냐하면 그때까지 그런 방법으로 생물을 관찰한 사람도 없었고, 그런 방법에 의하여 생물학 이론을 구성한 전례도 없었기 때문이다. 아직까지 과학은 관찰 도구로서 저배율의 현미경과 도구 사용의 부적합성, 그리고 실험자의 부주의 등으로 미생물의 번식 과정을 명확하게 파악할 수 없었고, 눈에 보이지 않는 미생물의 속성에 대한 무지는 눈에 보이는 생물학적 현상을 달리 설명할 이론을 만들어낼 수도 없었다. 그렇지만 당시의 사회적 주도권을 일방적으로 행사하는 기독교 교리에 과학주의 사상이 회의적인 반론을 제기하고 있었던 시기였음에도, 다윈의 주장은 일반적 사회에서 그대로 받아들일 수는 없는 것이었다. 아직까지 생물은 두 갈래의 방법, 즉 생물의 생식에 의하여 태어날 수도 있고, 부패물로부터 자연적으로도 생겨날 수도 있다는 생각에 머물러 있을 수밖에 없었기 때문이다. 그러므로 당시로서는 〈종의 기원〉이 국교회의 성경적 창조를 부정하는 것으로서, 한편으로는 매우 새롭고 충격적인 것으로서, 폭발적인 관심을 끌지 않을 수 없었다.

제12장 자연발생론과 다윈의 진화론에 대한 비판

어쨌든 자본주의 선진국으로서의 낙관적인 자신감과 '해가 지지 않는' 대영제국의 빅토리아 여왕(Victoria the Queen, 1819-1901, 재위 1837-1901) 시대의 종교 관용적 분위기가 다윈의 새로운 자연발생설을 용인하게 되었다. 왜냐하면 다윈은 그의 〈종의 기원〉 마지막 구절에서 "생명은 그 몇 가지 능력과 함께 맨 처음에는 창조주(the Creator)에 의해 소수의 또는 한 개의 형태에 불어넣어졌으며" (만유인력의 법치에 따라 회전하고 있는 이 행성에서 가장 단순한 것에서 시작하여 가장 아름답고 가장 경이로운 형태로 끝없이) "진화했으며, 하고 있다는 견해에는 장엄함이 있다"고 주장하고 있기 때문이다.[4] 그러나 다윈의 주장은 이때까지 물활론적인 관념론 또는 기계론적인 유물론에 기초하여 진술될 수밖에 없었던 전통적인 자연발생론을 한 차원 격상하는 것이었다. 그렇지만 그것은 "종류대로" 창조되었다는 기독교의 창조교리를 부정하는 것이었으므로 기독교 사회의 엄청난 반발을 불러오게 되었다.

3) 파스퇴르와 멘델의 실험

다윈의 자연발생론에 관한 과학적인 검증은 파스퇴르(Louis Pasteur, 1822-1895)의 실험에 의하여 수행되었다. 파스퇴르는 더욱 발달한 현미경을 사용하여 박테리아 등을 관찰하였기 때문에 그것의 속성을 알고 있었다. 그는 이런 지식을 바탕으로 유명한 백조목(S형) 플라스크 실험을 통해 1861년 〈자연발생설 비판〉을 출판함으로써 유물론적인 또는 물활론적인 자연발생설에 종지부를 찍는 듯했다. 그가 주장한 생물속생설(生物續生說, biogenesis)은 생물의 생명은 오직 그 부모의 생식에 의해서만 물려받을 수 있다는 것이었기 때문이다. 그리고 1865년에 오스트리아의 수도사 멘델(Gregor Johann Mendel, 1822-1884)이 발표한 유전법칙도 부모의 유전형질에 의해서 자손의 유전형질이 결정된다는 것으로, 후천적 형질이 유전된다는 다윈의 주장, 즉 자손에게 자연선택에 의한 변이의 축적이 종을 바꿀 수 있다는 이론을 부정하는 것이었다. 그렇지만 이러한 파스퇴르와 멘델의 주장은 뜻하지 않은 변수를 만나 제대로 알려지지 못하고 뒤안길로 밀려나고 말았다. 파스퇴르와 멘델의 이론이 제대로 알려졌더라면, 다윈의 진화론은 이때 이미 과학적으로 폐기되어야 마땅한 것이었다.

2. 마르크스와 엥겔스의 '유물론'

그러나 당시 19세기 중반 유럽 대륙에는 산업자본주의의 발달과 함께 프롤레타리아 혁명의 분위기가 몰아치고 있었다. 1848년에 〈공산당 선언〉을 발표한 마르크스와 엥겔스의 공산주의 정치사상은 노동자 혁명운동을 강력하게 선동하고 있었다. 이 두 사람의 공산주의자 덕분에 다윈의 진화론은 생명이 보존되었고 부활의 기회를 잡았다. 그들은 다윈과 동시대의 사람들로서, 그중에 엥겔스는 다윈의 〈종의 기원〉이 출판되자 즉시 읽었던 것으로 알려져 있다. 그는 크게 감동을 받은 나머지 마르크스에게 그들과 같은 사상을 가진 다윈의 책을 빨리 읽어보라고 편지를 보냈다. 그러나 마르크스는 1년이나 지나서야 이 책을 읽었다. 그렇지만 그는 이 책을 읽고 나서는 즉시 다윈에게 열렬한 찬양과 추종의 뜻을 담은 편지를 보냈고 앞으로 나올 그의 책을 헌정하겠다고 제의했다. 다윈은 마르크스의 제안을 정중히 거절했으나 마르크스는 1867년 그의 〈자본론〉을 출판하자 곧바로 1권을 보내주었다. 마르크스와 엥겔스는 다윈을 인용하면서 자신들의 역사적 유물론 사상을 다윈의 진화론과 같이 매우 과학적인 이론이라고 주장했다. 그래서 마르크스와 엥겔스는 그들의 이론을 전개함에 있어서 진화와 변증법이 같은 개념이라고 설명했다. 특히 엥겔스는 마르크스의 이론, 다시 말하면 세상의 모든 종교를 전면 부정하는 유물사관에서의 변증법을 다윈의 진화론과 같이 매우 '과학적'이라고 주장했다. 당시 마르크스와 엥겔스에 비해 훨씬 잘 알려지고 과학자로서 사회적 권위를 획득하고 있던 다윈을 이렇게 인용함으로써 그들의 변증법적 이론은 과학적인 것으로 인식될 수 있었다. 다윈의 생물학적 진화론이 마르크스 · 엥겔스의 유물론에서 물질적 진화를 보증하는 이론으로 기능했던 것이다.

그리하여 마르크스 · 엥겔스의 역사적 유물론에 녹아들어갔던 다윈의 진화론은 레닌이 러시아에서 공산주의 혁명에 성공함으로써 공산주의 사회에서 생명력을 유지하게 되었다. 마르크스주의자들은 마르크스주의를 "과학적 무신론"이라고 말하고 있는데, 이것은 "과학적 무신론"이 "마르크스주의 세계관의 필수 불가결한 부분"이기 때문이다.5) 마르크스의 공산주의 유물론을 "과학적 무신론"이라고 한다면, 역사적으로 이렇게 마르크스와 엥겔스의 무신론 유물론에 결정적인 영향을 미친 다윈의 진화론을 "과학적 무신론"의 출발점으로 삼는 것은 매우 타당한 일이라고 할 수 있다. 이것은 19세기 후반에 혁명의 열풍이 유럽 대륙을 휩쓸던 시기에 마르크스의 유물론 사상이 크게 주목을 끌었고, 이어서 러시아 공산주의 혁명이 성공하게 됨으로써 다윈의 이론은 살아남았고 다윈의 진화론을 반증하는 파스퇴르와 멘델의 이론은 묻혀버렸다는 점에서도 뒷받침된다. 더욱이 현대에 이르러서는 다윈이 결코 주장하지 않았던 무신론적 유물론을 다윈주의자로 자처하는 그의 추종자들이 이구동성으로 주장하고 있는 점도 그렇게 말할 수 있는 중요한 근거가 된다.

3. 오파린의 '화학적 진화론'

그리고 1917년 모스크바 국립대학을 졸업하고 동대학원에 진학하여 식물생리학을 전공했던 알렉산더 이바노비치 오파린이 1922년에 "생명의 기원"에 관한 짧은 논문을 발표하였고, 이를 바탕으로 〈생명의 기원〉 제1판이 1936년에 출판되었다. 이 해에 스탈린은 그의 유명한 〈변증법적 유물론과 역사적 유물론〉[6]을 출판했다. 이것은 곧 그대로 공산주의 사회에서 최고 권위의 경전(經典)으로 읽혀졌으며, 이것에서 벗어나는 사상이나 이론을 제기하는 자는 용납되지 않고 숙청되었다. 결국 생물이 물질의 조합에 의한 일시적 현상에 불과하다는 주장을 담은 이 책은 유신론적 창조주의를 부정할 뿐만 아니라, 마르크스 공산주의 사상에서 모든 종교를 부정하는 실천적 선전 자료가 되었다. 이 책은 스탈린이 죽은(1953) 후에 폐기되었지만(1956), 그 동안에는 마르크스주의자의 사고에 심대한 영향을 미쳤던 것이다. 오파린의 〈생명의 기원〉은 그가 죽을 때(1980)까지 여섯 번 개정되었지만, 기본적 이론의 틀은 바꾸지 않았다. 그것은 물질에서 "변증법적 비약이 일어나서 생명이 자연적으로 생겨났다는 이론이다. 우리는 다음 기회에 이런 주장을 자세히 검증하고 비판할 것이다.

이제까지 세 번째 "과학적 무신론", 즉 오파린의 〈생명의 기원〉까지의 계보를 간략하게 살펴본 것은 앞으로 이것들을 비판하기에 앞서 그 역사적 맥락을 개요적으로나마 이해하기 위해서이다. 이토록 인류사회에 부정적 영향을 끼친 사상은 그것의 역사적 배경과 그 이후의 상황을 비판적으로 살펴보지 않을 수 없는 것이다. 왜냐하면 자연주의적 생명의 기원론 또는 물질주의적 유물론의 역사적 오류를 비판하지 않는다면, "과학적 무신론"의 망상에서 빠져나올 수 있는 길을 발견하기가 불가능할 것이기 때문이다.

오늘날 전개되고 있는 "과학적 무신론"의 역사적 동향을 좀 더 말해보자면, 이제 과학적 무신론자들은 철학적 유신론에 마지막까지 남아 있던 형이상학적 요소로서의 목적인(目的因)을 제거함으로써 승리자가 되려고 하고 있다. 역사적으로 승리자는 그 이후 시대의 패러다임을 결정한다. 결국 돌이켜보면 찰스 다윈이 1859년에 출판한 〈종의 기원〉 제1판은 이 세상에 "과학적 무신론"이 만들어낸 새로운 패러다임의 출현을 선포한 것이었다. 이제 마지막 보루로 남아 있는 과학적 유신론이 최후의 결전에서 이겨야 한다. 이러한 논제를 두고 싸우는 전쟁에서 최종적 승리는 엄밀한 검증과 비판을 통해서만이 쟁취할 수 있는 것이다. 이를 위해 이 세 가지 이론을 차례로 살펴보아야 할 것이나 여기서는 지면 제한으로 찰스 다윈의 생물학적 진화론 비판에 그치겠다.

IV. 찰스 다윈의 생물학적 진화론 비판

1. 다윈의 〈종의 기원〉이 나오기까지

1858년에 린네학회(Linnean Society)에서 라이엘(Charles Lyell, 1797-1875)이 월리스(Alfred Russel Wallace, 1823-1913)의 논문에다 다윈의 미완성 이론을 덧붙여서 '공동논문(joint paper)'이라는 것을 발표했다. 월리스의 논문 제목은 "원형으로부터 무한정 멀어지려는 경향성에 관하여"였고, 다윈의 이론은 미완성 원고였다. 월리스와 다윈은 이 자리에 참석하지 않았으므로, 라이엘이 대신 발표한 것이다. 이 일이 있고 나서 다윈은 〈종의 기원〉을 서둘러 써서 1959년에 출판하였다.[7] 이렇게 해서 두 사람의 '공동논문'에 나타난 이론은 〈종의 기원〉에 의해서 다윈의 '생물학적 진화론'으로 알려지게 되었다. 당시 말레이의 어느 섬에 있던 월리스는 이 과정에서 철저히 소외되었으나, 그는 이 일에 항의하지 않고 현실을 인정하였다.

다윈의 생물학적 진화론은 사실 라마르크의 용불용설의 변형에 지나지 않은 것이었다. 왜냐하면 다윈은 획득 형질이 유전되면서 변이를 일으킨다고 생각했기 때문이다. 그에게 처음 종의 변이를 생각하게 한 것은 생물학자 존 굴드(John Gould, 1804-1881)였다. 다윈이 비글호 여행을 끝내고 귀국했을 때 다윈은 갈라파고스 제도 세 개의 섬에서 각각 수집한 세 가지의 입내새(Mockingbird, 또는 흉내지빠귀)의 표본을 굴드에게 보냈다. 그런데 굴드는 뜻밖에도 그 세 가지 입내새는 각각 다른 종이라고 판정했다. 굴드에 의하면, 그것들은 하나의 종이 아니라 다른 종이라는 것이다. 그래서 다윈이 표본을 조사해보니 그것들은 남아메리카에서 날아온 입내새의 후손들이 갈라파고스 세 군데의 섬에서 살던 것이었다. 다윈은 이후 사육업자들이나 화훼업자들이 인공적인 선택으로 품종개량 작업을 하는 것을 관찰하고 나서는 자연에서도 종의 변이의 가능성을 확신하게 되었다. 그는 자연에서 변이를 일으키는 동력으로서는 생존경쟁에서 승자가 대물림하는 유전적 특성의 축적을 생각하게 되었다. 그는 이것에 '자연선택'이라는 이름을 붙였으며, 이 합성어에 '자연'이라는 말이 들어간 것은 선택 행위의 주체가 신이 아니라 '자연'이라는 의미가 담겨 있는 것이다.

이것은 당시의 주류 사조로서 이때까지 인정되었던 "종류대로" 창조되었다는 창조주의적 유형론을 부정하는 것이었다. 그러나 다윈은 제1원인으로서의 창조주를 부정하지는 아니했다. 그래서 다윈주의자로 '현대종합설 그룹'의 일원에 속하는 에른스트 마이어(Ernst Mayr, 1904-2005)는 "다윈이 생각한 종의 특징은 유형론적 종의 개념과 유명론적 종의 개념을 혼합한 것"이라고 지적하고 있다.[8] 이렇게 〈종의 기원〉이 나올 무렵의 다윈의 입장과 시대적 배경에 대해서는 에른스트 마이어가 그의 〈진화론 논쟁〉에서 진술한 것보다 더 잘 연구한 것이 없으므로 이 부분에서는 그의 설명을 빌려보기로 한다.

(1) 다윈이 〈종의 기원〉을 출판했을 때, 진화적 사고는 이미 널리 퍼져 있었다(Toulmin 1972: 326). 언어학과 사회학에서는 특히 그랬다. 진화적 사고를 '그럴 듯한 과학의 개념'으로 만든 사람이 바로 다윈이다. 그럼에도 불구하고 진화주의를 다윈주의로 언급하는 잘못이 나타나고 있다. 생물학

에서 진화주의의 존재는 뷔퐁(Buffon), 라마르크, 지오프로이(Geoffroy), 챔버스(Chambers)를 비롯하여 독일의 많은 학자들에 의해 유지되었다. 비록 다윈이 진화주의가 승리하도록 했지만, 명확히 그 창시자는 아니다.[9]

(2) 그러나 자연선택을 비롯한 다윈 패러다임의 여러 측면들은 앞에서 살펴 보았듯이, 19세기 중엽을 풍미하던 많은 이데올로기들과 완전히 상충되었다. 특수 창조에 대한 믿음 및 자연 목적론의 설계 주장과 함께 본질주의(유형론), 물리주의(환원주의), 목적원인론(목적론) 등이 다윈의 사고와는 철저히 반대되었다. 이러한 교리에 따르는 사람들은 다윈의 연구에 자신들을 경악시키는 반대가 있음을 알았다. 그러나… 이 세 가지 이데올로기는 하나하나 패배했으며, 이들의 소멸과 함께 생물계에서 결정주의, 예견성, 진보, 완벽성 등의 개념들도 약해졌다.[10]

(3) 다윈이 내세운 새로운 중요한 개념들 중 일부, 즉 변이진화, 자연선택, 우연과 필연의 상호관계, 진화에 있어 초자연적인 힘의 배제, 생물계에 있어서 인간의 위치 등을 비롯한 몇 가지 다른 이론들은 과학 이론일 뿐만 아니라 그와 동시에 중요한 철학적 개념이며, 또한 이런 개념들로 이루어진 세계관을 특징적으로 만들었다.[11]

(4) 특수 창조를 부정하는 것만으로도 이전에 널리 퍼져 있던 세계관의 붕괴를 의미한다. 이러한 점이 바로 세지위크(Sedgwick)나 아가시스(Agassiz) 등과 같은 과학자뿐만 아니라 훼웰(Whewell)과 허셜(Hershell) 등과 같은 철학자들까지도 다윈을 심하게 반대했던 이유였다. 창조주의를 대신할 세계관이 이전에 어디에 있었는가? 만약에 있었다면 그것은 무엇이었으며, 어떻게 규정지을 수 있었는가?[12]

여기서 마이어의 주장을 보면, 창조주의를 반대하는 자들이 다윈의 이론에 근거하여 매우 정당하게 승리의 길을 걸어온 것처럼 말한다. 그러나 그의 말은 창조주를 반대하는 세계관을 가진 자들은 다른 대안이 없으므로 어쩔 수 없이 다윈의 진화론을 받아들일 수밖에 없다는 입장을 고백하는 것에 다름 아니다. 이러한 입장은 이미 '다윈의 불독' 헉슬리가 천명한 것

제12장 자연발생론과 다윈의 진화론에 대한 비판

이다. "그렇다면 당신의 대안은 무엇입니까?" 그러나 우리가 앞으로 다윈의 생물학적 진화론에서부터 마르크스의 유물론, 그리고 오파린의 화학적 진화론으로 이어지는 역사의 발전과 이들이 주장한 이론의 실체를 좀 더 살펴보면, 오늘날 다윈주의자 또는 진화주의자로 자처하는 과학적 무신론자들이 자기들의 이론을 교활하게도 사실과 다르게 얼마나 왜곡하고 있는지를 알 수 있게 될 것이다.

2. 〈종의 기원〉에 나타난 생물학적 진화론[13]

다윈이 〈종의 기원〉에서 우리에게 제시한 이론을 한 줄로 요약하면 이렇다. 창조자에 의하여 숨을 쉬게 된 최초의 한 개 또는 몇 개의 생물적 개체의 자손들은, 자연선택에 의한 변이의 축적에 의하여 다른 종으로 진화했으며, 진화하고 있다. 이러한 다윈의 진화론은 종과 변이와 자연선택이라는 세 가지 중심 개념만 제대로 이해하면 복잡할 것이 없다.[14]

1) 종

다윈은 '종'(species)이라는 말과 함께 변종, 원(시)종, 초기종(공통조상) 등의 용어를 쓰고 있다. 일차적으로 종이란 서로 다르게 구분할 수 있는 특징을 가진 생물의 분류단위를 뜻하는 것이다. 그러나 이차적으로 다윈이 말하는 종의 개념은 그때까지 일반적으로 알고 있던 '종'의 개념을 바꾸어 놓은 것이다. 다윈에 의하면 종이란 변이에 의해 '변종'이 되고 나아가 자연선택에 의한 변이의 누적에 의해 다른 '종'이 될 수 있는 것이다. 그러므로 최초의 생명체인 원(시)종 또는 어느 종의 조상 개체 이외에는 모든 생물 개체가 변종이다. 또한 새로운 종으로 분류될 수 있는 조상 개체가 나타나면 그것에는 '초기종'이라는 이름이 붙여져서 조상이 되고 그 후손들은 다시 변종이 되기 시작하는 것이다. 다윈이 살고 있던 무렵 빅토리아 여왕의 대영제국 시대 사람들은 '종'이란 하나님이 "종류대로" 창조하신 것이므로 종은 불변하는 것으로 알고 있었는데, 이런 지식이 다윈에 의해 뒤집어진 것이다. 다윈의 이론대로라면, 사람은 당시의 믿음대로 "하나님의 형상"으로 창조된 특별한 존재가 아니라, 원숭이에서 변이된 하나의 생물적 '종'에 불과한 것이 되기 때문이다. 사람들은 큰 충격을 받지 않을 수 없었다.

263

2) 변이

생물은 어느 개체도 똑같지 않게 태어난다는 것이 사실이다. 이것은 생물의 다양성이 발현되는 것이다. 그런데 다윈은 이런 메커니즘(mechanism)을 변이라고 부른다. 변이가 나타나는 직접적인 실례는 과학적인 실험 이외에도 식물재배를 하는 화훼업자나 동물사육을 하는 목축업자들이 품종개량을 위해 인공적으로 잡종교배를 하는 것에서 볼 수 있다. 다윈은 이렇게 인공적으로 품종의 변이를 일으킬 수 있는 것과 마찬가지로 자연에서도 똑같은 변이가 일어난다고 생각했다. 그러나 자연에서의 종의 변이는 종내(種內)에서 일어나는 것을 넘어 종간(種間)에 변이를 일으키는 것은 현실적으로 관찰되지 않았다. 그래서 다윈은 자연에서의 변이는 매우 느리게 진행되지만 점진적으로 누적되면서 보존된다고 한다. 이러한 변이에 의해 자손은 부모로부터 변종으로 태어나는 것이며, 사소한 변이들이 축적되면서 다른 '종'으로 분화할 수 있다. 이렇게 되는 것이 곧 진화라는 것이다.

그런데 다윈의 시대에는 아직 유전자 개념이 확립되지 않았던 때이므로 자손에게 나타나는 변이가 부와 모의 유전자의 조합 현상이라고는 생각하지 못했다. 대신에 그는 '전체적인 창조'라는 뜻을 가진 그리스어를 사용하여 범생설(pangenesis)을 주장했다. 다윈은 범생설에서 제뮬(gemmule)이라는 부모의 형질 입자가 자손에게 유전된다고 가정했었다.[15] 그런데 여기에서 부모로부터 유전되는 제뮬에는 라마르크가 제안한 후천성 유전, 곧 후천적으로 획득된 형질이 들어 있었다. 다윈은 이러한 제뮬이 자손에게 변이를 일으키는 것으로 생각한 것이다. 그러나 이런 가정은, 왓슨(James Watson, 1928-)과 크릭(Francis Crick, 1916-2004)이 1953년에 유전자의 실체인 유전물질 즉 DNA(deoxyribo nucleic acid) 구조를 발견하고, 현대 유전학에 의해 자손에게 나타나는 형질은 부모의 DNA조합에 의해서만 발현된다는 사실이 밝혀지면서 폐기되어야 했다. 다만 현대 유전학계 일부에서는 라마르크의 후성유전설을 다시 주장하고 있기도 하나, 이런 주장은 유전학계에서 인정을 받지 못하고 있다.

3) 자연선택

생물의 각 개체는 부모를 닮은 자신의 신체적 구조와 주위의 환경에 의하여 생존 활동이 제한될 수밖에 없다. 그리고 먹이를 놓고는 같은 종의 개체끼리도 경쟁을 해야 한다. 또한 생존하기 위해서는 상위 포식자도 피할 수 있어야 한다. 생물은 이렇게 하고도 배우자를 만나 짝짓기하고 출산한 자손들을 안전하게 키워내는 일에 계속적으로 성공해야 한다. 이 조건을 모두 극복해야만 그 생물은 자손을 남길 수 있고 '종'으로 생존할 수 있다. 만약 어느 하나라도 실패하면 바로 멸종되고 만다. 다윈은 이 과정에서 조상으로부터 유리한 형질을 물려받은 개체가 이러한 경쟁에서 유리하게 될 것이라는 주장을 깔고 있다. 이러한 것이 다윈이 말하는 자연선택이라는 이론이다.[16] 다윈이 '자연 선택'이라는 용어를 사용한 이유는, 사육 또는 재배하는 조건하에서 인위적인 선택으로 동식물에게 품종의 변이를 일어나게 할 수 있다는 사실이 자연에서도 동일하게 선택적으로 일어날 수 있다는 것을 강조하기 위해서이다.[17] 다윈은 여기에다 맬더스(Thomas R. Malthus, 1766-1834)의 〈인구론〉에서 '생존경쟁(struggle for survival)', 즉 제한된 환경조건에서 생존에 유리한 개체는 살아남고 불리한 개체는 도태되는 경쟁적 개념을 불어넣어 '자연 선택'이라는 독자적 이론을 만들어낸 것이다. 그래서 자연선택과 자연도태라는 말은 동의어로 번역된다. 오늘날 우리는 '적자생존(survival of the fittest)'이라는 말을 잘 이해하고 있는데, 이는 '자연선택'과 같은 개념이다. 다윈도 〈종의 기원〉 개정 5판(1869년)에서부터는 일부 학자들의 비판과 충고를 받아들여 '적자생존'과 '자연선택'을 같은 뜻으로 사용하면서, 오히려 '적자생존'이 더 정확한 표현이라고 했다.[18] 이렇게 알고 보면 다윈의 진화론은 매우 단순한, 어쩌면 매우 엉성한 내용에서 점진적으로 '진화'해 온 이론이다.[19] 그런데 다윈은 물론 현대 진화론자들의 저서에서도 '자연선택'이라는 용어에는, 진화를 위한 어떤 신적 능력이 있는 것처럼 사용되고 있는 것을 볼 수 있다. 말하자면 현대에서의 물활론적 용어라고 말할 수 있다. 진화론이 종교적 도그마(dogma)로 '진화'해온 이유가 바로 이 말에 숨겨져 있는 것으로 보인다.

에른스트 마이어(Ernst Mayr, 1904-2005)는 다윈의 진화론에 가운데 변이의 원천적 동력을 가리키는 자연선택론에 대하여, "소크라테스 이전부터 데카르트, 라이프니츠, 칸트에 이르기까지 모든 철학서에도 이처럼 독특한 이론은 없었다. 다윈의 이론은 사실상 목적론을 기계론적인 설명으로 밑바탕에서부터 치환하게 했다"고 말했다.20) 그리고 전체적으로는 "세계에 대한 그의 재해석은 정적인 상태 또는 항상상태였던 세계를 진화하는 세계로 바꾸어 놓았으며, 이보다 더 중요한 점은 우주에서 차지하는 인간의 독특한 위치를 동물 진화 과정에서 나타나는 한 단계로 바꾸어 놓은 점"이라고 평했다.21)

3. 옥스퍼드 논쟁과 그 이후의 발전

토마스 헉슬리(Thomas H. Huxley, 1825-1895)는 '다윈의 불도그'라고 불릴 정도로 다윈의 자연선택설을 열렬히 지지하고 다윈을 대신하여 적극적으로 논쟁에 나섰다. 그는 다윈의 책을 처음 읽고 한탄했다고 전해진다. "진작 이런 생각을 못했다니 정말 어리석었군."22) 그는 1860년 옥스퍼드 대학에서 옥스퍼드 주교 새뮤얼 윌버포스(Samuel Wilberforce)와 논쟁을 벌인 자리에서 "원숭이가 조상이라면 당신의 할머니 또는 할아버지 어느 쪽입니까?"라고 묻는 윌버포스에게, "자기의 재능과 영향력을 과학적인 문제를 조롱하는 데 쓰는 사람과 혈연관계를 맺기보다는 차라리 원숭이를 할아버지로 택하겠소"라고 응수했다23)고 보도되었다. 이 사건은 당시의 언론 보도에서 헉슬리가 무례를 범했던 반면 윌버포스는 훌륭한 연설을 했다고 기록하고 있다. 그렇지만 이 당시의 평가는 후대(1899년)의 사람들에 의해서는 완전히 반대되는 평가를 받게 되었고,24) 이러한 평가가 현재까지 이어지고 있다. 이것은 시대적 주류 사조의 패러다임에 따라 어떤 사건의 평가가 완전히 뒤바뀔 수 있음을 보여주는 사례라고 하겠다.

'다윈의 불도그'의 급진성은 다윈이 다루기를 꺼려했던 인간의 조상 문제를 이미 1863년에 〈자연계에서 인간의 위치〉라는 이름으로 출판했다는 사실에서도 나타났다. 이 책은 다윈의 〈종의 기원〉을 직설적으로 해석한 것으로 읽혀졌다. 그는 런던시 교육위원으로 일할 때에는 과학적 교육을 강조했으나, 도덕 교육의 근거로서는 성경교육이 필요하다는 것을 인정하기

제12장 자연발생론과 다윈의 진화론에 대한 비판

도 했다.25) 그는 〈진화와 윤리〉26)에서 생존경쟁에서 약자를 보호해야 한다고 하여 무제한의 적자생존 이론인 진화론과는 모순되는 주장을 하기도 했다. 그는 자신을 과학자라고 말하지 않고 '과학지식인'이라고 말했다. 신의 존재에 관해서 그는 '불가지론자'라고 말했고, 다윈도 그와 같은 입장을 표명했다. 그러나 그는 다윈의 점진적 변이를 부정하고 돌연변이를 주장했다. 그의 이러한 행동은 라이엘과 후커와는 달리 다윈의 지지자로서는 비판적 입장이었다고 할 수 있다.

미국에서 다윈을 지지한 아사 그레이(A. Gray)도 변이를 신적 영역으로 간주해서 다윈과 다른 입장을 취했다. 헉슬리는 다윈의 이론을 가장 먼저 "다윈주의"라고 부르면서 자기의 것과 구별했다. 당시 빅토리아 여왕 시대의 사조는 진보를 향하는 자연목적론이 주류를 이루고 있었기 때문에 어느 누구도 다윈의 〈종의 기원〉을 무신론적으로 받아들인 사람은 없었다. 왜냐하면 다윈 자신도 사실상 자연 목적론의 신봉자로서 그의 자연선택론은 그렇게 서술되었고, 또 그렇게 이해되는 것이 당연했기 때문이다.27) 이런 것에는 그의 〈종의 기원〉의 마지막 구절에 쓰인 창조자(the Creator)라는 말도 효과적으로 작용했다고 할 수 있다. 그러나 헉슬리는 불가지론자라고 주장했지만 사실상 무신론자라고 할 수 있다.28) 그는 이런 사실을 알고도 〈종의 기원〉에 나타난 공동조상이론을 다만 "자연 지식 영역의 확장을 위한 가장 강력한 수단"29)으로서 옹호한 것처럼 보인다. 그는 반창조주의자로서 다윈을 비판하는 사람들에게 "그렇다면 당신이 내놓을 대안은 무엇이냐?"고 공격했다고 한다. 이런 공격을 당하면 즉각 대응할 수 있는 사람이 있을까? 이렇게 다윈을 위한 논쟁에서 상대방을 효과적으로 공격하는 그의 순발력과 행동은 나중에 그의 손자 줄리안 헉슬리에게 진화적으로 전수되었다. 이러한 헉슬리의 생각은 후에 모든 다윈주의자들의 기본적 사고방식을 결정하는 기준이 되었다. 이들은 자기들이 필요한 대로 다윈의 이론을 해석했고, 자연선택은 목적과 방향이 없는 것이라고 주장했다.

'다윈의 불도그'의 손자인 줄리안 헉슬리는 거의 죽어있던 다윈의 진화론을 그의 〈진화: 현대종합설〉에서 다시 살려놓았다. 그 동안 드 브리스(Hugo de Vries, 1848-1935) 등에 의해 파스퇴르의 생물속생설과 멘델의 유전법칙

267

이 재발견되고 돌연변이설이 주장되면서 다윈의 점진적 변이설은 부정되었다. 또한 다소 애매한 생명기원론을 진술한 다윈의 진화론이 1917년 러시아에서 공산주의 혁명에 성공한 정통파 마르크스주의자 레닌에 의하여 무시되면서 다윈은 공산주의 사회에서 잊어지고 있었다. 1924년에 레닌의 후계자로 등장한 스탈린은 무신론적 진화론자인 라마르크주의를 수용하면서 이에 반대하는 과학자를 모조리 추방 또는 숙청했다.30) 그런 시기에 줄리안 헉슬리는 '현대종합설'(또는 진화의 종합설) 그룹31)이라는 새로운 다윈주의 학파를 형성한 것이다.32) 이 '현대종합설' 그룹은 다윈의 진화론에 새로운 관심을 끌게 만드는 격심한 논쟁의 불을 붙였을 뿐만 아니라, 서방에서 "과학적 무신론"을 강화하는 데 결정적인 역할을 했다. 다윈은 이렇게 헉슬리가(家)의 도움으로 다시 회생했으나, 그의 진화론은 어느덧 서방에서 무신론의 근거가 되고 있었다. 왜냐하면 줄리안 헉슬리는 불가지론자임을 공표했던 할아버지와는 달리 스스로 무신론자임을 공언했기 때문이다. 줄리안 헉슬리는 이뿐만 아니라, 유네스코(UNESCO, 유엔 교육과학문화기구) 초대 사무총장을 하면서 과학교육에 진화론적 사고를 강조하여 다윈의 진화론 부활에 크게 기여했다. 이러한 현대종합설 그룹이 형성되는 과정을 마이어는 이렇게 서술하고 있다.

> 어떤 이론이 널리 유행하게 되면 다른 이론들은 빛을 잃고 사라지며, 몇몇 분야에서는 많은 활동적인 연구자들 사이에 나타나는 그럴듯한 일치감을 즐기나, 다른 분야에서는 서로 격심한 반목을 일삼는 몇몇 무리의 전문가들로 나누어진다. 후자의 경우를 1859년부터 1940년대에 걸친 진화생물학계에 적용할 수 있다.33)

이 동안에 진화론 진영의 논쟁은 주로 자연선택 이론에 대한 것이었다. 말하자면 창조주의를 부정하면서 변이 발생의 기전을 어떻게 설명하느냐 하는 것이었다. 이것의 특징은 마이어 스스로 진술하고 있는 것을 보더라도, 얼마나 억지스러운 이론인지를 알 수 있다.

> 진화의 종합설이 나오는 동안에 발전된 새로운 다윈주의는 자연선택과 방황 과정에 대한 균형적인 강조를 비롯하여, 이밖에 전체적으로는 진화도 아니며 특별한 경우에는 자연선택도 아닌 결정론적 과정이

아니라 오히려 이 두 가지 모두 확률론적 과정이라는 믿음, 다양성의 근원이 진화의 한 요소로 중요한 만큼 적응도 중요하다는 믿음, 그리고 생식적 성공을 위한 선택이 생존하기 위한 질적 특징의 선택만큼 진화에 있어 중요하다는 점을 인식한다는 점으로 특징지워진다.[34]

진화론적 방법이 아니면 연구를 할 수 없는 것처럼 주장하면서[35] 억지스럽게 진화론에 매달려 있는 현대종합설 그룹의 전통은 유전자의 나선구조를 밝혀낸 왓슨과 크릭 이후 현대 유전학에로 이어진다. 왜냐하면 진화론적 방법이 아니면 창조주의를 수용해야 하는데 무신론자인 진화론자들이 창조주의를 수용할 수는 없기 때문이다. 한편으로는 이와 다른 관점을 가진 다윈주의학파가 멘델학파의 유전학에 접목하여 생겨났는데 이른바 돌연변이 괴물이론을 주장하는 '신다윈주의 그룹'[36]이다. 오늘날에는 이 두 그룹의 다윈주의학파가 서방 과학계의 "과학적 무신론"을 주도하면서 경쟁하고 있다. 그러나 현대에서 가장 유명한 진화론자는 리차드 도킨스(Richard Dawkins, 1941-)라고 할 수 있다. 그는 현대종합설 그룹의 맥을 잇고 있는 것으로 볼 수 있는데, 그가 쓴 〈이기적 유전자〉, 〈만들어진 신〉, 〈눈 먼 시계공〉 등은 세계적 베스트셀러가 되었다. 그러나 이제 우리는 다음 장에서 이런 것들이 얼마나 큰 오류에 기초하고 있는지를 검증하고 비판할 것이다.

4. 다윈의 생물학적 진화론에 대한 검증과 비판

1) '종'의 분류

다윈의 진화론을 이렇게 핵심적으로 이해하고 나면, 그 다음에 제기되는 문제는 과연 생명체의 변이가 다른 종으로 바뀔 수 있는가에 대한 생물학적 의문이다. 왜냐하면 다윈의 이론은 만물이 "종류대로" 창조되었다는 국교회의 믿음과 정면으로 배치되기 때문이다. 다윈의 자연적 '종'에 대한 분류는 스웨덴의 식물학자 린네(Carl von Linné, 1707-1778)의 분류 방법을 따르고 있었다. 린네는 자연계를 먼저 광물계, 식물계, 동물계의 3계로 나누고, 계 밑에 강-목-속-종이라는 5단계에 의하여 계통적으로 분류했다. 린네는 종 하위에 '변종'을 말하고 있었는데 이는 현대적 분류법에서는 품종 또는 아종을 의미하는 것이다. 그러므로 다윈도 린네의 분류법에 따라 종과 변종을 이해하고 있었다고 보아야 한다.

그런데 1940년대에 멘델(Gregor Johann Mendel, 1822-1884)의 고전 유전학과 다윈의 진화론을 결합하려고 했던 데오도시우스 도브잔스키(Theodosius Dobzhansky, 1900-75)나 에른스트 마이어(Ernst Mayr, 1904-2005) 등 현대종합설(modern evolutionary synthesis) 그룹은 종을 정의하면서, "종이란 실제로 또는 잠재적으로 교배가 이루어지는 개체군의 자연 집단이며, 이들은 다른 집단과 생식적으로 격리되어 있다"고 하여 생물학적 종의 개념을 새로 마련했다.[37] 이들의 말에는 '생식장벽(reproductive barrier)'[38]이라는 개념이 종 단위를 구분하는데 쓰인다는 의미가 들어 있다. 필자는 이런 진화론자들과는 달리 '생식장벽'이라는 생물학적 실제 현상을 이용하여 다윈의 이론을 비판할 것이다.

2) 생식장벽

'생식장벽'이라는 말은 생물은 종이 다르거나 지역과 시간, 그리고 생식기 구조 등에 차이가 있으면 생식을 할 수 없다는 뜻이다. 다윈 당시의 린네 분류법에 의하면, '생식장벽'은 오늘날과 달리 종의 상위에 있는 속 단위에서 나타나는 것으로 되어 있었다. 어쨌든 생물학적 진화론은 하등생물이 고등생물로 진화한다는 것이므로 이런 차이는 다윈의 진화론을 검증하는 일에 영향을 미치지는 않는다. 하나의 종 또는 속이 생식적 장벽을 극복하고 결국에는 다른 종 또는 속으로 진화하는 것이 사실이라면 진화론은 정당한 이론으로 성립할 것이기 때문이다. 따라서 문제는 다윈이 주장하는 변이가 실제로 생식적 장벽을 건너 뛰어넘을 수 있느냐의 여부에 달려 있는 것이다.

생물의 생식적 장벽은 다윈 시대에는 그 원인을 제대로 알지 못했던 것이었으나, 현대의 생물학계에서도 깊이 다루기를 꺼려하는 문제이다. 왜냐하면, 이와 관련한 문제는 다윈의 범생설이 틀린 가설이라는 사실을 증명할 뿐만 아니라, 진화론을 무너뜨리는 요소를 내포하고 있기 때문이다.

따라서 진화론적 입장에 서있는 현대의 생물과학은 이 생식적 장벽을 종 분류의 기준에만 적용하려고 하는 것이다. 그러나 생물의 생식장벽을 자세히 살펴보면 여기에는 다윈이 주장하는 변이가 소진화(=종내 변이, 품종, 변종, 아종)까지는 가능하지만, 종을 뛰어넘는 대진화(=종의 분화, 돌연변이)를 불가능하게 하는 요소가 숨어있음을 알 수 있다. 생물들에는 두 가지의 생식(reproduction) 유형이 있다. 첫째 유성 생식은 부의 정자를 모의 난자가 수정하는 순간에 부와 모의 유전자 결합이 이루어지며, 자손의 몸체가 형성된다. 유성생식에서는 부모의 유전자가 결합하여 새로 자손의 유전자를 만드는 과정에서 변이가 일어날 수 있다. 둘째 무성 생식을 하는 생물은 부가 없이 모의 유전자를 그대로 물려받으므로 생식장벽이나 변이가 일어날 수 없다. 그러므로 생식장벽은 유성생식 생물에게서만 일어나는 것이다.

그런데 생식장벽은 생식행위의 전(pre-zygotic)과 후(post-zygotic)로 나누어보아야 한다. 먼저 생식행위 후에는 암수의 정자와 난자의 결합이라는 수정 과정이 이어진다. 그러나 수정은 무조건 되는 것이 아니다. 암수가 생식행위를 했다고 하더라도 여러 가지 원인으로 수정이 되지 않으면, 결과는 불인으로 끝나고 자손은 태어날 수 없다. 그런데 생식행위 후에 수정이 안 되는 생식 장벽의 이유가 확실히 밝혀진 것은 1990년에 시작되어 2003년에 완료된 게놈 프로젝트(genome project) 이후이다. 여기서 밝혀진 바에 의하면, 각 생물은 유전물질인 DNA의 구조와 수와 구성물질 및 수정과정에 개입하는 성분비물의 화학적 성분과 기능 등이 각각 다르다. 이런 것들이 다른 종과의 생식에서는 정자와 난자의 수정을 방해하기 때문에 생식장벽이라는 현상이 발생하는 것이다. 이런 현상에 대해서는 두 가지 원인을 들 수 있다. 첫째는 어떤 종의 난자도 다른 종의 정자를 받아들이지 않는다는 것이다. 말하자면 다른 종간에는 억지로 생식행위를 했다하더라도 앞에서 말한 이유들 때문에 수정이 일어나지 않는다. 둘째는 말과 당나귀, 그리고 호랑이와 사자 같이 근린종이 억지로 교배하여 생식에 성공하는 경우에도 그 자손은 불임이 된다. 말하자면 불구 자손이 태어나는 것이다. 그러므로 이종교배를 통해서 태어난 잡종 개체를 하나의 '초기종'으로 볼 수는 있지만, 자손의 번식을 가로막는 생식장벽에 의해 새로운 종으로 분화되는 것은 불가능하다.

생식행위 전의 생식장벽에 대해서는 기존 종내에서의 문제는 이곳에서 논외로 하기로 하고, '초기종'에 대해서만 살펴보기로 한다. 만약 생식 가능한 하나의 '초기 종'이 정말 아주 '우연하게' 태어났다고 해도, 그 '초기 종'이 자손을 생식하기 위해서는 암수의 생식기와 생식행위 방법에서 구조적 결합이 가능해야 한다. 다시 말하자면 실제 수정이 가능한 '초기종'의 암수가 서로 짝을 맞추어야 하는데, 이 '초기종'에서 구조적으로 생식 가능한 암수가 정말 동시적으로, 동일지역에서, 만들어져 나올 가능성이 없다는 것이다. 왜냐하면 수학적 확률의 원리에서 보면, 극히 낮은 확률의 사건이 동일 지역에서 동시적으로 겹쳐 일어나는 것은 자연적으로는 사실상 불가능하기 때문이다. 어떻게 아주 '우연하게' 하나의 '초기종'이 생겨났다고 해도, 이러한 생식행위 전의 생식장벽 때문에 그것은 혼자 살다가 죽는 수밖에 없다. 그것이 억지로 근린종과 생식행위를 한다 해도 생식행위 후의 생식장벽에 막히는 결과에 이를 것이다. 그렇다면 유전법칙과 결합한 현대종합설 그룹의 이론도 허위라는 것이 증명된 셈이다.

3) 돌연변이 '초기종'의 가능성

점진적 변이의 누적이 진화의 원동력이라고 주장한 다윈은 '돌연변이' 진화를 적극 부정했다. 하지만 그의 추종자인 골드 슈미트(Richard Goldschmidt 1878-1958)는 25년 동안이나 집시나방(gypsy moth, Lymantria)의 계대 실험을 했지만, '초기종'은 물론 '중간종'조차 만들어내지 못했다. 그래서 그는 1940년 〈진화론의 물질적 기초, Material Basis of Evolution〉에서 '초기종'이 생겨날 수 있는 길은 돌연변이 밖에 없다고 주장했다. 그는 이런 '초기종'을 "희망적 괴물(hopeful monsters)"이라고 불렀다. 이 말은 다윈의 점진적 진화론이 실제로는 불가능하지만, 희망적으로는 돌연변이에 의해서 가능하지 않겠느냐는 뜻으로 절망의 역설을 주장하는 것이다. 그의 주장은 실험의 결과였으므로 누구도 반론을 제기하지 못했다. 그래서 그의 주장은 신다윈주의(New Darwinism)라고 불리면서, 다윈의 점진적 진화론과 멘델

제12장 자연발생론과 다윈의 진화론에 대한 비판

의 유전 이론을 결합한 현대종합설과 경쟁하는 이론이 되었다. 그러나 현대의 진화론의 거장으로 추앙받고 있는 고생물학자 굴드(Stephen Jay Gould, 1941-2002) 역시 점진적 진화론의 아킬레스건인 중간 화석의 부재를 변명하기 위해서는 슈미트의 주장을 빌려야 했다.

1972년 굴드는 엘드리지(Niles Eldredge)와 공동으로 "단속평형설(Punctuated equilibrium)"을 제안했다. 이것 역시 돌연변이에 의해서만 새로운 '초기종'의 출현이 가능하다는 주장이다. 그러나 신다윈주의자들이 주장하는 것과 같이 돌연변이에 의해 하나의 '초기 종'이 출현했다고 하더라도 앞에서 설명한 생식행위 전후의 생식장벽에 막혀 새로운 종의 출현은 불가능하다는 결과가 나타날 것이다. 물론 진화론자들은 아주 긴 시간이 지나는 동안에는 이런 돌연변이가 '우연하게' 성공하는 것이 가능하다고 주장하고 있다. 하지만 이것은 말장난에 불과한 것이고, 무지한 일반 사람들을 속이는 거짓말에 지나지 않는다. 왜냐하면 지구상에는 수많은 종이 있었고, 지금도 수많은 종이 살고 있는데 이것들이 "하나 또는 몇 개의" 원시 생물에서 돌연변이된 것이라고 한다면, 특히 캄브리아기에는 수많은 종이 동시에 폭발적으로 나타났다는 사실에서 본다면, 그 많은 종들이 '우연하게' 돌연변이에 의해 발생한 것이라고 볼 수는 없는 것이다. 만약 종의 진화가 그렇게 진행되는 것이라면, 오늘날에도 우리는 일상적으로 돌연변이가 일어난 '초기종'을 쉽게 볼 수 있어야 할 것이다. 사실이 그렇지 않다는 점에서 본다면, 신다윈주의의 돌연변이 이론도 허구라는 사실이 드러난 셈이다.

이와 같이 다윈의 진화론을 검증하고 나서 우리가 내릴 수 있는 결론은 생물에게 종내 변이, 즉 품종이나 아종 수준의 '소진화'는 일어나도 생식장벽을 뛰어넘어 다른 '종'이 되는 '진화'(대진화)는 사실상 불가능하다는 것이다.

4) 변이의 한계

현대 유전학의 발달에 따라 우리가 이미 상식적으로 알고 있는 인간의 생식 메커니즘에 관한 다윈의 변이 이론에 대해서 검증해보고자 한다. 인간은 각각 23개의 유전자를 가진 부모의 정자와 난자의 결합으로 만들어진다. 이 과정은 직접적인 생식행위를 통해서나 인공수정을 통해서나 가능한 것이다. 여기서 우리가 주목하는 것은 이 과정에서 나타나는 변이에 관한 문제이다. 인간이 각각 다른 형태로 태어나는 것도 유전적인 메커니즘에서 보면 변이의 일종이다. 그런데 진화론에서 주장하는 문제는 이 정도에 그치지 않고 다른 종으로까지 변이할 수 있다는 것이다. 다윈이 주장했던 점진적 변이나 신다원주의자들이 주장하는 돌연변이의 문제가 모두 그런 것이다. 모든 변이는 수정하는 순간부터 시작하여 태어날 때까지 일어나는 것으로 알려져 있다. 정자와 난자라는 성세포가 결합하는 순간부터 배아는 자체적으로 2배, 4배, 8배 16배, 32배…와 같이 분열하면서 배수체(倍數體)로 성장한다. 모태에서 이렇게 성장이 진행되는 동안 유전자에 기록된 유전 정보가 배아의 몸에서 표현된다. 말하자면 유전형이 표현형으로 실체화되는 것이다. 그러나 우리는 앞에서 이미 난자는 다른 종의 정자를 받아들이지 않는다는 생식장벽 문제를 검토했기 때문에, 진화론에서의 주장이 타당한 것인지에 관해서는 쉽게 결론을 내릴 수 있다. 부모의 유전자에 다른 종의 유전자가 들어 있지 않다면 그런 변이는 불가능하다. 왜냐하면 자손은 부모의 유전자를 물려받을 수밖에 없는 것이고, 그렇다면 변이는 부모의 유전자 형질의 범위 내에서만 가능할 수밖에 없기 때문이다.

  이 문제와 관련하여 우연한 기회에 일어나는 돌연변이를 주장하는 진화론자들의 이론을 다음과 같이 반박할 수 있다. 우연한 변이는 없다. 왜냐하면 변이는 주어진 변수들의 조합에서만 일어날 수밖에 없는 것이다. 여기서 변수는 부모의 성세포에 내재된 유전자 형질이다. 그것은 부모의 종에 속하는 유전형질이며 총체적으로는 유한하다. 그러므로 자손에게 일어날 수 있는 변이도 이 한계 내에서만 허용된다. 자손은 이러한 부모의 유전자 형질이 조합되는 결과에 의해서만 태어나는 표현형일 뿐이다. 부모가 인간이라면 인간 유전자 형질의 범주를 벗어나는 표현형의 자손을 결코 만들어낼 수 없는 것이다. 그렇다면 생물계에서 부모의 유전자 형질의 조합에 벗어나는 표현형은 결코 만들어질 수도 없고 태어날 수도 없는 것이다. 따라서 점진적 변이든, 돌연변이든, 종간변이는 유전학적으로 결코 일어날 수 없다. 부모의 유전자적 변수의 범주를 초월한 우연한 변이가 일어난다면, 그것이야말로 신적인 개입에 의해서만 가능한 것이다. 또한 기형(畸形)의 문제를 검토해보기로 하자 기형도 하나의 변이인 것은 틀림없다. 그러나 기형은 유전자 형질의 조합과정에서 또는 배아 성장 과정에서 어떤 결함이 있기 때문에 나타나는 현상으로 밝혀진 것이다. 결함의 원인은 유전자의 결손, 부정합 등의 유전자 조합에서 일어나는 것과 체액의 부조화, X-선 조사 등 생리화학적인 충격에 의해서 유전자가 손상을 입는 경우가 알려지고 있다. 그러나 이제까지 기형은 모두 열등한 표현형으로 나타났다. 이런 기형아의 경우에도 정상적인 유전 형질을 가진 배우자와 결합하면, 손상된 유전형질이 회복된다. 또한 체내 유전자의 손상은 자체적으로 복구하는 기능이 있는 것도 밝혀져 있는 사실이다. 그런데 진화론자들은 이런 현상을 거꾸로 해석하여 언젠가 기형이 우수한 표현형으로 나타날 수도 있지 않느냐고 강변한다. 그러나 이제까지 검토한 바와 같이 정상적인 유전자 조합을 벗어난다는 것은 어떤 오류를 내포한 것이고, 그것이 기형으로 표현되는 것일 뿐이다. 우리는 변수가 아무리 많아도 변수의 조합은 변수의 총체적 계수(計數)의 범위를 벗어나지 못한다는 진리를 알고 있다. 다만 우리는 유전자 형질처럼 변수가 워낙 많을 경우에는 그 변수에서 나타나는 경우의 수를 정밀하게 모두 다 계산하지 못할 뿐이다. 그러므로 유전적 형질의 변수가 아무리 많더라도 자손에게 표현되는 것은 부모의 종에 속하는 것뿐이다. 다시 말해서 자손의 변이의 한계는 부모의 유전자 형질의 범위 내에서만 일어날 수 있는 것이다. 그런 것은 다양성의 발현일 뿐이다. 그러므로 종간의 변이는 결코 일어날 수 없는 것이라고 결론지을 수 있다.

V. 결론

마이어는 "진화의 종합설이 진행되는 동안과 그 이후에는 〈다윈주의〉라는 용어가 자연선택의 영향에서 나타나는 진화의 적응 변화와 변형 진화 대신 변이 진화를 의미하는 것으로 받아들여졌다"[39]고 고백했다. 이 말은 현대종합설과 신다윈주의를 거치고 나서는 다시 다윈의 본래적인 '변이 진화'로 환원될 수밖에 없게 되었다는 의미이다. 그러나 우리는 이미 다윈이 주장하는 '변이'에는 라마르크적인 후천적 획득형질의 유전이라는 개념적 오류가 내포되어 있다는 사실을 알고 있다. 그러므로 마이어의 고백은 다윈의 진화론을 통째로 사망 선고하는 것으로밖에는 들리지 않는다. 그러나 그는 진화론자답게 새로운 변명을 만들어낸다. "어떤 사건이 〈흔히(usually)〉 일어난다고 하여도, 반드시 항상 일어남을 의미하지는 않는다. 진화적 과정이 보여주는 영원히 존재하는 다양성을 반드시 기억해야 할 것이다."[40] 마이어의 이 말은 진화이론에서 한 가지가 부정되는 사건이 일어날 수 있지만, 그에 대한 다른 변명이 새롭게 마련될 수 있다는 것을 기억하라는 의미이다. 이 말은 그의 뒤를 잇는 진화론자들에게 새로운 비판이 제기되면 새로운 변명 이론을 만들어내라는 교시에 다름 아니다. 도브잔스키가 생물학은 진화론적 방법으로만 해야 한다는 지침[41]을 내린 것과 마이어의 이 말을 함께 고려해보면, 진화론자들이 얼마나 강력한 도그마에 묶여 있는지를 알 수 있다. 진화론자들이 이런 식으로 억지스럽게 꾸려가는 진화론을 어찌 과학이라고 말할 수 있는가? 과학이론은 과학자들이 검증하고 비판해야 함에도 불구하고, 이런 상태에서 어찌 생물학자들 스스로가 진화론의 오류를 시정할 것이라고 기대할 수 있는가? 따라서 진화주의에 반대하는 우리가 이런 일을 맡아서 하지 않으면 안 되는 상황에 처한 것이다.

과학이론은 검증에서 실패하면 폐기되어야 하는 것이다. 다윈의 진화론을 이렇게 현대의 과학적 방법으로 검증해보면, 그것은 이제 오류를 도저히 부정할 수 없는 19세기의 노래(가설)일 뿐인 것이다. 그리고 자연선택론이 자연법칙을 의미하는 것이라면, 그것은 결국 물활론의 범주에서 벗어나지 못하는 이론이다. 다윈의 이론에 따라서 말하자면, 그의 진화론은 고대부터 내려온 자연발생론의 '변종' 중 하나일 뿐이다. 그래도 현대의 진화론자들은 마이어의 교시대로 이런저런 새로운 이론을 덧붙이면서 누더기가 된 다윈의 진화론에 집착하고 있는 것이다. 왜냐하면 진화론이 부정되면 그들의 반창조주의적 무신론도 근거가 없어지기 때문이다. 결국 다윈의 진화론은 종내에서 일어나는 다양성의 발현 곧 품종의 변화를 상위계층의 분류에까지 적용하려는 오류라고 볼 수밖에 없

제12장 자연발생론과 다윈의 진화론에 대한 비판

는 것이다. 그러나 진화론의 문제는 다윈을 반박하는 것만으로 끝나는 것이 아니다.

앞에서 보았듯이 다윈이 미결의 장으로 남겨두었던 진화의 '제일 원인' 말하자면 〈생명의 기원〉을 풀어낸 오파린(A. I. Oparin)이 나타났기 때문이다. 그러나 그의 이론을 다루자면, 그것을 탄생시킨 배경이 되는 공산주의 유물론을 먼저 이해하는 수고를 아껴서는 안 된다. 왜냐하면 마르크스와 엥겔스의 유물론은 다윈의 진화론을 발판으로 성장한 것이고, 이것을 통과하지 않고는 오파린의 이론을 설명할 수 없기 때문이다.

각주

1) Mircea Eliade, 이기숙, 김이섭 역, "신화와 신화학", 〈세계신화 이야기〉 (서울: 까치, 2005), 10-28.
2) 특히 오파린은 이들이 유물론의 시조라고 보는 견해를 표명한다. A. I. Oparin, *The Origin of Life*, Sergius Morgulis(tr.) (New York: Dover Pub., 2003), 제1장을 참조하라.
3) 이 책은 린네의 분류체계를 따라 라마르크주의와 비슷한 사고를 진술하고 있다. 그러나 책 이름은 당시 유행하던 라틴어 명명법에 따른 것으로 해석해서 필자가 붙인 것이다(zoo: 동물, nom-: 체계, 계보, 명칭 등, -ia: 책). 그의 손자 찰스 다윈의 〈종의 기원〉도 이 책의 내용에 영향을 크게 받은 것으로 보인다.
4) Charles Darwin, *The Origin of Species* 1876, (New York; New York University Press, 1988), 429. 영어 원문은 이렇다: "There is grandeur in the view of life, with its several powers, having been originally breathed by the Creator into a few forms or into one;……have been, and are being evolved."
5) 러시아과학아카데미연구소 편, 이을호 역, 〈세계철학사〉 11 (서울: 중원문화, 2009), 84.
6) 이 책은 마르크스와 엥겔스 및 레닌의 이론과 저작을 그대로 답습한 것으로 공산주의 사회에서 필수 교재로 채택되었던 것으로 알려지고 있으나, 매우 저급한 수준이었던 것으로 알려져 있다. 그의 생전에는 이 책의 이론과 어긋나는 주장을 하거나 불만을 가진 자는 모두 숙청되었다고 한다. 그의 사후 후르시초프에 의해 비판되면서 출판이 금지되었으며, 현재 이런 이름을 가진 책들은 그 이후에 다른 저자들에 의해 출판된 해설서이다. 이 책들에는 스탈린에 대한 언급이 전혀 없다.
7) 이때 월리스의 논문 제목은 "On the Tendency of Varieties to Depart Indefinitely from Original Type"였고, 다윈의 책의 원제목은 〈자연선택의 방법에 의한 종의 기원에 관하여, *On the Origin of Species by Means of Natural Selection*〉였다.

8) Ernst Mayr, One Long Argument: *Charles Darwin and he Genesis of Modern Evoluionary Thought*, 신현철 역, 〈진화론 논쟁〉 (서울: 사이언스북스, 2008), 48.
9) Ibid., 124-125.
10) Ibid., 128.
11) Ibid., 135.
12) Ibid.
13) 이 절은 필자의 논문 "하나님은 창조주이신가?"에서 부분적으로 재인용한 것이다. 자세한 내용은 다음을 참고하라. 평택대학교 피어선기념성경연구원 편, 〈제11회 피어선 학술강좌〉 (2013. 10), 126-139.
14) 이에 대해서 좀 더 자세한 사항은 다음 논문을 참고하라. 허 정윤, "신학과 과학의 생명기원 논쟁에 관한 고찰-다윈의 〈종위 기원〉에 나타난 진화론 비판을 중심으로", 〈창조론 오픈포럼〉 6권 2호, (2012, 8), 51-65.
15) 이 말은 그의 〈사육하에 있는 동물과 식물의 변이〉(1868)에 처음 썼으며, 〈종의 기원〉에서는 9년 뒤에 나온 5판에서부터 쓰고 있다.
16) 〈종의 기원〉의 원래 제목은 *On the Origin of Species by Means of Natural Selection or the Preservation of the Favoured Race in the Struggle for Life* 이다.
17) 그래서 다윈의 〈종의 기원〉의 제1장은 "재배 사육하에서 생기는 변이"라고 했고, 이어서 제2장은 "자연하에서 생기는 변이"에 대해서 진술하고 했다.
18) '적자생존'이라는 말은 허버트 스펜서(Herbert Spencer, 1820-1903)가 1864년에 출판한 〈생물학의 원리〉에서 처음 쓴 말이다. Jonathan Clements, 조혜원 외 역, 〈다윈의 비밀노트〉 (서울: 씨실과 날실, 2012), 95를 참고하라.
19) 〈종의 기원〉 개정 6판은 1872년에 나왔다. 이때부터 책의 제목이 *the Origin of Species*로 바뀌어졌으며, 진화라는 용어도 처음으로 사용되었다. (Ibid., 91을 참고하라)
20) Ernst Mayr, 〈진화론 논쟁〉, 95.
21) Ibid., 97.

22) John Henry, 노태복 역, 〈서양과학사상사〉 (서울: 책과 함께, 2013), 400에서 재인용.
23) 〈Jackson's Oxford Journal〉, London, (1860. 7. 7.).
24) 〈토마스 헉슬리〉, 115.
25) 〈토마스 헉슬리〉, 173.
26) Thomas H. Huxley, 이종민 역, 〈진화와 윤리〉 (부산: 산지니, 2012).
27) 이러한 평가에 대해서는 John Henry, 〈서양과학사상사〉, 405 및 Ernst Mayr, 〈진화론 논쟁〉, 106을 참고하라.
28) 각주 5)를 참조하라.
29) John Henry, 〈서양과학사상사〉, 408.
30) 이런 이유로 추방된 유명한 다윈주의자 도브잔스키는 유태계 진화유전학자로서 미국에 망명했다. 이런 일은 스탈린의 심복으로서 리셍코(Trofim Denisovich Lysenko, 1898-1976)가 주도했다. 라마르크주의자인 그의 과학적 오류는 리셍코이즘이라는 풍자적인 말로 남아 있다. 그는 〈생명의 기원〉 저자 오파린의 후원자이기도 했다.
31) 이 그룹의 명칭에 "종합설"이 들어간 것은 멘델학파의 유전학 이론과 다윈의 이론을 종합해놓았기 때문인데, 그것은 매우 억지스러운 종합에 지나지 않은 것이었다. 이 그룹에 대해서는 1937년 도브잔스키의 〈유전학과 종의 기원〉 이후에 헉슬리의 〈진화: 현대종합설〉(1942), 마이어의 〈계통학과 종의 기원〉(1942), 심프슨의 〈진화의 속도와 방법〉, 렌쉬의 〈진화상의 새로운 문제〉(1947), 그리고 스테빈의 〈식물의 변이와 진화〉(1950)를 포함하는 그룹만으로 지칭되는가 하면, 다른 편으로는 1937년 이전에 책을 출판한 할데인(Haldane) 등을 포함하기도 한다(참조: Ernst Mayr, 〈진화론 논쟁〉, 174).
32) 마이어는 다윈주의와 다윈학파를 구분하고 있으나 필자는 20세기에 들어와서 다윈주의를 신봉하는 과학자를 일괄적으로 다윈주의 학파로 부르겠다.
33) Ernst Mayr, 〈진화론 논쟁〉, 171.
34) Ernst Mayr, 〈진화론 논쟁〉, 140.

35) 도브잔스키는 "Nothing in biology makes sense except in the light of evolution"라는 유명한 말을 남겼는데, 이 말은 후대 생물학의 방향을 다윈주의 도그마에 묶어놓게 한 말로 유전학 교과서에도 실려 있다. Daniel L. Hartl, *Essential Genetics: A Genomics Perspective(5th)*, 양재섭외 역, 〈필수유전학〉 (서울: 월드 사이언스, 2012), 27을 참조하라. 마이어도 이 말을 인용하고 있다(Ernst Mayr, 〈진화론 논쟁〉, 139).

36) 이 그룹의 명칭은 사실 1896년 '획득형질의 유전이 없는 다윈주의'를 주창한 로마네스(Romanes)에 의하여 처음 사용된 것이다. 그러나 현대에 이르러서는 일반적으로 '현대종합설 그룹'과는 다른 이론을 가진 진화론자들-주로 돌연변이를 주장하는-을 총체적으로 가리키는 말로 쓰이고 있다.

37) http://100.daum.net/encyclopedia/view.do?docid=b19j3078b (검색: 2013. 7.23)를 참고하라.

38) 이 말은 '생식격리'로 번역되기도 한다. 그러나 인위적인 개념이 포함된 이 말보다는 '생식장벽이'라는 말이 더 잘 맞는 것 같다. 이에 대해서는 Simon, Reece and Dickey, 고상균, 윤치영 역, 〈캠벨 생명과학〉 3판 (서울: 바이오사이언스출판, 2012), 272-273을 참고할 수 있다. 또 참고할 수 있는 사이트로서는 http://evolutionkj.wikispaces.com/Reproductive+Barriers (검색: 2013. 7. 24).

39) Ernst Mayr, 〈진화론 논쟁〉, 141.
40) Ibid., 192.
41) 각주 32)를 참고하라.

김남득
부산대 약대 약학과

부산대학교 약학대학을 나왔으며 KAIST(B.S.)와 위스콘신대학 (University of Wisconsin-Madison) (Ph.D.)에서 공부했다. 부산대학교 약학대학 학장을 역임했으며 지금은 부산대학교 약학대학 약학과 교수로 있다.

생명과 인류 창조

제13장 진화 중인 인류기원론에 대한 성경적 조망

    현생 인류가 언제, 어디서, 어떻게 진화해 왔을까 하는 의문은 다윈의 진화론 이후 어떤 것에도 비교할 수 없을 만큼 많은 사람들의 관심의 초점이 되어 왔고 또 연구되어졌다. 진화론 과학자들이 주장하는 현생 인류의 기원은 고생인류학자들의 지지를 받고 있는 다지역모델(The Multiregional Model)과 인류유전학자들의 지지를 받고 있는 아프리카기원모델(The Out-of-Africa Model)로 양분되어 있다. 다지역모델은 기존의 유인원 골편을 이용한 연구라면 아프리카기원모델은 인체 세포 내 미토콘드리아유전자와 핵유전자를 이용한 연구 결과이다. 인류 진화에 관한 저들 진화론자들의 현주소를 파악함으로써 하나님의 인류 창조를 믿고 또 이 사실을 널리 알리기를 원하는 우리들에게는 좋은 지식의 무기가 될 수 있다고 보기에 현생 인류 출현에 관한 최근의 진화론적 이론들을 소개하려고 한다.

I. 창조론 진화론의 현주소

현생 인류가 언제, 어디서, 어떻게 진화해 왔을까 하는 의문은 다윈의 진화론 이후 어떤 것에도 비교할 수 없을 만큼 많은 사람들의 관심의 초점이 되어 왔고 또 연구되어졌다. 그러나 이러한 노력에 비해 아직까지 성경에서 말하는 인간 창조에 필적할 만한 획기적인 발견이나 증거물이 제시되지 못하기에 많은 진화론자들을 가슴을 애태우고 있다. 그러기에 시대에 따라 세계 곳곳에서 인골 화석들이 하나씩 발견되어질 때마다 온 세인의 이목을 집중시키고 있는 실정이다. 인류 진화에 관한 진화론자들의 현주소를 파악함으로써 창조론을 믿고 또 이 사실을 널리 알리기를 원하는 우리들에게는 좋은 지식의 무기가 될 수 있다고 보기 때문에 현생 인류 출현에 관한 최근의 진화론적 이론들을 소개하고, 성경적 관점에서 조명하고자 한다.

II. 현생 인류의 기원에 대한 진화론적 가설들

현생 인류의 진화를 말하고자 할 때 대개 우리가 알고 있는 복잡한 여러 가지 (유)인골 화석들에 관한 이런저런 주장들이 쉽게 떠오르고 매우 혼란스러워 보이나 나름대로 체계가 잡혀 있다고 할 수 있다. 진화론에서는 원숭이로부터 현대인까지 진화하는 동안 나타나는 여러 가지 종류들을 유인원(類人猿, Anthropoid)이라고 부른다. 진화론자들에 의한 초기 인류 진화의 모델을 간략히 살펴보면 다음과 같다.

4~8백만년 전쯤 고생 인류의 조상이라고 생각되는 첫 유인원은 라마피테쿠스(Ramapithecus)인 원숭이로부터 고생 인류가 갈라져 나왔다고 한다. 라마피테쿠스는 인도에서 발견된 화석에서 유래된 것인데 '라마'는 인도어로 '크다'는 의미이고 "피테쿠스"는 '원인'이란 뜻이다.[1] 라마피테쿠스 다음의 인류 조상은 오스트랄로피테쿠스(*Australopithecus*)로 추측한다. 이들은 3~4백만 년 전에 존재했다고 생각하며 1974년 리처드 리키(Richard Leaky, 1944~) 등에 의해 에티오피아(Ethiopia)에서 발견한 루시(Lucy)라고 명명된 화석이 이에 해당한다고 주장한다. 이때의 고생 인류는 두발로 걷는 것이 특징이고 오스트랄로피테쿠스 아파렌시스(*Australopithecus afarensis*), 오스

트랄로피테쿠스 아프리카누스(A. africanus), 오스트랄로피테쿠스 로부스투스(A. robustus), 오스트랄로티테쿠스 보이세이(A. boisei) 등과 같은 변종들이 있는데 대개 이 순서대로 출현되었거나 어느 정도 겹쳤다고 보고 있다. 루시는 오스트랄로피테쿠스 보이세이에 속한다고 본다. 이후 손 연장을 사용하는 원인들(Homo habilis)이 등장하는데 이들은 1.5~2.0백만년 전에 출현했으며 이들 유골들이 Africa 동부 지역에서 발견되었다. 그 후 직립원인(Homo erectus)들이 출현하는데 이들은 급속히 다른 대륙으로 이주하게 되고 아프리카, 인도네시아[자바인(Java Man: 1994년의 연대 측정 결과 1.8백만년 전에 생존 추정), 1893년 발견], 중국[북경인(Peking Man: 1920년대 발견, 1.7백만년 전에 생존 추정], 중동지역 및 유럽 등지에서 발견된다. 이후 직립원인이 사라지면서 200,000년 전쯤에 고대 호모 사피엔스(archaic Homo sapiens)가 등장하는데 가장 대표적인 것이 네안데르탈인(Neandertal Man)이다. 이것은 1856년 독일의 뒤셀도르프(Dusseldorf) 근처에 있는 계곡의 한 동굴에서 발견된 것인데 홍적세(洪績世) 후기의 유럽 지역에 살았던, 절반쯤 서서 다녔던 '유사 인간'으로 묘사되었다. 이들은 유럽 지역에 거주하다가 약 34,000년 전에 사라진다.

고대 호모 사피엔스와 겹쳐서 100,000만년 전쯤에 아프리카에서 현대 호모사피엔스(modern Homo sapiens), 즉 현생 인류의 조상이 출현하였고 이 중에 크로마뇽인(Cro-Magnon Man)이 여기에 속한다고 보며 곧 현생 인류의 원조가 된다고 생각하고 있다. 이 크로마뇽인은 1868년, 프랑스의 도르도뉴(Dordogne)에 있는 "크로마뇽"이란 동굴에서 다섯 개체의 골격을 발굴함으로써 알려지게 되었는데 이들은 유럽의 홍적세 빙하기 후기에 나타났다고 한다. 진화론자들은 크로마뇽인을 원숭이와 사람 사이의 빠진 고리라고 주장하기도 하는데 실제 여러 화석상의 증거로 미루어 보아 현대인과 별다른 차이가 없다는 것이 일반적인 해석이다.[2] 이러한 인류 초기 진화에 관한 가설은 어느 정도 받아들여지고 있으나 현생 인류, 즉 호모 사피엔스 중 고대 호모 사피엔스인 직립원인 및 네안데르탈인과 현대 호모 사피엔스인 현생 인류와의 관계, 즉 이들이 어떻게 공존했으며 현생 인류가 분포하고 있는 현재의 지리학적 위치에서 어떻게 인류가 진화해 왔는가, 그리고 이들 각각의 지리적 위치에 있어서 직립원인 및 네안데르탈인들의 영향이 현생 인류의 직전 조상인 크로마뇽인에게 어떤 영향을 미쳤는지에 대해서는 두 가지 가설이 첨예하게 대립되고 있다.

III. 현생 인류의 진화에 대한 두 가지 가설들

최근에 인류 진화에 대한 가설에 대해 가장 논란이 되고 있는 것은 현생 인류, 곧 현재의 인류 조상의 출현에 대한 가설들은 아주 많다. 그렇지만 이들 가설들은 매우 복잡하기 때문에 일일이 다 소개할 수 없지만 이들 가설들의 기본은 크게 두 부류의 가설에 근거를 두고 있다. 인류 화석의 증거를 가지고 인류의 진화 가설을 주장하는 고생인류학자가 그 첫째 부류이고 현재의 인류에 나타나는 여러 가지 유전적인 현상을 연구함으로써 인류의 진화 가설을 주장하는 인류유전학자들이 두 번째 부류에 속한다. 이들은 인류 진화라는 대명제를 함께 연구하고 있는 것처럼 보이지만 실제 이들 간에는 창조론자들과 진화론자들 사이만큼이나 큰 견해 차이를 보이고, 또 여러 가지 면에서 상호보완이 되기보다 심각한 대립 관계에 있다.

먼저 고생인류학자들의 주장은 "다지역모델(The Multiregional Model)"로 설명되는데 이것을 살펴보자(그림 13-1). 다지역모델은 현생 인류의 조상인 직립원인들이 백만년 전쯤 아프리카 지역에서 세계 각 지역으로 이동한 후 유전자 이동과 자연 선택을 통해 점차 진화하여 현생 인류가 되었다는 것이다.[3],[4] 이 가설의 주된 증거로는 극동 아시아인의 앞니가 삽처럼 날카롭게 되어 있는 것과 오스트렐리아 원주민의 이마가 현저하게 돌출한 것 등이 직립원인의 흔적이라고 주장한다. 이들은 현생인류의 조상(대개 고대 호모 사피엔스를 말함)들이 현재의 아프리카, 유럽, 아시아, 오스트렐리아 등에 분포하다가 네안데르탈인이 등장하고 또 현생 인류가 등장하는데 특히 네안데르탈인들이 현생 인류들에 유전적으로 지대한 공헌을 한 후 사라졌다고 한다. 특히 네안데르탈인이 발견된 유럽 지역의 큰 코, 장대한 신장 등이 바로 이들의 증거라고 했다. 이와는 다르게 아시아나 아프리카 지역은 네안데르탈인이 출현하지 않았고 자연 현생 인류가 그대로 진화했는데 어느 정도 지역 간에 교잡을 통해 유전자 흐름(gene flow)이 있었다고 생각한다.

제13장 진화 중인 인류기원론에 대한 성경적 조망

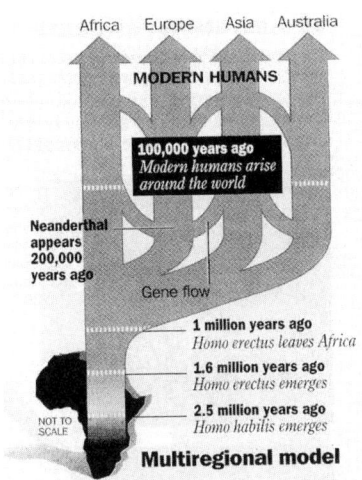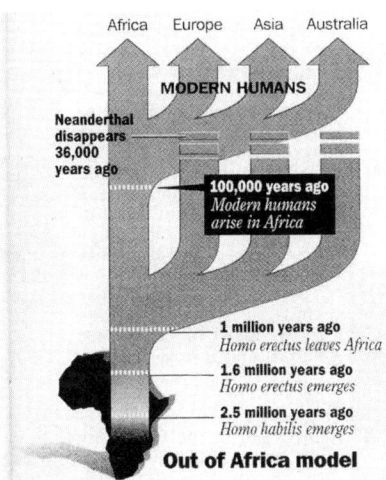

[그림 13-1] 현대 인류의 기원에 대한 대표적인 모델로는 다지역모델과 아프리카기원 모델이 있다. 두 모델 모두 인류가 250만 년 전, 아프리카에서 시작되었다는 데는 일치된 견해를 제시하고 있다.(출처: U.S. News & World Report, September 16, 1991)

다른 가설인 "아프리카기원모델(The Out-of-Africa Model)"은 인류유전학자들이 주장한 것인데 현생인류가 100,000년~200,000년 전 사하라 사막 남부 아프리카에서 등장하기 시작하였고 약 100,000년 전부터 아프리카에서 다른 대륙으로 이동하여 현재의 인류(사하라 지역 아프리카인, 유럽인, 북동 아시아인, 남동 아시아인)로 진화하였다는 것이다(그림 13-2).[5],[6],[7] 인류유전학자들은 현재의 인간들이 가지고 있는 미토콘드리아(mitochondria) 유전자(DNA)를 연구하여 각각의 대륙에 분포하고 있는 현재의 인류 사이에 얼마만큼 변이가 있었나를 연구하였는데 이 결과에 따르면 현재의 인류는 단일 모계에서 시작하였고 크게 아프리카계와 비아프리카계로 나눌 수 있으며 변이의 속도를 추정한 결과 아프리카계가 가장 먼저 시작되었고 아프리카계에서 출발한 모계를 통해 비아프리카계가 시작되었다고 했다. 따라서 아프리카계는 오랜 세월을 거치면서 새로이 출발한 비아프리카계에 비해 더 많은 유전적 변이를 보이고 있다는 것이다. 이 모델은 수년 전 인류의 조상 어머니 '이브'의 것으로 보이는 유전 흔적이 발견한 것으로부터 시작되었다. 이에 대한 연구는 두 연구소에서 진행된 연구 결과로 수립되었는데 하나는 에머리대학교의 더글러스 월리스와 그의 동료 연구들에 의해, 다른 하나는 버클리 캘리포니아대학교의 앨런 윌슨과 그의 동료들에 의해 수행되었다.

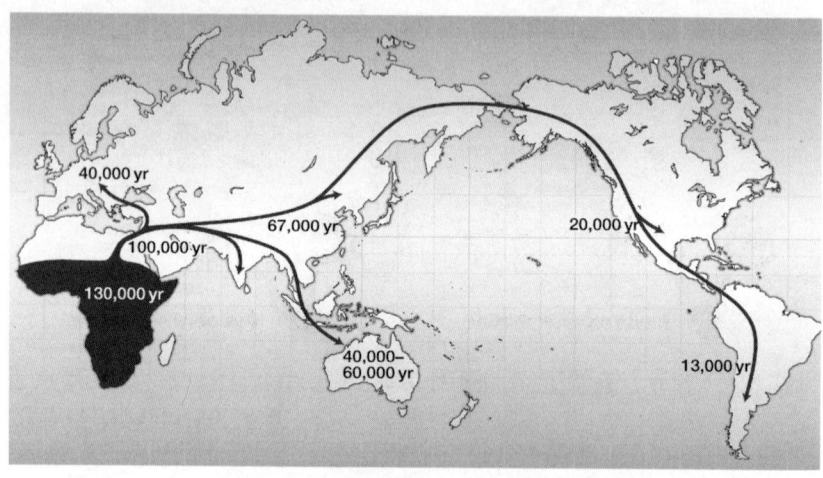

[그림 13-2] 약 20만 년 전 인류(호모 사피엔스)의 기원과 분산 경로도
(출처 : 네이처, 408:652-653, 2000)

이들은 미토콘드리아의 유전자를 분석, 모든 인류는 약 200,000년 전 아프리카에 생존했던 한 여자의 자손인 것으로 추정해냈다. 과학자들은 이 여자에게 '이브'라는 이름을 붙였다. 세포 속의 미세구조인 미토콘드리아는 어머니를 통해서만 자식에게 유전된다는 특성을 이용한 것이다. 이 미토콘드리아 유전자는 지금도 모든 인류에게 현존하고 있는데, 이는 '이브'가 가지고 있던 미토콘드리아 유전자에서 파생돼 나왔다는 것이다. 이와 같은 아프리카기원모델은 "이브를 찾아서"라는 제목으로 그 동안 방송 매체를 통해 많이 소개되었다.[8] 이 모델은 세계 각처의 인종으로부터 채취된 세포에서 얻은 미토콘드리아의 제한 효소 길이 다형태성 연구 결과와 고생인류학적 증거들로부터 추론된 모델이다. 그러나 미토콘드리아로부터 얻어진 자료가 불완전하다는 비판이 많았다. 이들 비판을 종합하면 다음과 같다. 1) 미토콘드리아 유전자 정보 결과는 통계학적 신빙성이 적고 2) 미토콘드리아의 계통 발생에 대한 가정 자체에 문제가 있어 많게는 800,000년 전부터 시작할 수 있다. 3) 그리고 미토콘드리아가 단일 유전자로 유전한다는 사실 자체에 대한 의문점이다.

이러한 문제점을 보완하기 위해 비질런트 등은 미토콘드리아 유전자의 ~1,000 염기를 대조군으로 한 실험을 하였으나 이것도 완전치 못하였다.9) 그래서 많은 과학자들이 미토콘드리아 유전자 대신에 핵유전자를 이용하기로 하였다. 골드스타인 등은 미세위성(microsatellite) DNA 다형태성을 이용하여 현생 인류가 언제부터 이렇게 각각 분리되었는지를 연구하게 되었다.10) 미세위성 유전자좌(microsatellite loci)는 2~5개 핵산 길이의 작은 유전자 분절인데 이것은 아주 많은 다형태성과 반복성을 보인다. 이것을 이용하여 인류 발생 및 진화 연구 도구로 이용하고자 한 것이다. 골드스타인 등에 의하면 아프리카인과 비아프리카인과의 격리가 평균 156,000년 전(75,000-287,000년 표준편차 95% 확률)이라고 했다. 기존의 미토콘드리아에 의한 연구 결과는 큰 표준 편차를 보인 반면에 핵 DNA를 이용한 결과는 통계학적 신빙성을 더해 준다. 이 두 결과를 합쳐 보았을 경우 길게는 200,000년, 짧게는 115,000년 전에 두 현생 인류의 조상들이 격리되어 각각 진화하였다는 것을 제시한다.

네안데르탈인들이 유럽 지역에 처음 등장한 것이 약 150,000년 전쯤으로 추측하는데 이들은 번성하다가 약 70,000년 전쯤에 전 유럽과 서부아시아 지역까지 진출하였을 것이라고 추측한다. 이와 같이 아주 넓은 지역에 거주하던 네안데르탈인과 아프리카에서 이주한 새로운 종족 간에는 어느 정도 이종교배가 있었을지 모르나 현재의 인류들이 가지고 있는 어떤 유전자에도 네안데르탈인의 영향을 찾아 볼 수가 없다고 한다. 저들은 네안데르탈인들과 공존하며 살다가 약 50,000년 전쯤에 폭발적인 인구의 증가가 시작되었을 것으로 추측한다. 이때 공존하던 네안데르탈인들과 갈등이 심화되었고 그 결과 약 34,000년 전쯤에 네안데르탈인들은 멸종하고 만다. 체격 등을 보아 훨씬 왜소한 현생 인류 조상들이 어떻게 거구의 네안데르탈인들을 멸종시켰을까 하는 것에 대해 많은 의문이 있으나 아마 언어의 사용이 네안데르탈인을 이긴 무기 중의 하나라고 추정하고 있다. 그리고 아시아와 인도네시아 등에 존재하던 직립원인들의 후손들도 아프리카에서 나온 현생 인류의 조상들에 의해 멸종되고 만다.11)

미토콘드리아 '이브'에 대한 가설 이후 이에 대한 많은 유전학적 연구가 진행되고 있으나 최근엔 조상 아버지 '아담'의 존재 사실을 뒷받침해

주는 유력한 증거가 발견됐다는 주장이 나왔다. 그 동안 인류의 어머니 '이브'의 유전 흔적이 발견된 이래 반쪽 남은 인류의 조상에 대한 연구를 집중해 왔는데 미국의 과학자들에 의하면 약 188,000년 전에 생존했던 것으로 보이는 현생인류(호모 사피엔스)의 조상 아버지 흔적을 각기 발견하였다고 보고했다.[12],[13],[14] 인류의 아버지 '아담'을 추적하는 일은 '이브'보다 훨씬 어려운 작업으로 알려졌다. 과학자들은 Y 염색체를 이용, 모든 인류의 공통 조상 아버지를 추적했다. Y 염색체는 남성을 결정짓는 성염색체의 하나로, 아버지로부터 아들에게 유전된다. 애리조나대학교의 마이클 해머 박사는 인류 공통의 Y 염색체 원조는 약 188,000년 전으로 거슬러 올라가는 것으로 추정했다. 이는 인류 공통 미토콘드리아 유전자의 시발점과 거의 비슷한 시기에 해당된다. 당시 많은 남성들이 살고 있었지만 Y 염색체를 유전시킨 남성은 '아담'뿐이었다는 것이다. 마찬가지로 미토콘드리아 DNA를 남긴 여성은 '이브'뿐이었다.

각각 소규모 부족 출신인 '아담'과 '이브'는 그 자손들이 생존해 남아 오늘날 인류의 조상이 된 것으로 여겨진다. 그러나 이들 과학자들은 아담과 이브가 살았던 시대에는 약간의 차이가 있었을 것으로 보고 있다. 미토콘드리아 '이브' 이론을 이끌고 있는 펜실베니아대학교의 분자생물학자 마크 스토니킹 교수는 "최근 발표된 아담 이론이 우리가 연구한 데이터와 일치한다며, 아프리카가 인류의 기원이라는 것을 증명해 주고 있다"고 밝혔다.[15]

IV. 현생 인류의 조상들이 동부아프리카를 떠난 이유

그러면 아프리카 동부 지역에 살던 현생 인류의 조상들은 왜 아프리카를 떠나 홍해를 건너 중동, 유럽, 아시아 등지로 이주했을까 하는 의문이 생긴다. 이에 대한 명확한 해답은 없다. 그러나 일부 학자들은 동부 아프리카 기후변화가 그 원인이었을 것으로 추측하고 있다. 미국 시라큐스대학교의 크리스토퍼 숄츠 박사 등 연구진은 동아프리카의 말라위 호수와 탕가니카 호수, 서아프리카 가나의 보숨트위 호수 바닥에서 파낸 고대의 침전물을 분석한 결과 적도 아프리카 지역에 장기간 극심한 가뭄이 들었음을 확인했다고 밝혔다.[16] 연구진에 의하면 현재 내해가 돼 있는 길이 550㎞, 수심 700m의 말라위 호수는 75,000년 전에는 지름 10㎞, 수심 200m도 안 되는 저수지 두 개로 줄어들어 있었다고 지적했다. 운석에 의해 생긴 구덩이로 추정되는 보숨트위 호수의 경우는 더욱 심각해 지금은 지름이 10㎞ 정도지만 70,000년 전에는 물이 한 방울도 없었던 것으로 드러났다. 과학자들은 이 정도로 큰 영향을 미치는 요인은 대륙 전체를 휩쓴 장기간의 가뭄 밖에 없다면서 이 시기가 인류 진화의 시발점인 "이브의 등장"과 일치한다고 강조했다.

V. 에덴동산의 위치

인류 진화론자들이 말하는 '아담'이 어디에 살았는지는 확실히 밝혀지지 않았지만 아프리카기원모델 지지자들은 동부 아프리카 지역일 것으로 추정하고 있다.17) 성경에서도 에덴동산에 대한 설명이 있으나 이것을 가지고는 에덴동산이 어디에 위치하였는지를 찾아내기가 쉽지 않다. 그러나 에덴동산은 단순한 상징이 아니고 하나의 명백한 지명으로 사용되었다. 인접한 두 강 즉 '힛데겔'이란 말이 티그리스강의 히브리어 명칭이고 또 '유브라데'강이 바로 언급되기 때문에 현재의 이라크 지방일 가능성도 있다. 그러나 노아의 홍수 이후 대지각 변동이 있었을 것으로 보기 때문에 강의 위치가 바뀌었을 가능성이 있고 그로 말미암아 홍수 이후 방주가 아라랏산에 머문 후(창 8:4) 방주에서 내린 노아의 가족들에 의해 새로 생긴 큰 두개의 강에 옛날의 강 이름을 명명하였을 가능성도 있다.

VI. 초기 유인원 및 네안데르탈인과 현생 인류 조상과의 관계에 대한 해석

지구 곳곳에 존재하는 초기 유인원 및 직립원인 혹은 그 후손인 네안데르탈인과 현생 인류와의 관계에서 아직도 풀리지 않은 수수께끼가 있는데 그것은 이들 종족간의 유전자 조합 여부이다. 다지역모델에 의하면 같은 시기에 다른 인류 종족이 살게 될 경우 이들 종족들의 유전자가 섞이는 것이 당연하다. 같은 지역에 한쪽은 장대하고 다소 거친 피부를 가진 네안데르탈인이고 다른 한쪽은 다소 왜소하나 매끄러운 피부에 부드러운 인상의 인간이 같이 살았다고 생각해 보자. 인간은 원래 짝짓기를 즐겨 한다. 세상의 어떤 동물과도 다르게 밤이고 낮이고 가릴 것 없이 짝짓기를 한다. 그리고 이러한 짝짓기에는 상대방의 얼굴, 피부색, 두개골의 대소 등에도 구애받음이 없을 것이다. 아즈텍 문명을 파괴한 스페인의 코르테즈(Cortes)는 철저하게 원주민을 학살하였지만 자기는 원주민 공주를 배우자로 삼았으며 미국에 노예로 팔린 흑인들의 유전자에는 약 20%의 백인 유전자가 섞여 있다. 이러한 인간의 속성을 보건대 대략 6만년 동안 현생 인류와 네안데르탈인들이 순수 혈통을 유지했을 것이라는 것은 너무나 지나친 추측일 것이다. 그러나 실제로 이들은 순수하게 혈통을 유지한 것으로 보여진다. 그러면 어떻게 순수한 혈통을 유지할 수 있었을까?

이러한 가능성에 대해서는 많은 해석이 있다.[18] 첫번째 해석은 현생 인류의 조상과 네안데르탈인은 골격에서는 유사해 보이지만 실제 매우 달랐을 것이라는 것이다. 실제 20여종의 원숭이들의 껍질과 근육을 제거하고 난 후 비교해 볼 경우 서로 매우 비슷하게 생겼다는 것이다. 따라서 이들 사이에는 생리적인 교잡이 근원적으로 불가능하였을 것이다. 두번째 해석은 성기(性器)의 모양이나 생리 주기 등이 달랐을 것이라는 것이다. 세번째 해석은 말과 당나귀가 비슷하게 생겨 교잡이 가능하지만 새끼는 생식 불능인 노새가 생기는 것과 마찬가지로 현생 인류와 네안데르탈인이 교잡했지만 그 후손이 생기지 않았을 것이라는 해석이다. 네번째는 시기적으로 이 두 종족이 전혀 접촉이 없이 따로 생존했을 것이다. 다섯번째로 대량 학살 가능성도 있지만 실제로 이런 일이 일어났음을 입증할 어떤 증거도 없다. 마지막으로 한 집단이 다른 집단에 비해 근소한 경쟁적 우위를 가질 경우에 대해 컴퓨터 모델을 가지고 모의실험을 한 결과 불과 2%의 이익으로 1천년 이내에 열위 집단을 멸종시킬 수 있다는 가능성이 제시되기도 했다. 이러한 여러 가지 이유에 의해 네안데르탈인은 멸종하고 우리의 조상인 현생 인류들은 현재까지 생존하고 번성하였다고 추정한다. 이처럼 현생 인류의 조상들이 네안데르탈인들과의 교잡을 하지 않았다고 하는 가설들에 대한 연구 결과들이 많이 있으며 2012년 발표된 논문에서도 교잡설을 부정하고 있다.[19]

제13장 진화 중인 인류기원론에 대한 성경적 조망

그러나 최근의 다른 증거들에 의하면 50,000년에서 80,000년 전쯤에 현생인류들의 일부, 즉 특정 지역 혹은 고립된 지역에서 네안데르탈인들과의 교잡을 통해 새로운 종족들이 나타났다고 하며, 현대의 서양인들과 아시아인들의 1~4% 범위 내에서 네안데르탈인의 유전자들 가지고 있다는 보고들도 발표 되고 있다.[20] 이러한 교잡의 가능성은 전 세계에 걸쳐 초기 유인원, 네안데르탈인과 현생인류들의 거주 분포 및 이동 경로를 볼 때 좀 더 명확해 보이기도 한다(그림 13-3). 아프리카, 유럽, 중동, 인도 및 동남아시아 지역에 분포하고 있는 초기 유인원들이 오랫동안 거주하고 있었고, 특히 중동과 유럽 지역에 등장했던 네안데르탈인들 분포 지역으로 대략 100,000년 전쯤에 아프리카에서 기원한 현생 인류들이 중동의 홍해를 건너 아시아 및 유럽, 그리고 전 세계로 이동하면서 그 지역에 거주하던 초기 유인원들과 네안데르탈인들을 대체했다는 사실로 볼 때 전혀 교잡을 하지 않았을 것이라고 단정하기에는 너무나 불확실한 것들이 많다. 따라서 이들 종족들 간의 교잡 여부에 대한 명확한 판단은 향후 더 많은 연구 결과들을 통해 규명될 것으로 생각된다.

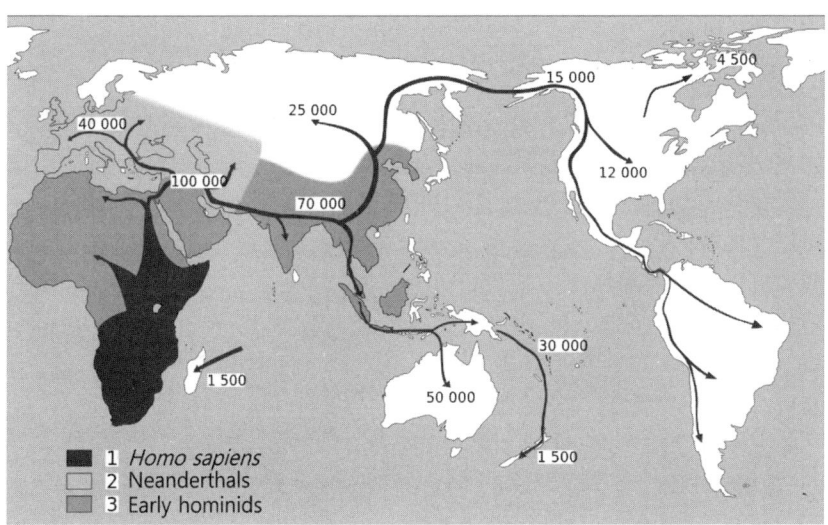

[그림 13-3] 초기 인류 이주 지도 (출처 : G ran Burenhult: Die ersten Menschen, Weltbild Verlag, 2000. ISBN 3-8289-0741-5).

Ⅶ. 연대 해석에 대한 문제

현재 (유)인골의 연대 측정에 사용되는 기술은 여러 가지가 있다. 그 중에서 가장 많이 사용되는 것은 우라늄 반감기, 열발광연대측정법(thermoluminescence dosimeter), 전자스핀공명법(electron spin resonance) 등이다. 우라늄 반감기를 이용한 측정법은 석순(stalagmite) 등과 같은 동굴의 침전물 연대 측정에 많이 사용되고 열발광연대측정법은 동굴의 침전물이나 부싯돌, 전자스핀공명법은 동물의 치아 등의 연대 측정에 많이 사용된다. 이들에 의한 연대 측정은 다소 오차가 있으나 대체로 정확하다고 믿고 있다. 그렇기 때문에 (유)인골 및 이와 함께 발견되는 유물의 연대 측정을 통해 정확한 시기를 판단하고 있다. 그러나 이들 방법에 의해 측정된 연대 해석에 있어서 가장 논란거리가 되었던 것을 하나 소개하면 다음과 같다.[21], [22]

1930년대에 이스라엘의 갈릴리 호수와 지중해 사이에 위치하는 여러 지역인 스쿨(Skhul), 콰제(Qafzeh), 아무드(Amud), 타분(Tabun), 케바라(Kebara) 등에서 (유)인골 등이 발견되었다. 이들 지역이 전체 넓이는 우리나라의 일개 도의 면적에 해당되는 좁은 지역이었다. (유)인골의 형태와 함께 발견된 유물로 보아 스쿨, 콰제에서 발견된 인골은 현생인류의 것이었고 아무드, 타분, 케바라에서 발견된 인골은 네안데르탈인 것으로 추정했다. 즉 약 60,000년 전쯤 네안데르탈인들이 생존하다가 그 후 약 40,000년 전쯤에 현생인류가 등장한다는 것이다. 이러한 견해는 1985년까지 지속되었다. 그러다가 1987-88년에 이들 인골과 유물들에 대해 열발광연대측정법과 전자스핀공명법을 이용한 연대 측정을 하였을 때 콰제에서 발견된 현생 인류의 연대가 120,000년 전으로 측정되었고 나머지는 본래 추정했던 것과 같았다. 즉 120,000년 전쯤에 현생 인류가 그 지역에 존재했는데 그 후 네안데르탈인이 등장하고 다시 현생인류가 등장한다는 해석이었다. 그 후 1988-89년에 더욱 정밀한 전자스핀공명법을 이용하여 인골 주위에서 발견된 유품에 대해 연대를 측정한 결과 스쿨에서 발견된 현생인류의 연대도 120,000년 전으로 측정되었고 또 이제까지 60,000년 전으로 측정되었던 타분의 네안데르탈인 연대도 120,000년 전 이상으로 측정되었다. 다시 말해 120,000년 전에 네안데르탈인이 타분 지역에, 그 인근 지역인 콰제, 스쿨에 현생인류가 비슷한 시기에 공존하였으며 60,000년 전쯤까지 네안데르탈인이 거주했고 40,000년 전쯤에 현대 인류가 이 지역에 거주했다는 매우 혼란스러운 연대 해석이었다. 아주 좁은 지역에 약 80,000년에 걸쳐 아주 다른 두 종족이 겹치면서 살았다는 것을 해석하는 것은 아주 어렵다.

이들이 공존하였든지, 아니면 시기적으로 완전히 서로 분리되어 살았든지, 아니면 연대 측정에 문제가 있을 것이다. 특히 이들 지역의 유물의 연대 측정 기록을 보아도 현재 (유)인골의 연대 측정에 사용되는 방법들에 대해 신뢰성을 갖기에는 많은 문제점이 있다는 것을 알 수 있다.

VIII. 인류 창조론과 유사한 아프리카 인류기원모델

이상으로 인류 진화론자들의 인류 진화에 대한 가설들을 간략히 살펴보았다. 현존하는 인류진화론자의 거장으로 불리는 리처드 리키는 최근의 그의 저서에서 인류 진화설에 대해 이렇게 말한다.[23]

"혼란스러울 만큼 많은 정보에도 불구하고, 현대인의 기원에 얽힌 가장 중요한 문제는 여전히 해결되지 않은 상태이다. 그러나 나의 느낌으로는 다지역모델이 사실로 밝혀질 가능성은 희박한 것 같다. 나는 현대형 호모 사피엔스가 아프리카의 어딘가에서 불연속적인 진화를 통해 등장했으리라 생각한다. 그러나 한편으로 이들 최초의 현대인의 후손이 유라시아로 퍼져나가 그곳의 사람 집단과 교잡했을 가능성도 배제하지 않는다."

인류 화석 연구에 인생을 바친 그는 아프리카기원모델에 승리의 손을 들어주고 있다. 그렇지만 아직도 확실한 결론을 내리기에는 불확실한 것들이 너무나 많다는 것이 인류진화론자들의 결론이다.

우리 창조론자들은 인류진화론자들의 여러 주장 중 관심을 가져야 할 것이 바로 아프리카기원모델이다. 이들이 사용한 명칭이 성경에서 말하는 우리의 조상 하와(Eve)와 아담(Adam)과 같지만 그 의미하는 바는 너무나 다르다는 것은 우리가 아는 사실이다. 그러나 그들이 말하는 '이브'와 '아담'이 어떤 이유인지 모르나 아프리카의 어느 초원에서 살던 지역을 떠나 중동 지방을 거쳐 유럽과 아시아로 이주했다는 것은 아담과 하와가 범죄함으로 말미암아 홍수 이전의 에덴동산에서 추방되어 다시는 어디론가 떠났다는 성경적 사실과 너무나 유사하다. 즉 인류의 창조, 아담과 이브의 범죄, 에덴 추방이라는 일련의 사건과 그 맥락을 같이한다는 것이 바로 그것이다. 그러나 단적으로 이 두 가지를 바로 접목시키기에는 너무나 큰 틈이 있는데 연대 해석에 대한 문제이다. 인류진화론자들이 주장하는 연대와 성경에서의 연대를 어떻게 해석하는가 하는 것이 장래에 해결해야 할 숙제로 남을 것이다.

각주

1) 양승훈, 창조론 대강좌 (대구: CUP, 1995), 115.
2) 양승훈, ibid, 133.
3) Wolpoff MH, Spuhler JN, Smith FH, Radovcic J, Pope G, Frayer DW, Eckhardt R, and Clark G, "Modern Human Origins," *Science* 241 (1988): 772.
4) Leakey R, *The Origin of Humankind* (Sherina BV, 1994) - 한국어판: 홍현숙 역, *인류의 기원* (서울: 동아출판사, 1995), 113.
5) Cann RL, Stoneking M, and Wilson AC, "Mitochondrial DNA and Human Evolution". *Nature* 325 (1987): 31.
6) Hedges SB, "A Start for Population Genomics,". *Nature* 408 (2000): 652.
7) Ingman M, Kaessmann H, Pääbo S, and Gyllensten, U, "Mitochondrial Genome Variation and the Origin of Modern Humans," *Nature* 408 (2000): 708.
8) "The Search for Adam and Eve,". *Newsweek* 11 January 1988, 46.
9) Vigilant L, Pennington R, Harpending H, Kocher TD, and Wilson AC, "Mitochondrial DNA Sequences in Single Hairs from a Southern African Population," *Proc Natl Acad Sci USA* 86 (1989): 9350.
10) Goldstein DB, Linares AR, Cavalli-Sforza L, and Feldman MW, "Genetic Absolute Dating Based on Microsatellites and the Origin of Modern Humans," *Proc Natl Acad Sci USA* 92 (1995): 6723.

11) Gibbons A, "Pleistocene Population Explosions," *Science* 262 (1993): 27.
12) Dorit RL, Akashi H, and Gilbert W, "Absence of Polymorphism at the ZFY Locus on the Human Y Chromosome," *Science* 268 (1995): 1183.
13) Hammer MF, "A Recent Common Ancestry for Human Y Chromosomes," *Nature* 378 (1995): 376.
14) Whitfield LS, Sulston JE, and Goodfellow PN, "Sequence Variation of the Human Y Chromosome," (1995) *Nature* 378 (1995): 379.
15) "아담을 찾았다," *주간조선* 1995, 12. 14. 61면.
16) Scholz CA, Johnson TC, Cohen AS, King JW, Peck JA, Overpeck JT, Talbot MR, Brown ET, Kalindekafe L, Amoako PY, Lyons RP, Shanahan TM, Castañeda IS, Heil CW, Forman SL, McHargue LR, Beuning KR, Gomez J, and Pierson J, "East African Megadroughts between 135 and 75 Thousand Years Ago and Bearing on Early-modern Human Origins," *Proc Natl Acad Sci USA* 104 (2007): 16416.
17) Wood B and Turner A, "Out of Africa and into Asia," *Nature* 378 (1995): 239.
18) Shreeve J, "The Neanderthal Peace," *Discover*, September 1005, 70.
19) Eriksson A and Manica A, "Effect of Ancient Population Structures on the Degree of Polymorphism Shared between Modern Human Populations and Ancient Hominins," *Proc Natl Acad Sci USA* 109 (2012): 13956.
20) Richard E. Green, et al. "A Draft Sequence of the Neandertal Genome". Science 328 (2010): 710.
21) Stringer CB, "The Emergence of Modern Humans," *Scientific American*, December 1990, 98.
22) Bar-Yosef O and Vandermeersch B, "Modern Humans in the Levant," *Scientific American*, April 1993, 94.
23) Leakey R, ibid, 137.

양승훈
밴쿠버기독교세계관대학원

양승훈은 경북대 사대(B.S.), KAIST 물리학과(M.S., Ph.D.), 위스콘신 대학 과학사학과(M.A.), 위튼대학 신학과(M.A.)에서 공부했으며, 국제 이론물리학센터 파견학자(이탈리아), 한국과학재단 포스트닥(Univ. of Chicago)과 경북대 사대 물리교육과 교수를 거쳐(1983-1997) 현재는 밴쿠버기독교세계관대학원(VIEW) 교수 및 원장으로(1997-) 재임하고 있다. 〈진화는 과학적 사실인가?〉(공저, 1981), 〈예수님이 주인 되시는 새로운 대학〉(1993), 〈창조론 대강좌〉(1996), 〈그리스도인으로 공부를 한다는 것은〉(2010), 〈창조론 탐구학습〉(2010) 등 30여권의 저서를 출간했으며, 근래에는 지난 24년간 집중해 오던 〈창조론 대강좌〉 시리즈(7권) 탈고에 집중하고 있는데 현재까지 〈다중격변창조론〉, 〈생명의 기원과 외계생명체〉, 〈창조와 진화〉 등 1, 2, 3권을 출간하였고, 나머지 책들도 준비 중이다. 2007년 8월, 조덕영 박사와 더불어 "창조론 오픈포럼"을 창설하여 공동대표 및 〈창조론 오픈포럼〉 공동 편집장을 맡고 있으며, 2010년 8월부터는 Trinity Western 대학에서 모이는 쥬빌리 채플의 설교자로도 봉사하고 있다.

생명과 인류 창조

제14장 UFO 신드롬, 그 영적인 실체

여러 해 전 우리나라에서도 스필버그가 감독한 「ET(The Extra-terrestrial: 외계 생명체)」라는 영화가 엄청난 관객을 모았다. 또한 국내외의 몇몇 단체들은 UFO(Unidentified Flying Object: 미확인 비행물체)가 실재할 뿐 아니라 한 걸음 더 나아가 오래 전부터 우주인들이 지구를 방문하고 있다는 주장을 하고 있다. 수년 전에는 〈영남일보〉 사진 기자가 가을 풍경을 스케치하기 위해 강원도 어느 시골집에 있다가 우연히 기와지붕 위로 번쩍거리며 날아가는 UFO를 촬영하는 데 성공했다면서 매스컴을 떠들썩하게 한 적이 있었다. 이 외에도 여러 대중매체들은 외계 생명체에 관한 기사를 통해 사람들의 호기심을 자극하고 있다.

이런 외계 생명에 대한 보도들에 대해 일부 기독교인들은 외계인의 존재가 기독교의 근본 교리에 대한 도전인 것처럼 심각하게 생각하고 있는가 하면 어떤 사람들은 에스겔서와 계시록의 기록을 근거로 UFO를 타고 온 외계인은 엘로힘, 즉 하나님이라고 주장하는 사람들조차 있다. 그런가 하면 자칭 "외계인 신학자"라고 주장하는 사람들도 있다. 과연 UFO와 외계인은 존재하는가? 도대체 UFO 신드롬이 확산되고 있는 이유는 무엇인가?

I. UFO 신드롬[1]

외계 생명체를 찾으려는 노력은 비단 유관 분야에서 연구하는 과학자들에만 국한된 것이 아니다. 근래에 들어 우리나라에서는 외계인 혹은 UFO에 대한 관심이 사회 전반에 널리 퍼져 있음을 볼 수 있다. 이제는 UFO에 대한 관심이 이 시대의 한 문화적 현상으로까지 자리를 잡아가고 있다는 느낌이 들 정도이다. 외계인을 의미하는 "E.T.(The Extra-terrestrial)"라는 영화가 공전의 흥행기록을 세웠고, 외계인의 침입을 다룬 "인디펜던스 데이(Independence Day)"나 "맨인블랙(Man in Black)" 등의 영화도 흥행에 크게 성공하였다. 일본에서는 UFO 정당이 생기는가 하면 UFO를 믿는 사람들의 정착촌도 생겼으며 자칭 외계인이라는 사람들이 일본 공영방송에 수시로 등장하고 있다. 이에 더하여 십수 년 전부터는 국내에서도 "국제라엘리안 협회"와 같은 UFO 숭배자들이 활발한 활동을 하고 있다.[2]

UFO에 대한 최초의 보고는 19세기 말부터 있었다. 그 후에도 끊임없이 UFO에 대한 보고가 있었지만 근래에 와서 UFO 현상은 놀라운 마력으로 사람들을 끌어들이고 있다. 미국인들의 47%가 외계인의 존재를 믿고 있다는 보도도 나오고 있다. 특히 요즘 UFO 현상은 다분히 영적, 종교적 특성을 띠어가고 있기 때문에 그리스도인들에게 특별한 경각심을 불러일으키고 있다. 여러 해 전 미국 산디에고에서 일어났던 "천국의 문"이라는 UFO 숭배자들의 집단자살은 이의 단적인 한 예라고 할 수 있다. 아래에서는 이러한 UFO 신드롬이 일어나는 배경에 대한 배경을 살펴보고 이에 대한 그리스도인들의 대응을 모색해 보고자 한다.

그러면 왜 근래에 UFO와 외계인에 대한 관심이 갑작스럽게 증가했을까?

지난 세기 말에 UFO와 외계인에 대한 관심이 급속도로 확산되었던 한 가지 이유로서는 세기말적, 천년기말적 불안 심리를 들 수 있다. 수년 전의 일이긴 하지만 종말에 대한 많은 예언들이 인류의 종말을 서기 2000년 전후로 잡고 있었다. 16세기 점성가 노스트라다무스는 1999년 7월을 운명의 날로 예언했으며, 이집트 피라미드에서는 2000년 5월 5일을 인류 최후의 날이라고 하였다. "사해문서(Dead Sea Scroll)"에는 2001년에 남미 대륙이 침몰하면서 지구의 대재앙이 닥칠 것이라는 예언이 있다는 사람들도 있다.[3]

UFO에 대한 관심은 종말에 대한 위기감 속에서 나온 것이라고 볼 수 있다. 국내 UFO 연구가인 김진영 등은 "지금 세기말의 상황은 환경과 영혼의 황폐로 얼룩져 있다. 수천 년 간 인류가 의지했던 신앙과 가치관이 의심받고 여지없이 붕괴하고 있다. 그렇다고 과학이 결코 신의 지위를 대신하기에는 윤리성이 너무나 결핍되어 과학 기술 자체가 영적 각성을 저해하고 있다.… 인간 자신이 지금이라도 각성하여 정신과 영혼의 대도약을 시도하지 않는 한 파멸의 위기를 겪은 뒤 그들(우주인들)에 의해 구원될지도 모른다고 지은이는 생각하고 있다…" 그는 이어 우주에는 "우리와 같은 사고방식을 소유한 인류가 있으며, 따라서 탐욕과 사악한 이기심으로 얼룩져서 마침내 대파멸을 자초할지 모르는 이 세기말의 위기를 벗어나며 영적으로 그들[우주인들]과 같도록 거듭나자고…" 촉구하고 있다.[4]

둘째, UFO 현상의 확산은 신화에 대한 현대인들의 욕구가 발로된 것이라고 할 수 있다. 오늘날 UFO는 일종의 "인식론적 블랙홀(epistemological blackhole)"의 역할을 하고 있다. 합리적 논증에 근거한 현대주의적(modern) 사고로 설명할 수 없는 것들을 후기현대주의적(post-modern) 사고로 해결하려는 시도와 유사하다고나 할까? 많은 UFO 신봉자들은 신비하고 현대과학으로 설명할 수 없는 현상들은 모두 UFO 탓으로 돌린다. 그들에게 있어서 UFO는 신비한 현상들을 설명하는 블랙홀인 것처럼 보인다. 뭔가 신비한 것이 있으면 그것은 UFO 때문이라고 말한다. 대중들에게 있어서 블랙홀은 신비의 대상이며 그래서 스위스 심리학자 융은 UFO에 대한 대중들의 관심을 "현대인의 신화"라고 불렀다.[5] 그는 UFO는 신화에 대한 현대인들의 잠재적 욕구가 과학으로 포장되어 나타난 것이라고 하였다.[6] 스필버그가 감독한 "ET"라는 영화가 대단한 흥행기록을 세운 것도 이러한 맥락에서 이해될 수 있을 것이다.[7]

셋째, 매스컴의 상업주의를 들 수 있다. 현대 사회의 매스컴은 사회적 책임보다는 이윤추구에 눈이 멀어 대중의 호기심을 끌만하다고 생각되는 것은 자세한 검증을 거치지도 않은 채 무차별 보도하는 경향이 있다. 언론들은 UFO 관련 사실의 진위 여부는 차치하고 그러한 주제 자체가 대중적인 인기를 끌 수 있다는 이유만으로 보도 경쟁을 한다. 사회적 물의를 일으키는 보도야말로 상업적 성공의 지름길이라고 생각하는 매체들이 있는 한 대중적 인기에 영합한 무분별한 보도는 계속될 것이다. 이것은 마치 도색 잡지들이 유명 인사나 연예인들로부터 명예훼손이나 사생활 침해로 소송을 당하게 되면 소송비용보다 더 많은 수익을 올리기 때문에 일부러 다른 사람의 누드를 불법 개재하는 것과 흡사하다.

넷째, 미항공우주국(NASA)과 같이 정부 출연 연구기관들이 정부의 지원을 끌어내기 위해 여론 환기용으로 UFO 현상을 간접적으로 이용하고 있음을 들 수 있다. 비슷한 예로는 뒤에서 언급할 NASA의 화성운석 소동을 들 수 있다. 이것은 화성에서 왔다고 추정되는 운석에 생명체 존재의 흔적이 될 만한 것이 있다고 보도함으로써 우주탐사에 대한 국민들의 관심을 불러일으키고, 나아가 정부로부터 예산을 확보하려는 고도의 전략이다. UFO 신드롬의 이면에는 납세자들의 관심을 불러일으켜 정부나 여타 공공 기관으로부터 탐사 예산을 확보하려는 전략이 있다.

다섯째, 미국과 구 소련 간의 우주 탐사의 시작을 들 수 있다. 좀 오래된 얘기이기는 하지만 UFO 신드롬은 다분히 미국과 구소련 간에 시작된 외계 탐험 경쟁과 무관하지 않은 것으로 보인다. 1957년 10월 4일, 소련의 첫 인공위성 스푸트니크 1호가 발사되었고, 그 이듬해에는 미국의 익스플로러 1호가 발사됨으로써 바야흐로 세계는 우주 탐사의 시대로 접어들게 되었고, 자연스럽게 외계에 대한 사람들의 관심도 증가하였다. 특히 인공위성 기술은 곧 바로 대륙간 유도탄과 같은 군사적 기술로 쉽게 전용될 수 있기 때문에 극도의 보안조치가 취해졌다. 일반인들의 접근이 불가능해지자 삼류 매스컴들을 중심으로 인공위성 기술을 둘러싼 온갖 억측과 추리가 난무했다. 이런 가운데 UFO는 미소의 비밀병기일 것이라는 추리도 나온 것이다.

제14장 UFO 신드롬, 그 영적인 실체

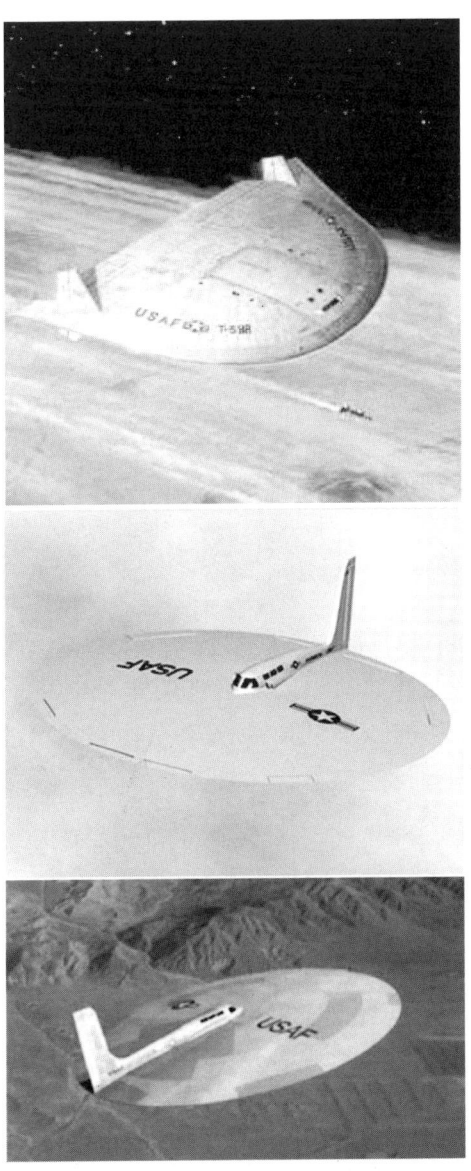

[그림 14-1] 앞의 그림은 1960년대부터 미군이 비밀리에 개발했던 비행접시형 핵폭격기, 위는 Tom Freemans이 〈Popular Mechanisc〉를 위해 그린 그림이고, 이 페이지의 둘은 러시아 일간지 프라우다(Pravda) 에 실린 상상도이다.

303

실제로 미국은 1960년대부터 비밀리에 UFO 형태의 폭격기를 개발했다. 러시아의 프라우다(Pravda)에 소개된 이 비행선은 렌즈형 대기권 재진입기 (Lenticular Reentry Vehicle, LRV)라 불리며, 1960년대부터 미군이 비밀리에 개발했던 핵폭격기이다. LRV에서 가장 눈에 띄는 점은 직경 12m 너비의 비행접시 모양이라는 것이다.

LRV는 고도 480km 우주 공간에서 핵폭탄을 투하해 적국을 초토화시킬 목적으로 개발되었으며, 1990년대 후반, 관련 문서가 비밀 해제 되면서 그 존재가 세상에 알려졌다. LRV는 냉전기간 중에 방위 산업체인 북미항공사 (North American Aviation)가 라이트-패터슨 공군기지(Wright-Patterson Air Force Base in Dayton, Ohio)의 주문을 받아 개발했던 핵탄두 발사 시스템이었다.8) 이 프로젝트는 1962년에 기밀로 분류된 후 소문으로만 나돌았는데 1999년 12월 28일에 기밀해제가 되면서 북미항공사 LA 지사의 오베르토 (R.J. Oberto)가 그 전모를 밝혔다.9)

오베르토에 의하면 접시를 절반 쪼개놓은 듯한 LRV의 넓이는 12m의 크기이며, 후미는 평평한 모양이다. 로켓 엔진으로 추진되는 LRV는 4명의 승무원이 6주 동안 지구궤도에 머물 수 있도록 설계되었으며, 비행기의 동력은 핵발전에서 얻는 것으로 되어 있었다.

이 LRV로 인해 UFO는 미국과 구소련의 비밀병기라고 주장하는 사람들이 나타나게 되었다. 미군은 공식적으로 비행접시형 핵폭격기의 개발을 포기했다고 하지만 여전히 믿지 않는 이들이 있다. 그들은 이 폭격기는 실제 제작되어 하늘을 날고 있으며, 미확인비행물체 목격자들의 눈에 들어온 것도 실은 이 폭격기라고 주장한다.

그러나 공개된 설계를 통해 볼 수 있는 바는 LRV의 비행 패턴이나 특성이 흔히 보고되는 UFO와는 전혀 다르다. 흔히 보고되는 UFO는 속도가 매우 빠르고 갑작스럽게 속도나 방향을 변화시킨다고 하는데 LRV는 전혀 그렇지 않다. 오히려 LRV는 1960년대에 많이 사용되었던 캡슐형 표준 우주선 모양과 흡사하다. 그러므로 UFO가 미국과 구소련의 비밀병기라는 얘기는 전혀 근거가 없다.

Ⅱ. UFO의 분류

그러면 지금까지 많은 사람들에 의해 보고된 UFO 목격은 과연 믿을 만한 것인가? UFO에 대한 초기 연구는 대부분 아마추어들에 의한 연구였다. 그러다가 물리학자나 천문학자 등 전문학자들이 참여하면서 UFO에 대한 믿을만한 결과들이 보고되기 시작하였다. 대표적인 학자들로는 UFO 연구센터(The Center for UFO Studies)의 공동 창립자인 하이네크(J. Allen Hynek)와 발레(Jacques Vallee), 스탠포드대학의 스터록(Peter Sturrock) 교수 등을 들 수 있다.

통계적으로 UFO 목격담의 95% 이상은 일상적인 자연 현상을 잘못 본 것이거나 착시에 의한 것으로 설명이 가능하다. 이들은 IFO, 즉 "확인 가능한 비행물체(Identifiable Flying Object)"였다. 오하이오주립대학(Ohio State University) 천문학부 교수와 노스웨스턴대학(Northwestern University) 천문학부 부장을 거치면서 미 공군의 UFO 탐사 프로젝트 블루 북(Project Blue Book)의 고문이었던 하이네크 박사는 이러한 착시들을 야간 불빛들(nocturnal lights), 주간의 원반체(daylight discs), 근접 만남에 의한 물리적 영향, 레이더에 의한 포착 등 여섯 가지로 분류, 발표한 적이 있다.[10]

하이네크는 UFO와의 "근접 조우(Close Encounter)"를 처음에는 세 가지로, 그러나 후에 훨씬 더 다양한 근접조우들이 보고되면서 다섯 종류로 확대 분류하였다. 첫째, 근접 목격(CE-1), 둘째, 주변 환경에 대한 물리적인 영향을 목격(CE-2), 셋째, UFO 존재들과의 접촉(CE-3), 넷째, UFO 존재들에 의한 납치(CE-4), 다섯째, 영구적인 신체적 상해나 죽음(CE-5) 등이다.[11]

하이네크는 거리에 따른 UFO 목격도 세분하였다. 즉 UFO 목격이 이루어진 거리를 기준으로 150m보다 가까운 데서 목격한 근거리 목격과 150m보다 먼 곳에서 목격한 원거리 목격으로 나누었다. 그리고 각각을 세 개의 범주로 나누어 UFO 목격을 총 여섯 개의 범주로 나누었다.[12]

원거리 목격의 경우를 보면 (1) 우선 야간 불빛이다. 어두운 밤하늘에서 불빛의 광도와 컬러가 갑자기 변하거나 불빛의 방향과 속도가 갑자기 변하게 되면 UFO로 착각할 수 있다는 것이다. (2) 다음에는 낮에 하늘을 배경으로 물체가 멀리 떨어져 있으면 UFO로 착각할 수 있다고 하였다. (3) 또한 레이더로 관측된 경우를 생각해 볼 수 있다. 그러나 레이더는 여러 가지 자연현상으로 인해 잘못된 상을 보여줄 수 있기 때문에 레이더와 육안 관측이 동시에 이루어진 경우가 아니라면 믿을 수가 없다.

근거리 목격의 경우를 보면 (1) 첫째 UFO 현상과 환경 사이에 어떤 물리적 상호작용도 없이 단지 관측만 된 경우이다. (2) 다음에는 나무들이 그을리거나 옆으로 눕거나 나무 가지가 부러지거나 동물들이 공포에 질리거나 자동차 전조등이 꺼지거나 엔진이 멈추거나 라디오가 꺼지는 등의 현상이 나타나는 경우이다. (3) UFO에 타고 있는 외계인이나 UFO 바깥에 나와서 돌아다니고 있는 외계인을 보았다고 하는 경우 등이다. 그러나 하이네크는 외계인들(occupants)과 어떤 형태로든지 의사소통을 했다고 하는 사람들은 예외 없이 유사종교적 광신자들(pseudo-religious fanatics)이라고 지적했다.

Ⅲ. UFO 목격담은 믿을 만한가?

실제로 착시로 인한 다양한 UFO 현상이 보고되고 있다. 필자도 그런 경험을 한 적이 있다. 여러 해 전 필자가 경부선 열차를 타고 서울로 가던 중 해질 무렵 수원 인근을 지날 때 여객기가 산 위에 낮게 뜬 채 김포공항에 착륙 준비를 하고 있었다. 필자가 움직이고 있었기 때문에 비행기는 움직이지 않는 듯이 보였으며, 멀리 옆에서 보았기 때문에 비행기의 날개가 보이지 않아 여객기는 영락없는 UFO였다. 그러다가 비행기가 달리던 방향을 바꾸면서 갑자기 움직이기 시작하는 듯이 보였다. 실제로 로켓이나 항공기들, 기상 관측용 기구나 풍선, 특히 목격자의 정면으로 나아오는 초음속 전투기 등이 UFO로 오인된 적이 있었다.

또한 지표면으로부터의 고도에 따라 공기의 온도가 다를 때 빛의 반사, 빛이 공기 중의 안개, 아지랑이, 물방울 같은 공기와 굴절률이 다른 매질을 통과하면서 일으키는 굴절 현상, 대형 빌딩, 기차, 자동차의 유리에서 빛이

제14장 UFO 신드롬, 그 영적인 실체

반사될 때도 UFO로 오인할 수 있다. 또한 렌즈구름이나 소용돌이 구름, 유성이나 운석, 구름 위에서 움직이는 달이나 별들, 맑은 날 산등성이 위로 막 떠오르기 시작하는 만월, 천둥, 번개 등의 기상현상, 공동묘지 부근의 황린(黃燐)에 의한 발광이나 오래된 늪지나 썩은 고목에서 서식하는 발광 박테리아 등도 자주 UFO로 오인된다.13)

근래 영국 국립문헌보관소도 수십 년 간 보관해 오던 UFO에 대한 비밀문서를 공개했는데 이 보고서 역시 대부분의 UFO 목격담이 시각적 착시(錯視), 날씨 문제, 다른 비행체를 오해한 것이라고 분석했다.14) 즉, 정부가 외계인과 UFO의 존재를 국민들에게 숨기고 있다는 식의 인기 TV 드라마 'X파일' 같은 '음모론(conspiracy theory)'이 허구라는 얘기다. 영국 국립문헌보관소가 공개한 비밀문서는 1978년부터 2002년 사이에 보고된, 일반인들의 UFO 목격담을 담고 있다. 이 보고서에는 1986년 당시 찰스 왕세자를 태운 영국 공군기가 UFO에서 나온 빛에 휩싸여 공군기 조종사들이 무기력증에 빠진 적이 있다는 신문기사까지 포함돼 있다.15)

다음으로 세계 인구 중 약 1% 정도가 정신분열증세를 가지고 있다는 의학적 통계도 UFO 현상을 해석하는 데 참고해야 할 사항이다. 사회학자이자 정신분석학자인 에리히 프롬에 의하면 현대에 들어와 과학과 기술이 점점 발달함에 따라 인간 소외현상이 점점 더 심해지고 정신분열증 환자도 증가하고 있다.16) 이처럼 정신분열증 환자가 증가하는 것은 UFO 현상의 증가와 어떤 관계가 있는 것으로 보인다. 때때로 인간의 감각은 불완전하여 정신적으로 불안정한 상태에 있거나 UFO를 보기를 간절히 소원하는 사람들에게는 환영이나 착시가 일어날 수 있는데 특히 정신분열증의 증세가 나타나는 사람들에게 이것은 흔히 볼 수 있는 현상이다. 많은 UFO 목격자들이 일정한 논리적인 틀을 제시하지 못하고 있는 것은 이들의 정신상태와 관련이 있는 것으로 보인다.17)

끝으로 UFO에 대한 직접적인 경험담은 굉장한 상업적 가치가 있기 때문에 의도적으로 조작하는 경우들을 생각해 볼 수 있다. 그런 조작된 경험담일수록 더욱 더 정교하고 그럴 듯하게 보일 때가 많다. 특히 근래 컴퓨터 그래픽 합성이 보편화 되면서 정교한 사기극들이 대중들을 속이는데 성공할 가능성이 점점 높아지고 있다. 실제로 그 동안 진짜 사진으로 받아들여졌던 상당수의 UFO 사진들이 조작 의심을 받고 있다.

Ⅳ. UFO 목격자들

1896년 최초의 신비로운 비행선 목격과 1940년대 중반 미국의 아놀드가 "비행접시"를 목격했다는 보고 이후 지금까지 전 세계적으로 수만 건의 UFO 목격이 보고 되었다. 우리나라에서도 여러 차례 보고 되었으며, 수년 전에는 〈영남일보〉 사진기자도 목격했다고 하면서 사진을 공개한 적이 있다. 어떤 사람은 아예 UFO를 타고 혹성에 다녀왔다고 하는 사람들도 있고 심지어 어떤 사람은 UFO에 탄 외계인들에 의해 강간을 당했다고 하는 사람도 있다. 필자도 국내 주요 장로교단의 목사를 한 사람 만났는데 그는 외계인을 만났으며 UFO를 타고 외계인들의 혹성에 다녀왔다는 얘기를 했다.

아래에서는 시카고 애들러 천문관(Adler Planetarium)에 전시된 내용들을 중심으로 대표적인 몇몇 UFO 목격담들을 소개한다. 하이네크의 분류를 염두에 두고 다양한 UFO 목격자들의 대하여 생각해 보자.

1. 새크라멘토의 불빛

처음으로 UFO를 목격했다는 보고는 비행기나 엔진으로 움직이는 비행선이 등장하기 여러 해 전인 1896년 11월, 캘리포니아에서였다. 처음에는 주도(州都) 새크라멘트 밤하늘에 신비로운 불빛이 있다는 보고가 있었다. 어떤 날 저녁에는 많은 사람들이 이 이상한 불빛을 보기 위해 모여들기도 했다.

이후에도 사람들의 보고는 이어졌다. 어떤 사람들은 이상한 빛만을 본 것이 아니라 그 비행선에 있는 기체백(gas bag)과 곤돌라, 프로펠러, 심지어 승무원까지 보았다는 사람들도 있었다. 그리고 이러한 목격담은 1896년 겨울 내내 계속되었다. 1897년 초에는 텍사스, 네브라스카, 캔사스, 아이오와, 일리노이주에서도 목격자들이 이어졌다. 1897년 4월 11일에는 〈시카고 타임스-헤럴드(Chicago Times-Herald)〉가 시카고 남부의 하이드 공원(Hyde Park) 위를 날아가고 있는 비행선의 그림을 보도하기도 했다.

그러나 그 후 정밀한 조사 결과 사람들이 보고한 이상하고 밝은 불빛은 대부분 별들이나 행성, 별똥별 등 자연 현상을 잘못 본 것이었다. 게다가 비행선과 더불어 승무원까지 보았다는 보고들은 의도적인 사기극이었다. 때때로 이러한 사기극은 신문들이 판매 부수를 늘리기 위해 조작한 것임이 밝혀졌다.

2. 아놀드가 목격한 "비행접시"

새크라멘토의 불빛이 착시와 사기극임이 밝혀지면서 신비한 비행선에 대한 사람들의 관심은 사라져갔다. 그러다가 오늘날 우리가 비행접시라고 생각하는 본격적인 UFO 소동이 시작된 것은 미-소간의 냉전이 한창이던 1940년대 후반이었다. UFO에 대한 최초의 보고는 미국의 아놀드에 의해서였다.[18] 아놀드는 1947년 6월 24일 오후 3시경, 미국 워싱턴주 체할리스(Chehalis) 시(市)를 출발하여 야키마(Yakima) 시(市)를 향해 캐스케이드 산맥(Cascade Mountains)을 넘어가던 중 레이니어산(Mount Rainier) 인근 2700m 상공에서 번쩍이면서 날아가는 아홉 개의 원반 모양의 비행물체를 발견하였다.

지상에 내려와 신문기자들을 만난 아놀드는 그가 본 비행기는 북쪽에서 남쪽으로 향하는 이 비행물체들은 파도치듯 두 줄을 그으면서 날아갔다고 보고했다.[19] 아놀드는 이 비행물체들이 DC-4기의 2/3 정도 크기였으며, 이들이 알려진 인근의 두 산봉우리 사이를 지나가는 시간을 측정해보니 속도가 시속 약 2900km(1800마일) 정도였다고 말했다.[20] 이것은 당시의 어떤 비행기보다도 빠른 속도였다.

아놀드가 보았다는 비행물체는 원반이나 접시 형태가 아니라 반달(crescents) 모양 내지 박쥐(bat) 모양의 물체였다. 그러나 그는 이 이상한 비행물체의 운동을 기자에게 설명하면서 그 물체는 "마치 물 위로 접시를 던졌을 때 물수제비 뜨듯이 날아갔다"고 했다.[21] 그런데 그 설명을 듣던 기자는 비행물체의 운동하는 모습이 접시로 물수제비를 뜨는 것 같았다는 아놀드의 설명을 비행물체의 모습이 접시 같았다는 말로 잘못 듣고 "비행접시(flying saucers)"라는 말을 만들어냈다.

그러나 아놀드의 목격담은 지역 신문인 〈이스트 오레고니언〉(East Oregonian), 싸구려 잡지(pulp magazine)인 〈어메이징 스토리들〉(Amazing Stories) 등을 통해 크게 보도되었다. 이후 그 해 미국에서는 그의 보고 외에도 121건의 UFO 목격 보고가 있었다. 아놀드의 보고로 인해 처음으로 "비행접시 (Flying Dish)"라는 말이 등장했고, 그는 매스컴의 도움을 받아 UFO 바람을 일으키는 방아쇠를 당겼다.22) 그런데 흥미 있는 사실은 최초의 목격자인 아놀드는 반달 모양의 비행물체를 보았다고 했지만 매스컴들이 "비행접시"라고 보도한 후에는 UFO를 목격했다는 사람들은 모두 하나 같이 날아가는 접시 모양의 비행물체를 보았다고 했다.

아놀드가 무엇을 보았는지는 아직까지 확실하지 않지만 그가 보았다는 것은 자연적인 현상으로 설명할 수 있다. 예를 들면 해발 4400m에 이르는 레이니어산(Mountain Rainier)으로부터 바람에 날려 날아가는 눈 조각들이나 렌즈 모양의 구름, 혹은 가까이서 날아가고 있던 펠리칸 등이다. 물론 이런 것들로서는 아놀드가 말한 것과 같이 비행물체가 엄청난 속도로 움직이는 것을 설명할 수는 없다. 그러나 그가 말한 속도는 믿을 만한 장치로 측정한 것이 아니라 공포에 질린 상태에서 눈짐작으로 추산한 것이기 때문에 신빙성이 없다고 할 수 있다. 이런 UFO 착시는 그 후에도 계속되었다.

3. 외계인에 의한 납치?

정신상태가 건전하다고 해도 사람들은 자기가 믿고 싶은 바를 본다는 약점이 있다. "개 눈에 똥만 보인다"는 속담과 같이 일단 UFO에 심취한 사람은 때로는 설명이 분명한 현상들까지 UFO 현상으로 착각하는 경우가 종종 있다. 또한 때로는 심한 두려움으로 인해 착시를 넘어 환상 속의 경험을 실제로 착각하기도 한다. 그 한 예가 바로 미국 뉴햄프셔주에서 일어난 외계인에 의한 납치 소동이었다.

제14장 UFO 신드롬, 그 영적인 실체

1961년 9월, 베티와 바니 힐 부부(Betty and Barney Hill)는 자동차를 몰고 화이트 산맥(White Mountains)을 달리고 있었다. 그 때 그들은 밝은 불빛 하나가 자기들의 차를 따라오고 있는 것을 보았다. 그들이 길 가에 차를 세웠을 때 바니는 인근에 떠 있는 듯이 보이는 하나의 비행물체를 보았고, 그 비행물체의 앞쪽 유리창을 통해 보이는 작은 외계인들을 보았다.

그 후 그들은 예정보다 몇 시간 늦게 집에 돌아왔다. 그런데 흥미롭게도 그들이 비행물체를 목격한 후 집에 돌아올 때까지 운전한 기억이 희미했다. 그 후 베티는 그 이상한 비행물체를 다시 만나는 악몽에 시달리게 되었고 결국 힐씨 부부는 정신분석학자인 사이몬(Benjamin Simon)의 도움을 요청했다. 최면상태에서 힐씨 부부는 그들이 비행물체를 만난 것과 그들이 "작은 회색의 외계인들(little grey aliens)"에게 잡혀가 검사를 받았다는 것을 회상해냈다.

1965년 〈보스톤 트레블러(Boston Traveler)〉의 기자인 럿렐(John Ruttrell)은 힐씨 부부가 UFO 단체들에 제공한 얘기를 근거로 "으스스한 UFO 얘기-그들은 부부를 납치했는가(A UFO Chiller: Did THEY Seize Couple)"라는 기사를 발표했다. 그의 기사는 UPI(United Press Internationals) 통신에 의해 보도되었고 이것은 다시 〈새터데이 리뷰(Saturday Review)〉의 컬럼니스트 풀러(John G. Fuller)의 관심을 끌었다. 풀러는 이 얘기를 기초로 1965년에 이 사건에 관한 얘기를 〈방해받은 여행(The Interrupted Journey)〉이라는 베스트셀러를 발표했다.

9년 후 NBC 방송은 이 이야기를 텔레비전용 영화로 만들었다. 이 영화에서는 존스(James Earl Jones)와 파-손스(Estelle Parsons)가 바니와 베티 부부의 역을 했다. 이 영화는 인기리에 방영되었고 그 후에는 작은 회색의 외계인은 가장 자주 보고 되는 외계인 타입이 되었다.

이렇게 인기리에 영화로까지 방영된 얘기였지만 그러나 실제는 사실과 달랐다. 힐씨 부부가 목격한 그 신비로운 빛은 밝게 빛나는 목성이었다. 힐씨 부부를 치료한 사이몬은 최면상태에서 회상된 납치 기억은 베티의 악

311

몽으로부터 만들어진 일종의 환상이라는 결론을 내렸다. 그는 심리학 학술지를 통해 이 사건을 일시적인 심리학적 정신착란(psychological aberration)이었음을 보고했다.

4. 자모라의 목격

아마 가장 유명한 UFO 얘기의 하나는 1964년 4월 24일, 미국 뉴멕시코 주 소코로(Socorro)의 순찰경찰(patrolman)이었던 자모라(Lonnie Zamora)의 얘기일 것이다. 자모라는 소로코를 통과해서 지나가는 속도위반자를 추적하고 있었는데 그 때 그는 다이너마이트가 터지는 듯한 큰 폭발음을 들었다. 그래서 그는 속도 위반자를 추적하는 것을 그만 두고 그 폭발음의 원인을 조사하기 시작했다. 그는 언덕을 넘어 그 소리가 났던 곳으로 가까이 갔을 때 그는 전복된 차와 그 옆에 점퍼 차림으로 서 있는 두 아이들을 보았다. 그들은 자모라가 가까이 오는 것을 보자 깜짝 놀라는 듯이 보였다. 그런데 좀 더 가까이 가서 보니 그것은 차가 아니었고 네 개의 금속 다리에 의해 지지되고 있는 계란 모양의 물체였다.

자모라가 무전기로 보고하기 위해 차를 멈추자 쿵쿵하는 소리가 들리면서 그 물체의 아래 부분에서 불꽃이 분출되기 시작했다. 자모라는 그것이 곧 폭발할지도 모른다는 두려운 생각이 들어서 차 뒤로 몸을 숨겼으며 그러는 도중에 안경을 잃어버렸다. 그러는 동안 그 물체는 공중으로 떠오른 뒤 인근 산을 넘어 날아가 버렸다.

자모라가 UFO를 본 것은 다른 사람들의 목격과는 달리 구체적인 증거들이 남아있었다. 예를 들면 불에 탄 숲과 그을린 바위, 그리고 그 비행물체가 있었던 흙에 남겨진 네 개의 지지대 자국 등이었다. 공군 조사팀과 개인 UFO 조사자들은 이런 증거들은 "정직하고 믿을 만한(honest and reliable)", 게다가 "상상력이 없는(unimaginative)" 자모라가 일부러 사기를 치기 위해 꾸며낸 것들이 아님은 물론, 다른 자연적, 혹은 인공적 흔적들도 아니라는 결론을 내렸다. 그래서 공군 조사팀은 이것을 "설명할 수 없는(unexplained)" 사건이라는 공식적인 보고서를 제출했다.

어떤 사람들은 자모라가 정교한 사기극을 꾸몄다고 생각하기도 하지만 그의 성품으로 봐서 이것은 별로 가능성이 없는 것으로 보인다. 어떤 사람들은 자모라가 근처에 있는 화이트 샌즈 미사일 실험장(White Sands Missile Range)에서 비밀리에 실험하고 있는 미사일을 본 것이라고 말한다. 자모라가 당시 사람들이 흔히 사용하던 열기구(hot air balloon)를 UFO로 착각했을 거라는 주장이 가장 신빙성이 있는 것으로 생각된다. 일반적으로 열기구의 모양은 계란 모양이며 이륙할 때는 뜨거운 공기를 불어넣기 위해 프로판 가스 불꽃을 분사하기 때문이다.

5. 파스카굴라의 납치극

아마 두 번째로 유명한 외계인에 의한 납치 보고는 1973년 미시시피주의 파스카굴라(Pascagoula)에서 일어난 사건일 것이다. 힉슨(Charles Hickson)과 파커(Calvin Parker)는 파스카굴라강(Pascagoula River) 강변에 있는 데크에서 낚시를 하고 있었다. 그들의 주장에 의하면 그 때 길이 30피트 정도, 높이 8-10피트 정도 되는 풋볼 모양의 물체가 다가왔다. 그리고 그 물체의 문이 열리더니 세 명의 로봇과 흡사한 이상한 모양의 외계인들이 그들을 향해 다가왔다.

힉슨과 파커에 의하면 그들은 약 5피트 정도의 키에 주름이 많고 회색빛을 띠고 있었다. 그들은 벙어리 장갑(mitten)이나 가제 집게(claw)와 같은 손을 갖고 있었다. 눈은 없었고, 얼굴 가운데와 좌우의 코와 귀가 있어야 할 부위는 뽀족하게 튀어나와 있었다.

힉슨과 파커는 그 때 그들은 온 몸이 마비가 되는 듯 꼼짝 할 수가 없었으며, 그대로 우주선 내로 운반되었다고 했다. 그리고 그들은 그곳에서 여러 가지 검사를 받은 후 풀려났다고 했다.

그러나 파스카굴라 납치 사건을 자세히 조사한 결과 이것은 완전히 사기극임이 밝혀졌다. 힉슨과 파커는 조사할 때마다 얘기를 다르게 했다. 특히 구체적인 정황을 묻는 질문들에 대해서는 얼렁뚱땅 넘어갔다. 또한 그들이 UFO를 보았다고 하는 장소는 많은 차들이 다니는 고속도로에서 불과

몇 백 피트밖에 떨어지지 않은 곳이었지만 아무도 그것을 본 다른 사람들이 없었다. 힉슨과 파커는 그 후에도 계속 외계인들과 접촉하고 있으며 그들과 수많은 회합을 했다고 하나 모두 믿을 수 있는 근거가 없었다.

6. 벨기에의 "삼각형 불빛"

1989년 11월 29일, 두 명의 벨기에 경찰관은 세 모퉁이에 백색의 불빛을 발하고 가운데는 붉은색 불빛을 발하는 삼각형 모양의 UFO를 목격했다고 보고했다. 그들은 이것을 세 시간 동안이나 보았으며 그 동안 150명의 사람들도 공중에 있는 이 이상한 불빛을 보았다. 비슷한 것을 목격했다는 보고가 그 후에도 몇 달간 계속되었다.

1990년 3월 30-31일 저녁에는 벨기에 국방부는 경찰관들이 보고한 그 이상한 불빛들을 다른 사람들도 보았다는 것에 주목하고 이를 조사하기 두 대의 F-16 전투기를 보냈다. 비행기 조종사들은 별다른 이상한 것을 보지 못했으나 제트기 레이더의 하나에 매우 빨리 움직이는 한 물체가 촬영되었다. 그러나 후에 자세히 조사해 본 결과 그 이상은 물체는 기상 이상으로 인해 장비가 오작동하여 일어난 것임이 밝혀졌다.

그 후 이 이상한 "삼각형 불빛"의 실체는 완전히 밝혀졌다. 이 기간 동안에는 금성이 가장 밝게 빛나며 서쪽 하늘의 낮은 고도에 위치할 때였다. 밝은 행성이나 별들이 지평선 근처에 있을 때 그들은 때때로 서로 다른 불빛을 발하면 여러 개로 보일 수 있다. 여러 가지 정황으로 미루어볼 때 적어도 처음에 보고된 몇몇 목격들은 확실히 금성을 잘못 본 것이었다. 비디오로 촬영된 몇몇 보고들은 가로등을 잘못 본 것이었음도 드러났다.

7. 애리조나의 불빛

1997년 3월 13일 저녁, 미국 애리조나주 피닉스에 살고 있는 수천 명의 사람들은 몇 개의 불빛이 V자와 비슷한 대열을 이루어 하늘을 날고 있는 것을 보았다. 한 그룹의 사람들은 다섯 개의 불빛이 빠르게 움직이고 있는 물체를 보고했고, 다른 그룹의 사람들은 멀리 있는 산등성이에 일곱 개의 불빛이 가만히 떠있는 것을 보았다고 했다. 이것은 곧 바로 경찰과 UFO 연구자들에게 알려졌는데 특히 두 번째 그룹의 불빛은 꽤 오랫동안 가만히 떠 있었기 때문에 많은 사람들이 사진기나 비디오로 촬영하였다. 이것은 곧 매스컴을 통해 전국으로 알려지게 되었다.

그러나 좀 더 자세히 조사해 본 결과 빠르게 움직이는 불빛들은 인근 공군기지에 대형을 이루어 착륙하는 제트 전투기들로부터 나온 것이었음이 밝혀졌다. 그리고 가만히 떠 있는 듯이 보이거나 좀 더 천천히 움직이는 여러 개의 불빛들은 그 비행기들이 군사훈련을 하면서 떨어뜨린 조명탄들(flares)이었다.

V. 로스웰 사건

UFO 현상과 관련된 가장 드라마틱한 사건은 로스웰(Roswell) 사건이라고 할 수 있다. 1947년 6월 14일, 미국 뉴멕시코주 로스웰 북서쪽 120Km 지점에 있는 제이 비 포스터 목장(J.B. Foster sheep ranch)에 어떤 물체가 떨어졌다. 이 목장을 경영하던 브라젤(W.W. "Mac" Brazel)이 이 물체를 발견한 것은 아놀드(Kenneth Arnold)가 최초의 현대적인 첫 UFO 목격을 보고하기 열흘 전의 일이었다. 이 때 떨어진 물질은 "알루미늄과 비슷한" 금속성 포일, 스코치 테이프, 꽃이나 "상형문자" 같은 것이 표시된 다른 테이프들, 나무 막대 등 총 5파운드(2.3Kg) 내외의 물질이었다.

브라젤은 누가 이 쓰레기들을 이곳에 버렸는지, 누구에게 이것들을 청소하라고 해야 할지를 곰곰이 생각하다가 인근에 있는 로스웰 공군기지(Roswell Army Air Field)가 책임이 있을 것이라는 생각했다. 그래서 그는 로스웰 공군기지로 가서 보안관과 공군기지의 담당자들을 만났다.

브라젤의 방문 후 RAAF의 공보장교였던 마르셀(Jesse A. Marcel) 소령은 잔해들을 텍사스 포트 워쓰(Fort Worth)에 있는 제 8 공군(Eighth Air Force) 사령부로 운반하였다. 이들은 명백히 금속성 포일과 고무 등으로 만든 기구(balloon)의 잔해였다. 그런데 마르셀 휘하의 중위 호트(Walter Haut)가 이들을 근래에 떠들썩하고 있는 비행접시와 관련된 것이라고 생각하고 공군이 신비로운 비행원반을 포획했다고 발표했다. 이것은 곧 "RAAF가 로스웰 지역 목장에 떨어진 비행원반을 포획하다(RAAF Captures Flying Saucer on Ranch in Roswell Region)"란 제하의 헤드라인 뉴스로 전 세계에 퍼졌고 RAAF에는 기자들로부터 전화가 빗발쳤다. 예상치 않은 반응에 당황한 공군에서는 기상장교 뉴턴(Irving Newton)과 제 8 공군 사령부의 램시(Roger Ramsey) 준장을 통해 그들이 발견한 것은 일상적인 기상 관측용 기구와 레이더 반사경이라는 정정기사를 발표했다. 이러한 해명은 널리 받아들여졌고, 시간이 지나면서 "로스웰 사건"은 전문 UFO 연구자들의 뇌리에서조차 사라졌다. 그 당시에는 어떤 매스컴에서도 "외계인의 시신(alien bodies)"을 언급하지 않았다.

1. 로스웰 신화의 진실

로스웰 이야기가 다시 수면위로 떠오른 것은 1980년이었다. 이미 1950년경에 사기극으로 기소된 뉴턴(Silas Newton)과 게바우어(Leo GeBauer)가 꾸민 얘기를 언론들이 다시 흥미진진하게 각색하여 발표하였기 때문이다. 이에 의하면 브라젤의 농장에 UFO가 추락했으며 이 때 UFO의 잔해와 4구의 외계인으로 추정되는 시체가 발견되었다고 했다. 그리고 1995년에는 외계인으로 추정되는 시체를 해부하는 필름까지 공개하면서 이것이 진실인 것처럼 선전했다.23)

로스웰 사건은 단순한 호기심의 문제만이 아니었다. 이것을 떠벌린 사람들은 브라젤 농장의 잔해들은 고도의 기술을 가진 외계인 비행선으로부터 수거한 것이라고 하면서 그들은 이 외계인 기술을 이용하여 "유전 탐사기(oil finder)"를 개발했다고 주장하기도 하였다. 그리고 이런 황당한 루머에 속는 어리숙한 여러 투자자들을 모으기도 했다. 그러나 비행접시가 추락했다는 사기극은 이미 많은 사람들에게 알려졌기 때문에 여러 해 동안 UFO 조사자들도 공식적인 제재조치를 취하지 않았다.

그러다가 이 근거 없이 꾸민 얘기가 점점 증폭되자 급기야 미 공군은

제14장 UFO 신드롬, 그 영적인 실체

1994년에 공식적으로 로스웰에서 발견된 잔해는 "프로젝트 모굴(Project Mogul)"이라는 일급기밀의 기구실험 결과임을 발표하였다. 이 실험은 구 소련이 핵실험을 할 때 발생되는 음파를 검출하기 위한 목적으로 이루어진 것이었다. 그리고 외계인 시체와 관련된 루머는 인형을 고공의 기구로부터 떨어뜨린 실험이 왜곡되게 전해진 결과라고 밝혔다.

이처럼 전모가 명백히 밝혀졌음에도 불구하고 일부 UFO 지지자들은 아직까지도 미국 정부가 UFO 잔해와 외계인들의 시체를 보관하고 있다고 주장하면서 이 사건의 전모를 공개하라고 주장한다. 1995년 11월 26일 KBS 1TV가 일요스페셜을 통해 공개한 로스웰 필름은 이 사건의 핵심적 내용을 담고 있다. 그러나 많은 사람들은 이 때 등장한 여러 사진들은 희미하고 필름이 조작되었다는 주장을 하고 있다.

하지만 이 세기적 의문은 무어(Charles Moore) 박사에 의하여 완전히 해명되었다. 1997년 무어 박사 등은 〈로스웰에서의 UFO 추락 : 현대적 신화의 시작〉이란 책을 통해 이 문제를 자세히 밝혔다. 1947년 6월에 수행된 프로젝트 모굴(Project Mogul)의 선임과학자였던 무어는 1992년까지 그 프로젝트에서 수행된 실험의 구체적인 목적을 모르고 있었다. 그러나 후에 그는 자신의 노트와 기록들을 재구성해 보고서야 비로소 로스웰에 떨어진 잔해가 "프로젝트 모굴(Project Mogul)"에서 사용된 특수 임무의 기구(NYU Balloon Flight 4)에서 떨어진 것임을 확인하였다.[24]

당시 기구 코너에는 레이더 추적을 위한 반사경들이 달려있었는데, 이 반사경들은 발사 나무(balsa wood), 스코치 테이프, 뉴욕의 한 장난감 회사가 만든 테이프 등으로 서로 고정되어 있었다. 테이프에는 자주색, 녹색의 꽃무늬 디자인이 있었는데, 우습게도 몇몇 사람들을 이것을 상형문자(hieroglyphics)라고 해석하였다.[25]

2. 로스웰 신화의 탄생과 종말

사실 이러한 미국 공군의 공식적인 발표에 대해 그 후 30여 년 간 아무도 의심을 제기하지 않았다. 그런데 30여 년이 지난 후 사람들의 기억이 희미해지고 관련된 당사자들의 분명한 증언을 확보하기 어렵게 되자 UFO 신봉자들이 초기의 잘못된 발표를 꼬투리 삼아 황당무계한 거짓 시나리오를 만들어 유포하였던 것이다. 그런데 어떻게 그런 거짓말이 전 세계적으로 널리 퍼질 수 있었을까? 이것은 미국 정부의 기밀문건을 다루는 방식과 관련이 있었다.

미국과 소련의 냉전이 시작되던 1947년 당시, 미국 정부는 기밀정보를 분류할 때 1급 비밀(top secret), 2급 비밀(secret), 3급 비밀(confidential)로 나누어 단계마다 필요한 조치를 취했다. 그러나 더 중요한 정보인 경우에는 "구획화된 정보(compartmentalized information)"라고 분류해서 공식적으로 그 정보에 "접근할 필요가 있는(need to know)" 사람들 외에는 접근이 원천적으로 봉쇄된 정보가 있었다. 말할 필요도 없이 그런 정보에 접근하는 사람들의 책임과 이를 위반했을 때의 처벌은 더 가혹한 것이었다. 그러니 이런 것을 연구하는 학자들의 접근은 불가능했고, 이것이 일반인들이 보기에는 정부에서 뭔가 꺼림칙한 것을 숨기고 있는 듯이 보였다.

실제로 이 정보는 당시 냉전 상황 하에서는 매우 예민한 정보였다. 프로젝트 모굴에서 사용한 비행기구는 언뜻 보기에는 평범한 기상관측용 기구였지만 당시 미국 정부는 소련의 핵실험을 감지하기 위해 비밀리에 특수 음향감지 장비를 여기에 탑재하였다. 세간의 여러 의혹들이 제기되었음에도 불구하고 냉전 시대 적국의 군사 실험 정보를 수집하기 위한 실험 장치의 일부였기 때문에 오랫동안 군사 비밀로 분류되어 일반인들에게 공개되지 않았다. 심지어 이 사실은 특급기밀의 "구획화된" 정보로 프로젝트 모굴의 책임자였던 무어 교수조차 자신의 연구 프로젝트의 이름도, 기구에 실린 장치가 무엇을 위한 것임도 몰랐다. RAAF의 호트 중위나 마르셀 소령은 물론 제 8 공군 사령관 램시 준장이나 기상장교 뉴턴도 당시 소련의 핵폭발감지실험을 몰랐을 것이다.[26]

결국 로스웰 사건은 직후에 일어난 최초의 UFO 목격담과 냉전시대 미국의 기밀문서 취급 방법을 교묘하게 활용한 지능적인 사기극이었다고 할 수 있다. 지능적인 사기극에는 반드시 이익을 보는 사람들이 있는가 하면 손해를 보는 사람들이 있다. 그 사건을 미끼로 특종에 목마른 매스컴들은 목을 축이게 되었고, UFO 신봉자들은 자신들의 주장을 세상에 전할 기회를 갖게 되었다. 또한 이 거짓 시나리오를 대서특필해서 매상을 올린 출판사들도 이익을 본 집단이라고 할 수 있다. 하지만 이러한 음모를 몰랐던 대중들은 손해를 본 집단이라고 할 수 있다.

VI. 거짓 정보의 진원지

UFO 추종자들은 한편으로는 과학주의에 흠뻑 젖어있으면서도 또 한편으로는 매우 비과학적인 면이 있는 사람들이다. 이들 중에는 상식보다도 희한한 소식을 더 선호하는 사람들이 많다. 앞에서 언급한 것과 같이 많은 전문 과학자들이나 대중들에게 함부로 얘기할 수 없는 위치의 사람들이 적어도 현재까지는 분명한 UFO의 증거가 없음을 거듭 밝히고 있음에도 불구하고 UFO 추종자들은 이들보다 과학적 권위가 없는 일종의 사이비 과학자들이나 삼류 잡지 기자의 말을 더 신뢰하고 있다.

1. 러복의 불빛들

UFO와 관련된 사기극들은 UFO 보도 역사만큼이나 오래되었다. 1951년, 무더운 여름날 밤, 미국 텍사스주 러복(Lubbock)에서는 몇몇 텍사스 공과대학(Texas Tech) 교수들이 여러 개의 희미한 불빛들이 뚜렷한 편대를 이루지 않고 조용히, 그러나 빠른 속도록 날아가는 가는 것을 목격하였다. 불빛들은 부드럽게 빛나는 청록색을 띠고 있었다. 비슷한 광경은 그 후에도 몇 차례 관찰되었다.

그해 8월 31일, 텍사스 공과대학 1학년생인 하트(Carl Hart)는 다섯 장의 사진을 찍었는데 그는 이 사진들에 찍힌 것들은 러복시 상공을 날아가는 신비한 불빛들이라고 주장했다. 하트의 사진에는 뚜렷하게 편대를 이룬 밝은 불빛이 있었으며, 이 사진들은 러복의 지방 신문에 발표되었다. 이 이야기는 곧 전국적으로 알려지게 되었고 미 공군에서 조사를 하게 되었다.

　미 공군의 조사는 예상 외로 싱겁게 끝났다. 이 조사와 관련하여 결정적인 제보를 한 사람은 텍사스주 브라운스필드(Brownsfield)에 사는 브라이언트(Joe Bryant)였다. 그는 조사관들에게 자기 뒤뜰에 앉아 있을 때 이상한 물체들이 머리 위로 세 차례 지나갔는데 첫 두 비행물체는 러복에서 관측된 것과 거의 비슷한 모습으로 날아갔지만 세 번째 비행물체는 고도를 낮추어 자기 집 상공을 선회하였다고 했다. 그 때 브라이언트는 그 비행물체로부터 새들이 지저귀는 소리를 들었는데 그 소리는 텍사스 지방에서 흔히 볼 수 있는 물떼새(plover)였다!

　그러면 하트가 촬영한 사진은 무엇인가? 하트의 사진들에서 볼 수 있는 비행편대들은 다른 여러 목격자들이 본 러복의 불빛들과는 전혀 달랐다. 결국 이 사진은 하트가 만든 어설픈 사기극으로 판명되었다.

2. 달과 화성에서 온 외계인?

　UFO 현상의 가장 큰 문제점은 이것이 현대 상업주의와 결탁하여 많은 거짓 정보들의 진원지가 되고 있다는 사실이다. 몇 년 전에 워싱턴에서 활동하는 "엔터프라이즈 미션"이라는 단체에서는 외계인이 틀림없이 존재하며 실제로 달 표면에는 그들이 만든 인공구조물이 존재한다고 발표하여 국내에서 UFO 소동을 일으킨 적이 있다. 그러나 달 표면을 손바닥 살피듯 조사하고 있는 NASA 과학자들이나 여타 달에 대한 전문가들 중에 달 표면에 지구에서 보낸 우주선 외에 다른 인공구조물이 있다는 사실을 인정한 사람은 아무도 없다.

　이것은 화성에 대해서도 마찬가지이다. 1960년대까지만 해도 사람들은 화성에 우주선을 보낼 것이라고는 상상도 하지 못했다. 이런 점을 악용하여 화성인들이 우주선을 타고 지구에 왔다는 황당한 주장을 퍼뜨리는 사람들이 있었다. 1965년 5월, 에어로제트 제너럴사(Aerojet General Corporation)에서 미사일 유도장치 장착을 책임지고 있었던 프라이(Daniel W. Fry)는 캘리포니아주 여호수아 나무(Joshua Tree) 근처에서 "팽이처럼 도는(spinning like a top)" 화성인의 UFO를 목격했다고 보고했다. 그는 아래와 같은 멋진 사진까지 제시했다. 그러나 앞에서 언급한 바와 같이 화성에 우주선을 보내고 있는 요즘 과학자들은 화성에는 (잠정적이지만) 우주인은커녕 미생물조차 살지 않는다는 결론을 내렸다. 많은 사람들은 프라이의 주장이 탁월한 기술에 근거한 조작이라고 주장한다.

3. 애덤스키의 UFO 여행

UFO를 목격하였을 뿐 아니라 처음으로 UFO를 타고 외계여행을 하였다고 주장한 애덤스키도 비슷한 거짓말을 한 적이 있다.[27] 그는 폴란드에서 태어났으나 유년 시절에 부모를 따라 미국으로 이민 왔다. 애덤스키는 늘 환상과 철학적 사색을 즐기는 사람이었는데 UFO에 대한 관심을 갖기 이전부터 많은 신비주의적 강연을 하였다. 천체 관측과 사진 촬영에 몰두하던 그는 1946년, 별나라 여행의 염원을 담은 〈우주의 개척자들(Pioneers of Space)〉이라는 공상과학소설을 쓰기도 하였다.

그 해 유명한 캘리포니아주 팔로마산천문대(Mt. Palomar Observatory)로 올라가는 산 중턱에서 햄버거 가게를 하던 중 애덤스키는 UFO를 목격하였으며, 다음 해 8월에는 184대의 UFO가 종대로 8대씩 나란히 비행하는 것을 목격하였다고 한다. 애덤스키는 햄버거 가게 뒤에 작은 천문대를 만들고 집에서 만든 반사망원경을 설치했다. 그는 이 망원경으로 비행접시를 촬영했다고 주장했다. 때때로 그의 가게에는 팔로마산천문대로 가는 천문학자들이 들르기도 했다. 한 천문학자가 신분을 숨기고 애덤스키에게 팔로마산천문대에 있는 천문학자들도 비행접시를 보았느냐고 묻자 그는 의미심장한 미소를 지으며 "그럼요, 그들은 비행접시에 관해서 많이 알고 있습니다(Oh, they know plenty about the saucers)"라고 대답했다.

시간이 지나면서 사람들의 호기심이 폭발적으로 증가해 가자 애덤스키의 목격담도 점점 더 신비감을 다해 갔다. 1952년 11월에는 모하베 사막(Mojave Desert)에 UFO가 착륙하는 것을 목격하였으며, 심지어 그것의 조종사를 만났다고도 했다. 조종사는 금성에서 온 오르톤(Orthon)이라는 남자이며 오르톤과 그의 금성인 동료들은 애덤스키에게 지구인들을 향한 평화의 메시지를 전하고, 지구의 핵무기 실험(atomic testing)에 관한 염려를 전하기 위해 왔다고 했다.

1953년에 발표된 저서 〈비행접시 착륙하다〉(Flying Saucers Have Landed)와 이에 이은 여러 책들로 인해 애덤스키는 외계인 접촉에 관한 가장 영향력 있는 사람이 되었다. 애덤스키는 두 종류의 비행접시가 있다고 했는데 하나는 "정찰선(scout ship)"으로 아래쪽에 세 개의 둥근 분리할 수 있는 칸이 있으며, 다른 하나는 훨씬 더 크고 시가 모양의 우주선으로 정찰선단들의 모선이라고 했다. 애덤스키는 처음으로 "모선(mother ship)"이라는 말을 사용했다.

같은 해 애덤스키는 한 술 더 떠서 화성인과 토성인도 만났다고 했다. 점입가경(漸入佳境)으로 그의 두 번째 저서 〈우주선 안에서(Inside the Spaceships)〉에서 그는 금성인, 화성인, 토성인과 더불어 UFO를 타고 우주여행까지 하였다고 했다. 재미있는 것은 우주여행을 하면서 달 가까이 가 보니 달에는 토양이 비옥하고 무성한 숲도 있었으며 털로 덮인 네 발 짐승도 보았다고 했다. 또한 금성에도 가 보았는데 금성에는 산과 강과 물론 도시들까지 있다는 주장도 하였다.

아마 이런 주장을 요즘에 했다면 백발백중 정신병자 취급을 받았겠지만 그때는 아폴로 우주선은 물론 아직 최초의 인공위성인 스푸트닉 1호도 발사되기 전이었다. 오늘날에는 달은 물론 화성이나 금성, 토성은 푸른 숲이나 네 발 달린 짐승은 고사하고 미생물조차도 살기 어렵다는 것이 너무나 잘 알려져 있다. 다행스럽게도 애덤스키는 인간을 실은 아폴로 11호 우주선이 처음으로 달에 착륙하기 4년 전인 1965년에 세상을 떠났기 때문에 생전에 사기꾼이라는 소리는 듣지 않았다. 만일 애덤스키가 요즘 살았다면 사람들이 조사하기 어려운 시리우스별이나 플레이아데스 성단, 안드로메다 은하 등에서 온 사람을 만났다고 운운했을 것이다.[28]

그러나 애덤스키의 사기극은 오래 가지 않았다. 그의 사기극이 결정적으로 폭로한 것은 1957년, UFO 전문연구가인 모슬리(James W. Moseley)가

쓴 기사였다. 이 기사에서 그는 애덤스키와 그의 동료들을 인터뷰한 후 애덤스키가 의도적으로 여러 차례 거짓 인용(misquote)을 했으며 노골적인 거짓말을 했음을 폭로했다.

4. 황당무계한 주장들

이런 주장을 한 사람은 애덤스키만이 아니었다. 미스 프랑스와 결혼하여 세상을 떠들썩하게 했던 유리마라는 한국인은 자신이 바로 화성인이라고 주장했는데 그는 지금은 이혼하여 프랑스에서 혼자 살고 있다. 이스라엘 출신의 초능력자 유리겔러(Uri Geller)는 자신의 초능력은 수천 광년 떨어진 후바(Hoova)라는 별에서 온 외계인으로부터 받은 것이라고 했으며, 신비주의자 스웨덴보르그는 사람보다 키가 작은 달 사람을 보았다고 했다. 하워드 멘저라는 사람은 금성인, 화성인, 목성인, 토성인을 만났다고 주장했다.

UFO와 관련된 이와 같이 황당무계한 주장은 우주만을 배경으로 한 것이 아니었다. 스위스 태생의 데니컨은 지구상의 온갖 신기한 현상이나 유적은 대부분 외계인들에 의한 것이라고 주장하였다.29) 예를 들면 그는 돌에 해골이 새겨진 마야 문명의 유물을 두고 고대 마야인들이 외계인들의 도움으로 해골의 구조를 수술한 흔적이라는 주장을 하였다. 후에 이것은 민속 공예품을 만드는 페루의 어느 돌 세공업자가 관광객들이 남미의 문명을 신비롭게 생각하는 것에 착안하여 의도적으로 돌에 새겨 넣은 것임이 밝혀졌다. 또한 데니컨은 이집트 피라미드의 거대한 돌을 쌓는 데 필요한 밧줄이 보이지 않는 점에 착안하여 피라미드도 외계인의 도움으로 설계와 건축이 가능했다는 주장을 했다. 그러나 피라미드를 쌓는 데 필요한 밧줄을 사용한 흔적은 기록과 유물에 분명히 남아 있다.30)

혹자는 인류의 최초 문명도 외계인으로부터 유래했다는 주장을 한다. 칼 세이건은 인류 최초의 문명인 수메르 문명을 전파해 준 것은 바로 외계인 오안네스(Oannes)라고 하였다. 오안네스는 지구에서 9.7광년 떨어진 시리우스 별에서 온, 반인반어(半人半魚)의 존재로 고대 수메르인들에게 문명의 기술을 가르쳐 준 문화영웅이라고 하였다. 그러나 이들이 이러한 주장을 하는 이유는 오안네스에 관한 기록이 "실재 여부를 확인할 수 없는 모호한 신화적 존재가 아니라, 분명히 누군가에 의해 목격된 것처럼 그 외모와 역할이 고대 사가들에 의해 명료하게 기술되었다."는 사실 때문이다. 그러나 이러한 이유만으로 고대 문명의 유래를 외계인으로 돌리는 것은 너무나 경솔한 결론으로 보인다.31)

이 외에도 데니컨은 과테말라 팔랑케의 무덤 뚜껑에 새겨진 그림도 UFO가 이륙하는 그림이라는 주장을 하였다. 하지만 실은 이것은 하늘, 땅, 죽음을 나타내는 고대 마야족의 독특한 문자를 이해하지 못한 데서 온 무식의 소치였다. 또한 그는 페루 남쪽 나스카 평원(Nazca Plains)에 있는 이상한 그림을 UFO 모선의 착륙지점과 관련이 있다고 주장했으나 실제로 현장을 조사한 사람들에 의하면 그 장소는 불과 1m 내외밖에 되지 않으며 30여 년 간 나스카 그림을 연구한 독일의 수학자이자 천문학자였던 라이헤(Maria Reiche) 박사는 그것들이 천문 달력과 관련이 있다고 하였다.32)

5. 경기도 고양의 가짜 UFO 사진 파동

2010년 1월 13일, 초등생인 윤현준군(13·경기 고양시 덕양구 화정동 달빛마을)은 경기도 고양 달빛마을에 UFO가 출현했다면서 경향신문사에 제보했다. 그는 "2009년 12월28일 오후 4시4분 36초와 49초에 아파트 20층 집 베란다 유리창 밖 상공에 떠 있는 물체를 어머니의 휴대폰(LG싸이언)으로 찍었다"고 밝혔다. 윤군이 촬영한 물체는 전형적인 UFO(아담스키형)의 모습이다. 좌우대칭형으로 위쪽에는 둥근 돔 형태, 아래는 좌우 2개의 막대형 돌기가 선명하다. 윤군은 "누나 방에서 우연히 베란다 창밖 하늘에 정지된 상태로 떠 있는 작은 크기의 검은색 물체를 발견하고 휴대폰으로 촬영했다"고 설명했다.33)

제14장 UFO 신드롬, 그 영적인 실체

[그림 14-2] 경향신문 인터넷판에 게재된 경기도 고양의 UFO 사진. 불과 며칠만에 조작임이 드러나자 곧 바로 사진을 삭제했다.

경향신문은 지난 8일 윤군의 제보 사진 3장을 입수한 뒤 한국UFO조사분석센터에 정밀분석을 의뢰했다. 분석센터는 사진 분석과 함께 검증, 현장답사 등을 벌였다. 그리고 한국UFO조사분석센터 서종한 소장(51)은 12일 "모든 정황을 분석한 결과 사진이 편집·수정된 것이 아니며, 사진 속 물체도 새나 항공기 등 기존 비행물체일 가능성이 없다"고 확인했다. 그는 이어 "빛 반사의 법칙상 물체의 상단부가 하단부보다 더 밝게 나타나야 하는데 이 경우는 반대"라며 "이는 빛 반사의 법칙과 무관하게 작용하는 어떤 현상으로 볼 수 있다"고 말했다. 또 "만약 그래픽으로 조작을 했다면 상단부가 밝게 나오게 된다"고 설명했다.

이렇게 세상을 떠들썩하게 했던 UFO 사진이었지만 불과 수일 만에 조작이었음이 드러났다. 그것도 전문가가 사진을 다시 정밀 분석해서 조작임이 밝혀낸 것이 아니라 사진을 찍은 초등학생이 아버지에게 이실직고했고, 그 아버지가 이 사실을 KBS에 제보해서 알려진 것이라고 한다. 이 사건은 UFO 조사분석센터라는 곳이 전혀 UFO 사진 분석과 무관한 곳이든지, 아니면 단지 일방적으로 UFO를 선전하기 위한 곳이든지 둘 중의 하나가 아닌가 생각된다. 이번에 문제가 된 사진은 UFO 그림을 유리에 붙여서 디지털카메라로 찍은 것이라고 한다. 전문가라는 사람이 그런 엉성한 모조품도 가려내지 못하니 이번 사건은 UFO 연구가 다른 과학적 연구와는 전혀 다른 모티브로 이루어지고 있음을 보여주고 있다.

VII. 정치와 UFO

UFO 신드롬은 정치권과도 관련이 있다. 과학자는 아니지만 UFO와 관련하여 언급할 필요가 있는 사람은 지미 카터(Jimmy Carter), 전 미국 대통령이다.34) 1969년 조지아주 리어리 지역에서 UFO로 추정되는 물체를 직접 본 적이 있는 카터는 1976년 가을 민주당 대통령 후보가 되었을 때 UFO와 관련된 정부문서를 모두 공개하겠다는 것을 선거공약으로 제시하였다. 실제로 그는 대통령이 되었을 때 정보자유화법에 의해 UFO와 관련하여 미국 정부가 보유하고 있는 비밀문서들을 공개하였다. 물론 이 내용들은 UFO 추종자들의 욕구를 충족시킬 수 있는 수준의 것이 아니었다. 그래서 그들은 미국 정부가 은폐하고 있는 사실이 있다고 주장하고 있다. 그러나 독실한 기독교인으로서 도덕 및 인권 정치를 외쳤던 카터 대통령이 대통령 선거공약으로 제시한 것이니 만큼 그의 재임 중에 밝혀진 UFO 관련 문서는 미국 정부가 보유하고 있는 주요한 정보를 담고 있다고 보는 것이 타당하다.

카터 외에도 전 미국 대통령이었던 포드(Gerald Ford), 레이건(Ronald Reagan), 머큐리 우주인이었던 쿠퍼(Gordon Cooper), 러시아 우주비행사 파포비치(Pavel Papovich), 영국의 오성장군 고 노튼(Lord Hill Norton) 등도 UFO를 목격한 주요 인사들 중의 일부이다. 특히 NASA 부소장이었던 폰 브라운(Werner von Brown) 박사나 아폴로 우주인들 중에는 독실한 기독교 신자들이 많았다. 아마 UFO를 목격할 수 있는 가능성을 생각한다면 이들보다 더 좋은 위치에 있는 사람들이 없을 것이다. 그러나 그들은 어디에서도 자신들이 일생동안 의심할 나위 없이 UFO라고 생각되는 것을 관측했다는 보고를 한 적이 없다.

미국 이외에도 구 소련이나 영국, 프랑스 등에서도 50여 회 이상 외계인 탐사작업을 실시하였지만 외계생명체나 UFO가 존재한다는 것을 확인하지 못했다. 중증 장애인이면서 천체물리학과 우주론에서 탁월한 업적을 내고 있는 영국의 스티븐 호킹 박사도 UFO가 우주로부터 온 생명체와 관련이 있다는 주장은 받아들일 수 없음을 분명히 하고 있다.[35]

이처럼 지금까지의 부정적인 연구 결과에도 불구하고 UFO 열기는 사라지지 않고 있다. 특히 유명한 영화 제작자인 폭스(James Fox)가 UFO 현상에 대해 철저하게 조사한 TV 다큐멘터리 〈Out of the Blue〉 5주년을 맞아 재출시 하면서, 그리고 "9.11. 테러 이후 기존의 비행기나 헬리콥터 등이 아닌 레이더 신호들을 더 이상 무시할 수 없다"는 현실적인 이유 때문에 UFO 열기는 다시 달아오르고 있다. 2007년 11월 12일, 워싱턴 DC NPC(National Press Club)에서는 UFO와 관련된 정치, 군사 지도자들이 모여서 회의를 했다. 사회를 맡은 전 애리조나 주지사 시밍톤(Fife Symington)을 비롯하여 7개국으로부터 여러 정부, 군사, 항공 분야의 고위 전문가들이 모였다. 이 회의의 패널리스트들은 모두 자신이 직접 UFO를 목격했거나 공식적 혹은 비공식적으로 UFO 탐사에 참가한 사람들이었다. 하지만 이들 역시 UFO에 대한 어떤 분명한 결론도 내리지 못하고 있다.[36]

이처럼 많은 전문 인력과 돈을 투입하여 조사한 연구에서 아직까지 UFO에 대한 분명한 긍정을 하지 않고 있는 현실을 생각하면서 미국 캘리포니아대학의 프랭크 디플러 교수는 소위 "디플러 이론"이라는 것을 주장한 적이 있다. 이 이론에 의하면 한 마디로 지구 이외에는 생명체가 없다는 것이다. 이 이론이 맞는지의 여부는 아직까지 확인할 길이 없지만 한 가지 분명한 것은 아직까지는 이 이론에 대한 "결정적 반증"은 없다.

Ⅷ. "R-UFO"

UFO와 관련된 황당무계한 주장과 거짓 보고들, 때로는 의도된 조작들이 있었음에도 불구하고 모든 UFO 목격자들의 진술을 자연적인 현상으로 설명할 수 있을까? 대부분의 UFO 목격은 별똥별, 습지에서 분출된 기체, 근접한 금성, 신무기 실험, 혹은 의도적인 사기극 등으로 설명이 가능하지만 일부는 다른 설명이 불가능한 것들이 있다.37) 실제로 근대적인 첫 UFO 목격이 시작된 1947년부터 1969년까지 UFO 목격보고는 총 12168건이었으며, 다른 이유로 설명하기 곤란한 목격은 총 701건이었다. 로스 등은 이처럼 설명할 수 없는 보고들을 "설명할 수 없는 UFO(Residual UFO)"라고 했다. R-UFO에 대해서는 다음 몇 가지 가능성을 생각해 볼 수 있다.38)

(1) 우선 목격된 것은 자연적인 현상이었지만 목격자들이 UFO로 착각했을 수 있다는 이론이다. 하지만 여기에 대해 로스는 UFO 목격자들의 진술 중에는 자연적 원인으로는 도저히 설명할 수 없는 현상들이 있기 때문에 R-UFO를 모두 자연적인 현상으로 볼 수 없다고 주장한다. UFO 목격자들의 증언을 살펴본다면 UFO는 물리학의 가장 기본적인 법칙들을 따르지 않는다. 예를 들면 UFO의 순간적인 방향 전환은 운동의 법칙을 따르지 않는 것이며, 중력의 법칙 등을 따르지 않는다.

(2) 다음으로 목격된 것은 정말 외계인이 타고 온 우주선이지 않았을까 하는 설명이다. 여기에 대해서 로스는 생명체가 자연 발생할 수 있는 가능성이 없음은 이미 증명되었다는 점, 그리고 생명체가 존재할 가능성이 있는 천체까지의 우주여행이 현실적으로 불가능하다는 점과 더불어 근래 우주론에서 제기되고 있는 소위 "인간중심원리(Anthropic Principle)"를 들어 반대한다. 생명체가 자연적으로 발생할 수 없음은 이미 본서 앞부분에서 충분히 논의했기 때문에 생략하고, 여기서는 지성을 가진 존재가 다른 행성에서 지구까지 우주여행을 하는 것이 가능한지를 생각해보자.

지구에서 태양을 제외하고 가장 가까운 별까지의 거리가 4.3광년에 이르고, 이것은 NASA의 가장 빠른 우주선을 타고 가더라도 112,000년이 걸리는 거리이다. 또한 현재까지 외계생명체탐사(SETI) 프로젝트에서는 지구에서 155광년 이내에 존재하는 태양계와 흡사한 우주의 202개 행성들을 샅샅이 조사하였지만 이들 별 중 어느 하나로부터도 지성을 가진 존재가 발사했으리라고 생각되는 전파 신호를 감지하지 못했다.39) 물론 그보다 멀리 있는 별들 중에 지성을 가진 생명체가 있을 수 있지 않느냐고 생각할 수도 있다. 하지만 그런 별들은 너무 멀리 떨어져 있어서 어떤 존재라도 그곳에서 지구까지 우주선을 보낼 수가 없다. 왜 그럴까?

속도가 빨라지면 질수록 우주선의 연료와 엔진 등의 무게가 기하급수적으로 증가하기 때문에 우주선의 속도는 무한히 빨라질 수 없다. 또한 우주선의 속도가 증가할수록 우주선(cosmic radiation)의 위험이나 우주 먼지 등으로 인한 우주선의 파괴와 표면의 마모 등의 위험 역시 증가하기 때문에 역시 무한히 빨라질 수 없다. 인간이 상상할 수 있는 가장 빠른 우주선의 속도는 광속의 1/10 정도의 속도(초속 3만 km)의 우주선을 생각한다고 해도 그런 속도로 155광년 바깥에서 지구까지 이르는 데는 1550년이 걸리며 왕복 여행을 위해서는 3000년 이상이 소요되기 때문에 그런 우주여행은 불가능하다.[40]

다음에는 근래에 세속학계에서 제기되고 있는 '인간중심원리'를 생각해 보자. "'인간중심원리'에 의하면 우리와 같은 사람은 이런 종류의 우주에서만 진화할 수 있기 때문에 현 우주는 우리들을 위해 맞춤형으로 만들어진 (tailor-made) 것처럼 보인다."[41] 한때 미국의 진화론자 칼 새건은 우주에는 지구와 같이 생명체가 살 수 있는 행성이 무수히 많을 것이라고 예측하면서 우리 은하계 내에만도 10000개 이상의 행성에 생명체가 있을 것이라고 예측하였다. 그는 어느 별이라도 단 두 가지 조건만 만족되면 생명체가 존재할 수 있다고 주장했다. 그러나 외계 생명체 탐사에 대한 연구가 진행되면 될수록 생명체가 존재할 수 있는 조건들의 숫자는 늘어나고 있으며, 지구 외에 그런 조건을 갖춘 별을 찾을 수 있으리라는 희망은 점점 더 사라져가고 있다. 이런 이유로 인해 근래에 들어와서 종교적 신념에 무관하게 많은 학자들은 오직 지구에만 생명이 살 가능성이 있다는 주장을 조심스럽게 제기하고 있는 것이다.[42]

(3) 그래서 R-UFO 현상의 원인으로서 로스가 주장하는 바는 종교적, 영적 현상이라는 설명이다. 앞에서 언급한 바와 같이 UFO 목격자들의 진술에 의하면 UFO는 기존의 알려진 물리적 법칙을 따르지 않는다. 즉 UFO는 비물리적 실체에 의해 일어난 물리적 현상이라는 것이다.

많은 사람들은 UFO가 실재하는지에 지대한 관심을 갖고 있으며, 이것의 영적 특성을 간과하고 있다. UFO 신봉자들은 바로 이것을 노리고 있다. 이들은 UFO 현상의 종교성을 가장하고 UFO 논쟁을 현대인들이 가장 신뢰하는 과학의 문제로 몰고 가려고 안간힘을 쓴다. 그래서 지금까지 살펴본 것과 같이 이들은 UFO가 실재한다는 것을 증명하기 위해 온갖 노력을 하는 것이다.

UFO 현상이 물리적 현상이 아니라 종교적, 영적 현상이라는 것은 몇 가지 증거들로부터 확인될 수 있다. 예를 들면 UFO 신봉자들은 대체로 기존 교회를 부정하거나 기독교에 대해 반감을 갖고 있다. 또한 이들은 공통적으로 천국, 영생불사 등 종교적인 이슈에 관심을 갖고 있다. UFO가 종교적, 영적 현상임을 보여주는 인물들 가운데서 국제적으로 가장 널리 알려진 인물을 들라면 역시 "국제라엘리안운동"의 창시자인 라엘을 들 수 있다.[43]

IX. "속임수의 메신저"

1946년 9월 30일 프랑스 앙베르에서 태어난 라엘은 15세에 가출하여 샹송 가수 등을 거쳐 자동차 경주선수이자 스포츠카 전문지의 발행인으로, 기자로 일했다. 그러다가 1973년 12월 13일 그는 프랑스 중부지방의 클레르몽 페랑(클레로 콩페랑 어느 것이 정확한 지명인지는 불분명)에 있는 한 사화산 분화구에서 외계로부터 온 우주인을 6일 동안 만났다고 한다. 그는 인류의 조상이 지구로부터 1광년 떨어진 어느 혹성으로부터 왔다고 주장했다.

그러나 천문학에서는 지금까지 발견된 항성 중 태양계로부터 가장 가까운 항성은 지구로부터 4.3광년 떨어진 켄타우루스 알파성(Alpha 1 Centauri)으로 알려져 있다. 도대체 항성이 없는 곳에 생명체 존재의 가능성이 있는 혹성이 존재할 수 있을까? 천문학의 상식이 없기 때문에 생긴 촌극이라고 할 수 있다. 이와 같이 UFO 현상을 두고 일어나는 많은 허무맹랑한 주장이나 거짓 정보들을 보고 프랑스의 발레(Jacques Vallee)는 UFO 접촉자들을

"속임수의 메신저(Messengers of Deception)"라고 주장했다.[44]

실제로 수많은 UFO 목격자들의 증언은 거짓인 경우가 많았다. 어떤 경우는 증언자가 자신이 본 것을 과장하기도 하였지만 어떤 경우에는 목격자가 의도적으로 거짓말을 했다. 예를 들면 1968년 9월 1일 새벽 3시 30분, 아르헨티나 멘도자(Mendoza)의 카지노에서 점원(cashier)으로 일하던 페치네티(Juan Carlos Peccinetti)와 빌라가스(Fernando Jose Villegas)가 귀가하는 길에 UFO를 보았으며 그 곳에 타고 있던 다섯 명의 외계인과 대화를 나누었다고 주장한 것은 완전히 조작극임이 밝혀졌다.[45] 때때로 재주 있는 사람들은 UFO 사진을 교묘하게 조작하기도 했다. 한 예로 가장 분명한 UFO 사진이라고 했던 폴 빌라(Paul Villa)의 사진들은 대표적인 조작 그림으로 알려져 있다. 특히 최근에는 컴퓨터 그래픽 기술이 발달하면서 점점 더 교묘한 조작의 가능성이 높아지고 있다.

X. 기독교와 UFO

1. 기독교인들 중에서 UFO 추종자들

자칭 기독교인들이라고 하는 사람들 중에도 UFO를 신봉하는 사람들이 가끔 있다. 자칭 신학자라는 미국인 스트레인지스는 그 중의 한 사람이다. 그는 "1959년 12월 어느 날 추운 아침, 나는 이상하고도 신기한 환경을 통하여 외계에서 온 사람과 이야기를 나눌 수 있는 기회를 가지도록 초대받았다"고 주장했다. 그는 미국방성 직원으로 일하고 있는 우주인을 미국 펜타곤에서 만났다고 했다. 그리고 그는 우주인으로부터 예수는 금성인이며, 금성인 77명이 현재 인간 사회에 살고 있으며 계속적으로 지구를 드나들고 있다는 얘기를 들었다고 했다.[46]

그러나 스트레인지스의 얘기도 이상한 구석이 많다. 그는 "국제복음선교회 총회장, 국제신학대학원 총장, 사회심리학협회 회원(WASH., DC), 미국립 U.F.O. 조사위원회 위원장, OKLAHOMA 사립수사관협회 종신회원, 신학박사, 범죄수사학 박사, 기타 저서 11권"이라고 소개되어 있다. 그런데 이렇게 대단한 경력을 가진 사람인데도 그는 신학대학원에 재직하고 있는 사람들이 거의 들어본 적이 없는 참으로 "이상한(strange)" 사람이었다.

또한 그는 예수는 금성인이고 금성인들이 다수 지구에 와서 살고 있다고 했지만, 최근 연구에 의하면 금성에는 어떤 생명체도 살 수 없다는 것이 너무나 명백하다. 금성에는 지구 대기압의 90배에 이르는 높은 압력의 이산화탄소 대기가 존재하고 있으며, 이산화탄소의 강력한 온실효과로 인해 표면 온도가 130-470℃에 이른다. 이것은 금성에 비해 태양으로부터 절반 거리에 있는 수성보다도 더 뜨거운 것이다. 납이 녹아 물처럼 되는 높은 온도의 행성에 어떤 생물이 산다고 주장하는 것은 정신 나간 사람이 아니면 상상할 수가 없다.

이런 사람들은 외국에만 있는 것이 아니다. 필자가 1995년 연말, 서울에서 인터뷰한 김도현씨도 비슷한 사람이었다. "국제우주의식운동본부" 회장 김도현(金道顯)씨는 스스로 기독교인이라고 말하면서도 UFO를 추종하고 있었다. 본인 스스로 합동진리측 신학교를 졸업하고 목사안수를 받았다는 김도현씨는 12세가 되던 해 6월 중순, 비가 억수로 쏟아지는 저녁 10시경 묵호(현 동해시) 인근 바닷가에서 UFO를 만났다고 했다. 그는 UFO로부터 눈부신 광선을 받고 의식을 잃었는데 후에 정신을 차리고 보니 UFO 안의 안락의자 위였다고 했다. 그는 UFO의 외계인들로부터 "① 인간 세상 3만 년에 해당하는 정보가 너에게 입력되어 있다. ② UFO가 위기로부터 항상 너를 보호할 것이다. ③ 너에게 투시력(초능력)을 준다. ④ 때가 이를 때까지 입력된 정보는 보안유지될 것이다." 등의 말을 듣고 다음 날 새벽 6시경 바닷가로 되돌아왔다고 한다.

그 이후 그는 여러 차례 순간 이동으로 태양계 밖에 있는 UFO 모선을 다녀왔다고 했다. 그는 1980년 4월경, "神으로부터 기독교 신자들이 말하는 성령 체험을 하게 되었다."고 했으며, 그 이후 온갖 방언과 신유 능력이 생겼으며, 텔레파시를 통해 하나님의 지시를 받는다고 했다. 그는 1983년 6월에는 태백산에 올라가 UFO를 타고 은하계 내에 대기하고 있는 UFO 모선으로 갔으며 그곳에서 UFO 선단의 라파엘 사령관을 만났다고 했다. 그 때 이미 자신은 성인이 되어 있었다고 했다. "라파엘 사령관과 만난 후 대화는 이미 성인이 된 나와 심도 있고 허심탄회한 내용들이었다." 그는 사령관으로부터 "우리는 2천년 전 성경에(누가복음 2:8-20) 나타났던 바로 그 천사 군단이었으며 예수 무덤가에 나타난 그 천사들이다(마태복음 29:1-7)"라는 말을 들었다고 했다. 그는 마리아가 우주인들의 초능력에 의해 처녀 잉태를 했다는 말도 들었다고 했다. 이는 전형적인 사이비 종교가 태동하는 과정이라고 할 수 있다.[47]

2. 성경의 자의적 해석

UFO 현상이 종교적 현상임은 UFO 신봉자들이 성경의 신비한 내용들을 대부분 UFO 현상과 관련하여 자의적으로 해석하고 있다는 점으로부터도 알 수 있다. UFO 추종자들은 성경의 기적이나 신비라고 하는 것들은 성경을 기록할 당시의 과학적 수준으로 볼 때 신비하게 보였을 뿐이며 실제로는 현대의 첨단과학이나 지구보다 훨씬 뛰어난 과학을 가지고 있는 외계문명의 관점에서 보면 얼마든지 과학적 해석이 가능하다는 주장을 펴고 있다. 이들의 주장은 현대 과학과 기술을 앞세우고 있기 때문에 과학주의와 기술주의에 세뇌되어 있는 현대인들에게, 심지어 정통 교단의 신학교를 졸업한 목회자들에게까지 파고들고 있다.

예를 들면 UFO 추종자들은 소돔과 고모라의 멸망을 UFO와 관련짓고 있다. 1959년 초 당시 창간된 지 얼마 되지 않았던 "소년한국일보"에 실린 기사는 다음과 같이 말하고 있다. "소련의 한 과학자에 의하면 〈구약 성서〉의 창세기에 나오는, 하늘에서 유황불과 돌 벼락이 떨어져 죄악의 도시 소돔과 고모라를 멸망하게 했던 기록은 실제로 외계인들이 핵무기를 사용하여 일어난 사건이었다. 또 레바논의 바알배크에 있는 무게 2천 톤이나 되는 장방형의 기다란 돌은 아마도 지구인이 아닌 외계인들이 만들었던 것인지도 모른다."[48]

UFO 추종자들의 상상력은 여기서 그치지 않는다. 그들은 에스겔서에 기록된 여호와 하나님에 관한 기록이 외계인과 UFO를 가리킨다고도 한다.[49]

그러나 에스겔이 본 것은 실재가 아니라 환상이다. 실재라 하더라도 앞뒤의 문맥을 맞추어 볼 때 본문에서의 "생물"을 여호와 하나님으로, "바퀴"를 UFO라고 하는 것은 터무니없는 해석이다. 성경은 ET나 UFO에 대하여 어떤 명시적 언급이나 암시적 시사도 하지 않고 있다. UFO 지지자들은 수많은 책들과 매스컴을 통하여 UFO가 실재하는 것처럼 선전하고 있다. 그러나 지금까지 일만 여 건 이상의 보고들을 객관적으로 조사한 사람들은 대부분 UFO 목격자들의 진술이나 사진들이 신빙성이 없음을 지적하고 있다.50)

[그림 14-3] 에스겔의 환상에 나오는 바퀴가 UFO일까?

UFO 추종자들은 아브라함에게 나타난 천사나 노아 홍수 이전에 살았던 네피림도 외계인이라고 한다. 이들은 엘리야가 회오리바람에 실려 승천한 것을 UFO를 타고 간 것이라고 해석하는가 하면, 야곱의 꿈에 나타난 사닥다리도 UFO에 올라가는 사닥다리라는 희한한 해석을 한다. 앞에서 언급한 바 있는 데니컨 같은 사람은 출애굽기에 나오는 광채에 둘러싸인 법궤는 UFO의 통신시설이라는 주장을 하기도 하였다. 이스라엘 백성들이 출애굽할 때 시내 광야에서 그들을 인도했던 불기둥과 구름기둥이나 예수 그리스도의 탄생 때 나타났던 베들레헴의 별도 UFO라고 주장한다.51)

3. UFO와 종교

UFO 현상이 종교적, 영적 현상임은 UFO 추종자들은 성경 해석을 왜곡하고 있을 뿐 아니라 삼위일체론, 기독론을 포함한 신관, 구속관, 인간관 등 기독교의 기본적인 교리들을 부정 내지 왜곡하고 있다는 사실로부터도 알 수 있다. 예를 들면 이들은 성경의 하나님이 바로 외계인이라고 주장한다. 이러한 주장을 하는 사람의 대표적인 예는 앞에서 언급한 바 있는 라엘이다.

라엘은 자신이 만난 외계인의 이름은 엘로힘이라고 했다. 그는 이 엘로힘으로부터 지구상의 모든 인류에게 전해달라는 메시지를 받았으며 이를 전 세계에 보급하기 위해 1975년 스위스에서 "국제라엘리안운동"을 창설했다고 한다. 그는 기독교를 포함하여 인류 역사상 유명한 대부분의 성인들은 외계인이라고 한다.[52]

비슷한 주장은 앞에서 언급한 스트레인지스에 의해서도 제기된 적이 있다. 우리나라에서도 여러 차례 집회를 가진 적이 있는 자칭 신학자 스트레인지스는 예수는 금성인이었다고 주장하면서 외계인 예수를 믿어야 한다는 황당무계한 주장을 한 적이 있다.

이런 UFO 추종자들과 관련하여 지적할 수 있는 문제는 UFO 추종자들이 보여주는 삶의 열매들이다. UFO 추종자들로부터는 지금까지 지녀온 정상적인 윤리와 도덕의 파괴현상이 자주 목격되고 있다. 특히 성적인 부분에서 전통적인, 혹은 성경적인 윤리관과 배치되는 경우가 많다. 한때 포르노 소설을 발표하여 재판에까지 회부되고 결국 교수직을 박탈당하기까지 한 연세대 모 교수도 성에 대한 자신의 주장은 수십 권의 UFO 관련 서적들을 읽으면서 발견한 것이라고 주장한 적이 있다.[53]

많은 사람들이 UFO를 과학적 현상으로 이해하려는 경향이 있지만 이상에 살펴본 바와 같이 UFO 현상은 다분히 영적, 종교적 현상이라고 할 수 있다.[54] 그 이유는 우선 UFO 현상에 심취한 사람들이 어떤 형태로든지 종교화하고 있기 때문이다. 그들은 UFO 현상을 어떤 형태로든지 성경과 연관지으려고 한다. 흥미로운 것은 그러면서도 UFO에 심취한 사람들은 예외 없이 반기독교적이 된다는 사실이다. 이것은 UFO 신드롬 뒤에 어떤 영적인 세력이 있는가를 밝히 보여주는 것이라고 할 수 있다.

XI. UFO와 과학의 제사장

몇 년 전부터 국내 매스컴들도 경쟁적으로 UFO에 관한 기사를 다루고 있다. 그러나 대부분의 "정통" 기독 과학자들은 유사과학적(pseudo-scientific)인 특성이 강한 UFO 문제를 회피하려는 경향이 있다. 자칫 그러한 문제에 개입했다가는 사이비 과학자라는 비난을 받지나 않을까 하는 두려움 때문일 것이다. 그러나 이제는 UFO 현상을 쉬쉬하면서 덮어두기에는 우리들에게 너무나 가까이 와 있고 이로 인해 실족하는 사람들이 너무 많다. 불신자들 중에는 말할 것도 없고 신자들 중에도 이에 미혹되는 사람들이 많으며 심지어 정통 신학 훈련을 받은 목회자들 중에도 이에 미혹된 사람들이 있다. 그러므로 UFO 현상의 진면목을 주시하고 이에 대한 명백한 기독교 세계관적인 입장을 분명히 해야 할 때가 온 것이다.

현대는 과학 기술에 대한 대중들의 신뢰가 거의 절대화되어 가고 있는 시대라고 할 수 있다. 이러한 때 과학과 기술은 사람들에게 엄청난 유익을 줄 수도 있지만 또 한편으로는 자칫하면 가장 좋은 사탄의 도구도 될 수 있다. 조덕영 목사의 지적처럼 "검증되지 않고 있는 여러 UFO 현상의 대부분은 과학기술문명과 접속하여 하나님과 외계인을 혼돈케 하려는 사탄의 인간에 대한 교묘히 위장된 보여주기 게임일 수도 있다". 그러므로 기독과학자들은 이 문제에 대한 본질을 정확하게 파헤쳐 사람들에게 알려주어야 할 책임이 있다.[55]

UFO 목격의 진위 여부를 두고 논쟁하는 것은 끝이 없다. UFO 목격의 95% 정도의 주장은 착시(錯視)가 분명하지만 나머지 5% 주장은 긍정도, 부정도 할 수 없다. 수만 건에 이르는 UFO 목격자들의 주장을 모두 부정하거나 증명한다는 것 자체가 불가능하기 때문이다. UFO 추종자들은 분명한 착시라고 부정할 수 없는 UFO 목격은 모두 긍정해야 한다는 식으로 말

제14장 UFO 신드롬, 그 영적인 실체

하지만 이것은 터무니없는 주장이다. "부정할 수 없는 것"과 "증명되었다고 하는 것" 사이에는 엄청난 차이가 있기 때문이다. 우리가 분명히 말할 수 있는 바는 95% 이상의 분명한 착시와 증명되지 않은 5%가 있다고 할 수 있을 뿐이다. 그리고 이 5%의 UFO 목격은 정신병자에 의한 것이 아니라면 영적이고 종교적인 현상이라고 보는 것이 타당한 것으로 보인다.

그러므로 UFO 목격의 진위 여부에 집중하는 것은 바람직하지 못하다고 할 수 있다. 도리어 UFO 현상과 관련된 영적, 성경적 의의를 살펴보는 것이 더 바람직한 것으로 보인다. 성경적으로 볼 때 우선 UFO 추종은 일종의 우상숭배라고 할 수 있다. 숭배의 대상은 일차적으로는 외계인들이라고 할 수 있지만 외계인 숭배의 이면에는 과학 기술의 숭배가 교묘하게 숨겨져 있다. UFO 추종자들은 인류에 비해 월등한 과학 기술을 갖고 있는 외계인을 신으로 섬긴다고 해도 별 무리가 없는 주장을 편다. 그리고 그들은 외계인들이 고도의 과학의 힘을 빌려 만들었으며 따라서 인간의 조상이라는 주장까지 한다. 결국 UFO 현상은 마음에 하나님 두기를 싫어한 사람들의 부패한 잠재의식이 과학이라는 허울을 뒤집어쓰고 나타난 것이라고 할 수 있다(롬1:28).

과학자들의 책임과 관련하여 독일 천문학자 케플러의 자세는 우리에게 좋은 귀감이 된다.56) 그는 성직자들이 성경을 연구하여 하나님의 뜻을 깨달아 사람들에게 알려주는 사람이라면 자신은 천체들의 운행을 연구하여 거기에 나타난 하나님의 섭리와 뜻을 발견하고 이것을 사람들에게 가르쳐주는 "천문학의 제사장"이라고 하였다. 그렇다면 기독과학자들은 자신의 연구 분야에서 하나님의 뜻을 발견하여 사람들을 하나님의 뜻대로 바르게 인도하는 "과학의 제사장"이 되어야 하지 않을까?

지금까지 여러 가지 과학적 증거들과 이에 대한 분석을 통해 우리가 내릴 수 있는 잠정적인 결론은 다음과 같이 말할 수 있을 것이다. "신비는 그저 신비 자체로 두어야 한다. 우리 사람은 여러 부분에서 한계를 지니고 있기 때문이다. 그런 의미에서라면 우리가 확인할 수 있는 이 [UFO] 현상의 여러 반 기독교적인 측면에도 불구하고 우리는 결론을 유보하는 것이 옳을지 모른다. 다만 하나님이 이 시대에 그런 [UFO]의 방법으로 우리에게 자신을 계시하는 분은 절대 아니시라는 것이다. 지금 우리에게 주신 하나님의 계시는 성경이 있을 뿐이다."[57]

XII. 외계생명체 탐사

끝으로 살펴볼 것은 그러면 모든 과학자들이 외계생명체 연구를 UFO 연구에만 의존하고 있을까 하는 점이다. 혹 과학자 공동체에서 외계생명체가 있을지 모른다는 가정 하에 본격적인 탐사를 시작한 것은 1960년 미국에서였다. 이때 코넬대학과 웨스트 버지니아 그린 뱅크에 있는 국립전파천문대(National Radio Astronomy Observatory)에서는 "오즈마 프로젝트(Project Ozma)"라는 이름으로 외계에 고등 생물이 있을지 모른다는 전제 하에 외계로부터 오는 전파들을 분석하기 시작하였다.[58] 그러나 30년 동안 엄청난 돈과 인력을 투입하여 수만 개의 별로부터 들어오는 전파들을 조사하였지만 생명을 가진 존재가 발사했으리라고 생각되는 전파는 전혀 없었다.

또한 NASA에서도 이와 비슷한 연구를 하고 있다. "외계 지성 탐사(Search for Extra-Terrestrial Intelligence: SETI)"라는 프로젝트는 NASA 에임즈 연구소와 캘리포니아 공대 제트추진연구소(Jet Propulsion Lab)가 공동으로 추진하고 있다. 여기서도 외계로부터 오는 전파신호 분석을 통해 외계 생명체 존재를 확인하려고 노력하고 있다. NASA에서는 한 때 이 연구에 연간 1000만 불 이상을 지원하였으며, SETI의 일환인 "극초단파 관측계획(Microwave Observing Project)"에는 총 1억 불의 예산을 세웠지만 아직까지는 외계생명체가 존재한다는 어떤 징후도 발견하지 못하고 있다.[59]

이런 연구의 시발점이 된 사람은 드레이크나 세이건 등이다.[60] 드레이크는 여덟 살 때 아버지로부터 우주에는 지구와 같은 행성이 많이 있을 것이라는 얘기를 듣고 외계 문명의 존재에 대한 믿음을 갖게 되었고, 이것이 계기가 되어 천체물리학을 전공하게 되었다고 술회했다. 1960년 당시 코넬대학 교수였던 드레이크는 웨스트 버지니아(West Virginia) 그린뱅크(Green Bank)에서 열렸던 "지구 밖 생명체에 관한 그린뱅크 회의"에서 유명한 드

제14장 UFO 신드롬, 그 영적인 실체

레이크 방정식(Drake's Equation)을 발표하였다. 사실 드레이크 방정식은 많은 연구의 결과로 도출한 것이 아니라 그린뱅크 회의를 준비하다가 우연히 생각한 것이었다.[61]

외계생명체 존재 확률을 산출하는 방정식인 드레이크 방정식은 오랫동안 별로 빛을 보지 못하고 있다가 1974년 유명한 칼 세이건이 "행성 간 통신의 문제점"이라는 자신의 글에 이 방정식을 소개하면서 세상에 널리 알려지게 되었다. 이 식에 의하면 은하계에 존재하는 진보된 기술문명을 가진 문명의 숫자를 N이라고 하면 N은 이렇게 나타낼 수 있다.[62]

$$N = R*fp*n*fl*fi*fc*L$$

여기서
R : 은하계 내에 있는 항성의 수를 별의 평균 수명으로 나눈 값
fp : 항성 중에 행성을 가진 별들의 비율
n : 행성을 가진 항성 중에서 생물이 존재할 수 있는 환경(environment)을 지닌 행성의 수
fl : 적당한 생태학적 환경을 지닌 행성 중에서 실제로 생물(life)이 탄생하고 진화한 행성의 비율
fi : 태어난 생물이 지적 생물(intelligence)로 진화할 확률
fc : 지적 생물이 존재하는 행성 중에서 통신(communication) 기술을 지닌 문명인이 존재할 확률
L : 그 행성의 수명에서 과학 기술을 지닌 문명인이 존재하고 있을 기간

드레이크는 은하계 내에만도 1만 개의 문명이 있을 것이라고 추정하였다. 심지어 세이건은 위 식에 R=10, fp=1/3, n=2, fl=1/3, fi=0.01 등의 추측된 값들을 대입하여 은하계 내에 문명을 지닌 존재의 수를 100만 개로 계산하였다.[63] 과연 이러한 추측들이 얼마나 신빙성이 있을까?

339

XIII. 다른 행성계 탐사

드레이크 방정식의 여러 변수들은 말 그대로 순수한 추측이다. 그나마 근래에 와서 구체적인 연구가 진행되는 분야가 있다면 항성 중에 행성을 가진 별들이 얼마나 있는가를 연구하는 것이다(드레이크 방정식에서 fp로 표시하였다).

우주에 태양계처럼 행성계를 가진 다른 항성들이 있을까? 이에 대한 연구는 1980년대에 시작되었지만 당시에 현재의 기술로 다른 행성계를 찾을 수 있다고 믿었던 사람들은 거의 없었다. 캘리포니아 대학 버클리 분교의 마시(Jeoff Marcy)와 워싱턴 카네기연구소(Carnegie Institution of Washington)의 버틀러(Paul Butler)가 처음으로 다른 행성계를 찾기 위한 연구비를 신청했을 때 겨우 한해 930불을 지원받았을 뿐이었다. 연구비는 없었지만 이들은 열정만으로 연구를 시작했다. 그렇다면 이들은 도대체 어떻게 빛을 발하지도 않는 행성계를 찾아내려는 생각을 했을까?

이들의 아이디어는 생각보다 간단했다. 어떤 항성 주변에 상당한 질량을 가진 행성이 공전하고 있다면 그 행성의 공전으로 인해 항성으로부터 방출되는 빛의 도플러 효과(Doppler Effect)가 관측될 것이라는 사실이었다. 1842년, 오스트리아 물리학자 도플러(Christian Johann Doppler)가 발견한 이 효과는 파원(波源)에서 방출되는 파동의 파장은 파원이 관측자로부터 멀어지면 길어지고(적색편이) 가까워지면 짧아지는(청색편이) 현상이었다. 만일 어떤 항성 주변에 질량이 큰 행성이 공전하고 있다면 항성도 행성의 중력 때문에 약간은 움직일 터이고 따라서 이 항성으로부터 발산되는 빛의 파장이 주기적으로(행성의 공전주기를 기준으로) 변화할 것이다. 문제는 행성의 질량이 적으면 항성이 발산하는 빛의 도플러 효과가 너무 작아서 도무지 측정할 수 없다는 점이었다.

과연 측정할 만한 도플러 효과를 보여주는 항성을 찾을 수 있을까? 놀랍게도 최초의 행성계는 마시나 버틀러가 아니라 스위스의 한 천문학자에 의해 발견되었다. 그는 페가시의 51번째 별(51 페가시) 주변에 공전주기가 불

제14장 UFO 신드롬, 그 영적인 실체

과 5일밖에 되지 않는 목성 크기의 행성을 처음으로 발견하였다. 이어 마시와 버틀러도 큰곰자리의 47번째 별(47 Ursae Majoris)에서 질량이 목성의 2.45배 되는 행성의 공전을 확인하였다. 그리고 처녀자리의 70번째 별(70 Virginis)에서도 목성 질량의 6배 정도 되는 다른 행성을 발견하였다. 그리고 지금은 훨씬 더 많은 행성계를 가진 항성이 발견되었다. 그렇다면 이런 행성계가 발견되는 것이 생명체가 저절로 발생할 수 있는 증거가 될 수 있는가?

목성이나 그 이상의 질량을 갖는 행성에는 생명체가 발생은 커녕 존재할 수조차 없다. 현재의 지구 질량과 같은 행성이 항성으로부터 적절한 거리에 위치하고 있어야 함은 물론 지구-목성 관계처럼 목성과 같은 큰 행성이 바깥쪽에서 방패가 되어 지구와 충돌하는 대규모 소행성이나 혜성 등을 막아주어야 한다. 또한 태양은 물론 목성도 지금보다 지구에 가까이도, 멀리도 있어서는 생명체가 존재할 수 없다. 이 외에도 수많은 조건들이 동시에 만족되지 않으면 행성에는 생명체가 존재할 수 없다.

하지만 모든 조건이 지구와 같은 행성이 존재한다고 해도 가장 큰 문제는 그런 행성은 원천적으로 발견할 수가 없다는 사실이다. 목성 정도의 질량을 가진 행성이라도 공전주기가 지금의 목성처럼 12년이나 되어서는 도무지 발견할 수 없다. 하물며 목성 질량의 1/1000 정도에 불과한 지구와 같은 행성은 아무리 공전주기가 짧아도 기본적으로 도플러 효과의 크기가 너무 작아서 아무리 좋은 분광계를 사용한다고 해도 발견할 수 없다. 항성 주변에 그런 행성이 없다는 것과 있어도 발견할 수 없다는 것은 말은 틀리지만 본질은 크게 다르지 않다.

지금까지의 논의를 요약하면 위에서 소개한 드레이크나 세이건의 계산은 실험이나 관측 결과에 근거한 것이 아니라 순전한 유추이다. 아직까지 우주에서 태양계 외에는 지구와 같은 행성이 발견된 적이 없다. 이들이 이러한 유추를 한 유일한 근거는 사람들이 살고 있는 지구는 태양의 한 행성이며 태양은 은하계에 속한 한 항성이라는 사실뿐이다. 이들은 지구의 독특함이나 생명의 자연발생 불가 등의 기본적인 과학적 결과들은 무시하고 있다.

우리는 다른 사람들에게 직접적인 해를 끼치지 않는다면 어떤 유추라도 마음대로 할 수 있는 자유 민주주의 국가에 살고 있다. 언론의 자유가 보장된 나라에서는 유추에 근거한 자료라도 얼마든지 발표할 수는 있다. 하지만 문제는 이들이 과학자들의 신분이라는 것 때문에, 이들이 Ph.D.를 갖고 있다는 사실 때문에 대중들이 쉽게 그들의 주장이나 계산결과를 사실로 받아들일 가능성이 있다는 사실이다. 그러므로 책임 있는 위치에 있는 사람들이 상상력에 근거한 내용을 공적으로 발표할 때는 매우 조심해야 한다. 언젠가 지구와 같은 행성이 발견될 수 있을지는 몰라도 적어도 지금까지 모든 연구의 결과들을 종합해 볼 때 외계생명체는 존재하지 않는다고 보는 것이 정확하다.

각주

1) 이 절 이후의 UFO에 관한 내용은 기독교 텔레비전의 〈포럼 42〉 "UFO, 새로운 우상인가?"(연출: 이훈구, 백승국; 토론자: 양승훈, 이웅상, 한춘기)라는 제하에 토론한 것을 제2회 VIEW Seminar & Prayer Meeting(1998.5.7. Willingdon Church)을 위해 수정, 보완한 것이다. 〈포럼42〉는 97.9.8.(월) 오후에 녹화되었고 본 방송은 1997년 9월 19일(금) 21:20-22:20, 재방송은 9월 20일(토) 20:00-21:00, 3방송은 9월 24일(수) 14:30-15:30에 방영되었다.
2) 국내에서 UFO에 대한 성경적 입장을 가장 잘 정리한 책으로는 전한국창조과학회 간사였으며 현재 "창조신학연구소" 소장인 조덕영 박사의 책이다. 조덕영, 〈UFO와 신비주의-과학과 성경의 미스터리〉 (서울: 두루마리, 1996) 109면.
3) 노스트라다무스(Nostradamus, 1503-66) : 16세기 스웨덴의 점성술가.
4) 김진영, 김진경, 〈수수께끼의 외계문명〉 (서울: 넥서스, 1995) 9-10면.
5) 융(Carl Gustav Jung, 1875-1961) : 스위스 Kessewil 태생의 심리학자.
6) 그 후 융도 UFO 옹호자로 바뀐 것은 주목할 만한 일이다. 조덕영, 〈UFO와 신비주의〉 10면.

7) 스필버그(Steven Spielberg, 1946-) : 미국 신시내티 태생의 유대계 미국 영화감독. "E.T."를 비롯하여 "Close Encounters", "Raiders of the Lost Ark", "Jurassic Park", "Saving Private Ryan", "Schindler's List" 등 히트작들을 만들었다.

8) Jim Wilson, "America's Nuclear Flying Saucer: A trail of secret documents reveals the starting truth about the U.S. Air Force's flying disc aircraft," 〈Popular Mechanics〉 (November 2000)

9) R.J. Oberto, 〈Environmental control systems selection for manned space vehicles〉. Volume II, Appendix I, "missions, vehicles, equipment". (AD333266).

10) http://www.cufos.org/org.html (2004.4.15); 조덕영, 〈UFO와 신비주의〉 34면. 하이네크(J. Allen Hynek) : 1948년부터 1969년까지 오하이오 주립대학(Ohio State University) 천문학부 교수와 시카고 노스웨스턴대학(Northwestern University) 천문학부 부장을 거치면서 미 공군 UFO 조사계획단(Project Blue Book) 자문역을 맡았다. 그는 "UFO 연구 센터(The Center for UFO Studies)"를 만들어 UFO라고 보고되는 것들이 진짜 UFO인지, 금성이나 별똥별 등 다른 알려진 현상들의 착시인지를 연구하였다.

11) J. Allen Hynek, 〈UFO Experience : A Scientific Inquiry〉 (New York : Marlow, 1998), pp.33-36 ; Jacques Vallee, 〈Confrontations : A Scientist's Search for Alien Contact〉 (New York: Ballantine Books, 1990), p.211 ; John Ackerberg and John Weldon, 〈The Facts on UFOs and Other Supernatural Phenomena〉 (Eugene, OR : Harvest House, 1992), pp.7-8.

12) Brookesmith, 〈The UFO Casebook〉 p.8.

13) 조덕영, 〈UFO와 신비주의〉 33-38면.

14) 영국 국립문헌보관소(The National Archives)에서 발표한 것을 〈New York Times〉 (May 26, 2008)가 인용보도했다.

15) 원전을 보려면 http://ufos.nationalarchives.gov.uk/ 을 보라.

16) Erich Fromm, 〈Psychology and Religion〉. 에리히 프롬(Erich

Fromm, 1900-1980)은 독일 프랑크푸르트 출신의 스위스 사회학자이자.
17) 조덕영, 〈UFO와 신비주의〉 112면.
18) 아놀드(Kenneth Arnold) : 미국의 개인 비행기 조종사이자, 항공구조요원이며, 실업가.
19) 요즘 기준으로 보면 음속의 두배라는 속도는 별로 놀랄 만하지 않지만 제트기 시대가 막 시작되던 당시에는 일반인들의 상상을 초월하는 대단한 속도였다.
20) 아놀드의 UFO 목격에 대한 좀 더 자세한 이야기들은 http://ufos.about.com/library/weekly/aa061097.htm (2004. 4.12)을 보라.
21) 아놀드는 기자에게 이렇게 말했다 : "a saucer would skip if you threw it across water."
22) 조덕영, 〈UFO와 신비주의〉 14-5면.
23) http://www.nara.co.kr/~killk/roswell/ (2004.4.10)
24) Charles B. Moore, "The Early New York University Balloon Flights," in Benson Saler, Charles A. Ziegler and Charles B. Moore, 〈UFO Crash at Roswell : The Genesis of a Modern Myth〉 (Washington, DC : Smithsonian Institution Press, 1997) pp.74-114.
25) Saler, Ziegler and Moore, 〈UFO Crash at Roswell〉 pp.169-180.
26) Ross, Samples and Clark, 〈Lights in the Sky & Little Green Men〉, pp.74-77.
27) 애덤스키(George Adamski, 1891-1965) : 폴란드 태생의 미국 UFO 지지자.
28) 조덕영, 〈UFO와 신비주의〉 38-41면.
29) 데니켄(Erich von Däniken, 1935-)은 스위스 Zofingen 태생. 〈Chariots of the Gods〉로 일약 세계적으로 유명해졌다. 지난 2000년 5월에는 그리스 신화를 주제로 한 〈Odyssey of the Gods〉를 발표하였다.
30) Erich von Däniken, 〈Chariots of the Gods〉 (1967년); 한국어판-〈신들의 수레〉 (원명은 미래의 기억).

31) 김진영, 김진경, 〈수수께끼의 외계문명〉 (서울: 넥서스, 1995) 31-71면.
32) 조덕영, 〈UFO와 신비주의〉 42-47면.
33) 〈경향신문〉 & 〈경향닷컴〉, 입력 : 2010-01-12 18:02:55 | 수정 : 2010-01-13 01:15:32
34) 카터(James Earl Carter, Jr., 1924-)는 미국 조지아주 Plains 출신이자, 민주당 소속의 제 39대 미국 대통령(1977-1981).
35) Stephen W. Hawking, 〈Life in the Universe〉 (Japan: NTT Shuppan, 1993); 한국어판-과학세대 역, 〈우주에도 생명이 존재하는가?〉 (서울: 우리시대사, 1995); 스티븐 호킹(Steven W. Hawking, 1942-) : 영국의 이론물리학자. 전신이 마비되어 가는 루게릭병에 걸려 있으면서도 우주론에서 많은 업적들을 남기고 있다.
36) "Former pilots and officials call for new U.S. UFO probe," from www.reuters.com (2007.11.12.).
37) Hugh Ross, Kenneth Samples and Mark Clark, 〈Lights in the Sky and Little Green Men : A Rational Christian Look at UFOs and Extraterrestrials〉 (Colorado Springs, CO : NavPress), pp.26-27.
38) Ross, Samples and Clark, 〈Lights in the Sky and Little Green Men〉, pp.65-71.
39) Ross, Samples and Clark, 〈Lights in the Sky and Little Green Men〉, pp.56-57.
40) Ross, Samples and Clark, 〈Lights in the Sky and Little Green Men〉, pp.57-59.
41) John Gribbin, 〈Genesis : The Origin of Man and the Universe〉 (New York : Delacorte Press, 1981) p.309.
42) 예를 들면 Hugh Ross, 〈The Creator and the Cosmos〉 2nd edition (Colorado Springs, CO : NavPress, 1995), pp.132-144 ; Dean L. Overman, 〈A Case against Accident and Self-Organisation〉 (New York : Rowman & Littlefield, 1997) ; Stuart Ross Taylor, 〈Destiny or Chance : Our Solar System

and its Place in the Cosmos〉(Cambridge : Cambridge University Press, 1998) ; Peter D. Ward and Donald Brownlee, 〈Rare Earth : Why Complex Life is Uncommon in the Universe〉(Springer, 2000) ; Guillermo Gonzalez and Jay W. Richards, 〈The Privileged Planet : How Our Place in the Cosmos is Designed for Discovery〉(Washington, DC : Regnery Publishing, 2004).

43) 라엘(Claude Vorihhon Rael, 1946-) : 프랑스의 스포츠 신문 기자로 출발하여 후에 유사 종교 단체인 국제라엘리안운동(International Raelian Movement)을 창시.

44) Jacques Vallee, 〈Messengers of Deception : UFO Contacts and Cults〉(Bantam Books, 1980) ; http://www.conspire.com/val3.html (2004.4.10.).

45) Brookesmith, 〈The UFO Casebook〉 p.47.

46) 스트레인지스(Frank E. Stranges) : 김도현, "외계인의 실체와 우주의식,"〈제3회 한국정신과학학술대회 논문집〉(1995.10.) 93-97면에 의하면 스트레인지스는 "국제복음선교회 총회장, 국제신학대학원 총장, 사회심리학협회 회원(WASH., DC), 미국립 U.F.O. 조사위원회 위원장, OKLAHOMA사립수사관협회 종신회원, 신학박사, 범죄수사학 박사, 기타 저서 11권"으로 소개되어 있다.

47) 김도현, "외계인의 실체와 우주의식,"〈제3회 한국정신과학학술대회 논문집〉(1995.10.) 97-99면.

48) 김진영, 김진경, 〈수수께끼의 외계문명〉 7면에서 재인용.

49) 에스겔 1장 1-21절 참고.

50) 예를 들면 Charles J. Cazeau and Stuart D. Scott, Jr., 〈Exploring the Unknown: Great Mysteries Reexamined〉(New York: Plenum Press, 1978), Ch.5 등을 참고하라. 또한 http://www.angelfire.com/mi/dinosaurs/aliens.html (2004.4.10.)에 실린 내용을 참고하라.

51) http://www.geocities.com/Area51/Rampart/7131/TimeEzk.html (2004.4.10.).

52) 조덕영, 〈UFO와 신비주의〉 107면.
53) 조덕영, 〈창세기로 돌아가자〉 (한국창조과학회 & 한국창조과학후원회, 1996.12.) 72면.
54) 조덕영, 〈창세기로 돌아가자〉 72-74면.
55) 조덕영, 〈창세기로 돌아가자〉 74면.
56) 케플러(Johannes Kepler, 1571-1630) : 독일의 개신교 천문학자. 케플러는 가난과 싸우면서도 과학혁명기 천문학의 가장 중요한 업적의 하나인 "케플러의 행성운동 3법칙"을 발견했다.
57) 조덕영, 〈창세기로 돌아가자〉 74면.
58) 1960년, 드레이크에 의해 시작된 이 프로젝트는 2주 동안 Tau Ceti와 Epsilon Eridani라는 별을 관측하는 것으로부터 시작되었다. "오즈마 프로젝트"란 이름은 드레이크에 의해 붙여진 이름이고, 오즈마란 동화 "오즈의 마법사"에 나오는 여왕의 이름이다.
59) SETI에 관한 전반적인 개요를 위해서는 Philip Morrison, John Billingham and John Wolfe, editors, 〈The Search for Extraterrestrial Intelligence〉(SETI) (National Aeronautics and Space Administration, 1977) - NASA SP-418을 보라.
60) 프랭크 드레이크(Frank Drake, 1930-) : 시카고 출신의 미국 천문학자. 세이건(Carl Sagan, 1934-1996) : 미국 천문학자이자 진화론자로서 〈코스모스〉라는 책과 TV 프로그램에 출현해서 유명하게 되었다.
61) "만물의 탄생, 그 신비로운 기원!(Vol. 2) - 세상을 열었던 신비한 힘의 근원/외계생명체의 비밀" (Library Entertainment, 2008) DVD 다큐멘터리에서 드레이크 인터뷰.
62) 드레이크 방정식에 관한 좀 더 자세한 논의를 위해서는 다음 홈페이지를 참고하라.
   http://www.activemind.com/Mysterious/Topics/SETI/drake_equation.html
63) 칼 세이건, 〈코스모스〉 ; 조덕영, 〈UFO와 신비주의〉 26-32면.

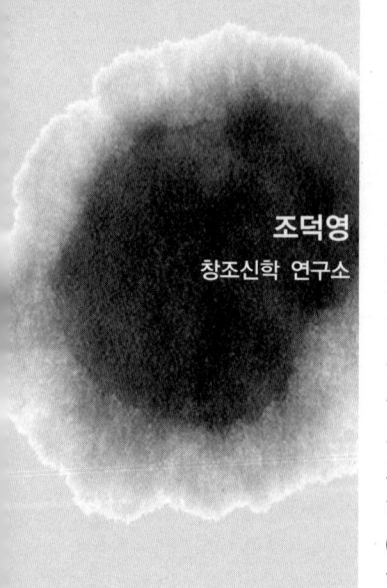

조덕영
창조신학 연구소

조덕영은 사단법인 한국창조과학회 대표간사(1964-1998)와 「창조」지 편집인을 역임하였고 지금은 참기쁜교회 담임과 김천대 신대원·평택대 신학과 겸임교수로 있으면서 백석대, 안양대, 한세대 영산신대원 등에서도 강의하고 있다. 역·저서로는 〈과학과 신학의 새로운 논쟁〉(2006), 〈과학으로 푸는 창조의 비밀〉(1994. 김영길 전 한동대 총장과 공저), 〈외계 생명체 논쟁과 기독교〉(2001) 등 20여 권이 있으며 2003-2004년에는 국내 최초로 한국기독교출판문화상 어린이 도서부문 최우수상을 2년 연속 수상하였다. 충북대와 숭실대(환경공학, 석사), 성결교신학대학원(M.Div., 약사신학), 평택대 신학대학원(Th.M., 조직신학), 피어선신학전문대학원(Th.D., 조직신학)에서 수학했고 창조신학연구소를 설립하여 소장으로 있으면서 창조론오픈포럼의 공동대표로 사역하고 있다.

지적 설계

제15장 창조과학과 지적 설계, 양립은 가능한가?

I. 창조과학과 지적 설계

   이 장은 창조과학 운동과 지적 설계 운동이 서로 어떤 관계가 있으며 양립 가능한가의 문제를 다룬다.
   그동안 창조론 운동에 있어 두 운동 사이의 호환 관계에 대한 국내적 연구는 전무하였다. 그래서 두 운동의 색깔과 목적을 혼동하는 사람들이 많았다. 특별히 창조과학 진영에서 지적설계에 대한 오해가 많은 편이다. 아마도 창조과학이 지적설계보다 먼저 시작된 운동이었기 때문에 창조론 운동의 후발 주자인 지적설계에 대한 막연한 동지 의식이 작용하지 않았나 생각된다. 이제는 두 운동 사이의 신학적 차이는 무엇인지 분별의 필요성이 있다고 여겨 추적해 보았다.

Ⅱ. 두 모델을 다루기 위한 신학적 배경

그동안 기독교는 주변 학문들과 오랫동안 다양한 관계의 지평을 열어왔다. 특별히 20세기 들어 이러한 경향은 꾸준히 증가되어 왔다. 기독교와 문화의 관계를 다룬 리처드 니버(H. Richard. Niebuhr)[1]와 기독교와 타종교와의 관계를 종교 다원주의적 입장에서 접근하여 종교에 '새로운 혁명적 사고(Copernican revolution)'를 제공했다고 평가받는 존 힉(John Hick),[2] 기독교와 일반 학문과의 통합의 문제를 양립과 개조와 변혁 등의 측면으로 다룬 로날드 넬슨(Ronald R. Nelson)[3] 등이 있다. 기독교와 정신 분석과의 화해를 시도한 융(C. G. Jüng)[4]과 리브만(Rabbi Liebman)[5] 그리고 이 문제를 종합적으로 다루고자 시도한 에릭 프롬(E. Fromm)[6]은 대표적인 경우이다.

기독교와 과학, 종교와 과학의 관계도 예외는 아니었다. 오히려 다른 어떤 학문 영역보다도 일찍부터 치열한 모색이 있어 왔다. 일찍이 학자들은 전쟁, 갈등, 충돌, 대립, 대화, 조화, 독립, 분리, 상생, 공격, 양자 유익, 공명 등 다양한 단어를 추출해 내었다. 포스트모던 시대의 과학 이슈들에 대해 이들 모든 현상을 한 마디로 설명한다는 것은 불가능하다. 이슈는 다양한 양상을 나타내기 때문이다. 다분히 복합적이다. 그 이유는 어떤 모델은 서로 충돌하나 어떤 모델은 독립적이며 어떤 모델은 조화가 가능하기 때문이다. 그러므로 다원주의 시대를 신학의 눈으로 보기 위해서는 다양한 스펙트럼의 관계를 검토하는 일이 필요하다. 먼저 종교와 과학의 충돌을 말할 때는 불교나 유교보다는 그리스도교를 거론하는 것이다. 그럼에도 역설적으로 현대 과학이 기독교의 토양에서 자랐음은 틀림없는 사실이다. 실제로 현대 과학이 태동할 시기인 17~18세기에 종교, 특히 청교도주의는 과학 발전에 적극적인 기여를 했다는 것은 익히 알려져 있다. 초기 과학 사회학자들에 의해서 제시되었는데, 특히 청교도주의의 진전과 17세기 영국에서의 과학의 부흥기의 직접적 상응관계를 감지했던 로버트 멀톤(Robert Merton)이 그 대표자라고 할 수 있다. 그는 청교도적인 성향이, 지적으로, 과학적 탐구와 추구에 적응성이 더 있었다고 논증한다.[7] 호이카스(Hooykass)는 신앙과 자연 과학의 관계에 대해 좀더 구체적으로 접근한 학자였다.[8] 자연에 대한 사랑, 하나님의 영광, 인간의 복지, 만인 제사장주의와 같은 주제들은 청교도적인 사유 속에 깊이 연관되어서 그들은 자신들이 하는 철저히 실증적인 과학이 교회의 위계 구조나 "왕권신수설"과 같은 것에 대해 자신들이 표현하는 반권위주의(anti-authoritarianism)의 한 표현일 뿐이라고 여겼다고 호이카스는 논의한다.[9] 그들에게는 과학이란 경험에 근거한 것이지, 고대인들의 권위에 근거한 것이 아니다. 그래서 호이카스에게는, 청교도 지질학자였던 나다니엘 카펜터(Nathanael Carpenter)의 과학적 저작들에 편만해 있는 철학적 자유의 정신이 온 분야에 대한 청교도들의 탐험 전체의 상징이었던 것이다.[10] 이런 "협조" 모델의 지지자들은 여러 분야에서 나왔다. 철학에서는 마이클 포스터(Michael Foster)가 "기독교 창조론과 현대 자연 과학의 부흥"이라는 영향력 있는 논문에서 일찍이 이 입장을 옹호했고, 신학자로서는 토렌스(T. F. Torrance)가, 특히 우연적 피조계(a cotingent creation)에 대한 종교개혁의 재발견이 중세사상을 대치한 것을 강조하면서, 이 입장을 지지했으며, 마르크스주의 역사가인 크리스토퍼 힐(Christopher Hill)은 왕정 복고 이후의 영국에서 과학적 진보와 비국교파들(religious dissent)의 밀접한 연관을 발견해 내었다. 화이트헤드(A. N. Whitehead)는 과학의 태동기에 희랍 사유형과 성경적 사유형의 독특한 종합이 시작되었다고 보았다.[11] 최근에는 협조 모델에 대한 다양한 연구 결과가 쏟아지고 있다.[12]

IVP 신학 사전은 과학 신학의 관계에 대해 독립(independence), 갈등(conflict), 상호보완(complementarity), 공생(symbiosis)의 모델로 분류한다.[13] 포스트모던 신학자인 테드 피터스는 과학과 종교가 어떤 영향과 관계를 맺어왔는가에 대해 매우 다양한 측면이 있다는 것을 일찍이 간파하고 연구하는 학자이다.[14] 테드 피터스[15]는 과학과 신학이 관계하는 여덟 가지 입장[16]이 있다고 주장해 왔다. 테드 피터스는 이 8가지 입장을 잘 논증한다.[17] 그는 과학과 신학의 대안적 견해를 다루는 어휘를 통해 이 문제를 접근하고자 하였다.[18] 여기서도 핵심은 그것이 과학적으로 탐지 가능하다는 것이다. 그것은 과학주의(scientism), 과학제국주의(scientific imperialism), 교회권위주의(eccleciastical authoritarianism), 과학적 창조론(scientific creationism), 두 언어 모델(two-language theory), 가설적 조화(hypothetical consonance), 윤리적 중첩(ethical overlap), 뉴 에이지 영성(New Age spirituality)이 그것이다. 그레거슨(Niels Henrik Gregersen)은 자신이 편집한 책에서 다원주의 세상에서 과학과 신학 사이의 대화를 위한 6가지 모델을 제안한다.[19] 이 6가지 모델을 각 전문가가 논증하는 형식을 취하였다.[20] 이안 바버(Ian Barbour)는 「종교와 과학(Religion and Science)」에서 갈등(conflict), 독립(independence), 대화(dialogue), 통합(integration) 이렇게 4가지 이론으로 분류한다.[21] 뎀스키는 과학과 신학의 작용에 대해 상호 무관, 다른 관점, 서로 갈등, 서로 긍정으로 나누고 있다.[22] 물리학을 전공하고 풀러 신학교(Fuller Theological Seminary)에서 신학과 과학 분야의 방문교수로 있는 칼슨(Richard F. Carlson)은 자신이 편집한 책[23]에서 과학과 신학의 문제에 있어 단 하나의 기독교적 입장이란 있을 수 없음을 분명히 한다. 창조론(creationism)적 입장에 생물학계 원로인 웨인 프레어(Wayne Frair)와 화학 물리·고분자학을 전공한 게리 패터슨(Gary D. Patterson),[24] 독립(independence) 이론에 과학사와 과학철학을 전공하고 미생물학으로 박사학위를 받은 진 폰드(Jean Louise Bertelson Pond),[25] 조건적 일치(qualified agreement)에 1990년, 캠브리지 대학에서 과학사와 과학철학을 전공하고 지적 설계 논쟁에도 적극적으로 뛰어들고 있는 스티븐 마이어(Stephen C. Meyer),[26] 이론화 과정에 있는 파트너로서의 과학과 기독교 신학의 파트너십(partnership)의 입장에 미시간 주 그랜드 래피즈(Grand Rapids)에 소재한 칼빈 대학의 물리학 및 천문학 명예 교수로 있는 하워드 반틸(Howard J. Van Till)[27] 등 다양한 견해를 가진 4그룹의 학자들을 등장시켜 이 문제를 다루고 있다.

그렇다면 창조과학과 지적 설계는 어떤 관계일까? 협조일까 갈등일까 독립일까 대화가 가능할까? 관계에 대한 다양한 모델을 개발하고 비교한 위 선배 학자들의 사유를 바탕으로 작은 사족하나 덧붙일 수 있다면 그것으로 만족할 것이다. 이것이 필자의 바람이다.

Ⅲ. 지적 설계의 구조

1. 지적 설계의 배경과 역사

수세기 동안 신학자들은 자연은 자연 자체로는 설명할 수 없고 자연을 넘어선 지성을 필요로 하는 특징들을 보여 주고 있다고 논증해 왔다.[28] 그런 의미에서 설계 논증은 낡은 것이다. 그렇기는 하나 설계 논증은 철학이나 종교시간에 여전히 가르쳐지고 있다. 가장 유명한 설계 논증은 윌리엄 페일리(William Paley, 1743-1805)의 시계공 논증이다.[29] 페일리(Paley)에 따르면 만일 우리가 들판에서 시계를 보았다면, 그 시계가 지닌 지적인 목적에 대한 적합성을 볼 때 그것이 지성의 산물이며 단순히 방향성이 없는 자연적 과정의 결과가 아님을 보증한다. 즉 시계는 한 지적인 목적을 위해 결합된 것이다.[30] 따라서 유기체에서의 목적에 대한 놀라운 적합성은, 전체 유기체의 수준에서든 여러 기관의 수준에서든 그것이 지성의 산물임을 보증한다고 주장한다. 직관적인 호소력에도 불구하고, 페일리의 논증은 최근까지 유효하지 않았다. 데이빗 흄(D. Hume)은 이런 목적론적 논증에 대해 필로(Philo)라는 회의주의자를 등장시켜 반론을 제시했다.[31] 인간의 창작물이란 자연물과 다르므로 자연 속 설계(design)가 지시하는 신이라면 인간 지성과 다르게 반응해야 한다. 자연 속에 불완전성이 내재한다는 것은 자연 속의 설계 또한 불완전할 뿐이다. 이것은 우연에 의한 산물일 뿐이라고 반증하였다.[32] 흄의 주장은 오랫동안 사람들의 마음을 사로잡았고 페일리의 주장은 숨어들어갔다.

하지만 지난 1990년대 설계는 새로운 모습을 가지고 폭발적으로 소생하였다. 과학자들은 설계가 과학적인 이론으로서 엄밀하게 구성될 수 있다는 것을 주장하기 시작했다. 페일리 이후 지난 140여 년 간 설계가 과학의 주류로부터 떨어져 있었던 것은 지적인 원인에 의한 것과 그렇지 않은 것을 구분하는 정밀한 방법이 없었기 때문이었다고 변론한다.[33] 설계가 많은 열매를 맺는 과학적 개념이 되기 위해서는 과학자들은 무언가가 설계되었는지를 확실히 결정할 수 있다고 확신해야만 한다.

즉, 대타가 아닌 그 치유책(The Cure)으로 나타난 것이 바로 '지적 설계'로 알려진 과학 연구의 새로운 프로그램이다.[34] 지적 설계 운동의 흐름은 1991년 출판된 필립 존슨(Phillip E. Johnson)의 저서 「심판대 위의 다윈(Darwin on Trial)」[35]으로부터 촉발되었다. 필자는 사실 이 책이 국내에 번역 되어 소개될 때에 이처럼 한 축을 구축하는 이론으로 발전할지 감지하지 못하고 있었다. 자연신학의 아류를 따라 반짝하다가 소멸될 주장으로 비쳐졌다. 존슨 이전에도 그런 흐름은 있어왔기 때문이다.36) 미 법학자 필립 존슨은 각주 없이 연구 노트(research note)가 달린 논문에서 기원의 문제에 대해 날카로운 통찰력으로 진화론을 논박하며 과학적 증거를 들이대었다. 1995년에는 「위기에 처한 이성」을 통해 자연주의에 대해 신랄히 비판하였다. 존슨은 이런 과정을 통해 지적 설계 논쟁에 적극적으로 뛰어들게 된다.

1996년에는 마이클 베히(Michael Behe)의 『다윈의 블랙박스(Darwin's Black Box)』라는 지적 설계를 옹호하는 책이 나왔다. 카톨릭 신앙 배경의 생화학자인 마이클 베히는 이 책에서 어떤 생화학적 시스템들은 다윈의 메커니즘으로 결코 생성될 수 없다는 주장을 폈다. 베히는 '환원 불가능한 복잡성(irreducible complexity, IC)'이라는 개념을 도입하여 지적 설계의 기준으로 제시하였다. 여기서 주관적인 감정과 달리 경험적으로 지적 설계를 탐지할 수 있다는 주장을 편 것이다. 그 해 L.A.에서 바이올라(Biola) 대학은 크리스천 리더십 미니스트리(1996. 11월 14-17일)를 통해 지적 설계에 대한 모든 전문가들을 망라한 이벤트를 개최한다. 그 내용은 바로 책으로 출판되었다.37)

존슨은 1997년 「다윈주의 허물기」라는 좀 더 대중을 상대한 책에서 지적 설계를 다룬다. 그런데 이번에는 금새 강력한 동조 그룹을 만들고 물줄기를 형성하였다.38) 그 이유는 무엇일까? 존슨이라는 유력 인물의 대표성이 사람들을 움직인 것일까?39) 그것 때문만은 아니었다. 존슨은 다윈의 이론이 자연주의라는 철학과 긴밀하게 연관되어 있다는 것을 보여주었다.40) 또한 그는 창조의 핵심은 타이밍이나 메커니즘이 아니라 목적을 가지고 설계되었다는 데에 있다고 역설하였다.

고전적인 설계 논증은 설계라는 개념, 혹은 설계되었다고 판명할 기준이 명확하지 않은 문제가 있었다. 예를 들면 디오게네스(Diogenes)는 사계절의 배열이 너무도 놀랍고 완벽해서 지성이 개입되지 않고는 불가능한 것이라고 말했다. 하지만 만약 그가 하와이에 살았다면 한 계절만 계속되는 것이야말로 완벽한 것이라고 말하는 것을 어렵지 않게 상상할 수 있다. 설계 논증이 이런 식으로 개인적인 느낌에 크게 의존할 경우 설득력이 없게 된다. 이점을 이해한 지적 설계의 주요 인물들은 1992년 이후 지적 설계에서 주관적인 것을 제거하고 객관화시키는 일에 주력하면서 여러 가지 시도를 했다. 이들의 생각은 과학의 환원주의적 경향이 증폭되면서 이미 예견이 되어왔다. 환원주의란 어떤 대상을 잘 이해하기 위해서는 점점 더 잘게 쪼개어 갈 필요가 있다는 태도이다. 분자생물학에 있어 환원주의는 생물 시스템을 구성하는 부분들의 물리적 상호작용으로 완전하게 이해될 수 있다고 확신한다.[41] 이것은 설계 논증에 바로 채용되었다.

1998년과 1999년 중요한 책이 연이어 출판되었다. 윌리엄 뎀스키(William Dembski)의 『설계 추론(Design Inference)』과 지적 설계(Intelligent Design)가 바로 그것이다. 비로소 지적 설계라는 용어가 단단히 자리 잡는 계기를 만들었다. 이들 책에서 뎀스키는 지적 설계를 탐지하는 과정을 수학과 형식논리학을 사용하여 엄밀하게 구성해내었다. 뎀스키는 지적 설계를 정보 이론으로 기술함으로써 주관적인 느낌 같은 것을 완전히 배제하려고 애를 썼다. 뎀스키는 『지적 설계(Intelligent Design)』의 서문에서 "지적 설계는 하나의 과학적 연구 프로그램이며, 학문 영역에서의 자연주의에 대한 도전이며, 하나님의 활동을 이해하는 한 가지 방법이다"[42]라고 주장하였다. 최근에는 이 운동에 대단히 많은 일련의 학자들이 뛰어들고 있다.[43]

2. 지적 설계의 도구

지적 설계의 상징적 인물 중 하나인 뎀스키는 지적 설계의 세 측면이 '1) 지적 원인의 결과 탐구의 과학적 연구 프로그램과 2) 다윈주의와 그 자연주의적 유산에 도전하는 지적 운동 그리고 3) 신적 활동을 이해하는 방법'[44]이라고 말한다.

이를 위해 도입된 것이 바로 '환원 불가능한 복잡성(irreducible complexity)'[45]이라는 개념이다. 베히(Behe)는 이것을 '어떤 체계가 있어서 그 체계가 여러 요소로 구성되어 있는데 만일 그 중의 한 요소라도 빠지면 전체 체계가 전혀 기능하지 못하는 경우 이것을 환원불가능한 복잡성'이라고 부른다. 베히(Behe)는 다윈(Darwin) 자신의 말을 인용하면서 환원불가능한 복잡성은 자연선택을 통한 점진적인 진화를 통해서는 생성될 수 없다고 주장한다.46) 마지막 요소가 첨가될 때까지 전혀 기능하지 못할 것이므로 무목적적인 자연선택을 통해서는 이러한 복잡성이 형성될 수가 없는 것이다.

베히(Behe)의 주장의 핵심은 분자 생물학은 환원 불가능한 복잡성으로 가득 차 있다는 것이다. 그래서 그것들이 어떻게 진화해왔는가 하는 것은 상상할 수조차 없다.47)

그러나 지적 설계는 다르다. 지적인 원인 작용을 탐지할 때마다 그것들이 찾아내는 밑바닥에 있는 본체는 정보(information)이다. 지적 설계는 정보 이론으로 적절하게 정식화할 수 있다. 그러한 이론에서는 정보는 과학적 탐구의 적절한 대상일 뿐만 아니라 지적 원인 작용의 믿을 만한 지표가 된다. 그러므로 지적 설계는 정보를 탐지하고 측정하며 그 기원을 설명하고 그 흐름을 추적하는 이론이 된다. 지적 설계는 따라서 지적 원인 자체에 대한 연구가 아니라 지적 원인에 의해 유도된 정보의 경로에 대한 연구이다.

뎀스키(Dembski)는 역시 지적설계, 또는 지적 원인 작용은 과학적으로 탐지 가능(scientifically detectable)하다고 주장한다. 그가 도입한 개념은 설명을 찾아내는 여과기(explanatory filter)라는 개념이다.48)

무언가를 설명할 때 먼저 법칙에 의해 설명이 되는지 검사한다. 이것이 첫째, 필터(filter)이다.49) 만일 설명이 충분치 못하면 다음에는 우연으로 설명이 되는지 본다. 이 경우 확률분포에 의해 예측되는 바와 비교함으로써 판단을 내릴 수 있다. 이것이 두 번째 필터(filter)가 되겠다.50) 우연으로도 설명이 되지 않는다면 그때는 설계로 설명이 되는지 검사해본다. 사실은 설계의 산물일지라도 앞의 두 필터(filter)에 걸리는 일도 있을 것이다. 그러나 만일 법칙과 우연에 의해서는 설명이 되지 않는데 설계로 설명이 된다면 이 경우는 설계의 산물임을 확실히 알 수 있다는 것이다.51) 실제로 이렇게 지적설계의 산물을 그렇지 않은 것으로부터 구분하는 방법은 이미 기존 과학에서 존재하는데 예를 들면 법의학, 암호학(暗號學), 고고학 그리고 외계 지적 생명체 탐사(SETI;Search for extraterrestrial intelligence)와 같은 데에서 그렇다.52)

이러한 생각은 정보이론을 통하여 좀 더 엄밀하게 구성될 수 있다. 뎀스키는 '구체화된 복잡 특수 정보(Complex Specified Information; CSI)'라는 것을 정의한다.53) 복잡(complex)이란 말은 확률이 매우 작음을 의미하고 구체화된(specified)이란 말은 그 작은 확률의 사건이 다른 사건들과는 달리 구별되는 특정한 것이라는 의미이다.54) 생명은 정보와 관계가 있다. 우리 몸의 신진 대사(metabolism)와 모든 지적 활동은 DNA와 연결된다. 우리 인간은 DNA의 단백질 합성을 위한 정보 체계를 따라 움직이는 고도의 자동 제어 장치이다. 지적설계 운동가들에게 있어 이 DNA는 정보의 원초적 기원이다.55) 그리고 그 정보는 명백히 CSI이다.

이어서 뎀스키(Dembski)는 정보 보존 법칙(the law of conservation of information)을 정식화한다.56) CSI는 필연을 통하여 생성될 수 없다. 왜냐하면 이 경우 조건부 확률이 1인데 그러면 덧붙여지는 정보는 0이 되기 때문이다. CSI는 우연을 통하여 생성될 수도 없다. 확률이 너무 작기 때문이다. 따라서 자연적인 요인으로는 CSI가 생성되지는 않는다.57)

이로부터 다음과 같은 결론들을 이끌어 낼 수 있다. 첫째, CSI는 자연적인 요인만이 존재하는 닫힌계에서는 일정하거나 감소한다. 둘째, CSI는 자발적(spontaneous)으로나 내생적(endogenous)으로나 자기 조직(organize itself)적으로 생성되지 않는다. 셋째, 자연적인 요인만이 존재하는 닫힌계 안에 존재하는 CSI는 영원히 있어 왔거나 어떤 시점에서 외생적(exogenous)으로 더해진 것이다. 이 말은 지금은 닫혀있는 계가 항상 닫혀있었던 것은 아니라는 것을 암시한다. 마지막으로 유한한 시간 동안만 존재해온 자연적인 요인만이 존재하는 닫힌계는 그 안에 포함하고 있는 CSI를 닫힌계가 되기 전에 어떻게든 받았다.58) 뎀스키(Dembski)에 따르면 CSI는 지적 설계(intelligent design)의 지표가 된다.59)

Ⅲ. 창조 과학의 전제들

창조 과학은 헨리 모리스의 '창조과학(scientific creationism)'을 말한다.[60] 과학적 창조론은 종종 개신교식의 교회 권위주의로 오해받기도 한다. 오늘날 과학적 창조론의 조상은 근본주의이다. 분명 근본주의는 로마 카톨릭이 교회의 권위에 호소한 것과 비슷한 방식으로 성서의 권위에 호소한다.[61]

그러나 근본주의적인 권위주의와 오늘날의 창조과학 사이에는 분명한 차이도 있다. 오늘날의 창조과학자들은 성서의 권위가 아니라 과학의 영역 안에서 자신들의 주장을 개진하고자 한다. 하지만 창조과학자들이 성경을 외면하는 것은 아니다. 창조과학자들은 성서적 진리와 과학적 주장이 상충될 때면, 그때는 공공연하게 과학적 이론들에 반대하는 입장을 취한다. 때로 이 부분이 반대자들에 의해 "틈새를 메우는 하나님(God of the Gaps)"[62]의 비판에 직면하기도 한다.[63] 이것은 화성의 얼굴 소동이나 영국의 스톤헨지, 미스터리 서클 등을 외계인의 활동으로 돌리는 '틈새를 메우는 외계인(alien-of-the-gaps)' 논증도 성립할 수가 있기 때문이다.[64] 아무튼 이렇게 창조과학은 선험적인 종교적 헌신을 가지나 지적 설계는 종교에서 자유롭다. 이것이 둘 사이의 분명한 차이이다. 지적 설계 논쟁을 주도하는 멤버들 가운데 기독교인들이 다수 포함된 것은 사실이나 지적 설계 운동가들은 성경의 창조 이야기에 의존하지 않는다.[65] 그것이 창조과학자들을 포함한 다양한 종교 집단을 지적 설계 논쟁의 풀(pool)로 뛰어들게 만드는 유인책이 되고 있다. 그런 면에서 대단히 근본주의 경향이 강한 한국의 창조과학 운동이 지적 설계 논쟁에 우호적 관심을 갖는 것은 조금은 아이러니컬하다.[66]

과학적 창조론은 창세기 자체를 세계가 어떻게 물리적으로 창조되었는지를 우리에게 말해주는 하나의 전제적 사실로 주장한다. 창조과학에 있어 신은 창조의 첫 순간에 개별적인 유기체들의 종류, 즉 모든 종을 고정(fixity of kinds)시켜 놓았으며, 종들은 진화하지 않는다. 그리고 성서의 진리는 지질학적 사실들과 생물학적 사실들과 충돌하지 않는다.

과학적 창조론의 이론은 주로 ICR(Institute for Creation Research)을 설립

제15장 창조과학과 지적 설계, 양립은 가능한가?

을 주도한 헨리 모리스(H. Morris)와 듀안 기쉬(D. Gish)로부터 정립되었다고 볼 수 있다. 이들은 대체로 그 신학적 신념의 목록 속에 다음의 내용들을 포함시킨다.67) 이 내용은 미 대법원이 참고했던 맥리안 대 아칸소 교육위원회 소송 사건(Mclean v. arkansas Board of Education)의 지방법원에서도 창조론 측의 공식 입장으로 정리하였다.68)

첫째, 세계는 무로부터 창조(creatio ex nihilo)되었다.

둘째, 돌연변이와 자연선택을 진화의 메커니즘으로 설명하는 것은 충분치 못하다.

셋째 현존하는 종들은 고정(fixity of kinds)되어 있으며 한 종이 다른 종으로 진화하는 것(대진화, Macroevolution)은 불가능하다.69)

넷째, 원숭이와 인간의 조상은 다르다.

다섯째, 지질학적 형성은 대격변(catastrophy, 즉 Genesis Flood)을 통해 설명이 가능하다. 예를 들어 산에서 바다 생물의 화석이 발견되는 것은 대홍수를 통해 설명될 수 있다.

마지막으로 지구의 창조는 젊다. 즉 6000년 내지 1만 년 전에 생성되었다.70)

이 중에서 젊은 지구에 대한 주장이 다른 복음주의자들과 많은 마찰을 일으키고 있다. 현대 과학의 주류 학자들은 이들 대부분 주장을 무시한다. 그러므로 기성 과학자들은 창조론자들을 무시해 버림으로써 창조론자들에 대해 손쉬운 승리를 얻으려 한다. 최근까지 반 창조론자로 다채로운 활동을 해 오다가 고인(古人)이 된 하버드 대학의 고생물학자 스티븐 제이 굴드(S. J. Gould)는 '과학적 창조론'이라는 용어 자체가 무의미하며 자기 모순적이라고 말한다. 과학적 창조론자들과 주류 과학자들 간의 전투는 전면적인 것처럼 보인다. 하지만 사실은 그렇지 않다. 창조과학자 그룹 안에는 현직 과학자들이 상당수 포함되어 있다. 창조론 진영은 그들이 과학이라는 군대에 소속된 믿음의 군인들이라고 여긴다.71)

이 싸움은 오늘날 미국에서 법정 공방으로까지 확대되고 있다. 최근에는 우리나라에서도 검인정 교과서 공방이 있었다.72) 과연 신앙의 문제에 대한 법적 투쟁이 옳으냐 아니냐는 쉽지 않은 문제이다. 신앙의 눈으로 볼 때 반드시 진리가 세상 법정에서 승리를 성취한다고 보기는 어렵기 때문이다. 예수님도 세상 법정에서 억울한 십자가형을 받지 않았는가. 이것은 승리의 문제가 아니라 무엇이 지혜로운 대처인가의 문제이기도 하다.

V. 두 모델의 비교

지적 설계 운동이 시작된 지 오래되었으나 두 모델을 비교한 국내의 연구는 전무하다. 하지만 이 문제에 대해 지적 설계의 운동의 삼총사라고 불리는 마이클 비히와 필립 존슨과 윌리엄 뎀스키는 일찍이 자신들의 견해를 밝히고 있다.

지적 설계 운동을 주도하는 필립 존슨은 종교와 과학의 전투에 관해 커다란 흥미를 가지고 있다.73) 그는 종교적 신념으로서의 창조론은 옹호하지 않는다. 하지만 그는 또한 과학 내부의 차원에서 다윈 진화론이 충분히 과학적이지 못하다는 비판을 가한다. 과학적 증거를 분석하는 법률가로서 그는 다윈주의자들이 유물론적 자연주의를 교조적으로 옹호해 왔다고 주장한다. 즉 단순한 화학 물질에서 박테리아로, 그리고 박테리아에서 인간으로 이어지는 진화 과정을 설명하기 위해 비약을 상정하는 이론은 유물론적 자연주의의 근간이 되는 신념을 저버린 증거 불충분의 억측이라는 것을 법적 논리로 명쾌하게 풀어간다. 그러므로 이른바 '진화의 사실'로 표현되는 다윈주의 교리는 반증 증거의 존재 가능성을 과학적으로 정직하게 고려하지 못하게 막는, 사실상의 반종교적 편견이라고 주장한다.74) 그러면서 과학적 창조론과 진화론 간의 미묘한 부분 즉 과학과 종교 간의 전쟁분위기, 과학 제국주의에 대한 보복의 분위기를 지적한다. 그러나 무기가 다르다. 존슨은 자신이 편협한 종교에 대항하여 진정한 과학을 지켜내고 있다고 믿는다. 그의 책략은 다윈주의가 진정한 과학이 아닌 편협한 종교로 간주된다는 사실을 보는 데 있다. 존슨의 관점에서 보면, 전쟁은 진정한 과학과

제15장 창조과학과 지적 설계, 양립은 가능한가?

사이비 과학 사이에서 벌어지고 있는 것이다.

템스키(Dembski)는 지적 설계와 창조과학(또는 과학적 창조론)이라 알려진 창조론 사이를 구별하는 분명한 차이점을 창조과학이 선험적(先驗的), 종교적 헌신을 가지고 있는 반면 지적 설계는 그렇지 않다고 말한다.[75] 과학적 창조론이 세상을 질서 있게 창조한 초자연적 행위자와 그에 대한 성경 기록의 과학성을 고수하는 데 반해 지적 설계는 성경의 이야기에 의존하지 않음을 분명히 한다.[76] 즉 창조과학이 종교적 교리임에 비해 설계한 지성이 어떤 존재인지에 대해서는 설명을 삼간다.[77] 템스키는 창조 연대 문제에 대해서도 창조과학에 전혀 동의하지 않음을 분명히 한다.[78] 지적 설계의 폭은 대단히 넓은 것이다. 창조과학과 지적설계는 분명 색깔이 너무도 다른 운동임을 알아야 한다. 그러므로 지적 설계 논쟁에는 기독교뿐 아니라 로마 카톨릭, 힌두교, 범신론, 이슬람, 유대교, 카발리스트, 영지주의자, 기독교 이단 등등이 모두 뛰어들 수 있는 여지를 제공하고 있다.[79] 다만 한국의 지적 설계 운동이 신앙적 지적 설계 운동(이런 말이 가능한지는 모르겠다)과 같은 색깔을 지닌다면 창조의 시기와 방법에 대해 열려있는 한국의 창조론 오픈 포럼(OFC)과 많이 닮아있다고 본다. 어찌하든 창조과학이 무분별하게 지적 설계 논쟁을 안심할 만한 우군으로 생각하는 것은 완전한 난센스이든지 신학적 미숙성 때문이든지 아니면 창조과학 진영의 반지성적 경향을 스스로 증거하는 것 같아 우려되는 점이 있음을 지적하지 않을 수 없다.

이들 지적설계론자들의 주장을 바탕으로 창조과학과 지적설계 두 진영의 입장은 다음과 같이 정리된다고 볼 수 있다.

1. 신학적 입장

창조과학은 창조과학과 입장이 다른 신학에 대해 냉소적이거나 무관심한 편이다. 이것은 창조과학에 동조하지 않는 신학자들에 대한 창조과학의 반감으로 작용하고 있다.[80] 반면에 지적설계는 이 운동이 자연신학적임을 분명히 표방하고 있다. 지적설계가 좀더 신학화 작업이 앞으로 수월하리라는 예측이 가능해진다. 창조과학은 신학에 무관심한 관계로 자연신학의 역사적 신학적 의미를 간과하고 일방적으로 호감을 가지는 경향이 있다.

2. 신앙관

창조과학은 분명 신앙에 헌신한다. 하지만 지적설계는 종교적 전제를 가지지 않는다.[81]

3. 성경관

창조과학은 성경의 문자적 수용에 헌신한다. 하지만 지적설계는 성경을 옹호하거나 반대하는 것이 아니라 성경과 무관한 운동이다. 과학적 창조론이 세상을 질서 있게 창조한 초자연적 행위자와 그에 대한 성경 기록의 과학성을 고수하는데 반해 뎀스키는 지적설계가 성경의 이야기에 의존하지 않음을 분명히 한다.[82] 지적설계 논쟁을 주도하는 멤버들 가운데 기독교인들이 다수 포함된 것은 사실이나 지적설계 운동가들은 성경의 창조 이야기에 의존하지는 않는다.[83] 그것이 창조과학자들을 포함한 다양한 종교 집단을 지적설계 논쟁의 풀(pool)로 뛰어들게 만드는 유인책이 되고 있다. 그런 면에서 대단히 근본주의 경향이 강한 한국의 창조과학 운동이 지적설계 논쟁에 우호적 관심을 갖는 것은 조금 아이러니컬하다.[84]

4. 창조 연대 문제

창조과학은 창조의 연대에 대해 젊은 연대를 고수하나 지적설계는 창조 연대에 대한 전제가 전혀 없다. 홍수지질학을 지지하지도 않는다.[85] 뎀스키는 지적설계는 창조 연대에 대해 세속의 생물, 물리학적 연구 성과와 양립 가능하다고 주장한다. 뎀스키는 창조 연대 문제에 대해 창조과학에 전혀 동의하지 않음을 분명히 못을 박고 있다.[86]

5. 생명의 기원 문제

창조과학은 성경 창세기에 나타난 종류대로의 창조를 고수한다. 하지만 이 종류(מין, Min)는 생물분류학의 종류가 아니다. 창세기 1장의 종류와 생물 분류학의 종류 개념은 서로 어느 쪽이 맞느냐의 문제가 아니라 서로 언어 자체의 관점이 다르다는 의미이다. 그러므로 이 문제로 창조과학과 세속 생물학이 서로 다툰다는 것은 넌센스이다. 지적설계는 세속 생물학의 생명의 단일 계통설(monophyly)과 다중 계통설(polyphyly) 모두와 양립 가능하다는 입장이다.[87]

6. 종교관

창조과학은 물론 기독교를 전제한다. 지적설계는 기본적으로 불가지론적이지만 모든 주요 유일신교들과 양립이 가능하다. 뎀스키(Dembski)는 지적설계와 창조과학(또는 과학적 창조론)이라 알려진 창조론 사이를 구별하는 분명한 차이점을 창조과학이 선험적(先驗的), 종교적 헌신을 가지고 있는 반면 지적설계는 그렇지 않음을 분명히 밝히고 있다.[88]

7. 설계자 문제

창조과학의 설계자는 성경의 하나님이다. 하지만 지적설계는 그런 전제가 없다. 설계자가 누구인가에 대해 침묵한다. 즉 창조과학이 종교적 교리임에 비해 지적설계는 설계한 지성이 어떤 존재인지에 대해서는 설명을 삼간다.[89]

8. 진화론 문제

물질과 우주 기원, 생물 기원에 있어 모든 진화론적 사고를 창조과학은 거부한다. 지적설계도 무신론적 진화론에는 분명 회의적이다. 하지만 필자의 견해로는 진화론이 만일 설계의 도구로 해석 된다면 앞으로 지적설계는 일정한 진화론(물질과 우주 기원론 등)은 수용도 가능한 쪽으로 흘러갈 것으로 보인다.

이 두 견해를 정리하면 다음 표 15-1과 같이 된다.

〈표 15-1〉 8가지 주요 이슈에 대한 두 모델의 입장 비교

주요 이슈	창조과학의 입장	지적설계의 입장
1. 신학관	신학에 냉소적	자연신학적
2. 신앙관	종교적 헌신	종교적 전제가 없다
3. 성경관	성경 내용에 문자적 헌신	성경과 무관
4. 창조연대	주로 6천년	전제가 없다(세속의 생물, 물리학적 연구 성과와 양립 가능)
5. 생명 기원	종류대로 창조	단일 계통, 다중 계통설 모두와 양립 가능
6. 종교관	기독교적	주요 유일신교들과 양립 가능(기본적으로 불가지론적)
7. 설계자	성경의 하나님	전제가 없다(누가인가에 대해 침묵)
8. 진화론 문제	반대	무신론적 진화론에는 회의적이나 설계의 도구로 해석 된다면 수용도 가능

성경은 특별 계시이다. 자연신학은 특별 계시에 호소하지 않고 일반 계시 안에서 하나님이 계시다는 믿음을 증명하거나 믿음을 정당화하려는 논증이다. 이 논쟁은 지금까지 지속되는 신학사의 논제라 할 수 있다. 이 부분을 도표로 정리해보면 대체로 다음과 같이 정리할 수 있다.

〈표 15-2〉 일반 계시와 자연 신학에 대한 입장

주요 입장	일반계시는 있는가	자연 신학은 유용한가	자연신학으로 충분한가(특별 계시 불필요)
루터와 칼빈	○ (칼빈 쪽이 좀더 호의적)	×	×
복음주의	○	×	×
D.Bloesch/G. Berkouwer/L. Berkhof	○	×	×
E. Brunner	○	호감	×
K.Rahner/C. Pinnock	○	○	×
R. C. C.	○	○	×
지적설계	○	○	?
창조과학	자연신학과 구별 미흡	자연계시와 구별 미흡	×
신복윤 교수	자연신학과 동일시	자연계시와 동일시	×
J. Hick	○	○	○
K. Barth	×	×	×

제15장 창조과학과 지적 설계, 양립은 가능한가?

지적 설계는 존 힉과 브룬너의 견해와 유사한데 만일 기독교 신앙을 가진 지적 설계론자라면 브룬너와 유사할 가능성이 있다. 창조과학은 신앙적이면서도 신학에 대해 냉소적이라 바르트는 지적설계와 창조과학 모두에 대해 부정적이었을 것이다.

여기에는 근본적인 한계가 있다. 바로 창조주를 변증하는 수단이 될지언정 예수 그리스도를 변증하는 한계를 노출한다. 저명한 이론물리학자 존 폴킹혼((John Polkinghorne)은 복음과의 접촉점을 '이전에서 검토된 내용은 나로 하여금 유신론적 우주관을 받아들이도록 이끈다. 내가 이 검토만 가지고 이를 수 있는 결론이란 여기서 멈춘다. 그러나 내가 기독교공동체 안에서 몸담은 진짜 이유는 이천여 년 전 유대 땅에서 있었던 한 사건(예수 그리스도의 성육신) 때문'임을 논증한다.[90]

19세기 동안 자연신학은 강력한 영향력을 유지하여 왔다.[91] 하지만 그 해석은 쉽게 단정을 내릴 수 없는 복잡한 양상을 지닌다. 사람들은 보통 자연신학이 하나님을 찾으려는 인간의 노력이라고 잘못 이해하고 한다. 복음주의도 창조주의 질서의 흔적을 찾는 데 주저하지 않는다. 하지만 복음주의는 성경을 전제하므로 자연신학과 전혀 다르다. 자연신학 사상의 출발점은 자신을 보이시고 구원하시는 하나님이 아니라, 타락한 인간이 된다. 지적 설계는 과학이 발달하면서 자연신학이 보다 세련된 형태로 나타난 것으로 보인다. 그래서 자연신학은 지적 설계와 별로 충돌하지 않는다. 지적 설계 삼총사 중의 한 사람인 마이클 베히가 카톨릭 신자인 것도 그 때문이다.

앤토니 플루(Antony Flew)는 하나님의 존재에 대한 논쟁은 무신의 전제에서 출발해야 한다고 한다. 증명의 책임이 유신론자에게 있어야 한다는 전제이다.[92] 복음주의 과학관은 하나님이 계시다는 믿음을 변호해야 하는 책임이 있다.

통합 이론에 자연신학을 배치하기는 하나 자연신학은 기독교 신념들에 있어 사전 믿음에 대한 헌신이 없어도 이성에 기초하여 하나님에 대한 참된 지식에 이를 수 있다는 신념을 고수한다.[93] 자연이 은총의 영역보다 약

간 낮은 영역이기는 하나 토마스 아퀴나스에 의하면 여전히 하나님이 주신 두 영역 중 하나이다.94)

데이비드 흄(David Hume)은 하나님의 설계에 바탕을 둔 자연신학적 논증에 광범위한 비판을 제기한 대표적인 사람이다. 또한 그는 이 세상에 악이 존재하는 것이야말로 전통적인 하나님의 설계 논증을 악화시키는 것이라는 주장을 폈다.95) 흄의 논증이 모두에게 환영받은 것은 아니다. 아인슈타인은 흄이나 버트란트 러셀의 비판에 동조하지 않는다.96)

1990년대 촉발된 지적 설계는 과거의 자연신학과 다르다고 주장한다. 지적설계는 완전히 과학적인 이론으로 만들어서 철학자들의 설계 논증이나 전통적으로 "자연신학"으로 불렸던 것과 구별하여 지적인 원인의 경험적 탐지 가능성을 열고자 의도한다고 역설한다.97) 자연신학이 자연의 데이터로부터 직접 완벽함을 지닌 기독교의 삼위일체 하나님의 존재와 속성에 대한 논증을 함에 비해 지적 설계는 자연신학보다 더욱 조심스럽고 더욱 강력하다. 자연 설계의 관찰 가능한 특징들로부터 그런 특징들을 생기도록 작용한 지성을 추론한다. 자연신학의 논증이 소박하고 초라한 미숙한 철학적 직관이었다면 설계는 견고한 과학적 연구 프로그램으로 본다.

VI. 복음주의 창조론 운동을 기대하며

기독교 신앙은 하나님이 인간을 찾아오신 복음의 계시에 기초를 둔다. 자연신학은 인간이 하나님을 찾아가는 데 초점을 맞춘다.98) 인간이 하나님을 찾아가는 신학은 복음적이라 할 수 없다. 이것이 기독교가 지적 설계와 자연신학 모두에 선뜻 동의하지 못하는 이유라 할 수 있다.

이런 시대적 배경을 가지고 나타난 지적 설계는 분명 신학적, 철학적 함축이 있는 운동이다. 특별히 지난 세기까지 자연주의의 도전에 조금은 방치되어 있던 신학에 큰 각성을 촉구한 면이 있다. 바르트(K. Barth)는 어떤 종류의 형이상학적 사고도 거부한다. 바르트는 아니오(Nein)에서 성령이 이루시는 것 외에 다른 접촉점을 요구하지 않는다. 성경의 세계관에 나타나는 영적 실재와 하늘의 하나님을 증거하는 말씀들과 자연 계시 및 자연신학은 물론 우주론적 논증조차 거부한다.99) 이와 같은 바르트와 브룬너(E. Brunner)의 자연신학 논쟁 이래 신학은 특수 은총에 관심을 기울여 왔던 것이 사실이다.

또한 그동안 창조론 또는 창조과학운동은 대중 중심이요 맹목적 프로파겐다(propaganda)적이라는 비판에 자유롭지 못하였다. 지성의 강요적 측면이 강하였다. 그래서 자신의 영역 침범에 대해 매우 공격적으로 나서는 반지성적 경향이 강하였다. 이에 비해 지적 설계는 좀 더 유연하다. 종교와 지식인들을 이 토론의 광장에 끌어내고 있다. 이것을 통해 우리는 피조 세계를 어떻게 바라보냐에 따라 한 이론이 얼마나 무궁무진한 해석과 신학적 변신이 가능한가를 또 한 번 알게 되었다. 그러나 이것이 신앙과 신학에 우호적이 됨을 의미하는 것은 아니다. 지적 설계는 보다 포스트모던적일 뿐이다. 지적 설계는 여전히 전제되지 않은 변증의 위험성에 노출되어 있다. 오히려 복음의 진리를 훼손할 가능성도 존재한다. 복음은 아무리 포스트모던 시대라 해도 모든 종교 세력을 복음의 광장으로 부르지는 않는다. 또한 자연이 하나님에 관한 지식에 관한한 불완전하고 불충분하며 칼빈에게 있어서도 늘 부정적이었던 것은 사실이다. 창조주를 알 수 있는 지식은 예수 그리스도 안에서 우리에게 제시하는 믿음과 결합하지 않으면 아무 쓸모가 없다.100)

하지만 하나님은 인간의 타락 이후에도 창조물 속에서 끊임없이 스스로를 나타내심은 분명하다. 우리는 그것을 깨닫지 못하게 되었을 뿐이다. 타락이 없었다면 자연도 사람들에게 하나님에 대한 유효한 지식을 주었을 것이다. 자연은 아직도 하나님의 피조세계요 섭리의 터전이다. 거듭난 자들의 거듭난 지식 안에서 일반 은총은 섭리와 하나님 지식을 끄집어 낼 수 있다.

해체를 통해 다시 질서를 찾아가고자 하는 인간의 보다 정교한 시도가 포스트모던 시대에 던져졌다. 이러한 포스트모던 시대에 일반계시의 영광을 회복할 수 있는가는 큰 과제로 던져졌다. 지적 설계는 정교하고 과학적이기는 하나 신학적 함축에 있어서는 여전히 불안정하다. 왜냐하면 복음주의는 자연 계시를 긍정하나 자연신학을 분명 부정하기 때문이다. 앞서 지적하였듯 지적 설계가 창조와 창조주를 내포한다는 점에서 기독교의 관심을 끄는 것은 사실이다. 그러나 성경을 배제한 채 모든 종교와 과학자, 철학자를 대화의 장터로 끌어들였다는 점에서 신학과 색깔을 달리한다. 신학은 신앙을 추구하는 학문이다. 신앙의 학문이란 창조와 타락과 구속이라는 기독교적 틀 안에서 전개하는 학문이라는 의미이다. 그런 의미에서 보면 신학은 여전히 배타적이다. 하지만 지적설계는 유연하다. 이 점이 불완전함에도 혹시 신학의 배타적인 면을 메워줄 구원 투수가 될 수 있지도 않을까하는 희망을 버리지 않게 한다. 신학과 과학은 분명 이 운동에 힘을 실어주고 있다.[101] 그러므로 이제 출발을 시작한 이 운동에 대해 조금 더 여유와 인내심을 갖고 신앙의 눈으로 지켜볼 필요가 있다고 본다.

각주

1) H. Richard. Niebuhr, *Christ and Culture* (New York: Harper Colophon Books, 1975).

2) John Hick, *God has Many Names* (Philadelphia: Westminster Press, 1982); *An Interpretation of Religion* (New haven: Yale University Press, 1988).

3) Ronald R. Nelson, *The Reality of Christian Learning* (Grand Rapids: Eerdmans, 1976).

4) C. G. Jung., *Psychology and Religion* (Yale University Press, 1938).

5) Rabbi Liebman, *Peace of Mind* (New York: Simon & Schuster, 1946).

6) Erich Fromm, *Psychoanalysis and Religion* (New Haven: Yale University, 1950).

7) Robert K. Merton, "Science and Society in the Seventeenth Century," Osiris 4(1938), 360-632. 드래퍼(Draper)가 "현대 과학은 종교개혁의 적법한 자매-아니 쌍둥이 자매라고 할 수 있다."고 인정한 것은 흥미롭다.

8) Hooykass, *Religion and the Rise of Modern Science*.

9) R. Hooykass, "Science and Reformation," *Journal of World History* 3 (1956): 109-39와 "Puritanism and Science," *Science and Belief: From Copernicus to Darwin,* Block 3 : *Scientific Progress and Religious Dissent* (Milton Keynes: Open Univ. Press, 1974), 7-32를 볼 것.

10) R. Hooykass, *Philosophia Libera*: *Christian Faith and the Freedom of Science* (London: Tyndale, 1957).

11) M. B. Foster, "The Christian Doctrine of Creation and the Rise of Modern Natural Science," *Mind* (1934), 446-68; Thomas F. Torrance, *Theological Science* (London: Oxford Univ.

Press, 1969), 59-61; Christopher HIll, *Intellectual Origin of the English Revolution* (London: Oxford Univ. Press, 1965); Alfred North Whitehead, *Science and the Modern World* (Cambridge: Cambridge Univ. Press, 1926), 13-14

12) 다음을 참고할 것. Ian G. Barbour, *Issues in Science and Religion* (New York : Harper & Row 1971); John Dillenberger, *Protestant Thought and Natural Science : A Historical Interpretation* (London : Collins, 1961) ; Eugene M. Klaaren, *Religious Origins of Modern Science: Belief in Creation in Seventeenth Century Thought* (Grand Rapids: Eerdmans, 1971); Peter Hodgson, "The Judaeo-Christian Oigin of Science. *The Ampleforth Journal* (1974), 39-44; Richard Westfall *Science and Religion in Seventeenth Century England* (New Haven: Yale Univ. Press, 1958); Charles Webster, ed., *The Intellectual Revolution of the Seventeenth Century* (London: Routledge & Kegan Paul, 1974); idem, *The Great Instauration : Science, Medicine and Reform* 1626-60 (London : Duckworth, 1975).

13) Sinclair B. Ferguson, *New Dictionary of Theology* (Downers Grove: IVP, 1988), 625-27.

14) 테드 피터스는 Gilkey, van Huyssteen, Pannenberg, Torrance, Peacocke, Polkinghorne 그리고 Russell로부터 그 영향을 받았음을 고백한다. 그러면서 자기의 견해 중 ethical overlap과 결합한 hypothetical consonance에 관심이 많다. 이러한 입장이 테드 피터스에게 있어 지금까지 연구된 피조세계로 보여지는 우주의 결과를 를 바라보는 데 있어 신학과 과학이 상호 관련되고 있음을 허락한다.

15) 테드 피터스(Ted Peters)는 미국 태평양 루터교 신학대학, 버클리 연합신학대학원(GTU) 교수이며 CTNS 강의 지원 프로그램 소장으로 *Science and Theology: A New Consonance*의 편저자이다.

16) Ford, *The Modern Theologians*, 650-54.

17) 물론 이안 바버(Ian Barbour)는 기포트 강연(Gifford Lectures)에서 갈등, 독립, 대화, 통합의 네 방식으로 제시한 적이 있고 여러 학자들이 종교와 과학의 문제에 대해 갈등과 화해와 융합 등으로 묶는 작업을 해왔다.
18) Dembski는 생화학자 Behe가 말하는 "irreducible complexity"나 물리학자 David Bohm이 말하는 "활동적인 정보(active information)"나 수학자 Marcel Schutzenberger의 "기능적 복잡성(functional complexity)"이나 자신의 "복잡 특수 정보(CSI;complex specified information)"를 결국 같은 실재에 대한 여러 표현으로 본다.
19) Niels Henrik Gregersen and J. Wentzel van Huyssteen *Rethinking Theology and Science* (Gradrapids: William B. Eerdmans Publishing Company, 1998).
20) 과학과 신학의 갈등과 공명을 넘어서는 postfoundationalism에 대해서는 J. Wentzel van Huyssteen이, 대화에 대한 critical Realist perspective에 대해서는 Kees van Kooten Niekerk, naturalist stance에서 본 과학 이미지의 중요성에 대해서는 Willem B. Drees, 종교와 과학에 대한 실용적 접근은 Eberhard Herrmann, complementary perspectives로서의 과학과 종교는 Fraser Watts, 그리고 과학과 종교의 대화를 위한 contextual Coherence에 대해서는 그레거슨(Niels Henrik Gregersen)이 각각 다루고 있다.
21) Ian G. Barbour, *Religion and Science*, (New York: Harper, 1997), 77-103.
22) Dembski, *Intelligent Design*, 187-205.
23) Richard F. Carlson ed., Science & Christianity Four Views (Downers Grove: IVP, 2000).
24) Ibid., 19-66.
25) Ibid., 67-126
26) Ibid., 127-94.
27) Ibid., 195-254.

28) Minucius Felix와 Basil the Great(3-4세기) 같은 교부들로부터 Moses Maimonides 와 Thomas Aquinas(12-13세기) 같은 중세 스콜라 철학자들, Thomas Reid와 Charles Hodge(18-19세기) 같은 개신교 사상가들에 이르기까지 신학자들은 설계 논증, 그리고 자연의 자료로부터 자연을 넘어선 지성이 작용한다는 결론을 이끌어 내는 논증을 해 왔다.

29) William Paley, *Natural Theology* (Boston: Gould & Lincoln, 1852).

30) Burril, *The Cosmological Argument*, 165-70.

31) Ibid., 184-91.

32) Ibid.

33) William A. Dembski, *Intelligent Design* (Downers Grove: IVP, 1999), 105-109.

34) Ibid.

35) Phillip E. Johnson, *Darwin on Trial* (Regnery Gateway, Inc, 1991).

36) 1970-1980년대 이미 C. Thaxton, W. Bradley, M. Denton, Dean Kenyon 등의 작업이 있어 왔다. 이들은 꾸준히 다윈주의를 과학적, 철학적으로 비판하여 왔다.

37) *Mere Creation*, edited by W. A. Dembski, (Downers Grove: IVP, 1998).

38) P. Johnson 책이 나온 후 바로 이듬 해인 1992년 미 Southern Methodist University에서 "다원주의 :과학인가 철학인가?"라는 주제의 대대적 Conference가 열리게 되었다.

39) P. Johnson은 하버드와 시카고 대학원을 나오고 미 UC 버클리 대에서 30여 년간 법학을 가르쳐 왔고 미 대법원장 Earl Warren의 법률고문이었으며 형법 분야에서 널리 사용되는 여러 교과서를 저술한 인물이다.

40) Johnson, *Darwin on Trial*, Chapter 10.

41) Daniel Dennett, *Darwin's Dangerous Idea* (New York: Simon & Schuster, 1995), 153.

42) Dembski, *Intelligent Design*, preface.

43) 1996년 11월 14-17일 미 Biola 대학에서 CCC 주최로 개최된 Christian Leadership Ministry (CLM)의 intellectual event에 함께한 주요 학자들의 전공과 직책을 보면 그 면면이 대단히 다양함을 할 수 있다. Johnson, Dembski, Behe 외에도 Rich McGee(Philosophy, CLM Director), Walter Bradley(Michanical Engineering, Texas A & M University), Sherwood Lingenfelter(provost, Biola University), J. P. Moreland(Philosophy, Talvot School of Theology), Paul Nelson(editor of Origin & Design), Pattle Pun(Biology, Wheton College), J. M. Leynolds(Philosophy, Biola University), Jeffrey Schloss(Biology, Westmont College), Henry F. Schaefer Ⅲ, Nancy R. Pearcey, Del Ritzsch, Hugh Ross, Robert C. Newman 등이 함께 하였다. 휴 로스나 로버트 뉴먼 같은 강력한 반창조과학자(anti-creationist)들이 참석한 반면 창조과학자들이 전혀 눈에 띄지 않았다.

44) Dembski, Ibid., 13.

45) Michael Behe, *Darwin's Black Box* (New York: Fress Press, 1966), 39-45.

46) Ibid.

47) 실제로 Journal of Molecular Evolution 같은 잡지에서는 이제까지 대략 천 편 가량의 논문이 발표되었는데 그 중 100편 정도는 생명의 기원에서의 화학반응에 대해서, 50편 정도는 서열 분석을 위한 수학적 모델에 대해서, 800편 정도는 서열 분석을 다루고 있다. 그러나 복잡한 생화학적 구조의 진화에서의 전이형태에 대한 모델 같은 것에 대해서는 단 한 편의 논문도 발표된 바 없다.

48) Dembski, *Intelligent Design*, 133-34.

49) Ibid.

50) Ibid.

51) Ibid., 127-29.

52) Ibid.

53) Ibid., 159-60.

54) 예를 들어 포커 게임에서 royal flush를 잡을 확률은 0.000002에 해당한다고 한다. 그러나 별 의미없는 카드를 잡았다고 해도 바로 그 카드를 잡을 확률은 명백히 0.000002에 해당한다. 그러나 royal flush의 경우만 특수(specified)하다고 말할 수 있다.

55) Stephen C. Meyer, "The Explanatory Power of Design," *DNA and the Origin of Information, Mere Creation edited by W. A. Dembski* (Downers Grove: IVP, 1998), 113-47.

56) Dembski, Ibid., 170-77.

57) Ibid.

58) Ibid., 179.

59) Ibid.

60) 이 말은 미국 창조과학 운동을 주도한 헨리 모리스의 저서 Scientific Creationism으로부터 기인한다.

61) Ford, *The Modern Theologians*, 651.

62) '단절의 하나님'(「아가페 신학사전」), '간격의 하나님'(창조과학회 초기 뉴스레터 「창조」 1-5호 참조), '빈틈의 하나님'(「지적 설계」) 등으로 번역되고 있으나 필자는 '틈새를 메우는 하나님'이 더 자연스러운 번역으로 생각된다.

63) 이 부분의 논쟁에 대해서는 Dembski가 편집한 *Mere Creation (Downers Grove: IVP, 1998)* 139, 314-16, 321-28, 381을 볼 것.

64) Del Ratzsch, *Science and Its Limits* (Downers Grove: IVP, 2000), 114.

65) Dembski, *Intelligent Design*, 247.

66) 「지적 설계」, 「다윈의 블랙박스」, 「심판대 위의 다윈」 등 핵심적인 지적설계 운동에 관한 책들이 모두 창조과학 또는 관련 측근들에 의하여 번역이 되었다.

67) D. T. Gish, H. M. Morris의 일련의 책. 특히 Gish의 *Evolution: The Fossils Say No!*, Morris의 *Scientific Creationism*을 참고할 것.

68) Ronald Numbers, *The Creationists* (New York: Knopf, 1992), x.

69) H. M. Morris, *The Remarkable Birth of Planet Earth* (Minneapolis: Bethany Fellowship, 1978), vi; D. T. Gish, *Evolution : The Fossils Say No!* (Sandiago: CLP, 1973), 24.

70) 미국 ICR (Institute for Creation Research)의 영향을 받은 한국의 창조과학회의 기본 입장도 과학적 창조론과 큰 차이가 없다. 다만 한국의 창조론 운동(한국창조과학회; KACR)은 구체적인 신앙적 교리 선언이 없을 뿐이다.

71) Ford, *The Modern Theologians*, 651.

72) 조덕영, 「기독교와 과학」의 부록을 참조할 것.

73) Johnson, *Darwin on Trial*, 1-14.

74) P. Johnson은 "주된 문제는 편견이다. 왜냐 하면 과학 지도자들은 자신들이 종교적 근본주의자들과 처절한 전투를 벌이고 있다고 여기기 때문이다. 여기서 근본주의자란, 세상의 일들 속에서 능동적인 역할을 하는 창조자의 존재를 믿는 사람 모두에게 과학자들이 붙이는 꼬리표다." 하지만 억지주장을 하는 쪽이 어느 쪽인지를 수사적으로 물으면서, 존슨은 다원주의자들이 종교적인 태도와 편협한 교조주의를 갖고 있으며 그들의 소중한 이론에 도전을 제기할 수 있는 증거를 검토하기를 꺼린다고 고발한다. "과학 기구들은 다원주의를 검증하려 하기보다는 이를 비호하는 데 전념한다. 그리고 과학적 검증의 규칙들은 이들의 성공을 돕는 방향으로 형성되어 왔다."고 본다.

75) Dembski, *Intelligent Design*, 247.

76) Ibid.

77) Ibid., 248.

78) Ibid., 249-250.

79) 한국에서도 한국창조과학회뿐 아니라 주요 기독교 교단들이 이단시 하는 만민중앙교회가 운영하는 창조과학을 표방한 단체까지 관심을 가지고 뛰어들고 있다.
80) 버나드 램(B. Ramm)은 아주 탁월한 보수주의 복음주의 조직신학자이나 램이 헨리 모리스와 다르다는 이유로 창조과학 진영에서는 철저히 배척받고 있다.
81) Dembski, *Intelligent Design*, 247-249.
82) Ibid., 247-252.
83) Ibid., 247.
84) 「지적설계」, 「다윈의 블랙박스」, 「심판대 위의 다윈」 등 핵심적인 지적설계 운동에 관한 책들이 모두 창조과학 또는 관련 측근들에 의하여 번역이 되었다.
85) Ibid., 252.
86) Ibid., 249-250, 252.
87) Ibid., 250.
88) Ibid., 247.
89) Ibid., 248.
90) J. Polkinghorne, *The Way the World Is* (London: SPCK, 1983), 33.
91) 예를 들어서 Robert M. Young, "Natural Theology, Victorian Periodicals and the Fragmentation of a Common Context," *Darwin to Einstein: Historical Studies on Science and Belief* ed. Colin Chant and John Fauvel (Harlow : Longmen,1980), 69-107; John Hedley Brooke, "The Natural Theology of th Geologists: Some Theological Strata," *Images of the Earth: Essays in the History of the Environmental Sciences*, ed. L. J. Jordanova and Roy Porter (Chalfont St. Giles: British Society for the History of Science, 1979), 39-64; Dov Ospovat, "Perfect Adaptation Teleological Explanation: Approaches to

the problem of the History of Life in th Mid-Nineteenth Century," *Studies in the History of Biology* 14 (1981): 193-230, idem, *The Development of Darwins Theory: Natural History, Natural Theology, and Natural selection* 1838-1859 (Cambridge: Cambridge University Press, 1981).

92) Antony Flew, *The Presumption of Atheism* (London: Pemberton, 1976), 14.
93) Millard J. Erickson, *Christian Theology* (Michigan: Baker Books, 1998), 180-81.
94) Ibid., 181.
95) David Hume, *Dialogue Concerning Natural Riligion* (New York: Social Science Publishers, 1948).
96) J. P. Moreland, *The Creation Hypothesis* (Downers Grove: IVP, 1994), 243.
97) Dembski, *Mere Creation*, 16-17.
98) Thomas C. Oden, *The Living God* (New York: Harper & Row Publishers, 1987), 6.
99) arl Barth and Emil Brunner, *Natural Theology*, trans. Peter (London: The Centenary Press, 1946), 71; *CD* II/1.
100) Calvin, *Inst.*, 1. 6. 1.
101) 1996년 출판된 Behe의 책은 과학지(誌)인 *Science*와 *Nature*, 그리고 *New York Times*나 *Wall Street Journal* 같은 저명한 저널에서 비평되었다. *Christianity Today*는 "올해의 책"으로 선정하였다.

장혜영
고신대학교 생명과학부 명예교수

생리생화학, 분자생물학을 전공한 필자 장혜영은 경북대학교 사범대학 생물과에서 이학사(B.S.)를, 미국 Univ. of Kansas 생화학과에서 이학박사(Ph.D.)를, Univ. of California-Davis 분자생물학과에서 Post. Doc.을 하였다. 현재 고신대학교 생명과학부 명예교수로 재직하면서 부산 망미제일교회 권사로 섬기고 있다.

지적 설계

제16장 생명체의 적응능력, 또 하나의 설계증거

생물체가 생존하기 위한 특성 중 하나는 그들에게 주어진 외적 또는 내적 변화에 대하여 반응할 수 있는 능력이 있어야 한다. 여기에 포함된 특성을 반응 과정(responsive process)이라 부른다. 이들은 무릎반사와 같은 개인의 빠른 반응의 자극을 받았을 때 아주 빠르게 일어남으로써 많은 위험한 순간들로부터 보호하는 무조건 반사운동이라든지 또는 뱀, 개구리, 곤충 등 육생의 변온동물의 경우 바람이 적은 따뜻한 장소를 선택하여 겨울잠에 들어가거나 또는 폐어의 여름잠은 생명을 유지하기 위한 환경에 적응하는 예로 설명될 수 있다.

만일 인체의 건강을 유지하기 위해 운동을 하는 경우에도 인체에 변화가 일어나고 여기에 대한 반응이 일어나게 된다. 즉 심장 박동 수가 증가될 것이고 또한 산소 소모가 증가하여 일시적으로 인체의 항상성을 붕괴시키려고 한다. 이러한 변화에 대하여 호흡계와 순환계는 각각 호흡활동을 증가시키고 또한 혈액순환을 증가시켜 항상성을 유지하려는 활동이 일시적으로 증가하는 것도 반응(response)이라고 할 수 있다. 그러나 같은 운동을 장기간 반복한다면 그 자극에 대하여 항상성을 잘 회복할 수 있는 방향으로 기능이 향상되는데 이를 적응(adaptation)이라고 한다.

하나님께서는 생명체의 특성에 따라 가장 잘 적응될 형태로 생명을 만드셨고 현재 우리가 볼 수 있는 생명의 놀라운 적응성이 설명되며, 따라서 현재 우리가 볼 수 있는 생명의 놀라운 적응성이 나타나게 되는 것이다. 이것은 초자연적인 전능하신 창조주의 작품의 증거를 가리키고 있는 것이다. 이런 능력은 새로운 생물의 종으로 진화하는 것이 아니라 생물체를 오히려 생존할 수 있도록 보호하고 방어하는 하나님의 창조의 지적 설계의 능력이라고 볼 수 있다. 그러므로 환경에 대한 다양성의 차이는 그 생물 종 마다 특이하게, 그리고 정교하게 나타나는 종 특이성(Species Specificity)으로 나타내어지는 것이다. 이 장에서는 생명체의 적응능력, 생명체의 온도에서의 적응, DPG와 고산적응, 후성학의 영향, 형태변형과 적응 등에 관해 살펴보고자 한다.

I. 생명체의 적응능력

동물의 항상성은 외부변화와 이 변화에 반대로 작용하는 동물의 내부조절 기작 사이의 균형이다. 동물세포들을 둘러싸고 있는 세포사이액은 외부환경과 매우 다르며 항상성 기작은 내부환경의 변화를 조정하는데 대체적으로 음성되먹임(negative feedback)과 관련한다. 이처럼 동물들이 환경과 상호작용하는 방법에 매우 중요하게 영향을 미치는 기본적인 요소는 동물의 형태와 기능이다. 이들은 서로 관련되어 있기 때문에 해부학은 생물학적 기능에 대한 실마리를 제공해 준다. 예를 들어 공기의 온도가 체온보다 2~3℃ 정도까지 올라가면 토끼의 귀색깔이 창백하게 변한다는 사실이 알려졌다. 이런 귀색갈의 변화는 뜨거운 환경에 반응하여 귀로 가는 혈관이

좁혀짐을 반영하는 것이다. 따라서 귀로 가는 혈액량이 감소하게 되고 귀에서 더 이상 열 흡수가 일어나지 않으므로 체온이 더 이상 올라가지 않는다.

인간과 다른 포유동물에서의 체온조절은 되먹임 기작에 의하여 촉진되는 하나의 복잡한 시스템이다. 체온조절을 제어하는 감각기들은 시상하부에 집중되어 있으며 시상하부는 자동온도장치로 작동하는 한 무리의 신경세포들을 포함하고 있다. 상승된 체온에서 자동온도장치는 열보존 기작을 중단하고 혈관이완, 땀흘림, 헐떡거림 등으로 몸을 냉각시키며 정상범위 아래의 체온에서는 열손실기작을 억제시키고 혈관의 수축과 털의 곤두세움과 같은 열보존 기작을 활성화시킨다. 특히 조류와 포유류에게는 체온조절의 기능이 갖추어져 있으며 외부온도에 관계없이 체온을 일정하게 유지하여 활동을 계속할 수 있다. 또한 적절한 온도범위에서는 단순히 몸으로부터의 방열을 조절함으로써 일정한 체온을 유지할 수 있다.

그러나 세포의 온도가 갑자기 상승할 경우 하나의 특수한 유전자 집단인 열충격 단백질(HSP; Heat Shock Protein) 유전자를 유도하여 높은 온도에서 세포가 계속 생존할 수 있도록 보호작용을 한다고 알려져 있다(1). 따라서 생물학적 변화에 대한 가장 중요한 메커니즘들은 창조되었고, 그것들은 각각의 생물 종류들 내에서만 작동되도록 나타난다는 것이다.

또한 어떤 동물은 물이 따뜻해지거나 차거워지더라도 내부환경을 물 온도에 순응하는 경우가 있는데 이런 경우를 특정한 환경변수에 대한 순응자(conformer)라고 한다. 이토록 동물은 환경에 대하여 내부 상태를 조절하는 반면 그 환경에 대한 내부상태를 순응하도록 되어 있다. 이와 같은 반응들은 즉각적인 반응들이며 DNA에 저장된 정보로부터 생겨난 생리학적 변화라고 볼 수 있다. 특히 생물계에서 관측되고 있는 빠른 변화들이나 또는 주어진 환경에 따라서 갑작스런 어떤 물질의 출현이나 사라짐 등과 같은 것들이 시기적으로 그리고 공간적으로 잘 조율되어진 시스템으로 나타나게 된다(2).

II. 온도의 적응

세포의 온도가 갑자기 상승할 때 하나의 특수한 유전자 집단인 열충격 단백질 (HSP; Heat Shock Protein) 유전자를 유도하여 높은 온도에서 세포가 계속 생존할 수 있도록 보호작용을 한다고 알려져 있다. 열충격단백질은 초파리에서 열충격을 가한 후 염색체의 팽창(puffing)이 일어남을 관찰한데서 그 이름이 기인하였다(3). 갑작스러운 변화와 같은 외부의 스트레스에 의해 생성되며 생명체 유지에 매우 중요한 역할을 한다는 사실이 밝혀지고 있다.

일반적으로 세포는 높은 온도에서는 단백질의 올바른 접힘이 제대로 이루어질 수 없기 때문에 이런 상태에서 발현된 단백질은 그 활성을 제대로 나타낼 수 없다. 따라서 세포는 열충격 단백질을 만들어 변성된 단백질의 잘못 접힘을 막거나 단백질의 적절한 운반을 도와줌으로써 일시적인 내열성을 유발하여 생명을 유지하는 것으로 알려져 있다. 이러한 열 충격 단백질은 열충격 이외에도 다른 환경적인 스트레스에 의해서 다양한 양상으로 발현이 증가한다고 한다. 즉 냉충격을 비롯한 염증, 자외선 조사, 바이러스 감염 등 중금속, 무산소증 및 각종 산화제 노출과 같은 여러 환경적 스트레스에 의해 세포질 내 농도가 증가하며 스트레스로 인한 변성된 단백질에 결합해 본래의 활성을 회복하도록 하는 molecular chaperone의 역할을 하는 것으로 알려져 있다(그림 16-1).

제16장 생명체의 적응능력, 또 하나의 설계증거

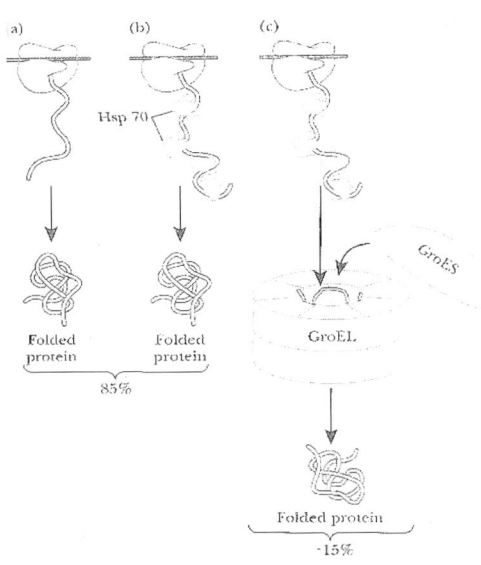

[그림 16-1] 부적합한 결합을 예방하여 변성된 단백질의 활성을 돕는 Molesular chaperones의 모습. (a) 독립적으로 주름 접힌 샤프롱의 모습. (b) 샤프롱의 도움으로 활성화 된 주름 접힌 모습 : a와 b에 나타난 두 가지 메커니즘에 위해 열충격단백질 Hsp 70의 약 85%가 주름이 접히게 된다. (c) 샤프롱, GroEL과 GroES에 의해 활성화된 단백질의 주름 접힌 모습

열충격단백질은 분자량과 아미노산 서열의 유사성에 따라 구분할 수 있는데 대표적인 열충격단백질로는 Hsp 27, 47, 70, 90 등이 있다. 이들은 모두이 단백질이 가지는 분자량(Molecular Weight)을 나타내며 이들 중 Hsp 70은 열충격에 의해 발현되는 단백질 중에 가장 많은 부분을 차지하는 단백질로서 Barbe 등의 연구에 의하면 쥐에서 비치명적인 열충격이나 강한 빛에 노출되었을 때 망막 광수용체세포의 변성을 막아 주는 것으로 밝혀졌다(5). 그리고 이는 또한 눈조직에서도 세포손상의 억제에 중요한 역할을 하는 것으로 간주되고 있는 것으로 최근 보고되고 있다. 즉 열충격 단백질은 원핵과 진핵세포에서 모두 발견되어지며 세포가 고온에 노출되었을 때 부분적으로 변성된 단백질들을 안정화시키고 재접힘을 중개하는 것으로 생각하고 있다.

그러나 변온동물의 경우 체온은 외계의 온도변화에 따라 변하므로 대사나 활동성은 외부온도의 영향을 직접 받지만 그 받는 방법은 종에 따라 다르며, 각 종은 생식환경의 온도에 대응한 고유의 온도 특성을 가진다. 이러한 변화는 다양한 온도에서 막의 유동성을 유지하도록 한다. 즉 빙점이하의 체온을 가지는 어떤 동물들은 세포에서 얼음의 형성을 방해하는 부동(antifreeze)화합물을 생산하여 그들 스스로를 보호한다(7). 최근 차가운 해저와 극지방에서 사는 가자미나 갈치 등에서 3가지의 다른 유형의 AFP(antifreeze protein: AFP)가 분리되어 그 구조를 확인하였다(8). 또한 겨울넙치에서 확인한 바로는 서로 다른 두 가지 부동액 유전자형을 지니고 있으며 AFP를 혈액과 상피조직에 공급하며 이들은 상보적으로 부동액(Antifreezer)의 역할을 담당하고 있다고 보고되고 있다. 그러므로 북극과 남극 바다에서도 그들 체액 속에 있는 이러한 화합물 덕택에 생존할 수 있다(9).

III. DPG(2,3-Dihospho-Glycerate)와 고산적응

헤모글로빈과 산소 친화도는 변화하기 쉽고 적혈구내의 여러 조건에 의존된다. 이것은 Pco_2, 온도, 유기인산 ligand(예; DPG) 혹은 ATP, 혹은 pH 감소에 의해 줄어든다. 즉 혈액속의 헤모글로빈이 산소결합력에 지대한 효과를 나타내는 다른 중요한 요소는 DPG와도 결합을 한다는 것이다. DPG는 세포의 호흡과정 중 해당과정 중의 한 산물로 전기적으로 음전하를 가지는데 헤모글로빈의 양전하를 띠는 아미노산 사이의 상호작용으로 결합을 할 수 있다(10). 포유동물에서의 DPG의 기능적 중요성은 낮은 산소 조건하에서도 조직으로의 산소 방출을 이끄는 것으로 알려져 있다(11). 포유동물의 적혈구는 높은 농도의 DPG가 존재하는데 헤모글로빈과 DPG는 사람의 적혈구내에 거의 동량이 존재한다. 그러나 혈액의 낮은 산소 수송은 더 높은 산을 오를 때 빈번히 발생한다. 기압과 공기 중에서의 산소 부분압 모두는 고도에 따라 감소한다. 그러나 고도 증가에 따라 발생되는 DPG 증가는 24시간 내에 일어나는데 대략 3,000m 고도에서는 DPG가 약 10%씩 증가한다. 결과적으로 감소된 산소친화도는 조직으로의 산소수송을 증가시키지만, 역으로는 폐에서의 산소흡수에 영향을 준다. 일부 척추동물에서는 물고기의 ATP 혹은 새에서의 inositol phosphate와 같은 다른 인산화된 화합물이 적혈구에 집중되어 있고 DPG보다 헤모글로빈의 산소친화도에 더 큰 영향을 갖는 경우도 있다.

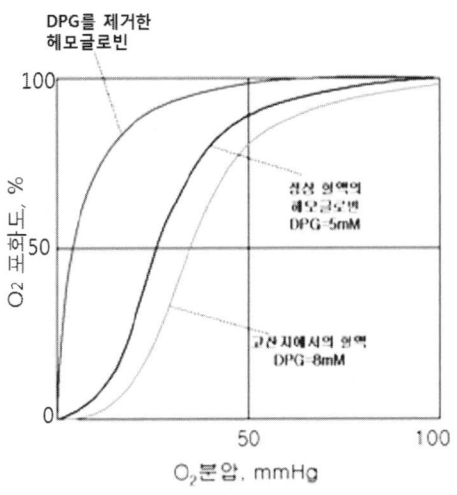

[그림 16-2] 정상의 경우와 고산지대에서의 DPG 농도에 따른 산소 방출

    DPG의 존재 하에서는 Hb의 50%의 산소포화도는 산소분압 26토르에서 일어나지만 혈액 속에 DPG가 존재하지 않는 경우에는 헤모글로빈의 산소 결합력은 훨씬 강해짐으로써 산소분압 1토르에서 50%의 산소포화도를 보인다. 이 경우에는 모세혈관에서의 산소의 방출은 거의 없게 된다. 특히 혈액으로부터 분리되어 내재하는 DPG가 제거되어 "추출된" 헤모글로빈은 이런 현상을 보인다. 그러나 특히 높은 고도의 지역에서 체류할 때는 적혈구 수의 증가와 글리세린산(2,3-diphospho-glycerate)의 농도 증가는 산소 방출을 도와주는 일종의 적응현상이라고 볼 수 있다(그림 16-2). 다시 말하면 DPG의 증가되는 현상은 생명의 놀라운 적응성으로 고도에서 해수면으로 되돌아오면 그러한 현상은 사라지기 때문이다. 이런 높은 고도에서의 DPG 농도의 증가의 메커니즘은 아직 명확하게 밝혀지지는 않았지만 산소 방출을 도와주는 중요한 생명력의 적응현상이라고 볼 수 있다.

고도에서의 적응현상 이외에도 최근 서열적응, 한랭적응, 잠수적응 등 여러 가지 형태의 적응현상이 연구되어 왔는데 그 중 잠수적응에 대해 가장 계통적으로 추구된 연구는 한국해녀에서 시행된 일련의 연구라고 볼 수 있다(12). 이 논문의 결과에서도 인체는 특수한 환경에 장기간 노출될 때 그에 대한 인체의 생리학적 적응을 나타낸다. 이러한 적응현상에 대한 이해는 인간의 생존권 확대뿐 아니라 인체기능의 특성 이해에 기초가 되므로 인체의 환경적응에 대한 연구는 여러 가지로 광범위하게 시행되어 왔으며 이 결과 역시 하나님께서 인간에게 주신 다른 환경에 대해 적응할 수 있는 생명의 놀라운 적응능력을 주셨음을 알 수 있다.

IV. 후성유전학의 영향

최근 후성유전학(epigenetics)이라는 분야가 새로이 주목을 받고 있는데, 후성유전학이라함은 DNA 유전자 정보에는 변화를 주지 않으면서 유전자 발현의 양을 조절하는 작용기작을 연구하는 학문이다. 다시 말하면 DNA 유전자의 서열 변화가 없이도 가역적으로 발현정도 및 기능의 조절에 관한 부분에 초점을 맞춘다. 즉 동일한 유전자의 발현이 후천적으로 다른 이유들은 염기의 수식(modification)이라고 볼 수 있으며 이들의 예는 시토신의 메칠화(methylation)로 이것의 정도와 분포에 따라서 유전자의 발현도가 조절된다는 것이다.

또한 이 장은 주요 유전자의 뉴클레오좀 형성에 따라 다양한 유전자의 발현 차이가 나며 결국, 세포 및 개체간의 다양성을 유도하는 중요한 요소라는 것을 밝히는 데 그 의의가 있다고 볼 수 있다(13).

그러므로 이 연구의 핵심은 환경변화와 밀접한 관계에 있는 유전자일수록 유전자 발현의 변이가 크다는 사실을 설명하고 있으며 또한 이런 반응들의 예는 집단의 적응을 극대화하려는 진화원리의 기전을 제시한데 그 의의가 있다고 설명하고 있다. 또한 이 연구를 통해 유전자가 내재적으로 다양성을 유도할 수 있고 진화의 원동력이 된다는 것을 규명한데 더 큰 의미를 갖는다고 설명하고 있다.

제16장 생명체의 적응능력, 또 하나의 설계증거

2004년 압츠하노프(Abzhanov) 등은 핀치새의 부리모양과 BMP4 발현의 시기와 양 사이에 놀라운 상관관계를 발견하였다고 보고 하였다(14). BM4(Bone morphogenic protein 4)는 BM4 유전자에서 encoded 되는 뼈 형태조성 단백질이다. 이는 transforming growth factor-beta superfamily의 부분으로서 bone morphogenic 단백질 중의 하나의 member이다. 사람의 배발생에 있어서 BMP4는 배의 초기 분화를 위한 중요한 신호 분자이며 그리고 등-배의 축을 만드는 것과 관련이 있는 것으로 알려져 있다. 이들의 연구의 결론은 땅핀치새에서 BMP4의 발현은 선인장 핀치새보다 더 빨리 시작하고 양이 더 많다는 사실을 밝히면서 어떤 다른 국소분비인자도 이런 차이를 보여주지 않았다고 한다. 이 모든 경우에 BMP4 발현 양상이 부리의 폭 및 깊이와 상호관련성이 있다고 주장했다. 따라서 부리 특이적 BMP4 합성 양을 조절하는 Enhancer(extra upstream promoter)가 다윈 핀치새의 진화에 결정적으로 중요한 것 같다고 보고 하고 있다(15).

다윈의 핀치새는 다윈과 그의 동료들이 1835년 갈라파고스섬과 코코스섬을 방문하는 동안에 수집한 밀접히 관련된 수 종의 새들이다. 분류학자는 이들 핀치새가 과거에 육지에서는 같은 조상이었을텐데, 서로 떨어지게 되면서 다른 모양으로 진화했을 것이라고 해석하였다. 그 후 계속적인 관찰에 의하면 핀치 부리의 두께가 다양한 것은 지리적인 차이나 먹이가 아님이 보고되었다. 그러나 "다윈의 핀치"라는 저서에서 핀치 부리들의 변이는 이들의 음식과 상관관계가 있다고 주장하면서 이것은 바로 자연선택에 의해 생겨난 적응력의 결과라도 결론지었다(16). 최근의 연구에 의하면 갈라파고스 핀치의 부리에 관한 내용에 관한 것은 진화의 신념으로 인한 선입견으로 핀치에 관한 연구 결과들을 보았기 때문이라는 것으로 지적되었다(17).

그러므로 후성유전학의 연구의 결과와 함께 환경변화와 밀접한 관계에 있는 유전자일수록 유전자 발현의 변이가 크다는 사실을 설명하고 있고 환경에 대해 다양한 반응을 만들어냄으로써 집단의 적응을 극대화하여 진

화원리의 기전을 제시하려는 것에 대해서는 너무나도 잘못되었음을 지적하지 않을 수 없다. 왜냐하면 생물계에서는 관찰되어지는 다양성의 차이는 소진화(같은 종 내에서의 작은 변이)의 측면에서 볼 수 있는 것이기 때문이다. 그러나 이러한 소진화의 연장으로서의 대진화(macroevolution)는 잘못된 것이며 이런 결과로 새로운 종의 출현과는 결코 관계가 없는 것이기 때문이다.

V. 형태변형과 적응

생물이 환경의 변화에 잘 적응하는 모습은 식물이나 동물에서 흔히 볼 수 있다. 예를 들면 모든 다세포 생물체들은 알이나 씨앗에서 또는 성체의 외형으로 성장하고 분화해 나가는 모습들을 흔히 관찰할 수 있다. 이들의 외형적인 변화모습이 환경에 적응하다 보면 이전의 출발할 때의 모습과 다소 차이가 있으므로 다른 종이 생긴다고 생각하기가 쉽다. 즉 그것이 알이었을 때나 애벌레였을 때 성체가 될 어떠한 신체적 발현이 나타나지 않기 때문이다.

최근의 연구 결과 환경에 잘 적응한다고 알려진 꼬마선충(Caenorhabditis elegans)은 선충류의 작은 벌레로 매우 단순한 신경계를 가지고 있다(18). 이 선충류는 몇 번의 변태를 하면서 성충이 되는데 세 번째 변태에서 번데기가 되고 이 번데기에서 성충이 된다. 그러나 세 번째 단계의 번데기는 환경이 적절하지 않을 때 부화하여 성충이 되지 아니하고 영구번데기로 된다. 그 후 환경에 잘 적응하여 환경이 좋아지면 부화를 하게 된다고 한다. 이러한 적응현상에 관련된 분자생물학적 현상은 환경이 부적절한 사실이 감지되면 어떤 특수 유전자가 자극을 받아 화학물질을 생성하는데 이 화학물질은 다른 유전자를 작동시키고 그 결과 다른 유전자가 차례로 작용하게 된다고 알려져 있다((18).

이 꼬마선충의 예를 보아 알 수 있는 사실은 생물이 환경의 변화에 적응

제16장 생명체의 적응능력, 또 하나의 설계증거

하는 능력은 이미 저장되어 있는 유전정보에 따라 일어나는 것이지 갑자기 또는 우연히 만들어지는 것이 아니라는 것을 알 수 있다. 또한 이와 같은 일련의 연속적인 변화는 분자생물학적으로 계획되어져 있어서 이것들이 분화하여 성충이 되기 위해서는 정확한 순서에 따라 통제되어지며, 구조적, 기능적 변화가 일어나고 있다(19). 대부분의 복잡한 생물체들이 그러한 순서를 가지고 있으며 짧은 시간 내에 그러한 현저한 형태 변형을 관찰할 수 있다는 것은 설계도(Blue Print) 즉 유전정보의 보존에 관한 것이라는 중요한 교훈을 가르쳐 준다. 또한 생물체의 발현된 형태 내에는 발현되지 않은 구조와 다른 형태들을 위한 것들까지도 이 유전정보에 저장되어 있는 것이다.

또 다른 예는 초파리에서도 잘 알려져 있는데 먼저 알에서 부화하면 유충이라고 하는 형태가 되고 유충이 생식 능력을 가지고 있는 성충이 되는 과정에서 변태를 행하게 된다. 완전변태는 유충이 성충이 되기 전에 일단 운동능력이 거의 없는 번데기 상태를 거쳐서 변태하는 부류이다. 특히 초파리의 발생시기 동안에 유전자의 활성화를 위한 대부분의 극적인 증거가 초파리 변태로부터 온다. 변태의 개체발생은 많은 유전자의 활성화로부터 오는데 염색체로부터 새로운 부풀어 오름(팽출)이 나타나서 관찰되어진다. 유생시절의 거의 마지막에 정확한 염기에서 여러 가지의 팽출현상이 나타나게 된다. 더구나 팽출의 정확한 패턴은 초파리의 핵에서도 유도될 수 있는데 이는 초파리의 유생시기에 ecdysone(탈피와 변태를 자극)이라고 하는 호르몬에 의해 유도될 수 있다(20).

이 연구에 의하면 in vitro로 자라는 세포의 배양액에 엑다이손을 첨가하면 엑다이손에 노출된 지 수분 이내로 약 6개의 팽출(puffing)이 일어났는데 이러한 유전자들은 엑다이손에 의해서 직접적으로 활성화되었으며 단백질 합성과는 독립적이었다. 또한 이들의 유전자의 활성화의 서열을 자세히 관찰해 보면 이들은 유충시기의 후기 동안에 나타나는 것인데 ecdysone sensitive puffs 들이었으며 3개의 카테고리로 나눌 수 있었다. 초기의 puffs는 후기 puffs의 유도를 위하여 필요한 products를 합성하기 위함이라고 보고되었으며 후기의 puff는 액다이손과 초기의 puff 생성물을 필요로 하며 또한 후기 유전자의 활성화와 그들 자신이 유전자의 활성화를 turn off 시키는 기능을 한다고 보고되었다. 또 다른 하나는 "glue" 접착단백질을 만드는 일에 관계하며 즉 이는 번데기가 고체 표면에 부착할 수 있도록 하기 위함이라고 보고되고 있다(20).

VI. 결론

생체 내에서의 즉각적인 반응들의 경우에도 DNA에 저장되어진 정보로부터 생겨난 생리학적 변화의 한 형태를 흔히 관찰할 수 있다. 즉 DNA 상에 보존되어 있는 유전 정보의 발현에 의해, 그러한 변화들은 극적으로 새로운 요구들을 지배하고 현재 상태에 머물 수 있도록 해주는 것이다. 이러한 보존된 유전정보들은 그러한 자극이 내부에서부터 오던지 혹은 기후나 환경에서와 같이 외부에서 오던지 간에 새로운 적절한 단백질들을 합성하여 그 충격에 적응하게 된다. 이렇게 함으로써 위험한 순간으로부터 보호되고 생명을 유지할 수 있도록 하나님께서 창조하신 생명체의 적응능력이 종마다 특이하게 다르게 나타날 수 있음을 관찰할 수 있다.

1942년에 할데인(J. B. S. Haldane)은 진화의 한 메커니즘으로 "현대종합이론(modern synthesis)"의 개념을 도입했다. 현대종합이론에서의 진화는 한 개체군 밖의 돌연변이체들의 선택에 의해서 진행되어졌다고 가정한다. 결국 생물체는 충분한 시간이 주어진다면, 어떤 다른 생물체로 모습이 변할 수 있다고 생각했다. 그러나 일부 과학자들은 특히 분자생물학, 유전학, 발생학 등과 같은 비교적 새로운 분야에서의 새로운 지식을 통해 알게 된 많은 것들이 표준 진화 모델로는 진화가 작동할 수 있다는 것이 적절히 설명되지 않는다고 말하고 있다. 그러나 최근의 HGP(Human Genome Project)를 통하여 얻어진 자료들을 통하여 후성유전학이 분자생물학적 수준에서 많은 발전을 하였다. 그 결과 후성학적 요인이 생체기능에 영향을 줄 수 있으며 사람에 따른 질병의 감수성의 차이를 설명할 수 있는 근거를 제공하였다고 평가하고 있다. 그러나 이런 연구를 통해 유전자가 내재적으로

제16장 생명체의 적응능력, 또 하나의 설계증거

다양성을 유도할 수 있고 진화의 원동력이 된다는 것을 규명한다는 것은 잘못된 것이다. 왜냐하면 이런 다양성의 차이는 소진화의 측면에서 볼 수 있는 것이지 소진화의 연장으로서의 대진화(macroevolution)는 잘못된 이야기이며 이런 결과로서 새로운 종의 출현과는 관계가 없는 것이다.

최근의 한 연구에 의하면 1개의 단세포로 이루어진 진핵생물인 효모(yeast)를 재료로 주위 환경의 염분 스트레스에 반응하여 빠르게 적응하는 생물체의 능력을 추정하는 실험을 하였다. 실험 결과 효모는 내부에 염분 농도를 일정하게 관리하는 정교한 메커니즘을 장착하고 있음이 분명하며 효모 세포는 염분에 대한 내성 범위를 갖고 있다고 보고 하였다. 단세포 생물의 변화에 대한 이 연구 결과를 통해서도 효모가 분명히 적응했음을 보여주었다(21). 이러한 적응(adaptations)에 대한 메커니즘은 아직 밝혀지지 않고 있지만 빠르게 적응할 수 있는 능력은 생물체 자체에 설계된 능력에 의한 결과인 것임이 분명하며 다양한 환경 조건에서도 살아남기 위한 생명의 적응력 또한 창조된 것임이 분명하다.

이선일
울산소망정형외과

이선일은 인제 의대를 졸업한 정형외과 개업의로서 울산소망정형외과 원장으로 일하고 있다. 정형외과 의사로서 인체구조의 신적 설계에 관심을 갖고 있다. 울산 태화교회 장로로 봉직하고 있으며 창조론 오픈포럼의 공동대표로 사역하고 있다.

지적 설계

제17장 신묘(神妙)막측의 절정, 인체 : 진화인가? 창조인가?

I. 신묘막측한 창조의 절정, 인체

창조인가? 진화인가?는 증명의 문제가 아니라 선택의 문제이다. 선택이란 우리 일상에서 흔하기에 일견 가벼워 보이기도 하지만 "순간의 선택이 평생을 좌우한다."는 어느 광고회사의 문구처럼 사실은 너무나 중요하다. 최고의 선택 중 하나는 '인체의 진화냐? 전능자의 창조냐?'의 순간이다. 이 세상에 살고 있는 모든 사람들은 매순간 선택을 하여야만 하며 선택 후에는 모든 것이 달라지게 되고 그로 인하여 파생되어지는 삶은 엄청난 차이가 있다는 사실을 직시하여야 한다.

흔히 진화론을 신봉하는 사람들은 모든 만물이 "우연히", "저절로" 되었다고 한다. 그들은 만물이나 우리 인체가 어느 원시 초기 물질에 의하여 우연히 진화되어 왔기에 비록 무궁무진한 비밀을 가진 인체라 하더라도 별

의미(無意味)가 없으며 가치가 없는(無價値) 존재라고 치부해버린다. 그러기에 진화론에 집착하면 할수록 모든 것들을 물질적 관점에서 보게 되어 하나님을 부인하게 되는 것은 물론이요 유물론과 허무주의에 빠지게 되어 '나는 하나의 물질'이라는 생각 속에 자존감의 상실과 생명경시사상을 불러 일으킨다. 그 결과 지난 역사의 오점 중 하나인 히틀러 같은 희대의 살인마나 비인륜적 행위인 흑인들에 대한 노예제도가 다시 나타날지도 모른다.[1]

반면 창조론을 받아들인 사람은 나는 하나님께로부터 이 세상에 와서 하나님의 기대치대로 알차게, 멋지게, 한 번 인생을 그 분의 기쁨으로 살다가 다시 하나님께로 돌아가며, 그분의 형상을 따라 지음 받은 필연적이며 동시에 의미 있고 가치 있게 창조된, 70억 인구 중에 단 하나밖에 없는 최고의 존재라고 확신한다. 그러기에 그들은 자신이 살아가는 유한된 한 번의 인생[2] 속에 비록 많은 굴곡이 있다 하더라도 감사하며 살아간다.

한편 하나님께서 천지[3]와 우리 인간[4]을 창조하셨다는 것은 성경이 여러 곳에서 일관되게, 명확하게 보여주고 있다. 그럼에도 불구하고 이런 사실을 애써 부정하는 많은 사람들은 기실(其實) 말씀을 부정하고 싶은 것이다. 진화론자들이야말로 자신들의 논리에 함몰되어 그렇다고 생각되면 무엇이든 상상 속에서 더 황당무계(荒唐無稽)한 것들을 만들어서 믿어 버린다.

이제 우리는 다음 두 가지 질문을 염두에 둔 채 신묘막측한 창조의 절정, 인체에 대하여 하나씩 생각해 보기로 하자.

(1) 인체에 대한 다음의 몇 가지 실례들과 사실들에 대하여 "우연히", "저절로" 되었다고 할 수 있겠는가? 그렇다면 앞으로 어떻게 "진화"될 것이라고 생각하는가?

(2) "누군가?"에 의해 만들어졌다면 "그 누군가?"의 정체는 무엇인가?

III. 인체창조 설계 부분에 대한 5가지 공동 흔적들

인체에 대한 하나님의 설계의 흔적들은 우리 신체에 주어진 공통된 몇 가지 특징을 보면 더 잘 알 수 있다.

첫째, 길이 2m 안팎, 몸무게 100kg 이내인 우리 신체에는 셀 수도 없이 많은 신비한 기관들이 설계자의 계획에 따라 각각의 해부학적 위치에 질서 정연하게 배열되어 있으며 최고의 효율성으로 총체적인 움직임과 세미한 기능을 나타내고 있어 전능자의 작품이 아니고서는 도저히 상상할 수 없을 정도로 한 치 오차가 없다. 그나마 해부학적으로나 생리학적으로 '고장난 기관은 있을 수 있으나 불필요한 기관은 하나도 없다.'는 것은 결코 우연이 아니다.

둘째, 우리 인체는 완벽하고도 완전한 설계자의 의도에 따라 된 것이지 "오랜 시간"에 걸쳐 "우연히", "저절로" 된 것은 아니기에 단세포생물이 시간이 지남에 따라 진화되어 이렇게 완벽한 인체가 되었다는 것은 도무지 납득하기 어렵다. 예를 들면, 인체의 어느 한 기관에 이상이 생기면 본래의 기능에 장애를 초래하여 유기적인 긴밀성이 흔들리게 되는데 이것은 인체가 전능한 한 분에 의해 완벽하게 만들어진 것임을 반증(反證)하는 것이다. 만약 인체가 그들의 주장대로 진화되어 왔다면, 그리고 지금도 진화되어 간다면 우리 인체의 이상 부분은 고장이 아니라 진화되는 중일 것이며 설령 고장이라 하더라도 그 부분만 저절로 자동 퇴화될 것이기에 걱정할 필요도 없으며 고치려고 애를 쓰지 않아도 될 것이다.

셋째, 인체에 산재해 있는 모든 기관의 조정과 조절, 관리, 유지(Coordination, Control, Management, & Maintenance)는 그 어떤 최고의 시스템보다도 훨씬 뛰어난 통제와 조절능력을 갖고 있기에 우리 인체야말로 최고의 걸작품이요 균형과 조화의 완성임에 틀림없다. 만약, 우리 인체 내 각 기관들이 구조나 기능에서 불완전하다면 시시각각 닥쳐오는 외부환경의 변화에 절묘하게 민감하게 반응할 수가 없을 것이다. 결국 인체 내에서 일어나는 내부적 통제와 조절, 대응 등 완벽한 자동제어장치(Self-Control System)는 전능하신 설계자, 하나님 한 분만이 하실 수 있는 것이다.

넷째, 우리 인체에는 상당히 복잡하면서도 질서정연한 법칙과 통제된 **규율**(Regulation & Order)이 있다. 약 100조 개의 세포로 구성된 인체에 있는 모든 기관들은 철두철미하게 미리 정해진(pre-designed) 원리와 질서(rule or principle & order)에 의해 작동되어 움직이며 성장하고 발달하며 유지된다. 이러한 것들이 정상적인 거의 모든 사람들에게서 거의 동일하게 나타난다는 것은 우리 인체가 한 창조주에 의하여 창조되었음을 알 수 있는 힘 있는 증거이기도 하다.

마지막으로, 가장 확실한 것은 인체의 창조가 성경에 그대로 기록되어져 있다는 사실이다. 즉, 우리의 몸은 하나님께서 자신의 형상을 따라 복되게 당신께서 직접 만드시고 빚으셨다는 것이다.

이제는 좀 더 구체적으로 정형외과 의사의 입장에서 설명할 수 있는 구체적인 인체의 창조증거들을 나열해 보기로 하자.

Ⅲ. 정형외과 영역에서의 인체창조 실례들

1. 수부 및 수지(Hand & Fingers)

사람의 인체에 있는 여러 기관들 중 문화를 꽃피우고 문명을 발달시켜온 최고의 일등공신을 들라고 하면 주저함 없이 손(수부 및 수지)을 들 수 있겠다. 사람에게 손이 있었기에 21세기의 눈부신 문명과 최첨단 과학, 기술과 함께 도시가 생겨나고 인류의 삶의 질이 괄목상대하게 향상될 수 있었다.

손의 구조와 기능은 너무 뛰어나서 많은 의학자들이 창조주에 대한 외경심과 함께 다른 피조물들과의 구별(식별)을 위한 독특한 특징(사람과 동물의 경계를 손의 사용 여부)으로 거론하기도 한다. 인체의 수부가 얼마나 놀라운 하나님의 걸작품인가는 그 구조나 기능을 보면 쉽게 알 수 있다.

우선, 구조적으로 살펴보면,[5] 손은 발보다 1개가 더 많은 27개의 뼈로 구성되어 있고 발과는 그 구조가 비슷하지만 기능에 있어서는 훨씬 더 정

제17장 신묘(神妙)막측의 절정, 인체 : 진화인가? 창조인가?

교하고 세미하며 복잡다단하다. 뼈와 뼈(phalanx)를 연결하는 관절(joint)은 건(tendon)과 인대(ligament)로 잘 부착되어 일목요연함을 뽐내고 있으며, 인대와 건을 덮고 있는 세미한 수부의 근육(intrinsic muscle) 그리고 근육 사이사이를 지나는 혈관(vessel)과 신경(nerve)의 조합(network)은 이루 말할 수 없는 신비 그 자체이며, 주위 조직 및 관절과의 합력으로 창출해내는 그 다양한 기능은 "합력 하여 선을 이루라."는 성경의 말씀을 그대로 보여주는 최고로 아름다운 동역의 예이기도 하다.

또한 손바닥(palm)을 가만히 들여다보면 그 표면(surface)이 단순히 편평한 것이 아니라 울퉁불퉁 솟아나 있기도 하고 오목하게 들어가 있어 그 모양이 금강산 일만 이천 봉을 연상케 한다. 또한 봉우리들 하나하나가 손의 기능에 시너지를 더하고 있음은 놀라운 사실이다. 게다가 복잡하나 일정한 규칙이 있는 손금(palmar crease)은 잘 정비된 변화가의 사통팔달(四通八達) 도로와 같다. 이들 손금은 수부 운동 영역을 원활하게 도우며 물건을 쥐거나 접촉시 미끄럼을 방지하고 쥐는(Grip & Grasp) 것을 더욱 강화시켜 준다. 어느 것 하나 부족함 없이, 그렇다고 불필요하게 남는 것도 없이 제각각의 기능을 다하며 완벽한 조화(harmony)를 갖추고 있다. 그러므로 사람의 손은 더 이상 진화할 부분이 없는 완벽한 구조와 기능을 가진 최고의 구조물이다.

더하여 하루에도 여러 번씩 손을 씻고 문질러도 여전한 손바닥의 피부(skin)는 어떠한가? 온갖 종류의 비누와 화학물질들, 일평생 피부와 접촉하는 수많은 것들의 위험에 쉽게 노출되어 있음에도 불구하고 평생 꿋꿋하게 잘도 버티는 최고의 걸작품이 아니겠는가? 뜻하지 않는 수상으로 손가락에 피부결손이 생겼을 때 의사들은 피부이식술(skin graft)을 시행하는 데 특히 수지의 피부대용(donor)으로 복부의 피부를 사용하기도 한다. 그러면 수술 후 구조는 거의 복원되지만 기능은 돌아오지 않는다.(물건을 집을 때나 접촉 시 미끌림이 있으며 조그마한 자극에도 상처를 잘 입고 염증이 잘 생기는 단점이 있다.)

또 하나 특이한 것은 수지의 끝자락에 위치한 지문(a fingerprint)이다. 이

397

독특한 구조물은 각 개인당 유일한 것으로 독립적이고 개별적이기에 범인을 색출할 때 지문을 감식하여 찾아내는 과학적 수사팀(CSI등)에 도움을 준다. 또 하나 손톱(nail & nailbed)의 경우 손가락과는 달리 살아가는 동안 일평생 자라는 데 반하여 같이 붙어있는 손가락은 어느 시기를 지나면 더 이상 자라지 않는다. 이것 또한 위대하신 창조주가 미리 잘 설계해 놓은 (pre-designed) 또 하나의 창조의 증거이다.

일상을 살다보면 몸의 어떤 다른 부분보다도 손이 더 많이 사용되는데 특히 탁월하게 뛰어난 감각기능은 손의 촉각만으로도 사물을 인지하며 분별해 낼 수 있게 한다. 더 나아가 손은 사람의 감정과 동작을 잘 조화시키는데 문인들은 이런 손을 통하여 사람들의 심금을 울리는 주옥같은 명작을 탄생시키고, 작가들은 명품(미술품/조각품)들을 창조해내기도 한다. 또한 상대방과의 악수를 통하여 반가움, 신뢰, 속마음을 전하기도 하며 어우러진 쥔 주먹을 통해 분노를 표하기도 한다. 손을 높이 들어 좌우로 흔들며 친구나 사랑하는 사람을 배웅 또는 환영하거나 상대를 어루만지며 깊은 애정과 마음을 표하기도 하다. 손으로 이마를 감싸며 두통을 호소하고 마음의 고민을 나타내기도 하며, 두 손을 높이 들어 힘찬 박수와 함께 찬양과 경배를 올리기도 한다.

이외에도 안마, 마사지(주무르기), 머리 쓰다듬기, 엄지손가락의 "일등!" 표시, 상대를 무시하거나 해치라는 암시로 엄지손가락을 아래로 내리기, 편승을 부탁하며 손가락 옆으로 세우기(hitch-hiker thumb), 새끼손가락으로 약속걸기, 손바닥을 위로 올림으로 상대방을 높여주기, 사랑과 위로의 마음을 전달하는 편지쓰기, 손바닥 마주치며(high five) 상대를 인정하고 축하하기, 능숙한 피아니스트의 손놀림, 손과 손가락의 절묘한 조화로 인해 온갖 종류의 악기를 통하여 영혼을 일깨우며 천상의 음률을 연주하는 음악가, 숙련된 컴퓨터 사용자, 정확성과 고난이도의 수술을 거뜬히 해내는 능숙한 외과의사의 손, 평양곡예단의 정교하게 발달시킨 손으로 하는 공중그네묘기 등등⋯ 이처럼 손으로 행하는 다양함은 실로 어마어마한 것이다.

이런 정교하고 세미한 기능들은 걸기(hook), 쥐기(grip), 집기(pinch), 잡

제17장 신묘(神妙)막측의 절정, 인체 : 진화인가? 창조인가?

기(grasp)등을 기본으로 이들이 상호 협력되어 연출해 낸다. 결국 전능자가 창조한 사람의 손을 관장하는 중요한 511개의 신경(요골 신경, 척골 신경, 정중 신경)6)에 따라 조절되며 이는 로봇 손의 가장 이상적인 방향이요 대체 인공 손의 모델이기도 하다. 그중 정중신경(median nerve)은 독특한 상지의 운동과 감각을 담당하는데 원숭이의 손에는 정중신경의 기능이 없어서 세미한 수부활동에는 제약이 있다.(의학에서는 이를 특징적으로 원숭이의 손(Ape's Hand)7)이라고 지칭한다.) 한편 진화론자들은 "진화란 점점 더 발전(단세포 생물에서 만물의 영장인 인간까지, 그리고 그 다음은 E.T.?)되는 쪽으로 변하여 가며 변화에 적응하면 살고 변화를 수용 못 하면 도태된다."고 주장한다.8) 그렇다면 왜 원숭이의 손만은 과거에도 오늘날에도 여전히 그 구조와 기능이 발전되지 않고 불완전한 것일까? 혹시 지금까지는 원숭이의 다른 부분만 진화되어 왔다는 말인가? 외상이나 질병으로 인한 원숭이 손의 형태를 지닌 사람은 있어도 사람 중에서는 아직 진화가 덜 되어 겉모습은 사람이고 수부는 원숭이의 손을 가진 중간 형태는 왜 지구상에 아직도 발견되지 않는 것인가? 이에 대한 대답은 명약관화(明若觀火)하다. 애초에 전능자가 사람과 원숭이를 다르게 만들었고 그 손도 다르게 만들었기 때문이다. 그래서 원숭이는 어제고 오늘이고 내일이고 영원토록 원숭이에 불과할 뿐 아니라 원숭이 손(ape's hand)을 그대로 보유한 인간과 원숭이와의 중간 형태도 영원히 없을 것이다.

2. 족부 및 족지(Foot & Toes)

발은 중요한 인체이면서도 가장 대접받지 못할 뿐 아니라 모진 환경과 설움 속에서도 꿋꿋이 잘도 견디는 대단히 겸손한 신체이다. 기껏 생색낸다는 멋쟁이들은 구두 굽을 높인다든지 볼이 너무 좁은 신발을 신어 발의 숨통을 틀어막아 그나마 더 괴롭히고 있다(Hallux Valgus deformity, Osteoarthritis, Bunion). 그것도 모자라 그렇게 고생시킨 발을 곱게 씻어주지도 않아 급기야는 무좀(tinea pedis)으로, 티눈(Corn)으로, 그리고 발톱이 살을 파고드는 염증(Ingrowing Nail)과 함께 구박의 대가로 전체 몸이 고통을 겪게 된다.

구조적인 측면9)에서 26개의 다양한 크기와 모양으로 구성된 발의 **뼈**(bone)는 다양한 크기의 길고 짧은, 그러면서도 강하고 섬세한 인대조직(ligament)으로 연결되어 있고 발등에는 수많은 **건**(tendon)이 있고 발바닥에는 4층으로 구성된 복잡하면서도 질서 정연한 근육(4 layer of plantar muscle)이 정렬되어 있으며 혈관(vessel)과 신경(nerve)은 거미줄 같이 퍼져 서로 서로가 정교하고도 세미하게 연결되어 합력하고 있다. 이런 복잡한 구조 외에도 절묘한 기능을 더하기 위해 뼈와 뼈가 연결된 3개의 **돔**(dome) 형태의 아치(arch) 모양이 있는데 이는 탄력성을 증대시키고 안정성을 더하며 지속적인 충격과 갑작스런 충격을 동시에 흡수, 완화하여 적절한 탄력을 주며 걷거나 뛰거나 기타 다른 동작을 용이하게 하는 가장 효율적이며 과학적인 구조이다. 이런 부분은 공학기술이 발달한 현대사회에서조차도 그 복잡성과 정교함, 세미함, 효율성, 창조성을 온전히 모방할 수조차 없다. 이러한 아치형은 정해진 가장 적합한 각도가 있는데 과도하거나(cavus foot) 부족(flatfoot)하면 오히려 그 기능을 발휘하지 못하게 된다. 진화론자들은 "모든 생물이 하등에서 고등으로, 부족한 것이 완전한 형태로 진보하였다."고 주장한다. 동일하게 발에도 적용된다면 애초 원시지구에서는 덜진화된 사람의 경우 기능이 훨씬 떨어지는 cavus foot(동굴형 발)이나 flatfoot(평발)이 많았을 것이라고 추측할 수도 있다. 더 나아가 진보된 현대에는 이런 불완전한 형이 드물어야만 한다.

그러나 현재에도 동굴형 발(cavus foot)이나 평발(flatfoot)을 가진 사람들이 많이 있다는 것은 무엇을 의미하는 것일까? 결국 옛날이나 지금이나 동일하게 발의 여러 모양(정상 족부, 편평족, 동굴형족부, 첨족 등)10)이 여러 사람에게서 동시대에 함께 관찰된다는 사실과 중간 과정의 또 다른 형태의 발이 없다는 사실은 애초에 그렇게 창조하신 전능자의 설계임을 반증(反證)하는 것이다.

발바닥에는 아치 외에도 또 하나의 신비가 있는데 그것은 손바닥의 피부와 더불어 발바닥의 피부 및 피하지방층이다. 발바닥의 피부는 견고할 뿐 아니라 정교하게 잘 설계되어 있어서 인체의 다른 피부와는 비교할 수 없이 독특하며 훨씬 특수하게 만들어져 있다. 직립 보행하는 인간에게는

제17장 신묘(神妙)막측의 절정, 인체 : 진화인가? 창조인가?

발바닥이 중요하며 체중부하와 더불어 압력과 인장력, 스트레스가 주어지는 곳이기에 인체 다른 부분의 피부와 동일하게 출발하였다면 그 옛날에 이미 상처로 인하여 사라져 버렸을 것이다. 예를 들어 보행시 발바닥의 피부와 피하지방층이 서로가 분리가 된다면 걸을 때마다 피부가 미끄러워서 보행이 어려울 뿐 아니라 조직 간의 지나친 마찰을 야기하여 참으로 비효율적인 구조가 될 것이다. 반대로 아예 유착되어 있다면 보행 시 엄청난 자극으로 인하여 물집 등이 생겨 고통스러울 것이다. 최고의 특수 피부인 발바닥 외에도 후족부 피하 지방층은 신비로운데 특히 체중 부하 보행 시 땅에서 올라오는 충격에 따라 그 배열이 달라진다. 저자와 같은 정형외과 의사들은 발 뒷부분(후족부)의 지방층(heel pad)에 신경을 곤두세우는데 이 부분은 외상에 노출되기 쉬울 뿐 아니라 한번 손상되면 참으로 회복되기 힘든 부분이기 때문이다. 그만큼 정교하고 세미한 구조이기에 신비 그 자체이며 창조주의 최고 설계(pre-designed masterpiece)임에 틀림없다.[11]

또 하나 흥미로운 사실은 몸과 발의 균형과 조화인데 비교적 작은 발과 발바닥이 그처럼 잘 걷고 움직이고 뛰며 체중을 지탱하고 몸을 바로 세우도록 균형을 잡는 능력을 가진 것은 인체만의 오묘한 신비이다.

결론적으로 사람의 발이 진화의 결과라면 왜 더 이상 발전이나 진보가 없을까? 만약 발이 현재의 상태로 진화되었다면 앞으로는 또 얼마나 더 효율적인 발로 변하게 될까? 발이 진화의 과정을 밟아왔다면 과거에는 어떤 다른 모습이었을텐데 중간화석이나 기록, 유적으로 남은 것이 없을 뿐더러 전혀 발견되지도 않았고 또한 그런 일은 앞으로도 결코 없을 것이다. 여전히 발은 애초에 그 생김 그대로 존속되어 온 것이다.

신묘막측한 현재의 발의 구조와 기능을 두고 누군가에 의해 된 것이 아니라 우연과 함께 오랜 시간이 흘러 "저절로" 되어졌다고 얘기한다면, 그리고 그 학설만이 과학적이고 이성적이며 지식인의 올바른 태도라고 한다면 앞뒤가 맞지 않는다. 결국 우리가 정직하게 인체의 부분 부분들을 바라보며 조금만 더 관심을 가지게 된다면 창조주의 섬세한 솜씨를 쉽게 알 수 있고 직접적으로 느끼게 되며 하나님의 창조를 점점 더 당연히 받아들이게 될 것이다.

3. 골격(Skeleton)과 S라인 그리고 수술 경로(Surgical Approach)

인체를 구성하는 근골격의 3대 기본적 요소는 뼈와 근육 그리고 이것들을 신체의 각 부분에 이어주는 결합조직(인대나 건)이다.

근육은 기본적으로 세 가지로 나뉘는데 뼈대에 붙어있는, 힘을 발휘하는, 의지에 따라 능동적으로 움직이는 골격근인 무늬근 혹은 횡문근(줄무늬가 있어서)이 있으며 체신경(운동, 감각신경)의 지배를 받는다. 또한 자율신경(교감신경, 부교감신경) 지배를 받는 평활근(민무늬근)과 횡문근(골격근)이면서도 불수의근(평활근)인 독특한 심장근육이 있다.[12]

결합조직은 힘줄(인대나 건, ligament or tendon)의 중요한 요소이자 세포의 바깥을 둘러싸서 세포와 세포의 연결자 역할을 하며 신체의 전체 유기물 중 대부분을 차지하고 피부의 중요한 구조층을 형성한다. 주성분은 콜라겐과 엘라스틴이라는 섬유상 단백질인데 척추동물의 경우 콜라겐이 가장 풍부하다. 콜라겐(collagen)의 대부분은 물에 녹지 않는 섬유상으로 존재하나 높은 온도의 물속에서는 가용성(water-soluble)인 젤라틴(gelatin)으로 변하며 이때의 온도를 변성온도라 한다. 사람의 경우 40도이며 다랑어는 27도, 대구는 16도, 빙어는 5.5라고 한다.

한편 콜라겐(collagen)은 강할 뿐만 아니라 체온에서 변성되지 않도록 오묘하게 만들어져 있다. 결국 빙어가 다랑어로, 사람으로 바뀌기 위해선 먼저 콜라겐(collagen)의 성분과 구조가 바뀌어야 하는데(참고, 빙어(5.5)→다랑어(27)→사람(40)) 바뀌기 전에 죽을 수밖에 없다는 사실은 진화론이 허구임을 증명하는 것이다.)[13]

인체의 골격 중 뼈는 출생 시 350개이지만 20~25세가 되면 약 206개 정도로 줄어든다. 각각은 그 모양과 기능이 너무나 다양하며 그 어느 것 하나 중요하지 않은 것이 없고 그 강도는 콘크리트보다 4배나 더 강하여 성냥갑 만한 크기로도 10톤을 지탱할 수 있다.[14]

두개골(skull)은 크고 둥근 천장같이 생긴 편평한 8개의 뼈가 만나 봉합관절(suture)을 이루며 최소의 무게로(유아기 때 골격 전체의 1/4, 성인 1/8)

제17장 신묘(神妙)막측의 절정, 인체 : 진화인가? 창조인가?

최대의 보호 역할을 할 수 있는 최상의 설계물이다.15) 흉곽(thoracic cage)은 심장(heart), 폐(lung), 간(liver), 비장(spleen)을 보호하는 좌우 12쌍의 늑골(rib)로 이루어진 둥근 나무상자모양으로 딱딱한 구조물임에도 불구하고 호흡할 때마다 폐활량에 맞게 신축이 자유롭다. 이 부분에는 귀한 동역자 횡격막(diaphragm)이라는 엄청난 탄력을 지닌 근육덩어리가 있는데 그 가운데 있는 근육뭉치는 수축과 이완을 하면서 늑골의 안팎에 있는 늑간근(intercostal muscle)과 함께 흉강을 넓혔다 좁혔다 하며 호흡을 돕고 있다.16) 퇴화 중 남은 흔적기관이라고 생각했던 꼬리뼈인 미추(coccyx)는 중요한 구조와 기능을 가진 본래의 인체이며 동시에 꼭 필요한 척추뼈임이 밝혀졌다(미추는 인체의 균형과 골반의 안정적인 유지를 위해 꼭 필요한 기관이다.). 이렇듯 하나님은 애초부터 우리 인체를 그 구조와 기능에 맞게 완벽하게, 그리고 보시기에 좋도록 그 역할들을 조화롭게 배분하여 창조하신 것이다.

뼈와 근육, 결합조직으로 구성된 인체라는 몸뚱이(체격)는 많은 지체와 기관들이 아름답게 균형과 조화를 이루었기에 남성의 건강하고 멋진 몸매와 여성의 더할 수 없이 아름답고 눈부신 S라인을 형성하게 된 것이다. 역사상의 많은 예술가들이 그림이나 조각으로 기타 예술로 다양한 표현을 많이도 하였으나 여체의 아름다움, 우아함과 곡선미, 남성의 균형잡힌 체격은 충분하게 묘사할 수 없었다. 이런 남녀의 완벽에 가까운 몸매가 진화되었다고 할 수 있겠는가? 그렇다면 앞으로는 어떤 모습으로 진화될까? 그러므로 인체의 각 지체는 모든 것이 애초부터 최고의 상태였으며 요긴하거나 덜 요긴해 보이는 것이 혹 있을 수 있으나 부족한 것은 부족한대로 그 쓰임새가 있는 것이다. 결국 창조주 하나님은 최고의 지체들로 구성된 최고의 인체를 창조하신 것이지 덜 완전하게 만든 인체가 시간과 더불어 진화되도록 하지 않으셨다. 오히려 죄성으로 인하여 최고였던 우리들의 인체는 점점 더 낡아질 뿐이다.

전체 골격을 조사해 보면, 인체의 각 부분 부분이 얼마나 신묘막측하게 한 치 오차없이 절묘한 조화를 이루는지 모른다. 직립을 유지하고 있는 골격의 근엄한 모습, 뼈와 뼈가 만나 이루는 관절의 신비롭고 조화로운 메커니즘, 이들을 연결하여 그 구조와 기능을 최대화하며 균형과 안정감과 힘을 적정하게 제공하는 건과 인대, 그리고 이것들을 보완하면서 그 위를 적당하게 덮음으로 보다 더 정미한 기능을 발휘하는 근육들… 이들 근육은 혈관과 신경을 그 사이사이에 포용함으로 그들을 적절히 보호하면서 그 통로역할을 감당함은 물론이요 자신들이 먹고 살 자양분의 공급과 노폐물들의 처리를 통하여 최대의 효율(Efficiency)을 나타내도록 설계된 아름다운 동역관계이다. 마지막으로 보드랍고 매끄러운 피부는 인체의 표면을 균등하게 덮고 있으며 동시에 방어벽의 역할도 감당하고 있다. 또한 피부와 근육 사이에 위치한 피하지방층은 적절한 탄력성과 함께 인체를 보다 매력적으로 만든다.

이러한 인체에 대한 구조(해부학/anatomy)와 기능(생리학/physiology)에 대하여 누구보다도 더 열심히 공부하는 정형외과 의사들은 병이나 외상으로 환자를 수술할 때 창조주의 설계(pre-designed anatomy)에 따라 정해진 길(surgical approach)로 조심스럽게 접근하며 수술하는 데 이 길로 집도를 하면 중요한 조직들은 거의 손상됨이 없이 깔끔하게 수술이 진행되어 수술 예후에 상당한 영향을 미친다. 이러한 사실을 보고 느낄 때마다 창조주의 전능하심과 오묘하게 설계하신 인체에 대한 경이감에 고개를 숙이곤 한다.

또한 수술 후 일정한 시간이 지나면 인체 내에서는 창조주의 섭리와 계획에 따라 질서정연하게 치유과정(healing process)이 진행되어 회복되곤 한다. 예를 들면 수술(open reduction)이 필요한 심한 골절(comminuted or segmental fracture)이나 단순히 뼈만 맞추어도 되는 단순골절이든 간에 시간의 흐름과 더불어 정해진 일련의 시스템(fracture healing system)에 의하여 치유가 진행되는데 이런 신비한 일련의 치유과정(fracture healing process)[17]은 "우연"과 "저절로"가 아니라 인간을 최고로 멋지게 설계하신 창조주 하나님의 솜씨가 아니면 도저히 이해될 수가 없는 것이다.

Ⅲ. 맺는 말

지금까지의 논의로부터 우리는 다음 몇 가지 결론을 내릴 수 있을 것이다.

첫째, 인체의 창조에 있어서 같은 사실을 두고(마치 한 손에 있는 손바닥과 손등의 경우처럼) 선택과 관점의 차이로 말미암아 왈가왈부하며 논쟁하는 것은 그다지 의미가 없는 것으로 보인다.

둘째, 비교적 간단한 인체로봇(artificial intelligence)을 만드는 데도 뛰어난 과학자와 세미한 설계도가 필요하다는 것은 상식이다. 로봇을 두고 저절로 이루어졌다라고 한다면 초등학생들이 무엇이라고 말하겠는가? 하물며 신묘막측한 인체가 누군가의 디자인 없이 저절로 이루어져 왔다고 믿는 것은 그 자체가 신비이며 상식 이하의 발상일 것이다.

셋째, 만약 누군가에 의해 만들어졌음을 인정한다면 그 누군가를 찾는 작업은 각자의 몫임을 기억하여야 한다.

넷째, 진화론자들의 진화에 대한 관점을 아예 무시하거나 폄하하는 것에는 절제할 필요가 있으나 그렇다고 포용이라는 허울 속에 그것까지도 받아들이려는 오류를 범하여서는 안 될 것이다.

다섯째, 부정할 수 없는 전능자에 의한 인체창조의 신비는 교육과 훈련의 한 과정(process/curriculum)으로 자리매김하는 것이 바람직하며 가능하면 매 토픽마다 진화론과 비교하여 제시되면 좋을 것이다.

여섯째, 자연법칙을 초월한 인체의 창조까지도 과학이나 지식으로 억지 증명하려는 우를 범하여서는 안 될 것이다. 왜냐하면 역지사지의 입장에서 볼 때 이는 마치 진화론자들이 허구를 억지 주장하는 것과 비슷한 것이기 때문이다.

각주

1) 〈창조론 대강좌〉, 양승훈
2) 히9:27, 욥14:1, 16:22, 사40:8, 시90:10,12, 약4:14
3) 창1:1, 요1:1-3
4) 로마서 11장 26절을 보라
5) 대한정형외과학회 〈정형외과학 제6판 1권〉 pp.513-578
6) Frank H. Netter 〈Atlas of Human Anatomy 3rd. ed.〉 plate 435-466
7) David P.Green 〈Operative Hand Surgery, 2nd ed. Vol.2,3〉 pp.1331-1370, 1499-1534, 1785-2115
8) 용불용설을 참조하라
9) Frank H. Netter 〈Atlas of Human Anatomy 3rd. ed.〉 plate495-528 G..J. Romanes〈Cunningham's Textbook of Anatomty, 12th ed.〉 pp.198-208, 254-263, 396-407, 801-805, 938-942, 960-962 대한정형외과학회〈정회외과학 제6판 1권〉 p.733-775, 1078-1099 Roger A. Mann〈Surgery of the Foot, 5th ed.〉 pp.1-43
10) 대한정형외과학회 〈정형외과학 제6판 1권〉 pp.733-775
11) Samuel L. Turek 〈Or thopedics, 4th ed. Vol. 2〉 p.1472-1473 H. Robert Brashear, Jr & R. Beverly Raney. Sr 〈Handbook of Or thopedic Surgrery 10th ed.〉 p.450-454
12) 대한정형외과학회 〈정형외과학 제6판 1권〉 pp.44-47, Guyton 〈Textbook of medical physiology 6th ed.〉 pp.122, 133-135, 140-146, 150-152
13) Samuel L. Turek 〈Orthopedics, 4th ed. Vol.1〉 pp.113-135
14) 경이로운 사람의 몸, 동아출판사, pp.159, 리더스다이제스트 / 오묘한 육체, 생명의 말씀사, pp.102-109
15) 경이로운 사람의 몸, 동아출판사, pp.167, 리더스다이제스트
16) 신비한 인체창조 섭리, 김 종배, 국민일보사, pp.67-78
17) 대한정형외과학회 〈정형외과학 제6판 1권〉 pp.68-104

제3부 창조론과 역사

〈창조론과 역사〉
  18장 창조과학의 유사과학적 뿌리 (양승훈)
  19장 기원 논쟁의 주요 문제 (문준호)
  20장 성경과 우리 민족 기원 (조덕영)

양승훈
밴쿠버기독교세계관대학원

양승훈은 경북대 사대(B.S.), KAIST 물리학과(M.S., Ph.D.), 위스콘신 대학 과학사학과(M.A.), 위튼대학 신학과(M.A.)에서 공부했으며, 국제 이론물리학센터(ICTP) 파견학자(이탈리아), 한국과학재단 포스트닥 (Univ. of Chicago)과 경북대 사대 물리교육과 교수를 거쳐(1983-1997) 현재는 밴쿠버기독교세계관대학원(VIEW) 교수 및 원장으로(1997-) 재임하고 있다. 〈진화는 과학적 사실인가?〉(공저, 1981), 〈예수님이 주인 되시는 새로운 대학〉(1993), 〈창조론 대강좌〉(1996), 〈그리스 도인으로 공부를 한다는 것은〉(2010), 〈창조론 탐구학습〉(2010) 등 30여권의 저서를 출간했으며, 근래에는 지난 24년간 집중해 오던 〈창조론 대강좌〉 시리즈 탈고에 집중하고 있다. 현재까지 〈다중격변 창조론〉, 〈생명의 기원과 외계생명체〉, 〈창조와 진화〉 등 3권을 출 간하였고, 창세기 1, 6-9장을 강해한 〈창조에서 홍수까지〉의 출판을 기다리고 있다. 2007년 8월, 조덕영 박사와 더불어 "창조론 오픈포 럼"을 창설하여 공동대표 및 〈창조론 오픈포럼〉 논문집 공동 편집 장을 맡고 있다. 2010년 8월부터는 Trinity Western 대학 캠퍼스에 서 모이는 쥬빌리 채플의 담임목사로도 봉사하고 있다.

창조론과 역사

제18장 창조과학의 유사과학적 뿌리

　창조과학 운동은 20세기 후반 개신교 진영에서 일어난 대표적인 근본주의 운동의 하나라고 할 수 있다. 창조과학 운동은 미국을 진원지로 하여 호주, 한국, 캐나다, 일본, 러시아 등 몇몇 나라들에 국한된 운동이었지만 다른 여러 학문 운동이나 신학 운동들과는 달리 유난히 선명성이 강하고 전투적인 대중과학 운동이다.

　특히 대부분의 교단들이 보수적이고 근본주의적인 색채가 강한 한국 교회에서 지난 한 세대 동안 창조과학 운동의 영향은 지대하였고, 사회적으로도 적지 않은 파장을 남겼다. 아마 근래 기독교 역사에서 어떤 운동도 창조과학 운동만큼 세속 언론이나 매스컴들의 주목을 받은 운동도 없었을 것이다. 창조과학 운동은 그 전투성과 선명성으로 인해 때로는 정치계에, 때로는 교육계에 영향을 미치기도 했다. 그런데 흥미롭게도 대중들에게는 큰 영향을 미친 창조과학 운동이 정작 해당 학문 분야의 전문가들이나 그들의 학문 내용에는 거의 영향을 미치지 못했다. 또한 이 운동은 기독교 학자들 간의 분열과 다툼을 일으켰고, 나아가 교회 바깥에 있는 많은 사람들, 특히 기독교에 대해 적대적인 안티 세력들에게는 교회를 비난하는 빌미를 제공하였다.

겉으로 보기에는 학문 운동인 듯이 보이는 창조과학 운동이 다른 학문 운동이나 신학 운동에 비해 유난히 교조적이고 전투적인 이유는 무엇일까? 본고에서는 이 질문에 대한 답을 얻기 위해 창조과학의 뿌리를 살펴보고자 한다. 먼저 창조과학이 무엇인가에 대한 정의로부터 시작하여 창조과학의 시원적 뿌리를 살펴보고자 한다.

I. 창조과학의 정체성

1. 신학적 정체성

창조과학은 신학적 근본주의, 세대주의적 종말론, 성경에 대한 문자적 해석 등의 특성을 갖는다. 이들은 성경을 문자적으로 해석하는 것이야말로 성경을 바르게 해석하는 것이라고 확신하고 있다. 그래서 창세기 1장의 창조주간의 날들은 지금과 같은 24시간으로 해석해서 우주와 지구의 창조와 인류의 창조가 시간적으로 불과 6일, 즉 144시간 내에서 일어났다고 주장한다.

하지만 이들이 항상 성경을 문자적으로만 해석하는 것은 아니다. 때로는 문자적 해석도 아닌데 문자적 해석이라고 주장하는 경우도 있고, 때로는 명백히 문자적으로 해석해서는 안 되는 것들까지 문자적으로 해석하기도 한다. 창조과학의 대표적인 주장 두 가지를 예를 들어보자.

성경에는 어디에도 우주가 137억 년 되었다는 기록도 없지만 6천 년 되었다는 기록도 없다. 하지만 창조과학자들은 우주가 6천 년이 되었다는 주장이야말로 성경이 말하는 우주와 지구의 창조연대라는 주장을 굽히지 않고 있다.[1] 또한 노아의 홍수가 코로 기식하는 모든 동물들의 멸망이었다는 점은 성경이 말하고 있지만(예를 들면 창7:21-23) 그 홍수로 인해 고생대로부터 신생대에 이르기까지의 전 세계의 모든 지층과 화석이 1년 미만의 짧은 기간 동안에 갑자기 형성되었다는 주장은 성경이 말하는 바가 아니다. 하지만 창조과학자들은 그렇게 해석하는 것이 성경을 문자적으로 해석하는 것이라고 믿고 있다.

왜 성경의 문자적 해석을 주장하면서 때로는 성경이 명시적으로 말하지 않는 것을 믿을까? 창조과학 운동을 단순히 신학적 근본주의 운동이라고 볼 수 없는 이유가 바로 여기에 있다. 다음에서 좀 더 살펴보겠지만 이는 창조과학의 뿌리가 안식교의 핵심 교리인 안식일 교리와 교주 화이트의 환상과 연계되어 있기 때문이다.

2. 정서적 정체성

일반적으로 창조과학자들은 자신의 성경해석이나 과학해석은 틀릴 수 없다는 확신이 강하다. 그래서 학문적 논의의 기본자세인 잠정성이 없기 때문에 이들은 때로 학문성이 있는 주장을 하면서도 입장이 다른 사람들과의 대화나 교류를 하기가 어렵다. 자신들의 주장에는 오류가 있을 수 없다고 생각하기 때문에 때로는 자신과 다른 생각이나 주장을 가진 사람들에 대해 공격적인 성향을 갖기도 한다. 이것은 한국에서만의 현상이 아니라 미국이나 호주를 포함하여 창조과학이란 이름으로 모인 모든 단체들의 공통된 특성이다.

수년 전 미국 〈Christianity Today〉가 보도한 사건은 이러한 전투적이고 흑백논리적인 창조과학의 정서를 보여주고 있다. 호주창조과학 단체인 AiG(Answers in Genesis)와 미국 창조과학박물관(Creation Museum)을 창설한 햄(Ken Ham)은 2011년, Great Homeschool Conventions가 주최한 시리즈 대회 강사로 초빙을 받았다. 그런데 처음 두 차례의 대회에서부터 켄은 자기를 초청한 대회 측과 그 대회에 강사로 초빙된 다른 강사들을 원색적으로 비난하였다. 이로 인해 대회 조직위원회에서는 많은 고민을 하다가 결국 이어지는 대회에 햄을 초청하는 것을 취소할 수밖에 없었다. 다른 사람들의 주장에 동의하지 않거나 학자적인 매너를 가지고 이의를 제기하는 것이 아니라 다른 주장을 하는 사람들을 원색적으로 공격하는 정서가 문제가 된 것이다.2) 왜 창조과학자들 사이에는 이런 공격적인 정서가 생긴 것일까? 여기에는 두 가지 이유가 있다고 본다.

첫째, 창조과학 운동이 안식교 정서 위에 세워져 있기 때문이다. 안식교는 그 뿌리에서부터 신비주의, 시한부 종말론, 성경의 문자적 해석의 전통을 갖고 있는 근본주의 교파라고 할 수 있다. 당연히 정통 교단으로부터 이단 시비에 휘말릴 수밖에 없다. 일반적으로 이단 시비에 휘말리는 단체들일수록 생존을 위해 양동전략을 구사한다. 하나는 구성원들의 결속을 위해 자신들의 주장을 더 선명하게, 전투적으로 제시하고, 다른 하나는 진리를 위해 고난 받는 종으로서의 이미지를 부각시키는 것이다. 이 문제에 대해서는 아래에서 좀 더 자세히 살펴볼 것이다.

둘째, 창조과학 운동이 공학도들의 정서 위에 세워져 있기 때문이다. 창조과학 운동은 명칭으로만 봐서는 신학자나 과학자들의 운동인 듯 하고 실제 다루는 내용들도 구약학이나 기초과학 분야에 속한다. 하지만 정서적으로는 공학도 운동이라고 부르는 것이 적절한 것으로 보인다. 미국에서 개신교 진영에서 이 운동을 본격적으로 시작하는데 중추적인 역할을 한 모리스(Henry Madison Morris, 1918-2006)가 토목공학자였다는 것이나 한국창조과학회 출범과 그 이후의 활동에 공학자나 응용과학자들(의사 포함)이 주축이 된 것은 우연이 아니다.

이들 외에도 창조과학 운동이 강하게 일어났던 미국, 호주, 한국에서 창조과학에 열정적으로 참여한 사람들 중에는 공학이나 응용과학 분야의 인사들이 많았으며, 다른 분야를 전공한 사람들도 대부분 공학도적 정서를 가진 사람들이었다. 창조과학의 과학적 측면을 다루는 대부분의 논의들이 생물학 분야의 분류학, 발생학, 유전학, 지질학 분야의 층서학, 고생물학, 천문학 분야의 초기 우주론, 생화학, 물리학 등, 과학 중에서도 기초과학 영역에 속한 주제들이 대부분이지만 정작 그 분야의 전공자들로서, 혹은 그 분야에서 제대로 연구를 하고 있는 학자들로서 창조과학 운동에 열정적으로 참여하는 사람들은 거의 없다.

3. 과학적 정체성

창조과학은 다른 여러 창조론들 중에서 독특하게 두 가지 과학적 주장을 제시하고 있다.

첫째, 우주와 지구, 그리고 그 가운데 있는 모든 생물과 인류가 6천년 전에 144시간의 간격 내에서 동시에 창조되었다고 주장한다. 소위 젊은 지구 창조론(Young Earth Creationism) 혹은 젊은 우주론을 신봉한다. 그러면서 오래된 연대를 보여주는 모든 연대 측정 방법이나 그 연대 위에서 해석된 사실들은 잘못 측정하였거나 잘못된 가정 위에 서 있다고 주장한다.

예를 들면 오늘날 지층이나 암석의 절대연대 측정법으로 널리 받아들여지고 있는 방사능 연대측정이나 고고학적 유물의 절대연대 측정법으로 잘 확립된 탄소 연대측정법도 받아들이지 않는다. 그 이유는 단 한 가지이다. 방사능 연대에 의하면 지구와 우주는 예외 없이 오래 되었음을 보여주기 때문이다. 남북극 얼음층을 시추하여 끄집어낸 아이스 코어에서 헤아릴 수 있는 수십만 개의 "나이테"도 일 년에 여러 개씩 생성된 결과라고 주장하면서 6천년을 고집한다. 100억 광년 이상 떨어진 천체들에서 오는 빛도 천체까지의 거리 측정이 잘못되었다거나, 과거에는 광속이 지금보다 훨씬 빨랐다거나, 하나님이 오는 빛을 창조했다는 식으로 설명했다. 창조과학자들은 젊은 지구와 우주 주장은 절대로 틀릴 수 없다고 보기 때문이다.

둘째, 창조과학에서는 지구 역사에서 노아의 홍수라는 단 한차례의 전 지구적 격변만이 있었다고 주장한다. 그리고 이 격변으로 인해 오늘날 우리가 보는 대부분의 지층과 그 속의 화석들이 생성되었다고 주장한다. 깊이 1.6km에 이르는 그랜드캐년의 퇴적암 협곡도, 거대한 요세미티 화강암 계곡도, 수백미터 깊이의 콜럼비아 계곡의 현무암 지층도 1년 미만의 노아의 홍수의 결과라고 주장한다. 모든 화석과 석탄과 석유, 천연가스 등 화석연료들도 모두 노아의 홍수 때 형성된 것이고, 빙하기도 노아의 홍수를 전후해서 도래한 것이라고 주장한다. 대륙이동도 노아의 홍수를 전후해서 급격하게 일어났다고 주장한다.

노아의 홍수와 젊은 지구 연대는 손바닥의 앞뒷면처럼 연계되어 있다. 불과 1년 미만의 홍수 기간 동안 오늘날 지질학에서 얘기하는 고생대 캄브리아기 지층으로부터 신생대 제4기 지층까지 한꺼번에 형성되었다고 보기 때문이다. 주류 지질학에서는 5억 4천만년 전의 지층이라고 주장하는 캄브리아기 지층을 창조과학자들은 5400년도 되지 않았다고 보기 때문에 창조과학과 주류 지질학의 연대는 어떤 형태로든 양립할 수 없다.

II. 창조과학의 안식교 뿌리

이러한 창조과학의 정체성을 염두에 두고 창조과학의 뿌리를 살펴보자. 언뜻 보기에 창조과학이란 말에 과학이란 말이 들어있기 때문에 일반인들은 창조과학 운동을 일종의 과학운동으로, 창조과학회를 과학자들의 학문 공동체로 잘못 이해할 수 있다. 하지만 창조과학의 주장들, 특히 앞에서 과학적 정체성과 관련한 두 가지 주장은 해당 분야의 학문 공동체들에서는 더 이상 논의의 대상으로 삼고 있지 않다. 이미 오래 전에 이 두 가지 주장에 대해서는 결론이 났기 때문이다. 그렇다면 전문 학자들 사이에서는 전혀 논쟁이 되지 않는 문제가 왜 아직까지 창조과학자들을 결속시키는 동아줄이 되고 있을까? 혹 여기에 학문 외적인 종교적 확신이나 이데올로기적 뿌리가 있는 것은 아닐까?

일반적으로 많은 사람들은 창조과학 운동을 미국 남부의 개신교 근본주의자들의 운동으로 생각한다. 하지만 그들이 개신교 내에서 창조과학 운동을 시작하기 오래 전에 이미 안식교는 교단적 차원에서 창조과학의 교리적 기초를 갖고 있었다. 그러므로 우리가 창조과학의 뿌리를 생각할 때 가장 먼저 살펴보아야 할 교파는 안식교이다. 이를 위해 아래에서는 안식교의 전신이라고 할 수 있는 19세기 중엽 재림파 혹은 밀러파(Millerites) 운동에 대해 살펴본다.

1. 밀러와 재림파

안식교의 뿌리는 재림파의 창시자인 윌리엄 밀러(William Miller, 1782-1849)

제18장 창조과학의 유사과학적 뿌리

로 거슬러 올라간다. 1782년 미국 매사추세츠 주에서 태어난 밀러는 원래 침례교인이었으며 농부였다. 아홉 살까지는 집에서 어머니로부터 교육을 받다가 그 후에 새로 생긴 인근 학교에 입학하여 공부하기 시작했다. 그는 독학으로 많은 공부를 했지만 18세 이후에는 공식적인 교육을 받은 적이 없다.

[그림 18-1] 재림파 지도자, 밀러

그는 기독교 가정에서 신앙교육을 받고 자랐지만 성경이 하나님의 계시라는 것을 믿을 수가 없었다. 한동안 신앙적인 방황을 한 후 그는 2년간 성경을 혼자 깊이 연구하였다. 이 때 그는 특히 다니엘서와 요한계시록을 집중적으로 연구하여 예수님의 재림이 임박했다는 확신을 갖게 되었다. 특히 그는 다니엘서에서 "그가 내게 이르되 이천삼백 주야까지니 그 때에 성소가 정결하게 되리라 하였느니라(단8:14)."는 말씀에 주목하였다. 여기서 그는 "성소가 정결하게 되리라"는 말씀은 예수님이 재림하실 때 지구가 불로 정결하게 되는 것이라고 해석하였다. 그는 하루-일년 원리를 적용하여 이천삼백 주야는 BC457년에 시작된 것으로 해석하였다. 그리고 간단한 계산을 해서 이 기간은 1843년에 끝나고 예수님이 재림하는 것으로 해석했다.[3)]

정작 재림 당사자인 예수님은 "그 날과 그 때는 아무도 모르나니 하늘의 천사들도, 아들도 모르고 오직 아버지만 아시느니라(마24:36)"고 말씀하셨지만 밀러는 자신이 "그 날과 그 때"를 알 수 있다고 확신했다. 그래서 그는 곧 자신의 확신을 전파하는 재림운동을 일으켰다. 구체적으로 그는 1843년 8월 21일에 예수님이 재림하신다는 시한부 종말론을 주장하였다. 그러나 그 날 재림이 이루어지지 않자 밀러는 자신의 날짜 계산이 유대력으로 했기 때문이라고 하면서 로마력으로 다시 재림 날짜를 계산하였다. 하지만 그가 다시 계산한 1844년 10월 22일에도 예수님은 재림하지 않았다. 두 차례에 걸쳐 재림 예언이 불발로 끝나자 밀러 추종자들은 크게 실망하였다. 이 "대실망(The Great Disappointment)"의 중심에 서 있었던 사람들 중 한 사람이 바로 밀러의 열혈 신봉자였던 에드슨(Hiram Edson, 1806-1882)이었다.

1844년 10월 22일, 에드슨은 그의 친구와 함께 자기 집에서 예수님의 재림을 확신하면서 눈이 빠져라 기다렸지만 예수님은 오시지 않았다. 그러자 기다림의 간절함만큼 실망과 절망도 컸다. 그는 당시의 절망을 이렇게 표현했다. "우리의 가장 소중한 소망과 기대가 산산조각이 났고, 내가 전에 한 번도 경험한 적이 없는 울음의 영이 덮쳐왔다. 이 세상의 모든 친구들을 잃어버린 것은 어디에도 비길 수가 없었다. 우리는 그 다음날 새벽이 될 때까지 울었고, 또 울었다."4)

재림 불발은 에드슨의 재림 신앙에 엄청난 위기였지만 그는 이 위기를 "슬기롭게" 극복하였다. 시간이 지나면서 에드슨은 한 해 전의 사건을 돌아보면서 마음을 추스렸다. 원래 감리교 신자였던 에드슨은 동료 한 사람과 실망한 재림파 교인들(밀러파 교인들)을 위로하고, 동시에 자신들을 조롱하는 이웃들을 피해 자신의 옥수수 벌판을 지나가다가 환상을 보았다. 바로 두 번째 재림 예언이 불발로 끝난 그 다음날인 1844년 10월 23일 아침이었다.5) 그 환상은 1844년에 예수님께서 하늘의 성소에서 지성소로 들어가시는 모습이었다.

에드슨은 자신의 환상을 놀랍게, 창의적으로 해석했다. 그는 지금까지 예수님은 하늘의 성소에서 죄를 용서하시는 사역을 하셨으나, 1844년 10월 22일부터는 세상이 아니라 하늘의 지성소로 자리를 옮기셔서 죄를 완전히 없애는 작업을 하고 계신다고 해석했다. 그리고 예수님은 지금 재림하시는 것이 아니라 세상 사람들의 죄가 속죄양으로 죄를 짊어지고 가게 될 사탄에게 완전히 전가된 후에야 비로소 재림하게 된다는 것이었다.

이러한 에드슨의 해석은 실망에 빠진 재림파 교인들에게 회생의 돌파구를 마련하게 하였다. 이러한 사상이 후에 안식교의 실질적 창시자라고 할 수 있는 화이트(Ellen G. White, 1827-1915) 부인에 의해서 안식교의 핵심교리인 조사 심판의 교리로 발전하였다.

2. 화이트와 안식교

화이트는 1827년 미국 오레곤주 포틀랜드 인근 마을에서 태어났다. 그녀

제18장 창조과학의 유사과학적 뿌리

는 9살 때 다른 아이가 던진 돌에 얼굴을 맞아 크게 상처를 입고 3주간이나 의식을 잃고 얼굴도 몹시 흉하게 되었다. 이 사건의 충격으로 화이트는 병약하고 신경성 질환의 소녀가 되었다.

이러한 화이트의 인생에 큰 전기가 된 것은 바로 밀러의 집회였다. 수년 후인 1840년과 1842년, 화이트는 포틀랜드에서 열린 밀러의 부흥 집회에 참석하게 되었고, 그곳에서 큰 은혜를 경험했다. 밀러가 재림에 관한 설교를 했을 때 그녀는 크게 감동을 받고 그의 열렬한 추종자가 되었다. 그리고 그 때까지 자신이 속했던 감리교회를 미련 없이 떠났다.

[그림 18-2] 제임스와 엘렌 화이트 부부와 화이트가 쓴 책의 일부

그녀는 1844년 10월 22일 예수님이 재림한다는 밀러의 재림예언이 불발로 끝나자 화이트는 불과 두 달 후에 새로운 계시(?)를 받음으로 명실상부한 밀러의 계승자가 됐다.6) 화이트가 첫 계시를 받은 것을 〈예언자 엘렌 G. 화잇〉은 이렇게 묘사하고 있다. "대실망으로부터 두 달 후인 1844년 12월의 어느 날 엘렌은 포틀랜드 남쪽에 사는 가족의 친구인 헤인스(Haines)의 집에서 다른 네 자매와 함께 무릎을 꿇고 기도하고 있었다. 그 때 갑자기 성령께서 엘렌에게 임했다. 그는 성경의 거룩한 예언자가 받았던 계시를 회상케 하는 방식으로 계시를 받게 되었다."7)

안식교에 의하면 화이트는 1844년 첫 계시를 받은 때로부터 1915년까지

417

약 70년 동안 2,000번 정도의 계시를 받았다고 한다. 에드슨이 보았던 것처럼 화이트도 1845년 2월에 예수님께서 하늘의 지성소에 들어가시는 환상을 보았고, 1847년 4월 7일에는 자신이 성소를 거쳐 지성소에 들어가는 환상을 경험했다고 한다. 그 때 그녀는 천국에서 법궤와 십계명을 보았는데 특히 십계명 중에 안식일 계명인 제4계명이 광채를 발했다고 한다. 화이트는 이것을 하나님께서 안식일을 지키라고 하는 계시로 확신했으며, 이때부터 안식교는 제 칠일을 안식일로 고정하게 되었다.

오늘날 안식교의 신조나 활동은 거의 모두 화이트의 환상과 말에 기초하고 있다. 화이트는 컴퓨터도 없었던 시절이지만 자신이 보았다는 환상을 정열적인 집필활동으로 자세히 남겼다.[8] 안식교도들은 화이트를 성령의 인도를 받는 여선지자로 믿었으며, 지금도 그녀가 환상 중에 본 것은 안식교인들에게 성경과 동등한 권위를 갖는다.[9] 화이트는 밀러의 재림 예언, 에드슨의 하늘 지성소 환상과 여러 가지 교리들을 이론적으로 체계화하여 오늘의 안식교가 탄생하게 했다.[10]

앞선 밀러 추종자들과 같이 안식교인들도 임박한 종말을 믿었으며, 제4계명에 있는 것과 같이(출20:8-11) 문자적인 6일 창조에 대한 기념으로 토요일에 예배를 드렸다. 화이트의 환상에 기초한 이 독특한 안식일 교리 때문에 안식교인들은 창조주간의 하루하루를 24시간이 아닌 다른 해석을 하는 것에 대해 극력 반대할 수밖에 없었다. 천국 환상을 본 후 그녀 스스로 창세기 1장에 기록된 사건들이 "완성되는데 일곱 번의 오랜, 불특정한 기간이 필요하다고 주장하는" "믿음 없는 지질학자들"을 따르는 것은 "제4계명인 안식일 계명의 기초를 직접 공격하는 것이다."라고 주장했다. 그녀는 창세기 1장과 관련하여 잘 이해되지 않는 점이 있으면 곧 이어지는 환상을 통해 명확하게 알 수 있었으며, 그러면 의혹은 곧 사라졌다고 했다.[11]

3. 화이트와 창조과학

그렇다면 화이트의 환상과 창조과학은 어떤 관계가 있는가? 안식교의 문헌들을 보면 창조과학은 그녀의 환상에서 시작되었다고 할 수 있다. 그녀는 환상 중에 자신이 천지창조 주간으로 돌아가서 창조현장을 보았다고 했다. "그 때 나는 천지창조 사건현장(the creation)으로 옮겨졌고 하나님이 엿새 동안 창조사역을 행하시고 일곱째 날 안식하셨던 바로 그 첫 주간은 다른 여느 주간과 다를 바가 없음이 보여졌다."12) 여기서 그녀는 창조주간이 요즘의 일주일과 다를 바가 없음을, 다시 말해 창조주간의 하루하루는 요즘과 같이 24시간 하루와 다르지 않음을 주장하고 있다. 창조과학의 가장 중요한 특징인 전투적인 젊은 지구 개념이 그녀의 환상에서 출발한 것임을 분명히 하고 있다.

물론 교회사를 살펴보면 화이트 이전에도 젊은 지구를 주장했던 신학자들이 여럿 있었다. 하지만 대부분의 사람들은 창세기에 관한 여러 해석들 중 하나로 제시된 것이어서 오늘날 창조과학이 갖는 이데올로기적, 교조적 특성은 없었다. 다시 말해 젊은 지구론은 창조주간에 대한 하나의 해석으로 제시되었으며, 다른 견해를 가진 사람들과 대화가 열려 있었다. 하지만 화이트의 환상에 근거한 젊은 지구설은 더 이상 학문적 대화의 주제가 아니라 신앙고백적 차원의 교리가 되었다.

화이트의 환상은 비단 창주조주간의 길이에만 국한되지 않았다. 그녀는 창조과학의 또 하나의 기둥이라고 할 수 있는 노아의 홍수에 대해서도 환상을 보았다고 했다. 홍수 전 동물들의 크기와 관련하여 그녀는 "홍수 전에는 대단히 크고 힘센, 지금은 존재하지 않는 동물들이 존재했음을 보았다."고 했다.13) 또한 다른 곳에서는 노아의 대홍수 이전에는 "사람들, 동물들, 나무들이 지금 존재하는 것들보다 훨씬 더 컸다"고 했다.14) 현재의 창조과학자들은 150여 년 전에 화이트가 환상에서 본 것을 그대로 주장하고 있다.

화이트의 독특한 창조관은 다만 창세기의 해석에만 국한된 것이 아니었다. 그녀의 창조관은 안식교의 다른 주요 교리들과 긴밀하게 연결되어 있다. 이 점을 안식교 학자 하셀(Frank M. Hasel)은 이렇게 말한다. "창조[과학] 교리는 성경과 엘렌 화이트의 저술에서 너무 두드러지게 나타나고 있고 다른 근본적인 신념들과 긴밀하게 연결되어 있어서 이 논점에서의 변화는 불가피하게 우리 안식교도들이 지지하는 성경의 다른 근본적인 가르침들에 영향을 미칠 것이다."15) 이 말은 창조과학적 창세기 해석이 아니라면 안식교 교리 자체가 심각한 문제에 봉착할 것임을 시사한다. 안식교에서 창조과학에 목을 매는 이유가 바로 여기에 있는 것이다!

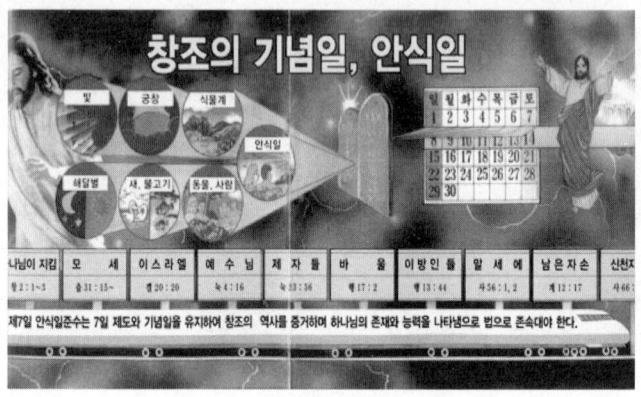

[그림 18-3] 안식교의 안식일 관련 전도지

화이트는 젊은 지구론과 노아의 홍수라는 창조과학의 핵심 주장만을 제창한 것이 아니었다. 그녀는 성경은 과학적 내용에 있어서도 교과서가 되어야 함을 분명히 하고 있다. 오늘날 창조과학자들은 화이트의 과학관을 그대로 반복하고 있다. 그녀는 "성경 역사가 없이는 지질학은 아무 것도 증명할 수 없음을 보았다."고 했다.16) 이것은 창조와 홍수의 역사에 관한 모든 정보가 신적인 환상으로부터 왔다고 보는 그녀의 입장을 고려한다면 놀라운 일이 아니다.17) 그녀는 "홍수 역사에서 계시는 지질학만으로는 결코 알 수 없는 것을 설명한다"고 했다.18)

안식교인들이 성경, 그 중에서도 창세기의 독특한 해석에 집중하고 있는 듯이 보이지만 이들에게 있어서 영감의 근거는 성경만이 아니다. 비록 안식교 신자들이 화이트의 저술이 "다른 성경"이라고 믿지는 않았지만 처음부터 안식교는 엘렌 화이트가 성경의 선지자들과 같은 방법으로, 그리고 같은 정도로 영감되었음을 주장했다. 비록 하셀은 안식교 학자이지만 이 점을 솔직히 시인하고 있다.19)

제18장 창조과학의 유사과학적 뿌리

안식교인들이 화이트의 말과 글에 성경과 비슷한 권위를 부여하는 것은 그녀가 성경을 기록한 모세 등과 같은 계시를 받았다고 믿기 때문이다. 화이트는 자신이 주장한 지질학은 모세의 지질학이고, 모세의 지질학은 하나님의 인도 하에 기록되었기 때문에 오류일 수가 없다는 논리를 펴고 있다: "하나님의 거룩한 말씀의 권위에 대한 확립된 믿음이 있어야 한다… 모세는 하나님의 영의 인도 하에서 썼고, 그래서 정확한 지질학 이론이라면 그 [모세]의 말과 일치하지 않는 발견을 주장하지 않을 것이다."20)

화이트는 그녀가 보기에 여러 화석이나 유물들이 현재와 다른 것은 그것들이 지금과 전혀 다른 환경에서 형성되었기 때문이며, 그런 특별한 환경에 대해서는 오직 성경을 통해서만 알 수 있다고 했다. "지구에서 발견되는 유물들은 여러 면에서 현재와는 다르다는 증거를 제시하지만, 이런 조건들이 존재했던 시기에 대해서는 오직 계시된 기록을 통해서만 배울 수 있다."21)

화이트는 이미 그녀의 생전에 학자들의 야외탐사 연구 결과가 본인이 제시하는 성경해석과 일치하지 않는 면이 있음을 시사하고 있다. 그래서 그녀는 모든 지질학 연구는 성경이 인도하는 곳까지만 가야하고 그 이상을 넘어서는 안 된다고 경고했다. 즉 기독교 지질학자들이 야외탐사 데이터로부터 도출하려는 함의는 성경적 주장에 의해 인도되어야 한다는 말이다.22) 오늘날 창조과학자들은 성경을 과학 교과서로 사용할 수 있다는 화이트의 주장을 그대로 차용하고 있다.

지금까지의 논의를 요약한다면 젊은 지구와 노아의 홍수로 대변되는 창조과학은 창세기 기록보다는 안식교 교주 화이트의 환상에 근거하고 있다고 할 수 있다. 이를 요약해서 Ellen G. White 유산협회(Ellen G. White Estate) 부책임자인 터치(Cindy Tutsch)는 이렇게 말한다. "창조 시간과 홍수에 대해 위에서 그녀[화이트]가 제시한 관점에서 본다면 우리는 엘렌 화이트는 지금도 살아있고, 방사능 연대와 고생물학 연구가 제시하는 도전들에 직면하고 있을지라도 그녀는 역사적이고 최근에 있었던 창조주간과 전 지구적 홍수를 주장한다고 무리 없이 말할 수 있다."23)

그렇다면 이러한 화이트의 환상과 환상에 근거한 성경해석이 곧 바로 오늘날의 창조과학 운동을 일으켰다고 할 수 있을까? 교회사가 마크 놀(Mark A. Noll, 1946-)은 현대 창조과학 운동은 젊은 지구론과 노아 홍수설을 주장한 화이트의 "성문서들(sacred writings)"이 지구 역사 연구의 구조를 제공할 수 있음을 보여주기를 원했던 열성적인 안식교 신자들에 의해 시작되었음을 지적하고 있다.24) 이 열성적인 안식교 신자들 중에 가장 중요한 인사가 바로 아마추어 지질학자였던 프라이스(George McCready Price, 1870-1963)였다.

4. 프라이스와 그의 제자들

프라이스는 캐나다 뉴부른스윅주 해브록(Havelock, New Brunswick)에서 출생했다. 그의 아버지는 그가 12세이던 1882년에 별세했고, 그로부터 2년 뒤, 그의 어머니는 두 아들을 데리고 안식교에 출석하기 시작했다. 이어 1891~1893년 프라이스는 오늘날의 앤드류대학(Andrews University)의 전신인 Battle Creek College에 다녔고, 1896년에는 오늘날 뉴브룬스윅 대학(University of New Brunswick)의 전신인 Provincial Normal School of New Brunswick에 등록했다. 여기서 그는 광물학을 포함하여 자연과학의 기초과목들을 수강했다.25)

이것이 프라이스가 받은 과학 분야의 공식적인 훈련의 전부였다. 1897년 이후부터 프라이스는 중등학교 교사, 건축공사장의 인부, 핸디맨, 안식교 전도사, 안식교 계통의 학교 교장, 안식교 대학의 교수로서 근무하면서 창조과학에 대한 여러 책들을 저술했다. 1907년부터 1912년까지 프라이스는 오늘날 로마 린다 대학(Loma Linda University)의 전신인 College of Medical Evangelists에서 가르치면서 독학으로 학사학위(BA)를 받았고, 1920년부터는 Pacific Union College에서 가르치면서 석사학위(MA)를 받았다. 과학사가 넘버스 교수에 의하면 이 석사학위도 정식 과정을 밟아서 받았다기보다는 일종의 "선물(gift)"이었다!26)

[그림 18-4] 프라이스와 〈새로운 지질학〉

프라이스는 마크 놀이 지적한 것처럼 "거의 공식적인 [지질학] 훈련을 받지 않았고 야외탐사 경험이 거의 전무했던, 이론뿐인 지질학자(armchair geologist)"였다.27) 하지만 자신의 연구보다는 화이트의 환상을 지질학적 용어로 다듬는 일을 하는 데는 그 정도의 훈련만으로도 충분했다. 그는 창세기 초반부를 "단순하고(simple)", "문자적으로(literal)" 해석하여 지구는 창세기의 내용처럼 6,000-8,000년 전에 6일 동안 창조되었으며, 지구의 지층과 화석 기록은 노아의 홍수 때 일시적으로 형성된 것이라는 오늘날 창조과학의 과학적 정체성을 확립했다. 이런 점을 생각한다면 화이트의 환상과 오늘날의 창조과학 주장이 완전히 같다는 것은 전혀 이상한 일이 아니다.

프라이스는 자신의 주장을 1923년 〈새로운 지질학(The New Geology)〉이라는 두꺼운 책을 통해 발표했다.28) 이 외에도 프라이스는 여러 권의 책을 저술하였는데 기본적으로 프라이스의 창조과학 저술은 안식교 교주 화이트가 환상 중에 보았다고 주장한 창조와 노아의 홍수를 체계화한 것이었다. 시간이 지나면서 이러한 프라이스의 충성심은 안식교 교단 전체적으로 확산되었다. 교주의 환상에 근거한 창조과학이기 때문에 오늘날 창조과학을 교단적으로 가장 활발하게 연구하는 곳이 안식교라는 것은 전혀 이상한 일이 아니다.

안식교의 첫 고등교육기관인 미시건주의 앤드류스 대학(Andrews University)

(1874년 Battle Creek College로 시작)의 신학대학원은 2010년 4월 30일에 발표한 "창조교리에 관한 성명서"에서 창주주간을 "오늘날과 같은 여섯 번의 일상적이고 역사적인 날들로 이루어져 있음"을 재확인하였다. 또한 "화석을 포함하는 지층기둥의 대부분은 전지구적 홍수동안 퇴적된 것"이라는 점을 재확인하였다.29) 설립 후 140여년이 지났지만 화이트의 계시를 의심 없이 받아들이고, 나아가 프라이스의 제자로서 맡은 바 책임을 다할 것을 서약한 것이다.

또한 캘리포니아에 위치한 로마 린다 대학 내에 위치한 지구과학연구소(Geoscience Research Institute, GRI)는 안식교 교단에서 설립한 공식적인 연구소로서 화이트의 환상에 근거한 창조과학을 본격적으로 연구하기 위해 1950년대 후반에 설립된 기관이다. 1973년에는 〈Origins〉라는 학술지를 창간하여 지금까지 부정기적으로 출간하면서 화이트의 환상을 과학적인 연구를 통해 증명하기 위해 노력하고 있다.

프라이스의 제자는 북미주에만 국한되지 않았다. 1906년 의명학교로 시작된 한국의 최초 안식교 대학인 삼육대도 프라이스 버전의 창조과학 연구에 노력하고 있다. 고생물학자 최종걸 교수가 이끌고 있는 안식교 북아시아태평양지회 지구과학연구소(GRI)는 매년 미국 캐나다 서부 지역에서 창조과학 현장 탐사를 진행하고 있다. 창조의 과학적인 증거를 통해 그리스도의 증인이 되려는 화이트 후계자들의 노력은 지금도 전세계적으로 계속되고 있다.

5. 안식교에서 개신교로

프라이스의 〈새로운 지질학〉이 제시하는 젊은 지구론과 노아 홍수론은 안식교 바깥에 있는 학자들에게는 거의 관심거리가 되질 못했다. 이는 그 책의 학문성의 문제도 있었지만 두께가 726면이나 되고 일반인들이 읽는 것이 쉽지 않았기 때문이었다. 그런 중에서도 안식교 바깥에서 그의 생각을 진지하게 받아들인 소수의 사람들이 있었는데 그 중 한 사람이 바로 루터란 미주리총회(Missouri Synod)의 목사였던 넬슨(Byron Christopher Nelson, 1893-1972)이었다.

넬슨은 프라이스의 책이 출간된 지 4년 만인 1927년에 〈그 종류대로〉(After Its Kind)라는 책을 출간했는데 이 책은 지질학적인 측면에서 프라이스의 견해를 그대로 수용하였다.30) 특히 넬슨이 1931년에 출간한 〈돌에 새겨진 홍수 이야기(The Deluge Story in Stone)〉는 프라이스의 책을 일반인들이 읽기 쉽도록 잘 소개한 책이었다. 홍수 지질학의 역사를 다룬 본서에서 넬슨은 프라이스를 20세기에 "홍수를 옹호하는 대단히 탁월한 사람"이라고 칭찬

[그림 18-5] 넬슨의 〈그 종류대로〉

했다.31) 넬슨의 책은 한국창조과학회가 창립될 때 초기 지도자들에게 많은 영향을 미친 책이기도 했다.

[그림 18-6] 림머와 버딕

이 외에도 개신교 진영에는 림머(Harry Rimmer, 1890-1952)와 같은 프라이스의 제자가 있었지만 역시 가장 큰 영향을 미친 사람은 토목공학자 모리스(Henry Madison Morris, 1918-2006)였다. 모리스는 프라이스의 직접적인 제자라고 할 수는 없지만 프라이스의 제자인 안식교도 버딕(Clifford L. Burdick, 1919-2005)의 책을 통해 창조과학자로 전향했기 때문에 프라이스의 "손자 제자" 내지 화이트의 "증손자 제자"라고 할 수 있다. 물론 모리스는 생전에 창조과학의 뿌리를 안식교와 연관 짓는 것을 매우 조심스러워했다.

모리스는 1946년, 자신의 생애 첫 책인 〈That You Might Believe〉 출간이 진행되는 동안 버딕이 방사능 연대 측정법을 비판한 글을 읽고 젊은 지구론자로 전향하였다.32) 그로부터 모리스는 간격이론이나 지구의 긴 연대를 허용하는 다른 어떤 방법에도 더 이상 미련을 갖지 않게 되었다. 버딕이 방사능 연대 측정과는 전혀 무관한 사람이었고, 모리스가 그의 글을 읽을 때는 방사능 탄소 연대측정법은 아직 개발도 되지 않았을 때지만 모리스는 세상 떠날 때까지 60여 년 동안 자신의 확신이 틀릴 수 있다는 가능성을 단 한 번도 생각하지 않는 채 젊은 지구론의 확신 가운데 살았다. 그리고 사람의 죽음은 물론 모든 동물들의 죽음도 오직 아담의 범죄의 결과로 세상에 들어왔으며, 화석들은 아담 이전의 죽음의 흔적이라는 생각을 절대로 받아들이지 않게 되었다.33) 그는 화이트의 주장만이 아니라 그녀의 정서까지도 그대로 이어받았다.

하지만 모리스의 변화가 곧 바로 개신교 창조과학 운동으로 이어지지는 않았다. 개신교 복음주의 진영은 1940년대 후반에 발명된 탄소연대 측정법을 둘러싸고 내분을 겪고 있었다.34) 이 내분을 통해 복음주의 진영과 근본주의 진영이 분열되었으며, 모리스를 중심으로 한 근본주의 진영은 창조과학 운동의 모판이 되었다.

1960년대에 들어와서야 창조과학운동이라고 부를 수 있는 움직임이 본격화되었다. 인디애나주에 있는 근본주의 신학교인 그레이스 신학교(Grace Theological Seminary)의 구약학자였던 존 위트콤(John C. Whitcomb, Jr., 1924-)과 토목공학자였던 모리스가 자신에게 큰 영향을 준 프라이스의 책에 신학적, 그리고 의사과학적 설명을 추가해서 1961년 〈창세기 대홍수(The Genesis Flood)〉란 책을 발표하게 되었다.35)

모리스와 위트콤은 처음에 이 책의 출판사를 구하지 못해 고생을 많이 했다. 하지만 일단 출판되자 예상과는 달리 이 책은 폭발적인 반향을 불러일으켰고, 짧은 시간 안에 미국의 기독교인들에게 기독교 창조론의 표준과 같이 받아들여지게 되었다. 모리스는 이 책의 성공을 바탕으로 창조과학협회(Creation Research Society)와 창조과학연구소(The Institute of Creation

Research)를 설립하고 창조과학운동을 체계화해 나갔다. 그리고 오래지 않아 창조과학 운동은 미국을 벗어나 호주, 한국, 캐나다, 일본, 러시아 등지로 수출되어 창조과학의 시대가 열리게 되었다. 화이트의 환상이 개신교 진영을 통해 전 세계로 뻗어나갈 수 있게 된 것이다.

6. 넘버스의 평가

마지막으로 창조과학의 뿌리와 관련하여 살펴볼 인물은 창조과학자가 아닌, 과학사가 넘버스(Ronald L. Numbers, 1942-) 교수이다. 창조과학 역사에 대한 최고의 권위자라고 할 수 있는 넘버스 교수는 필자가 미국 위스콘신 대학 과학사학과에서 공부할 때 배운 스승이기도 하려니와 필자의 석사 논문 지도교수이기도 했다. 그가 1992년에 출간한 〈The Creationists: The Evolution of Scientific Creationism〉은 창조과학자와 진화론자는 물론 다양한 창조론자들에 의해 창조론 및 창조과학 역사에 대한 최고의 책으로 평가되고 있다. 이 책은 후에 지적설계운동을 포함하여 2006년, 〈The Creationists: From Scientific Creationism to Intelligent Design〉이란 제목으로 하버드대학 출판부에서 증보개정판으로 출간되었다.

[그림 18-7] 넘버스와 〈The Creationists〉

넘버스 교수는 할아버지, 아버지가 모두 유명한 안식교 목사인 가정에서 태어났고, 남부 차타누가(Chattanooga) 외곽에 있는 안식교 계통의 기독교 대학인 Southern Missionary College를 졸업했다. 그 후 그는 UC-Berkeley 사학과에서 과학사로 박사학위를 받았다. 박사학위를 마친 후 그는 첫 직장으로 LA 인근에 있는 안식교 대학 로마 린다 대학(Loma Linda University)에 교수로 부임했다. 부임한 직후 그가 했던 첫 번째 연구는 안식교 교주인 화이트의 생애에 대한 연구였다. 이 연구는 1976년, 〈Prophetess of Health: A Study of Ellen G. White〉라는 책으로 출간되었다.[36] 기본적으로 이 책은 안식교 교주이자 예언자인 화이트 여사와 당시의 미국 보건에 대한 일반적인 생각들의 관계를 다룬 책이었다. 그러면서 동시에 중간 중간에 화이트의 생애와 그녀의 글에 대한 평가가 들어있었다.

넘버스의 말에 의하면 그가 연구를 해 본 결과 화이트 여사가 천국에서 본 환상이라고 주장하면서 쓴 글이나 말의 많은 부분들이 다른 사람들의 글을 베꼈다고 했다.[37] 그래서 그는 역사학자답게 화이트의 말의 출처들을 꼼꼼하게 추적했고, 그녀의 말들의 많은 부분들이 이곳 저곳에서 베낀 표절임을 구체적인 문헌들을 들어 밝혔다. 당연히 그의 책은 출간되자마자 그가 재직하던 로마 린다 대학 지도자들의 마음을 불편하게 만들었고, 얼마 지나지 않아 그는 그 학교에서 파면당했다.

그 후 그는 위스콘신대학 석좌 교수로 부임하였고, 이곳에서 위스콘신대학 과학사학과를 하버드 과학사학과와 쌍벽을 이루는 미국 최고의 학과로 만드는 견인차의 역할을 했다. 넘버스는 미국과학사회(History of Science Society)의 총재와 학회지 〈ISIS〉의 편집장을 역임했으며, 2008년 미국과학사학회가 최고의 과학사가에게 수여하는 사턴 메달(Sarton Medal)을 받았다. 넘버스의 사턴 메달 수상을 축하하는 글에서 위스콘신 대학 동료로 근무했던 린드버그(David Lindberg) 교수는 사턴 메달을 수상한 사람들 중에서 자신의 학문적 업적 때문에 직장으로부터 파면당한 사람은 넘버스가 처음일 것이라고 했다.[38] 넘버스 교수가 출간한 〈The Prophetess of Health〉의 내용, 그리고 그 책을 출간함으로 인해 그가 겪었던 일들은 화이트가 보았다는 환상의 진정성과 더불어 환상을 볼 때 그녀의 정서적 상태가 온전했는지에 대한 의문을 제기한다.

Ⅲ. 신앙고백으로서의 창조과학

지금까지 우리는 창조과학의 안식교 뿌리에 대해 살펴보았다. 젊은 우주와 노아의 홍수로 대변되는 창조과학은 신학적으로는 독특한, 그러면서도 치우친 창세기 해석의 하나라고 할 수 있다. 하지만 6000년 우주연대와 단일격변설은 단순한 창세기 해석이 아니라 천문학이나 지질학에서 엄청난 과학적 함의가 있는 주장이다. 당연히 이 주장은 진지한 그리스도인 과학자들의 관심사가 될 수밖에 없다. 그렇다면 과학자 공동체의 결론은 무엇일까?

지난 반세기 이상 여러 복음주의 학자들이 창조과학 논쟁에 참여했다. 그리고 해당 분야의 전문학자들은 젊은 지구론과 노아의 홍수에 기초한 창조과학은 천동설이나 평면지구설보다도 못한 오류라는 데 이견이 별로 없다. 이제는 창조과학자들의 모임이나 일반 기독교인들의 모임이 아니라면 어떤 과학자 공동체에서도 젊은 우주론과 단일격변설을 논의하지 않는다. 그렇다면 이미 해당 분야 학자들은 더 이상 논의의 대상으로 삼고 있지 않는 "과학"이 아직도 보수적인 일부 교회, 특히 많은 한국에서 번성하고 이유는 무엇일까?

여기에는 창조과학의 태생적 뿌리가 있음을 지적할 수 있다. 앞에서 지적한 것처럼 창조과학은 구약성경이나 창세기 연구가 아니라 안식교 교주 화이트의 환상에 기초하고 있다. 교주의 환상에 근거하고 있기 때문에 안식교에서는 처음부터 6000년 우주연대와 노아의 홍수로 대변되는 창조과학적 성경해석은 신앙의 대상이었지 연구의 대상이 아니었다. 창조과학의 핵심적 주장은 화이트가 혼자 환상 중에 본 것이기 때문에 그 환상의 진정성에 대해서는 아무도 증명할 수도, 가타부타할 수도 없었다.

한 가지 염두에 두어야 할 사실은 화이트의 정서적 상태이다. 어린 시절의 큰 사고와 그로 인해 일그러진 외모, 3주간의 의식불명 상태 등등… 고통스러웠던 소녀 시절의 경험을 그녀의 예민한 원래의 성품과 결부시켜 본다면 화이트가 정상적인 정서로 산 것은 아니었을 것으로 생각된다. 넘버스가 〈The Prophetess of Health〉에서 지적한 계시의 표절은 그녀의 정서적 상태에 대한 간접적인 증거가 될 수도 있다. 화이트의 환상에 대한 기록을 보면 그녀는 알고 싶은, 혹은 궁금한 사항만 있으면 곧 바로 이어지는 환상에서 그 해답을 보았던 것으로 보인다. 어떤 의미에서 그녀는 첫 환상을 본 이래 나머지 인생을 늘 현실과 환상 사이를 오가면서 살았던 것으로 보인다.

창조과학은 이러한 상태의 화이트의 말과 글에 뿌리를 두고 있다. 물론 창조과학자들은 자신들의 뿌리가 창세기라고 주장하지만 창세기는 어디에서도 창조과학을 말하지 않는다. 창세기는 창조를 말할 뿐 창조과학을 말하지 않는다. 창조과학은 창세기에 대한 화이트의 환상에 기초한 안식교인들의 독특한 해석일 뿐이다. 성경은 어디에서도 지구나 우주의 연대, 인류의 연대에 관해 말하지 않는다. 아니 성경 기자들은 그런 과학적인 이슈들에 대해 아예 별 관심이 없었다고 보는 것이 바른 표현일 것이다. 성경은 일관되게 구원의 계시, 나아가 구원의 계시가 확장되는 과정에 관심을 집중하고 있지 지사학이나 발생학, 생물분류학, 지구나 우주의 절대연대 등에 대해서는 관심을 갖고 있지 않다. 성경에 없는 것을 성경에 있는 것처럼 주장하는 것도 문제지만 성경이 강조하지 않는 것을 지나치게 강조하는 것도 동일하게 문제가 된다.

성경이 젊은 지구론과 홍수 지질학을 말하고 있다는 것은 창조과학자들의 생각일 뿐이다. 그것도 독창적인 생각이 아니라 안식교 교주 화이트의 환상으로부터 차용한 생각일 뿐이다. 창조과학 운동은 그 뿌리의 특성상 처음부터 주장의 진위를 규명하기 위한 연구는 있을 수가 없었고 오직 창조과학이 진실임을 증명하기 위한 연구가 있을 뿐이었다. 이는 지금까지 살펴본 것처럼 창조과학이 구약학자들의 성경연구나 전문 과학자들의 연구에서 출발한 것이 아니라 화이트의 환상에서, 그리고 그 환상은 틀릴 수 없다는 안식교인들의 신앙고백에서 출발했기 때문이다.

IV. 맺는 말

끝으로 창조과학은 오늘날 과학철학적 관점에서 보더라도 과학이라고 보기가 어렵다. 과학철학자 포퍼(Sir Karl Raimund Popper, 1902-1994)는 과학은 반증(falsification)의 위협, 다시 말해 오류임을 입증하려는 끊임없는 위협 가운데서 진보한다고 보았다. 이 기준에 의하면 반증되는 과학은 오과학(wrong science)이라고 할 수 있으며, 반증 시도를 잘 견디고 있는 과학은 진정한 과학(authentic science) 혹은 좋은 과학이라고 할 수 있다. 하지만 처음부터 반증가능성이 없는, 혹은 반증가능성을 허용하지 않는 과학은 과학이 아니라 비과학(non-science), 혹은 유사 과학(pseudo-science)일 뿐이다.[39]

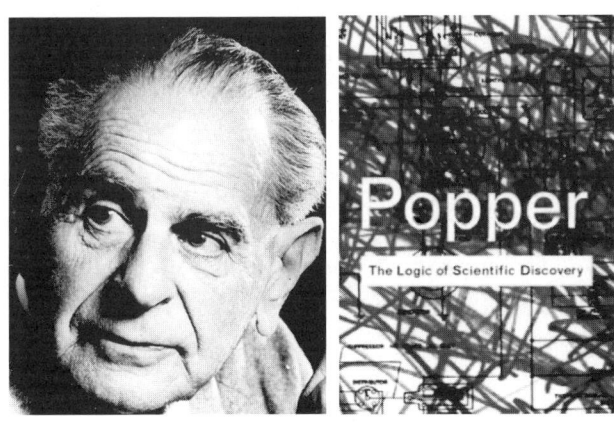

[그림 18-8] 포퍼와 그의 저서

창조과학은 언뜻 보기에 과학적 주장들을 하고 있고, 과학자 공동체에서 사용하는 용어들을 사용하며, 과학자들이 참여하고 있기 때문에 과학적 활동인 듯이 보인다. 하지만 그 뿌리와 실제 활동을 살펴보면 반성의 여지가 없는, 오류 가능성을 염두에 두고 있지 않는, 반증가능성을 원천적으로 허용하지 않는 일종의 신앙고백이라고 할 수 있다. 이 신앙고백은 구약학자들의 진지한 창세기 연구에 기초한 것도 아니고, 해당 분야 과학자들의 진지한 연구에 기초한 것도 아닌, 안식교 교주의 환상에 기초한 것이다.

각주

1) 예를 들면 Answer in Genesis USA에서 활동하는 Andrew A. Snelling은 젊은 지구론에 대한 자신의 5부작 DVD 강의 시리즈 제목을 〈Geology: A Biblical Viewpoint on the Age of the Earth〉라고 붙였다(Answers in Genesis USA 2009).
2) Sarah Eekhoff Zylstra, "Creation Museum Founder Disinvited from Homeschooling Conferences," 〈Christianity Today〉 March 25, 2011 – "Our Board believes Ken's comments to be unnecessary, ungodly, and mean-spirited statements that are divisive at best and defamatory at worst."
3) William Miller in Wikipedia
4) "Our fondest hopes and expectations were blasted, and such a spirit of weeping came over us as I never experienced before. It seemed that the loss of all earthly friends could have been no comparison. We wept, and wept, till the day dawn." from Hiram Edson, manuscript fragment on his 〈Life and Experience〉, n.d. Ellen G. White Research Center, James White Library, Andrews University, Berrien Springs, Mich. pp. 4-5.
5) James Nix, 〈The Life and Work of Hiram Edson〉 Thesis. Andrews University, Berrien Springs, 1971, pp. 18-20. From Edson's Manuscript.
6) 전정희, "[이단성 핵심체크] 안식교(엘렌 G. 화잇)" 〈교회와 신앙〉 (2010.3.29.)
7) "약한 자 중에 가장 약한 자," 〈예언자 엘렌 G. 화잇〉 (재림마을)
8) 화이트의 저술들 중 창조와 홍수를 다룬 책은 그의 창세기 주석 〈Patriarchs and Prophets〉이다. 이 책은 전문이 웹사이트에 올라와 있으며(http://www.gilead.net/egw/books/misc/Patriarchs_and_Prophets/index.htm) 화이트의 나머지 책들도 온

라인으로 내용을 볼 수 있다: http://www.gilead.net/egw/. 화이트의 책은 우리말로도 대부분 번역되어 있다.

9) Ronald L. Numbers, 〈The Creationists: The Evolution of Scientific Creationism〉(New York: Alfred A. Knopf, 1992. Reprinted by University of California Press, 1993), p.90. 이 책은 후에 지적설계운동을 포함하여 〈The Creationists: From Scientific Creationism to Intelligent Design〉 (Cambridge, MA: Harvard University Press, 2006)으로 증보개정판으로 출간되었다.

10) 안식교는 영어로는 Seventh-Day Adventist(SDA), 정식명칭은 제칠일 안식일 예수 재림교이며, 줄여서 안식교, 혹은 재림교라고 부른다.

11) Ellen G. White, 〈Spiritual Gifts: Important Facts of Faith, in Connection with the History of Holy Men of Old〉 (Battle Creek, MI: Seventh-day Adventist Publishing Assn., 1864), pp.90-91.

12) "I was then carried back to the creation and was shown that the first week, in which God performed the work of creation in six days and rested on the seventh day, was just like every other week." - Ellen G. White, 〈The Spirit of Prophecy〉 1:85. (Battle Creek, MI: Seventh-day Adventist Publishing Association, 1870, 1877, 1878, 1884, 1969)

13) "I was shown that very large, powerful animals existed before the flood, which do not now exist." - White, 〈The Spirit of Prophecy〉 1:87.

14) "men, animals, and trees many times larger than now exist," - Ellen G. White, 〈Patriarchs and Prophets〉, 114 (Washington, D.C.: Review and Herald Publishing Association, 1890, 1958).

제3부 창조론과 역사

15) "The doctrine of creation is so prominent in the Bible and in the writings of Ellen White and is so intimately connected with other fundamental beliefs that a change in this point inevitably will affect other foundational teachings of the Bible that we as SDAs uphold." from Frank M. Hasel, "Ellen G. White and Creationism: How to Deal with Her Statements on Creation and Evolution: Implications and Prospects," 〈Journal ofthe Adventist Theological Society〉, 17/1 (Spring 2006): 229-244.

16) "I have been shown that, without Bible history, geology can prove nothing." - White, 〈The Spirit of Prophecy〉 1:88.

17) Cindy Tutsch, "Interpreting Ellen G. White's Earth History Comments," Faith and Science Conference II (Glacier View, Colorado August 13-21, 2003) Chapter 4.

18) "[i]n the history of the Flood, inspiration has explained that which geology alone could never fathom." - 〈Patriarchs and Prophets〉, 112.

19) "From its inception, the SDA church has maintained that Ellen White was inspired in the same manner and to the same degree as biblical prophets, even though SDAs believe that her writings are not "another Bible." from Hasel, 〈Journal ofthe Adventist Theological Society〉, p.230.

20) "There should be a settled belief in the divine authority of God's Holy Word... Moses wrote under the guidance of the Spirit of God, and a correct theory of geology will never claim discoveries that cannot be reconciled with his statements." - White, 〈Patriarchs and Prophets〉, 114.

21) "relics found in the earth do give evidence of conditions differing in many respects from the present, but the time

when these conditions existed can be learned only from the Inspired Record." - 〈Patriarchs and Prophets〉, 112.
22) Tutsch, "Interpreting Ellen G. White's Earth History Comments," Chapter 4.
23) "Viewed in the light of her statements on time and the flood presented above, we can safely say that were Ellen White alive today, she would hold to a recent historical creation week and a global flood even in the face of challenges presented by radiometric dating and paleontological research." from Cindy Tutsch, "Interpreting Ellen G. White's Earth History Comments," 〈Faith and Science Conference II〉, (Glacier View, Colorado: August 13-21, 2003) - http://www.whiteestate.org/issues/genesis.html#_edn34
24) Mark A. Noll, 〈The Scandal of the Evangelical Mind〉 (Grand Rapids, MI: Eerdmans, 1995), p.18
25) Numbers, 〈The Creationists〉, pp.90-95.
26) Ronald L. Numbers, 〈The Creationists: From Scientific Creationism to Intelligent Design〉, Expanded Edition (Harvard University Press, 2006), pp.106-107
27) "armchair geologist with little formal training and almost no field experience," in Noll, 〈The Scandal of the Evangelical Mind〉, p.189.
28) George McCready Price, 〈The New Geology: A Textbook for Colleges, Normal Schools, and Training Schools; and for the General Reader〉 (Pacific Press Publishing Association, 1923), 726p.
29) "one historical week composed of six ordinary, historical Earth days like our own"(p.3.); "major portions of the fossil-filled geologic column were deposited during the global Flood"(p.9.), "A Statement on the Biblical Doctrine of Creation" Seventh-day Adventist Theological Seminary

(Andrews University) (voted by the Seminary Faculty on April 30, 2010).

30) Byron C. Nelson, 〈After Its Kind the First and the Last Word on Evolution〉(1927). 1970년, Bethany Fellowship에서 본 서의 개정판을 출간했다. 개정판에서는 〈창세기 대홍수〉의 공저자 인 John C. Whitcomb Jr.가 공저자로 참여했다.

31) "one very outstanding advocate of the Flood", Byron Christopher Nelson, 〈The Deluge Story in Stone: A History of the Flood Theory of Geology〉 (Minneapolis, MN: Augsburg Publishing House, 1931) – 이 책은 1968년 Baker Book에서 다시 출간되었다.

32) Clifford L. Burdick, "The Radioactive Time Yheory and Recent Trends in Methods of Reckoning Geologic Time," 〈Forum for the Corelation of Science and the Bible〉 1 (1946-1947): 39-58.

33) "no longer had to dabble with the gap theory or some other means of allowing a great age for the earth." – Henry M. Morris, 〈A History of Modern Creationism〉 (Master Books, 1984) pp.82-83, 97-98.

34) 필자는 위스콘신대학 과학사학과 대학원에서 넘버스(Ronald L. Numbers) 교수의 지도로 탄소연대 측정법을 둘러싸고 미국 복음주의 진영이 분열한 사건을 추적하였으며, 이 연구는 후에 석사학위 논문으로 제출되었고, 미국 과학자협회(American Scientific Affiliation) 학술지에 발표하였다: Seung-Hun Yang, "Radiocarbon Dating and American Evangelical Christians," 〈Perspectives on Science and Christianity〉 (Journal of American Scientific Affiliation) 45(4): 229-240.

35) John C. Whitcomb and Henry M. Morris, 〈The Genesis Flood: The Biblical Record and Its Scientific Implications〉 (Presbyterian & Reformed Publishing, 1961) – 한국어로는 이기섭 역, 〈창세기

대홍수〉(성광문화사, 1985)란 제목으로 번역되었다.
36) Ronald L. Numbers, 〈Prophetess of Health: A Study of Ellen G. White〉, 3rd Ed. (Grand Rapids: Eerdmans Publishing, 2008).
37) Personal communication(1991).
38) http://www.hssonline.org/about/society_awards2008.html (2014.1.29.)
39) cf. Karl Raimund Popper, 〈The Logic of Scientific Discovery〉 (Routledge, 2002)

문준호
중앙기독학교

성균관대학교 물리학과(B.S.), KAIST 물리학과(M.S., Ph.D.), 고든콘웰신학대학원(M.A.)에서 공부했다. LG전선 광통신연구소, 삼성전기 중앙연구소를 거쳐 현재 중앙기독학교에서 근무하고 있으며 ACSI (Association of Christian Schools International) Korea 기획실장으로 활동하고 있다.

창조론과 역사

제19장 기원 논쟁의 주요 문제

오늘날 학문 분야에서 취급하는 기원론의 주류는 진화론이다. 많은 경우에 있어서 진화론은 기원론으로서는 유일하게 가르쳐 지고 있다. 그러므로 학문적인 측면에서 기원론을 다루다 보면 이미 주류로서 학교에서 가르쳐 지고 있는 진화론에 대한 정확한 재설명이나 비판적 접근이 필요할 때가 많다. 특히 기원 논쟁을 취급할 때는 이해를 돕기 위해 특정 기원론을 진화론과 대비하여 설명하기도 한다. 기원 논쟁은 일차적으로는 창조/진화 논쟁 (또는 지적설계/진화 논쟁)이 주요하며, 창조론 및 진화론 내부의 논쟁도 있다.[1] 이러한 기원 논쟁은 단순히 과학의 문제가 아니라 매우 학제적인 성격을 띠며, 실제로 그 논쟁의 진짜 핵심은 일반적으로 통용되는 의미의 '과학'에 있지 않은 경우도 많다. 이 글에서는 창조/진화 논의를 하게 될 때 고려해야 할 주요 요소들을 다루었으며, 학문 사회의 주류 기원론인 신다원주의적 진화론을 비판적으로 분석하는 형태로 기술하였다.

I. 전제의 문제

과학과 기술을 포함한 모든 학문에는 기본 가정 또는 수학에서의 공리에 해당하는 전제가 있다. 예를 들어 물리학은 현재의 물리법칙의 형식과 기본 상수가 과거에도 항상 보존되었을 것이며 미래에도 보존될 것이라는 전제를 바탕으로 한다. 그러한 전제 없이는 물리학에서 기술할 수 있는 시간적 범위가 제한되거나, 심할 경우 물리학을 할 수 없게 된다. 마찬가지로 기원론들도 전제가 있다. 진화론의 암묵적인 전제는 대진화가 일어났다는 것이다. 진화론은 창조되었는지 또는 진화되었는지를 밝히기 위한 학문이 아니다. 잘 살펴보면, 대진화는 진화론에서 증명의 대상으로 취급하지 않고 그냥 전제로 두고 있다는 것을 발견할 수 있을 것이다. 진화에 있어서 실제로 관찰할 수 있는 것은 매우 제한된 규모에서의 진화, 즉 소진화이다. 만약 진화론이 대진화가 아닌 소진화를 다루는, 말하자면 소위 '소진화론' 또는 '변이론'에서 그쳤다면 과학적으로는 특별한 문제가 없었을 것이다. 그러나 그것은 어떤 면에서 앙꼬 없는 찐빵과 같다. 과학의 측면에서는 논란이 없어질지 모르지만, 그러한 진화론은 사람들 보기에도 별로 환상적이지 못하며 흥미도 반감될 것이다. 대진화가 포함되어야 사람들에게 기원에 대한 놀라운 상상력과 심오한 대답을 줄 수 있게 된다. 그리고 어떤 사람들은 이러한 대진화의 신화적 매력에 빠져든다.

진화론에서 대진화의 자연적 진화 과정을 직접 관찰하거나 그 전체 과정을 제대로 설명할 수 있는 설득력 있는 물리화학적 또는 분자생물학적 메커니즘을 보여준 적이 없다.[2] 자연적인 과정이 아니라 의도적인 지적인 과정이나 심지어 고도의 과학기술을 사용한 조작을 통해서도 아직 이렇다 할 만한 대진화를 구현하거나 관찰하는 데 성공했다는 것을 아직 들어본 적이 없다. 생물체의 외형을 기반으로 하든, DNA 염기서열결정법(DNA sequencing)을 통한 유전자 분석 즉, DNA의 분자적 구조를 기반으로 하든, 진화의 실제적 진행 과정을 물리화학적 과정으로 설명해 보여주는 것이 아니다.[3] 이러한 모든 시도가, 이미 형성되어 존재하고 있는 구조 또는 형태의 비교를 기반으로 한 분석을 통해 계통을 분류하고 대진화의 경로를 추측(speculation)하여 받아들인 것이다.[4] 진화론의 논리에 따르면 앞으로도 적

제19장 기원 논쟁의 주요 문제

어도 수백만 년 정도는 데이터를 축적해야 직접적 관찰을 통해 일부 생물이나마 대진화를 증명 또는 반증해 보일 수 있을 것 같다. 그렇다면, 진화론에서 말하는, 생명의 기원과 '모든' 종의 기원으로서의 진화, 즉 대진화는 과학적 증거를 통해 증명한 것이 아니라 진화론의 전제일 뿐이며, 그러므로 그것을 주장하는 진화론 측에서 증명 또는 반증해 주어야 할 문제이지 '과학'을 정의하는 철학적 구획문제(demarcation problem)[5]나 권위에 호소하는 방법으로 진화론의 핵심, 즉 대진화의 진위 여부를 얼버무릴 것이 아니다.

그렇다면 대진화 증명의 책임은 누구에게 있는가? 당연히 증명의 일차적인 책임은 이론을 주장한 사람에게 있다. 그 이론을 받아들이지 않는 사람이 그 주장이 '잘못되었음'을 증명할 책임이 있는 것이 아니다. 주장한 사람은 증명하지도 않았는데, 반대하는 사람이 증명하지도 않은 내용에 대한 반증까지 책임져야 한다면 그것은 부당한 일이다. 증명되지 않은 주장은 그저 받아들이지 않아도 그만이다. 그러나 지금의 기원 논쟁의 상황은 어떠한가? 일부 진화론자들은 대진화에 대한 확실한 증명을 해 놓지도 않은 상태에서 증거가 분명한 것처럼 말하며, 반대하는 사람에게 과학의 이름을 앞세워 강요하기도 한다. 주객이 전도된 이상한 상황 아닌가? 최소한 여기서 나는 창조론과 같은, 진화론과 다른 특정 기원론을 말하고자 하는 것이 아니다. 주도권을 쥐고 있는 진화론이 다른 기원론을 타당한 이유도 없이 억압해서는 안 된다는 것이다. 모든 다른 기원론이 터무니없다고 생각하는가? 그렇게 생각하는 것은 자유일 수는 있지만, 소위 '과학'을 주장하면서 다른 의견에 대해 억압적 태도를 갖는 것이 올바른 것인지는 생각해 보아야 한다.

진화론이 과학적이라면, 현재로서는 소진화, 좀 더 정확히 말하자면, 관찰할 수 있는 범위 내의 진화에서 과학적이라고 할 수 있는 것이다. 진화론에서 전제로 두고는 있으나, 수백만 년 후에도 증명될지 아닐지 모르는 '대진화'의 범위까지 과학에 포함시킬 수 있는지는 매우 의문스럽다. 그러면 분명히, 어떤 사람들은 소진화와 대진화의 구분 기준이 무엇이냐고 질문할 것이다. 지금도 실제로 많은 종 분화가 일어나고 있으며 그것은 대진화를 일으킬 수 있는 충분한 근거라고 강변할지도 모른다.[6] 만약, 그렇게 강변한다면, 나는 이렇게 대답하고 싶다. 그렇다면, 진화는 바로 그 범위, 즉 종분화를 관찰한 정도의 범위 정도까지는 일어난다고 말할 수 있는 것이지, 그것을 가지고 대진화가 가능하다거나 심지어 모든 생명체가 진화를 통해 형성되었다고 증명한 것처럼 말할 수는 없는 것이다. 그 이상을 말하는 것은 단순히 추측(speculation) 그 이상도 이하도 아니다. 만약 진화 가능한 범위를 더 확장해 말하고 싶다면, 그것은 그것을 주장하고 싶은 사람이 실제 증거를 가지고 증명해야 할 문제이다. 없는 것을 가지고 추측을 바탕으로 논증(argument from ignorance)을 시도하는 것이 아니라 실제 있는 증거를 가지고 논증(argument from evidence)해야 한다.

II. 기원 논쟁에 있어서 사람들의 진짜 관심사

사람들은 세상이 만들어진 진실이 무엇인지 알기 원한다. 기원 논쟁에 관심 있는 사람들의 1차적인 관심은 '창조론' 또는 '진화론'이라고 불리는 이론 자체에 있는 것이 아니다. 심지어 그것이 과학인지 아닌지 구분하는 것도 별로 중요하지 않다. 그것이 과학이든 아니든, 학문이든 아니든, 실제로 세상이 창조 또는 설계되었는지, 아니면 자연적 과정을 통해 모두 진화되었는지, 그 진실을 증거와 논리를 통해 설득력 있게 보여주는 것이 사람들의 바라는 바이다. 다른 말로 하자면, 생명과 모든 생물 종의 출현이 정말로 창조나 설계를 통해 된 것인지, 자연적인 과정을 통한 진화로 일어날 수 있는 것인지를 알고 싶어한다. 바로 그것이 기원에 관심 있는 사람들이 가장 알고 싶어하는 것이다. 여러 '론'들은 부차적인 것이며 세상이 만들어진 궁극적 원인을 알고자 하는 과정에 필요한 것이지 '론' 자체가 목적은 아니다.

그렇다면 진화론은 사람들이 알고자 하는 바로 그것을 질문하는가? 정말 대진화가 일어났는지 시험하고 확인해 본 적이 있는가? 아니, 그것에 대해 의문이라도 가져 본 적이 있는가? 이에 대한 일부 진화론자들의 대답은 다음과 같다. "진화 자체에 의문을 제기해본 적이 없으며 제기할 만한 이유도 없다."[7] 이에 반해 지적설계론자들은 특정한 생물체에서 자연적인 과정을 통해 대진화에 해당하는 것이 실제로 일어날 수 있는지, 아니면 그러한 변화가 일어나기 위해서는 지적설계가 반드시 필요한지에 대해 수학적 모델도 만들고 실제 예도 생각하며 학제적으로 다양하게 탐구하고 있다.[8] 그러나 어떤 사람들은 지적설계론에 대해 지나친 비난을 하며 그것은 과학이 아니며 종교에 몰입한 비이성적인 집단이 주장하는 것이라는 식의 인상을 주기도 한다. 그에 대해 나는 질문하고 싶다. 그러면 당신의 대안은 무엇인가? 어떤 식으로 생물체에서 자연적인 과정을 통해 대진화가 일어날 수 있는지 또는 없는지 알아보겠는가? '과학'이라고 붙여진 이름만 믿고 자연적 과정으로 일어나는 대진화를 관찰하기 위해 앞으로 수백만 년을 기다려 보겠는가?

나는 여기서 지적설계론이 완벽하다고 항변하고 있는 것이 결코 아니다. 기원에 대한 사람들의 진정한 관심사, 세상이 존재하기 위해서는 정말로 창조자 또는 지적 설계자가 반드시 필요한지, 아니면 자연적 과정의 진화로 모두 만들어질 수 있는 것인지에 대한 대답을 시도할 다른 대안이 있는가? 다른 말로 하자면, 대진화를 그냥 전제로 두어버리는 것이 아니라, 생물 관찰을 통해, 사람들이 가장 궁금해 하는 바로 그 대진화의 진정한 원인을 밝힐 다른 실제적 대안이 있는가 하는 것이다. 만약 지적설계론이 마음에 들지 않는다면, 그보다 더 나은 대안을 만들어 주면 나로서는 정말로 감사하겠다. 그러나 이에 관해 지적설계론보다 특별히 더 나은 체계적 대안을 제시한 경우를 아직까지 보지 못했다.

II. 진화론에서 대진화 증명을 시도하지 않는 이유

진화론에서 대진화 증명을 시도하지 않게 된 첫 번째 이유는 구조 또는 형태적 접근이 아닌 물리화학적인 메커니즘 확인을 통해 대진화를 일반적으로 증명하는 것이 현재로서는 불가능하다는 것일 것이다. 그러나 그보다 더 근본적인 이유가 있다. 기원론은 재현할 수 없는 역사를 탐구하는 분야이다.[9] 그것은 예를 들어, 물리학에서의 재현 가능한 물리현상을 탐구하는 과학과 다르다. 진화론도 일종의 기원론에 해당한다. 이러한 기원론은 물리현상을 탐구하는 과학, 즉 일반적인 물리과학(physical science)과 달리, 그 결론이 철학적 전제에 의해 근본적 영향을 받게 된다. 예를 들어, 엄밀한 실험적 증거를 바탕으로 하는 물리학 분야는 초자연을 받아들이든지 거부하든지 상관없이 같은 물리학 법칙을 사용해서 마찬가지로 연구를 수행할 것이기 때문에, 그와 같은 전제가 물리학을 전개하는 데 영향을 주지 못한다. 그러나 기원론은 다르다. 만약 기원론을 전개하는 데 있어서 초자연을 완전히 배제해버린다면, 기원론의 모든 내용을 자연적인 원인으로만 전개해야 한다. 그렇다면 진화론자들이 보기에도 마치 설계된 것 같은 이 세상의 수많은 놀라운 생물들이 어떻게 존재했는지 설명하기 위한 '자연적인' 방법은 무엇인가? 결국 점진적 발전의 개념을 도입한 진화론 이외에 특별히 다른 대안이 있을 수 없다. 자연적인 과정을 통해서라면, 사람과 같은 복잡한 생명체가 가장 먼저 갑자기 생기고 그 생명체가 진화하여 박테리아가 되었다고 말할 수는 없다. 자연주의적 진화론의 입장에서는 아무 생명체도 없는 상황에서 갑자기 사람과 같은 존재가 생길 수는 없기 때문이다. 분명히 진화의 논리적 순서는 매우 단순한 생물체에서 훨씬 복잡한 생물체로, 매우 작은 점진적 진화를 통해 변화하는 것이다. 초자연을 도입할 수 없는데 이 외의 다른 어떤 시나리오를 만들 수 있겠는가?

그러므로 기원론을 전개하는 데 있어서 초자연이나 지적 설계의 가능성을 도입하지 않기로 결정했다면 더 이상 창조론과 같은 다른 기원론이 설 자리는 없다.10) 진화론 이외의 다른 기원론 대안의 가능성은 '원리적'으로 완전히 차단된다. 그리고 대진화는 반드시 일어나야만 한다. 대진화가 일어나지 않았다면 어떤 방식으로 지금의 모든 생물들이 존재할 수 있겠는가? 자연주의적 설명에서는 대진화 자체에 의문을 제기할 수도 없으며 그럴 필요도 없고 이유도 없다. 대진화를 포기한다면 그것은 자연주의적 진화론을 포기하겠다는 것과 완전히 같은 이야기가 된다. 그러니, 초자연을 배제한 자연주의를 기반으로 진화론을 하겠다면, 대진화는 '원리적'으로 반드시 있어야 하는 것이 된다. 결론적으로 말하면, 자연주의적 진화론은 논리적으로 대진화를 요구한다(필요조건).

Ⅳ. 공통 혈통의 개념

　자연주의적 진화론에서 이러한 대진화를 증명이 아닌 논리적 이유로 받아들이게 된 후에는 공통혈통의 개념으로 자연스럽게 이어진다. 변화가 오랜 기간 축적되어 대진화가 일어났다면 반드시 그 조상이 있을 것이고 계속 조상을 추적해서 올라가다 보면 처음 시작점을 만나게 될 것이다. 신다윈주의에서는 이러한 공통혈통에서의 공통조상은 하나라고 받아들인다.[11] 박테리아 수준의 생물로부터 인간까지 모든 생물체를 구성하고 있는 요소가 지니는 공통점이 너무 강력하기 때문에 오직 하나인 단일 공통 조상이 있을 것이라는 생각을 자연스럽게 할 수 있다.[12] 그러나 이것은 단일 공통 조상의 존재를 증명한 것이 아니라 단지 논리적 설명일 뿐이다. 이 설명은 완전히 뒤바뀔 수 있다. 세상의 모든 생명체가 마치 공통 혈통을 가진 것처럼 보이는가? 그렇다면 완전히 동일한 상황에서, 세상의 모든 생명체가 공통 설계자에 의해 설계되었다고 해석해도 논리적인 문제가 전혀 없게 된다. 공통 혈통을 지녔기 때문에 생물들이 유사한 요소를 가지고 있는 것이 아니라 공통 설계자에 의해 설계되었기 때문에 유사한 요소를 가지고 있다고 설명할 수 있기 때문이다. 기원 문제에 있어서 공통 혈통과 공통 설계는 논리적으로 치환 가능하다.

Ⅴ. 자연선택의 창조력

　주류 진화론에서 진화의 메커니즘은 돌연변이와 자연선택이다. 신다윈주의에 의하면, 돌연변이는 방향이나 목적이 없이 임의적으로 일어난다. 진화의 방향을 결정하는 것은 자연선택이다.[13] 그런데 여기서 자연선택은 얼마나 많은 변화를 유도할 수 있는가? 신다윈주의에서는 자연선택은 모든 생명체를 진화시킬 수 있는 창조력을 가지고 있다고 본다. 즉, 작가 또는 창조자로서의 역할을 한다.[14] 다른 말로 하자면, 자연은 스스로 모든 생명체를 창조할 수 있는 창조력을 가지고 있다는 것이다. 유신론자들이 조물주에게 돌리는 창조력을 자연 스스로에게 돌리고 있다. 즉, 생명체가 가지고 있는 방대한 정보를 자연 스스로 생성했다는 것이다. 그러나 어떤 학자들은 자연선택이 이러한 생명체의 창조자나 작가로서의 역할을 할 수는 없고 일종의 편집자의 역할, 즉 있는 것을 변화시키는 역할을 할 뿐이라고 생각한다. 생명체가 변화하면서 제한된 범위의 정보가 첨가되고 삭제되거나 변형될 수 있지만, 기본적인 방대한 정보는 자연 스스로 생성한 것이 아니라 다른 근원으로부터 왔다고 생각한다.15)

신다윈주의의 논리를 따른다면, 자연 스스로가 생명체에 관한, 원래 있지 않았던 방대한 '새로운' 정보를 생성할 수 있어야 하는데, 초자연의 개입 없이 물리법칙에 완전히 종속되는 자연세계 내부에서의 정보의 근원은 어떻게 설명할 것인가?16) 진화론의 미캐니즘인 돌연변이와 자연선택은 분명히 자연의 물리법칙 하에 이루어져야 한다. 그렇다면, 물리법칙으로부터 어떻게 한 생명체에 집중되어 있는 방대한 정보의 근원을 설명할 것인가? 적어도 물리법칙 자체를 가지고는 설명이 불가능하다. 의미 있는 방대한 정보를 한 곳에 집중하여 스스로를 구성할 수 있는 결정론적인 물리법칙은 존재하지 않기 때문이다.17) 그렇다면, 돌연변이와 자연선택은 자연의 물리법칙을 초월한다는 말인가? 만약 그렇게 받아들인다면, 이제 물리학과 이에 종속되는 생물학을 초월한 다른 세계에 진입하게 된 것이다. 애초에 원했던 것이 자연법칙만을 근간으로 한 진화론이었다면 이제 자가당착에 빠져버리게 됐다. 지적 원인을 배제한 자연주의 하에서 이러한 정보의 기원을 어떻게 설명할 것인가?

VI. 기원 논쟁에 있어서의 정확한 의사소통

그런데 여기에서 한 가지 매우 중요한 문제가 있다. 그것은 기원 논쟁에 있어서의 정확한 의사소통과 관련되는데, '진화'의 정의가 때에 따라 수시로 변한다는 것이다. 만약 진화의 정의가 '시간에 따른 변화'라면 가장 보수적인 창조론자라도 그에 대해 반대하지 않을 것이다. 그러나 끊임없이 논쟁이 되고 있는 진화론의 핵심은 그것이 아니다. 앞에서 설명한 대진화, 즉 생명의 기원과 모든 종의 기원으로서의 진화가 논쟁점이다. 기원 논쟁을 전개할 때 진화에 관해 다음 세 가지를 혼란 없이 다루는 것이 매우 중

요하다.[18)]

1. 시간에 따른 변화
2. 단일공통혈통
3. 자연선택의 창조 능력

여기서 1의 증거를 2를 지지하는 증거로 사용하는 것은 오류이다. 오늘날 존재하는 생명체는 분명히 과거에 존재하던 생명체와 다를 수 있지만, 그것이 과거의 단일공통조상으로부터 지금의 모든 생명체가 생겼다는 것을 의미하는 것은 아니다. 현존하는 모든 생명체가 단일공통조상으로부터 나왔다는 것은 증명해야 할 문제이다. 또한 생명체가 시간에 따라 변화한다는 사실만으로부터 공통조상이 오직 하나인지 아니면 여러 개의 공통조상이 있는지도 알 수 없다. 그리고 그 공통조상이 현재의 생명체와 현저히 다른 모습으로 존재했었는지 자체도 보여주지 않는다. 그것 또한 마찬가지로 증명해야 할 문제이다.

또한 #의 문제점을 발견하고 1을 거부하는 데 사용하는 것도 잘못이다. 자연선택의 창조 능력의 한계를 발견했다고 해도 그것이 생명체의 시간에 따른 변화 자체가 없다는 증거가 아니기 때문이다. 그러므로 기원 논쟁에 있어 이와 같은 혼란으로 의사소통에 문제가 생기지 않도록 주의를 기울일 필요가 있다.

진화의 주요한 증거로 제시되고 있는 다윈의 계통수, 밀러-유레이 실험, 헤켈의 배아, 시조새, 말의 화석과 유도진화(directed evolution), 척추동물의 상동기관, 후추나방, 네 날개 초파리, 유인원과 인류 화석 등이 가지고 있는 문제점에 대한 상세한 분석과 캄브리아기 대폭발 및 기원과 관련된 다양한 주요 논점들은 다른 자료들에 상세히 나와 있으므로 관련 문헌을 소개하는 것으로 대신한다. 기원 논쟁에 관심 있는 분이라면 정독 또는 시청해 보시기를 적극 권장한다.

〈관련 문헌〉

Jonathan Wells, 〈Icons of Evolution: Science or Myth? Why Much of What We Teach about Evolution Is Wrong〉 (Washington DC: Regnery Publishing, Inc., 2002).

스티븐 마이어 공저, 〈진화론을 탐험하다: 생명의 진화에 대한 8가지 질문〉 (경기도 파주시: 21세기 북스, 2011).

Stephen C. Meyer, 〈Darwin's Doubt: The Explosive Origin of Animal Life and the Case for Intelligent Design〉 (New York, NY: HarperCollins Publishers, 2013).

"다윈의 딜레마" (한글 자막; 크리스천미디어, 2011); 원저 Darwin's Dilemma (Illustra Media, 2010) (DVD).

"Unlocking the Mystery of Life" (Illustra Media, 2002) (DVD).

Ⅶ. 결론

이 글에서는 창조/진화 기원 논쟁에 있어서 주의를 기울여야 할 주요 내용들을 다루었다. 기원 논쟁에 있어서 논의의 혼란을 최소화하기 위해서는 정확한 정의를 바탕으로 올바른 논의를 해야 하며, 특히 '진화'의 정의를 정확하게 할 필요가 있다. 또한, 무엇이 실제 증거를 바탕으로 하고 있는 것이며, 무엇이 추측을 바탕으로 한 설명이고, 무엇이 전제되고 있는지에 대해 확인이 필요하다. 기원론의 결론은 그 철학적 전제에 의해 근본적 영향을 받게 될 수 있음을 인지해야 한다.

진화론의 내용이 모두 잘못된 것은 아니다. 소진화와 관련된 수많은 연구들은 관찰 사실에 바탕을 두고 있으며 생물학적 이해에 많은 도움을 줄 수 있다. 그러나 소진화와 화석관찰이 확인해 줄 수 없는, 검증되지 않은 대진화에 대한 수많은 추측(speculation)들은 말 그대로 추측일 뿐이다. 얼마든지 추측은 할 수 있다. 그러나 추측은 추측으로서 가르쳐야 하며 추측 이상의 확실한 뉘앙스로 전달하는 것은 큰 문제이다.

또한 진화론은 사람들의 1차적 관심사인 근본적 기원에 대한 질문에 답하기 위한 학문이 아니다. 진화론에서 사실상 대진화는 증명의 대상이 아니라 필요에 의해 전제되어버린다. 그렇다면 세상의 다양한 생물들이 지적으로 설계되어야만 하는지, 아니면 자연적 진화의 과정을 통해 형성될 수 있는지에 관련한 지적설계/진화에 대한 근본적 기원 자체를 진지하게 질문하고 밝히기 위한 학문이 필요하다. 현재로서 그 목적에 가장 잘 부합하는 학문 분야는 '지적설계론'이다. 만약 지적설계론이 마음에 들지 않는다면, 단순히 비판이나 거부만 할 것이 아니라 근본적 기원 문제를 학문적으로 질문하고 연구할 수 있는 다른 '대안'을 제시할 필요가 있다. 부정적 자세로만 일관하는 것은 긍정적 증거를 바탕으로 확립되어야 하는 과학에 있어서는 그리 바람직한 태도가 아니기 때문이다.

각주

1) 데보라 하스마, 로렌 하스마, 〈오리진: 창조, 진화, 지적설계에 대한 기독교적 관점들〉 (서울: IVP, 2011); 에른스트 마이어, 〈진화론 논쟁〉 (서울: 사이언스북스, 1998); Stephen Jay Gould, 〈The Structure of Evolutionary Theory〉 (Cambridge, MA: Belknap Press, 2002).

2) Michael J. Behe, 〈The Edge of Evolution: The Search for the Limits of Darwinism〉 (New York, NY: Free Press, 2007).

3) 필립 존슨, 〈다윈주의 허물기〉 (서울: IVP, 2000), 66-68; Andrew Hamilton ed., 〈The Evolution of Phylogenetic Systematics〉 (Berkeley, CA: University of California Press, 2014); 로저 르윈, 〈진화의 패턴〉 (서울: 사이언스북스, 2002).

4) Alec L. Panchen, 〈Classification, Evolution, and the Nature of

Biology〉 (New York, NY: Cambridge University Press, 1992), 284.

5) J. P. Moreland, ed, 〈The Creation Hypothesis: Scientific Evidence for an Intelligent Designer〉 (Downers Grove, IL: InterVarsity Press, 1994), 41-66.

6) Jason M. Baker, "Adaptive Speciation: the Role of Natural Selection in Mechanisms of Geographic and Non-Geographic Speciation," 〈Studies in History and Philosophy of Biological and Biomedical Sciences〉 36 (2005), 303-326; Michael J. Behe, "Experimental Evolution, Loss-of-Function Mutations, and 'the First Rule of Adaptive Evolution,'" 〈The Quarterly Review of Biology〉 85 (2010), 419-445; Casey Luskin, "Specious Speciation: The Myth of Observed Large-Scale Evolutionary Change," n.p. (Sept. 9, 2013). Online: http://www.discovery.org/f/8411.

7) 한국고생물학회, 한국진화학회추진위원회, 〈교진추(교과서진화론개정추진위원회)의 청원서에 대한 공식 반론문〉 (2012. 6. 20).

8) 예를 들어, Thomas Woodward, 〈Doubts about Darwin: A History of Intelligent Design〉 (Grand Rapids, MI: Baker Books, 2003); William A. Dembski ed., 〈Mere Creation: Science, Faith & Intelligent Design〉 (Downers Grove, IL: InterVarsity Press, 1998); Michael J. Behe, 〈Darwin's Black Box〉 (New York, NY: Touchstone, 1996), 한글번역본: 마이클 베히, 〈다윈의 블랙박스〉 (서울: 도서출판 풀빛, 2001); William A. Dembski, 〈The Design Inference: Eliminating Chance Through Small Probabilities〉 (New York, NY: Cambridge University Press, 1998); Stephen C. Meyer, 〈Darwin's Doubt: The Explosive Origin of Animal Life and the Case for Intelligent Design〉 (New York, NY: HarperCollins Publishers, 2013).

9) Carol E. Cleland, "Methodological and Epistemic Differences between Historical Science and Experimental Science,"

⟨Philosophy of Science⟩ 69 (2002): 474-496.
10) 필립 존슨, ⟨위기에 처한 이성⟩ (서울: IVP, 2000), 217-231.
11) Carl Woese, "The Universal Ancestor," ⟨Proceedings of the National Academy of Sciences⟩ 95 (1998): 6854-6859; Ernst Mayr, ⟨What Evolution Is⟩ (New York, NY: Basic Books, 2001).
12) 스티븐 마이어 공저, ⟨진화론을 탐험하라: 생명의 진화에 대한 8가지 질문⟩ (경기도 파주시: 21세기 북스, 2011), 13-80.
13) 에른스트 마이어, ⟨진화론 논쟁, 179; Alec L. Panchen, Classification, Evolution, and the Nature of Biology⟩, 268-297.
14) 스티븐 마이어 공저, ⟨진화론을 탐험하라⟩, 9-10.
15) 스티븐 마이어 공저, ⟨진화론을 탐험하라⟩, 81-124.
16) William A. Dembski, ⟨The Design Revolution: Answering the Toughest Questions about Intelligent Design⟩ (Downers Grove, IL: InterVarsity Press) 127-165.
17) 결정론적 물리법칙 하에서는 초기조건에 의해 이후의 과정이 결정되기 때문에, 법칙에 따른 기존 상태의 재조합 이상의 유의미한 새로운 정보가 생성될 수 없다. 예를 들어, 결정이 만들어지는 경우, 깁스 자유에너지(Gibbs free energy)가 최소화 되는 방향으로 결정이 형성되는데, 이는 물리법칙에 따라 무작위적으로 분자 재결합이 되는 것이며, 재결합의 결과로 인간이 패턴을 인지할 수 있게 되더라도 물리학적 관점에서 새로운 정보를 발생시키는 것은 아니다. Robert J Marks II et al. ed., ⟨Biological Information: New Perspectives⟩ (Singapore: World Scientific Publishing Company, 2013); Granville Sewell, "Entropy and Evolution," ⟨Bio-Complexity 2013⟩, 2 (2013), 1-5. 결정 형성에 관해서는 다음을 참조: J. W. Mullin, ⟨Crystallization⟩, 4th ed. (Waltham, MA: Butterworth-Heinemann, 2001).
18) 스티븐 마이어 공저, ⟨진화론을 탐험하라⟩, 8-9.

조덕영
창조신학연구소

조덕영은 사단법인 한국창조과학회 대표간사(1984-1998)와 「창조」지 편집인을 역임하였고, 지금은 참기쁜교회 담임과 김천대 신대원·평택대 신학과 겸임교수로 있으면서 백석대, 안양대, 한세대 영산신대원 등에서도 강의하고 있다. 역·저서로는 〈과학과 신학의 새로운 논쟁〉(2006), 〈과학으로 푸는 창조의 비밀〉(1994, 김영길 한동대 총장과 공저), 〈외계 생명체 논쟁과 기독교〉(2001) 등 20여 권이 있으며 2003-2004년에는 국내 최초로 한국기독교출판문화상 어린이 도서 부문 최우수상을 2년 연속 수상하였다. 충북대와 숭실대(환경화학공학, 석사), 성결교신학대학원(M. Div., 역사신학), 평택대 신학대학원(Th. M., 조직신학), 피어선신학전문대학원(Th. D., 조직신학)에서 수학했고 창조신학연구소를 설립하여 소장으로 있으면서 창조론오픈포럼의 공동대표로 사역하고 있다.

창조론과 역사

제20장 성경과 우리 민족 기원

I. 성경으로 본 우리 민족 기원

우리 민족은 어디서 왔을까? 성경적 관점에서 우리 민족의 기원을 추적한다는 일이 과연 가능할까? 당연히 쉬운 일이 아니다. 성경은 온 인류의 구체적 행로를 제공하지는 않기 때문이다. 그럼에도 이 같은 작업이 가능할까? 한 가지 실마리는 있다. 성경은 인류의 모든 족속은 한 혈통으로 만들어졌다고 말한다(행 17:26). 즉 성경은 모든 인류가 아담과 하와의 후손이라고 말한다. 그리고 대홍수(창 7-8장) 이후 노아의 후손에서 파생된 족속들을 열거하고 있다. 셈으로부터 26개 족속, 함으로부터 30개 족속, 야벳으로부터 14개 족속, 도합 70개 족속이 이들로부터 비롯되었다고 기록하고 있다. 성경은 노아의 아들인 이들 셈과 함과 야벳으로부터 족속과 방언(方言)과 지방과 나라가 나뉘어졌으니, 이들에게서 땅의 열국(列國) 백성이 나왔다고 했다(창 10: 31-32). 성경은 물론 단순한 역사서는 아니다. 계시와

453

신앙의 경전이다. 성경 구약 창세기는 유대교와 로마 카톨릭과 희랍 정교 그리고 개신교 세계관의 출발점이 된다. 따라서 계시 종교인 이들 종교들의 출발점으로서의 창조 신앙의 근간은 창세기를 기초로 하고 있다. 그리고 그 창조 신앙은 역사적으로도 진리라는 것이 전제되고 있다.

그럼에도 불구하고 인류의 분산을 성경만으로 설명하기란 그리 쉽지 않다. 성경이 계시의 종교요 창조 신앙을 전제하나 성경의 관심은 단순한 인류 역사를 넘어 인류 구속사(救贖史)의 여정을 위한 책이기 때문이다. 따라서 성경은 인류의 분산에 대해 간략하게 설명한 후 더는 구체적인 인류 계보에 대해 추적하지 않고 있다. 이것이 인류 계보를 추적하는 데 있어 간혹 성경과 기존 세속 과학 사이에 충돌을 일으키기도 한다. 하지만 구속사(救贖史)적 관점에서도 족보는 중요하다. 성경은 생명책이라는 구속사적 영적 족보를 제시한다.[1] 즉 성경은 아담과 하와의 육적 족보로 시작하여 영적 족보(계 21: 27)로 끝나는 책이라 해도 과언이 아니다. 이렇게 기독교의 창조 신앙과 구속 신앙은 별개의 것이 아니다. 역사적 사건으로서의 성경적 진실 안에서 창조 신앙과 구속 신앙은 늘 공명해야 하는 것이다.[2] 우리 민족의 기원을 추적하는 작업도 이와 같이 성경이 정확무오한 진리라는 복음주의적 전제 아래서 그 의미를 찾고자 하는 시도라 할 수 있다.

그렇다면 우리 민족의 주류(主流)는 과연 어디로부터 왔을까? 반도(半島) 국가이니 당연히 바다 아니면 내륙으로부터 왔을 것이다. 내륙은 작금의 중국 땅 요동 반도와 산동 반도 그리고 만주 지역을 말하고 바다는 동남아 지역과 한반도에 인접한 기타 중국 땅을 말한다. 당연히 이들 지역으로부터 왔을 것이다. 이를 크게 남방계와 북방계로 구분하기도 한다. 특별한 경우, 한반도에서 일본으로 건너갔다가 일부 한반도로 다시 역 이민 온 사람들도 일부 있었을 것이다. 이런 일은 임진왜란 당시에도 있었다. 하지만 여기서 묻고 싶은 질문은 당연히 그런 것이 아니다. 고대 우리 민족의 주류가 어디로부터 왔는가 하는 것이다. 세속 고고학은 이 질문에 대해 여러 가지 연구 결과들을 내놓고 있다. 하지만 그와 같은 연구 성과들이 성경적 결론과 반드시 일치하는 것은 아니다. 여기서 이 문제를 추적하는 데 있어 여러 가지 난제들을 만들어낸다. 본고는 그와 같은 난제들을 하나하나 제거하고 성경과 우리 민족을 연결하는 신앙적 다리를 놓는 초석이 되고자 하는 기초 작업이라 할 수 있겠다.

Ⅱ. 우리 민족의 초기 역사

고고학은 달리 기록이 없는 선사시대 인류를 연구하기 위해 탄생한 학문이다. 덴마크의 톰젠(C. J. Thomsen)은 인류 역사를 사용 도구의 재질에 따라 석기시대, 청동기시대, 철기시대의 삼시대 체계(three age system)로 나누었다. 석기시대는 다시 타제석기(打製石器)를 쓰던 구석기시대와 마제석기(磨製石器)를 쓰던 신석기시대로 구분한다. 1909년 프랑스 고고학자 모르강(J. D. Morgan, 1857-1924)은 구석기와 신석기 사이에 중석기시대(Mesolithic Period)를 넣기도 했다. 이들 시대 구분이 세계 각 지역의 문화 발전에 어떤 시대에 이루어졌는지는 또 다른 난제이다. 모두 제대로 된 기록문서가 존재하지 않던 시대의 구분법이기 때문이다. 하지만 고고학적 시대 추적에 있어 이 같은 구분법은 일차적인 시대상을 찾아내는 데 일정한 기여를 하고 있는 것이 사실이다.

따라서 한국 고고학도 일부 이들 시대 구분법을 활용하고 있다. 한국의 고고학은 우리 한반도에 인류가 들어와 생활한 시기를 보통 구석기시대 - (중석기시대) - 신석기시대 - 청동기시대 - 초기 철기시대 - 원삼국시대- 삼국시대 - 통일신라시대(남북조시대) - 고려시대 - 조선시대 등으로 구분한다. 이 가운데 역사시대 이전의 구석기고고학 복원에는 1964년 공주 석장리 유적을 발굴한 손보기 박사(전 연세대 교수)와 그의 제자로 공주 석장리를 비롯하여 청원 두루봉, 단양 수양개(국가 사적 398호), 중원 구석기 유적 등 수많은 구석기 유적을 발굴한 이융조 박사(전 충북대 교수)의 공헌이 크다. 1974년 개편된 국사교과서에 국내 구석기 유적이 실리게 된 것도 바로 이들의 공이라 할 수 있다. 일제가 조작한 교묘한 식민사관으로 인해 한반도에는 구석기 유적이 없다는 자학적 판단이 소멸되게 된 것이다. 오히려 구석기유적을 조작한 것은 한국이 아니라 일본 자신이었다. 한때 일본 제 1의 고고학자였던 후지무라 신이치(藤村)가 미야기(宮城) 등에

서 발굴한 구석기 유적 61점은 모두 조작된 것들이었다.3)

구석기 시대 수렵(狩獵)과 농경을 하며 씨족과 부족을 이루어 살던 우리 민족의 원류는 소규모 부족국가(혹은 성읍국가)의 모습을 갖추기 시작한다. 천관우(千寬宇)는 이들 부족국가보다 성읍(城邑)국가라는 개념을 제안하기도 한다.4) 성읍국가는 도시국가라는 개념에 상응한다고 볼 수 있다. 국가 전개 과정을 씨족사회, 성읍국가, 영역국가, 대제국으로 전개된다고 보는 도식이다. 이것은 미야자키(宮崎市定)가 고대사회 전개과정을 세계사적 보편원리에 따라 중국역사를 씨족사회, 도시국가, 영토국가, 대제국이라는 도식에 적용시킨 데서 기인한다고 볼 수 있다. 그렇게 보면 한국사의 최초 국가 형태도 성읍국가가 될 것이다. 학문적으로 정통학자들은 성읍국가라는 용어를 즐겨 사용하는 데 비해 여기서는 일반적 용어인 부족국가라는 용어를 사용하고자 한다. 이들 부족국가들은 만주 요동을 중심으로 고조선으로 발전하였고 일부는 한반도 전역에서 부족국가를 이루기 시작했을 것이다. 하지만 고조선이 서서히 와해되면서 고조선의 유민들은 수 차례에 걸쳐 한반도로 밀려오기 시작했다. 이들이 포함된 우리 민족은 삼한을 포함한 한국적 춘추전국시대(이른바 고고학자 김원룡박사가 말한 원삼국시대)를 거쳐 다시 고구려, 백제, 신라, 가야연맹 등으로 재편되어 발전하기 시작하였다.

그동안 우리 민족의 상고사(上古史)는 한일합방 이후 일제의 조직적 민족 고대사 말살 정책에 따라 고조선 역사가 신화로 격하되었으며 심지어 고구려, 백제, 신라 삼국의 초기 역사조차 불신하는 경향이 강했다. 일제의 조선총독부는 한국 상고사 말살을 위해 조선반도사를 새로 편찬한다는 구실로 1910년 11월부터 다음 해 12월 말까지 1년 2개월 동안 제 1차 전국 서적색출을 시도하여 총 51종 20여만 권을 수거하였다.5) 이를 기화로 시작된 조선사편수를 위한 모임은 사이토(齋藤 實) 총독을 중심으로 일본의 이마니시 류(今西龍)와 한국의 이병도(李丙燾) 박사가 주축이 되었다. 이들은 한국고대사가 식민사관으로 흐르는 데 결정적 역할을 한 사람들이다. 이 같은 식민주의 사관은 해방 이후에도 오랫동안 제도권 사학계의 흐름을 이어온 감이 없지 않다. 국내 기독교계가 고조선과 단군의 역사에 대해 심한 알레르기 반응을 일으켜 온 것도 이 같은 선입견이 일부 작용하여 왔다고 본다. 어떤 민족이든 신화를 가지고 있다. 다만 그 신화는 숨겨진 역사의 진실을 반영한다. 즉 신화와 역사를 구분해야 한다. 우리 민족의 대성(大姓)인 김해 김씨, 경주 김씨와 이씨들 가운데 가장 오래 된 이씨인 경주 이씨 그리고 신라의 시조요 박씨들의 조상인 박혁거세 등이 모두 탄생 설화를 가지고 있다. 우리 민족 3대 대성인 김·이·박 삼성(三姓)의 주요 씨족들이 모두 시조 탄생 설화를 가지고 시작된 것이다. 비록 탄생 설화는 신화화되었으나 그들은 분명 우리 민족 대성(大姓)들의 뿌리라는 실체와 역사를 반영하고 있다. 고조선과 고구려, 백제, 신라, 가야의 역사도 마찬가지다. 비록 이들의 개국시조들이 모두 신화화되었을지라도 분명한 민족적 실체를 가진 실체적 역사를 반영한다. 신학에서도 불트만의 비신화화(非神話化) 개념이 있으나 초월적 계시인 성경은 비신화화하면 안 되나 인류가 기술한 역사는 반드시 비신화화해야 하는 것이다.

　이 같은 일제 탄압의 역사 속에서 말살된 고조선 역사나 삼국의 초기 역사를 복원하는 데는 많은 학자들의 수고가 있었다. 먼저 일제 시대 고대사 복원을 위해 독립운동가요 민족학자인 박은식(朴殷植), 단재(丹齋) 신채호(申采浩), 위당(爲堂) 정인보(鄭寅普) 등의 노력이 있었다. 이들은 우리 민족 고조선 역사 부활을 위한 노력을 경주하였다. 그리고 1945년 8. 15 광복 이후에는 천관우(千寬宇), 김원룡(金元龍) 박사 등을 중심으로 식민사관 극복을 위한 제도권 학자들의 연구가 있었다. 하지만 광복 이후에도 식민사관의 뿌리가 깊은 제도권 학계에서 제대로 된 상고사 복원은 쉽지 않았다. 오히려 이 분야에서는 딜레탕트들과 재야학자들의 활동이 두드러졌다. 그런 가운데 1980년대, 중국 고대사학 전공학자로 고대 중국문헌에 풍부하게 등장하는 고조선 역사의 복원을 시도한 윤내현(尹乃鉉) 교수의 연구[6]는 사학계에 일대 충격을 주었다. 이밖에도 한국고대사를 법철학자 입장에서 접근한 학술원회원이었던 영미법철학자 최태영(崔泰永)은 송지영(전 KBS 이사장), 국문학자 이희승 박사, 윤태림 등과 함께 이병도 박사를 설득하여 이 박사가 스스로 자신의 입장을 수정하여 결자해지(結者解之)의 심정으로 조선일보 1986년 10월 9일자에 단군은 신화가 아니라 우리의 국조임을 사실상 인정하는 논설을 게재하게 한 장본인들이었다.[7] 이밖에도 단군에 대한 문헌고증을 시도한 이상시(李相時) 변호사,8) 씨성(氏性)으로 한일 민족 기원의 연관성을 밝혔을 뿐 아니라 삼국사기, 삼국유사, 광개토대왕비문, 일본서기 등을 통합적으로 분석하여 일본의 응신(應神) 천황이 비류 백제 마지막 임금이었음을 논증하며 비류(沸流) 백제(百濟)의 역사적 부활을 시도한 김성호(金聖昊)가 있다.9) 그는 임나일본부(任那日本府)설에 대해서도 임나가 지금의 경남 동부지역의 부산과 울산과 부산 동래에 존재하던 우리나라 왕국이었다고 새로운 해석을 시도하였다.10) 이 임나는 비류백제와 밀접한 관계를 가진 국가였다.11) 임나일본부에 대해서는 또 다른 해석도 있다. 임나일본부를 한반도열국(고구려, 백제, 신라, 가야)의 분국(分國)으로 보아 그 위치를 한반도가 아니라 일본 구주(九州, 규슈)로 비정한 북한의 역사학자 김석형이 바로 그 사람이다. 이밖에도 일본 만엽집(萬葉集)이 고대 우리 한국어로 쓰여진 노래라는 것을 밝혀 충격을 준 이영희(李寧熙), 한국 상고사의 실체와 일제의 한국사 왜곡·말살 진상을 문화부 기자의 눈으로 파헤친 서희건(徐熙乾), 재야(在野)에서 일본서기 해석과 한일관계사 복원을 시도한 김인배(金仁培)·김문배(金文培) 형제 등은, 비록 이들의 주장이 제도권 학자들로부터 일부 비판받고 있기는 하나 열악한 조건에서도 식민사관의 껍질을 깨고자 치열한 학문적 열정을 쏟은 재야 학자들이라 할 수 있다.12)

이들의 땀과 노고 덕분에 이제 우리 한민족 역사는 고조선 역사는 모두 신화라거나 삼국 초기의 역사는 믿을 수 없다는 식의 식민사관을 겨우 벗어나려는 입구에 서있다. 신화와 역사를 구분할 수 있게 된 것이다. 고대 바벨론 지역에서 이미 법전을 반포한 함무라비왕(주전 18C)이나 구 힛타이트 제국(주전 19C-17C), 애굽, 앗수르, 페르시아(주전 539-332) 왕국을 차치하더라도 마케도니아의 대왕 알렉산더(주전 356-323)는 이미 주전 4세기 애굽과 지금의 서남아시아 전체를 장악하고 인도 서부에까지 이르는 동방 대원정에 나섰다. 구 페르시아 지역에서 장정 1만 명을 페르시아 여자와 결혼시킬 만큼 대군사를 동원한 원정이었다. 주전 4세기, 이미 세계는 이 같은 강력한 대제국이 가능할 만큼 인구와 문명이 만개하였다. 중국 대륙도 예외가 아니었다. 요순(堯舜)의 신화시대를 지나 중국 역사는 이미 주전 21세기부터 8세기까지 하(夏, 주전 21C-16C), 은(殷 또는 商, 주전 16C-11C), 주(西周, 주전 11C-주전

8C) 시대를 열고 춘추전국시대(주전 8C-3C)를 거쳐 진(秦) 나라가 중국 대륙을 평정한 것이 주전 3세기(주전 221)였다.

유럽과 중동과 중국의 이 같은 역사 아래서 오직 우리 한반도만 주후 3세기가 되도록 오랫동안 미개의 상태로 남아있었다고 보는 것은 한마디로 어불성설이다. 고조선(古朝鮮)은 우리 역사서 〈삼국유사(三國遺事)〉에만 등장하는 국가가 아니다. 이미 중국 사서(史書)인 〈사기(史記)〉의 조선열전, 〈한서(漢書)〉 지리지, 가장 오래된 지리책인 〈산해경(山海經)〉에 등장하는 분명한 역사적 국가였다. 이외에도 고조선 관련 내용은 중국의〈삼국지(三國志)〉, 〈위서(魏書)〉, 〈진서(晉書)〉, 〈송서(宋書)〉, 〈남제서(南齊書)〉, 〈수서(隨書)〉, 〈남사(南史)〉, 〈북사(北史)〉, 〈구당서(舊唐書)〉, 〈신당서(新唐書)〉, 〈통전(通典)〉, 〈통감〉 등 여러 중요 사료에 등장하고 있다. 즉 고조선 역사에 대한 문제가 있다면 고조선의 실체가 정말 있었느냐 그렇지 않으냐 하는 문제가 아니다. 고조선 역사의 문제는 고조선 초기 역사를 어디까지 상향할 것인가 하는 것과 초기 고조선 신화를 어떻게 해석해야 실체적 진실에 접근할 수 있는 가하는 문제인 것이다. 따라서 고조선과 그 이후 한반도에서 전개된 삼국과 가야의 초기 역사를 부정한다는 것은 식민사관에 천착한 제도권 역사학자들의 직무유기가 아니라고 할 수 없다. 오히려 한반도의 역사는 고조선과 그 고조선의 뒤를 이은 다양한 씨족과 부족들의 정치적 이합집산과 동맹을 거치며 역동적으로 오늘에 이르고 있다고 보아야 한다. 즉 우리 민족의 주류는 역사적 실체로 엄연히 존재한 고조선과 그 뒤를 공백 기간 없이 이어 받은 다양한 정치 집단 속에서 찾아야 한다고 본다. 그렇다면 주로 고조선과 고구려, 백제, 신라 그리고 가야 연맹체의 씨족과 언어와 문화와 사회상 속에서 그 주류의 기원을 찾을 수 있을 것이다. 그리고 이들 집단의 역사와 문화를 성경의 역사와 연결시키는 작업을 시도해야 한다고 본다.

그럼에도 불구하고 족보의 종교요 역사의 종교인 한국의 기독교는 애석하게도 단군이 신화라는 담론에 천착하여 고조선을 백안시하려는 풍조와 복음적 해석의 시도조차 하지 않으려는 게으름 속에서 지난 세기를 흘려보내버렸다. 다만 진보신학측에서 1963년 윤성범이 "단군신화는 삼위일체의 흔적이다"[13]라는 논문을 통해 토착화신학과 단군 신화논쟁을 촉발한 적이 있다.14)함석헌은 우리 민족이 기독교신앙을 쉽게 이해하고 받아들일 수 있었던 것은 수천 년 동안 민중의 가슴 속에 한님(환인) 곧 '하느님' 신앙이 있었기 때문이라고 했다.15) 진보신학의 윤성범, 유동식, 김경재 등은 이 같은 함석헌의 입장을 그대로 수용하고 있다.

복음주의 진영에서는 2003년 허호익 박사가 단군신화의 문화사적 해석과 천지인 신학을 전개한 책을 출간하였다. 이 책은 단군신화의 전승 초기 의미와 오늘날 우리에게 어떤 의미가 있는가를 추적한 단군신화에 대한 종합적이고도 전향적인 이해를 기독교적 관점에서 시도한 책이라 할 수 있다.16) 이밖에 기독교와 한반도 관련사에 대한 고찰로는 한글의 히브리어 기원설을 주장한 조철수 박사,17) 사도 도마의 동아시아 선교를 다룬 정학봉 박사,18) 삼국시대 전래된 불교와 기독교(경교)의 관계를 다룬 임정의(林政義) 박사,19) 경북 영주의 분처(分處)바위와 안동 학가산(鶴駕山) 유적을 고대기독교 유적이라 주장한 유우식(兪禹植),20) 김해 가야를 기독교국가로 이해한 조국현 목사의 〈가락국기해설(대구말씀교회)〉이 있다. 기독교는 계시와 역사의 종교요 진리의 종교임을 표방한다. 심지어 육적(창조)·영적(구속) 족보의 종교인 기독교가 역사의 진리 추적을 외면한다는 것은 수세적이고 비겁한 학문적 자세이다. 이제 성경과 우리 민족 역사의 다리를 놓는 작업을 통해 이 문제에 대해서도 진리요 참 역사인 성경적 신앙의 초석을 놓는 작업을 시도할 때라고 본다. 진리에 바탕을 둔 바른 해석만이 복음 전파에 있어 참된 힘과 참 능력을 제공하기 때문이다.

Ⅲ. 성경과 우리 민족 - 그 가능한 경로들

노아의 후손들은 어디로 갔으며 우리 민족의 조상은 어디로부터 온 것일까? 성경은 노아에게 세 아들이 있었다고 기록하고 있다. 그 세 아들의 이름은 셈과 함과 야벳이었다. 그리고 그 세 아들은 모두 16명의 아들을 낳았다. 대체로 성경을 살펴보면 노아가 머물던 중동 지역을 중심으로 노아 16 후손들의 진출로를 살펴볼 수 있다. 그리고 이 같은 성경적 근거는 역사적 증거와 많은 부분에서 유연관계를 보여준다. 물론 좀 더 깊이 추적

해보아야 하는 부분들도 많이 있고 너무 오래 전 일이라 영원히 추적 불가능한 부분들도 많이 있을 것이다. 하지만 그 궤적을 추적해 보는 것은 인류의 기원과 타락과 구속의 여정을 보여주는 계시일 뿐 아니라 인류 최고 역사서이기도 한 성경의 권위를 확증하는 강력한 자료가 될 수 있다.

그렇다면 우리 민족은 노아의 세 아들 가운데 어떤 경로를 거쳐 한반도까지 들어온 것일까? 많은 학자들이 역사적, 고고학적, 문화적, 문헌적, 언어적 추적을 해왔다. 하지만 성경적 추적이 아닌 세속 역사의 테두리 안에서 접근했을 뿐이다. 우리 민족은 단일 민족이 아닌 일찍부터 많은 이방인들과 선진 문명을 수용한 다문화 국가였다. 여기서는 성경적, 역사적, 고고학적, 문화적, 문헌적, 언어적, 지리적 경로를 추적하여 성경과 우리 민족 주류의 기원을 살펴보려 한다.

1. 우리 민족은 함족인가?

노아의 아들 중 함은 두 번째로 소개된 아들이었다. 함은 구스와 미스라임과 붓과 가나안을 낳았다. 함의 장남 구스의 후손들은 스바(세바, Seba)와 하윌라와 삽다와 라아마와 십드가였다. 스바는 남서부 아라비아에서 홍해를 건너 지금의 수단 지역으로 들어가 스바족이 되었다(시 72:10; 사 43:3; 사 45:14). 하윌라와 삽다와 라아마와 십드가도 모두 아라비아와 관련되어있다. 여기서 하윌라는 셈족 욕단의 아들 하윌라와는 다른 인물이다(창 10:29; 대상 1:23). 삽다는 아라비아 고대 도시 "사바타"의 이름에 그 흔적이 남아 있다. 구스의 이들 네 자녀 가운데 창세기 10장은 라아마의 아들 스바(쉐바, Sheba)와 드단(Dedan)만을 소개하고 있다. 왜 이들만 소개되었는지 그 이유는 불분명하다. 하지만 구스의 후손 가운데, 라아마의 후손들이 창세기에 기록될 만큼 당시 잘 알려진 주목할 만한 가문이 되었음은 틀림없다고 본다. 탁월한 역사적 인물의 이름을 후손들의 이름에 채용하는 것은 인류가 남긴 문화적 공통현상이다. 성경도 마찬가지다. 아브라함이 소실 그두라를 통해서 낳은 여섯 자녀 가운데 욕산의 아들들 이름을 스바와 드단으로 지은 것이 이를 증명하고 있다(대상 1:32-33). 성경에 요셉, 야곱, 요한 등의 동명이인이 자주 등장하는 것도 이 때문이다.

요세푸스는 구스가 에디오피아인의 조상이라고 전하고 있다. 칠십인 역(Septuagint)은 구스를 아이디오피아(Αἰθιοπία)로 번역하고 있다. 에디오피아(Ethiopia)는 "검다"라는 뜻을 가지고 있다. 그렇다고 구스인들이 모두 검다는 의미는 아니다. 또한 구스 후손을 단순히 에디오피아만이라고 보기도 어렵다. 구스는 또 다른 한 아들을 낳았다. 그가 바로 중동 땅 중심에서 이름을 떨친 유명한 니므롯(Nimrod)이었다. 요한복음 강해에서 어거스틴은 니므롯을 바벨론의 창시자로 소개하고 있다.[21] 이들 역사적 이름과 지명들을 살펴볼 때 구스 후손들의 초기 정착지는 고대 앗수르 지역과 아라비아와 아프리카 동부 지역에 포진하고 있음을 알 수 있다. 그렇다면 구스의 후손들은 요세푸스가 말하듯 단순히 지금의 에디오피아만이 아닌 이집트 남부인 수단 지역과 에디오피아 그리고 아라비아 남부와 중동 앗수르 지역에 고루 정착하였으며 그 곳을 바탕으로 아프리카 전역과 아랍 전역으로 퍼져나갔다고 볼 수 있겠다. 애굽이 "함의 땅(시 105: 23)"으로 불려지는 것도 이 때문이다. 창조과학의 원조 헨리 모리스는 중국, 몽골 등 동양민족들과 아메리카 인디언들까지 모두 함족으로 보는 경향이 있다.[22] 하지만 문화적으로나 지리적으로나 인종적으로 함족은 우리 민족과 그 유연성이 별로 없다고 볼 수 있겠다.

2. 우리 민족은 셈족인가?

우리 민족이 함족과 연관성이 멀다면 혹시 셈족일까? 우리 민족을 셈족으로 비정(比定)하는 주장에는 세 줄기가 있다. 먼저 심정적으로 막연히 셈족으로 보는 경우이다. 아시아인인 이스라엘 민족이 셈족이요 한때 페르시아제국을 이루었던 오늘날 이란의 주(主) 조상인 엘람족이 셈족이요 지금의 이라크 땅 주인이었던 대제국 앗수르의 주인공도 셈족이므로 같은 아시아 민족인 우리 민족도 당연히 셈족일 거라고 여기는 심정적 셈족설이다. 하지만 단지 심정적인 정서적 유대감만으로 셈족으로 여기는 이 같은 주장에는 성경적, 인종학적 결정적 증거는 전혀 없다.

두 번째는 이스라엘의 단 지파를 우리 민족의 조상이라고 보는 주장이다. 이 견해는 "단군"과 "단"지파의 언어적 유사성에서 출발한다. 하지만 단

제20장 성경과 우리 민족 기원

지파의 오랜 무대는 가나안 땅이었다. 야곱의 다섯 번째 아들이요 야곱 아내 라헬의 종 빌하가 낳은 첫 번째 아들이 단이었다. 출애굽 시 성막 제조를 도왔던 아히사막의 아들 오홀리압(출 31: 6)이 단 지파였으며, 사사 삼손도 단 지파였다(참조: 삿 13-16장). 야곱의 축복 예언 가운데 단은 독사로 말의 발굽을 물 것이라는 예언을 들었다(창 49:16-17). 이 예언을 통해 단 지파는 싸움에 능하고 싸움에 직면할 처지임을 알 수 있다. 또한 모세는 단을 '바산에서 뛰어 나오는 강한 사자 새끼(신 33:22)'라고 묘사하고 있다. 이 예언처럼 단 지파는 요단강 동편에 있는 바산 부근의 한 지역을 점령하였다. 처음 단 지파는 유다와 에브라임과 베냐민 사이의 한 지역과 해안평야 지대를 분배 받았다. 가나안 정착 이후 왕국 시대 이전까지 단 지파는 이렇게 가나안 땅에 정착하고 있었다(수 19:40-47). 이렇게 야곱과 모세의 예언대로 단 지파는 늘 가나안 땅의 블레셋과 아모리 족속과 충돌하면서 전쟁에 노출된 지파로 살게 되었다.

그런데 신약성경에 오면 단 지파의 운명이 그리 긍정적이지 못함을 알 수 있다. 요한계시록에 보면 이스라엘의 12지파 가운데 오직 단 지파만이 하나님의 종들 144,000명의 명단에서 누락된 것을 볼 수 있다(계 7:4-8). 단 지파는 여로보암 왕 시절 우상 숭배에 열심이었던 지파였다(왕상 12:29). 단 지파는 에브라임 중심의 북 이스라엘 민족 가운데서도 우상의 미혹을 뿌리치지 못한 지파가 되었다. 에브라임 중심의 북 10개 지파가 사마리아인으로 변질되어 가는 과정에서 단 지파는 더욱 하나님 눈 밖에 나게 된다. 그렇게 단 지파는 신약의 요한계시록에 와서 12지파 명단에서도 소멸되어버리는 비운을 맞게 되었다. 사라진 그들 단 지파가 고조선의 단군이 되었다는 것은 언어적 유사성 이외에는 논리적 근거가 없는 너무 큰 비약일 뿐이다. 설령 단군이 단 지파라 하더라도 그것은 명예는 커녕 비운의 민족이라는 멍에를 덧입을 뿐이다. 일부 일본인들조차 자기들이 이스라엘의 잃어버린 비운의 단 지파 후예들이라고 우기고 있으니 참으로 애처롭기만 하다.

마지막으로 욕단을 단군과의 언어적 유사성이나 번성한 가문이라는 이유로 단군에 비정하는 주장이 있다. 에벨의 아들인 욕단의 후손들은 같은 셈족인 아브라함 조상 벨렉보다 번성한 가문이었다. 욕단(Joktan)은 13명의 아들들이 있었다(창세기 10:26~30). 알모닷, 셀렙, 하살마웻, 예라, 하도람, 우살, 디글라, 오발, 아비마엘, 스바, 오빌, 하윌라, 요밥이 그들이다. 이들이 사는 땅은 메사(Mesha)에서 동쪽 산간 지역 스발까지였다. 창세기 주석에서 베스터만(Claus Westermann)은 이들 이름들을 궁극적으로 개인의 이름이 아닌 종족 된 이름으로 해석한다.23) 이들 종족이 지금의 어느 민족을 말하고 이들이 거주하던 지역이 현재의 어디를 말하는지 명확히 밝히는 것은 어려우나 성경은 이들이 종족과 언어와 지방과 나라별로 흩어져 살았다고 했다(창 10:31). 올브라잇이 언급한 것처럼 아람과 욕단(아라비아 지역)의 후손들이 앗수르와 남 아라비아에서 주전 1천 년 이후 발견된 어떤 비문에도 나타나지 않는다는 것이 미스터리이기는 하다.24) 그렇다고 이들 가운데 어떤 인물도 단군과 연결시킬 만한 종족은 발견되지 않는다. 구체적이지 않은 성경의 이 같은 모호한 표현이 단군을 욕단의 후손으로 해석하려는 실마리를 제공했다고 볼 수 있다.25) 하지만 금으로 유명한 오빌과 사베안족과 연관된 스바의 지명을 참고할 때 이들은 아마도 오늘날 아라비아 땅에 주로 정착했다고 볼 수 있다. 성경이 벨렉의 후손들과 달리 욕단의 후손들 이름을 이렇게 상세하게 거론하는 이유는 무엇일까? 창세기 기자가 성경을 기록할 당시 많은 이들에게 잘 알려진 족속이었을 것이라는 것이 자연스러운 해석이라 본다. 이러한 해석은 헨리 모리스가 동쪽으로 이주한 함족 가나안의 아들 "신(Sin)"의 후손과 극동사람으로 지적된 "시님(Sinim, 사 49:12)"이라는 이름의 유사성과 중국 민족이 항상 "시노(Sino-)"라는 접두어로 불려진다는 점에 착안하여 극동민족을 주로 함족으로 비정하는 것과 유사한 발상이라고 할 수 있겠다.26)

결국 우리 민족을 셈족 욕단의 후손이라는 전제 아래 모든 것을 꿰어 맞추려는 접근 방법은 많은 위험성을 내포하고 있다고 볼 수 있다. 신앙적 국수주의자들일수록 우리 민족을 셈족으로 비정하는 데 집착이 강하다고 볼 수 있는데, 셈족 아르박삿 후손도 아닌 곁가지에 불과한 욕단의 후손이라는 황당한 꿰맞추기 주장이 민족사적으로 무슨 의미가 있으며 무슨 자부심이 될까? 그리스도 안에서 육체적 할례자는 아무 소용이 없게 되었다. 마음의 할례가 참 할례가 된 것이다. 즉 기독교적으로 볼 때 근거가 분분명한 가운데 우리 민족이 셈족이라는 막연한 집착은 아무런 도움이 되지 않는다. 셈족이라는 것이 중요한 게 아니다. 중요한 것은 성경이 말하는 대로 인류는 한 족속이요 성경은 참 진리라는 논증이다. 성경과 우리 민족 기원의 추적도 바로 그런 성경 권위를 바르게 논증하기 위한 일환이라 할 수 있다. 사실 아브라함의 조상들도 달신(月神)을 섬기던 우상숭배자들이었다. 심지어 육적 아브라함 후손들은 오늘날 대부분 그리스도 예수를 메시아로 전혀 인정하지 않고 있다. 이런 가운데 빈약한 근거를 가지고 굳이 우리 민족을 아브라함 계열도 아닌 욕단의 후손으로 비정하는 것은 논리적 비약이라 할 수 있다. 우리 민족을 셈족으로 비정하는 것은 일반적인 한국 보수 기독교의 생각이기는 하다. 세계 최초의 민족 이동 대탐사를 모토로 내세우고 다큐멘터리를 제작한 창조사학회도 한민족기원대탐사의 부제로 "셈족의 루트를 찾아서"라고 기록하고 있다.[27] 하지만 이 탐사기 어디에도 우리 민족이 어떻게 셈족인지를 구체적으로 논증한 곳은 보이지 않는다. 오히려 신라 왕릉에서 출토된 금관이 스키타이족(야벳족)과 연결된다는 점을 인정하고[28] 지리적 탐사 지역도 야벳 후손의 활동 영역인 터키와 슬라브족이 장악하고 있는 지역과 많이 일치하고 있다. 왜 이런 일이 일어난 것일까? 야벳 후손들의 분산을 살펴보도록 하자.

3. 우리 민족은 야벳의 후손인가?

야벳은 일곱 아들을 낳았다. 그들은 고멜과 마곡과 마대와 야완과 두발과 메섹과 디라스였다(창 10:1-2절). 고멜(Gomer)은 노아의 16 손자들 중 맨 처음 언급된 인물이다. 일반적으로 악카드어로는 김미라이(Kimmirai)라 부르고, 고대 호머(Homer) 시대 헬라의 자료들에는 흑해 북부의 기메리아(Cimmeria)라고 부르던 사람들과 같은 족속으로 알려져 있다.[29] 고멜의 아들들은 '아스그나스(Ashkenaz)와 리밧(Riphath)과 도갈마(Togarmah)'였다(창10:3). 에스겔서에 보면 고멜의 초기 자손들은 도갈마와 함께 북쪽 지역(극한 북방)에 살았었다고 기록되어 있다(에스겔 38:6). 이곳은 현재 신약성경에 나오는 터어키(Turkey)의 갈라디아(Galatia) 지역으로 알려져 있다. 유태인 역사학자인 플라비우스 요세푸스의 기록에 의하면, 그가 살던 시대인 AD 93년경에는 갈라디아인(Galatians) 또는 고올(Gauls)은 이전에는 고멜릿(Gomerites)으로 불려졌었다.[30] 고멜족 일부는 흑해와 카스피해 북쪽에 살던 스키티안(Scythians, 일명 스키타이족)에 의해 러시아 남부에서 추방 당했다고 알려진다. 과거 천산 산맥을 넘어 동서양의 실크로드(비단길)를 개척한 민족은 소그드(Sugd)인이었다. 아무나 비단길 상인이 될 수 없었다. 천산산맥 양편의 언어와 지리와 역사와 사회와 문화에 익숙해야 한다. 그리고 용감하고 개척 정신을 가진 상인들이어야 했다. 그들이 바로 비단길의 주인공 수구디아인이었다. 수그디아나 또는 수구디아($Σογδιανή$)는 현재 이란의 고대 문명을 지칭하기도 하고, 아케메네스 제국의 속주를 말하기도 한다. 수구디아인들은 전통적으로 오늘날의 우즈베키스탄의 아랄해로 흘러드는 아무다리아와 사르다리아 강 사이의 사마르칸트, 부하라, 후잔트와 케시 등과 타지키스탄의 수그드 주에 포진하고 있었다. 이들 소그드인과 스키타이족은 지리적으로나 문화적으로나 언어적 유사성으로나 실크로드의 길목을 넘나든 족속이라는 점에서 많은 유사성을 보인다. 넓은 의미에서 문화적 유사성 많은 족속이다. 수구디아는 역사적으로 비록 정치적 통합을 이루지는 못했지만 사마르칸트를 중심으로 우즈벡 지역을 관통하는 아무다리아 강과 시르다리아 강 사이(고대 폴리티메투스)의 비옥한 계곡에서 그들의 정체성을 유지하였다. 이들 수구디아인이 개척한 비단길에 동서양의 문화적 고속도로를 놓은 것은 놀랍게도 중앙아시아 지역 정벌에 나선 멸망한 고구려 출신의 당나라 장수였던 고선지(高仙芝) 장군이었다. 천산과 파미르고원을 넘나든 고선지 장군이 개척한 길들은 전쟁의 루트이기도 하였으나 당시 최첨단 기술이었던 중국의 한지 등이 전파되면서 동서 문명의 고속도로가 열리게 되었던 것이다.

야벳의 자녀들 가운데 고멜과 마곡이 아라랏 산의 서북쪽을 향한 것과 달리 마대(Madai)의 후손들은 티그리스 강 북쪽 카스피해 남쪽의 자그로스(Zagros) 산 동쪽을 중심으로 정착하였다. 마대족(族)은 페르시아 서북의 험준한 자연 환경과 마대족의 북쪽에 살며 강력한 제국 스키타이를 세운 마곡족의 영향을 받으며 일찍부터 야만의 거친 민족성을 보인다. 야벳의 아들인 마대의 후손들은 메대의 조상이 되어 셈의 아들인 엘람(Elam) 후손들과 함께 오늘날 한 국가를 이루게 되었다. 과거 페르시아 지역 즉, 페르시아 만을 중심으로 미국과 신경전을 벌이며 맞서고 있는 지금의 이란 지역이 바로 마대족(族)들이 뿌리를 내린 땅이다.31)

제20장 성경과 우리 민족 기원

야완은 헬라 문화를 일군 장본인이었다. 야벳의 넷째 아들 야완(Javan, Ἰωυαν)은 그리스(Greece)의 히브리 단어이다. 그 뜻은 분명치 않으나 어원상으로 이오니아(Ionia)와 일치한다. 따라서 그 이름은 예언서들에서 이오니아 본토(소아시아 서부 연안)와 헬라 마게도냐에 거하는 야완의 자손들을 가리키는 데 사용되었다. 헬라(Greece, KJV은 Grecia로 표현) 또는 헬라 족속(Grecians)은 구약에 다섯 번 나타나며(단 8:21, 10:20, 11:2, 욜 3:6, 슥 9:13 등), 그 때마다 항상 히브리어로는 야완이라 쓰여졌다.[32] 다니엘은 '헬라 왕(다니엘 8:21)'이라는 단어를 사용했는데, 문자 그대로 '야완의 왕'이었다. 그리스와 앗수르, 애굽 문서들이 헬라 사람들과 그들의 거주 지역을 가리킬 때 늘 야완이라 불렀듯이 구약 성경도 정확히 일치한다. 에스겔 선지자는 야완을 노예와 놋그릇 무역상으로 묘사한다(겔 27:13). 맞는 말이다. 과거 헬라는 온갖 노예를 사고팔며 해양 무역을 주도하던 민족이었다. 요엘서 3:6에 보면 유다와 예루살렘 백성들은 이 민족에게 노예로 팔려갔었다. 우리 민족도 고조선, 백제, 고구려, 신라, 발해, 고려, 조선 등의 시대에 당나라, 원나라, 몽골, 일본, 러시아 등에 너무나 많은 동포들이 팔려나갔다. 오죽하면 저 멀리 태국 북쪽 산악 지대 소수민족들에게서 옛 우리(고구려 등) 언어와 풍습의 원형을 찾아낸 선교사나 학자도 있다.[33] 이들 소수 민족 중 일부는 당나라에 잡혀간 패망한 고구려, 백제의 유민 중 정치적 이유로 남으로 남으로 이동한 무리와 관련되어 있음이 분명하다. 야완은 엘리사(Elishah)와 달시스(Tarshish)와 깃딤(Kittim)과 도다님(Dodanim)이라는 4아들이 있었다(창 10:2, 4; 대상 1:5,7). 이들은 모두 헬라 사람들과 관계가 있다. 고대 헬라인들의 명칭인 엘리시안(Elysians)은 엘리사(Elishah)로부터 그들의 이름을 물려받았음이 분명하다.[34] 겔 27:7에 보면 두로가 '엘리사 섬'과 교역을 했다는 기록이 보인다. 이오니아와 헬라 지역에 분포하며 해양을 지배한 야완의 후손 가운데 엘리사 후손들이 살았던 섬이 분명하다. 달시스(Tarshish) 또는 타르수스(Tarsus)는 실리시아(Cilicia, 현재의 터어키) 근방에 위치했었다. 깃딤(Kittim)은 구브로(키프로스, Cyprus)의 히브리식 명칭인 키티온(Kition)과 연관된다. 또한 키티온은 키프로스섬 남동 해안에 위치한 페니키아의 주요 도시였다. 헬라 사람들은 쥬피터 도다네우스(Jupiter Dodanaeus)라는 이름으로 쥬피터 신을 숭배했었다. 이것은 아마도 야완의 네 번째 아들인 도다님(Dodanim)에서 파생된 말로 여겨진다. 그 성소(oracle)는 도데나(Dodena)에 있었다. 맛소라 사본은 도다님을 로다님(Rodanim)으로 표기하고 있다(대상 1:7). '로다님'도 에게해 지역에 분포한 섬주민들과 관련된 이름이었다. 결국 이들 야완의 네 후손들은 헬라와 이오니아를 중심으로 부근 에게해 주변 섬 지역에까지 널리 흩어져 살았음을 알 수 있다. 물론 인구가 늘고 문명이 발달하면서 자연히 지중해 쪽 섬들로도 진출하였을 것이다.

야벳의 아들 가운데 둘째 아들이었던 마곡(Magog)은 우리 민족과 관련하여 주목된다. 마곡은 '곡의 장소'란 뜻이다. 즉 마곡은 문자적으로는 곡(Gog)이 최고 통치자로 다스리던 땅(혹은 백성)을 말하고 있다(겔 38:2; 39:6). 성경 안에서 마곡(Magog, 창 10:2; 대상 1:5)은 성정확한 혈통 계보가 뚜렷하지는 않다. 하지만 에스겔서를 참조할 때 마곡은 분명 곡(Gog)과 연관(겔 39: 6; 계 20:8)되며, 한 통치자(주된 왕, 겔 38: 2, 미국 표준역 ASV) 밑에서 메섹과 두발(지금의 터키 북동쪽 앗수르인의 영토였던 무쉬쿠와 타발)과 연합했다는 사실(겔 27: 13)은 마곡이 북방의 야만 민족이 되었음을 말해준다(에스겔 38:15, 39:2). 전통적으로 마곡족은 수구디아족(일명 스키타이족)이 되었고[35] 일부 후손은 에티오피아족이 되었다는 설도 있다. 결국 많은 학자들은 성경의 마곡과 곡을 동일한 민족으로 간주한다. 요세푸스는 북방(겔 38:15, 39:2)에 살던 사람들은 마고자이트(Magogites)라고 불려졌는데, 그리스 사람들은 이들을 수구디아인(Scythians)이라고 불렀다고 설명한다. 지금의 루마니아(Romania)와 우크라이나(Ukraine)를 포함한 지역의 고대 이름도 수구디아(Scythia)였다.[36]

우리에게는 스키타이족이란 이름으로 더 유명한 이들 수구디아는 누구일까? 놀랍게도 이들은 세계 최초 유목 정권을 이룬 민족이다. 이들은 서쪽으로는 헝가리와 터키 그리고 한반도 남부까지 그 영향력을 확장하여 세계 최초로 글로벌화된 민족이었다. 앞에서 고멜족을 다루면서 고멜족을 흑해와 카스피해 연안에서 남쪽(지금의 서남 터어키 방향)으로 밀어낸 민족이 바로 이들이었음을 소개한 적이 있다. 게르만 민족의 대이동을 일으킨 것도 이들이요 동유럽 토착민들이 두려움의 대상인 드라큐라 전설을 만들어낸 것도 이들 스키타이 민족 때문이었다. 이들은 주후 370년경 유럽 남동부를 침략한 이후 140여 년 동안 유럽 남동부와 중부에 거대한 제국을 건설한 유목민족이 되었다. 넓게 보면 흉노(匈奴)나 훈족(Hun)도 스키타이 계열이라고 볼 수 있다. 그렇다면 이들 마곡족은 우리의 신라 왕족과도 연결된다고 볼 수 있다. 〈문무왕릉비문〉에 보면 투후제천지윤(秺侯祭天之胤)이란 구절이 있는데, '투후'는 흉노 휴도왕의 태자로서 한 무제의 총애를 받았던 김일제(金日磾)를 가리킨다. 경주지역 신라 김씨 왕가의 김알지 후손들은 자신들을 흉노계인 김일손의 후손으로 인식하고 있음을 보여주는 대목이다.[37] 신라 김씨들은 결코 흉노를 부정적으로 보고 있지 않았다. 흉노에 대한 부정적 인식은 사대주의에서 비롯된 왜곡과 편견이므로 이제 수정되어야 한다고 본다.

본래 신라 건국자는 박씨 성을 가진 혁거세(赫居世)였다. 신라 초기 왕호(王號)요 군장, 제사장을 나타내는 거서간(居西干)은 몽골의 게세르(keser) 영웅서사시에 등장하는 '게세르 칸'과 언어학적으로 연관된다. 변한 지역에 존재하던 귀틀집의 기원이 한반도가 아니라 바이칼 호와 알타이 지방 및 애니세이 강 유역이라는 것은 역사적 정설이다. 김해 대성동과 양동 고분에서 출토된 솥인 동복(銅鍑)과 철복(鐵鍑) 3개는 모두 북방 기마민족이 사용하던 것들이었다. 삼국사기는 "박혁거세 즉위년에 (고)조선 유민들이 산곡(山谷)에 나누어 거주하여 6촌을 이루었다"고 하여 신라 기원을 고조선 유민들의 이주에서 찾고 있다. 신라 총 56대 992년(B. C. 57-935) 동안 박씨 성을 가진 왕이 10명, 석씨가 8명, 김씨 성을 가진 왕들이 38명이었다. 건국 초기에는 주로 박씨와 석씨가 왕위에 올랐으며 김씨들이 왕조에 오르기 시작한 것은 17대 내물왕과 19대 눌지왕 사이에 성립된 것으로 보인다. 이때 왕호도 거서간에서 마립간(麻立干)으로 바뀐다(삼국사기는 19대 눌지왕부터 22대 지증왕까지 4대, 삼국유사는 17대 내물왕부터 지증왕까지로 봄). 마립간은 '임금이 있는 곳' 곧 강력한 통지자를 지칭한다. 왕호까지 바뀐 것에서 박씨와 석씨를 능가하는 강력한 북방 세력이 어느 시기 남하하였음을 웅변적으로 보여주고 있다. 그들은 분명 스키타이의 피를 받은 무리들이었다.[38]

제3부 창조론과 역사

스키타이족의 또 다른 두드러진 특징은 황금장식과 함께 땅을 파서 시신이 담긴 목곽(木槨)을 안치하고 그 위에 돌을 쌓아올린 소위 돌무지덧널무덤(積石木槨墳)이라는 무덤양식을 가지고 있다는 점이다. 바로 우리들이 신라의 거대 왕릉에서 보는 무덤 양식이다. 유명한 천마총은 바로 그 대표적 왕릉이다.[39] 스키타이족은 활을 잘 다루는 민족이었다. 유효사거리가 멀고 강력한 '맥궁'이라는 화살과 몸을 돌려 쏘는 '배사법(背射法)'을 특징으로 하는 스키타이족은 말을 타고 능숙하게 활을 다루었다. 한자 '동이'(東夷)의 '이'(夷)는 오랑캐 '이'가 아니고 '큰 활'을 의미한다. 즉, 동이는 동방의 큰 활 민족을 의미한다. 이들은 중국 진(秦), 한(漢) 시대에는 흉노(匈奴), 수(隋), 당(唐) 시대에는 돌궐(투르크 또는 위그르, 터키), 고대 그리스(폴리스 시대)에서는 스키타이, 로마(제정시대)에서는 훈(후니)족으로 불리게 된다. 따라서 흉노(스카티아)가 인종학적으로는 아시아족에 속하는 황인종 퉁구스(시베리아. 만주. 한반도 사람들을 지칭하는 칭호로 전통적인 동이족을 말함)계열에 속하고, 19세기 이후 발달한 언어학적인 민족계열로 분류하면 몽골어군에 속한다. 고구려의 서울이었던 집안현(輯安縣)의 국내성(國內城), 환도성(丸都城) 지역 이름이 통구(通溝)인 것도 의미심장하다. 흉노가 중국 땅에서 주목 받은 것은 BC 318년 중국 전국시대 제후국인 한(韓)·위(魏)·조(趙)와 함께 진을 공격했으며, 그 뒤 중국 땅을 빈번히 침입하면서부터 였다. 이에 중국 땅 여러 나라들은 흉노의 침입을 막기 위해 각각 성벽을 쌓았는데, 이것이 훗날 만리장성이 되었다. 흉노족이 강성해지기 시작한 것은 이들이 선우(單于)라고 불리는 단일 지도자 밑에서 광범위한 부족연합을 형성한 때부터였다. 그러기에 고대 중국 삼국지에 나오는 오나라의 왕 손권이 고구려를 '흉노의 왕'이라는 의미의 '흉노의 선우'라고 지칭한 것도 주목된다. 백제는 일부 고구려 유민들이 세운 나라요 가야도 기마민족의 후손이었다. 가야를 흉조인 김씨의 나라라고 논증한 서동인(徐東仁)이 "이란계인 타지키스탄을 제외하고 카자흐스탄, 우즈베키스탄, 키르기즈스탄, 투르크메니스탄 등 중앙아시아 공화국들이 우리와 친연성이 있다"[40]고 결론을 내린 것도 같은 흉노의 피가 흐르고 있다는 점 때문이었다. 이렇게 볼 때 고구려, 백제, 신라, 가야로 대표되는 우리 민족의 모든 주류는 심정적 셈족이나 서구 신학자들과 헨리 모리스(H. M. Morris)

가 말하는 함족이 아니요 야벳 계열이 되는 셈이다. 일본이 세계 유일의 독창적 묘제라고 자랑하는 일본천황릉인 전방후원분의 원형도 실은 한반도의 전라도, 충청도, 경남 지역에서 그 원형이 나올 뿐 아니라 스키타이 계열의 가라족 무덤이었다.[41]

과거 우리 민족은 유난히 우리와 다른 외국인들에게 배타적인 나쁜 습성이 있었다. 다문화 사회가 되면서 그런 습성들이 것은 아주 반가운 현상이다. 기독교인들은 우리 민족이 단일 민족이라는 허구적 역사관을 빨리 버려야한다. 우리 민족은 예부터 각 지역에서 유민들이 쏟아져 들어온 역동적 다문화국가였다. 북방 스키타이 계열의 흉노뿐 아니라 남방계, 몽골계, 베트남계, 일본에서 역유입된 왜(倭)계, 심지어는 아라비아계도 있었다. 다만 그 가운데 문화적 주도 세력은 분명 북방계였다. 하나님은 모든 인간의 혈통을 하나로 만드셨다(행 17:26). 흉노 주민들은 흔히 유목민으로 정착 생활을 하지 않은 것으로 알려져 있지만 그렇지 않았다. 성곽을 만들어 농사를 지은 사람도 다수 존재했으며, 특히 그들의 유적에서는 과거 한반도 북동 지역 옥저(沃沮) 사람들이 발명했다고 알려진 온돌(깐)이 발견되기도 했다. 종말론적 관점에서 곡과 마곡은 그리스도와 하나님 백성들의 대적을 상징(계 20:8)한다. 에스겔 38-39장은 마지막 때(38:8) 마곡의 통치자 곡은 아시아와 아프리카(38:5,6; 계20:8)로부터 군사를 모아 메시야의 나라를 침공할 것이라고 예언되어 있다. 그 동기는 사탄의 유혹에 따른(계 20:8-10) 탐욕(겔 38:12)과 교만(계20: 7)이었다. 결과 마곡에 내란이 일어나고(겔 38:21) 하늘로부터 파멸이 임하게 된다(겔 38: 12). 땅은 갈라지고(겔 39:20; 계20:9-11) 하나님의 영광은 드러날 것이다(겔 38:16, 23; 39:7). 이 계시의 구체적 해석은 보다 영적이다. 역사와 현재와 미래를 잘 살펴서 진리를 밝히는 작업은 신앙인의 몫이다.

두발(Tubal)은 야벳의 후손 가운데 다섯 번째로 소개되고 있다. 두발도 일반적인 야벳족의 지리적 행로를 따라 정착하였다. 야벳 일족은 셈족과 함족과 달리 바벨탑 분산 사건 이후 다시 인류의 고향 아라랏산 방향으로 이동한다. 그런 점에서 같은 야벳 계열인 고멜(유럽, 독일, 터키, 아르메니아 등)과 마곡(스키타이)과 마대(현 이란의 북부)와 닮았다. 요세푸스는 두

발의 땅은 로만 이베리아(Romans Iberia)라고 불려졌다고 말한다.[42] 현재는 (구소련 연방인) 그루지아 또는 조지아(Georgia)라고 알려진 지역이다. 이베리아는 두발의 땅 말고도 스페인에도 있었다. 어원적으로 남·북카프카스어족과 이베리아 반도의 피레네산맥에서 쓰이고 있는 바스크어는 유사성을 보인다. 하지만 유럽의 이베리아인이 카프카스 지방으로 이주한 것인지 카프카스에서 유럽으로 이주한 것인지 이들 사이의 친족 관계는 확실하지가 않고 미스터리로 남아있다. 오늘날 조지아 공화국의 수도 이름 트빌리시(Tbilisi)는 두발(Tubal)로부터 파생된 이름이다. 그리고 일부 두발족 일행은 이곳으로부터 코카서스 산맥을 가로질러 북동쪽으로 이주하였는데, 이때 그들 부족의 이름을 따서 강의 이름도 토볼(Tobol)이라 불렸고, 유명한 토볼스크(Tobolsk) 시 이름도 여기에 기인한다. 토볼스크는 1587년 카자흐족이 이 도시를 건설하였을 때 시베리아 제2의 도시였다. 오늘날 토볼강은 카자흐스탄공화국 북부에서 시베리아 서쪽 저지대 남서부를 흐르는 1591Km에 달하는 대단히 큰 강이다. 토볼강 합류지점 부근에 있는 이르티슈강 오른쪽 연안에 있는 토볼스크는 16세기 타타르인이 세웠던 시비르한국(汗國)의 수도 이스켈이 있던 곳으로 〈시베리아〉라는 명칭은 러시아인이 이곳을 〈시비리〉라고 부른 데서 유래한다. 따라서 두발족은 오늘날 조지아공화국의 주요 구성원이요 일부는 러시아 남부 시베리아 지역에 걸쳐 살고 있다고 볼 수 있다.

이들 그루지아(두발)족이 유달리 우리 민족과 많이 닮았다는 점은 흥미롭다. 첫째 우리나라와 그루지아족은 산지가 많고 세상을 호령하기보다 주로 외세의 침략에 늘 시달려온 약소국가라는 점이 많이 닮았다. 강대국의 틈바구니에 낀 모습도 많이 닮아있다. 둘째 우리나라 사람들처럼 음식 만들기를 좋아하고 진하고 매운 향신료와 허브와 마늘을 좋아하는 민족이라는 점이다. 이들 말고도 마늘을 유난히 즐기는 유럽국가가 있던가? 범유럽 국가임에도 불구하고 마늘을 즐기는 민족이 다 있었다니 참 반갑고 왠지 정이 가는 민족이다. 마지막으로 이슬람과 무신론 공산주의의 핍박 아래서도 전혀 굴하지 않고 오랫동안 꿋꿋하게 기독교 계열의 조지아 정교를 지켜왔다는 사실은 예사롭지가 않다. 비록 기독교 역사는 짧으나 조선 후기 유교 사회와 6.25를 거치면서 믿음의 선배들의 뜨거운 순교의 피가 흐르는 우리와 많이 닮았다. 카프카스산맥 북쪽 러시아 영역에 거주하는 북(北)오세티아인들은 이슬람교 수니파(派)에 속하고 일부 소수 유대인들은 유대교를, 아자르인·아제르바이잔인·쿠르드족 등은 이슬람교를 믿기는 하나 남오세티아인들은 동방정교를 신봉하며 이슬람 9.9%, 카톨릭 0.8%, 일부 불신자, 유대인들을 제외한 대부분이 조지아 정교회에 속해있다.[43] 비록 주변의 러시아나 터키에 비하면 작고 협소한 땅에 자리 잡고 있으나 두발족은 조지아 남쪽 고멜 계열의 아르메니아와 더불어 무신론 공산주의와 이슬람 세력을 꿋꿋이 막아선 민족이요 이슬람과 러시아와 중앙아시아와 유럽 틈바구니의 정중앙에 있는 민족으로 마치 중국, 러시아, 일본, 미국의 틈바구니에서 기적처럼 꿈틀거리는 우리 민족과 너무나 많이 닮은 민족이다. 우리 민족의 주류는 분명 수천 년 전 두발의 땅 시베리아를 거쳐 한반도까지 들어왔을 것이다. 이것은 즐문토기(櫛文土器)의 분포 지역과도 일치한다.

메섹(Meshech)의 이름은 "늘이다", "키가 큰"이라는 의미를 갖고 있다. 역대상 1장 17절에는 셈의 아들로 묘사 되나 셈의 아들 가운데 메섹은 없었으므로(창 10장) 이는 아마 아람의 아들 마스(Mash)의 오기(誤記)일 가능성이 있고(창 10:23) 그렇지 않다면 우리들이 모르는 다른 곡절이 있을 거라고 본다. 고대 악카드 문헌에 보면 무쉬키(Mushyki)라는 이름이 나타나고 앗수르 문헌에는 무스키(Mushki)라고 불려지는 북방 족이 등장한다. 이는 메섹 일족을 말함이 분명하다. 헬라는 전통적으로 흑해 남동쪽에 자리 잡은 이 민족을 무스코이(Muschoi, Μοσχοι)라고 불렀다. 즉 야벳의 후손 메섹은 같은 형제 두발과 동행하면서 바벨탑 사건 이후 인류의 생명의 고향이요 조상의 근원인 아라랏 산 방향으로 되돌아와 북쪽 카프카스(Kavkaz, 영어 명은 코카서스Caucasus) 산맥을 향하였고 중동에 앗수르, 바벨론, 페르시아 같은 무력의 지배자들이 나타나면서 카프카스 산맥을 넘어 시베리아와 지금의 광활한 러시아 땅으로 들어가 오늘날 러시아 땅의 주인이 되었다.

메섹의 성경적, 역사적 출발점이 카프카스 산맥 남쪽 두발 땅이었다는 것은 우리 민족의 기원과 관련하여 대단히 흥미롭다. 우리 민족의 주류를 북방에서 찾는 것은 역사학계에서도 아주 자연스러운 정설이 되고 있다.

여기서 주목할 만한 것은 '가라(kara)'라는 지명이다. 이병도(李丙燾) 박사는 가라라는 지명이 김해의 가라(가야)에서 비롯되었다44)고 하였으나 이것은 너무 시야가 좁고 순진한 발상이다. 가라(가야)는 한반도 전역에 퍼져 있는 가장 대중적 지명이다. 놀랍게도 이 고대 지명은 오늘날까지 한반도 전역에 퍼져있다. 가라(가락, 가야)를 지명으로 하는 곳은 한반도 전역(평북, 황해, 강원, 경기, 서울, 충남, 충북, 경북, 부산, 전남, 경남)에 골고루 분포되어 있다. 한반도 고대 변진 12국 중 10국이 모두 '가라'라는 이름을 가진 제국이었다. 그리고 이 '가라' 제국들은 모두 신라의 박혁거세 세력과 닿아있는 이름들이다.45) 변한 지역에 존재했던 귀틀집은 우리 민족 특유의 집이 아니라 그 기원이 바이칼 호수 서부와 알타이 지방 및 에니세이 강 유역이다. 따라서 기원전 북방계 주민이 한반도 변한 지역에 들어왔다는 것은 학계의 정설이다. 그럼 kara라는 이 말은 도대체 어디서 온 것일까? 이 말은 사실 '검다'는 뜻의 이란어 kara에서 유래된 말이다. 이 말은 검다는 뜻의 일본어 '흑(黑, kuro)'과도 연결된다. 이란어는 또 있다. 서울 '한강물'의 순수 우리말인 '아리수'의 아리(Ali, ara)는 이란어로 강(江)을 말한다. 영국 필립사는 〈The University Atlas(1974)〉에서 세계의 '가라'계 지명을 추적한 결과 무려 200여개를 찾아냈다.46) 그 중 60%는 터키와 카라카스와 이란 북부에 집중 되어 있고 이 지명은 카프카스 산맥을 넘어 우리 민족과 닿아 있는 스키타이 족의 활동 무대와 모스크바 지역 그리고 중앙아시아 카자흐스탄과 시베리아의 곰 토템을 가진 지역에 집중 분포되어 있다. 우즈베키스탄의 소수 민족 자치구 이름 가운데 하나인 카라칼팍(Kara-kalpak)에서도 '카라'가 남아있다. 이 끈질기고 강렬한 이름은 우리나라와 일본으로까지 연결되고 있다. 특별히 우리나라에서는 한강변과 낙동강변의 고대 부족국가 주변에 '가라'의 지명이 많이 남아 있다.47) '가라'라는 지명은 놀랍게도 넓은 중국 대륙과 동남아에서는 전혀 나타나지 않는 지명이다. 일본에서는 한(韓)도 'kara'로 읽힌다. 고대 일본인들이 볼 때 자신들의 고향 한국(韓國)은 얼마나 '가라'라는 지명이 많은지 '가라(韓)'의 '구니(國)'였다. 심지어 일본의 대마도(對馬島)도 '쓰시마'가 아니라 고대에는 'kara sima'로 읽혔다. '가라'라는 지명은 분명 우리 민족의 기원을 추적하는 데 아주 중요한 지표 자료가 아닐 수 없다.48)

우리 땅에서 출토되는 돌무지덧널무덤(積石木槨墳), 출자형 금관(出字型 金冠), 황금제 장식(裝飾), 환두대도(環頭大刀), 동물양식 대구(帶鉤) 등도 모두 중국 대륙과는 무관한 북방 스키타이 관련 유물들이다. 스키타이인들은 동복이나 철복을 말안장 뒤에 달고 다니며 그곳에 식량을 담아 저장하거나 다양한 용도로 사용하였다. 놀랍게도 이 청동솥 모형은 경주 금령총에서 출토된 도제기마인물상에도 뚜렷하게 조각되어 있다. 그리고 김해의 옛 가야 지역에서 발굴되었다. 전형적 돌무지덧널무덤인 경주 천마총의 천마(天馬)를 보면 어깨 위 날개와 몸 전체에 반달형 무늬가 있다. 반달형 무늬는 전형적인 스키타이 기법이다. 이들 모든 자료를 따라 우리 민족의 주류를 역추적 해보면 남방이나 중국 대륙보다는 한반도→만주(고조선, 부여, 고구려)→내몽골-) 시베리아→흑해 연안(스키타이, 두발, 메섹 족)→카프카스(코카서스) 산맥→(터키, 아르메니아의) 아라랏 주변(또는 시날 땅 바벨론)으로 연결되고 있음을 알 수 있다. 결국 우리 민족은 역사적 굴곡을 따라 한반도로 진입한 크고 작은 부족과 씨족들이 이룬 다문화 국가요 문화적 주류는 북방의 영향을 많이 받았다는 것을 알 수 있었다. 그렇다면 셈이나 함보다 야벳의 영향력이 좀 더 강하다고 볼 수 있겠다.

Ⅳ. 한반도와 주변 국가

우리 민족 기원에 대한 성경적 시선은 자연스럽게 이제 우리 민족과 주변 국가들에게로 돌려진다. 지리적, 영토적, 문화적으로 우리 민족과 가장 큰 영향력을 주고받은 것은 당연히 지금의 중국이다. 우리 민족 성씨의 기원이나 많은 씨성들이 중국에서 귀화한 성씨인 것도 그것을 증거한다. 하지만 중국과 구별되는 상이한 부분도 못지않게 많은 것이 사실이다. 같은 한자 문화권임에도 전혀 다른 언어와 문화적 정체성을 유지해 왔다는 것이 그것을 증거한다. 오죽하면 세종대왕이 한글을 창제하면서 우리말이 중국과 다르다는 것을 명시하였을까.

문제는 일본이다. 일본이 자신들 천황과 국가 기원의 기준으로 삼는 일본서기가 주로 한반도의 삼국과 가야의 역사를 다루면 특별히 백제사가 주로 다루어진다는 것은 주목할 만하다. 고대 일본의 왕성(王城) 지역이었던 오사카의 역사박물관은 역사관 입구부터 백촌강 전투(白村江の戦い)를 소개하고 있다. 백촌강 전투(白村江の戦い)는 주후 663년 8월, 한반도의 백강(현재의 금강, 만경강, 동진강 중의 하나)에서 벌어진 백제·왜의 연합군과 당·신라의 연합군 사이의 전투였다. 제명여제를 대신해 천지(天智, 텐지) 천황에 오른 중대형(中大兄) 황자는 2만 7천명으로 이루어진 백제구원군을 파견하였으나 백제·왜 연합군은 이 백촌강 전투에서 전선 400척을 잃고 패배한다. 백제부흥운동이 실패로 돌아간 이후 백제 부흥군의 지휘부, 그리고 백제 유민의 대부분은 당시 백제의 '우호국'이었던 왜로 망명의 길을 택했다. ≪일본서기≫에 따르면49) 663년 9월, 주류성이 함락되었을 때, 야마토왜(大和倭), 즉 나라(奈那)의 '난바'(難波, 난파) 사람들은 "주류(州柔)가 함락되었으니 이제 어쩔 도리가 없게 되었구나. 오늘로서 백제라는 이름이 끊어졌으니 조상들의 무덤이 있는 그곳을 어찌 다시 찾아볼 수 있을 것인가."50)라고 탄식하였다. 지금의 오사카 중심지 '난바'는 고대 백제인들의 새로운 나루터(難波津)의 이름이었다고 볼 수 있다. 심지어 일본〈고사기(古事記)〉에 나타난 천황가의 일본황실 조상 귀신(鬼神)인 아마데라스오오미가미(天照大神)의 손자인 니니기노미고토(瓊瓊杵尊)의 천손(天孫) 강림 신화는 "이곳이 한국을 바로보고 있으니 큰 길지(吉地)"51)라고 말하여 일본천황의 원적(原籍)이 한국임을 분명히 하면서 길지인 고향 한반도를 그리워하고 있음을 암시하고 있다. 일본의 천손강림신화(天孫降臨神話)가 한국 고대 왕조의 시조 신화와 매우 유사하다는 것은 한일 양국 학자들이 이미 다양하게 지적하고 있다.52) 앞에서 언급하였듯 씨성(氏性)으로 한일 민족 기원의 연관성을 밝혔을 뿐 아니라 삼국사기, 삼국유사, 광개토대왕비문, 일본서기 등을 통합적으로 분석하여 일본의 응신(應神) 천황이 곧 비류 백제 마지막 임금이었음을 논증53)하며 비류(沸流) 백제(百濟)의 역사적 부활을 시도한 김성호(金聖昊) 박사의 논증은 한일학계 모두에 큰 충격을 준 주목할 만한 논문이 아닐 수 없다. 왜가 국호를 일본으로 바꾸게 되는 것도 바로 이 같은 국제적 질서와 밀접한 관련이 있다. 백제와 고구려의 멸망으로 백제계, 고구려계 난민 등이 몰려들자 왜의 조정은 이러한 상황을 국내 정치에 반영하여 천지 천황 때에 책정된 오오미령(近江

슈)부터 덴무 천황 때에는 일본 최초의 율령법으로 여겨지는 아스카기요미 하라령(飛鳥淨御原令)의 제정이 이루어지면서 율령국가의 모습을 갖추기 시작한다. 그리고 다이호 율령(701년)의 제정으로 국호를 왜에서 일본으로 바꾸어 신국가의 탄생을 완성하였다. 이후 서기 815년 편찬된 〈신찬성씨록〉(新撰姓氏錄)은 외국에서 건너온 중요한 성씨 328개 가문 가운데 백제계가 158개, 고구려계 42개, 신라계는 9개, 임나(任那) 10개로 분리하여 백제계가 고대 일본에 얼마나 큰 영향을 주었는지를 보여주고 있다. 〈일본서기〉〈敏達紀〉나〈舒明紀〉또는〈新撰姓氏錄〉이 일본 천황이나 천황의 아들들을 떳떳하게 백제에서 왔다고 밝히고 있는 것도 심상치 않다.54) 그럼에도 불구하고 자신들의 조상을 한반도와 관련 짓지 않으려는 일본학자들의 주장은 눈물겨울 정도이다. 기마민족이 빠른 속도로 북방에서 한반도로 남하하여 백제를 건국한 이후 경남 김해 지방에 근거지를 확보하고 변한(任那)을 지배한 다음 일본으로 입성하였다는 에가미 나미오(江上波夫) 교수의 소위 기마민족설(1948년)도 실은 스키타이족의 남하를 한반도를 배제하고 설명해보려는 눈물겨운 시도인 것이다. 만세일계(萬世一系)의 황국사관에 길들여진 일본인들 입장에서는 이 같은 주장이 큰 충격이었겠으나 성경적 관점에서 보면 매우 애처롭게 보인다. 모든 인류를 한 혈통으로 만들었다는 성경의 기록과 통섭의 거대사적 관점에서 볼 때 우리 민족과 일본은 세계 모든 민족 가운데 어쩔 수 없이 피를 나눈 민족이라 아니할 수 없다. 이 쓰라린 사실이 복음과 선교에 있어 우리 민족에게 부여된 신앙적 고민을 하게 만든다.

V. 진리와 인류족보의 책, 성경

성경적 관점에서 우리 민족 기원을 탐구하는 문제는 이제 그 출발점에 서있다고 할 수 있다. 다행히 창조사학회가 조직되어 1997년 제 1차 탐사를 시작으로 성경 기록의 진실성 탐구를 시작한 것은 그나마 희소식이었다. 그만큼 본격적인 탐구가 없었다. 이 탐구에 있어 일차적 문제는 관련 문헌 부족과 세속고고학을 성경과 연결하는 문제 등이 있다. 하지만 이 같은 문제는 기원과 고고학을 탐구하는 모든 학문의 딜레마이기도 하다. 어렵더라도 이 작업은 결코 멈출 수는 없다. 다음의 세 가지 이유를 살펴보자.

먼저 진리의 책 성경이 역사적으로 정확무오한 말씀이라는 것을 증거해야 하기 때문이다. 역사적 진실을 도출해내지 못하면 결국 문헌의 가치와 진실성을 상실하게 된다. 세속 학문은 여러 측면에서 성경과 기독교에 영향을 주고 있다. 세속학문이 긍정적 영향도 많으나 부정적 영향도 못지않았다. 왜곡된 "임나일본부" 해석은 일제 침략의 도구가 되었으며 중국은 "동북공정"이라는 이름으로 역사를 왜곡하며 우리 민족을 압박하고 있다. 바른 역사를 빼앗기면 민족 정체성을 잃게 될 수도 있다. 일본의 침략 근성은 한국을 점령하는 데 그치지 않고 역사를 왜곡시켜 놓았다. 역사가 아놀드 토인비가 세계 문명을 23개로 분리하면서 중국과 일본 문명은 강조하면서[55] 한국을 그 아류(亞流)로 누락시킨 것은 바로 그런 일본이 저지른 역사왜곡의 결과라고 할 수 있다. 역사의 하나님이요 역사를 주관하시는 하나님을 믿는 기독교는 우물안의 개구리가 되지 말아야 한다. 반드시 바른 역사적 진실을 바탕으로 복음을 바르게 알려야 하는 당위성이 있다.

둘째 성경의 출발은 성경이 족보의 책이라는 것이었다. 이 육적 족보의 책 성경은 결국 영적 족보로서의 생명의 책으로 구속 사역을 보여준다. 성경 육적 족보의 역사적 근거가 영적 족보로서의 구속 사역의 진실성을 논증한다고 볼 수 있다.

마지막으로 사도 바울이 로마서(9-11장)에서 자신의 동족 유대인들을 향한 절실한 사랑을 보여준 것처럼 성경은 선교 지향의 책이다. 성경은 결코 민족을 무시하지 않는다. 모든 영광은 열방과 열국을 통해 나타날 것이다(겔 39:21). 즉 역사적 진실은 열방을 향한 민족적 역사적 소명을 깨닫게 만든다고 할 수 있다. 성경과 우리 민족 고대사에 대한 바른 역사적 진실과 정체성을 바탕으로 우리 민족을 향한 소명을 깨닫는 계기가 되었으면 한다.

각주

1) 시 69: 28; 계 20:15.
2) 조덕영 "복음을 위한 생명신학과 창조신학" 〈창조론오픈포럼〉 7권 1호 (2013년 2월 16일, 건국대학교), 24.
3) 〈朝日新聞〉 (2000. 1. 16) 1면 머릿기사 참조.
4) 千寬宇, 〈三韓의 國家形成〉(上) 〈韓國學報〉 2, 1976, 6-18.
5) 서희건, 〈잃어버린 역사를 찾아서〉 (서울: 고려원, 1992), 11-12.
6) 尹乃鉉, 〈韓國古代史新論〉 (서울: 一志社, 1986).
7) 崔泰永, 〈한국 고대사를 생각한다〉 (서울: 눈빛, 2002), 60.
8) 李相時, 〈檀君實史에 관한 考證硏究〉 (서울: 고려원, 1990).
9) 이에 대해서는 다음 책들을 참조할 것. 金聖昊(1982), 〈沸流百濟와 日本의 國家起源〉, 知文社; 金聖昊(2000), 〈씨성으로 본 한일민족의 기원〉, 푸른숲.
10) 金聖昊, 〈씨성으로 본 한일민족의 기원〉 (서울: 푸른숲, 2000), 280-301; 金聖昊, 〈沸流百濟와 日本의 國家起源〉 (서울: 知文社, 1982) 217-292.
11) Ibid.
12) 이에 대해서는 다음 책들을 참조할 것. 서희건(1992) 〈잃어버린 역사를 찾아서〉, 고려원; 이영희(1994) 〈노래하는 역사〉, 조선일보사; 김인배·김문배(1991) 〈일본서기 고대어는 한국어〉, 빛남.
13) 윤성범, "단군신화는 'VESTIGIUM TRINITATIS'이다." 〈기독교사상〉 (서울: 기독교서회, 1963), 10월호. 17.
14) 윤성범의 "토착화신학과 단군신화" 논쟁에는 전경연, 박봉랑, 박종천, 방석종, 한철하 등의 비판이 있었다. 이 가운데 필자는 단군신화의 삼신론과 경교의 삼위일체론을 형식적으로 대비시킨 것을 비판한 한철하·박봉랑과 단군신화의 삼일신앙 또는 삼위일체 구조는 인정하나 이것이 윤성범의 기독교적 삼위일체 신관이 아닌 오히려 신들이 처첩을 두었다는 점 등, 가나안 신화에 가깝다고 해석한 방석종의 주장에 동의한다.
15) 함석헌, 〈뜻으로 본 한국사〉 (서울: 한길사, 1983), 105.

16) 허호익, 〈단군신화와 기독교〉(서울: 기독교서회, 2003), 머리말.
17) 조철수, 〈고대 메소포타미아에 새겨진 한국 신화의 비밀〉(서울: 김영사, 2003), 342-385.
18) 정학봉, 〈사도 도마의 이야기〉(서울: 동서남북, 2006).
19) 임정의, 〈古代東方基督敎史〉, (서울: 大任平信院, 1994), 103-119.
20) 兪禹植, 〈古代基督敎와 關聯史의 考察〉, (서울: 할렐루야, 1989), 137-197.
21) Andrew Louth(Edited), "Genesis 1-11" *Ancient Christian Commentary on Scripture* (Illinois: IVP, 2001), 166-167.
22) H. M. Morris, *The Genesis Record* (California: Master Books, 1984), 255-256.
23) Claus Westermann, *Genesis 1-11* (Minneapolis: Fortress Press, 1974), 526-527.
24) 글리아슨 아처, 〈구약총론〉(서울: 기독교문서선교회, 1985), 242.
25) H. M. Morris, 261-262.
26) Ibid., 256.
27) 김성일, 〈한민족기원 대탐사〉, (서울: 창조사학회 출판부)
28) Ibid., 110.
29) H. M. Morris, 246-247.
30) Josephus, *Antiquities of the Jews*, (Michigan: Kregal Publications), 1:6:1.
31) H. M. Morris, 248.
32) Ibid., 248.
33) 이에 대해서는 다음 책을 참조할 것. 김병호(1992), 〈치앙마이〉, 매일경제신문사; 김병호(1992), 〈멀고 먼 힌두쿠시〉. 매일경제신문사.
34) H. M. Morris, 248.
35) Josephus, *Antiquities of the Jews*, 1:6:1.
36) *Encyclopedia Britannica*, 20: 116, 1967.
37) 이도학, 〈한국 고대사 그 의문과 진실〉(서울: 김영사, 2001), 224-225.
38) Ibid., 220-223.

39) bid.,
40) 서동인, 〈흉노인 김씨의 나라 가야〉 (서울: 주류성, 2011), 510.
41) 김성호, 〈씨성으로 본 한일민족의 기원〉 (서울: 푸른숲), 350-351.
42) Josephus, *Antiquities of the Jews*, 1:6:1.
43) 〈파스칼 세계대백과 사전〉 (서울: 동서문화, 1999), 4권, 2188.
44) 李丙燾, 〈가라사상의 제문제〉, 〈한국고대사 연구〉 (서울: 박영사, 1976), 342.
45) 김성호, 〈씨성으로 본 한일민족의 기원〉, 232-236.
46) Ibid., 236.
48) Ibid.
49) 〈日本書紀〉 天智 三年 九月條.
50) 百濟州柔城 始降於唐 是時 國人相謂之曰 "州柔降矣 事無奈何 百濟之名 絶于今日 丘墓之所 豈能復往"》
51) "此地者向韓國------故此地甚吉地"
52) 孫大俊, 〈고대한일관계사연구〉 (수원: 경기대학교 학술진흥원, 1993), 69-73.
53) 김성호, 〈씨성으로 본 한일민족의 기원〉 154-190.
54) 崔在錫, 〈百濟의 大和倭와 日本化過程〉 (서울: 一志社, 1990), 134.
55) 아놀드 토인비, 〈歷史의 硏究 I〉 (서울: 삼성출판사, 1982), 93.

찾아보기

ㄱ

가라(kara)	470
가모브(George Gamow)	211
갈라파고스	383
갈라파고스 제도	257
갈라파고스섬	383
게놈 프로젝트(genome project)	267
결합조직	398
고고학	451
고립계	231
고조선 역사	453
골드 슈미트(Richard Goldschmidt)	268
공통조상	441
공통혈통	441
과학의 목적	30
과학적 무신론	256
과학적 창조론	355
과학혁명	25
과학혁명의 구조	35
구석기 시대	452
구속적 관점	28
궁창 위의 '물'	131
귀납주의	34
귀틀집	465
그레이스 신학교	422
그루지아	468
그린뱅크 회의	334
근본주의 운동	405
근육	398
근접 조우(Close Encounter)	301
금성인	318, 327
기독교	25
기독교 세계관	19
기독교강요	27
기마민족	473
기원론	440
기형(畸形)	271

ㄴ

나스카 평원(Nazca Plains)	320
내재성	52, 53
넘버스(Ronald L. Numbers)	423
네안데르탈인(Neandertal Man)	281
노아의 홍수	409
노아의 후손	449
논리실증주의자들	29
뉴멕시코주	311
뉴턴(I.Newton)	210, 250
뉴햄프셔주	306

ㄷ

다윈	206
다윈의 불도그	262
다중격변	173
다지역모델(The Multiregional Model)	279
단 지파	458
단군	458
단일격변설	425
닫힌계	231
달 표면	316
대폭발	151
대폭발 이론	154, 211
데니컨	320
데이빗 흄(D. Hume)	349
데카르트(Rene Descartes)	249
델 라치(Del Ratzsch)	31, 214
도여베르트(Herman Dooyeweerd)	50
도킨스(Richard Dawkins)	164
도플러 효과	336
돌무지덧널무덤	466
동양	247
동양사상	247
두발(Tubal)	467
듀안 기쉬(D. Gish)	355
드레이크	334

찾아보기

드레이크 방정식	335
디플러 이론	323

ㄹ

라마르크(Chevalier de Lamarck)	207
라마피테쿠스(Ramapithecus)	280
라세미 혼합물	236
라엘	326
라이프니츠(Gottfried Wilhelm Leibniz)	250
라이헤(Maria Reiche)	320
레벤후크((Antonie van Leeuwenhoek)	250
로마 린다 대학(Loma Linda University)	418
로스웰(Roswell)	311
루시(Lucy)	280
루터(Martin Luther)	130, 420
리차드 도킨스(Richard Dawkins)	265
리처드 니버(H. Richard. Niebuhr)	346
리키(Richard Leaky)	280
린네(Carl von Linné)	265
림머(Harry Rimmer)	421

ㅁ

마르크스	254
마이클 베히(Michael Behe)	350
마이클 해머	286
메섹(Meshech)	469
멘델(Gregor Johann Mendel)	253
모리스(Henry Madison Morris)	408, 421
몰트만	14
무에서의 창조(creatio ex nihilo)	82
문화명령(cultural mandate)	48
물활론(物活論)	246
미토콘드리아(mitochondria)	283
미항공우주국(NASA)	298

ㅂ

바르트	14
바빙크(Herman Bavinck)	91
박혁거세	465
반실재론	31
반응 과정(responsive process)	375
반응(response)	376
반인반어(半人半魚)	320
반증(falsification)	427
반증주의	35
발	395
발레(Jacques Vallee)	301, 326
발바닥	396
버딕(Clifford L. Burdick)	421
범생설(pangenesis)	260
범신론(Pantheism)	53
베이컨	27
벤자민 워필드(B. B. Warfield)	131
변온동물	380
변이	260
부활	17
분리주의	38
불가지론(agnosticism)	45
비글호	252
비행물체	301
비행접시	305

ㅅ

사해문서(Dead Sea Scroll)	297
삼국사기	465
삼위일체론	15
새뮤얼 윌버포스(Samuel Wilberforce)	262
새창조	18
생명의 기원	255
생명체	325
생식장벽	266
선험적(先驗的)	357
설계 논증	349
섭리론	83
성경 무오	115, 116
성경	449
성경해석학	116
성령	47
세이건	334
셈족	458
소크라테스(Socrates)	246

483

소행성	174
속임수의 메신저(Messengers of Deception)	327
손	392
손금(palmar crease)	393
손바닥(palm)	393
수메르인	320
수부 및 수지(Hand & Fingers)	392
수성	192
순응자(conformer)	377
쉐퍼	134
슈라이너(S.Schreiner)	92
슈메이커-레비 혜성	173
스웨덴보르그	319
스키타이족	464, 466
스탈린	255
스트레인지스	327
스티븐 호킹	215
스필버그	295
시님(Sinim)	460
신다윈주의(New Darwinism)	268, 442
실재론	31
쓰나미(tsnami)	190

ㅇ

아가시스(Agassiz)	258
아놀드	304
아더 피어선(Arthur Pierson)	133
아디아포라(adiaphora)	139
아름다운 극장	88
아리수	470
아리스토텔레스(Aristoteles)	246
아마데라스오오미가미	472
아미노산	237
아브라함 반 드 베크(Abraham van de Beek)	17
아사 그레이(A. Gray)	263
아프리카기원모델(The Out-of-Africa Model)	279, 291
안식교	408
애덤스키	317
야벳	461

어거스틴(Augustine of Hippo)	129
언약	54
에너지 보존 법칙	229
에덴동산	287
에른스트 마이어(Ernst Mayr)	257, 261
에리히 프롬	303
엔트로피	234
엘람(Elam)	462
엥겔스	254
여과기(explanatory filter)	352
연결고리(missing link)	56
연대 측정 방법	409
연대 측정	290
열기구(hot air balloon)	309
열발광연대측정법	290
열역학	229
열역학 제1법칙	229
열역학 제2법칙	230
열충격 단백질(HSP; Heat Shock Protein)	377
열충격단백질	379
영지주의	15
영혼	219
예정론	90
오랜 지구론	108, 128
오베르토	300
오스트랄로피테쿠스(Australopithecus)	280
오안네스(Oannes)	319
오즈마 프로젝트	334
오파린	255
왓슨(James Watson)	260
외계 생명체	295, 296
외계 지성 탐사(Search for Extra-Terrestrial Intelligence: SETI)	334
외계생명체탐사(SETI)	296, 324
외계인들(occupants)	302
욕단	459
용불용설(Use and Disuse Theory)	207
우리 민족	449
우주배경복사	156
운석 충돌	174

운석공(隕石孔)	176
원시원자가설(hypothesis of the primeval atom)	159
윌리스	256
위스콘신대학	424
윌리엄 뎀스키	236
윌리엄 밀러(William Miller)	410
윌리엄 페일리(William Paley)	349
유기적(organic) 영감	114
유리겔러(Uri Geller)	319
유리마	319
유사과학적(pseudo-scientific)	332, 427
유사종교	302
유신진화론	39, 40
유인원(類人猿, Anthropoid)	280
윤내현(尹乃鉉)	453
은하계	335
음모론(conspiracy theory)	303
이란어	470
이레니우스	15
이리듐	188
이마니시 류(今西龍)	452
이병도(李丙燾)	452
이신론(理神論)	52, 94
이안 바버(Ian Barbour)	348
이오니아학파(Ionian School)	246
인간중심원리	325
인공구조물	316
인공위성	298
인류 진화론	291
인류의 아버지	286
인류의 어머니	286
인체로봇(artificial intelligence)	401
인체창조	392
일반 계시	46, 360
일본	471
일치주의	38
잃어버린 고리(missing link)	220

ㅈ

자동제어장치(Self-Control System)	391
자연 계시	46
자연 선택	261
자연발생론(spontaneous generation)	248
자연발생설	250
자연선택	207
자연신학	357
자연철학	245
적응(adaptation)	376
전자스핀공명법	290
젊은 우주론	409
젊은 지구론	107, 126, 415
정보자유화법	322
정상과학(normal science)	36
정형외과	392
제일 원인	87
제임스 어셔(James Ussher)	127
조화주의	39
존 굴드(John Gould)	257
존 위트콤(John C. Whitcomb, Jr.)	422
종(species)	259
종의 기원	206
줄리안 헉슬리	263
중생대 말기	189
지구	233
지구과학연구소(Geoscience Research Institute)	420
지미 카터(Jimmy Carter)	322
지적 설계(Intelligent Design)	351
지적 설계운동	40
지적설계론자들(Intelligence Designists)	37
직립원인	287
진화	205
진화론	436
진화적 세계관	49
진화주의	205
질료와 형상	246

ㅊ

찰스 핫지(Charles Hodge)	132
창세기 대홍수	422
창세기 주석	86

485

창세기1장	106
창조	13
창조과학 운동	405
창조과학(scientific creationism)	40, 354, 406
창조과학자	407
창조론	11
창조론오픈포럼	106
창조사학회	473
창조연대 연구	105
창조와 섭리	93
창조의 법	55
창조의 선함	51
창조의 언약	17
창조의 일식(the eclipse of creation)	12
창조주의	44
천문학의 제사장	333
천사 창조	137
천손강림신화(天孫降臨神話)	472
천지창조	89
초월성	52
초파리	385
총괄구원(recapitulation)	15
축자 영감(verbal)	113

ㅋ

칼 마르크스(Karl Heinrich Marx)	209
칼 바르트	83
칼 새건	325
칼 포퍼(K. Popper)	35, 140
칼빈(John Calvin)	27, 130
칼빈의 신학	81
칼빈의 창조론	82, 94
케플러	27, 333
코넬대학	334
코르테즈(Cortes)	288
코코스 섬	383
콜라겐(collagen)	398
콜린 건톤(Colin E. Gunton)	15
퀴비에(Georges Cuvier)	251
크릭(Francis Crick)	260

ㅌ

탈레스(Thales of Miletus)	245
태양계	193
테드 피터스	347
토렌스(Thomas F. Torrance)	16
토마스 쿤(T. Kuhn)	140
토마스 헉슬리(Thomas Henry Huxley)	209
퉁구스카 운석	183
특별 계시	46, 360
틈새를 메우는 하나님(God of the Gaps)	354

ㅍ

파스퇴르(Louis Pasteur)	253
판넨베르그	11
팔랑케의 무덤	320
팔로마산천문대(Mt. Palomar Observatory)	317
패러다임(Paradigm)	36
포퍼(Sir Karl Raimund Popper)	426
폰 라드	12
표준모형	149
프라이스(George McCready Price)	418
프란체스코 레디(Francesco Redi)	249
프로젝트 모굴(Project Mogul)	313
프톨레마이오스(Claudius Ptolemaios)	248
플라톤	246
피조물	44
핀치새	383
필립 존슨(Phillip E. Johnson)	37, 349

ㅎ

하나님의 형상	48
하비 콕스(H. Cox)	84
하이네크(J. Allen Hynek)	301
한국창조과학회	408
할데인(J. B. S. Haldane)	386
함	457
합리성(rationality)	29
행성	325
허블 상수(Hubble Constant)	157
허블	210

헤모글로빈	380
헬라	463
현대종합설	264
현대종합이론(modern synthesis)	386
현생 인류	286
협조 모델	347
호모 사피엔스(archaic Homo sapiens)	281
호이카스(Hooykass)	346
홍수 지질학	426
화산 폭발	188
화성	316
화성인	318
화이트(Ellen G. White)	412
환원 불가능한 복잡성	351
후성유전학(epigenetics)	382
흉곽(thoracic cage)	399
힉스입자	147

6

6일 창조	85, 126